Argentinien
und Falklandinseln

Rolf Seeler

Inhalt

Das Land der sechs Kontinente

Wo Europa sein ›Silberland‹ entdeckte	12
Landeskunde im Schnelldurchgang	14
Goliath Südamerikas	16
Ein Urbaustein unserer Erde	17
Patagonien: Metapher des Endlosen	18
Klimamosaik	20
Artenvielfalt über 34 Breitengrade	21
Mesopotamien und amazonischer Beckenrand	21
Puna und Monte-Region	22
Die patagonische Waldkordillere	23
Feuerlands Farbenzauber	24
Die patagonische Küste	25
Die Pampas	26
Medio Ambiente – Ein gefährdetes Erbe	26
Reservate: Die Natur der Natur zurückgeben	26
Umwelt- oder Vogel-Strauß-Politik?	27

Eine noch junge Landesgeschichte	30
Entdeckung und erste Besiedlung	30
Kolonialpolitik und Christianisierung	30
Die Unabhängigkeit	31
Unitarier und Föderalisten	32
Die Konsolidierung zum modernen Staat	32
Die Zeit der Weltkriege	33
Der Peronismus	33
Thema Argentiniens Unsterbliche – Perón & Perón	34
Militärregierung und ›Schmutziger Krieg‹	37
Die neue Demokratie	38
Eine pluralistische Gesellschaft	39
Staat und Verwaltung	39
Wirtschaft: Neue Exportnischen	40

Bevölkerungsspiegel mit Sprüngen	41
Thema Gauchos und Gauchadas	42
Kirche im Aufbruch	46

Kunst und Kulturleben 47

Thema Magie, Mystik, Metaphysik – Die argentinische Literatur	51

Reisen in Argentinien

Buenos Aires – Hauptstadt vieler Welten

Das Zwölf-Millionen-Monster	58
Stadtplan auf Rinderhaut	60
Buenos Aires im 21. Jahrhundert	63
Anatomie eines Wasserkopfes	66

Stadtrundgang Buenos Aires 70
Ins City-Leben hinein 70

Thema Teatro Colón – Das Epidauros von Südamerika	76

La Recoleta und Palermo 80
San Telmo und La Boca 83

Thema Träne in der Kehle – Der argentinische ›Tang-go‹	84
Thema ›Macanudo‹ – Lunfardo in Buenos Aires	88

Rund um Buenos Aires 91
Über die *Costanera* ins Tigre-Delta 91

Tip Über den Kleinen Teich – Stippvisite in Uruguay	94

Vamos al campo! 96
La Plata 97

Thema Vom Kratzpfahl zum Tudorkastell – Estanzien in den Pampas	98

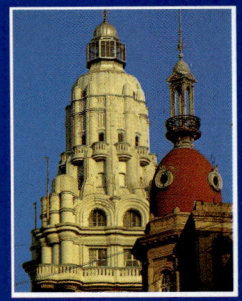

Die Pampas und ihr Hinterland

Wo der Weizen blüht	104
Thema Goldene Ähren – Wolgadeutsche in den Pampas	106
Wasser ist Leben	108
Thema Mit siebzig Sachen durchs Espartogras – Der Pampasstrauß	110
Windräder und Töpfervögel	112

Die Seebäderküste entlang	113
Tip Gaucho mit Silberpfeil – In Juan Manuel Fangios Automobilmuseum	118

Durch die Pampas zu den Südanden 120

Pampine Sierren 122

Córdoba 127

Die patagonische Küste

Auf großem Fuße – Die Ureinwohner	133
Frühe Forschungsreisen	135
Ressourcen und ihre Grenzen	136

Von Bahía Blanca zum Golfo San Jorge	137
Ins Río-Negro-Tal	137
Zu den Paradiesen der Meerestiere	140
Thema Moby Dicks Wassermusik – Wal-Treff in Valdés	142
Tip Ein Spaziergang von 40 Millionen Jahren	145

Vom Golfo San Jorge zur Magellanstraße	146
Ausflug in die patagonische Urzeit	146
Über die Pionierhäfen zum ›Kap der Elftausend Jungfrauen‹	149
Tip Wellblech mit Charme – Estanzien in Südpatagonien	151

Tierra del Fuego/Feuerland

Thema Die Straße der Tränen	160
Von der Magellanstraße zum Beagle-Kanal	**163**
Río Grande: Goldgräber und Schafbarone	163
Zauberwald am Lago Yehuin	164
Von Tolhuin nach Ushuaia	166
Ushuaia	167
Thema Die Weiße Wüste lebt – Übervölkerter ›Welt-Park‹ Antarktis	170
Im Nationalpark Feuerland	172
Am Beagle-Kanal entlang	173
Thema Von der Küchenschublade ins Britische Museum – Thomas Bridges' Wörterbuch der Yahgan-Sprache	176
Die Isla de los Estados	177

Die Südatlantikinseln

Die Falklandinseln/Islas Malvinas	**180**
Thema Der Krieg der 74 Tage und seine angenehmen Folgen	182
Südgeorgien und die Süd-Sandwich-Inseln	**187**

Die patagonischen Anden

Am patagonischen Gletscherfeld entlang	**193**
Thema Patagoniens ›Sixtinische Kapelle‹ – Höhlenmalereien am Río Pinturas	198
Tip Eine chilenische Zugabe – Die Carretera Austral	200
In die Kordillerenwälder	**201**
Tip Mit dem Dampfroß durch die Steppe – Der Alte Patagonien-Expreß	203
Thema Gruppenbild mit Dame – Butch Cassidys Räuberbande	206

Die ›Argentinische Schweiz‹	208
Durch Araukanien	216
Thema Surassic Park – Argentiniens Saurier-Register hält Rekorde	218

An der Inkastraße entlang

Im Herzen des Cuyo	226
Hexenhöhlen und Seelenbrunnen	226
Die Winzermetropole Mendoza	228
Thema Rebstöcke mit Weltrekord – Argentinische Weine	230
Im Banne des Aconcagua	233
Thema Segeln im Schatten der Sechstausender – Der Andenkondor	234
Thema Das Dach Amerikas	238
Heißer Boden, heißer Wind: San Juan	240
Argentiniens Wilder Westen	241
Wege in die Vorpuna	241
Mondtal und Talampaya-Schlucht	243
Thema Difunta Correa – Der skurrilste Wallfahrtsort der Welt	244
Von La Rioja zum Vulkan Ojos del Salado	246

Hochoasen und Salare	250
Wiege der Poncho-Weberei: Catamarca	250
Die Route der Archäologen	252
Thema Auf tönernen Füßen – Die Diaguita-Kulturen und ihre Rätsel	254
Über den ›Camino de la Puna‹	257

Die argentinische Nordwesten

Puna und Yungas	262
Zurück zur Scholle – Kollas am Scheideweg	263
Pachamamas Erdfarben	265
NOA-Routen	265

Santiago del Estero	266
San Miguel de Tucumán – Garten der Republik	268
Durch die Calchaquí-Täler	270
Thema Schöner wohnen – frühkolonial	272
Salta – Die Hübsche	275
Rund um Salta	280
Über die Cuesta del Obispo ins Kakteenmeer	280
Höhenflug auf Rädern: Der ›Zug in die Wolken‹	285
In die Nebelwälder	288
Von Salta zur bolivianischen Grenze	288
San Salvador de Jujuy	288
Durch die Quebrada de Humahuaca	289
Thema Carnavalito	293
In die Puna-Dörfer	294
Thema Apachetas – Mystische Steinpyramiden	295
Tip Keine Angst vor der Puna!	298
Die Nationalparks der Nebelwälder	300

Mesopotamien und die Chaco-Wälder

Paraná – Vater aller Flüsse	304
Dschungelchronik	305
Straßen und Wasserstraßen	306
Zwischen den Strömen	308
Die Provinzen Entre Ríos und Corrientes	308
Die Iberá-Sümpfe	313
Misiones – Das Land der Roten Erde	315
Ruinen im Busch: Die Jesuitenreduktionen	315
Thema Utopische Städte im Urwald– Der erste Mate-Anbau	316

Die Großen Wasser: Iguazú	321
Über die Sierra zu den Moconá-Fällen	324

Chaco und Formosa 326
    El Chaco: Das argentinische Outback 326
    Formosas Waldsümpfe und Palmsavannen 330
    Thema   Kostbarer Sternenstaub –
                Meteoriten im Chaco 331
    Thema   Das reformierte
                Gesetz des Dschungels 332

Tips & Adressen

Adressen und Tips von Ort zu Ort	339
Reiseinformationen von A bis Z	397
Glossar	413
Abbildungsnachweis	413
Register	414

Verzeichnis der Karten und Pläne

Buenos Aires
    Stadtplan Buenos Aires   68/69
    Buenos Aires und Umgebung   91

Die Pampas und ihr Hinterland
    Die argentinische Seebäderküste   114/115
    Die Provinz La Pampa   120
    Die Sierren von San Luis und Córdoba   123
    Stadtplan Córdoba   128

Die patagonische Küste
    Von Bahía Blanca zum Golfo San Jorge   138
    Vom Golfo San Jorge zur Magellanstraße   148

Tierra del Fuego/Feuerland
    Tierra del Fuego/Feuerland   158/159

Die Südatlantikinseln
    Die Falklandinseln/Islas Malvinas   181
    Die Südatlantikinseln   186

Die patagonischen Anden
    Das patagonische Gletscherfeld   192
    Die Kordillerenwälder   202
    Die ›Argentinische Schweiz‹   209
    Araukanien   217

An der Inkastraße entlang
    Die Provinzen Mendoza und San Juan   227
    Die Provinzen San Juan und La Rioja   242
    Die Provinz Catamarca   251

Der argentinische Nordwesten
    Stadtplan Santiago del Estero   266
    Stadtplan San Miguel de Tucumán   268
    Die Calchaquí-Täler   270
    Stadtplan Salta   276/277
    Salta und Umgebung   280/281
    Die Provinzen Salta und Jujuy   290/291

Mesopotamien und die Chaco-Wälder
    Die Provinzen Entre Ríos und Corrientes   309
    Die Provinz Misiones   315
    Die Provinzen Chaco und Formosa   328

Das Land der sechs Kontinente

Wo Europa sein ›Silberland‹ entdeckte

Als Christoph Kolumbus am 12. Oktober 1492 auf eine der vermeintlich 7458 Inseln stieß, die Marco Polo als goldstrotzendes Reich des legendären Groß-Khans beschrieben hatte, zwang er seine Mannschaft, die entdeckten Gestade für Japan zu halten. Die Küste, die Amerigo Vespucci dann zwölf Jahre später im Süden des Kontinents ausmachte – die des heutigen Argentinien – erschien noch im Atlas des Diego Homen von 1558 als *Terra incognita,* während bereits seit einem halben Jahrhundert die von Vespuccis Vornamen abgeleitete Bezeichnung ›America‹ den neuen Erdteil auf dem Globus des Freiburger Kartographen Martin Waldseemüller und bald auch auf allen Kartenwerken der Welt schmückte.

Entdeckungsgeschichtlich müßte Amerika ›Kolumbien‹ und Argentinien ›Amerika‹ heißen. So aber erhielt Argentinien (von *argentum* = Silber), also das ›Silberland‹, nicht den Taufnamen seines Erspähers, sondern eine gleichsam metallische Namensprägung: In der La-Plata-Mündung belud man die Galeonen der spanischen Silberflotte mit den schimmernden Barren, die aus den Gruben von Potosí in Oberperu (heute Bolivien) herantransportiert wurden. Nicht »Land in Sicht!«, sondern »Lumbre!« – ›Glanz‹ – hatte schon Kolumbus ausgerufen, als er den hellen Küstenstreifen am Horizont für den Vorboten einer Bonanza hielt. Hätte der ›Don Quichotte der Meere‹, wie ihn Jakob Wassermann einmal nannte, schon die Anden gekannt, dann müßte ihm nicht nur die mineralische Fülle der ›Neuen Welt‹, sondern auch die erdhafte Poesie ihrer Naturvölker als Verheißung erschienen sein. *Anta* – woraus ›Anden‹ wurde – bezeichnet im Quechua, der Sprache der Inka, ebenso das Kupfer als Metall wie auch den rotgoldenen Schmelz, den die untergehende Sonne über die Kordillere gießt.

Tausend Sonnenwenden später, zum 500jährigen Jubiläum der Entdeckung Amerikas durch die Europäer, tat man sich schwer, das historische Ereignis der Eroberung zu feiern und wählte die versöhnende Formel von der ›Begegnung zwischen zwei Kulturen‹. Ein etwas schnittiges Wortmodell für eine so bewegte Geschichte! Kolumbus, den Wegbereiter eines Jahrhunderte währenden Missions- (und Kolonisierungs-)auftrags der spanischen Krone, hatte Papst Pius IX. heiligsprechen wollen, ehe der erste in *Las Indias* ordinierte Priester, Bischof Bartolomé de las Casas, die Ausbeutungsmethoden vor Ort geißelte. Von den ›Schwarzen Legenden‹ der Konquista bis zum utopisch-sozialistischen Jesuitenstaat, von den Ausrottungsfeldzügen bis zu den ›Indianerschutzgesetzen‹ ihrer katholischen Majestäten, von der Einschleppung afrikanischer Sklaven (sogar zur ›Schonung‹ der altamerikanischen Ureinwohner) bis zur grenzenlosen Rassenvermischung hat dieser Kontinent alle Spielarten der Überfremdung, ›Befriedung‹ und Anpassung erlebt.

Aber die ethnische Transformation, die kulturelle Überformung – und Verschmelzung – haben auch einen neuen, außerordentlich fruchtbaren Nährboden entstehen lassen: die Begegnung zweier Kulturen war in Wirklichkeit eine Verschränkung *vieler* Werte und Traditionen. Denn was bedeutet ›iberisch‹ zur Kennzeichnung der europäischen Kulturinvasion? Gerade die Spanier sind ausgiebig phönizisch, griechisch, römisch infiltriert und arabisch (fast 800 Jahre lang!) durchgeknetet worden, ehe sie, selbst schon ein Mischvolk, Lateinamerika überschwemmten. Neuweltmestizen, wie Rubén Darío und César Vallejo, haben der Dichtkunst Hispanoamerikas Glanzlichter aufgesetzt, und kaum ein anderer Kulturraum beschenkte in unseren Tagen die Menschheit mit so vielen Meisterwerken der Gegenwartsliteratur wie das multikulturelle hispanische und lusitanische Amerika.

Lateinamerika? Ein handlicher Globalbegriff – geeignet für Statistiken. Doch was sagt er über die Länder aus, von denen keines dem anderen gleicht? Allenfalls drei soziokulturelle Grundkategorien lassen sich bilden:

1. Länder, deren starker, geschlossener, meist ethnisch homogener Bevölkerungssockel den Invasionsschock der Weißen überstand und wo die ›Gringos‹, bei begrenzter Mestizisierung, heute eine Randgruppe bilden (typischerweise Mexiko, Guatemala, Peru, Ecuador, Bolivien)

2. ›Neue Länder‹, in denen sich meist dispergierte und daher leichter zu assimilierende Gruppen – altamerikanische Ethnien sowie teilweise Schwarzafrikaner – mit den Weißen zu einem neuen Volk von Mestizen vermischten (Musterbeispiele sind Brasilien und Kuba, aber auch Kolumbien, Paraguay und Chile gehören grundsätzlich in diese Kategorie)

3. ›Transplantationsstaaten‹, wo das Gros der Bevölkerung aus Übersee-Europäern oder deren Nachkommen besteht, während der ursprünglich einheimische Volksanteil nur noch – marginalisierte – Minderheiten bildet (Kanada, USA, Uruguay, Argentinien). Die Vereinigten Staaten mit ihrem hohen (und prozentual steigenden) schwarzen Bevölkerungsanteil und der wachsenden Latinisierung (Mexikaner, Kubaner, Puertoricaner) freilich bilden einen Sonderfall. In Uruguay sind die Nachkommen der Sklaven fast, in Argentinien ganz verschwunden. Tatsächlich ist, wie der Schriftsteller Jorge Luis Borges sagte, Argentinien »ein Stück peripheres Europa an der Südspitze Amerikas«.

Landeskunde im Schnelldurchgang

Fläche: 2,78 Mio. km²
Einwohner: 36 Mio.
Hauptstadt: Buenos Aires
Amtssprache: Spanisch
Währung: Argentinischer Peso
Zeit: MEZ –4 Std.; MESZ –5 Std.

Geographie: Als zweitgrößter Staat Lateinamerikas nimmt das ›Silberland‹ Argentinien den breitesten Raum der Südspitze des Kontinents ein. Vom tropischen Norden, wo es an Bolivien, Paraguay und Brasilien grenzt, läuft es keilförmig nach Feuerland hinunter, welches die Drake-See von der nur 1000 km entfernten antarktischen Scholle trennt. Im Westen bildet die Andenkette eine natürliche Grenze zum schlanken Pazifikanrainer Chile; den Osten Argentiniens säumt eine rund 4000 km lange Atlantikküste. Die extreme Längsstreckung und ungewöhnliche Höhenunterschiede sorgen für außerordentliche Kontraste. Die Hochkordillere beschert Argentinien über 30 Sechstausender und mit dem Aconcagua die höchste Erhebung der westlichen Hemisphäre. Im Osten teilt sich das Land mit Uruguay die La-Plata-Senke, das nach dem Amazonasbecken zweitgrößte Gewässersystem der Erde. Zwischen Gletschern und Andenfußseen im Südwesten sowie Sumpflagunen und Regenwäldern im Nordosten breiten sich fast menschenleere Trockenzonen, wie die Puna, die Chaco-Steppe und die patagonische Meseta, aus.

Geschichte: Der Raum, den das heutige Argentinien einnimmt, war vor der Konquista von rund einem Dutzend halbnomadischer indianischer Ethnien bewohnt. Erst die Ende des 15. Jh. nach Süden vordringenden Inka überzogen das nördliche Vorandengebiet mit einem Netz fester Siedlungen und organisierten Ackerbau und Lamazucht. Für sie ebenso wie für die bald darauf einsickernden Europäer blieb die Region jedoch vergleichsweise uninteressant, solange die Silberausbeute in Oberperu (heute Bolivien) fabulöse Gewinne versprach. Immerhin sorgte diese Konzentration auf die Edelmetallvorkommen dafür, daß das spätere Argentinien auch durch die Spanier von Norden her in Besitz genommen wurde. Wie überall in Lateinamerika gingen Landnahme und Missionierung der unterjochten Urbevölkerung Hand in Hand. Aber nur sehr langsam entwickelte sich eine auf die Estanzien gestützte großflächige Agrarstruktur. Während die spanische Krone ihre Interessen auf Mexiko und Peru gerichtet hielt, wurde Buenos Aires zum illegalen ›Freihandelszentrum‹ von Portugiesen, Holländern, Franzosen und Engländern. Als es den *criollos* genannten Nachkommen der ersten Kolonialspanier gelang, britische Eroberungsversuche aus eigener Kraft abzuwehren, wurde diese *Reconquista* zum Keim eines die Loslösung vom spanischen Mutterland (1810) bewirkenden nationalen Selbstbewußtseins. Die von Bürgerkriegen und Caudillofeldzügen geschüttelte junge Nation Argentinien festigte sich aber erst um die Mitte des 19. Jh. unter dem Schutz eines Grundgesetzes. Im immer kontrastreichen Lateinamerika gehört Argentinien heute, zusammen mit Brasilien und Chile, zu den am weitesten entwickelten Nationen.

Wirtschaft: Wie kaum ein anderes Land Amerikas ist Argentinien mit natürlichen Ressourcen gesegnet. Die Bodenschätze umfassen Petroleum, Erdgas, Kohle, Edelmetalle und Salze. Ausgedehnte Flußsysteme erlauben die Gewinnung von Hydroenergie und die Bewässerung weiter Kulturflächen zur Erzeugung von Tafelobst, Wein und Zitrusfrüchten. In den nördlichen Feuchtgebieten gedeihen Reis, Zuckerrohr und Bananen, im trockenen Chaco Baumwolle und tanninreiches Holz. Die Pampa ist eine der großen Getreidekammern der Welt. Auf den Weiden stehen 50 Millionen Rinder, die Schafherden Patagoniens liefern Wolle und Fleisch, die Pflanzwälder im Norden Zellulose für die Papierindustrie. Bedeutend ist auch der Fischfang. Vor allem die Automobilindustrie profitiert von dem gemeinsamen Markt *Mercosur,* dem – außer Argentinien – Brasilien, Chile, Paraguay und Uruguay angehören.

Bevölkerung: Argentinien ist die europäischste Nation des Subkontinents. Kein anderes amerikanisches Land, außer den USA, hat einen so intensiven Immigrantenstrom (rund 5 Millionen Menschen bis zum Ersten Weltkrieg) erlebt. Der starke Anteil von Italienern färbte das argentinische Spanisch ein. Soziostrukturell herrscht eine starke Polarisierung: Im Ballungsraum von Buenos Aires lebt mehr als ein Drittel der Gesamtbevölkerung. In weiten Teilen Patagoniens, Catamarcas und La Riojas kommen hingegen weniger als drei Bewohner auf den Quadratkilometer. Die indianischen Restgruppen sind in Randgebiete versprengt oder im Stadtproletariat untergegangen. Der sich bei hoher (institutioneller) Arbeitslosigkeit verschärfende Gegensatz zwischen Arm und Reich zehrt an der – in Argentinien traditionell breiten – Mittelschicht.

Flora und Fauna: Das sich über 34 Breitengrade und ein vielfältiges Bodenrelief erstreckende Land weist eine Pflanzengeographie auf, die vom tropischen Waldgürtel bis zum subantarktischen Hochmoor, von den Dornbuschsteppen der Vorandentäler bis zur Sumpfvegetation der Paraná-Niederungen reicht. Entsprechend artenreich ist die Fauna. Fast ganz Argentinien ist die Heimat von Pumas, Straußen und Guanakos. Die größten Kondore Amerikas bewohnen die Anden bei Mendoza, durch die Fjorde Feuerlands segeln Albatrosse. Im heißen Norden sind Jaguare, Papageien, Tukane, Affen und Riesenschmetterlinge zu Hause, an der patagonischen Küste nisten Millionen von Pinguinen. Glattwale und See-Elefanten, Wasserschweine, Alligatoren, Gürteltiere, Riesenboas und Anakondas vervollständigen das eindrucksvolle Bestiarium.

Klima und Reisezeit: In diesem bunten Klimamosaik richtet sich die ideale Reisezeit nach Zielgebiet und Aktivität. Im Raum von Buenos Aires bieten Frühling (Oktober/November) und Herbst (März/April) die angenehmsten Aufenthaltsbedingungen; im Sommer addiert sich hier, wie in der ganzen Zwischenstromregion (Entre Ríos, Corrientes, Misiones) zur Hitze die hohe Luftfeuchtigkeit (durchschnittlich 70 %). Zur gleichen Zeit herrschen aber in Südpatagonien und Feuerland optimale Temperaturbedingungen. Die Trekking- und Bergsteiger-Saison reicht von November bis Februar. In der Puna-Region hingegen fällt in diese Sommerperiode die Hauptregenzeit, während der manche Routen vorübergehend unpassierbar werden. So ist der Südwinter (Juni–September) nicht nur die richtige Besuchszeit für Skilangläufer in Feuerland, sondern auch für Autosafaris im Nordwesten (Catamarca, Salta, Jujuy) – mit Ausnahme der Andenpässe selbst.

Goliath Südamerikas

Die untere, konisch zulaufende Spitze des Kontinents – den *Cono Sur* – füllen das schlanke Chile auf der Pazifik- und das keilförmige Argentinien auf der Atlantikseite aus. Den natürlichen Grenzwall – ihr Rückgrat, wie beide Nationen gerne sagen – bildet eine mit 35 Sechstausendern gespickte Andenkette, die im Zentralbereich (auf der Höhe von Mendoza) ihren Zenit erreicht. Hier zerren 200 Stundenkilometer starke Winde am Haupte des Aconcagua, der von den Inka ›Felszitadelle‹ genannten höchsten Erhebung (6962 m) der westlichen Hemisphäre. Das topologische Gegengewicht bildet die 40 m unter dem Meeresspiegel liegende Salzpfanne der Salinas Grandes auf der Halbinsel Valdés – auch dies ein Rekord: die tiefste Stelle Südamerikas! – an der 4000 km langen Atlantikküste.

Wo sich der (in Brasilien entspringende) 3700 km lange Paraná durch den riesigen Mündungstrichter des La Plata (›Das Silber‹) – von den Spaniern *Mar Dulce* (›Süßes Meer‹) genannt – in den Ozean ergießt, geht die Seeküste in Flußufer über. Von hier an bildet der Río Uruguay eine rund 500 km lange Ostgrenze zum gleichnamigen Nachbarstaat, bevor erst er, dann seine Nebenflüsse und schließlich der eines der größten Naturschauspiele dieser Erde bietende Río Iguazú eine über 1000 km lange ›nasse Grenze‹ zu Brasilien ziehen. Den 2,7 km breiten Zahnkranz der brüllenden Katarakte kommentierte die Besucherin Eleanor Roosevelt im Gästebuch nur so: »Poor Niagara!«

Und noch mehr Flüsse – die Ríos Paraná, Paraguay und Pilcomayo – verknoten sich zu einem Uferband, das auf 1700 km Länge den Nachbarstaat Paraguay zum nördlichen Anrainer hat. Mit Bolivien teilt sich Argentinien rund 700 km Grenzlinie, dann schließt sich der Kreis: der Limes der Anden und ein durch (das mit Chile geteilte) Feuerland gehender lotrechter Schnitt sind 5300 km lang. Allein diese Meßzahl illustriert die Längsstreckung (über 34 Breitengrade) der beiden Goliaths des amerikanischen Kontinents. Bildhaft dargestellt: Argentinien ist dreimal so ›hoch‹ wie der italienische Stiefel. Doch aufgrund seiner starken Ost-West-Dehnung (1500 km an der breitesten Stelle) fängt es noch mehr Klimazonen ein als sein westlicher Nachbar (dem die Yungas, die subtropischen Urwälder und großen Flußsysteme fehlen). Mit rund 2,8 Millionen km^2 ist Argentinien das (nach Brasilien) zweitgrößte Land Südamerikas. Seine Fläche entspricht nahezu dem Sechsfachen der Größe Deutschlands, Österreichs und der Schweiz zusammengenommen. Allein, solch abgezirkelte Dimensionen vermögen nicht die Raumtiefe der Großlandschaften – Pampas, Puna, Patagonien – wiederzugeben. Das Auge sieht, wie die Kameralinse, nur bis zum Horizont. Das Gefühl für Distanzen, für fliehende Weiten aber stellt sich im Kopf ein, ist eine Reihe geistiger Prozesse, wie Charles Darwin schon registrierte: die zurückgelegten Tagesmärsche, die vielen noch vor einem liegenden Meilen ... Reisend erlebt, ist Argentinien größer als seine Bodenfläche.

Ein Urbaustein unserer Erde

Geotektonisch betrachtet, sitzt Argentinien auf einer Kontinentalscholle, die im Westen unaufhörlich bedrängt wird und im Osten längst ihrer Hauptsubstanz beraubt wurde. Der Druck kommt von der Nazca-Platte, einer 100 km dicken Tafel des obersten Erdmantels, die sich auf dem Boden des Pazifiks gegen die südamerikanische Küste stemmt, unter den Kontinentalschild taucht (Subduktion) und damit die – immer noch andauernde – Hebung der Anden bewirkt. Auf der Atlantikseite haben sich die abgebrochenen und weit nach Süden und Osten gedrifteten Teile Gondwanalands schon im Mesozoikum (genauer: vor ca. 90 Millionen Jahren) von der südamerikanischen Restscholle verabschiedet. Letzter geologischer Zeuge des ehemaligen Zusammenhalts sind die sogenannten Gondwaniden, ein paläozoisches Faltengebirge, dessen von Nordwesten nach Südosten verlaufender Rücken im amerikanischen Raum noch an drei Stellen sichtbar ist: im Andenbereich bei Mendoza, als pampine Sierra de la Ventana (bei Bahía Blanca), dann – bereits im Südatlantik – in Form der Malwinen (Falklandinseln) sowie, der Hypothese von der Kontinentalverschiebung weiter folgend, in Gestalt der Kap-Falten Südafrikas. Die urweltliche Verwandtschaft mit Afrika und dem indischen Subkontinent weist das argentinische Flach- und Tafelland als einen der ältesten Bausteine der Erde aus. Für Geologen und Paläontologen gehört dieses Gebiet zu den ergiebigsten Fundgruben unseres Planeten.

Tatsächlich aber ist der außerandine Raum auch in sich stark gegliedert. Sein heutiges Relief entstand aus einem im frühen Paläozän (vor 65 Millionen Jahren) noch zusammenhängenden Kontinentalblock, der im Verlaufe unabhängiger Senkungsvorgänge in mehrere Schilde zerlegt wurde. Hauptvertreter dieser aus Urgesteinen (vor allem Granite und Gneise) bestehenden kristallinen Sockel sind im Südkonus der Brasilianische Schild und der Patagonische Schild. Der im Erdmittelalter weitgehend von vulkanischem Deckgestein überlagerte Brasilianische Schild wird im Osten Argentiniens nur noch von der Provinz Misiones erreicht, während er sich im Westen in Form von Rumpfschollengebirgen – den pampinen Sierren von Famatina, Córdoba und San Luis – aus der Ebene erhebt.

Markanteste Senkungszone ist das gewaltige Paranábecken, dem sich im Süden ein bis zum Río Negro reichender Trog anschließt. Erst dort beginnt der Patagonische Schild, der am Río Santa Cruz seinen Abschluß findet. Diese australste Schildformation Südamerikas manifestiert sich in Gestalt altararartiger Basalttafelberge, glattgeschliffen von steifen Westwinden und umrankt von Flüssen, deren Nahrung die Gletscher sind. Endmoränen und Zungenbeckenseen im Andenvorland erinnern an die Eisströme im Pleistozän, der Phase, in der die Gebirgsbildung mit Blockhebungen, Erdbeben und Vulkanausbrüchen am heftigsten verlief.

Entstehungsgeschichtlich ist die *Cordillera de los Andes* (die Orogenese begann erst in der Kreidezeit, also vor vielleicht 80 Millionen Jahren) jünger als die ihr vorgelagerten Schollengebirge. Wie ein Seeungeheuer, dessen Schwanz die antarktische Halbinsel bildet und dessen gekrümmter Rücken nur stellenweise – in Form südatlantischer Inseln (Süd-Orkney, Süd-Sandwich, Südgeorgien, Isla de los Estados) – aus dem Wasser ragt, erhebt sich die Kordillere bei Feu-

Die Weite Argentiniens offenbart sich am deutlichsten in Patagonien

erland aus dem Meer und steigt, von zahlreichen Querfalten zerteilt, über Südpatagonien bis zu ihren größten Erhebungen im Cuyo-Gebiet auf. Weiter im Norden dehnt sie sich zum Rumpfgewölbe der Puna, die bruchlos in den Altiplano von Bolivien und Chile übergeht. Mit ihren abflußlosen Becken *(bolsones)* und Vulkanen, die wie vorzeitliche Kamine in den Himmel ragen, gehört diese Andenregion zugleich zu den stillsten und aufwühlendsten Großlandschaften Argentiniens.

Patagonien: Metapher des Endlosen

Das von Mitteleuropa 13 000 km entfernte Feuerland als ›Ende der Welt‹ zu apostrophieren, entspricht linearem, aber abstraktem Denken. Patagonien als Metapher des Endlosen zu begreifen, wurzelt hingegen in irrationalen, doch ungeheuer suggestiven Empfindungen: dem Gefühl der totalen Entgrenzung von Raum *und* Zeit. Auf diesem Sockel, der ein Drittel der argentinischen Kontinentalmasse einnimmt, ist, so scheint es, die Landschaft als Bauruine der Schöpfung stehengeblieben. ›Erst eben‹ – vor 10 000 Jahren – ritzten die Tehuelche-Indianer ihre Graffiti ins Fundament. Noch kürzlich, könnte man weiterfabulieren (konkret vor 6 Millionen Jahren), kreiste der *Argentavis magnificens*, der mit 7 m Spannweite größte prähistorische Vogel unseres Planeten, über Patagonien. Denn Äonen von Jahren reicht der Beginn des geologischen Bauwerks zurück, bis in das Schwarze Loch eines Erdaltertums, das 85 % unserer Zeitrechnung ausmacht. Unser Planet, nimmt man an, ist 4,6 Milliarden Jahre alt. Nun sollen Hochenergiestrahlen-Messungen in der Vulkanwüste von El Nihuel ergründen helfen, wann der das Universum gebärende *Big Bang* erfolgte.

Der biologische Urknall, die ›kambrische Explosion‹, ereignete sich vor etwa 530 Millionen Jahren und brachte, nachdem Algen, Bakterien und Plankton bis dahin die einzigen irdischen Lebenszeichen gewesen waren, plötzlich eine Unzahl von Vielzellern hervor: die Vorfah-

ren alles Lebendigen, was heute auf unserem Gestirn krabbelt, fliegt und schwimmt. Die Senke von Ischigualasto (Valle de la Luna/San Juan) und große Teile Patagoniens haben sich als wahre Schatzkammern der Paläontologie erwiesen. Ammoniten als Leitfossilien, Skelette von Meeressäugern und versteinerte Baumstämme, die bis zu 100 t wiegen, sind Marksteine der folgenden Erdperioden und hellen das Geschehen in einer der am stärksten mysterienumwobenen Regionen der Welt auf.

100 Millionen Jahre alte fossile Pollen von *Nothofagus*-Bäumen (Süd- oder Scheinbuchen) bezeugen deren Präsenz schon zu einer Zeit, als Patagonien noch Teil Gondwanalands war. Bestimmte hier siedelnde Spezies (es gibt 35 *Nothofagus*-Arten) finden sich in fast unveränderter (lebender) Form im weit entfernten Tasmanien wieder. Als in Patagonien noch 10 m lange Boas und der *Argentinosaurus,* größter Pflanzenfresser unseres Planeten, lebten, ragten die Araukarien bis zu 100 m Höhe auf. Ganz

Patagonien war ein dem heutigen Amazonasurwald vergleichbarer, wenngleich noch gewaltigerer, von unzähligen Lebewesen bewohnter Dschungel. Erst als sich die Anden zu einer immer höher aufragenden Wand erhoben hatten, begann – vor etwa 15 Millionen Jahren – die Versteppung.

So liegen hier wieder, in heroischer Nacktheit, die von Wind und Sonne gegerbten Trümmer der Urzeit herum: Schichtstufen und Terrassen, Treppen, Tafeln und Trapeze, cañonartige Täler, die sich in ausgewehten Wannen verlieren, Kegel, Schotterbänke, Schuttschleppen, Kräuterfluren und endlose Tundren, über denen die Kosmogonie der Urbewohner einen Vielgötterhimmel aus 13 Stockwerken errichtete. Patagonien ist vermessen und trostlos zugleich. Eine Endzeitregion, wie sie sich der Wegbereiter der Science-fiction, Jules Verne, als Kulisse für Reisen über fremde Kontinente und auf den Mond vorstellte. »Ein terrestrisches Bermuda-Dreieck«, urteilte der französische Philosoph Jean Baudrillard, als es ihn 1996 unwiderstehlich nach Patagonien zog.

Klimamosaik

Im Gegensatz zum afrikanischen Kontinent läßt sich Südamerikas *Cono Sur* nicht nach Klimagürteln zonieren. Das liegt zunächst an den ausgeprägten Reliefeigenheiten der Orographie (stark zertalte Vorkordilleren, pampine Sierren), dann an der Argentinien in den Regenschatten stellenden Andenkette im Westen, weiter dem im Norden vom warmen Äquatorialstrom, im Süden vom kalten Falklandstrom genährten Atlantik, vor allem aber am Fehlen querstreichender Gebirgszüge, die die eisigen antarktischen Winde im Süden des Landes oder die von Norden eindringenden tropischen Luftströme aufhalten könnten.

Fällt der (von Südwesten anbrausende) *Pampero* ins ansonsten gemäßigte La-Plata-Becken ein (ca. 30mal im Jahr), dann bewirken die mit bis zu 90 km/h daherkommenden Polarluftmassen plötzliche Temperaturstürze von mitunter 20 °C und heftige Wolkenbrüche. Gefürchteter noch ist der aus den Tiefen des Südatlantiks heranwehende *Sudestada* mit seinen Kaltregenböen, die im La-Plata-Mündungstrichter den Strom stauen und häufig im Norden die Flüsse über die Ufer treten lassen. In den mittleren Andenprovinzen (Cuyo) sorgt der föhnartige Fallwind *Zonda* im Winter für Schocktemperaturen (bis 40 °C), indem er sich pro 100 m Höhenunterschied um einen Wärmegrad auflädt.

Mehr noch als durch die lokalen Windsysteme aber wird Argentiniens differenziertes Klimageschehen durch die sehr unterschiedlichen, von weither beeinflußten Niederschläge bestimmt. Ein vereinfachtes Verlaufsmuster von Regen- und Trockenzonen stellt sich in Form eines riesigen Andreaskreuzes dar: Eine Feuchtdiagonale läuft von Nordosten (Mesopotamien und Formosa) durch die Feuchte Pampa zur ostpatagonischen Waldkordillere; sie durchkreuzt eine Trockenachse, die vom Nordwesten (Puna, Vorpuna, westlicher

Chaco) durch die Trockene Pampa in die patagonische Zentral- und Küstensteppe führt. Kontrastverstärkend wirkt in Trockengebieten die Konzentration der jährlichen Niederschlagsmenge auf einige wenige Regenstürze: Die hohe Verdunstungsintensität leckt die Feuchtigkeit gleichsam vom Boden. Was die Temperaturen anbelangt, so sind in der Puna die Tag-Nacht-Amplituden größer als die Jahresschwankungen (›Tageszeitenklima‹).

Nur wenige wasserreiche Flüsse (Río Chubut, Río Negro, Río Colorado, Río Salado) schaffen es, die Trockengebiete in ihrer ganzen Breite von den Anden bis zum Meer zu durcheilen, ohne unterwegs zu versiegen.

Flora und Fauna sind artgerecht auf dieses kunterbunte Klimamosaik verteilt. Argentinien das ›Land der sechs Kontinente‹ zu nennen, ist – auch was Vegetation und Tierwelt anbetrifft – keine Übertreibung. Nur zwei Spezies im *bestiario* sind ubiquitär wie Wappentiere: das Guanako und der Puma – von der bolivianischen Grenze bis Feuerland.

Artenvielfalt über 34 Breitengrade

Als Alexander von Humboldt und Aimé Bonpland zur Zeit der europäischen Frühromantik (um 1800) ihre botanischen Sammlungen in der Neuen Welt begannen, sprach man schwärmerisch von einer ›Wiederentdeckung‹ – in Wahrheit: die erste Selbsterkennung – Amerikas. Die reisenden Forscher registrierten 3000 bis dahin unbekannte Spezies, und der Franzose resümierte, wenn die Wunder nicht bald aufhörten, verliere er den Verstand. Heute registriert man rund 1500 in Argentinien heimische Gattungen höherer Pflanzen. Weite Gebiete der Landschaft (aber immer noch der kleinere Teil) verwandelten sich in Nutzflächen. Flora und Fauna passen sich an, mutieren – oder nehmen Reißaus. Argentiniens fleischfressende rote Feuerameise, 1930 mit einer Schiffsfracht nach Alabama gelangt, ›kolonisiert‹, wie man dort sagt, die amerikanischen Südstaaten und ist – ihr wissenschaftlicher Name *Solenopsis invicta* verrät es – bisher noch unbesiegt.

Mesopotamien und amazonischer Beckenrand

Die aggressive Ameise (eine von weltweit 8800 Spezies ihrer Gattung) stammt aus dem virulentesten Teil der argentinischen Naturräume: dem subtropischen Misiones, dessen Artenreichtum gleichbedeutend mit ökologischer Nischensuche, mit Kampf und Überleben ist. In diesem humidesten Teil des Landes (75–90 % Luftfeuchtigkeit) ist der – noch inselhaft erhaltene – **immergrüne Regenwald** das Habitat unzähliger Pflanzen und Tiere, die um einen ›Platz an der Sonne‹ ringen. Vertreter von 200 Baumarten, deren erhabenste als sogenannte Überständer *(emergentes)* mit 30–40 m Höhe den dampfenden Blätterdom überragen, recken sich von den roten Lehmböden durch den Dschungel des Unterwuchses dem Licht entgegen. Mit grenzenloser Phantasie haben Moose, Flechten, Epiphyten, Geweihfarne, Lianen, Schling- und Kletterpflanzen existenzsichernde Wuchsformen ausgebildet.

Die Zeiten des Blauen Ara, des *guacamayo azul,* sind vorbei: dieser prächtigste aller Papageien starb in den schönen Käfigen seiner Liebhaber. Aber mit etwas Glück sieht man noch den gelben Pfeil eines Tukanschnabels aus einer Baumkrone schnellen. Ansonsten gehören die Regenbogen-Boa, mehrere Baumschlangenarten, Riesenfrösche, Halsbandpekaris, Affen, Tapire, Kolibris, herrliche Schmetterlinge, Skarabäen und immer noch einige Jaguare zu den aufregendsten Schaustellern der amazonischen Fauna von Misiones.

In den sich im Süden anschließenden **Feuchtgebieten** (Corrientes, Entre Ríos) begleiten Galeriewälder die Flußläufe, dazwischen breiten sich Savannen und Sümpfe aus. Lapacho, Ñandubay, Urunday und Timbó sind die Naturbaumarten, die das Landschaftsbild prägen. Ein 85 km² großer Wald von Yatay-Palmen ist geschütztes Reservat. Das Paraná-Delta entfaltet eine dichte Weiden- und Pappelvegetation. Nutrias, Reiher, Störche, Wildenten und -tauben haben im Gewässernetz des ›Zweistromlandes‹ ihr Eldorado gefunden. In den Lagunen von Iberá leben Alligatoren, Wasserschweine und Sumpfhirsche.

Im Westen macht das Paranábecken (das nach der Amazonassenke zweitgrößte Flußsystem Südamerikas) stufenweise dem aufgelockerten Trockenwald des **Chaco** Platz. Finden sich in der Provinz Formosa noch ausgedehnte Waldsümpfe und Caranday-Palmenfluren, so geht die Pflanzendecke des Chaco westwärts von laubwerfenden Hartholzwäldern in *espinales* (Dornbuschfluren) und Salzsteppen über. Im Chaco leben Reptilien, vor allem Leguane, sodann Tapire, Ameisenbären und Restbestände von Riesengürteltieren. Weiter im Nordwesten nimmt die Landschaft in 500–2500 m Höhe noch einmal das abgewandelte Vegetationsmuster des amazonischen Regenwaldes in Form der **Yungas** auf. Diese vorwiegend aus Lorbeergewächsen bestehenden, von Farnen, Flechten, Lianen und Bromelien durchwirkten Wolken- oder Nebelwälder überziehen die Grenzgebirge zu Bolivien wie ein grüner Filzteppich. Stachelschweine, Faultiere, Vampire und wiederum Jaguare verstecken sich in diesen Bergurwäldern, deren Kronenraum unter anderem von Papageien und Kolibris bewohnt wird. Als südlichster Ausläufer dieses Klimagürtels präsentiert sich der tucumanische Regenwald.

Puna und Monte-Region

In der regenarmen Nordwestecke Argentiniens (NOA) folgen die kultivierten Grünflächen dem Verlauf der Flüsse. Nur Dornsträuchern und Kakteen gelingt der Aufstieg in die **Präpuna**. Die für die gesamte Längstälerzone von Humahuaca (Jujuy) bis Catamarca typischen Kandelaberkakteen *(cardones)* sind Wunder der Askese. Die bis zu 8 m hohen Stachelsäulen – von dem schwedischen Naturforscher Carl von Linné schon im 18. Jh. als *Trichocereus* (›haarige Wachskerze‹) klassifiziert – haben ihre Oberfläche extrem reduziert und ihre Atemöffnungen (für Gasaustausch und Wasserverdunstung) tief in die Epidermis verlegt. An einem heißen Sommertag verlieren durch die Spaltöffnungen: ein Apfelbaum ca. 20 l, eine ausgewachsene Maispflanze 2 l, ein 4 m hoher Kaktus 0,02 l Wasser! Nur der – durch die Nutzung als Brennholz in seinem Be-

Algarrobo-Baum

weise die Bergregionen weiter im Süden.

Den Präpunaketten vorgelagert ist die sich als Längsband bis in den Cuyo (San Juan, Mendoza) hinziehende Trockenzone des **Monte**. Er wird von endlosen, nicht einmal artenarmen, aber halbverdursteten Strauchsteppen gebildet, deren hartlaubige Leguminosen aromatische Düfte verströmen. In der Nähe von (Trocken-)Flußbetten gelingt es auch einigen knorrigen Baumarten mit tiefreichenden Wurzeln – Algarrobo, Chañar, Brea – Fuß zu fassen. Die Fauna des Monte (sieht man von den allgegenwärtigen Ziegenherden ab) beschränkt sich auf Gürteltiere, Schlangen, kleine Nager, Graufüchse und Pumas.

Die patagonische Waldkordillere

stand stark dezimierte – Charqui-Baum vollbringt Ähnliches.

In der **Hochpuna** dünnt die Pflanzendecke nahezu völlig aus. Lediglich zwergwüchsige Kakteen, fast blattlose Harzgehölze, einige Horstgräser und Polsterpflanzen wie die Llareta (oder: Yareta) haben hier noch eine Chance. Charakteristische Puna-Tiere sind natürlich das – seit 7000 Jahren (fast so lange wie die Kuh!) – domestizierte Lama und das Alpaka. Rund 150 000 dieser Cameliden werden im NOA gehalten. Stark zurückgegangen ist der Bestand der (nicht zähmbaren) Vicuñas, die zwar geschützt sind, ihres enorm feinen Haarkleides (100 Härchen pro mm^2) wegen jedoch von Wilderern weiter verfolgt werden. Füllen sich die Salare der Puna mit Regenwasser, dann sind Andenflamingos saisonale Gäste. Den König der Kordilleren, den Kondor, findet man bereits hier; doch bewohnt er vorzugs-

Vor allem an den Hängen und auf den Sohlen der querlaufenden Durchbruchtäler, wo regenreiche Westwinde die – im Süden ohnehin niedrigeren – Anden durchstoßen, prangen herrliche **Mischwälder,** deren Herbstlaub (im April) ein buntes Feuerwerk entfacht. Daneben existieren regionale **Hochwaldsysteme,** die aus jeweils nur einer Baumart, wie Zypresse, Myrte oder Alerce, weiter im Norden (Neuquén) Araukarie, im Süden Lenga oder Ñire bestehen. Alercen werden bis zu 3000 Jahre alt, und der Verlauf ihrer Jahresringe offenbart uns, wie kein Temperaturschreiber es besser vermag, das Klimageschehen von drei Millennien.

Reich ist auch die Bodenflora, unter der die *Fuchsia magellanica,* die Stammmutter unserer gleichnamigen Zierpflanzengattung, mit ihren zinnoberroten Blütenampeln hervorleuchtet. Colihue-Bambus bildet stellenweise einen

Feuerbusch (Notro) – Nur er erinnert noch an die Namengebung Feuerlands

undurchdringlichen Dschungel, in dessen Dämmerlicht unvermutet viele Erdorchideen gedeihen. Am Fuß der Andenabdachung gehen die Gehölzfluren in die gelbbraune patagonische Steppe über, deren Charakterpflanzen Doldenblütler mit dornigen Kugelpolstern sind. Zur mythischen Pflanze Südpatagoniens wurde der Sauerdornstrauch Calafate *(Berberis buxifolia),* eine Berberitzenart, deren dunklen Früchten schon die Indianer medizinische Eigenschaften abgewannen.

Die höchsten Regionen des südandinen Regenwaldes, über dem Kondore und Adler wachen, durchziehen Trupps von – selten gewordenen – Huemules (Andenhirsche) und Pudúes (Zwerghirsche). Als ›kleinste Hirsche der Welt‹ sind sie leider zu einer Zoo-Attraktion geworden. Die Steppe bevölkern Beutelratten, Stinktiere, Maras (Pampashasen), Schlangen, Wildkatzen, Steppeneulen, Schwarzhalsschwäne, Grau- und Rotfüchse, Guanakos, Pumas und dann natürlich der *choique,* der patagonische Strauß mit seinem aschgrauen Federkleid.

Feuerlands Farbenzauber

Das eintönige xerophytische Pflanzenkleid der **patagonischen Steppe** zieht sich über die Magellanstraße bis in den ariden Norden der Isla Grande, das Kerngebiet von Tierra del Fuego, hin. Hier ist plattes Schafweideterritorium. Erst von Zentralfeuerland an nach Süden richtet sich die Natur auf und schmückt sich mit Farben und Formen, die wie ein Protest gegen den alles niederdrückenden Wind und die langen weißen Winter wirken. In den vorwiegend von den Arten Lenga, Ñire, Coihue, Raulí und Canelo gebildeten **Südbuchenwäldern** leuchten rote und gelbe kugelförmige Geflechte aus dem

Geäst hervor. Diese ›Chinesischen Laternen‹ sind Halbparasiten und zapfen mit ihren Saugorganen das Xylem (Wasserleitungsbahn) der Bäume an, regeln ihren Chlorophyllhaushalt aber selbst. Noch farbenprächtiger wirken die Teppiche, die die **Hochmoore** in den Trogtälern, Gletscherbahnen der letzten Eiszeit, ausbreiten. Ihre pigmentreichen Torfmoose *(turbales)*, in denen sich auch Sonnentau, Myrten und andere Heidekräuter eingenistet haben, entfalten eine breite Palette von Rot- und Gelbtönen.

Am Beagle-Kanal und auf sturmgepeitschten Höhen einzeln stehende Bäume sieht man häufig zu ›Windfahnen‹ verformt. Was die feuerländischen Gehölze so archaisch erscheinen läßt, sind vor allem die toten, von dicken Moospolstern und Pilzkolonien überzogenen Baumstämme, die in dem kalten Klima nur sehr langsam verrotten. An vielen Stellen haben auch Biber für Holzeinschläge gesorgt und wahrhaft imposante Stauwerke errichtet. Sie sind die wohl interessantesten Landbewohner unter der lokalen Tierwelt, zu der auch die Magellangans und wiederum Strauße und Guanakos gehören. In den Bergregionen der Darwin-Kordillere ist der Kondor zu Hause, und weit draußen auf dem Südatlantik vollbringt der im Aufwind der von den Wellen hochgelenkten Luftströme segelnde Albatros seine akrobatischen Kunststücke. Lebensader der vom Schiff aus zu beobachtenden Meeresfauna – Robben, Pinguine, Kormorane – ist der Beagle-Kanal. Seinen eisigen Gewässern entstammt die *centolla* (Königskrabbe), für die sich vor allem die einheimische Küche interessiert. Die Feuer, an denen die Yahgan-Indianer einst ihre Muscheln garten, sind erloschen, nur der die roten Fackeln seiner blühenden Zweige (am Nektar laben sich Kolibris) emporreckende Feuerbusch *(Embothrium coccineum)* erinnert noch an die Namengebung von Tierra del Fuego.

Die patagonische Küste

Von den Andenfußseen bis zum Atlantik zieht sich das dornige, lederharte Pflanzenkleid der **patagonischen Steppe** hin. Kein Baum, kein Strauch. An den Abrasionskanten der Steilküste aber und auf den vorgelagerten Strandterrassen scheint sich die Meeresfauna der ganzen Welt einzufinden: Wale, See-Elefanten, Seehunde, Pelzrobben, Pinguine, Kormorane, Möwen und unzählige Arten anderer Seevögel, die sich am dichtesten auf der Isla de Pájaros, der Vogelinsel bei Puerto Pirámides, konzentrieren. Als wahrlich größte Attraktion finden sich an den Gestaden der Halbinsel Valdés alljährlich etwa 700 der 4500 Glattwale ein, die man als weltweiten Bestand vermutet. 700 000 Magellanpinguine bevölkern die patagonische Küste (mit Schwerpunkt Punta Tombo), doch ging der Umfang dieser größten Kolonie der Erde gemäß einer Erhebung der Wildlife Conservation Society seit 1988 um ein Drittel zurück. Grund ist das verminderte Nahrungsangebot, denn in den Küstengewässern wird die Fangkonkurrenz zwischen Fischdampfern und Pinguinen immer härter. Durch Satellitenbeobachtung weiß man, daß die Tauchvögel jetzt mitunter einen ganzen Monat lang unterwegs sind, um sich mit Futter (vor allem Tintenfisch) einzudecken. Allein Puerto Madryn wird in der Fangzeit von 400 Fischdampfern angelaufen, die bis zu 250 000 t *calamares* anlanden. Normalerweise sorgen die Tiergruppen untereinander für ein arterhaltendes ökologisches Gleichgewicht:

Flora und Fauna

Raubmöwen fressen Pinguin-Nestlinge, Dominikanermöwen stibitzen Kormoraneier, Schwertwale jagen Delphine ...

Die Pampas

Das sich um Buenos Aires ausbreitende Herzland Argentiniens mit den größten zusammenhängenden Kulturflächen des Landes ist zwangsläufig zur artenärmsten Region geworden. Eine Ausnahme machen kleine Reptilien und Wasservögel. In den **Feuchten Pampas** gedeihen Weidegräser, Nutz- und Futterpflanzen. Natürliche Inseln bilden die Gewässer, an denen sich Frösche, Kröten, Reiher, Ibisse, Störche, Flamingos, Schnepfen, Regenpfeifer, Wildschwäne, Kappen-, Bahama- und Schwarzkopfruderenten einfinden. Auf Zäunen und Telegraphenmasten baut der *hornero* (Töpfervogel) seine Lehmkugelnester, im Gras nisten Perl- und Bleßhühner, Gesundheitspolizei spielen aasfressende Geiervögel und *chimangos* (eine Falkenart). Der Pampasvogel schlechthin ist der *teru-teru*, dem sein gleichklingender Ruf den Namen gab.

Wo die fast nur von Eukalyptusbaumgruppen unterbrochene Kulturlandschaft im Westen und Südwesten in die **Trockenen Pampas,** im Nordwesten in den Monte-Gürtel übergeht, siedeln *flechilla* (Pfeilgras), die federbuschige *cortadera* (›cola de Zorro‹ – Fuchsschwanz) und das Pampasgras. Hier belebt sich auch der Boden mit mobilen Bewohnern: Vizcachas, Stinktieren, Iltissen, Gürteltieren, Graufüchsen und Ñandues (Pampasstrauße). Schattenspender – und daher auch *bellasombra* genannt – ist in den Pampas von Buenos Aires der einzelstehende mächtige Ombú (dessen korkiges Holz sich gleichwohl als unverwertbar erweist). Ein anderer Charakterbaum mit prächtiger Krone, der Caldén (eine hartholzige Leguminose) bildet im Südwesten der Pampas hingegen ganze Wälder aus, in denen – ursprünglich aus Europa eingeführte – Rothirsche und Wildschweine leben, wie ehedem gezielte Beute organisierter Jagdpartien.

Medio Ambiente – Ein gefährdetes Erbe

Reservate: Die Natur der Natur zurückgeben

Der erste Nationalpark Lateinamerikas – und einer der ersten der Welt (bevor Deutschlands Naturschutzpark Lüneburger Heide und der Schweizerische Nationalpark im Unterengadin geschaffen wurden) – entstand 1903, als der argentinische Geologe Francisco Pascasio Moreno 75 km² Waldland am Nahuel-Huapi-See (bei Bariloche) dem Staat als Stiftung vermachte. Heute gibt es, von der Hochpuna bis zum Beagle-Kanal, 28 Nationalparks in Argentinien, zu denen sich noch mehr *Parques Provinciales* und *Parques Municipales,* Naturschutzgebiete und private Reservate, addieren. Einige dieser Areale sind gleichzeitig von der UNESCO zu erhaltenswerten Biosphäre-Zonen erklärt worden. Rund 2 % der Landesfläche sind so geschützt.

Aus dem, was in grünen Anfängen eine Reverenz gegenüber Naturgenießern gewesen sein mochte, wurde spätestens in den 50er Jahren eine zweckgerichtete Unternehmung und, etwa von 1970 an, eine dringende Notwendigkeit. Denn immer mehr gerieten Nutzstreben und Schutzbeflissenheit, Ausbeutungsgier und Bewahrungseifer miteinander in Konflikt. Nach den Erkenntnissen des World Resources Institute war bereits im Jahr 2000 ein Fünftel des wissenschaftlich dokumentierten tierischen und pflanzlichen Lebens der Erde verschwunden. Die Naturreservate sind die Arche Noah unserer Zeit, und Argentiniens Refugien befinden sich – weit entfernt von der Massenbeanspruchung, der etwa Yellowstone oder Yosemite im Norden des Kontinents ausgesetzt sind – in einem noch geradezu pionierhaften Stadium. Der Versuchung, gleichzeitig biologische Schatzkammer, *Wilderness Resort* und Freilichtzoo, Autowanderplatz und Freizeitpark mit Schnickschnack zu sein, werden sie jedenfalls noch lange widerstehen können. Im dschungelhaften Baritú-Nationalpark ist der einzige Besucher meist der Ranger selbst.

Wichtige Pufferzonen für die argentinischen Nationalparks bilden die provinziellen und privaten Reservate, die etwa von Estancieros – meist Mitglieder der Naturschutzorganisation Fundación Vida Silvestre – auf eigenem Gelände eingerichtet wurden. Sie dienen vor allem migrierenden Tierarten als Brückenköpfe und Korridore. So gibt es z. B. allein in den Feuchten Pampas 18, an der patagonischen Küste 27 Schutzgebiete aller Art.

180 Parkhüter *(guardaparques)* bewachen die argentinischen Nationalparks. Sie werden an einem Institut der Universität Tucumán inmitten eines 140 km² großen Reservats ausgebildet. Ihre Losung: ›Die Natur der Natur zurückgeben.‹

Umwelt- oder Vogel-Strauß-Politik?

Argentiniens Umweltprobleme sind so kapriziös wie seine Geographie: Vom Chaco (der heißesten Region von ganz Südamerika), wo der ungehemmte Holzeinschlag die Desertifikation vorantreibt, bis zum Upsala-Gletscher, den der Treibhauseffekt in nur einem Jahr um 1 km abschmelzen ließ, von der unkontrollierten Raubfischerei an der Atlantikküste bis zu den Waldbränden in der Kordillere, zu deren Bekämpfung keine ›Dromedare‹ (Löschflugzeuge) zur Verfügung stehen, erstreckt sich der kaum zu überblickende Katastrophenschauplatz. Die großartige Weite des Landes – für den einzelnen liegen die Schadstellen meist in sehr großer Entfernung – und die enorme Bevölkerungskonzentration (und damit Umweltverschmutzung) auf Buenos Aires haben eine umfassende Politik des *medio ambiente* eher verhindert, obwohl das Wort heute in aller Munde ist.

Vom Winde verweht werden – im Gegensatz zu den Smogglocken über Mexico City, São Paulo und Santiago de Chile – die meisten Abgase der 2 Millionen Autos, die durch die Hauptstadt pendeln: die Straßen fungieren als Ventilationsbahnen zwischen Pampa und Meer. Ihr Geräuschpegel liegt permanent über dem von der Weltgesundheitsorganisation fixierten Höchstwert (70 db), doch abends flüchten sich die Gestreßten in die Vororte.

Probleme ›aus der Welt zu schaffen‹, bedeutet immer nur: sie sich selbst vom Leib zu halten. Alltäglich wird die Stadt vom Müll (13 000 t) befreit, aber die 500 Millionen Dollar, die man dafür jährlich an vier Privatunternehmer zahlt, sind wie ein Ablaß auf Zeit. Die (zu begrünenden) Gruben füllen sich bis zu dem

Punkt, wo ein Abtransport per Eisenbahn unausweichlich wird. Das aber verbietet das Gesetz. Allein 600 000 Aluminiumdosen täglich werden in die Abfallkatakomben von Buenos Aires versenkt. Daß man nur 2% des Materials wiederverwendet, entspringt rein monetärem Denken: importiertes Bauxit ist billiger.

Diesem Verdrängungswettbewerb im Umweltgewissen entspricht der relative Gleichmut, mit dem seit 20 Jahren auf das Baden im La Plata (Abwassereinleitung: 5 m³ pro Sekunde) verzichtet wird. Denn weiter südlich locken 4000 km Atlantikküste, und jenseits der Mündung winken die Strände von Uruguay. Immer noch gestattet urbanes Laisserfaire die Verwendung von Spraydosen (mit jährlich 5000 t in Argentinien hergestellter FCKW-Treibgase) – das antarktische Ozonloch befindet sich noch weit weg (hat aber bereits die Linie 200 km nördlich von Río Gallegos erreicht). Daß die Intensität der Sonneneinstrahlung in Buenos Aires inzwischen der über der Sahara gleichkommt, nimmt der Porteño eher als exotische Note hin und cremt sich entsprechend ein – aus der Spraydose. Gewöhnung ist der ärgste Feind einer aktiven Umweltpolitik. Im Industriekessel der Kloakenflüsse Riachuelo, Reconquista und Matanza spukken viele der 32 000 Betriebe seit Jahrzehnten Kohlenwasserstoffe, Schwermetalle und Nitrate in die Brühe. Nach dem Sanierungsplan vom September 1999 soll das Gebiet nun endlich bis zum Jahr 2003 sauber sein.

Eklatantes Beispiel für die allgemeine Problemflucht ist Córdoba, das sich im November 1995 zur (neunten) ›nichtnuklearen‹ Provinz Argentiniens erklärte – obwohl die Region eines der größten Atomkraftwerke (Río Tercero) betreibt. Mit dem Beschluß wurde die Einlagerung radioaktiven Mülls auf Provinzgelände untersagt; das Kernkraftwerk muß seinen strahlenden Abfall auf unbestimmte Zeit in situ aufbewahren.

So hat denn auch die Umweltbilanz für die meisten mehr eine feststellende Bedeutung als Aufforderungscharakter. Die Waldfläche Argentiniens hat sich in den letzten 80 Jahren auf weniger als ein Drittel verringert, und immer noch werden jährlich 30 000 ha gerodet; 28 % der agrarischen Nutzfläche leidet (infolge Abholzung und Überweidung) unter Wind- und Wassererosion; rund 100 000 ha Wald gehen jährlich in Flammen auf, viel davon durch Brandstiftung von Spekulanten, die Grund und Boden für andere Nutzungen ›aufwerten‹ wollen.

Nach vierjährigem Kampf der Umweltschützer von Finis Terrae, Greenpeace und der Aktion ›Kreuzzug zur Verteidigung des Feuerlandwaldes‹ kam Ende 1997 eine Vereinbarung über die ›nachhaltige‹ Nutzung von 70 000 ha Lenga-Wald (bei Tolhuin in Südfeuerland) zustande. Die Brisanz des Projektes erklärte sich aus den verheerenden Landschaftsschäden, die der Abholzer, die nordamerikanische Trillium Corporation, u. a. in Südchile angerichtet haben soll. Das hierzulande erzielte Junktim enthält folgende Auflagen: Auslichtung des Waldes statt Durchführung von Flächenrodungen; für jeden gefällten Lenga-Baum wird ein neuer gepflanzt; 80 Jahre Schonzeit für den Nachwuchs; keine Verschnitzelung gewonnenen Holzes (für die Papierindustrie), sondern nur höherwertige Nutzung.

Der Umweltschutz in Argentinien, schematisch dargestellt, spielt sich auf vier Ebenen ab:
1. Internationale (Rahmen-)Abkommen, deren Absichtserklärungen auf politischer Ebene keine wirksamen Maßnah-

Eine der größten Gefahren für die argentinische Pflanzenwelt ist die Winderosion

men folgen, sowie Überwachungsprojekte, wie das (bisher mit 500 Millionen Ecu von 14 Staaten der Europäischen Weltraumbehörde finanzierte) GOME-System zur Kontrolle des Ozonlochs: man wird die Ergebnisse bedauernd zur Kenntnis nehmen.

2. Die nationale Umweltpolitik liegt in den Händen der Behörde Recursos Naturales y Ambiente Humano. Deren ehemals Verantwortliche, María Julia Alsogaray, hatte keine gute Leistungsbilanz vorzuweisen und wird inzwischen sogar bezichtigt, öffentliche Gelder manipuliert zu haben. Die Waldbrände, bei denen im Nationalpark Nahuel Huapi eine Million Naturbäume verglühten (die Rekuperationszeit beträgt 2500 Jahre!), sah sich die Umweltbeauftragte nur im Fernsehen an; seitdem nennt man sie ›Asbestdame‹. Im Januar 2001 gingen 200 000 ha Pampas-Vegetation in Flammen auf.

3. Im Gegensatz zur von der Fundación para la Defensa del Medio Ambiente beklagten ›oberflächlichen Kosmetik‹ übergeordneter Organe kämpfen private Institutionen, wie Fundación Vida Silvestre (Behütung von Flora und Fauna), Tierralerta (Kontrolle von Gift- und Atommüll), Greenpeace und Patagonia Natural mit eigenen Mitteln und Firmenzuwendungen aktiv für den Umweltschutz. Diese Organisationen gewinnen zunehmend Breitenwirkung. Für eine Petition an den Kongreß gelang Vida Silvestre beispielsweise das Sammeln von einer Million Unterschriften.

4. Wirksame Initiativen auf unterster Ebene leiten Gemeinden und Intendanten ein. Mit Selbsthilfeaktionen hat sich der Pampas-Ort Trenque Lauquen zur ökologischen Mustergemeinde Argentiniens stilisiert. Im Erholungsgebiet von Bariloche sammelten Schulklassen, Polizisten und Nachbarschaftsvereinigungen acht Container voll Müll ein. Und in Patagonien übernahmen es 2000 Freiwillige (zwischen 12 und 70 Jahren), die 1600 km lange Küste von Puerto Madryn bis Río Gallegos nach Hochseemüll und petroleumverseuchten Pinguinen abzukämmen. Die Sache des Umweltschutzes ist nicht verloren!

Eine noch junge Landesgeschichte

Entdeckung und erste Besiedlung

1516 Der Spanier Juan Diaz de Solís landet als erster Europäer in der Paraná-Mündung. Er wird von Indianern getötet, bei denen man Silber findet; daher erhält das Gebiet den Namen ›La Plata‹.

1535 Der von Kaiser Karl V. (Karl I. von Spanien) ausgesandte Pedro de Mendoza gründet Buenos Aires, muß die Siedlung jedoch aufgrund der Indianerangriffe wieder aufgeben. Ein von ihm den Paraná flußauf geschickter Expeditionstrupp unter Führung von Juan de Salazar y Espinosa gründet 1537 Asunción, die heutige Hauptstadt Paraguays. Mendoza stirbt auf der Rückreise nach Spanien auf hoher See.

1580 Von Asunción aus operierende spanische Streitkräfte gründen – nach der Siedlung Santa Fe (1573) – unter der Regie von Juan de Garay – erneut Buenos Aires. Unterdessen haben von Peru kommende spanische Expeditionen im Westen bereits den Grundstein für die Städte Santiago del Estero (1553), Mendoza (1561) und Tucumán (1565) gelegt.

1600 Im gesamten Raum des heutigen Argentinien haben sich rund 5000 Spanier niedergelassen. Ihre Hauptaufgabe ist die militärische Sicherung der weit auseinanderliegenden Forts und Siedlungen. Im Paraná-Paraguay-Raum beginnen sie sich mit den Eingeborenen zu vermischen, in der Pampas-Region jedoch bleiben sie isoliert. Die *malones* (Überfälle) der Indianer lassen dort nur schmale Korridore als Verkehrsachsen zu.

Kolonialpolitik und Christianisierung

1617 Auf Betreiben des ersten kreolischen (in Asunción geborenen) Gouverneurs der gesamtamerikanischen Geschichte, Hernando Arias de Saavedra (›Hernandarias‹) wird das Verwaltungsgebiet geteilt. Die Provinz Río de la Plata

Die Entdeckung Amerikas durch Kolumbus (Kachelbild in Mendoza)

entsteht. Hauptstadt ist Buenos Aires. Der Vizekönig in Peru bleibt jedoch oberste Instanz.

Um 1620 Jesuiten richten am Oberlauf des Paraná Reduktionen zum Schutze der Guaraní-Indianer vor Sklavenjägern und Zwangsarbeit *(encomienda)* ein.

1621 Córdoba erhält als erste Stadt der La-Plata-Provinz eine Universität.

Ab 1650 Die am direkten Güteraustausch mit Spanien gehinderte La-Plata-Besitzung entwickelt sich zum größten Schmuggelzentrum Südamerikas, nachdem die am Handelsmonopol festhaltende spanische Krone als einzigen Verkehrsweg den Warenfluß über den Isthmus von Panama, entlang der Pazifikküste bis Callao (Peru) und von da auf dem Landweg nach Buenos Aires erlaubt. Hauptnutznießer des Umschlags von Konterbande sind die Engländer.

1680 Die von Brasilien aus nach Süden in die *Banda Oriental* (heute Uruguay) vordringenden Portugiesen gründen am Nordufer des La Plata das Fort Nova Colonia de Sacramento. Damit beginnt um die *Banda Oriental* ein Jahrhundertkrieg zwischen Spaniern und Portugiesen, der erst 1777 mit der Eingliederung des Gebiets in den spanischen Herrschaftsraum endet.

1767 Die verschwörerischer Umtriebe bezichtigten Jesuiten werden auf Geheiß Karls III. aus Südamerika vertrieben. Die Indianerreduktionen lösen sich auf.

1776 Die La-Plata-Provinz wird, losgelöst von der Vorherrschaft Limas, zum Vizekönigreich Río de la Plata erhoben. Ihm eingegliedert werden die Provinzen Tucumán und Paraguay, Teile des heutigen Bolivien (darunter die Silberstadt Potosí) sowie die bis dahin zum Generalkapitanat Chile gehörende Provinz Cuyo (Mendoza, San Juan).

1782 Eine Verwaltungsreform nach bourbonischem Vorbild führt in den spanischen Überseebesitzungen Intendanturen ein. Buenos Aires, inzwischen 25 000 Einwohner stark, wird Generalintendantur für das Vizekönigtum Río de la Plata.

1806/07 Vom Seesieg über die Spanier (Trafalgar 1805) beflügelt, überfallen die Engländer Buenos Aires, werden vertrieben und nach einem zweiten systematischen Angriff von der lokalen Streitmacht der Kreolen entscheidend geschlagen. Dieser ohne spanische Hilfe errungene Erfolg stärkt das Selbstbewußtsein der Kolonie und zeichnet den Weg zur Unabhängigkeit vor.

Die Unabhängigkeit

25. Mai 1810 Unter dem Eindruck des Zusammenbruchs der spanischen Regierungsgewalt im Mutterland (napoleonische Invasion) berufen in Buenos Aires kreolische Bürger und Milizangehörige einen Kongreß ein, der den spanischen Vizekönig absetzt. Der koloniale *Cabildo* (Stadtrat) wird von einer provisorischen Regierungsjunta abgelöst. Fortan wird dieses Datum als Tag der argentinischen Unabhängigkeit gefeiert.

1816 Nach ersten chaotischen Jahren mit einem Machtvakuum, in denen sich Paraguay und Hoch-Peru vom Río-de-la-Plata-Reich lossagen, wird Juan Martín Pueyrredón zum *Director Supremo* der jungen Nation gewählt. Ein nach Tucumán einberufener Kongreß erklärt am 9. Juli formell die Unabhängigkeit.

1817 Der Gouverneur der Provinz Cuyo, General José de San Martín, sieht die Flanke des neuen Staates vom spanisch beherrschten Chile aus bedroht. Er zieht mit einem Expeditionsheer über die Anden, schlägt die Royalisten entscheidend bei Chacabuco, befreit Chile und, mit chilenischer Hilfe, 1821 auch Peru. Der *Libertador* San Martín wird zum Nationalhelden Argentiniens. Bei einem Treffen mit Simón Bolívar in Guayaquil (1822) kann er jedoch seine politischen Visionen von einem zukünftigen Südamerika nicht durchsetzen. Er zieht sich nach Europa zurück und stirbt 1850 in Boulogne-sur-Mer.

1826–28 Argentinisch-brasilianischer Konflikt um die *Banda Oriental*. Er endet mit der Entstehung der República Oriental del Uruguay als Pufferstaat.

1833 Großbritannien besetzt die von Argentinien (nach der Loslösung von Spanien) verwalteten Malwinen (Falklandinseln).

José de San Martín

Unitarier und Föderalisten

1817–52 Die Machtverhältnisse im neuen Staat polarisieren sich: Die sich vor allem aus der wohlhabenden Kaufmannschaft von Buenos Aires rekrutierenden Unitarier dringen auf die Schaffung einer Zentralgewalt mit der Hegemonie des Überseehafens über die Provinzen; die von Großgrundbesitzern und Caudillos angeführten Föderalisten hingegen streben eine den USA nachempfundene dezentralistische Staatsform an.

1852 Der aus blutigen Bürgerkriegen (seit 1835) zwischen Unitariern und Föderalisten als Sieger hervorgegangene General Juan Manuel de Rosas wird Gouverneur von Buenos Aires. Sein von der Geheimpolizei *Mazorca* untermauertes diktatorisches Regime stößt zunehmend auf den Widerstand der Provinzen. Der föderalistische Caudillo-General Justo José de Urquiza, Gouverneur von Entre Ríos, erhebt sich gegen Rosas und schlägt dessen Truppen vernichtend in der Schlacht von Caseros. Rosas flüchtet nach England, wo er 1877 stirbt.

1853 Unter Urquiza kommt das erste Grundgesetz zustande, doch wiederum schert Buenos Aires aus der Föderation aus, erklärt sich zum selbständigen Staat und gibt sich 1854 eine eigene Verfassung.

Die Konsolidierung zum modernen Staat

1862 Nach jahrelangen Kämpfen gewinnen die Unitarier die Oberhand, schließen mit den Föderalisten einen Verfassungskompromiss und rufen zu gesamtargentinischen Wahlen auf. Der bisherige Gouverneur von Buenos Aires, Bartolomé Mitre, wird zum ersten verfassungsmäßigen Präsidenten (1862–68) der nun vereinigten Republik Argentinien gewählt. Eisenbahnbau, Post- und Telegrafenwesen florieren.

1865–70 Im Krieg der Triple-Allianz (Argentinien/Brasilien/Uruguay) gegen Paraguay verliert letzteres (das Brasilien den Krieg erklärt hatte) die Provinzen Misiones und Formosa an Argentinien.

1876 Nachdem bereits Domingo Faustino Sarmiento (1868–74) eine umfangreiche Bildungspolitik (80 % der Einwohner waren noch Analphabeten) eingeleitet und die Einwanderung europäischer Lehrer und Facharbeiter gefördert hat, setzt Präsident Nicolás Avellaneda (1874–80) mit dem sog. Kolonisationsgesetz die große Immigrantenbewegung in Gang (»Regieren heißt bevölkern!«).

1877/78 Im (zweiten) ›Wüstenfeldzug‹, jetzt unter General Roca, werden die Pampa-Indianer weiter nach Süden gedrängt bzw. großenteils ausgerottet. Die Pampa-Region entwickelt sich in der Folge zur agrarischen Kernzone Argentiniens.

1892 Mit der Gründung der vom bürgerlichen Mittelstand getragenen liberalen Partei Unión Cívica Radical entsteht (unter Hipólito Irigoyen) eine neue, die korrupte Oligarchie des Landadels und der Provinz-Caudillos herausfordernde Kraft.

1902 Die endgültige Grenzziehung zwischen Argentinien und Chile erfolgt nach Maßgabe eines Schiedsspruchs von Edward VII. von Großbritannien.

Die Zeit der Weltkriege

1914–18 Argentinien hält unter den Präsidenten Roque Sáenz Peña (1910–14) und Hipólito Irigoyen (1916–22) streng an seiner Neutralitätspolitik fest. Wirtschaftlich profitiert es von Fleisch- und Lederexporten und dem aus der Not heraus erfolgten Aufbau einer eigenen Leichtindustrie.

1929/30 Nach einer Zeit des Wohlstands während der zweiten Präsidentschaft des volksnahen Hipólito Irigoyen (1928–30) gerät das Land in den Sog der Weltwirtschaftskrise. Politische Nervosität führt zur Radikalisierung und läßt zum erstenmal die Militärs an die Macht kommen.

1939–45 Wiederum bleibt Argentinien im Krieg strikt neutral, sympathisiert aber (auch aufgrund des starken spanischen, italienischen und deutschen Bevölkerungsanteils) überwiegend mit den Achsenmächten. Als die konservative, von der Oberschicht getragene Regierung 1943 anglophile Tendenzen zeigt, putscht eine junge Offiziersliga, der auch der damalige Oberst Juan Domingo Perón angehört. Auf nordamerikanischen Druck hin erklärt Argentinien Ende März 1945 (als letztes Land der Welt) Deutschland und Japan den Krieg.

Das sich traditionell als Zufluchtsland für politisch Verfolgte verstehende Argentinien wird zum Asyl vieler den Nationalsozialisten entkommener Juden, aber in der Nachkriegszeit auch (und z. T. mit Hilfe des Vatikans) zum bequemen Brückenkopf für Funktionsträger des Dritten Reiches und zum Versteck für Kriegsverbrecher.

Der Peronismus

1945 Der auf Betreiben der Alliierten im Oktober auf die Insel Martín García verbannte Perón wird, unter dem Eindruck der bis dahin größten Arbeiterdemonstrationen Argentiniens, bereits eine Woche später zurückgeholt. Er gewinnt überlegen die Wahlen vom Februar 1946 und leitet ein umfangreiches Programm sozialer Reformen ein (die auch kommunistischen Umtrieben in der Arbeiterschaft entgegenwirken sollen). In wenigen Jahren schließen sich 5 Millionen *Descamisados* – ›Hemdlose‹ – seiner Gewerkschaftsbewegung an. Peróns zweite Stütze ist die Armee. Ideologisch und außenpolitisch weist er Argentinien – unabhängig von den großen

Argentiniens Unsterbliche
Perón & Perón

Anfang der 50er Jahre konnte man in der Bonaerenser Zeitung ›Democracia‹ regelmäßig Beiträge eines Kolumnisten lesen, der unter dem Pseudonym ›Descartes‹ Kerngedanken des Justizialismus postulierte. Erst viel später, in seinem Madrider Exil, klärte der Schreiber – Juan Domingo Perón – auf, warum er sich des Namens des französischen Philosophen bedient hatte: dieser habe als Adliger den ähnlich klingenden Titel ›du Perron‹ getragen; doch vor allem habe ihm an der cartesianischen Denkweise die Skepsis gegenüber der Zwangsläufigkeit historischer Gegebenheiten imponiert.

Solche Folgerungen formulierte Eva Perón Zeit ihres Lebens auf die einfachste Art: »Bis zu meinem elften Lebensjahr«, sagte sie, »gab es für mich Arme, so wie es Gras, und Reiche, so wie es Bäume gibt. Aber eines Tages hörte ich einen Arbeiter sagen, es gäbe deshalb so viele Arme, weil die Reichen zu reich seien.« In ihrem sowohl gegen den Kapitalismus als auch den Kommunismus gerichteten Diskurs des politischen Selbstbekenntnisses ›Der Sinn meines Lebens‹ schrieb sie: »Wir wollen keine proletarische Einheitsklasse, sondern eine einzige Klasse von entproletarisierten Menschen, die in Würde arbeiten und leben können.«

Eva Duarte, außereheliche Tochter eines Estancieros, der die Vaterschaft nie anerkannte, kam als 15jähriges ›Mädchen vom Land‹ nach Buenos Aires, tingelte durch Vorstadttheater, wurde Radiosprecherin und hörte 1944 bei einer Wohltätigkeitsveranstaltung zugunsten der Erdbebenopfer von San Juan den Oberst Perón vom Podium herunter gegen die argentinische Oligarchie ins Feld ziehen. Später setzte sich die 23jährige Eva neben den fast fünfzigjährigen Redner, überzeugte ihn von ihrer Nützlichkeit und wurde noch im gleichen Jahr seine Frau. (Peróns erste Ehefrau Aurelia Tizón war an Krebs gestorben.) Ob er sich damals in die junge Schauspielerin verliebt habe, wurde der Staatspräsident später gefragt. »Ich weiß es nicht«, sagte er, »aber wenn eine Frau so liebt, wie Eva mich liebte, dann streckt man ohnehin die Waffen.«

Die affektiv-politische Allianz Juan Domingo – Eva Perón währte nur acht Jahre (›Evita‹ starb, 32jährig, am 26. Juli 1952 an Krebs), aber sie veränderte die sozialpolitische Landschaft Argentiniens mehr als alle Ereignisse der vorangegangenen eineinhalb Jahrhunderte. Nach der ›Infamen Dekade‹ der Korruption und des Ausverkaufs der wirtschaftlichen Ressourcen an das Ausland setzte eine Epoche der Rückbesinnung ein, die, wie Argentiniens angesehenster Historiker Felix Luna (geb. 1925) dem peronistischen Regime attestiert, den Menschen eine neue Würde verlieh. Die Revolution kam von oben: Berufsschulen, Arbeitsgerichte, Gesundheitsschutz, Unfallversicherung, bezahlter Urlaub, ja sogar das verfassungsmäßig verbürgte Recht auf einen Arbeitsplatz wurden eingeführt.

In dem »bisher wie eine Estancia vom Ausland verwalteten Land« erhöhte sich die Anzahl der – vorwiegend kleinen und mittelständischen – Industriebetriebe in acht Jahren von 85 000 und Krankenhäusern unterwegs, speiste die untersten Klassen überreich mit Geldern aus der nach ihr benannten Stiftung.

»In diesem Augenblick«, hatte ihr Mann am 16. Dezember 1946 dem Volk eröffnet, »ruhen in den Tresoren der Nationalbank 1500 Tonnen Gold. Da

auf 145 000. Die Realeinkommen der Industriearbeiter stiegen zwischen 1945 und 1948 um 50 %, die der Staatsbediensteten um 35 %. Im Zuge der ›Repatriierung‹ wurden von den Nordamerikanern das Telefon-, von Franzosen und Engländern das Eisenbahnsystem zurückgekauft. Evita Perón, die ›Schutzpatronin der Hemdlosen‹, unermüdlich in Arbeitersiedlungen, Kinderheimen gibt es Leute, die sagen, wir dürfen da nicht drangehen. Nun frage ich euch: Wenn eine Hungerperiode käme, sollen wir dann vielleicht das Gold aufessen?« Das war die Sprache der beiden Peróns: provokativ, direkt, einfach, griffig. Man hat dem charismatischen Paar später faschistoide Züge angedichtet, weil Juan Domingo Perón, als jugendlicher Attaché in Italien weilend, sich von der rednerischen Begabung Mussolinis hatte beeindrucken lassen.

Tatsächlich aber haben Chronisten, die ihn persönlich kannten, den jovialen Staatsmann (manchmal in Uniform, manchmal im karierten Jackett) als eine Mischung aus dem Gaucho Martín Fierro, dem Tangostar Carlos Gardel und General Charles de Gaulle bezeichnet. Der strahlend lachende Perón amüsierte seine Tischgenossen regelmäßig mit Scherzen über sein künstliches Gebiß, verulkte mit aufgeblähtem Wanst den US-Botschafter Braden, erschreckte Besucher mit einem aus dem Geigenkasten gezogenen hölzernen Maschinengewehr und ließ sich von seinem jüdischen Chauffeur Witze kolportieren.

Soweit Statistiken und Anekdoten. Daß in Peróns Regierungszeit nebenbei auch die Malaria ausgerottet und die Heuschreckenplage beseitigt wurden, wissen wir nur von Felix Luna. Und dann war Perón auch der erste Argentinier, der das Wort ›Ökologie‹ in den Mund nahm.

Die spendablen Gesten des volksnahen *Líder* (der insgeheim darauf setzte, ein Dritter Weltkrieg werde Argentinien neue Reichtümer bescheren!) ließen sich jedoch nicht durchhalten. Bereits Ende 1947 hatte er ein Drittel der Devisenvorräte aufgebraucht, der hochgepuschten Leichtindustrie fehlten die Vorprodukte, die Agrarexporte schrumpften, und 1949 schon – zum erstenmal seit 60 Jahren – wurde Argentinien dem Ausland gegenüber zahlungsunfähig. Den daraufhin von der staatlichen US-amerikanischen Eximbank in Anspruch genommenen Überbrückungskredit hielt man streng geheim, denn dieser Blamage wollte sich der General nicht aussetzen: Er hatte in besseren Zeiten verkündet, eher ließe er sich die rechte Hand abschlagen als einen Auslandskreditvertrag zu unterschreiben.

Auf makabre Weise wurde die Prophezeiung von der Amputation posthum wahr. 1987 brachen Unbekannte die 170 kg schwere Panzerglasplatte des Grabmals in der Perónschen Familiengruft auf dem Chacarita-Friedhof auf und trennten dem Toten mit einer Elektrosäge die Hände ab. Eine politisch motivierte Profanisierung? Ein Ritual von Freimaurern? Das Werk von Verbrechern, die der Fingerabdrücke bedurften, um Zugang zu einem geheimen Bankfach im Ausland zu erlangen? Motiv und Urheberschaft der Grabschändung sind bis heute so ungeklärt wie der Verlauf der 16 Jahre währenden Odyssee der (in Spanien einbalsamierten und in Italien unter falschem Namen beigesetzten) Eva Duarte de Perón (sie ruht heute auf dem Friedhof Recoleta in Buenos Aires). Ein größerer Mythos als um diese beiden Gestalten hat sich in Argentinien nie gebildet. »Perón war weder Perón, noch war Eva Eva«, resümierte Jorge Luis Borges später. »Es waren mysteriöse anonyme Individuen, deren geheime Namen wir nie erfuhren.«

Allein über Eva Perón wurden 55 Bücher geschrieben. Ihr Leben haben die Autoren der Rock-Oper ›Jesus Christ Superstar‹, Tim Rice und Andrew Lloyd Webber, zum Musical ›Evita‹ verkitscht. Auf dieses Drehbuch stützte sich auch der 1996 von Alan Parker zurechtfabulierte gleichnamige Film mit dem Pop-Star Madonna. Eva Peróns populistische Prophezeihung, sie werde »Millionen sein«, erfüllte die argentinische Staatsbank Ende 1997 auf ›einprägsamere‹ Weise: Sie brachte Millionen von 1-Peso-Münzen mit Evitas Konterfei in Umlauf.

Blöcken – eine ›Dritte Position‹ zu. Er und seine sozialpolitisch engagierte Frau Eva Duarte de Perón (›Evita‹) werden zu charismatischen Leitfiguren des *Justicialismo* (›Politik der sozialen Gerechtigkeit‹).

1955 Nach dem Tode Evas (1952) schrumpft Peróns Popularität, und seinem Populismus wird die Basis entzogen. Mißernten, sinkende Exporte und leere Kassen zwingen ihn zu einer unternehmerfreundlicheren Politik. Die Zeit der großen Geschenke an die Arbeiterschaft ist vorbei. Perón verliert an politischer Glaubwürdigkeit und wird von einer wachsenden Opposition (Militär, Bürgerschaft, Kirche) zur Abdankung gezwungen. Er geht nach Madrid ins Exil.

1955–73 Argentinien leidet unter der sozialpolitischen und wirtschaftlichen Orientierungslosigkeit von drei Militär- und zwei Zivilregierungen. Die peronistische Bewegung spaltet sich in einen orthodoxen rechten und einen radikalen linken Flügel, dessen äußersten Rand die kommunistisch ausgerichtete ›Revolutionäre peronistische Jugend‹ bildet. Ausufernde Arbeitslosigkeit und Inflation führen im Mai 1969 in der Industriestadt Córdoba zu einem Massenaufstand, dem *cordobazo,* der blutig niedergeschlagen wird. 1973 gewinnt der (linke) peronistische Präsidentschaftskandidat Hector J. Cámpora als neuer Hoffnungsträger die Wahlen.

1973 Der mit seiner dritten Frau María Estela (›Isabelita‹) aus dem Exil zurückgekehrte Perón löst den Interimspräsidenten Cámpora mit dem Versprechen einer nationalen Befriedung ab. Eine Flut von neuen Gesetzen soll die normativen Voraussetzungen für eine Aussöhnung zwischen Arbeiterschaft und Unternehmertum schaffen. Doch im Zuge einer immer radikaleren Unterdrückung aller Linkstendenzen verschärft sich die Klassenspaltung noch. Exponent des Rechtsperonismus ist der Sonderminister José López Rega, der die später berüchtigte AAA (Alianza Anticomunista Argentina) ins Leben ruft.

1. Juli 1974 Juan Domingo Perón stirbt. Seine Frau Isabel versucht als Nachfolgerin, der wachsenden wirtschaftlichen Probleme (Absatzschwierigkeiten auf dem Weltmarkt, hohe Auslandsverschuldung) Herr zu werden. Während sie unter dem Einfluß von López Rega einen immer härteren Rechtskurs steuert, formieren sich im Untergrund die Widerstandsorganisationen der Linksperonisten, von der Studentenbewegung der *Montoneros* bis zum trotzkistischen Ejército Revolucionario del Pueblo (ERP). Korruptions- und Finanzskandale (López Rega flieht mit Geld der Nationalbank), eine galoppierende Inflation und chaotische Marktverhältnisse führen im März 1976 zu Isabel Peróns Amtsenthebung.

Militärregierung und ›Schmutziger Krieg‹

1976 Eine dreiköpfige Militärjunta unter General Jorge Rafael Videla ergreift die Macht. Nach der unwürdigen Vorstellung der letzten Zivilregierung wird der ›weiche Putsch‹ von der Mehrheit der Bevölkerung mit Erleichterung aufgenommen. Das Militär gilt als die ›moralische Reserve der Nation‹. Internationale Ereignisse wie die 1978 in Argentinien ausgetragene Fußballweltmeisterschaft (die die Gastgeber gewinnen) lenken von der innenpolitischen Repression ab. Unterdessen erfaßt die ›ideologische Säuberung‹ das gesamte Kulturleben. Viele Schriftsteller und Künstler verlassen das Land. Werden bewaffnete Widerständler (deren Operationsbasis Tucumán ist) offen bekämpft, so verschwinden alle der Subversion Verdächtigen über Nacht. Sie werden von Spezialkommandos verschleppt, viele von ihnen gefoltert und umgebracht. Die durch die strenge Zensur uninformierte Öffentlichkeit begreift erst nach und nach das Ausmaß des Staatsterrors. Viel später wird man die Gesamtzahl der Opfer auf mehr als 15 000 schätzen.

1982 Unter Videlas Nachfolger, General Leopoldo Galtieri, erfolgt die Invasion der Islas Malvinas (Falklandinseln), die nach rund drei Monaten mit der Zurückeroberung durch die Engländer endet (›Falklandkrieg‹; s. S. 182 f.).

1983 Die gescheiterte Falkland-Aktion, das Versagen ultra-liberaler Wirtschaftsrezepte, vor allem aber der zunehmende Verdruß über die Allmacht der Generäle erzwingt die Rückkehr zur Demokratie. Im Oktober abgehaltene Wahlen gewinnt die Unión Cívica Radical (UCR). Raúl Alfonsín wird Staatspräsident. Erst jetzt kommen die Greuel des Militärregimes schrittweise ans Tageslicht. 1985 verurteilt man die verantwortlichen Generäle Videla, Viola und Massera zu langen Freiheitsstrafen. (1999 wird der Heereschef Martín Balza eine Reform des Militärstrafgesetzes zur Abschaffung des kontroversen ›Befehlsnotstandes‹ einleiten.)

Die neue Demokratie

1989 Die mit viel gutem Willen begonnene Sanierung der bankrotten Wirtschaft bleibt Alfonsín versagt, die Hyperinflation ist unkontrollierbar; er tritt, nach den gegen den justizialistischen Kandidaten Carlos Saúl Menem verlorenen Mai-Wahlen, vorzeitig ab. Der pragmatische Neoperonist Menem hat sich als Maxime die innenpolitische Stabilität auf die Fahne geschrieben.

Carlos Menem

Dazu gehört auch, nach einigen Kasernenunruhen als Ausdruck militärischer Unzufriedenheit, die große Aussöhnungsgeste (Menem selbst war Gefangener der Militärs) des *Indulto* (Begnadigung). Die inhaftierten Generäle kommen wieder frei. Ab 1991 gewinnt die neoliberalistische Wirtschaftspolitik des Ministers Domingo Cavallo einen immer breiteren Konsens. Die *Convertibilidad* (die Kopplung des argentinischen Peso an den US-Dollar im Verhältnis 1 : 1) schafft eine neue Vertrauensbasis. Die einseitige Priorität der Währungsstabilität vor der Beschäftigungspolitik sowie die auf breiter Front eingeleitete Privatisierung von Staatsbetrieben (mit den daraus resultierenden Massenentlassungen) fördern jedoch die Arbeitslosigkeit.

1993 Im ›Pakt von Olivos‹ gewinnt Menem die Unterstützung des oppositionellen Alfonsín für eine Verfassungsänderung, die auch eine (bis dahin nicht mögliche) Wiederwahl des Staatspräsidenten – auf weitere vier Jahre – erlaubt.

1995 Die von früheren horrenden Inflationen traumatisierte Bevölkerung gibt Kontinuität und Stabilität den Vorrang vor allen anderen Erwägungen: Carlos Menem wird wiedergewählt, und die Peronisten bauen ihre Mehrheit im Kongreß aus. Die Privatisierungswelle spült Geld in die Staatskasse, doch schreitet die langsame Verarmung der unteren Bevölkerungsschichten weiter voran. In ungeschminkten Appellen an die Regierung fordert auch die katholische Kirche eine gerechtere Einkommensverteilung.

1999 Der als Kandidat der ›Allianz‹ (gebildet von der Bürgerpartei *Unión Civil Radical* und dem Mitte-Links-Block *Frepaso*) zum neuen Staatspräsidenten gewählte Rechtsanwalt Fernando de la Rúa tritt sein Amt an. Leitziele der die Konvertibilität (Peso = US-Dollar) wahrenden Regierung sind: Drosselung der Staatsausgaben, Verminderung der Arbeitslosigkeit (14,5 %) und Eindämmung der Korruption.

Jan. 2001 Die Allianz-Regierung hat die in sie gesetzten Erwartungen nicht erfüllt. 73% der Bevölkerung sind unzufrieden mit De la Rúas unentschiedenem Regierungsstil, obwohl man ihm zugesteht, eine schwierige Erbschaft angetreten zu haben. Die Vertrauenskrise schlägt sich in Indikatoren wie der Risikoeinstufung Argentiniens nieder, doch hier, wo (im Gegensatz zu Mexiko im Jahr 1995) keine Devisen- oder Bankenkrise besteht, rettet *präventive* internationale Finanzhilfe den Staat aus der Misere. Die Auflage allerdings besteht in einem Fiskalabkommen zwischen Zentralregierung und Provinzen: Bis 2005 werden alle Primärausgaben (Gehälter, Renten, Anschaffungen usw.) eingefroren.

Eine pluralistische Gesellschaft

Staat und Verwaltung

Argentinien ist eine föderalistische, aus 23 Provinzen bestehende Präsidialdemokratie mit einem nach dem Muster der Vereinigten Staaten geschaffenen Zweikammersystem in der Legislative. Die Deputiertenkammer (257 Sitze, 4 Jahre Amtszeit) und der Senat (46 Sitze, 9 Jahre Amtszeit) bilden den Nationalkongreß, dessen Zustimmung in beiden Häusern jeder Gesetzentwurf zur Verabschiedung bedarf.

Nach den Oktoberwahlen von 1999 behielt der neoperonistische *Partido Justicialistica* (PJ), nunmehr Oppositionspartei, immer noch seine knappe Mehrheit im Senat. Gleichzeitig aber baute die ›Allianz‹ ihre Position im Kongreß auf die der stärksten Minderheit aus. Diese Ponderation im Parteienspektrum erlaubt keine Caudillo-Politik, sondern zwingt zum ausgehandelten Konsens.

Die Provinzen (die größte ist Buenos Aires mit 308 000 km^2, die kleinste Feuerland mit 21 000 km^2) werden von Gouverneuren verwaltet. Trotz freier Wahlen hat in einigen Provinzen eine systematisch instrumentalisierte Vetternwirtschaft politische Familien-Clans von feudalem Zuschnitt entstehen lassen (wie in Neuquén). Den bundesstaatlichen Zusammenhalt symbolisiert im sonnengekrönten Staatswappen ein von zwei Händen brüderlich hochgehaltener Stab, auf dem die rote (an die Jakobinermütze der Französischen Revolution erinnernde) Zipfelmütze als Zeichen der mit der Unabhängigkeit gewonnenen Freiheit thront. Den Hintergrund bilden die sich in der argentinischen Flagge wiederholenden Farben Hellblau und Weiß.

Wirtschaft: Neue Exportnischen

Um eine von heute 6 Milliarden auf 9 Milliarden Menschen im Jahre 2030 anwachsende Weltbevölkerung zu ernähren, müsse die Nahrungsmittelproduktion, so hat die Food and Agriculture Organization (FAO) errechnet, während der nächsten drei Jahrzehnte um 75 % gesteigert werden. Da bildet das alle Klimazonen der Erde einschließende Argentinien eines der Hauptliefergebiete.

Auf den reichen Lößböden des Landes gedeihen, vom Weizen bis zum Wein, von Bananen bis zum Tee, vom Reis bis zum Zuckerrohr, alle agrarischen *commodities.* Auf den Weiden und Steppen stehen über 50 Millionen Rinder, 20 Millionen Schafe und 5 Millionen Ziegen. Es gibt im Land keinen Rinderwahnsinn, die Maul- und Klauenseuche ist seit Jahren verbannt.

Ein 1998 einsetzender Preisverfall am Weltmarkt von ca. 15 % für typisch argentinische Kernprodukte wie Getreide, Ölsaaten, Futtermittel, Fleisch und Schafwolle ließ das Land in eine Rezession schlittern, von der es sich jetzt langsam zu erholen beginnt. Seitdem nehmen auch der Baumwollanbau, die Milchproduktion und vor allem die Weinerzeugung wieder deutlich zu. Dabei geht die traditionell extensive und daher bodenschonende Bewirtschaftung unter dem Druck der Nachfrage schrittweise auf dem ›europäischen Weg‹ zur Intensivnutzung über – mit all den fatalen Begleiterscheinungen von künstlicher Düngung und Schädlingsbekämpfung. Gleichzeitig entstehen auch hier immer mehr ökologische Betriebe. Die im Vergleich zur Nordhalbkugel antizyklischen Klimaverhältnisse fördern den Anbau von frischen saisonalen Exportprodukten wie Tafelobst, Spargel und Heidelbeeren. Neue Absatznischen haben sich Pistazien, Avocados, Pilze, Lavendel und andere Spezialitäten erobert. Die langfristige Devise heißt: Diversifikation.

Im Industriesektor entfallen rund 27 % der Wertschöpfung auf Petroleum, Erdgas und petrochemische Erzeugnisse, 25 % auf den Sektor Nahrungsmittel, Getränke und Tabak, 22 % auf Maschinen-, Geräte- und Fahrzeugbau und 12 % auf die Textilverarbeitung. Argentinien exportiert jährlich Rohöl im Wert von 3 Mrd. US-$ (vorwiegend nach Brasilien und Bolivien). 1997 begannen die Erdgaslieferungen über zwei transandine Rohrleitungen nach Chile. Im gleichen Jahr stieß man in der Provinz Salta bei einer 6200 m tiefen Bohrung, deren Kosten sich auf 10 Mio. $ beliefen, auf eine neue Erdgasblase, aus der seit der Jahrtausendwende ganz Chile mit Energie versorgt wird. Das erste vertikal integrierte (auf einem Erdgasfeld sitzende) Kraftwerk der Welt ließ die Energiegesellschaft Capex in Neuquén entstehen. Hier wird das Erdgas in situ in Strom

(500 Megawatt) umgewandelt und dieser an Ort und Stelle ins Netz eingespeist.

Die Bodenschätze (vor allem Gold, Silber und Kupfererze) stehen noch am Beginn ihrer Ausbeutung. In der Provinz Catamarca ging Ende 1997 Argentiniens größte neue Mine, La Alumbrera, in Betrieb; sie allein exportiert jetzt jährlich Edelmetalle im Wert von 600 Mio. $. Im Jahr 2000 stieg die Metallausfuhr um fast 30 %, die von Kohlenwasserstoffen (Erdöl, Erdgas) sogar um 82 % an. Auch der Automobilexport legte um 23 % zu. Heute gehört die Kraftfahrzeugherstellung (mehr als eine halbe Million Fahrzeuge pro Jahr) zusammen mit den Walzwerken zu den dynamischsten Fertigungsbereichen. Die zur Zeit modernste, von VW in Rekordzeit aufgebaute Anlage in General Pacheco (bei Buenos Aires) deckt rund 20 % des Inlandsbedarfs an Pkw.

Argentinien schloß das Jahr 2000 mit einem Außenhandelsüberschuß von 1 Mrd. US-S ab. Mit Nullinflation und stabilem Peso war das Land bisher der solideste Partner im *Mercosur*, der Freihandelszone, der auch Brasilien, Chile, Paraguay und Uruguay angehören. Dennoch leidet Argentinien unter einem chronischen Staatsdefizit. Für den Haushalt 2001 wurde ein Fehlbetrag von fast 7 Mrd. $ errechnet. Nahezu erdrückend ist vor allem der Zinsendienst angesichts der hohen Auslandsverschuldung, weshalb die im Januar 2001 von Alan Greenspan verordnete Zurücknahme der *prime rate* um einen ganzen Punkt eine Sofortersparnis von 600 Mio. US-$ bedeutete. Ein Hilfspaket von fast 40 Mrd. US-$, zusammengeschnürt vom IWF, der Weltbank, der Interamerikanischen Entwicklungsbank und einem Privatbankenkonsortium, hilft Argentinien über 2001 hinweg.

Bevölkerungsspiegel mit Sprüngen

Das europäischste Land Südamerikas wird heute von 35 Millionen Menschen bewohnt. Nur etwa 80 000 (großenteils bereits mestizisierte) Einwohner können noch als Indianer angesprochen werden. Sehr verschiedenen Ethnien angehörend, bewohnen sie Randregionen in den patagonischen Voranden, der Puna, im Chaco und in Misiones. Die stärkste Gruppe bilden die Mapuche (Araukaner) in den Provinzen Río Negro und Neuquén. Im Zuge eines wiedererwachenden *indigenismo* und angeregt von der Schutzgemeinschaft Defensa de la Cultura Indígena wählten Mapuche-Stämme 1995 – zum ersten Mal seit 100 Jahren – wieder Kaziken.

Die *desindianización* des argentinischen Lebensraums schuf Platz für eine von den frühen Spaniern auf Südamerika übertragene ländliche Feudalstruktur, deren Ausdruck die die Agrargebiete überziehenden riesigen Estanzien bis heute geblieben sind. Nur in wenigen agrarisch begünstigten Räumen erhielten Einwanderer Gelegenheit, aus Siedlungskolonien Ackerbaustädte zu entwickeln. Keimzellen der Städtegründungen im Hinterland waren gegen das Indianerterritorium vorgeschobene Forts oder jesuitische Gutshöfe, wie die Zuckerrohr-Estanzien von Tucumán. Den Immigrantenstrom (in der Reihenfolge ihres prozentualen Anteils: Italiener, Spanier, Franzosen, Deutsche, Engländer, Polen, Griechen, Syrer, Libanesen, Japaner) schluckte vorwiegend die zu Beginn des 20. Jh. aufblühende Hauptstadt Buenos Aires als Industriestandort, wo sich, neben Arbeiterheeren, ein breiter, von Handwerkern, Technikern und Kaufleuten getragener Mittelstand bildete.

Gauchos und Gauchadas

»Singend muß ich sterben, und singend sollen sie mich begraben.« (›El Gaucho Martín Fierro‹ von José Hernández)

Kein anderer Prototyp Südamerikas ist zu einer solch mythischen Gestalt gesteigert worden wie der Gaucho. Freiheit und Abenteuer, Ehre und Tapferkeit, Pampa und Lagerfeuer – das sind die Assoziationen, die mit im Sattel der verwegenen Reiter sitzen. Der aus den Tiefen der Grasebenen aufgetauchte Gaucho, Mittler zwischen Mensch und Natur, ging in vielerlei Verkleidungen und Verklärungen in den Sagenschatz und in die Literatur Argentiniens ein. Als unentwegt hochgehaltenes Ideal verkörpert er – und zwar für ausnahmslos alle Gesellschaftsschichten – das Wunschbild des ritterlichen und kameradschaftlichen Weggefährten. Noch immer sagt der Argentinier, wenn er einen Freund um eine kleine Hilfeleistung bittet: »Me hacés una gauchada?« – ›Tust du mir einen Gefallen?‹

Tatsächlich aber hat dieser Held zu Pferde in seiner mehrhundertjährigen Geschichte viele Verwandlungen durchgemacht. Als die Weiten der Pampas noch keinen Stacheldraht kannten, von Indianern bewohnt und von Wildrindern bevölkert waren, entstand – meist aus der Verbindung eines Spaniers mit einer Indianerin als Mestize hervorgegangen – der Typ des umherschweifenden kreolischen Jägers, der, in dem Maße wie man seinen Freiraum durch die Landnahme für immer mehr Estanzien einengte, schließlich zum Viehdieb wurde. Wandte man zu jener Zeit das Quechua-Wort *guacho* (›streunendes Kalb‹) auf die berittenen Vagabunden an? Die Etymologen rätseln noch. Dieser pampine Landstreicher jedenfalls, artistischer Reiter und Messerheld zugleich, spielte, trank und raufte auch, entführte gelegentlich ein Mädchen und hielt sich im übrigen fern von Siedlungen und Polizeistationen, wenn er sich nicht gerade in einer *pulpería*, einer ländlichen Ladenschänke, mit Wein, Tabak und *yerba* versorgte – meist ohne zu bezahlen. So konnte denn auch die Bezeichnung eines Mannes als ›Gaucho‹ damals eine Beleidigung sein (was sie heute noch ist, wenn nördliche Nachbarn die Argentinier so nennen).

Domingo Faustino Sarmiento, Staatspräsident (1868–1874) und Meistererzähler, hat diesem ›bösen Gaucho‹, den er uns in seinem ›Facundo‹ dennoch als nicht unsympathischen Gauner vorstellt, den ›guten Gaucho‹ in Gestalt des ebenso geschickten, aber seßhaften und arbeitsamen *paisano* (Landmann) gegenübergestellt. Eine derart klare Unterscheidung zwischen Gesetzlosen und Pflichtgetreuen dürfte jedoch kaum der Wirklichkeit entsprochen haben. Dazu war das Leben auf dem Kamp zu hart, zu unbeständig und zu sehr nach Normen ausgerichtet, die sich unter Rauhbeinen aller Art als Gewohnheitsrecht herausbildeten. Kein Wunder daher, wenn die beiden stilisierten Gegenfiguren bald miteinander verschmolzen, wobei allerdings eine – vor allem literarisch geförderte – Idealisierung des Helden erfolgte: als eine Art argentinischen Robin Hood stellte man sich hinfort den Gaucho gerne vor.

Eigentümers markiert wurden. Mit der zunehmenden Seßhaftigkeit einher ging eine Verfeinerung der Ausrüstung und des Habitus. Von Mal zu Mal schmuckere Formen von ledernem und silbernem Reitgeschirr entstanden, man sang *payadas* zur Gitarre, tanzte

Europäische Chronisten jener Zeit haben uns die Gauchos, denen sie begegneten, als ebenso stolze und eitle wie gastfreundliche und bescheidene Menschen geschildert, Menschen mit knochigen Gesichtern, dunkler Hautfarbe und mongolisch geschnittenen Augen. Und wirklich standen lange Zeit die Gauchos den Indianern näher als den Weißen (das gilt für den extremen Süden und den Nordwesten des Landes auch heute noch). Von jenen lernten sie, das Lasso zu werfen und mit *boleadoras*, in Leder eingenähten Schleuderkugeln, rasch laufende Tiere zu Fall zu bringen. Das waren zunächst Guanakos, Strauße und Wildrinder und später, als die Gauchos als *peones* in die Estanzien einzogen, die jungen Stiere, die mit dem Brandzeichen des den *cielito* und den *gato*, und ein ganz neuer, eigenständiger Gaucho-Kult wurde geboren.

Zweimal in der Geschichte Argentiniens hat man die Gauchos, ihrer kämpferischen Eigenschaften wegen, zu militärischen Aktionen herangezogen. Zunächst rief man sie in den Revolutionskriegen zur Befreiung Argentiniens vom spanischen Mutterland zu den Fahnen (neben den regulären Soldaten immer noch »recht räuberhaft« aussehend, fand General Belgrano), dann zwang man sie in den beiden berüchtigten ›Wüstenfeldzügen‹ zum Kampf gegen die Indianer – wobei ein eigens zu dieser Gelegenheit erlassenes Dekret nachhalf, das Männer ohne Daueranstellung, und das waren sie, zum fünfjährigen Militärdienst verpflichtete. Die zweite der Wüstenkampagnen war noch nicht zu Ende, als der Dichter José Hernández 1872 sein – den Gaucho zur argentinischen Leitfigur erhebendes – Versepos ›Martín Fierro‹ veröffentlichte; in wenigen Jahren waren, damals eine Sensation, elf Auflagen vergriffen. Jorge Luis Borges hat dieses Werk mit dem ›Don Quijote‹ auf eine Stufe gestellt.

Heute leben auf dem Land immer noch Zehntausende von Gauchos, auch wenn sie *peones* heißen, sich in Zeitungsannoncen (›mit Pferd und Hund‹) bewerben und nicht immer nach dem Bilderbuch gekleidet sein mögen. Die *doma*, die Bändigung junger Pferde, die Wettkämpfe und Reiterspiele haben nichts von ihrer Faszination verloren. Und natürlich kommt, von Salta bis zum Río Negro, keine Folkloreveranstaltung ohne den festlichen Aufzug der in voller Montur daherreitenden gauchesken Traditionsvereine aus.

Kleines Gaucho-Glossar

asado: das Braten von Fleisch nach Gauchoart; dabei werden ›aufgeklappte‹ ganze Schafe oder Ziegen bzw. Rinderstücke auf ein Eisenkreuz gespannt und auf der Leeseite eines Bodenfeuers (sehr langsam) gegart
bagual: junges Wildpferd
boleadora: drei am Ende eines langen Lederriemens befestigte Schleuderkugeln; mit ihnen werden rasch laufende Tiere, denen sich die Riemen um die Beine schlingen, zu Fall gebracht
bombacha: typische weitgeschnittene Pumphose des Gauchos
bombilla: (Silber-)Röhrchen mit Siebtülle zum Einsaugen des Mate-Tees (*yerba*)
botas (de potro): Reitstiefel (aus Fohlenleder; von den Beinen, direkt oberhalb der Hufe)
carrera de sortijas: Wettkampf, bei dem im raschen Vorbeiritt mit dem Handstab ein Ring zu schnappen ist (›Ringestechen‹)
china: Gefährtin des Gaucho
corral: umzäunte kleine Weidefläche
doma: Bändigung von Wildlingen
facón: Gauchomesser
guardamonte: beidseitig vor dem Sattel angebrachter Schutzschild aus dickem Rohleder; für Ritte durch Gestrüpp und Buschwerk (›Gehölzschutz‹)
mate: kleiner Flaschenkürbis, aus dem die *yerba* getrunken wird (auch der Tee selbst wird als *mate* oder *yerba mate* bezeichnet)
monte: (niedriger Busch-) Wald; Waldinsel in den Pampas
monturero: Sattelkammer
palenque: Pfosten zum Anbinden von Tieren
payada: versmäßiger Stegreifgesang des Gaucho (zur Gitarre)
pegual: Gurt zum Befestigen von Traglasten auf dem Tierrücken
peón: Viehhüter; Landarbeiter
potrero: (zum wechselweisen Abgrasen) umzäunte Weidefläche innerhalb einer Estancia
puesto: Außenposten einer Estancia
puestero: Gaucho, der den entsprechenden Estancia-Abschnitt überwacht
pulpería: ländlicher Krämerladen mit Ausschank
rebenque: kurze Peitsche, die einen harten Knall erzeugt
taba: (verzierter) Kniegelenkknochen des Rinds, der beim gleichnamigen Glücksspiel wie ein Würfel (auf den Boden) geworfen wird
yerba: die getrockneten Blätter des Mate-Strauchs
yerra: das Einfangen und Zu-Boden-Zwingen der Jungrinder (zum Markieren und Kastrieren)

Die mittelständisch geprägte Bevölkerungsstruktur Argentiniens hebt das Land soziokulturell aus dem Gros des übrigen Lateinamerika heraus. Die wirtschaftlich oft chaotischen letzten zwei Jahrzehnte haben zwar an der Substanz der Mittelschicht gezehrt, doch mit einem Anteil von immer noch über 40 % der Bevölkerung (freilich auch in sich selbst wieder gestaffelt) hat sie den Schwund relativ gut überstanden. Das liegt nicht zuletzt am Improvisationstalent der Argentinier und ihrer Fähigkeit, sich rasch neue Nischen zu suchen – und sei es in der Schattenwirtschaft. Der *cuentapropismo* (das Auf-Eigene-Rechnung-Wirtschaften), also sich selbständig zu machen, wurde zum großen Ventil der Arbeitsplatzverlierer. Dennoch sind Hunderttausende als ›Neuarme‹ in die Tiefe gerutscht. Statistisch macht die Arbeiterklasse 38,5 % der Landesbevölkerung aus; unterhalb dieser Schicht aber ist der Bodensatz der Verarmten von 9,3 % (1947) auf 18 % (2000) gestiegen.

Zwar scheint sich alle Welt an die Vorstellung zu gewöhnen, daß die Hälfte der 380 Millionen Einwohner Lateinamerikas im Zustand der Armut lebt, doch in Argentinien schockt noch immer der Gedanke, drei Millionen Familien in ›unbewohnbaren‹ Behausungen vegetieren zu sehen. Hier die Sozialbilanz von sechs *villas miseria* (Elendssiedlungen) am Rand der Millionenstadt Rosario: 22 % der Bewohner sind Analphabeten, die Hälfte der Kinder beendet die Grundschule nicht, ein Viertel von ihnen beginnt bereits vor dem zehnten Lebensjahr zu arbeiten, 57 % der Mädchen bekommen ihr erstes Kind im

Festlich gekleidete Gauchos und ›Chinas‹ beim Osterfest in Quilmes

Alter von 13–17 Jahren. Das Problem ist, daß die Armen nicht nur immer ärmer werden, sondern daß es auch stets mehr von ihnen gibt.

Tatsächlich hat Menem in seiner Regierungszeit einen – angesichts der Bummelei in ehemaligen Staatsbetrieben allerdings unvermeidlichen – ›Sozialabbau‹ betrieben, dafür aber Formen eines gemeinnützigen Wohlstands in Gestalt neuer Straßen, Naturschutzparks, umgenutzter Altbauten (wie bei den Hafenspeichern von Puerto Madero) und eines modernen Telefonsystems geschaffen. Noch immer besitzt Argentinien das höchste Pro-Kopf-Einkommen Lateinamerikas, und die *Casa Rosada* bleibt mit ihrer gerne zitierten ›Philosophie des sozialpolitischen Einvernehmens‹ um Breitenwirkung bemüht. Zum 8. Oktober 1997, dem 30. Todestag des argentinischen Arztes und Revolutionärs Ernesto ›Che‹ Guevara, kam sogar eine den bärtigen Kampfgenossen Fidel Castros porträtierende Gedenkbriefmarke heraus. Nicht wenige Lateinamerikaner stimmten dem kubanischen Regierungschef zu, als dieser anläßlich der Überführung von Guevaras wiederentdeckten Gebeinen von Bolivien nach Kuba meinte, der ›Che‹ gewinne heute mehr Schlachten als einst auf der karibischen Insel.

Kirche im Aufbruch

Rund 90 % der Argentinier sind getaufte, aber weniger als 15 % praktizierende Katholiken. Der institutionelle Charakter der ›Staatsreligion‹ ist das Erbe der katholischen Pioniervölker des Landes: Spanier, Italiener und, in geringerem Ausmaße, Franzosen. Von Neapel her immigrierte gleichsam auch Argentiniens Nationalheiliger San Cayetano zum La Plata (Neapolitaner brachten zu Beginn des 20. Jh. die erste Heiligenfigur mit). Der 1480 als Gaetano (hispanisiert: Cayetano) de Thiene im italienischen Vicenza geborene und 1671 heiliggesprochene Adlige, der sein Leben der Armen- und Krankenpflege und dem Kampf gegen die Korruption (damals schon!) widmete, leitet seinen Vornamen von dem nördlich von Neapel gelegenen Hafenstädtchen Gaeta ab. Nach der Pestwelle von 1656, die in Neapel 35 000 Menschen dahinraffte, wurde der ›Sozialarbeiter‹ und Ankläger Gaetano (neben San Gennaro) zum Stadtpatron erhoben.

In Argentinien zum *Santo de la Providencia* (›Heiliger der Vorsorge‹) erkoren, sind seine himmlischen Fürsprachen in diesen Krisenzeiten mehr denn je gefragt: San Cayetano wurde zum Beschützer der Hungrigen, Arbeitslosen und Verschuldeten. Tatsächlich war Don Gaetano der Gründer eines Pfandleihhauses gewesen, aus dem die Banca di Napoli hervorging. Lebte er in unseren Tagen, sagt die Kirche, dann wäre er Pfleger der Aids-Kranken. Sehr zeitgemäß werden an seinem Tempel (im Bonaerenser Vorort Liniers) zum Todes- und Feiertag am 7. August nicht mehr Blumen und Kerzen geopfert, sondern Kleider, Speisen und Getränke für Bedürftige gespendet.

Leitfiguren für die ›Hemdlosen‹ von heute benötigt die Kirche mehr denn je. Rund drei Millionen Katholiken jährlich scheren in Lateinamerika aus den Reihen ihrer Konfession aus, weniger aus Glaubenszweifeln als aus Überzeugungsmängeln seitens der Verkünder (ver)tröstender Botschaften: zu lange hat sich die Kirche mit den jeweiligen militärischen, politischen und oligarchischen Machtstrukturen identifiziert. »Wir haben uns«, sagt ein hoher klerikaler Würdenträger, »unsere Mission von den Kommunisten aus der Hand nehmen lassen.« Aber die Rückbesinnung auf den sozialen Auftrag der Urkirche ist im Gange. Immer mehr Arbeiterpriester steigen auf die Stufe der Notleidenden herab und leisten Basisarbeit. Die Routine katholischer Sonntagsmessen brechen Spontanfeiern ›charismatischer Pfarreien‹ auf – eine zeitgemäße Antwort auf das Vordringen der Sekten, die Rom im übrigen verdächtigt, von den Vereinigten Staaten aus gelenkt zu werden: Ein katholisches – sprich: sozial eingestimmtes – Lateinamerika kann nicht im Sinne kapitalistischer Marktbeherrschung sein. Bei dem im Oktober 1999 in Paraná (Entrerios) abgehaltenen Ersten Amerikanischen Missionskongreß stand vor allem das widersprüchliche Phänomen der religiösen Leere weiter Bevölkerungskreise bei gleichzeitiger Gottsuche zur Debatte. Die Teilnehmer – 300 Bischöfe und 3000 Missionare aus Gemeinden von Alaska bis Feuerland – sahen auch in der Globalisierung einen Grund für den sich in immer weniger Taufen manifestierenden Glaubensabfall.

Am lautesten melden sich derzeit die katholischen Bischöfe Argentiniens zu Wort. Mit einer bisher ungekannten Direktheit nennen sie, eskortiert von der Kurie, Mißstände wie wirtschaftliche Ausbeutung, Arbeitslosigkeit, Korruption oder den *capitalismo salvaje* (kapitalistischer Wildwuchs) beim Namen. Um sich auch von dem geringsten Verdacht regierungsgefälligen Wohlverhaltens freizumachen, hatte die argentinische Katholische Kirche schon Anfang des Jahres 1996 ihren Verzicht auf alle weiteren (in der Verfassung festgeschriebenen) staatlichen Zuwendungen angemeldet. (In Argentinien gibt es keine Kirchensteuer.)

Bei so viel frischem Mut bleibt das Echo in der Bevölkerung nicht aus. In Meinungsumfragen erringt das katholische Episkopat die – nach dem Berufsstand der Journalisten und der Landwirte – höchste Punktewertung. In der Achtungsskala der Einzelpersönlichkeiten rangieren Kardinal Primatesta und Monsignore Karlic sogar noch vor dem Fernsehstar Susana Giménez. Die blonde Supernova ist Argentiniens TV-Liebling Nr. 1.

Kunst und Kulturleben

»Kultur ist die Kunst zu überleben, ständig zu entdecken und zu erfinden«, sagt die argentinische Dichterin María Elena Walsh – »und zwar mit jener skeptischen Intelligenz«, meinte der (1999 gestorbene) Romancier Adolfo Bioy Casares, »die pessimistischem Denken optimistisches Temperament entgegensetzt«.

An Erfindungsgeist hat es dem extrovertierten Argentinien nie gefehlt. ›Morels Erfindung‹ wird, 50 Jahre nach dem Erscheinen von Bioys Roman, im Centro Cultural Borges als Marionettenspiel aufgeführt. Im Kulturzentrum Recoleta haben 42 Maler die Romanwelt von Jorge Luis Borges in ihre Bildsprache übersetzt. Borges' Witwe, die japanischstämmige María Kodama, erhielt bei einem Haiku-Wettbewerb 6500 Schülergedichte. Der über hundertjährige, vom

Berufsboxer zum Zivilrichter und dann zum Poeten konvertierte Juan Filloy ersann 10 000 Palindrome. Ernesto Sábato – Physiker, Cervantes-Literaturpreisträger und heute Maler – liest, zur Gitarre, aus seinen Werken vor. Soeben feiert der Tangokönig Carlos Gardel – nach der im Film ›Forrest Gump‹ bewährten elektronischen Insertionstechnik mit Figuren der Gegenwart kombiniert – seine kinematographische Auferstehung. Allerorten sprießen Tango-Tanzschulen aus dem Boden. Dieser Tango-Renaissance huldigte 1996 der in Buenos Aires geborene Daniel Barenboim mit auch in Europa dirigierten Tangokonzerten.

Wenn die jährlichen 560 Studienplätze am argentinischen Nationalen Konservatorium ausgeschrieben werden, stehen die Bewerber um vier Häuserblocks Schlange. 800 000 jugendliche Zuschauer drängen sich Jahr für Jahr im experimentierfreudigen Teatro San Martín. Es gibt 10 000 Schauspielschüler in Buenos Aires. Die blutjunge Tänzerin Paloma Herrera wurde Primaballerina des American Ballet Theatre in New York; neben ihr errangen die Tänzer Julio Bocca und Maximiliano Guerra nicht nur Weltruf, sie popularisierten auch das klassische Ballett. Im Bonaerenser Kulturzentrum Ricardo Rojas, von 7200 ›Praktikanten‹ besucht, werden in 274 *talleres (workshops)* so unterschiedliche Bildungsmöglichkeiten wie das Erlernen der japanischen Sprache, des Flamenco-Tanzes oder der Jongleurkunst geboten. Sogar der Nationalsport Fußball ist in die Kunst einbezogen: 1996 begann der Maler Pérez Celis das Stadion von Boca Juniors, die ›Pralinenschachtel‹, mit Wandgemälden auszugestalten.

Kulturleben also auf breiter Front, nicht als elitäres Erlebnis bei Festspielen und Vernissagen, sondern integriert ins Alltagsleben: Gabriel García Márquez im Supermarkt und, an einem U-Bahn-Kiosk, neben hundert Magazinen auch mal Kants ›Kritik der reinen Vernunft‹. 41 % der Argentinier lesen durchschnittlich ein Buch pro Monat. Es gibt einen Sender (Radio Música Clásica), der rund um die Uhr klassische Musik und einen anderen (FM Tango), der 24 Stunden lang Tangomusik sendet.

Vom allgemeinen Bildungseifer zeugt die Tatsache, daß ausgerechnet im Krisenjahr 2000 der Verkauf von populärwissenschaftlicher und landeskundlicher Literatur um 11 % zunahm. Argentiniens multikultureller Vergangenheit spürt auch die **Musikkultur** nach. Von den schamanischen Gesängen der Indianer über die Barockmusik der Missionen reicht die Tradition bis zu den Stegreifliedern der Gauchos, begleitet von der allgegenwärtigen Gitarre, dem Leitinstrument der argentinischen Folklore.

War das Musikleben in Buenos Aires zunächst von der spanischen Zarzuela, im 19. Jh. von Wiener Walzer und italienischen Opern bestimmt, so schufen Komponisten wie Carlos López Buchardo (1881– 1948) und Felipe Boero (1884–1959) die erste nationalfolkloristische Kunstmusik. Noch weiter spannte der Leiter des Konservatoriums La Plata, Alberto Evaristo Ginastera (1916–1983), den Bogen der Klangbilder, indem er Folklore mit Zwölftonmusik verband. Aus seinem *Grupo Renovación* gingen der radikale Komponist Carlos Paz (1901–1972) und der heute als Professor an der Musikhochschule Köln wirkende Mauricio Kagel (geb. 1931), Schöpfer des ›Instrumentalen Theaters‹, hervor.

Daneben erhielt sich das von der Gitarre begleitete Liedgut der gauchesken *payadores* (Balladensänger), deren pikaresk-satirische Vortragsart sich in den Großstädten zu sozialkritischen Ausdrucksformen des Protests wandelte. In der Tradition der *payadores* stehende Künstler wie die Sänger Eduardo Falú und Atahualpa Yupanqui errangen Weltruf. Die Interpretationsbreite argentinischer Folklore reicht heute von der empfindsamen Volkslyrik der Sängerin Julia Elena Dávalos bis zur vokalen Virtuosität der tucumanischen *Negra,* der ›Schwarzen‹, Mercedes Sosa.

Aus einer Verbindung von Folklore und Rock haben vor allem Charly García und Fito Páez eine neue Kunstform entstehen lassen. Der in den 60er Jahren über ganz Lateinamerika ausstrahlende argentinische *rock nacional* leitete in den 70er und 80er Jahren zur *música de fusión* über, in der die verschiedensten Gattungen, wie Blues, Jazz, Country und Tango, miteinander verschmelzen. Der Bandoneonist Astor Piazzolla ließ sich von den (in Paris gehörten) Arrangements Gerry Mulligans inspirieren. Piazzollas ›Le Grand Tango‹ interpretierte der russische Cellist Mstislaw Rostropowitsch 1994 im Teatro Colón. Im gleichen Jahr feierte Argentiniens größtes folkloristisches Werk, die 1964 von dem Pianisten Ariel Ramírez komponierte ›Misa Criolla‹ (›Kreolische Messe‹), sein 30jähriges Bestehen: mit einem internationalen Verkaufserfolg von 6 Millionen Schallplatten und CDs.

Erst spät machten sich die Bildenden Künste von den europäischen Stilvorgaben frei. Die argentinische **Malerei** des 19. Jh. mit ihren in üppigem Kolorit gestalteten Repräsentationsbildern (als anschauliches Beispiel: das ›Porträt der Manuelita Rosas‹ von Prilidiano Paz Pueyrredón im Museo Nacional de Bellas Artes) war noch ganz dem Wohlgefallen ihrer noblen Auftraggeber verpflichtet, ehe die Künstler die Ateliers

Tango-Kapelle im Bonaerenser Viertel San Telmo – im Hintergrund ein Bild des legendären Tangosängers Carlos Gardel

verließen, um sich milieuschildernden ›Sittengemälden‹ oder der Landschaftsmalerei zu widmen. Unter dem Einfluß des visuellen *Criollismo* hielten Maler wie Fernando Fader (1882–1935), Eduardo Sívori (1847–1918) und Martín Malharro (1865–1911) impressionistisch eingestimmte Pampasszenen fest.

Ihren stärksten Ausdruck fand die argentinische Malerei in den 20er und 30er Jahren des 20. Jh. Der bis 1930 in Paris lebende Antonio Berni (1905–1981), im Umfeld Louis Aragons und Giorgio de Chiricos dem Surrealismus und der Metaphysik ergeben, begegnete in Buenos Aires dem mexikanischen Muralisten David Alfaró Siqueiros und ließ polemische Bilder von monumentaler Eindruckskraft entstehen. Seine Tempora-Dokumentation ›Desocupación, Desocupados‹ (›Arbeitslosigkeit, Arbeitslose‹) von 1934 ist das bisher höchstbezahlte (800 000 Dollar) Werk eines Argentiniers. Der ebenfalls in Paris geschulte Alfredo Guttero (1882–1932) schuf, ans Quattrocento und die romanische Kunst Spaniens anknüpfend, großflächige ikonographische Bilder in erdfarbenen Tonwerten (Material: pigmentierter Gips). Auf die mythologische Semantik des präkolumbischen Argentinien griff der Paul Klee verpflichtete, mit Jorge Luis Borges befreundete ›nachdenkliche Humanist‹ Xul Solar (1887–1963) zurück. In seinen komplexen, von Sonnen, Schlangen, Kreuzen, Pfeilen, Gesichtern, Zeichen und Zahlen besetzten Aquarellen beschwört er archaische Traumbilder.

Die moderne Malerei der jüngsten Generation (im Obergeschoß des Museo Nacional de Bellas Artes) ist überwiegend zeitkritisch, karikierend, provokativ, plakativ. Lebende Künstler wie Guillermo Kuitca schufen sich ihren sehr eigenen Stil – und Markt. Kuitcas Bilder erzielen inzwischen Preise von über 100 000 Dollar.

In der **plastischen Kunst** reicht die Palette moderner Ausdrucksformen von den Metallskulpturen José Pereras – Reminiszenzen der Indianerkultur in den Pampas – bis zu den lebensgroßen Holzstatuen und den Buntglasfenstern der vielseitigen Bildhauerin Alicia Toscano.

Kulturprägend war auch immer der argentinische **Film**, der, einmal von den Hollywood-Klischees losgelöst, vor allem die eigene Geschichte kritisch ausleuchtete. Streifen wie ›La Patagonia Rebelde‹ (auf Osvaldo Bayers gleichnamiger Schilderung vom Aufstand der patagonischen Estancia-Arbeiter in den 20er Jahren fußend) oder Luis Puenzos vielfach international sowie 1986 mit einem Oscar ausgezeichneter Film ›La Historia Oficial‹ (›Die offizielle Geschichte‹, ein paradigmatisches Verschwundenen-Schicksal aus der Zeit der Militärdiktatur) sind zu zeitlosen historiographischen Werken geworden. Ein Kassenerfolg war 1993 der die Geschichte des Bonaerenser Stadtrebellen ›Tanguito‹ nacherzählende Film ›Tango feróz‹ (›Wilder Tango‹). Auch die neuesten Streifen greifen gerne auf eine Biographie zurück: ›Lola Mora‹ auf die der gleichnamigen Bildhauerin, ›Sobre la Tierra‹ (›Auf der Erde‹) auf die Vita einer nach dem Ersten Weltkrieg nach Argentinien verschlagenen deutschen Baronin. Der auf dem Roman ›Una sombra pronto serás‹ (›Bald wirst du ein Schatten sein‹) des 1997 verstorbenen Bestseller-Autors Osvaldo Soriano beruhende Patagonien-Film gleichen Titels wurde 1994 auf dem Filmfestival in Venedig gezeigt. 1996 ehrte man die argentinischen Cineasten Eugenio Zanetti (in den USA lebend) und Luis Enrique Bacalov (Rom) mit je einem Oscar.

Richtig Reisen
Thema

Magie, Mystik, Metaphysik
Die argentinische Literatur

Jedes Volk habe sich – gleichsam als geistiges Kontergewicht –, so meinte Jorge Luis Borges einmal, eine Gegenfigur zur eigenen Mentalität als literarisches Leitbild erkoren: Argentinien mit seiner Militärgeschichte von Bürgerkriegen und Wüstenfeldzügen den desertierten Gaucho Martín Fierro.

Tatsächlich hat der Gaucho, kulturgeschichtlich gesprochen, mehrmals das Pferd gewechselt. Zunächst von Argentiniens großem Reformer und Staatsmann **Domingo Faustino Sarmiento** (1811–1888) unter dem Eindruck der Caudillo-Raubzüge als gesetzloser mestizischer Strolch aufs Korn genommen (›Zivilisation und Barbarei: Das Leben des Juan Facundo Quiroga‹, 1845), wird ein ebensolch halbwilder Mischling 40 Jahre später im Erzählgedicht ›Tabaré‹ des Uruguayers **Juan Zorrilla de San Martín** (1885–1931) zum Geliebten einer Weißen und zur Symbolfigur der von Ausrottungskampagnen bedrohten Pampa-Indianer. Die Identitätsdebatte hatte um diese Zeit schon der Argentinier **Estanislao del Campo** (1834–1880) in seiner hochrangigen, von gaucheskem Esprit sprühenden Dichtung zugunsten der ›Naturburschen‹ verschoben. Zum romantischen Helden par excellence aber gestaltete **José Hernandez** (1834–1886) den Gaucho ›Martín Fierro‹ in seinem gleichnamigen Werk (1872), das zu Argentiniens Nationalepos werden sollte. Exemplarisch ist Hernandez' Auseinandersetzung mit der erneut rivalisierenden Thematik von ›Zivilisation‹ und ›Barbarei‹: Zunächst flüchtet der an den Rand der Gesellschaft gedrängte Martín Fierro in das freiheitliche Leben eines Indianerstammes, dann kehrt er – im zweiten, sieben Jahre später veröffentlichten Band ›La vuelta de Martín Fierro‹ (›Martín Fierros Rückkehr‹) –, des Vagabundendaseins müde, in die ungeliebte Zivilisation zurück. Die Gaucho-Dichtung hat der (auch im benachbarten Chile) als ›Kostumbrismus‹ in die Literaturgeschichte eingegangenen sittenschildernden Regionalliteratur den Weg bereitet.

Erst mit dem über ganz Lateinamerika ausstrahlenden Modernismus, zu dessen Prophet der – viele Jahre in Argentinien lebende – Nicaraguaner **Rubén Darío** (1867–1906) wurde, setzte das Literaturgeschehen zu einer neuen Stilform an. Argentinischer Exponent der Modernisten ist der schwungvolle, in kühnen Metaphern und pittoresken Kontrasten dichtende Lyriker **Leopoldo Lugones** (1874–1938), dessen sprachliche Virtuosität im ›Lunario Sentimental‹ (›Empfindsames Lunarium‹) von 1909 gipfelt. Der facettenreiche Lugones, ideologisch als ›sozialistischer Humanist‹ ausgewiesen, entwickelte sich mit seinem ausufernden Werk nicht nur zum Vorläufer der argentinischen Literatur, er belebte auch die gaucheske Schelmenromantik aufs Neue. 1926 wurde der Landaristokrat **Ricardo Güiraldes** (1886–1927) mit dem parabelhaften

Jorge Luis Borges

Roman ›Don Segundo Sombra‹ berühmt, in dessen Mittelpunkt ein der Wirklichkeit abgeschauter Gaucho aus San Antonio de Areco steht.

Als städtischer Gegenpol zur Gaucho-Literatur entstand in der ersten Hälfte des 20. Jh. eine Vorstadt-Prosa, deren Protagonisten die *compadritos* – Stenze, Flaneure, Messerhelden – von Buenos Aires waren. Diese Randexistenzen, die durch **Roberto Arlts** (1900–1942) Romane ›Los siete Locos‹ (›Die sieben Irren‹) und ›Los Lanzallamas‹ (›Die Flammenwerfer‹) geistern, symbolisieren das von dem Nonkonformisten Arlt kultivierte Thema der Entwurzelung des Großstadtmenschen. Mit humoristischem Abstand, als barocke Zeitsatire skizziert **Leopoldo Maréchal** (1900–1970) dieses Milieu in seinem ›Adán Buenosayres‹ (›Adam Buenosaires‹), das auch den Hintergrund zu **Jorge Luis Borges'** Erzählung ›El Hombre de la Esquina Rosada‹ (›Der Mann von der rosa Ecke‹) bildet.

Der nach einer in Genf und Mallorca verbrachten Jugend 1921 nach Buenos Aires zurückgekehrte Borges (1899–1986) entflammte sich für seine wiederentdeckte Heimatstadt und widmete ihr – sein erstes Werk – die in 300 Exemplaren gedruckte Gedichtsammlung ›Fervor de Buenos Aires‹ (›Begeisterte Hingabe an Buenos Aires‹). Den Vertrieb besorgte der junge literarische Hoffnungsträger selbst – indem er beispielsweise die Bände in Garderoben in die Manteltaschen von Unbekannten schmuggelte. Schon früh als ›Vater des argentinischen Ultraismus‹ etikettiert, macht Borges sich gleichwohl frei von den mit Artefakten des technischen Fortschritts überladenen Versexerzitien dieser lyrischen Welle und sucht die reine ›essentielle Poesie‹. Zusammen mit anderen avantgardistischen Autoren wurde Borges zum Fackelträger der bis heute lebendigen *Literatura fantástica* Argentiniens. Neben Lugones gilt der Uruguayer Horacio Quiroga (1879–1937), der sich in den Urwald von Misiones zurückgezogen hatte, als naturnaher Interpret dieser Literaturgattung. Der außerordentlich belesene Jorge Luis Borges (er übersetzte Kafka, las Schopenhauer auf Deutsch und erlernte alte nordische Sprachen) erlangte mit seinen komödiantischen, Realität und Irrealität überblendenden Erzählungen – gesammelt in den Bänden ›Ficciones‹ (›Fiktionen‹, 1944) und ›El Aleph‹ (›Labyrinthe‹, 1949) – Weltruhm. Er gilt bis heute als der schöpferischste Schriftsteller spanischer Sprache des 20. Jh.

Borges' Zeitgenosse und Freund **Adolfo Bioy Casares** (1914–1999) hat mit seinen 1940 erschienenen Werken ›Antología de la literatura fantástica‹

›Anthologie der phantastischen Literatur‹) und ›La invención de Morel‹ (›Morels Erfindung‹) die metaphysische Gedankenwelt mitgeprägt. Mit der Erstveröffentlichung der magischen Kurzgeschichte ›La casa tomada‹ (›Das besetzte Haus‹) wurde Borges 1951 – damals Chefredakteur der Zeitschrift ›Los Anales de Buenos Aires‹ – zum Wegbereiter eines anderen großen Schriftstellers der argentinischen phantastischen Literatur: **Julio Cortázar** (1914–1984), dessen anstrengender, in Beckettscher Verfremdungsmanier angelegter Antiroman ›La Rayuela‹ (›Das Hüpfspiel‹) von 1963 im Mittelpunkt seines Werkes steht. Der Technik des Narrativ-Phantastischen nicht weniger ergeben, versucht **Ernesto Sábato** (geb. 1911), wie er sagt, aus dem von korrumpierten Idealen, Naturzerstörung und menschlicher Verarmung gezeichneten Gegenwartsgeschehen ›metahistorische Werte‹ zu sublimieren. Mit seinen Hauptwerken ›Sobre héroes y tumbas‹ (›Über Helden und Gräber‹) von 1961 und dem apokalyptischen ›Abaddón, el exterminador‹ (›Abaddón, der Engel des Verderbens‹) von 1974 sowie seinem politischen Engagement (auch für die unter dem Militärregime ›Verschwundenen‹) wurde der vom Atomstrahlenforscher im Pariser Curie-Laboratorium zum Dichter konvertierte Sábato zum moralischen Gewissen der Nation. Mit der im Jahr 2000 erschienenen Autobiographie ›Antes del fin‹ (›Vor dem Ende‹) schloß der Dichter sein literarisches Lebenswerk ab.

Als ersten Schriftsteller spanischer Sprache im 20. Jh. nahm die Académie Française 1996 den Argentinier **Héctor Bianciotti** – den ›neuen Borges‹, wie ›La Quinzaine Littéraire‹ den Geehrten pries – in den Kreis der ›Unsterblichen‹ auf.

Der argentinische Nationalheld Martín Fierro (Kachelbild in Mendoza)

Reisen in Argentinien

Das Zwölf-Millionen-Monster

»Daß Buenos Aires jemals begonnen hat, kann ich kaum glauben; mir erscheint es so ewig wie die Luft und das Wasser.«

Jorge Luis Borges
(›Labyrinthe‹)

Könnte Jorge Newbery, der argentinische Flugpionier und Höhenweltrekordler (6200 m) von 1914, noch einmal auf die damalige Einmillionenstadt herunterschauen, dann erblickte er heute das größte Schachbrettmuster der Welt. Mit dem Rücken zum breitesten Fluß der Erde (45 km), dem Río de la Plata, hat sich das inzwischen über 12 Millionen Einwohner große Buenos Aires wie ein wasserabweisender Ölfleck längs des Ufers und in die Pampa hinein ausgebreitet. Ein quadratisches Raster von mehr als 100 000 Straßenblocks, gekrümmt nur an wenigen Stellen von einem den Fluß zur Grundlinie bestimmenden Bauleitplan, bedeckt 4000 km². Über 70 km Länge zieht sich die Flächenstadt als einziger Überseehafen der Welt an einem Süßwassermeer – dem vom spanischen Entdecker Juan Díaz de Solís 1516 ›Mar Dulce‹ genannten löwenbraunen La Plata – entlang.

Zu den stadtgeographischen Weltrekorden von Buenos Aires, den ›Guten Lüften‹, gehören auch die 35 km lange Avenida Rivadavia, der erst bei Hausnummer 16 000 der Atem ausgeht, sowie die 140 m breite Verkehrsachse 9 de Julio, die das Wahrzeichen der Stadt, einen (1996 frisch aufpolierten) 67,50 m hohen, nackten Obelisken, in ihre Mitte nimmt. Entkleidet hat sich die Betonnadel schon 1913, als die Erschütterungen durch die soeben eingeweihte U-Bahn – eine der ersten der Welt – die Tuffsteinplatten herunterfallen ließen. Vielleicht würde im Verkehrslärm von heute der Absturz nur noch als stumme Staubexplosion wahrgenommen: lediglich zwei von 47 Stadtbezirken können, nach den Maßstäben der Weltgesundheitsorganisation, akzeptable Dezibel-Werte vorweisen. Über 15 000 *colectivos* (Stadtbusse) wieseln durch das straßenbahnlose Buenos Aires, in dem die Pendler täglich 20 Millionen Fahrkarten zum Transport in öffentlichen Verkehrsmitteln lösen.

Am Stadtflughafen *(Aeroparque)* ›Jorge Newbery‹ herrscht solche Anflugdichte, daß die Maschinen ihre Wartezeit in mehrschichtigen ›Torten‹ abfliegen müssen. Noch haben Architekten und Umweltschützer den Plan abwenden können, im Fluß eine panoramafeindliche *Aeroisla,* eine Flugplatzinsel, zu bauen. Wer von Norden auf den ufernahen *Aeroparque* einschwebt, bekommt das Makrozentrum von Buenos Aires modellhaft unterbreitet: Hinter dem Geschlinge des Paraná-Deltas kriechen Landhäuser ins Grün, verdichten sich zu Villenkomplexen mit Bootshäfen, Turfs, Tennisplätzen (1500!), dazwischen blinken, Smaragden gleich, 40 000 türkisfarbene Pools vor heckenumkränzten Chalets, deren mittägliche Rauchzeichen den nahenden *asado* ankündigen (25 000 Rinder wöchentlich werden in dieser Stadt geschlachtet). Dann scheint der rechte Flugzeugflügel die vornehmen Wohntürme des Palermo-Viertels abzusägen, während unter der Maschine Palmenhaine, Sportclubs und eine der Pferderennbahnen vorbeiflitzen, wo an einem normalen Wochentag 2 Millionen Dollar verwettet werden. Noch einmal sagt die Stewardess in ihrem hispanischen Eng-

Nachtleben auf der Avenida Corrientes –
◁ *im Hintergrund der Obelisk*

lisch *(Spanglish)*: »Pliss put yourr sit in a verrtical position!«, und dann wird alles wieder horizontal:

Buenos Aires ist eine auf Schwemmsand gebaute Stadt, deren Hauptpost – von dem französischen Monumentalbildhauer Frédéric Auguste Bartholdi, Schöpfer der New Yorker Freiheitsstatue, gestaltet – auf 3000 Betonpfeilern ruht. Im ersten Stock das 10 m² große Gemälde ›Land der Verheißung‹, eine leuchtende, wie von innen illuminierte Einwandererszene. Allein deutschstämmige Immigrantennachkommen mag es in Buenos Aires eine Million geben. Der zweimalige Staatspräsident Carlos Saúl Menem ist syrischer Abstammung, 7 % der Bevölkerung sind Juden. Auf jede dritte Kirche kommt eine Synagoge. Es gibt ein Little Armenia, ein Chinatown, Korea- und Boliviatown. Buenos Aires ist die kosmopolitischste Stadt Lateinamerikas und konkurriert mit Mexico City und São Paulo um den ersten Platz in der Einwohnerstatistik. Am stärksten haben sich Italiener unter die hispanisch-kreolische Stammbevölkerung gemischt. Sie waren es, die dem argentinischen Spanisch jene unvergleichliche Melodik verliehen, die das Palaver in Myriaden von Cafés, die Stimmen von 2 Millionen selbsternannten VIPs mit portablem Telefon und den Sprechgesang des 24-Stunden-Senders ›FM Tango‹, den der Taxifahrer auf Dauerempfang gestellt hat, zum Belcanto werden lassen.

Diese Megastadt vibriert, flirrt und tanzt wie eine farbige Libelle. Und zwar ohne die angeleuchteten Wasserfälle einer nordamerikanischen ›Plaza‹, die nach Sonnenuntergang zur menschenleeren Kulisse verödet. Buenos Aires lebt fast rund um die Uhr. Die Porteños (die ›Hafenbewohner‹ genannten Einheimischen) lieben ihre Straßen, verunstaltet und geschmückt zugleich von 150 000 Werbeflächen, Girlanden von Stromkabeln, feuerroten Londoner Telefonzellen und durchsetzt mit 13 000 *quioscos* (oder: *kioscos*) – die weit mehr sind als nur ›Kioske‹. Bis spät in die Nacht geöffnet, bieten sie Zeitschriften oder Blumen, Maskottchen, tausend Süßigkeiten, Getränke, Zigaretten, Shampoos, Schulhefte und Parkmünzen feil, machen Fotokopien, erteilen Auskunft und erlauben mit einem winzigen Kauf die Beschaffung von Kleingeld für den Bus. Bis in den letzten Vorort hinein sind *quioscos* nie mehr als drei Häuserblocks weit von der Wohnung entfernt. Ja, der Wert einer Straße, eines Platzes bestimmt sich nach der *quiosco*-Dichte. Sie sind die multiplen *drugstores* von Buenos Aires, und sie sorgen dafür, daß die Stadt frei bleibt von Automaten – was sie zutiefst menschlich macht. Diesem Charakterzug verdankt sie freilich auch die Tatsache, daß ein großer Teil eben jener schmückenden Werbeflächen ungesetzlich ist, daß 10 % aller Bauten schwarz errichtet wurden, 9000 Taxis (von 48 000) ohne amtliche Genehmigung zirkulieren, zwei Drittel der polizeilichen Ordnungsstrafen nicht bezahlt werden, mehr als 50 000 illegale Zapfer an den Elektrokabeln hängen.

Das schillernde Monster Buenos Aires, in dem mehr als ein Drittel der Landesbevölkerung lebt, zeichnet für die Hälfte des nationalen Stromverbrauchs, aber auch der Wertschöpfung, verantwortlich. Auf nur je 20 Einwohner kommt ein Laden, denn es gibt zwar riesige *shoppings* mit Galerien, Boutiquen, Banken und Restaurants, doch nicht die turnhallenartigen Etagenkaufhäuser deutschen oder französischen Stils. Bloß keine normativen Zwänge! Der Porteño (und die Porteña) ist Individualist, selektiv, spontan und nonchalant, und deshalb nicht ›modebewußt‹, sondern polyform, wandlungsfähig, höflich, charmant und manchmal ein wenig großspurig, dabei menschlich elegant – unübersehbar mediterran.

Jeder zehnte Einwohner der Superstadt hat eine Universität besucht. Fernsehen ist eine Institution, aber keine Droge. Es gibt immer noch 70 Großkinos und ebenso viele Kunstgalerien, 60 Museen, 40 Theater und (besonders in der Avenida Corrientes) reihenweise Buchläden. Diese Polis ist eine Stadt von vielen Welten. Wäre sie nur eine ›Weltstadt‹, verwiese sie auf ihren Veranstaltungskalender. Buenos Aires aber bedeutet ständiges Happening. Ein Dutzend Zeitungen, manche über 150 Seiten stark, erscheinen täglich und bieten in ihren Kleinanzeigen, von Dienstleistungen der sanften Prostitution bis zum Familienmausoleum aus fünfter Hand, alles an, was Herz oder Seele begehren. Es gibt 5000 praktizierende ›Seelenklempner‹ in dieser ›psychoanalytischsten Stadt unseres Planeten‹, von Stammkunden so regelmäßig besucht wie Fitness-Center oder der Gitarrenunterricht.

»Was ist Buenos Aires?« fragt Jorge Luis Borges in einem seiner verrückten Heimatstadt gewidmeten Gedicht: »Dinge, die der Zeit gehören.« In 24 Parks, an Rondellen und unter manch einem der 600 000 Straßenbäume sinnen Denkmäler einer aus Triumph und Vergessen gemachten Zeitgeschichte nach: Monumente für Don Quijote und die Drei Grazien, den Unsterblichen Großvater und die Opfer des Gelbfiebers, den unwiederbringlich verschwundenen Ureinwohner und das Dornier-Flugboot ›Plus Ultra‹, das 1926 als erstes Flugzeug die 10 000-km-Strecke von Südspanien zum La Plata überwand. ›Plus ultra‹ ist bis heute das Sehnsuchtsziel dieser überschwenglichen und zugleich versonnen gestrigen Stadt geblieben, in der Umberto Eco, in einem Antiquariat der Avenida Corrientes stöbernd, aus einem zerfledderten Schmöker die Grundidee zum ›Namen der Rose‹ empfing. Mit seiner Romanfigur des blinden Bibliothekars Jorge de Burgos hat er, wie er selbst sagte, Jorge Luis Borges ehren wollen.

Stadtplan auf Rinderhaut

Der erste Standort von Buenos Aires ist so unbestimmbar wie das Migrationsmuster seiner Delta-Inseln. Nur soviel verraten die frühesten Chroniken: daß es eine erhöhte Uferstelle in der Nähe eines in den La Plata mündenden Flüßchens war, das den Schiffen der Spanier als Ankerplatz diente. Es könnte der Río Luján im Norden, aber auch der Riachuelo im Süden gewesen sein, wo später das Hafenviertel La Boca entstand. Gesichert ist nur die Erkenntnis, daß die 1536 an diesen Ufern landende Expedition Pedro de Mendozas unter einem ähnlichen Unstern stand wie das 20 Jahre zuvor gescheiterte Unternehmen des Juan Díaz de Solís, der von den Charrúa-Indianern getötet und verspeist wurde.

Mendoza war von Karl V. ausgesandt worden, um als Adelantado, als Statthalter in spe, den portugiesischen Zugang zu den Gold- und Silberschätzen Oberperus abzuriegeln. So viel war Mendoza die mit elf Karavellen und Galeonen unternommene *aventura* wert, daß er sein ganzes Vermögen, 40 000 Golddukaten, darein investierte. Als er nach fünfmonatiger Seereise auf dem Schlick landete, der, heute eine Hafenstraße, nach ihm benannt ist, stolzierten Flamingos, Strauße und Rebhühner durch das Schilf. Ein Paradies, so schien es. Der Adelantado liebte Rebhühner

Auf der Plaza Dorrego im Viertel San Telmo

über alles. Doch nachdem die ersten sechs Landgänger von Pumas zerfleischt, nachfolgende von den Schleuderkugeln der Indianer niedergestreckt worden waren, igelte man sich in einer Lehmfestung ein. So schlecht kam man an die Ressourcen der unheimlichen *Terra nova* heran, daß die ersten Kirchen aus dem Holz demontierter eigener Schiffe gebaut und der Weihnachtsbraten aus Pferdefleisch in Rotwein bereitet werden mußten. Die anekdotischen Begebenheiten kennen wir aus der ›Wahrhaftigen und lieblichen Beschreibung etlicher furnemen indianischen Insulen‹, einer romanhaften Chronik des Landsknechts Ulrich Schmidel aus Regensburg, der zum Expeditionsheer Mendozas gehörte. Von diesem jungen Abenteurer wissen wir auch, daß seine Begleiter später vor Hunger Leder – und das Beinfleisch gehenkter Pferdediebe – verzehrten. Als diese erste Niederlassung unter den Brandpfeilen der Indianer in Flammen aufging, ließ der syphiliskranke Mendoza das Schiff ›La Magdalena‹ kalfatern und segelte am 22. April 1537 nach Europa zurück. Er starb auf hoher See.

Gewiß trüge Buenos Aires heute einen anderen Namen, wäre Mendozas Expeditionsflotte im gefürchteten *sudestada,* einem von Süden kommenden Regensturm, oder im *pampero,* dem eiskalten Südwester, vor Topp und Takel in die La-Plata-Mündung gepeitscht worden. So aber gondelte das Geschwader – die größte von Spanien bis dahin in die Neue Welt entsandte Armada – in einem milden sommerlichen Nordwind an der Küste entlang. Die Seeleute erinnerten sich dankbar ihrer heimatlichen Schutzpatronin und benannten nach ihr den Platz der erfolgreichen Landung: Nuestra Señora del Buen Ayre. Ein Name übrigens, der in der karibischen Insel Bonaire seine Entsprechung hat und auch von Juan de Garay beibehalten wurde, als dieser 1580 ein Bündel Pampasgras – symbolischer Akt der Zweitgründung – in die ›guten Lüfte‹ warf.

Der als 14jähriger Abenteurer nach Peru gelangte Garay segelte nicht übers Meer heran, sondern schiffte sich von Asunción (Paraguay) aus mit einer Flotte von Brigantinen, Flößen und Kanus ein, um sich auf dem Flußwege über den Río Paraguay und den Río Paraná ins Delta treiben zu lassen, unterdes an den Ufern das erste Vieh für die neue Stadt parallel mitgetrieben wurde. Getreu den Anweisungen Karls V. steckte Juan de Garay den Flächenplan von Buenos Aires ab, indem er das Gittermuster und seine Diagonalen von einer Rinderhautzeichnung maßstabgerecht auf die Landschaft übertrug. Bis heute steht der Cabildo an jener Plaza (de Mayo), die der Gründervater, einen ›Baum der Gerechtigkeit‹ pflanzend, vor über 400 Jahren zum Mittelpunkt bestimmte. Doch den Namen des ›Tors zur Neuen Welt‹, des andalusischen Sherry-Hafens Sanlúcar de Barrameda, von dem einst Mendozas Riesenflotte aufgebrochen war, trägt nun ausgerechnet die kleinste (nur 30 m lange) aller 12 000 Straßen von Buenos Aires.

Die Nachricht von der gelungenen Wiedergründung sollte dem spanischen Hof die Karavelle ›San Cristóbal de Buenaventura‹ überbringen, doch die Verheißung des Schiffsnamens erfüllte sich nicht. Piraten brachten den Segler vor der La-Plata-Mündung auf und leiteten damit eine jahrhundertelange Freibeuterei ein, die allerdings nie die Ausmaße ihres karibischen Pendants erreichen sollte. Dazu war die auch 100 Jahre nach ihrer Zweitgründung erst 6000 Einwohner große Lehmziegelstadt Buenos Aires zu arm – und vor unverhofften Landungen durch die gleichen lehmigen Sandbänke geschützt, die den Baustoff der Häuser lieferten. Allein, der erste ›Flottenbesuch‹ des britischen Piraten Francis Drake lieferte einen Vorgeschmack auf die späteren Invasionen der Engländer.

Als Beute erst richtig interessant wurde das von einer hochmütigen Hispanidad in Cuzco gegängelte Buenos Aires (damals noch ein unbedeutendes Anhängsel des Vizekönigtums Peru) mit der Einführung des Sklavenhandels, den die Portugiesen bereits im 17. Jh. begonnen hatten: sie schleppten rund 20 000 Afrikaner ein. Der Menschenschmuggel ging einher mit einem regen Tauschhandel – 100 Rinderhäute für einen Neger – und einem Konterbandegeschäft ohnegleichen. Offiziell autorisiert wurde der Sklaventransport 1700, als die französische Guinea-Compagnie von der spanischen Krone das Monopol erhielt. Der eigentliche schwarze Boom setzte aber erst ein, nachdem die South Sea Company am Retiro-Platz – wo heute der britische Uhrturm steht – ihren Sklavenmarkt eröffnen durfte und die lebende Fracht in dort erbauten Schuppen ›zwischenlagerte‹. 18 000 Schwarze verhökerte die South Sea Company in Buenos Aires – vorwiegend für Hausarbeiten, denn Plantagen brasilianischen oder kubanischen Stils gab es keine –, bevor der Sklavenhandel 1812 verboten wurde.

So wuchs der 1776 zur Hauptstadt des Vizekönigtums La Plata erhobene Hafen um die Wende zum 20. Jh. rasch auf die ersten 100 000 Einwohner zu und lockte, ebenso wie das schräg gegenüberliegende Montevideo, als strategischer Punkt in der zweitgrößten Flußmündung des Kontinents die allgegenwärtigen Engländer an. Die Welt – besser gesagt, was davon noch zu holen war – müssen die geadelten Haudegen jener

Zeit als reines Kapergut betrachtet haben. An Afrikas Südspitze, wo Sir Home Popham im Auftrag der britischen Krone das Kap der Guten Hoffnung für England in Besitz genommen hatte, verfiel der Kommodore auf die sozusagen private Idee, schnell einmal ein paar tausend Seemeilen nach Amerika zu segeln, um Montevideo ›einzusakken‹. Doch angesichts der drohenden Hafenbastion drehte er ab und besetzte dafür lieber das ungeschützt gegenüberliegende Buenos Aires. Dessen Vizekönig Sobremonte (›Über-Berg‹) flüchtete – welch böser Hohn des Eigennamens! – über alle Berge. Sofort mobilisierte man im siegestrunkenen London weitere Flotten, um dem spanischen Imperium nun auch Chile und Mexiko zu entreißen.

Indessen, das Südgeschwader mußte zur La-Plata-Mündung umgeleitet werden, weil die Hispanier Buenos Aires von Montevideo aus inzwischen zurückerobert hatten; umgekehrt wurde Montevideo selbst kurz darauf von den Engländern genommen. Die Erstürmung kostete die Briten tausend Mann, ein vergebliches Opfer, denn schon bald sahen sie sich genötigt, diesmal endgültig, vor den spanisch-amerikanischen Streitkräften zurückzuweichen. Den britischen Befehlshaber aber ließ man aus Rache den spanischen Fahnenstock persönlich in den Boden pflanzen.

Jenseits des Episodischen jener wechselhaften Scharmützel jedoch tat sich ein neuer geschichtlicher Horizont auf: Die Bezwingung der Engländer aus eigener Kraft, also ohne Hilfe des spanischen Mutterlandes, steigerte das Selbstbewußtsein der Hispanoamerikaner zu jenem Freiheitsbegehren, das zum Movens der Unabhängigkeitsbewegung werden sollte. Insofern hat, paradoxerweise, die Kolonialmacht Großbritannien die Dekolonisierung Südamerikas gefördert. Den Norden befreite Bolívar, den Süden San Martín.

Buenos Aires im 21. Jahrhundert

Als Stadt, als urbaner Körper herausmodelliert hat sich Buenos Aires erst im 19. Jh. Während eine von den Europäern nie zuvor gesehene, sich am Horizont verlierende plane Fläche zur ungehemmten Zellvermehrung der auf 150 × 150 spanischen Ellen *(varas)*, d. h. 125 × 125 m, modulierten Häuserquader geradezu aufforderte, mauserte sich der Gründungskern zum Patrizierdomizil. Den Metamorphosen der Jesuitenarchitektur folgend, die die archaische Form ihrer Sakralbauten – kreuzförmiger Grundriß, darüber das Kreuzgewölbe und, je nach Budget, ein oder zwei Türme – vom Renaissancetempel zur Barockkirche wandelten, veredelten sich auch die Fassaden der Bürgerhäuser. Der Mangel an solidem Baumaterial hatte lange Zeit für Standardkonstruktionen mit 30 cm starken Adobemauern gesorgt. Festes Ganggestein lag in Buenos Aires 200 m tief oder hätte aus mindestens 400 km Entfernung herantransportiert werden müssen.

Doch bereits um 1870, als die Stadt 500 Häuserquader umfaßte (und an den heutigen Avenidas Callao bzw. Entre Ríos endete), liefen jährlich 2000 Schiffe den Hafen an und brachten als Rückfracht und Ballast von Europa Pflaster-, Backsteine und Marmor mit. Schon um diese Zeit hatten sich, dem Vorbild mittelalterlicher toskanischer *contrade* folgend, Stadtrepubliken mit spezifischer Soziokultur herausgebildet. Patrizischer Kern der aufstrebenden Urbs war (das im Süden gelegene) San Telmo, wo 1871 die Geißel des Gelbfiebers 14 000

Einwohner – ein Zehntel der damaligen Bevölkerung – auslöschte und für die erste vehemente Binnenwanderung sorgte. Die bessergestellten Bürger flüchteten in den (höhergelegenen) Norden und setzten sich in Belgrano fest, damals eine Landgemeinde, heute ein integrierter Vorort.

Das ›Schwarze Erbrechen‹ (Gelbfieber) seinerseits förderte den Schienenbau, denn die ›Leichentram‹ mußte alle zwei Stunden zu den neu ausgehobenen Gruben der Jesuiten-Estancia La Chacrita (›Das kleine Landgut‹) fahren, wo der – heute im geographischen Mittelpunkt der Stadt liegende – Zentralfriedhof von Buenos Aires, La Chacarita (so die italienisierte Bezeichnung), entstand. Diese über 1 km² große Nekropolis mit ihren 500 000 Erd- und Nischengräbern und 10 000 Gruften ist nur mit dem Campo Santo von Genua zu vergleichen. Hier ruhen auch Juan Domingo Perón und der Tangokönig Carlos Gardel. Und hier machten sich Deutsche und Engländer im Zweiten Weltkrieg auf unsterbliche Weise lächerlich, indem sie, zu Kriegsfeinden geworden, nicht nur eine Nationalgrenze durch den Totenacker zogen, sondern die Gemeinschaftskapelle abrissen, auf daß Albion und Germania ihre Toten von getrennten Grabkirchen aus in eine bessere Welt geleiten konnten.

Die Engländer bauten die argentinischen Eisenbahnen (die heute noch im Linksverkehr zirkulieren), richteten 1882 in Buenos Aires die erste Gefrierfleischfabrik ein und prägten der Stadt mit vorortlichen Namengebungen wie Hurlingham und Temperley für alle Zeiten ihren Stempel auf. Sie lieferten sozusagen die Technik für die zur Wende vom 19. zum 20. Jh. auf die erste Million Einwohner anschwellende Stadt, während Franzosen, Italiener und Deutsche den ästhetischen Umbau in Angriff nahmen. Stets mit dem Blick auf die Großstädte der Alten Welt, erschien den Porteños nichts nachahmenswerter als das ›Paris der Südhalbkugel‹ zu werden. Die neue Schlachtordnung der französischen Boulevards, die nach den raumgreifenden Ideen Baron Haussmanns das Gefilz der Pariser Gassen aufschlitzten, machte in Buenos Aires wie in keiner anderen lateinamerikanischen Stadt Schule. Alle Bauformen, in denen sich noch die Kolonialzeit widerspiegelte, wurden abgeworfen wie ein lästiger Poncho.

In den *arrabales* (Stadtvierteln) blieb immerhin das Grundraster der Straßenzüge erhalten, im Zentrum aber brach man breite Avenidas durch die Häuserschluchten und flankierte sie mit vorwiegend französisierter Prestigearchitektur, bei der jedes einzelne Gebäude zum Bedeutungsträger wurde. Aus dieser Zeit stammt auch die Sitte, jedes Haus wie ein Kunstwerk mit der Signatur seines Erbauers zu versehen. Im alten Zentrum von San Telmo findet man heute kaum noch ein Gebäude, dessen Bausubstanz vor das Jahr 1870 zurückreicht, und selbst das Geburtshaus der Stadt, der Cabildo, fiel dem eklektizistischen Fieber zum Opfer. Allerdings verdankt Buenos Aires seiner eitlen Baugesinnung der Wende zum 20. Jh. auch einige Prachtstraßen, deren Fassaden sich mit den besten von Paris, Madrid oder Budapest messen dürfen, auch wenn später (1929) die von Le Corbusier ins Land getragene Neue Sachlichkeit stellenweise für eine linienglättende Ausnüchterung sorgte. Zeitungspaläste, wie der von ›La Prensa‹ (1898), das Opernhaus Colón (1908), das Colegio Nacional de Buenos Aires (1908) oder z. B. auch das Theater

Alt und Modern – Uhrturm und Glas-Beton-Fassade in der Nähe der Plaza de Mayo

Cervantes (1921) bezeugen bis heute, daß der großbürgerliche Repräsentationsstil des beginnenden 20. Jh. auch Ausdruck eines regen geistigen und kulturellen Engagements war. Im ›LaPrensa‹-Gebäude waren Clemenceau und Puccini zu Gast, im Colón sang Caruso, das Colegio Nacional hörte Einstein seine Relativitätstheorie vortragen. Buenos Aires avancierte zur fortschrittlichsten Metropole des Südkontinents.

Als habe der Gelbfieberschock von 1871 auf immer einen Quarantänestrich gezogen, ließ die Epidemie in Buenos Aires eine axiale Raumgliederung zurück, bei der die diagonale Avenida Rivadavia die große sozioökonomische Trennlinie bildet: der Norden der Stadt gepflegt, begütert und konsumfreudig, der Süden vernachlässigt, arm, ausgabenschwach. Das belegen Zahlen: Im Süden ist die Kindersterblichkeit dreimal höher, absolvieren nur 3 % der Jugendlichen ein Universitätsstudium (im Norden 15–20 %), liegen 80 % der von 250 000 Menschen bewohnten *villas miseria* (Elendsquartiere) und die meisten der 2000 unbebauten Grundstücke – Schlupfwinkel von ungeahnten 20 Millionen Ratten. Das Viertel Dock Sud gilt als die Bronx von Buenos Aires. In den nördlichen Villenvororten hingegen haben Mülluntersuchungen gezeigt, daß mehr als 10 % des Abfalls aus eßbaren Nahrungsmitteln besteht. »Buenos Aires ist«, schrieb die Tageszeitung ›Clarín‹ einmal, »eine geteilte Stadt.«

Ist dieses urbane Ungetüm überhaupt noch steuerbar? Nur mehr durch Zellteilung. In einem ›Genesis 2000‹ genannten Projekt wurden alle zu Megakommunen angeschwollenen Vorortgemeinden auf Verwaltungseinheiten von maximal 300 000 Einwohnern zurückgestutzt. Tatsächlich hat Buenos Aires heute nicht einen, sondern viele Mittelpunkte. Die Stadt ist polyzentrisch. Wobei sich, im Zuge von Nutzungsverschiebungen, ständig neue Strömungsmuster ergeben, und zwar nicht nur zentrifugale, die laute, verpestete Innenstadt fliehende, sondern auch rückfließende. Der ganze alte Hafen mit 16 riesigen 100jährigen Lagerhäusern (durch den Containerverkehr obsolet geworden) wurde einem aufwendigen Recycling unterworfen, aus dem Tausende von eleganten Apartments (Lofts), Büroflächen für 8000 Angestellte, Universitätseinrichtungen, rund 40 erstklassige Restaurants und ein Yachthafen hervorgingen. Auch ein neues Gerichtsviertel soll in dieser ›Stadt des 21. Jahrhunderts‹ entstehen.

Den Hang, in Wohntürme (mit bis zu 50 Stockwerken am Palermo-Park) zu ziehen, haben Psychologen mit dem argentinischen ›Fernweh‹ begründet: der pampassüchtige Stadtneurotiker will von der Höhe aus in die Weite schauen können. Doch immer mehr bietet sich – als bodennahes Gegenmuster – der Umzug in einen der jetzt schon 100 Country Clubs an der grünen Peripherie an. In diesen parkartigen, umzäunten und bewachten Edelenklaven – meist früheres Estancia-Gelände – ist man schon halb auf dem Land; Pool, Tennis- und Golfplatz sind Standardattribute. Damit die bukolische Art zu wohnen aber nicht eines Tages glanzlos vergeht, haben die *countries* in den stark in Mode gekommenen privaten Parkfriedhöfen ihre posthume Entsprechung gefunden.

Anatomie eines Wasserkopfes

Als Konzentration eines Drittels der Landesbevölkerung ist Buenos Aires der Hydrozephalus von Argentinien. Im Mikrozentrum liegen die *City* als Bankenviertel, das Fußgängerkreuz Florida/Lavalle, Regierungsgebäude, Hauptpost, Oper, Stadthotels und die Kernstücke der großen Geschäftsstraßen (Santa Fe, Córdoba, Corrientes, Callao). Als Makrozentrum wird das rund 200 km² große, von 3 Millionen Menschen bewohnte Vieleck bezeichnet, das die über 30 km lange Ringstraße Avenida General Paz umschließt. Dieses Gebiet ist identisch mit der Stadt Buenos Aires. Jenseits dieses Gürtels aber pflanzt sich die Bebauung nahtlos weiter fort. Nur verwaltungsmäßig gehören die sich dort ausbreitenden Vororte zur Provinz; zusammen mit dem eigentlichen Stadtgebiet formen sie das Megagebilde Gran Buenos Aires, auf das man sich landesweit bezieht, wenn man einfach von ›Buenos Aires‹ spricht.

Der Stadtring (Avenida General Paz) wird strahlenförmig von Ausfallstraßen durchstoßen, die Fernzielen im Hinterland zustreben. Größte dieser Diagonalen ist die Stadtautobahn 25 de Mayo, die nach ihrer Gabelung als Autopista Perito Moreno nach Westen ausgreift bzw. als Avenida Luis Dellepiane (dann Ricchieri) mit dem internationalen Flughafen Ezeiza (seit 2000 im modernsten Stahlrohr-Glas-Gewand) verbindet. Inlandflüge erfolgen vom Stadtflughafen Jorge Newbery aus, der an der dem La-Plata-Ufer folgenden Verkehrsachse *Costanera* (Küstenstraße) liegt. Diese Achse verbindet im Süden (genauer: Südosten) mit der rund 60 km entfernten Satellitenstadt La Plata und führt im Norden (genauer: Nordwesten) doppelstrangig – einmal in Form der küstennahen Avenida del Libertador, zweitens als parallellaufende Avenida-Folge Santa Fe – Cabildo – Maipú usw. – zum Tigre-Delta (und weiter nach Mesopotamien). Das dritte und wichtigste Straßenband dieser Nordausläufer ist die am Acceso Norte (Nordzufahrt) der General Paz entspringende Panamericana, die 1995/96 auf je acht Spuren in beide Richtungen erweitert wurde.

Die Innenstadt von Buenos Aires unterfängt die *subte,* eine fünf Strecken bedienende U-Bahn (die älteste Südamerikas), die, seit 1995 privatisiert, schrittweise remodelliert wird. Im Jahr 2001 erhält sie 80 in Brasilien gebaute neue Waggons. Auch die Stationen putzen sich neu heraus. Dabei weist das vierstrahlige U-Bahn-Netz – einfachstes und schnellstes Verkehrsmittel im Zentrum – nur eine Querverbindung auf. Jeder Punkt des Makrozentrums ist indessen mit einem *colectivo* (Stadtbus) zu erreichen. Zuverlässigste Auskunftsstelle: der nächste Zeitungskiosk. Taxis gibt es zuhauf, sie defilieren förmlich an den Trottoirs entlang. Im übrigen sind im Zentrum die eigenen Beine das für das Stadterlebnis am besten geeignete ›Verkehrsmittel‹.

Buenos Aires
1 Banco de la Nación (Nationalbank)
2 Casa Rosada   3 Cabildo   4 Kathedrale   5 Café Tortoni   6 Club Español
7 Palacio Barolo   8 Kongreßgebäude
9 Palacio de las Aguas Corrientes
10 Teatro Colón   11 Teatro Cervantes
12 Obelisk   13 Kavanagh-Hochhaus
14 Estación (Bahnhof) Retiro   15 Galerías Pacífico   16 Plazoleta Carlos Pellegrini   17 Basílica del Pilar   18 Museo Nacional de Bellas Artes   19 ACA (Automóvil Club Argentino)   20 Museo Nacional de Arte Decorativo (Errázuriz-Palast)   21 Museo de Motivos Populares Argentinos José Hernandez   22 Monumento de los Españoles   23 Zoologischer Garten   24 Sociedad Rural   25 Iglesia y Convento de San Francisco   26 Museo de la Ciudad   27 Manzana de las Luces   28 Iglesia de Santo Domingo   29 Monumento Canto al Trabajo   30 Plaza Dorrego   31 Parque Lezama

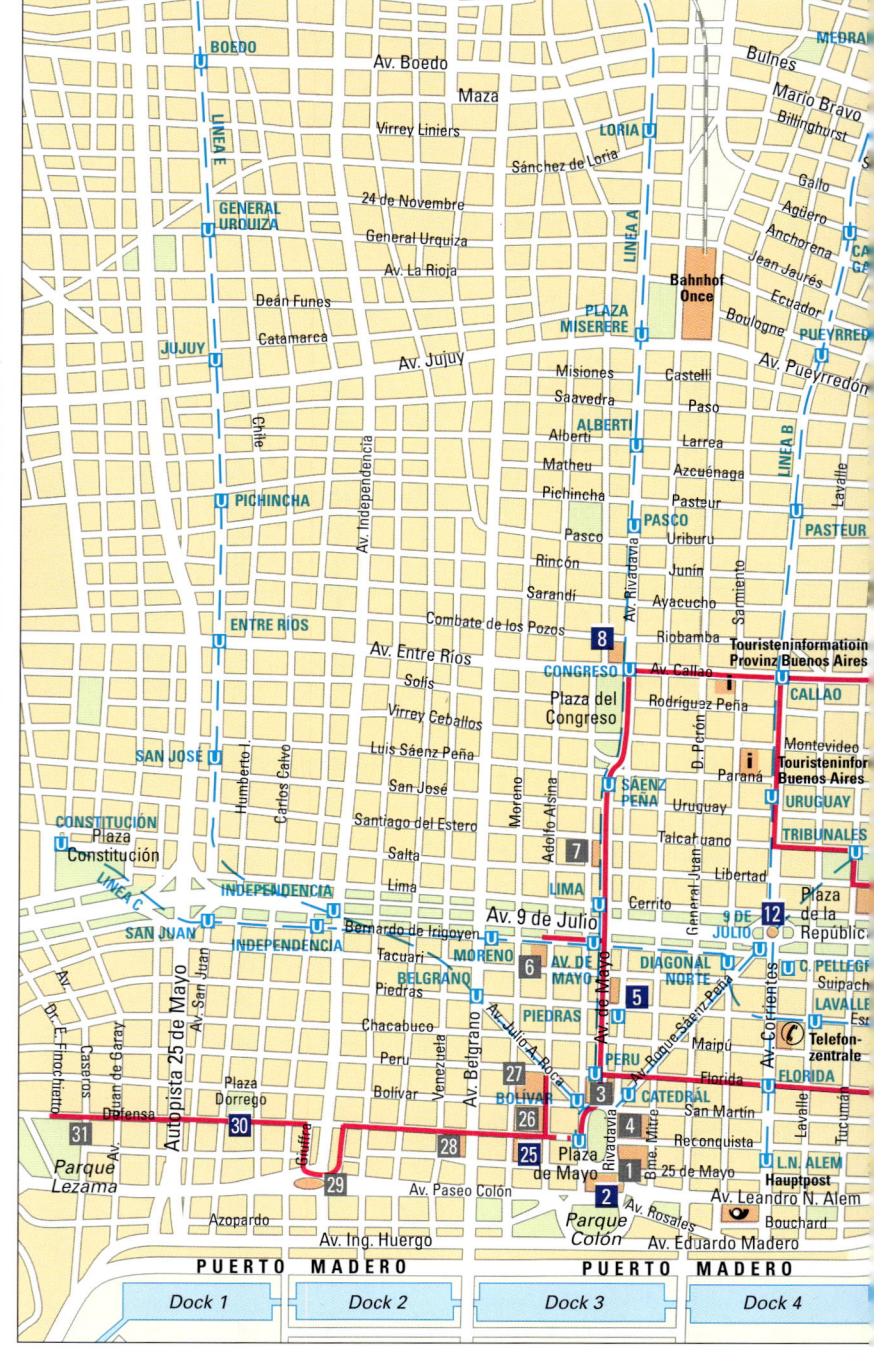

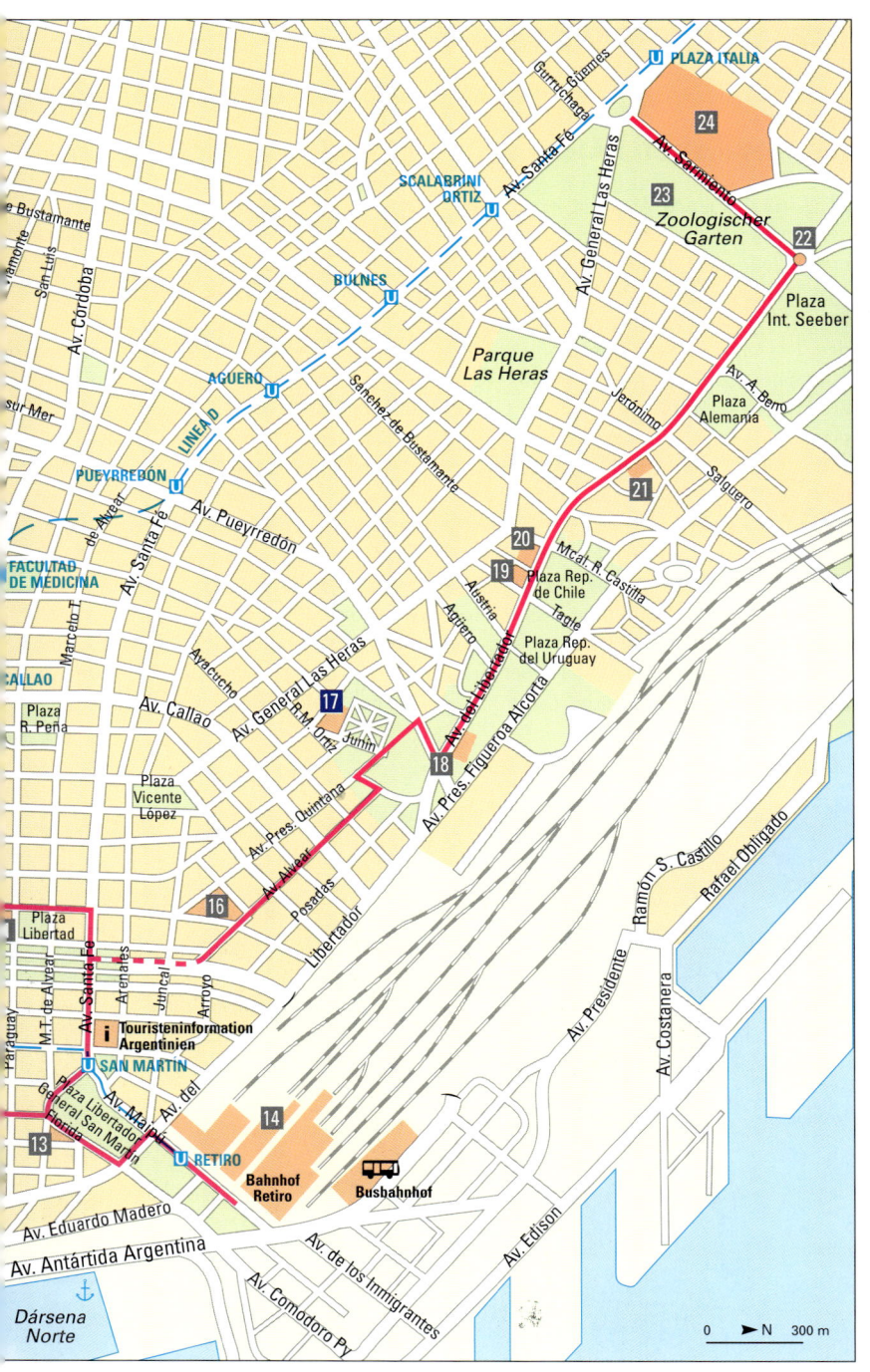

Stadtrundgang Buenos Aires

Ins City-Leben hinein

■ (S. 341) Buenos Aires ist keine ›Besichtigungsstadt‹, sondern – an Wochentagen – ein urbanes Erlebnis. Es gibt keinen Kanon von abzuhakenden *musts*. Man schlendert, schaut und findet. Deshalb ist auch die hier vorgezeichnete Fährte nur als Leitlinie für einen Innenstadtbummel gedacht. In diesen mäandernden Kurs einklinken kann man sich, je nach Standort, an jeder beliebigen Stelle. Kaffeepausen eingerechnet, ist für den vollen Umlauf ein Zeitaufwand von einem halben bis einem ganzen Tag zu veranschlagen. Wer nur wenige Stunden erübrigen kann, sollte Teilstrecken mit der *subte* oder einem Taxi abfahren. An Wochenend- und Feiertagen ebbt das Leben im Mikrozentrum sehr stark ab. Dann sind ein Besuch von San Telmo (sonntagvormittags Antiquitätenmarkt), eine Fahrt mit dem *Tren de la Costa,* ein Bootsausflug ins Tigre-Delta, der Trip zu einer Estancia oder eine Exkursion nach Colonia (Uruguay) bessere Alternativen.

Beginnen wir da, wo Buenos Aires begann: an der **Plaza de Mayo.** Um dort hinzugelangen, wird man fast immer ›La City‹ durchqueren, ein ca. 30 Häuserblocks umfassendes, baumloses Straßengeviert, das unter allen Städten der südlichen Hemisphäre die höchste Konzentration von Banken aufweist. Wichtigste Passierwege in diesem zum Schalterschluß von gepanzerten Geldtransportern verstopften Finanzviertel sind die drei parallellaufenden Straßen 25 de Mayo, Reconquista und San

Die Casa Rosada

Martín. In diesem Hort des Midas hat auch das älteste argentinische Traditionsunternehmen Bunge y Born (Reconquista 501; hervorgegangen aus einer belgischen Getreidehandelsfirma) seinen Sitz. In der 25 de Mayo (aber mit dem Gesicht zur Avenida Leandro Além, gegenüber der Hauptpost) erhebt sich das neoklassizistische Monumentalgebäude der **Handelsbörse** (Bolsa de Comercio; 1916). Unmöglich, hier alle Macht, Sicherheit und architektonische Schwelgerei signalisierenden Konstrukte aufzuführen; der *City*-Wanderer wird von alleine fündig werden. Nur drei der repräsentativsten Bankenpaläste seien hier genannt: der kuppelgekrönte Sitz des **Banco Francés del Río de la Plata** von 1926 (Ecke Reconquista/Perón), der mächtige Block des **Banco Central** (Reconquista 266), der sich mit einer symmetrischen Fassade zur San Martín hin öffnet, und der unwillkürlich an die Semper-Oper erinnernde Rundbau des **Banco de Boston** (Ecke Roque Sáenz Peña/Florida). Wie es sich für das Bonaerenser Wall-Street-Viertel gehört, verstecken sich hier auch einige erlesene Schlemmerlokale: ›Clark's‹ (Sarmiento 645), ›London Grill‹ (Reconquista 455), wohin sich sogar der gastronomisch nicht neugierige Literat Borges gelegentlich verirrte, und der einfachere mittägliche Banker-Treff ›Broker Bar‹ (Sarmiento 342).

Man nennt die schwülstigsten Theaterbauten von Buenos Aires gerne ›die letzten Dinosaurier‹, doch an Schwergewichtigkeit kann es kein Gebäude mit dem die Plaza de Mayo (Ecke 25 de Mayo) flankierenden **Banco de la Nación** **1** (1952 fertiggestellt) aufnehmen, dessen Gewölbelast man – die Saurier sind schließlich ausgestorben – besser an lebender Fauna messen sollte: so viel wie 20 000 Nilpferde wiegt die achteckige, im Schwimmhallenstil erbaute Kuppel (innen zu sehen) – ihr Format wird nur von dem der Peterskirche, des Kapitols in Washington und der 1990 fertiggestellten Kathedrale von Yamoussoukro (Elfenbeinküste) übertroffen. Die heute aus über 10 000 Tresoren bestehenden Schatztruhen der Nationalbank waren 1861 schon einmal so leer, daß der damalige Finanzminister das Manko aus eigener Tasche beglich – andernfalls hätte man auf das Regierungsgebäude, die **Casa Rosada** (›Rosa Haus‹) **2** eine Hypothek aufnehmen müssen. Der an der Stelle des ersten Forts von 1595 stehende, teilweise abgerissene, abgebrannte und unzählige Male umgebaute (und daher heute asymmetrische) italianisierte Palast scheint in seinem Schicksal die ganze wechselvolle Geschichte Argentiniens widerzuspiegeln. Schließlich war die (nach dem Befreiungsmonat Mai des Jahres 1810 benannte) Plaza de Mayo Schauplatz aller Höhepunkte der nationalen Vergangenheit, die Unabhängigkeitserklärung selbst (sie erfolgte in Tucumán) ausgenommen. Besuchern gewährt die – nach ihrem letzten Lifting pfirsichfarbene – Casa Rosada nur Zugang zu einigen Untergeschossen mit kleinem, Memorabilia verschiedener Staatspräsidenten zeigendem Museum.

En face, am anderen Ende der Plaza, die erst gut 50 Jahre alte Version eines 1725 in klassischer Kolonialmanier begonnenen, ungezählte Male abgerissenen und wieder aufgebauten **Cabildo** **3**, in dessen kleinem Museum selbst die erste Druckerpresse von Buenos Aires eine Replik ist. An der Nordseite des Platzes nimmt der neben der Nationalbank plazierte **Banco de Crédito Argentino** mit seiner neoplateresken Eckfassade die Mitte ein. Links davon die einem griechischen Tempel ähnelnde **Kathedrale** 4 von 1862, die vor dem Plattenkubus einer hinter ihr aufragenden Großbank als Zwergbau erscheint. Auch diese Kirche, zuletzt mit Anklängen an das Pariser Palais Bourbon, stellt die sechste Generation einer von vielen Mutationen betroffenen Domfamilie dar. Bemerkenswert sind nur die Mosaikarbeiten der Böden und der byzantinisch stilisierten Kuppel (Touristen sind während der Gottesdienste unerwünscht!). In einem Mausoleum der Kathedrale ruht der Nationalheld San Martín (allerdings extra muros, denn er war Freimaurer).

Die Südseite der von einem kleinen Obelisken, der Pirámide de Mayo, geschmückten Plaza flankieren eintönige Banken- und Regierungsbauten, deren äußerster, das Wirtschaftsministerium, den Paseo Colón berührt. Hier überblickt man den weiten halbkreisförmigen Platz **Parque Colón,** links begrenzt von der Château-artigen Hauptpost, rechts beherrscht vom Kolossalbau des Edificio Libertador, Sitz der obersten Heeresleitung. Das in Carrara-Marmor ausgeführte **Monumento a Colón** (Kolumbusdenkmal) ist ein Geschenk der italienischstämmigen Einwohnerschaft. Das dem Stadtgründer Garay gewidmete Denkmal (Ecke Leandro Além/Rivadavia) ist eine Schöpfung des deutschen Bildhauers Gustav Heinrich Eberlein (1847–1926), der mit der Marmorskulptur ›El Secreto‹ (›Das Geheimnis‹) dem Teatro Colón (s. S. 76 f.) seine vielleicht berühmteste Schöpfung hinterließ. Von hier aus erreicht man in 5 Gehminuten die schmucke **Kaipromenade von Puerto Madero** mit den historischen Museumsschiffen ›Sarmiento‹ und ›Uruguay‹ sowie einem ganzen Corso gepflegter Terrassenrestaurants.

An ihrer Westseite (wo der Cabildo steht) spreizt die Plaza de Mayo einen siebenarmigen Straßenfächer aus, dessen imposante Hauptarme von der Diagonal Sur (= Av. Julio A. Roca), der Diagonal Norte (= Av. Roque Sáenz Peña) und der zentralen Avenida de Mayo gebildet werden. Nach französischen Boulevard-Vorbildern konzipiert, von vorwiegend italienischen Architekten gestaltet und schließlich von Spaniern bewohnt, stellte die **Avenida de Mayo** zu Beginn des 20. Jh. die Prachtstraße von Buenos Aires dar. Sie bildet zugleich die rund 1 km lange Verbindungsachse zwischen der Casa Rosada und dem Kongreßgebäude. In der Zeit des architektonischen Rationalismus von, wie die Porteños sagen, ›Schuhkartons‹ durchsetzt und in den letzten Jahrzehnten stark vernachlässigt, feierte die Avenida de Mayo im Rahmen des 1990 begonnenen *P. R. A. M. (Programa de Revitalización de la Avenida de Mayo)* ihre Wiederauferstehung. Im unteren Teil (bis zur 9 de Julio) sehenswert sind der **Palacio Municipal** (Av. de Mayo 525) und das sich anschließende lampengeschmückte Gebäude der Zeitung ›La Prensa‹, gegenüber die Jugendstilpassage **Roverano** (Av. de Mayo 560) mit der unterirdischen *subte*-Station Perú von 1915, das exquisite Traditionsrestaurant ›Pedemonte‹ (Av. de Mayo 676), mehrere alte Hotelbauten (darunter das ›Astoria‹) auf der Höhe der Hausnummern 800 und 900, vor allem aber das berühmteste Kaffeehaus von Buenos Aires, das Belle-Epoque-**Café ›Tortoni‹** 5 (Av. de Mayo 826–832), das auch eine kleine Lunfardo-Bibliothek (s. S. 88 f.) besitzt und wo an manchen Abenden Tango- und Jazzkonzerte stattfinden.

Mit der **Avenida 9 de Julio** erreicht man die breiteste Straße der Welt, die in einer einzigen Grünphase zu überqueren, Fußgänger nur im Eilschritt schaf-

Der Palacio Barolo an der Avenida de Mayo

fen. Man muß Fotos von früher gesehen haben, um sich vorstellen zu können, daß diese riesige Lichtschneise einmal so dicht bebaut war wie ihr Umfeld, bevor das Herzstück der Stadt 1937 in Häuserzeilenbreite niedergewalzt wurde, um eine Bonaerenser ›Park Avenue‹ zu schaffen. Geht man hier eineinhalb Blocks nach links, so stößt man auf den von einer geschuppten Kupferkuppel gekrönten ›**Club Español**‹ 6 (Bernardo de Yrigoyen 172; nicht zu besichtigen!), im Innern nicht weniger prächtig als ein toledisches Schloß; das gepflegte Restaurant nebenan bietet sich zum Speisen an.

Wieder auf der Avenida de Mayo, streift man beim Überqueren der 9 de Julio eine hier gut plazierte moderne Don-Quijote-Plastik, denn sogleich beginnt nicht nur eine Häuserzeile mit (auch in den Seitenstraßen) vielen spanischen Restaurants und Tascas, sondern den ersten Block beherrscht auf der Südseite das **Hotel ›Castelar‹**, das in den 30er Jahren (damals als ›Excelsior‹) Treffpunkt des Literatenzirkels ›Signo‹ war, dem auch Federico García Lorca angehörte. Unter der Hausnummer 1222 streckt das alte Vaudeville-**Theater Avenida** sein schmiedeeisern gefaßtes Glasvordach über das Trottoir; 1994 feierte es (es war 1979 ausgebrannt) mit einer Zarzuela-Aufführung – und Plácido Domingo als Gast – sein Comeback.

Die beiden folgenden Häuserblocks prunken mit einigen schönen Hotelfassaden französischer Prägung, während das **Hotel ›Chile‹** (Ecke Talcahuano), dessen Holzturm leider abbrannte, stilreine Art Nouveau demonstriert. Zwischen Talcahuano und Uruguay das alte **›Majestic‹-Hotel** von 1906 (heute Sitz des Finanzamtes), das sich vor allem von innen anzusehen lohnt. Ausgerechnet von diesem spielerisch dekorierten Nobelhotel aus schmähte 1929 sein berühmter Gast Charles Eduard Jeanneret (Le Corbusier) Buenos Aires als die »unmenschlichste Stadt«, die er »je gesehen« habe. Der Betonbaukünstler stellte sich grandiose geglättete Formen vor: »zweihundert Meter hohe Wolkenkratzer mit hängenden Gärten, ... pfeilergestützte Stadtautobahnen, die die Bäume dominieren, ... eine neue Lyrik des Maschinenzeitalters«.

Wie muß er unter dem Anblick des gegenüberliegenden **Palacio Barolo** 7, einem italienisierten Freistil-Bau von 1923, gelitten haben! Dieses enorme Bürogebäude (über 16 000 m²) – ein Zwilling des Palacio Salvo, des Wahrzeichens von Montevideo – war einmal das höchste Haus der Stadt. Unter seiner Kuppel hängt ein Leuchter mit über 200 000 Kerzen, der leider nicht zu besichtigen ist. Im Parterre aber kann man sechs museale Aufzüge mit Stockwerkanzeige in Zifferblattform bewundern. Sie gehören zu den ältesten noch funktionierenden der insgesamt 100 000 Personenaufzüge von Buenos Aires (die Tag für Tag eine Strecke zurücklegen, die der Entfernung von der Erde zum Mond entspricht). Mit dem Gebäude **La Inmobiliaria** verabschiedet sich die von Mansarden, Kuppeln und Statuen gekrönte Avenida de Mayo, bevor sie in der **Plaza del Congreso** aufgeht.

Die Westseite des drei Blocks langen Platzes (mit einer von Rodin signierten Kopie seines ›Denkers‹) wird überragt vom neoklassizistischen Kuppelbau des **Kongreßgebäudes** 8, das das Kapitol von Washington als Vorbild zitiert. Allerdings arbeiten die meisten der 8000 Angestellten heute in dem gegenüberliegenden Glaskubus in der Rivadavia, der sich an das Eckcafé, die Art-Decó-**Confitería ›Del Molino‹** (z. Z. geschlossen, weiteres Schicksal unbekannt) anschließt. Daß hier tatsächlich einmal eine Mühle stand, demonstriert ein Flügelrad an der Dachfassade. Wer auf der Rivadavia zehn Blocks weitergeht, gelangt zur Plaza Once (›Elf‹), einem alten jüdischen, heute auch koreanischen Textilhandelsviertel, dessen Name von einem Datum herrührt: am 11. September 1852 rebellierten die Porteños gegen den föderalistischen General Urquiza.

Wir aber schwenken vom Kongreß nach rechts in die belebte Avenida Callao ein, die nacheinander die drei großen Avenidenden der Innenstadt – Corrientes, Córdoba und Santa Fe – kreuzt. In der Callao 237 befindet sich das Informationszentrum für die Provinz Buenos Aires. Wer bis zur **Avenida Santa Fe** durchläuft (elf Blocks), wird dort auf eine der besten Ladenstraßen (vor allem für Bekleidungsartikel) von Buenos Aires stoßen. Auch die Geschäftsstraße **Córdoba** lädt zum Schaufensterbummel ein. Unerläßlich für Kuriositätenjäger ist an diesem Kreuzweg ein Linksschwenk bis auf Höhe Córdoba 1900. Hier sitzt, schön und farbig wie ein Porzellanelefant, das von 300 000 englischen Emaillekacheln (Royal Doulton) geschmückte und mit original französischem Schiefer gedeckte Wasserwerk, der **Palacio de las Aguas Corrientes** 9, der wirklich fast nur Tanks enthält. Der 1894 von dem Schweden Karl Nystromer gestaltete Phantasiebau ist die skurrilste architektonische Schöpfung von Buenos Aires – und künftig Weltkulturdenkmal.

Da man nicht alle drei Avenidenden zugleich ablaufen kann, werden hier Zickzack-Wege empfohlen. Wer über den einstigen ›Broadway von Buenos Aires‹, die Avenida Corrientes, ins Mikrozentrum zurückkehrt, wird nur noch durch einige Namen an die Glanzzeit der ›Straße, die nie schläft‹ erinnert. Dieser Abschnitt der Corrientes war lange Zeit die Kino- und Tango-Meile der Stadt. Einige Lichtspielhäuser, kleine Restaurants, Cafés, Konzertsalons und Buchläden haben noch die Hifi- und Fast-Food-Welle überlebt. Markante Relikte auf dieser Strecke sind die volkstümliche **Asociación Filantrópica Argentina** (Seitenstraße Rodríguez Peña 361), wo alle Welt Tango tanzt, die kleinen Speiselokale (wie ›Pippo‹) im Kreuzungsbereich Sarmiento/Montevideo (an dieser Ecke befindet sich das Centro Cultural San Martín mit der Touristeninformation für die Stadt Buenos Aires im 5. Stock, Eingang Sarmiento 1551), das 80 Jahre alte Pralinengeschäft ›**Lion D'Or**‹ (Corrientes 1469) und die empfehlenswerte Pizzeria ›**Los Inmortales**‹ (Corrientes 1369), Nachfolgerin des

Der Obelisk – Orientierungspunkt beim Stadtrundgang durch Buenos Aires

Teatro Colón
Das Epidauros von Südamerika

Wer in Neunerreihe über die breiteste Straße der Welt (Avenida 9 de Julio) braust, ahnt nichts von den zeitlosen Schätzen der Verwandlungskunst, die 15 m unter der Asphaltdecke schlummern: über 70 000 Kostüme, 20 000 Paar Schuhe, 7000 Perücken, nicht zu reden von den unzähligen Accessoires, die jeden Couturier neidisch machen würden. Doch einmal verschmähten die Stars alle schönen Fetische. Als das Teatro Colón, dem diese unterirdische Kleiderkammer zugehört, im Mai 1908 mit der Aufführung von Verdis ›Othello‹ eingeweiht werden sollte, ließen sich die großen Darsteller in letzter Minute entschuldigen: sie waren abergläubisch. In einem so prächtigen Opernhaus als Erste aufzutreten, schien ihnen Unglück zu verheißen.

Die Verlegenheit war groß, aber auch das – sehr argentinische – Improvisationstalent. In 24 Stunden zauberte man mit einer zweiten Garnitur von Künstlern und ebenso wendigen Komparsen eine ›Aida‹ auf die Bühne, an der auch der allseits gefürchtete Theaterkritiker der Zeitung ›La Nación‹ weniger auszusetzen hatte als an der überladenen Dekoration des Musentempels. »Gold und noch mehr Gold«, klagte er, »nichtendenwollende Arabesken, mythische Tiere …«

Von Akustik verstand er offenbar wenig, der richtende Opernfan. Denn bis zu den bronzenen Löwenköpfen, die die Sitzlehnen zieren, sind alle Materialien wie mit der Stimmgabel auf ihre Resonanzwirkung abgestuft. Der hufeisenförmige, zum Proszenium hin geneigte Zuschauerraum, dessen fünf übereinandergestaffelte Logenringe sich nach oben – dem ›Paradies‹ zu – erweitern, hat die Wirkung eines zauberischen Trichters. So sensibel ist dieses Riesenmegaphon, daß man auch die neue Klimaanlage ohne Strukturveränderungen in das alte Entlüftungssystem integrierte. Wie im berühmten griechischen Amphitheater von Epidauros erreicht der leiseste im Orchestergraben erzeugte Ton klanggetreu die entfernteste Stelle des Auditoriums. »Es ist schrecklich«, urteilte Luciano Pavarotti 1987, »die Akustik des Colón ist einfach perfekt.«

Wo heute Oboen flüstern, erklang vor 150 Jahren der Schrei der Lokomotiven, die den Park-Bahnhof verließen, bevor dieser weiter an die Peripherie gerückt wurde, um dem Bau eines lyrischen Theaters Platz zu machen. Dessen Entstehung freilich glich den Capriccios eines immer wieder umgeschriebenen Librettos: Das ästhetische Konzept geht, so vermutet man, auf einen (unbekannten) Franzosen zurück; es in italienischer Manier auszuführen, beginnt Francisco Tamburini 1890; nach dessen überraschendem Tod schlägt der Architekt Buschiazzo nicht weniger als den Abriß der Bauruine und einen Neubeginn vor; doch Tamburinis engster Mitarbeiter, Vittorio Meano, übernimmt die Weiterführung, stirbt allerdings – durch die Schüsse eines Eifersüchtigen – 1904 eines noch plötzlicheren Todes; schließlich macht sich der Franzose Jules Dormal, Schöpfer des Regierungsgebäudes von La Plata, an den letzten Teil des Werks. Von den Schlössern in Versailles und Schönbrunn inspiriert, wählt er Marmor, Buntglas und Spiegel aus, kombiniert Farben, optimiert Proportionen und Perspektiven.

Als das Opernhaus nach 18 Jahren (statt der 30 Monate, wie einst geplant), eröffnet wird, präsentiert es sich so ›stillos‹ manieristisch, wie Meano es sich gewünscht hatte: italienische Renaissance mit deutscher Maßhaltigkeit und französischer Anmut. Daß das Gebäude – ein seltener Glücksfall in Buenos Aires – schulterfrei in der dicht bebauten Kernzone steht, macht viel von seiner Würde aus.

Der 600 m² große Samtvorhang des Teatro Colón (›Kolumbus‹, weil es eigentlich 1892 zur 400-Jahr-Feier der Entdeckung Amerikas eingeweiht werden sollte) hat sich in neun Jahrzehnten zu vielen Götterdämmerungen geöffnet. Enrico Caruso und Beniamino Gigli sangen hier, Fjodor Schaljapin und Alfred Kraus, Maria Callas, Nelly Melba (die uns auch den köstlichen Pfirsich schenkte), Birgit Nilsson, Joan Sutherland, Plácido Domingo, Luciano Pava-

rotti, um nur einige der berühmtesten zu nennen. Zu seinen gefeiertsten Solisten zählt das Colón Claudio Arrau, Wilhelm Backhaus, Yehudi Menuhin, Arthur Rubinstein und Narciso Yepes. Sir Thomas Beecham dirigierte hier, Leonard Bernstein, Aaron Copland, Wilhelm Furtwängler, Richard Strauß, Igor Strawinsky, ja Arturo Toscanini ließ, gerührt, zweimal seinen Taktstock zurück, und Rudolf Nurejew vermachte der Oper, wo er einige der schönsten Triumphe feierte, seine Ballettschuhe. So hat sich, wie von selbst, ein kleines Museum gebildet, zu dem auch so wertvolle Stücke wie Geigen von Guarnieri, Stradivari und Amati gehören.

Ein Erlebnis für sich stellt natürlich ein Opernabend in diesem südamerikanischen Epidauros dar.

gleichnamigen Cafés der Tango-Größen von einst – nur noch Fotos erinnern an ›Die Unsterblichen‹.

Taucht man zwei Blocks weiter unter der 9 de Julio durch, dann passiert man eine tunnelartige, geradezu orientalische Ladenstraße mit Friseuren, Schuhputzern, Antiquariaten und Schlüsseldiensten. Unser Rundweg führt uns jedoch durch die Seitenstraße Talcahuano zur Plaza Lavalle, deren Westseite der wuchtigfeierliche **Justizpalast** von 1910 (volkstümlich einfach *Tribunales* – ›Gerichte‹ – genannt) einnimmt. Schräg gegenüber der italienisierte Musentempel des Opernhauses **Teatro Colón** (›Kolumbus-Theater‹) 10 (s. S. 76 f.). Einige mächtige Gummibäume breiten ihr bis zu 50 m Durchmesser großes Blätterdach über dem Platz aus. An der Ecke Córdoba/Libertad das neoplatereske **Teatro Cervantes** 11 von 1921, dessen Renaissance-Fassade der 500 Jahre alten Universität von Alcalá de Henares, Cervantes' Geburtsort, nachgebildet ist.

Wo immer man hier – im Angesicht des 1996 neu herausgeputzten **Obelisken** 12 – die 9 de Julio überquert, unser Weg führt uns weiter durch den unteren Teil der Avenida Santa Fe (unter der Hausnummer 883 die Touristeninformation für ganz Argentinien), die sich zur **Plaza San Martín** hin öffnet. Der Reiz dieser Lichtung im Häuserwald liegt in dem sanften Gefälle, mit dem die Grünfläche gewissermaßen über die Avenida del Libertador hinwegfließt und in das Gelände des **Retiro** übergeht. Nichts mehr erinnert hier an den einstigen Sklavenmarkt und späteren Stierkampfplatz. Seine anschaulichsten Zeugnisse hat Spanien in Form großer kastilischer Landschafts- und Städtebilder hinterlassen, die als Kachelwände die U-Bahnhöfe der Linie C schmücken und die man unterwegs sieht, wenn man in Retiro oder San Martín die *subte* in Richtung Constitución besteigt.

Ganz oben an der südwestlichen Ecke der Plaza San Martín liegt das gepflegte **Café ›Petit Paris‹,** wo ›gleich um die Ecke‹ (in der Maipú) jahrelang Jorge Luis Borges wohnte. Auf dieser Platzseite schließen sich der bourbonische **Palacio Paz** (heute Sitz des Círculo Militar) – ehemaliges Privatpalais des Zeitungskönigs José C. Paz –, der neugotische Palast der **Nationalparkverwaltung,** das barockisierte **Hotel ›Plaza‹** von 1910 (an der Einmündung in die Fußgängerstraße Florida) und das brückenpfeilerhafte **Kavanagh-Hochhaus** 13, zur Zeit seiner Entstehung (1936) mit 120 m der höchste Betonbau der Welt, als bemerkenswerteste Bauwerke an.

Wahrzeichen des die Plaza San Martín fortsetzenden Retiro ist der freistehende Backsteinturm **Torre de los Ingleses,** ein Geschenk der englischen Einwohner

In den Galerías Pacífico

an die Stadt und in allen Teilen samt Uhr 1916 von der britischen Insel importiert. Die den Platz beherrschende **Estación Retiro** 14 – einer der vielen Bahnhöfe, die die Engländer um 1915 bauten – ist eines der lebendigsten Zeugnisse der britischen Eisenbahnpionierzeit in Argentinien. Jenseits des Bahnhofs der moderne Busterminal, Start und Ziel von täglich 2000 Überlandbussen.

Von ihrer Einmündung in die Plaza San Martín aus defiliert man auf der **Calle Florida** – der beliebtesten und belebtesten Bummelstraße – an einem Endlosband von Schaufenstern und Galerien entlang. Sehenswert ist das unter seinem Gewicht von Schmiedeeisen, Bronze, Marmor und Onyx förmlich stöhnende Gebäude des Marineclubs **Centro Naval** (Ecke Florida/Córdoba), in das man einen Blick werfen sollte. Gegenüber nehmen die **Galerías Pacífico** 15, ein kunstvoll ausgestalteter Boutiquentempel par excellence, das ganze Häuserquadrat ein. Der noch im 19. Jh. nach dem Vorbild der Pariser und Mailänder Galerien konzipierte Prachtbau blieb lange Zeit unvollendet, verkam als Sitz der von Perón verstaatlichten Eisenbahnen, war in den 1980er Jahren vom Abriß bedroht und wurde nach einer gründlichen Sanierung 1992 seiner heutigen Bestimmung übergeben.

Wo die Florida die Fußgängerstraße Lavalle kreuzt, liegt immer noch das Epizentrum innerstädtischen Lebens, auch wenn die Florida nach Süden hin ein gewisses Qualitätsgefälle zeigt und der klassische Kino- und Restaurant-Part der Lavalle (unter der Hausnummer 941 die Traditionsparrilla ›La Estancia‹) immer mehr vom Lärm neuer Spielhallen erfüllt wird.

Zu den alten Stammcafés der Zelebritäten von Buenos Aires gehört das sehr britische ›**Richmond**‹ (Florida 468), wo man auch essen kann. Sehenswert ist nebenan (Florida 460) das üppige Interieur der 1875 gegründeten **Sociedad Rural Argentina** (mit gepflegtem Restaurant). In diesem Bereich lohnt sich ein Abstecher zu der Anfang des 20. Jh. für Generationen von Leckermäulern eingerichtete **Confitería ›La Ideal‹** (Suipacha 384), eine der Pretiosen unter den Kaffeehäusern. Und weiter dreht sich, südlich der Corrientes, der Schaufensterreigen der Läden und Galerien in der Calle Florida. Die altehrwürdige **Buchhandlung ›El Ateneo‹** (Florida 340) mit ihrem Parkettboden, den Säulen und der reichverzierten Decke hat sich seit 100 Jahren nicht verändert. Gegenüber die neoplatereske Fassade des ehemaligen Verlagsgebäudes der Zeitung ›**La Nación**‹. Und schließlich eine der klassischen Ladenstraßen von Buenos Aires: die 1915 von dem Italiener Francesco Gianotti (Schöpfer der Confitería ›Del Molino‹) gestaltete **Galería Güemes** (Florida 100), die zur Parallelstraße San Martín durchläuft. Hier kaufte sich schon Aristoteles Onassis Anfang der 20er Jahre seine ersten – nach feiner britischer Art in Teewasser gegilbten – Hemden, als er, damals noch ein Ladenschwengel, in einem Zigarrengeschäft in der Talcahuano arbeitete.

La Recoleta und Palermo

In keinem *barrio* (Stadtteil) von Buenos Aires haben sich die disparaten urbanen Charakterzüge zu einem solchen Amalgam verdichtet wie in der Recoleta. Viktorianische Club-Gediegenheit, französische Lebensart, Starhotelatmosphäre, das aufgekratzte Flair von Trottoircafés, aphrodisiakische Parfüm-, Leder- und Schmuckverlockungen, Gourmetgenüsse, Straßenclownerie, rituelles Sonnenbaden, Kunst als Provokation, Kirchenandacht und Friedhofspomp – das alles lebt hier auf wenigen Straßenquadraten zusammen. Der gleiche majestätische *gomero* (Gummibaum), unter dem Sarmiento meditierte, beschattet heute ein Liebespaar; auf dem gleichen Boden, über den die Barfüßermönche (die *recoletos*) wandelten, klappern jetzt die Absätze langbeiniger *modelos.* La Recoleta ist immer ›in‹ ...

Dieses aristokratischste Viertel von Buenos Aires entstand auf einem Hügel von Fischerhütten und Abfallgruben, als die vor dem Gelbfieber aus San Telmo und Barracas geflohene Bourgeoisie sich hier ihre Häuser baute. Namengebende Erstsiedler waren die Franziskanermönche des *Recoleto*-Ordens, die hier schon 1732 ihre Basílica del Pilar errichteten. Als sich der Orden 1822 auflöste, verwandelte sich der Klostergarten

Der Friedhof von La Recoleta

in einen Friedhof, und der damalige Bürgermeister von Buenos Aires, Torcuato de Alvear, formte das bis dahin planlos bebaute Gelände zum vornehmen Wohnviertel um.

So nähert man sich heute durch ebenjene nach dem Gründervater benannte **Avenida Alvear** dem Recoleta-Zentrum, und zwar von der 9 de Julio in Höhe der Hausnummer 1300 aus. Gleich am Anfang nimmt der Prachtbau der französischen Botschaft den Blick gefangen, aber auch die folgenden (leider von seelenlosen Wohnblocks in die Zange genommenen), dem französischen Akademismus verpflichteten Gebäude lassen hier, an der dreieckigen **Plazoleta Carlos Pellegrini** 16, ein Stück Paris auferstehen. Vor allem das bourbonische Palais der brasilianischen Botschaft (gegenüber, Alvear 1345, der exklusive Jockey Club), der Sitz des Apostolischen Nuntius (Alvear 1605) und der alte Olmos-Palast (Alvear 1690), in dem heute das Kultursekretariat residiert, erheischen Aufmerksamkeit.

Als feinste Paradeherberge von Buenos Aires darf das **Hotel ›Alvear Palace‹** (Ecke Ayacucho) von 1922 gelten. Würde man durch die (links) parallellaufende Avenida Quintana gehen, dann käme man an einer Reihe erlesener Modegeschäfte vorbei. Aber auch die rechte Begleitstraße (Posadas) spart nicht mit Luxus in Form des **Patio Bullrich** als vornehmster Ladengalerie von Buenos Aires, einiger guter Café-Bars und des eleganten ›Caesar-Park‹-Hotels.

Mittelpunkt der Recoleta ist die **Basílica del Pilar** 17 mit ihrem glockenförmigen Turmaufsatz aus glasierten Kacheln, deren Glanz früher den Buenos Aires ansteuernden Schiffen den Leuchtturm ersetzte. Das zugleich schmucke und doch schlichte Gotteshaus setzt im Innern seine barocke For-

mensprache fort. Sechs Seitenaltäre geleiten zum Hauptaltar, in dessen Verkleidung aus gehämmertem Silber das Relief einer inkaischen Sonne die Hand indianischer Künstler verrät. Der sich links an die Kirche anlehnende Friedhof mit seinen 7000 dicht an dicht stehenden Mausoleen ist eine nekrologische Schatzkammer. Namhafte Künstler schufen den teils allegorischen, teils lebensechten Figurenschmuck dieser Totenstadt. Hier ruht *la flor* von Buenos Aires, darunter Staatspräsidenten, Seehelden und, im Familiengrab der Duarte – Eva Perón (vor Raubgrabungen durch Panzerstahlplatten geschützt).

Aber welcher Gegensatz offenbart sich auf der anderen, der rechten Seite der Kirche oder beim Sprung hinüber auf das Trottoir der Calle Junín! Hier das quicklebendige **Centro Cultural Recoleta** mit Gemälde- und Fotoausstellungen, Film- und Theatervorführungen oder kleinen Konzerten, dort die **Cafés ›De la Paix‹** und **›La Biela‹** und dann, Küche an guter Küche, einige der renommiertesten Restaurants der Stadt. An Wochenenden verwandelt sich die Recoleta in einen großen Freilichtzirkus von nebenberuflichen Possenreißern, Feuerschluckern und Seiltänzern, und den Rasen ziert ein langes Band von Ständen, die ihr Tausenderlei an Kunstgewerbe feilbieten.

Folgt man der Schnur der Buden zur Avenida del Libertador hinunter und überquert die Fahrbahn, kann man dort das **Museo Nacional de Bellas Artes** 18 besichtigen, in dem den europäischen Besucher gewöhnlich eher die (im 1. Stock untergebrachten) argentinischen Werke interessieren. Bei dem sich hinter dem Museum (jenseits der Avenida Figueroa Alcorta) erhebenden eindrucksvollen Säulenbau handelt es sich um das Gebäude der Rechtswissenschaftlichen Fakultät der Universität. Zurück auf der Südwestseite der Libertador und in unregelmäßigen Abständen schöne Denkmäler umrundend, gelangt man (zwischen Agüero und Austria) zum gewaltigen Betonklotz der erst 1992 eingeweihten **Nationalbibliothek,** die, wie die Brücke eines Petroleumtankers, das Parkgelände (und das versonnene Denkmal für den Dichter Rubén Darío) überragt.

Dieses Beispiel architektonischen Brutalismus' wird zwei Straßen weiter (an der Ecke Tagle) in Form des **ACA-Verwaltungsgebäudes** [19], dem Sitz des Argentinischen Automobilclubs, von konventionellem Rationalismus abgelöst. Den Blick ins Innere belohnen so schöne Oldtimer wie ein Cadillac von 1904 mit Holzkarosserie, ein Fiat Gran Turismo Cabriolet (Baujahr 1908) oder ein feuerroter Wanderer Phaeton von 1911.

An der gegenüberliegenden Ecke der Calle Tagle das Drugstore-Café ›Open Plaza‹, rund um die Uhr geöffneter Treff der *jeunesse dorée*. Ein prächtiges französisch-neoklassizistisches Gebäude schließt sich in Form des Errázuriz-Palastes an, der heute Heimat des **Museo Nacional de Arte Decorativo** [20] ist. Zu sehen sind dem Petit Trianon von Versailles nachempfundene Salons und Speisezimmer mit erlesenen Möbeln, Porzellanen, Silber- und Kristallarbeiten. Der kleine Pavillon Trianon, als Café-Restaurant eingerichtet, ist (auch zum Draußen-Sitzen) einer der lauschigsten Plätze dieser Großstadt.

Das jenseits der Libertador in viel Efeu gebettete Diplomatenviertel **Palermo Chico** bildet den ersten Teil des ausgedehnten Palermo-Distrikts, dessen Grünflächen früher fünfmal so groß waren wie heute. Das kann man sich kaum vorstellen, denn noch immer umschließt der Palermo-Komplex riesige Parkanlagen, Sportplätze, Teiche, Turfs und einen öffentlichen Golfplatz.

An der Libertador weiterwandernd, gelangt man zum lehrreichen **Museo de Motivos Populares Argentinos José Hernández** [21] (Libertador 2373). Das Museum zeigt ausgewählte Artefakte und Literatur der Gauchokultur. Inmitten eines vom Verkehr umbrausten Straßenrondells (Kreuzung der Aveniden Libertador und Sarmiento) ragt das imposanteste Denkmal von Buenos Aires auf: das **Monumento de los Españoles** [22], ein Geschenk der spanischen Porteños zur 100-Jahr-Feier der Unabhängigkeit. Die zentrale Plastik symbolisiert die Republik, die vier um sie gruppierten allegorischen Figuren verkörpern argentinische Großlandschaften: die Anden, den Chaco, den Río de la Plata und die Pampas. Die ersten vier Bronzegestalten, 1908 von dem katalanischen Bildhauer Querol y Subirats geschaffen, versanken auf dem Transport nach Argentinien vor der brasilianischen Küste und mußten nachgearbeitet werden.

Einen Abstecher per Auto, Taxi oder Bus lohnt auch der westliche, um die Plaza Italia gefächerte Teil des Stadtbezirks Palermo. Dort liegen der **Botanische Garten** und der **Zoo** [23], von dem Borges sagte, er »rieche nach Tiger«. Zur Geschichte dieses Tiergartens gehört, daß Karl Hagenbeck dem Initiator Carlos Pellegrini (Staatspräsident und Gründer der Nationalbank wie des ›Jockey-Club‹) das erste Bestiarium aus Hamburg lieferte. Damals kostete ein Tiger weniger als ein kastilischer Esel. Heute kommt der markanteste Tiergeruch zeitweise von der gegenüberliegenden **Sociedad Rural** [24], auf deren Gelände alljährlich im August die von zwei Millionen Besuchern frequentierte

Landwirtschaftsausstellung, kurz *La Rural* genannt, stattfindet. Ein prämierter Aberdeen-Angus-Stier kann es hier auf 70 000 Dollar bringen.

Jenseits der die Plaza Italia tangierenden Avenida Santa Fe träumt der dritte und historischste Teil von Palermo, **Palermo Viejo** (Alt-Palermo) den Zeiten nach, als hier noch die Hufe von Kutschpferden auf das Kopfsteinpflaster prasselten. Dieser Teil von Buenos Aires hat sich in seinem Kern am ehesten den Charakter einer ›Altstadt‹ bewahrt. Er ist auch, zumal um die Plaza Güemes, die Bonaerenser Hochburg der Psychoanalyse und wird deshalb gerne ›Villa Freud‹ genannt.

San Telmo und La Boca

Als der deutsche Abenteuerreisende Friedrich Gerstäcker erstaunt von den in Argentinien berittenen Bettlern – mit Fleischfladen und Geldbeutel am Sattel – berichtete, besaß auch noch der Ärmste ein Pferd, um am Fluß seine Ledersäcke mit (damals noch trinkbarem) Wasser zu füllen oder sich in einer der 500 Pulperías (die übrigens auch die Straßenlampen mit Fusel zu versorgen hatten) mit Schnaps einzudecken. Aus dieser Zeit hat der die Stadtrepubliken La Boca (›Der Mund‹, d. h. die Mündung des Flüßchens Riachuelo) und San Telmo bildende Gründungskern von Buenos Aires nicht mehr als Chroniken und Nostalgie in die Gegenwart retten können.

Ins San-Telmo-Viertel gelangt man von der Plaza de Mayo aus gut zu Fuß, wenn man die von der Platzmitte aus südlich abgehende Calle Defensa zur Leitlinie bestimmt. Bereits an der Ecke Defensa/Alsina überrascht die **Iglesia de San Francisco** 25 (mit Kloster) als wohl feierlichster Sakralbau der Stadt, auch wenn die Restaurierung des 1730 begonnenen, 1966 ausgebrannten Komplexes nicht ganz stilgetreu verlief. Sehr echt hingegen ist die direkt gegenüberliegende **Apotheke ›La Estrella‹** von 1834 mit ihren Krankheit, Heilung und Gesundheit symbolisierenden Deckenfresken und den aus italienischem Nußbaumholz geschnitzten Arzneimittelschränken. Das benachbarte kleine **Museo de la Ciudad** 26 (Stadtmuseum, Alsina 412, 1. Stock) lohnt nur einen Besuch, wenn gerade eine Wanderausstellung – etwa eine Spazierstock-Schau o. ä. – stattfindet. An der Ecke Alsina/Bolívar blieb als vermutlich ältestes überlebendes Bauwerk von Buenos Aires die 1670 begonnene **Iglesia de San Ignacio** des Jesuitenordens erhalten. Sie schmiegt sich in das **Manzana de las Luces** (Straßenblock der ›leuchtenden Ideen‹) 27 genannte kolonialzeitlich-akademische Geviert zwischen den Straßen Alsina, Bolívar, Moreno und Perú, dessen eindrucksvollstes Gebäude, das **Colegio Nacional de Buenos Aires** (Bolívar-Seite) allerdings erst 1908 von dem französischen Architekten Maillart (der auch den Justizpalast schuf) eingefügt wurde. Dieses Quadrat war der erste Sitz der Universität von Buenos Aires, und hier begann auch 1779 die erste Druckerpresse zu arbeiten.

An der Ecke Defensa/Belgrano memoriert die **Iglesia de Santo Domingo** 28 (mit Kloster) aus der Mitte des 18. Jh. auf ihre Weise die Straßenkämpfe zur Zeit der englischen Invasionen (1806/1807): der Kirchturm zeigt noch die Einschüsse der Verteidiger, und vier verschlissene *Union Jacks* hinter dem Reliquienschrein der Virgen del Rosario bilden den patriotischen Teil des Kirchenschatzes. Die ganze Calle Defensa – der Name sagt es – bezeichnet die

Träne in der Kehle
Der argentinische ›Tang-go‹

»Keine sittlichen Bedenken«, entschied Papst Pius X. vor 80 Jahren, nachdem er die von einem eigens aus Buenos Aires in den Vatikan bestellten Paar vorgeführten Kreuz- und Knickschritte des neuen Modetanzes begutachtet und dabei den, wie er fand, orgelhaften Klängen ihres ziehharmonikaähnlichen Begleitinstruments gelauscht hatte: des Bandoneons.

›Che Bandoneón‹ – ›He, Bandoneon‹ – nannte Anibal Troilo, einer der ganz großen Instrumentalisten und Komponisten, einen Tango, den er, dankbar und gefühlvoll, seinem ›Blasebalg‹ widmete. Dessen erste Version hatte, 100 Jahre zuvor (1846), der Krefelder Musiklehrer Heinrich Band aus der Konzertina entwickelt. Shanties singende Seeleute brachten in der zweiten Hälfte des 19. Jh. das Bandoneon nach Argentinien, wo die nostalgische Klangwirkung seiner hundert Metallzungen die Herzen der Zuhörer wie im Sturm eroberte.

Aber wo und wann fing er an, dieser Tango, der damals in den Kaschemmen des Bonaerenser Hafenviertels La Boca geschwoft und in den Vorzimmern der Bordelle auf Gitarren und Mandolinen gezupft wurde? Er entstand keineswegs nur hier, wo die italienischen Dockarbeiter ihre Wellblechhäuser mit Schiffsfarbenresten anstrichen. Auch in Montevideo mit seinem ganz ähnlichen Rassenpotpourri aus Spaniern, Italienern, Schwarzen und Mestizen und sogar weiter im Süden unter dem Einfluß andalusischer und gauchesker Vortragsweisen bildeten sich frühe tangoide Musikformen heraus. Bis heute schöpft der Tangosänger unbewußt aus dem mimischen Repertoire des Flamenco und der *payada*.

Sehr verschieden tief reichen die vielfältigen Wurzeln des Tango-Stammbaums in die Vergangenheit hinein, wobei dem ältesten – dem afrikanischen – Zweig dieser Genesis der entscheidende Part zuzurechnen ist. Die kubanische Habanera (schon von den Sklaven der Zuckerrohrplantagen mitgeformt), der von der Habanera abgeleitete, in Südspanien entstandene *Tango andaluz,* die ›obszöne‹ Milonga und die *candombé* genannte Tanzpantomime der Schwarzen sind in die Seele des Tango eingegangen. Dazu haben die Lokalpossen der Kneipiers, das Palaver der Kutscher, die Apachentänze der Stutzer, die lasziven Verhüllungen der Bordellwirtinnen noch ihren eigenen plebejischen Kanon beigetragen.

Für den Aufstieg des Tangos von der Gosse in die Salons mag der Lebenslauf des uruguayischen *tanguista* Francisco Canaro emblematisch gewesen sein. Als Lackierer und Anstreicher, mit einem Musikfloh im Ohr, kam ihm etwa zu Beginn des 20. Jh. in Buenos Aires die Idee, aus einem leeren Farbtopf eine Blechdosenfidel herzustellen (wie sie heute noch manchmal bei Straßenmusikanten zu sehen ist). Ein Mandolinenspieler begleitete sein Gewimmer. Jahre später war Don Francisco, jetzt im schwarzen Smoking, Großunternehmer der Unterhaltungsbranche. Er glänzte als Schallplattenproduzent, besaß vier Tangoorchester und hatte inzwischen über 200 Musikstücke selbst komponiert.

Zwei Grundformen des Tangos bildeten sich heraus. Der reine Instrumentaltango präsentiert sich mit betont kontrapunktischen Effekten, schleppendem und dann wieder nachholendem Tempo und einer Melodik, bei der drei- bis viertönige, enggesetzte Baßakkorde eine quälende Klangdichte erzeugen, die ständig zur Entspannung und Auflösung drängt. Der suggestiven Wirkung dieser Musik, die im ›Goldenen Zeitalter‹ des Tangos in den 40er und 50er Jahren Triumphe feierte, kann man sich kaum entziehen. »Ich habe«, sagte dazu der 1992 gestorbene Alfredo de Angelis einmal, »die Harmonie der Töne stets ebenso bewertet wie die Pausen.« Erklangen de Angelis' Tangos auf einer Drehorgel, dann hielten die *motorman* genannten Straßenbahnführer ihre Wagen an, und alle Fahrgäste gaben sich den Wonnen des Zuhörens hin, bis das Stück zu Ende war.

Die zweite Grundform, das Tangolied, bewegt sich an einem gefälligeren Kontinuum entlang, und weil hier die leichter verständliche Melodie den Transport der – vom Publikum im übrigen als verständlich geforderten – Stimme übernimmt, kann es sich diese sogar leisten, bis zum Sprechgesang abzufallen. Carlos Gardels Stimmumfang ging kaum über zwei Oktaven hinaus, doch seine Interpretationskunst kannte tausend Register. Der wohl in Frankreich geborene, im Bannkreis des Großmarktes von Buenos Aires aufgewachsene ›Carlitos‹ zählt, als Mann ›mit der Träne in der Kehle‹, zu den Unsterblichen der Tangogeschichte.

Hörte man vor wenigen Jahren noch den 80jährigen Roberto Goyeneche (er starb 1995) im Café ›Homero‹ von Palermo Viejo etwa ›Esta noche me emborracho‹ (›Heut' abend besauf' ich mich‹) singen, dann glaubte man ihm jedes (auch manchmal gestotterte) Wort dieser von Enrique Santos Discépolo 1927 komponierten Abstiegselegie. Der aus einer neapolitanischen Familie stammende ›Discepolín‹, wie er zärtlich genannt wurde, hatte in den wirren 30er Jahren, Einzelschicksale aus seinem Freundeskreis thematisierend, noch einmal die sozialkritische Substanz der ersten Tangogeneration beschworen. ›¿Que vachaché?‹ überschrieb er seine Debüt-Partitur im gleichen Lunfardo, das die Sprache seiner Jugend gewesen war – ›Wie komm' ich aus dem Schlamassel raus?‹ Denn der Tango war, bevor er zum Synonym für Seelenschmerz, Sehnsucht, Liebe und zu einem »traurigen Gedanken, den man tanzen kann« (Discépolo), wurde, eine musikalische und gestische Form der Enttäuschung, der Empörung und Anklage. In seiner heutigen Pluralität freilich hat er diese Uressenz eingebüßt, aber er konnte sich auch, wie die artistisch ausgearbeiteten Arrangements des (1992 gestorbenen) Bandoneonisten Astor Piazzolla mit seinen ganz neuen Klangbauten zeigen, so weit von Formalzwängen freimachen wie nie zuvor.

Heute gibt es über 2000 Tangos mit dokumentierten Namen. Und wie heißt die den Staatspräsidenten fliegende argentinische Version der ›Airforce One‹? – ›Tango 01‹ natürlich.

Straßen-Tango im Viertel San Telmo

damalige Verteidigungslinie der Criollos. Die nächsten historischen Gebäude liegen zwei Blocks weiter unten am Paseo Colón: der kraftstrotzende Säulenbau der **Ingenieurhochschule,** das malerische, an einen hinduistischen Tempel erinnernde **Zollgebäude** *(Aduana)* und die beiden im deutschen Renaissancestil konzipierten Verwaltungsbauten des **Landwirtschaftsministeriums** *(Agricultura y Ganadería).* Davor das sehenswerte Denkmal **Canto al Trabajo** (›Huldigung an die Arbeit‹) [29], eine 1907 von dem Bildhauer Rogelio Yrurtia in Paris geschaffene Vierzehn-Figuren-Gruppe, die in gemeinsamer Anstrengung einen Felsblock zieht.

Unser Weg nach San Telmo führt jedoch zurück zur Calle Defensa, am anschaulichsten (und dekadentesten) durch die von Hausruinen gesäumte **Pasaje San Lorenzo,** wo das – mit 2,50 m Breite – kleinste Haus von Buenos Aires steht (San Lorenzo 380). In dieser schmalsten *casa chorizo* (›Wursthaus‹, seiner Form wegen so genannt) wohnten nach der Sklavenbefreiung einige Schwarze. Die archetypische *casa chorizo* (die ihr tausendjähriges Vorbild in Andalusien hat und auch das Straßenbild des alten San Telmo prägte) ist jedoch genau 8,66 m breit und 40 m tief. Ein bis zum Ende durchgehender Korridor verbindet die hintereinandergestaffelten Zimmer, im vorderen Drittel durch einen Patio für die Familie unterbrochen und mit einem zweiten Patio für Gesinde und Hühnerstall abschließend.

Die meisten dieser Schmalhäuser sind im heutigen Baukonglomerat von San Telmo untergegangen, wenngleich sich einige schöne Patios, wie der des schmucken Restaurants ›**Antigua Tasca de Cuchilleros**‹ (›Alte Kneipe der Messerwetzer‹) in der Carlos Calvo 319, erhalten haben. In dieser Straße mauserten sich noch mehrere andere Hausrelikte zu hübschen Eßlokalen. Am einfachsten und urigsten ißt man in der kleinen Café-Bar neben der **Dänischen Kirche** (Carlos Calvo 287), einem der drei skandinavischen Tempel von San Telmo.

Sehenswert ist der 100jährige Gußeisenkäfig der häßlich-schönen **Markthalle** (Defensa 900–1000), hinter der wir endlich das Herz von San Telmo, die **Plaza Dorrego** 30 erreichen. Werktags spielen hier in den Erdnußcafés oder auf den Bänken unter uralten Bäumen Pensionäre Schach, an den Wochenenden aber (Hauptbetrieb sonntags spätvormittags) schlägt auf diesem Platz der malerischste Flohmarkt von Südamerika seine Stände auf. In den umliegenden Antiquitätengeschäften gibt es zwar nicht mehr, wie vor wenigen Jahren noch, Original-Automobile der 20er Jahre zu kaufen, aber immer noch die ausgefallensten Sammlerstücke, von der Specksteinbadewanne bis zur lebensgroßen Wahrsagerin, die mit erhobenem Finger der Melodie einer Schellackplatte lauscht. Tango wird hier auf der gleichen Straße getanzt, über die man früher in Ketten die Strafgefangenen führte, auf daß sie streunende Hunde erwürgten. Das alte Gefängnis, heute **Museo Penitenciario** (Humberto I. 378), kann besichtigt werden. Gleich links daneben ragt die herrliche doppeltürmige **Iglesia de San Pedro Telmo** (auch Basílica de Nuestra Señora de Belén genannt) über den Magnolienbäumen auf. Die 1734 von den Jesuiten begonnene Kirche erfuhr 1931 eine leicht neobarocke Verschönerungsope-

Antiquitätenmarkt auf der Plaza Dorrego in San Telmo

›Macanudo‹
Lunfardo in Buenos Aires

Eine wie ein Poesiealbum liebevoll angelegte Verbrecherkladde war die erste illustrierte Dokumentation zu einem Sprachkult, der bis heute das Signum der argentinischen Hauptstadt trägt. Der Autor, ein gewisser José Álvarez (er legte sich später das mönchische Pseudonym Fray Mocho zu), Polizist und Wächter zu Buenos Aires, war nicht nur Beschließer von Gefängniszellen, er erschloß sich auch eine fremde, abstruse, ebenso verderbte wie auf sonderbare Weise faszinierende Welt. Noch bevor er seine Erfahrungen in den ›Memoiren eines Gefängniswärters‹ niederlegte, hatte er 1887 jenes zugleich reißerisch betitelte – ›Leben der berühmten Gauner von Buenos Aires und ihre Ganoventricks‹ – wie akribisch zusammengestellte Werk vorgestellt. Es enthielt Fotografien der Steckbrief-Zelebritäten, deren ausführliche Lebensbeschreibungen – um nicht zu sagen: Offenbarungen – sowie alle ihre Tricks und Schliche.

Der Zerberus Álvarez entlockte seinen Konfidenten nicht nur ihre Geschäftsgeheimnisse, er hörte, notierte und lexigraphierte auch ihre besondere Sprache. Das war zur Zeit der großen italienischen Einwanderungswellen im ausklingenden 19. Jh. Sizilianer, Neapolitaner, Piemontesen, vor allem aber Genuesen sorgten dafür, daß 1890 von der halben Million Einwohner der ›großen Kapitale des Südens‹, Buenos Aires, mehr als ein Viertel Italiener waren. Diese Relation änderte sich bis zum Ersten Weltkrieg nicht. Die Immigranten brachten die Bezeichnung *lunfardo* mit ins Land, deren Bedeutung – ›Ganove‹ – sich bald semantisch zu dem verschob, was sie heute benennt: einen mehr als 10 000 Begriffe umfassenden Sprachschatz, den man als ›argentinisches Argot‹ bezeichnen könnte. Diese saloppe, parodierende, pikareske Lingua franca hat sich allerdings inzwischen in einem Maße dispergiert und vor allem vertikalisiert, daß man von einer eigenen ›Sprachebene‹ nicht mehr reden kann. Haben sich typische Knast-Wendungen (wie *tigrero*, ›Latrinenputzer‹ – wegen der tigerartigen Färbung von Exkrementen) nur im Rotwelsch der Haftanstalten erhalten können, so sind Worte wie *macanudo* (›prima‹, ›toll‹) oder *boliche* (›Bude‹) längst zu etablierten Argentinismen geworden.

Das hybride, *cocoliche* genannte Italo-Hispanisch, das jahrzehntelang in den Einwandererviertetn gesprochen wurde, ist unsichtbar und langsam in die Umgangssprache diffundiert. Schon wegen dieser Breitenwirkung war das Lunfardo kein Italienisch für Übeltäter, noch hätten die im Gaunermilieu entstandenen ersten Lunfardismen, die den esoterischen Wortbedarf einer kriminellen Fachsprache abdeckten (*punga:* Taschendiebstahl; *escracho:* Lotteriegewinn-Trick; *angelito:* ›Engelchen‹, einfältiges Opfer), das ständig sich umformende, neue Vokabeln einfügende und manch alte abwerfende Misch-Idiom von heute hervorbringen können.

Der Hauptanteil an der Wortschöpfung – Substantive, Adjektive und Verben (das grammatikalische Gerüst blieb dem kastilischen Spanisch vorbehalten) – geht auf das Konto der Immigranten. Dazu gehörte auch, ab 1910 etwa, eine Garde in Frankreich rekrutierter Kurtisanen, die ihre Gallizismen einbrachten (*miché:* Galan; *yigoló:* Gigolo; etc.). Über Brasilien strömten lusitanische und afrikanische Sprachelemente (wie *cachimbo:* Tabakspfeife) ein. Und noch zuvor hatte die sich nach dem Ende der Feldzüge gegen die Indianer auflösende Welt der Gauchos ihren Beitrag geleistet (z. B. mit dem Quechua-Wort *china:* Gefährtin). Andere Ausdrücke, wie das unverwüstliche argentinische *Che* (›Hallo‹, ›He‹) kommen noch aus dem tiefsten Spanisch; die Anrede *Che* läßt sich schon bei Quevedo nachweisen.

Wie bei allen Sprachkörpern haben bewegende, bedeutungsverschiebende, sinnerweiternde oder -einschränkende, auf- oder abwertende Elemente die Morphologie des Lunfardo mitgestaltet. Aber zuviel Etymologie schadet vielleicht der Wahrheitsfindung. Die Sprachforschung, sagt der spanische Philosoph Unamuno, hat ebenso viele oder sogar mehr Legenden entstehen lassen wie sie zu zerstören suchte. Deshalb sollte man hier aufhören. Der Argentinier bestellt sich heute *chinchulines con yapa* (eine besonders große Portion gefüllter Kalbsdärme) und weiß nicht, daß er damit wie ein Bergindianer spricht (›*chinchulín*‹ entstand aus *chunchulli*, und *yapa* bedeutet im Quechua soviel wie ›Zugabe‹).

ration. Eine echte *casa chorizo* (wenn auch hier untypischerweise zweistöckig) gibt es in Form der Ladengalerie **Pasaje de la Defensa** (Defensa 1179) zu sehen.

An der Überführung der Hochstraße (Autopista 25 de Mayo) ist der malerische Teil von San Telmo zu Ende. Der drei Blocks weiter liegende **Lezama-Park** 31, heute stark heruntergekommen, umschloß einmal die schönste Quinta von Buenos Aires. Sie gehörte dem 18 Millionen Goldpeso schweren Waffenhändler José Gregorio Lezama, der zugleich Kriegsgewinnler, Mäzen und erster Naturschützer von Buenos Aires war. Unter den Bäumen dieses Parks läßt Ernesto Sábato die Handlung seines vierteiligen Romanwerks ›Sobre Héroes y Tumbas‹ (›Über Helden und Gräber‹) beginnen. Die Nordseite des Platzes (Calle Brasíl) flankiert der spektakuläre Bau der russisch-orthodoxen **Dreieinigkeitskirche.** Im alten Quinta-Gebäude auf der Defensa-Seite (Höhe 1600) das weitläufige **Museo Histórico Nacional,** das in 32 Sälen rund 40 000 Exponate zeigt – etwas für Regentage.

Von hier aus die 15 Blocks zur Boca durchzulaufen, lohnt sich nicht. Man steigt in ein Taxi oder den Bus 152 (am Paseo Colón), der auch in umgekehrter Richtung über den Retiro bis Olivos fährt. Mehr als das, was man heute in La Boca noch sieht – die gewaltige Eisenbrücke von 1914, Schiffe und Wracks im total verdreckten Riachuelo und den kurzen, von bunten Wellblechhäusern eingerahmten *Caminito* (›Wegchen‹) – erzählen Chroniken, Tango-Texte und die im **Museo de Bellas Artes de la Boca** (Uferstraße Pedro de Mendoza 1835) gezeigten Bilder über dieses alte Hafenviertel. Seine Gründer, Genueser Immigranten, riefen es 1882 zur ›Unabhängigen Republik La Boca‹ aus. An der Plaza de Mayo verfolgte man mit Argwohn

Der kunterbunte Caminito – Schaustück von La Boca

den Wildwuchs dieser im Schatten der Schlachthöfe wuchernden Pfahlbau- und Wellblechsiedlung, in der ein unverständlicher Dialekt gesprochen und der (damals noch verpönte) Tango getanzt wurde. Alles war spontan in dieser Boca: der Lunfardo (s. S. 88 f.) mit seinen Gossen-Neologismen, die polychrome Musik der ersten Bandoneons, die Hauskonstruktionen und ihr anarchistischer Anstrich – mit Resten von Schiffsfarben nämlich.

Beinahe nur dieses Kunterbunte, heute auf den **Caminito** als kleines Schaustück für Touristen konzentriert, hat sich von der vielfarbigen Welt der ehemaligen Stadtrepublik erhalten, aus der einmal der allererste sozialistische Abgeordnete Südamerikas hervorging. An den Wochenenden belebt sich der Caminito mit Straßenmalern und kleinen Tangokapellen, in der Calle Necochea – der echtesten, was die Boca von heute angeht – leben karnevaleske Speiselokale von Betriebsfesten und Polterabenden.

Nicht weit hinter dem Caminito liegt die berühmte *Bombonera* (›Pralinenschachtel‹), das von abenteuerlich steilen Tribünen für 65 000 kletterfreudige Zuschauer bedrängte **Fußballstadion von Boca Juniors,** in dessen Lärmhurrikanen – auch Diego Maradona trägt übrigens das Boca-Trikot – Gastspieler das Fürchten lernen können. Und wer inspirierte zu den Vereinsfarben Gelb und Blau? Natürlich, wie es sich für diesen Hafen gehört, ein Schiffsschornstein – ein schwedischer also. Am konsequentesten aber blieb der berühmteste aller Boca-Maler, Benito Quinquela Martín (1890–1977), der lokalen Farbenmanie treu, als er sich in einem selbstgestrichenen bunten Sarg von der ehrenwerten Freiwilligen Feuerwehr der Boca zu Grabe tragen ließ.

Rund um Buenos Aires

Über die *Costanera* ins Tigre-Delta

Wer die nördlichen Vororte nicht gesehen hat, kennt Buenos Aires nicht. Diese Stadt fließt gleichsam, in Gegenrichtung, am Ufer eines Flusses entlang, der seine Mündung Jahr für Jahr um 40 m weiter in den Atlantik vorschiebt. Weder das Delta des Mississippi noch das des Amazonas baut so fleißig an seiner Versandung wie das des 4500 km langen Paraná. Die Hafenstadt Buenos Aires wird eines Tages eine Binnenmetropole sein. Schon heute ist das von unzähligen Neben- und Querflüssen, Kanälen und Seitenarmen durchzogene Delta halb so groß wie Holland. Auf den solcherart entstandenen Inseln leben 5000 Menschen – soziokulturell wohlweislich unterteilt in *isleños* (hier geborene Insulaner) und *isleros* (asphaltflüchtige Stadtbewohner). Die eingefleischten Delta-Siedler erzeugen Holz, Weidengeflecht und Obst, das auf dem Großmarkt in Tigre verkauft wird. Sie leben in der am weitesten entfernten sogenannten Dritten Region des Mündungsgebiets und sind, wie sie sagen, ›nur mit Hilfe eines Anthropologen‹ auffindbar. Die

Buenos Aires und Umgebung

Am Bootsanleger von Tigre

anderen, die dem ›Kontinent‹ Entflohenen, wohnen in Wochenend- oder Ferienhäusern, die so unterschiedlich sind wie eine Gartenlaube und ein Wasserschloß.

Gemeinsam ist diesem Amphibienreich, daß es keine Straßen gibt und die Fahrzeuge also keine Räder haben. Die rund 30 schwimmenden Krämerläden, die durch das Labyrinth schippern, um seine Bewohner zu versorgen, führen, von der Seife bis zur Tageszeitung, vom Frischfleisch bis zur Babywindel, alles, was dem leiblichen Wohle dient. Für die Seelsorge verantwortlich ist ein einziger flußwandernder Priester. Die grüne Hölle könnte erlöst werden – von der Wasserverschmutzung nämlich –, meinen die meisten, wenn man sie zum Nationalpark erklärte.

Natürlich ist dieser durch Sümpfe, zerfallene Häuser und Wracks mystifizierte Dschungel die Heimat vieler erfundener und wahrer Geschichten. So hat sich in dem stillen Inselhotel ›El Tropezón‹ 1938 der große argentinische Dichter Leopoldo Lugones selbst ausgelöscht.

Zum **Tigre** **1** (S. 391; und dem gleichnamigen Vorort) – seiner lehmbraunen Fluten wegen ›Tiger‹ (was im argentinischen Spanisch auch ›Puma‹ bedeuten kann) genannt – gelangt man auf vier Wegen. Im Bus Nr. 60 zockelt man, allerdings vorwiegend auf Hauptstraßen ohne erfrischende Ausblicke, durch die ganzen nördlichen Vororte. Im Zug (ab Bahnhof Retiro) läßt sich die Strecke angenehmer bewältigen. Viel schöner allerdings ist die Fahrt im

Tren de la Costa (Küstenzug), der auf einer rund ein Dutzend Stationen berührenden neuen Trasse in knapp 30 Minuten ab Bahnhof Avenida Maipú das Delta erreicht. Der Zielbahnhof des *Tren de la Costa* liegt an einem 15 ha großen Freizeitpark im Disneyland-Stil (mit dem dreistöckigen Spielkasino *Trilenium*). Der unabhängig Reisende ist jedoch von dort aus in weniger als 5 Gehminuten da, wo er hin will: an der *Estación Fluvial*, dem schmucken, nagelneuen Flußhafen, von dem aus *lanchas* und Katamarane das Delta durchstreifen. Die Fahrt im *Tren de la Costa* stellt die buchstäblich ›anschaulichste‹ Version einer Tigre-Anfahrt dar, weil sie einen Eindruck von der *Costanera Norte*, dem nördlichen Flußufer mit seinen an der *barranca* (Uferböschung) gelegenen Siedlungszonen vermittelt. Hier offenbart sich ein völlig anderes Buenos Aires als das mitteleuropäische der Innenstadt: ein Kalifornien des Südens mit Spontanbauten wie in Big Sur oder Villen, die ebenso im suburbanen San Diego stehen könnten. Die allerdings größte Freiheit der Anfahrt genießen Autofahrer, die sich schon, am Stadtflughafen ›Jorge Newbery‹ vorbei, auf der Höhe von Palermo über die *Costanera* mit dem imposanten Molenbau des Club de Pescadores (Anglerclub) und den Parrilla-Restaurants bewegen können, um dann, der Avenida del Libertador durch Martínez, San Isidro und San Fernando folgend, auf kurzen seitlichen Abwegen diese gepflegten Villenvororte zu erkunden.

Wie auch immer – der zweite und wichtigste Teil des Ausflugs beginnt am Flußhafen, von wo die Linienboote der *Interisleña* rund 20 verschiedene Routen abfahren. Die beiden Hauptstrecken führen durch die Ríos Capitán und Sarmiento bzw. die Ríos Luján und Caraguatá (oder Carapachay) zum Paraná de las Palmas, einem Delta-Arm des Paraná (Fahrtdauer: ca. $1^{1}/_{4}$ Std.). Die Boote halten auf Wunsch an jedem (dem Bootsführer rechtzeitig angegebenen) Steg. Im Delta locken Touristenhotels, Zeltplätze und Restaurants. Nicht überall ist die Wasserqualität zum Baden geeignet. (Gewarnt wird vor den tückischen Ufern, die oft nach 1 m Schlammgrund unversehens in die Tiefe abgleiten!)

Für den Landbummler bietet der Tigre-Ausflug die Möglichkeit, den Markt am Puerto de Frutos (Obsthafen) zu besuchen oder jenseits der *Estación Fluvial* am anderen (über die Brücke zugänglichen) Ufer entlangzuschlendern. Er wird dabei auf das ihm neue Verkehrsschild ›Querende Ruderboote‹ stoßen. Hier rollt man Holzboote von einem Dutzend Rudervereinen – mit zum Teil fürstlichen Clubgebäuden (›Club Cannottieri Italiani‹, ›Club de Marina‹) – über Schmalspurschienen ins Wasser. Auf dieser Uferseite starten auch die Fahrgastboote der Reederei Cacciola zu der pittoresken, dem Delta vorgelagerten Felseninsel **Martín García** [2], einem beliebten Verbannungsort für politische Gefangene, Perón nicht ausgenommen. Heute ist das verkehrsfreie Eiland, auf dem nur wenige Menschen leben, ein dichtbewaldetes Naturidyll (auf der Ostseite striktes Reservat) und Vogelparadies.

Wer am Ufer des Bootshafens Tigre weiterläuft, wird auf das mit klassischen Schiffsmodellen, Seestücken und anderen Exponaten (auch Relikten aus dem Falklandkrieg) ausgestattete **Museo Naval** stoßen. Sodann folgt die gepflegte, von Parrillas, Pubs und Cafés gesäumte Promenade, die am Ende – hier noch ihrer Renovierung harrend – mit dem verspielten Palast (1906) des 1944 ausgebrannten ›Tigre Club‹ (volks-

Über den Kleinen Teich
Stippvisite in Uruguay

Bleibt man bei dem Bild, das dem braunen Tigre den Namen gab, dann ist es von Buenos Aires aus nur ein Pumasprung ans andere, ans uruguayische Ufer. Ein Dutzend Flüge täglich bauen eine Luftbrücke, ehe die erträumte (auch schon projektierte) Straßenbrücke Wirklichkeit wird, und rund zehnmal am Tag flitzen Tragflügelboote oder komfortable Katamarane über das ›Süße Meer‹ nach Montevideo oder **Colonia del Sacramento** 3. Daß der zwischen Argentinien und Brasilien liegende Pufferstaat Uruguay an drei Seiten von Wasser umgeben ist, hat auch für seine drei bekanntesten geographischen Bezeichnungen gesorgt. Die westliche Stromgrenze, der Uruguay (›Schneckenfluß‹) gab dem Land den Namen. **Montevideo** 4 (S. 367) heißt die Hauptstadt, weil, so sagt man, Magellans Mann im Ausguck »Einen Berg sah ich« *(Monte vide eu)* meldete. Die ins Meer vorspringende Nase des nördlichen La-Plata-Ufers benannte sich selbst: Punta del Este, ein luxuriöses ›Ostende der niederen Breiten‹.

An den Status einer ›Schweiz Südamerikas‹ jedoch erinnern heute allenfalls noch die vielen Banken, die auf der ehemaligen Zitadelle, dem heute die *Ciudad Vieja* (Altstadt) darstellenden Gründungskern, domizilieren. In diesem unlängst noch maroden, jetzt denkmalgeschützten und seiner stückweisen Restaurierung entgegensehenden Viertel reihen sich in engem Schulterschluß Anwaltskanzleien, Handelskontore, Gebrauchtmöbelläden, Weinlager und Kreditinstitute aneinander. Man entdeckt Reliquien wie Frecceros Uhrengeschäft von 1868 (25 de Mayo 561), ein Café ›Brasilero‹ von 1877 (Ituzaingó 1447) oder das grüngekachelte Café-Restaurant ›Misiones‹ von 1907 in der gleichnamigen Straße. Der Paseo de la Matriz (J. C. Gómez 1240), vor allem aber der Mercado del Puerto (zum Mittagessen, sonntags geschlossen) lohnen einen Besuch. In diesem lärmerfüllten Emporium erlebt man, zwischen Palaver und Akkordeonklängen, die eßlustigen Montevideaner (die traditionellste Eßtheke ist die von ›Roldós‹) in ihrem ureigensten Ambiente. Bei weitem kein ›Hafenmarkt‹, wie der Name verheißt, war diese schöne gußeiserne Halle als Bahnhof für eine englische Eisenbahn weiter im Süden bestimmt, wurde aber, so will es die Legende, irrtümlich in Montevideo ausgeladen – und hier zweckdienlich aufgebaut.

tümlich ›Tigre Hotel‹ aufwartet. In seinen heiligen Hallen ertönte einst Carusos Stimme und waren Rubén Daríos Gedichte zu hören. (Der nicaraguanische Poet lebte übrigens auch zeitweise auf Martín García, wo man das Gäste-

Unbeschwert von Gründerstolz bieten sich Montevideos ›Altlasten‹ nicht zum Besichtigen, sondern zum Benutzen in beinahe achtloser Weise an. Das macht die Weltläufigkeit dieser *Ciudad Vieja* aus: daß sie nicht renommiert. Es ist die Welt des uruguayischen Schriftstellers Juan Carlos Onetti, dessen Romane das Durchschnittsleben im Lokalkolorit der Eineinhalb-Millionen-Stadt nachzeichnen. Sonntags morgens kann man in der Calle Tristan Narvaja den Flohmarkt nach Raritäten absuchen. Eine echte architektonische Kuriosität ist der gleichsam wuchernde Palacio Salvo mit seinem 26 Stockwerke hohen Turm, zur Zeit seiner Entstehung (1925) das höchste Gebäude Südamerikas und immer noch das Wahrzeichen der Stadt, obwohl man gerne witzelt, der Architekt habe sich, ob dieser schwelgerischen Monstrosität, das Leben genommen. Jedenfalls gelangt man von hier aus über die zentrale Avenida 18 de Julio zur Plaza de Cagancha (= Plaza Libertad), dem Kilometer Null aller uruguayischen Straßen.

Am Gaucho-Denkmal gabelt sich die Avenida und führt über den Arm des Bulevar España an der Bucht von Pocitos zum La-Plata-Ufer (*pocitos* sind kleine Mulden, die die Sklavinnen früher am Strand in den Sand schaufelten, um Wäsche darin zu waschen). Heute ist Pocitos ein beliebtes Hochhaus-Habitat des gehobenen Mittelstandes. Das in die Dünen gesetzte ›Haus von Montevideo‹, aus dem Curt Goetz und Valérie von Martens einst eine fröhliche Kinderschar springen ließen, müßte sich seinen Platz heute viel weiter draußen suchen.

Bis zum feinen Villenvorort Carrasco (hier liegt der Flughafen) mit seinem trübseligen Casino-Palast ist die girlandenartig hin- und herschwingende Küste mit Chalets besetzt. Dann löst sich das Siedlungsband in endlose Eukalyptuswälder auf, unterbrochen nur von idyllischen Küstenorten wie Atlántida und Piriápolis. Bei Punta Ballena erhebt sich das Ufer zur Steilküste und bringt das pseudomaurische Postkartenmotiv der weißen ›Lehmofenhäuser‹ von Casapueblo zur Geltung, die von Gaudí stammen könnten.

Beim Seebad Punta del Este geht der Río de la Plata in den offenen Atlantik über. Das auf einer Landzunge liegende Sommer-Eldorado der Argentinier (Januar/Februar) – von den Habitués nur ›Punta‹ genannt – besitzt heute eine Skyline wie Miami Beach. Die bessere Gesellschaft zieht sich mehr und mehr an die Strände weiter nördlich zurück, wo Fischerdörfer noch ihrer ›Erschließung‹ harren. Hier blüht die Bodenspekulation. Die malerische portugiesische Küstenfestung Santa Teresa (um 1750) mit dem sie umgebenden Park (Naturreservat) ist eine der Oasen auf dem Wege hoch zur brasilianischen Grenze.

Der normale (Wasser-)Weg zu einem Uruguay-Abstecher (empfohlen werden ein bis drei Tage) führt über das Kolonialstädtchen Colonia del Sacramento als ersten Anlaufpunkt. Der restaurierte alte Ortsteil mit seinen hübschen Adobehäusern und dem Kopfsteinpflaster hat sich den Charme vergangener Tage bewahrt.

haus noch sehen kann.) An den stillen Wassern des Tigre-Deltas sind nicht wenige ins Schwärmen und Meditieren geraten. Der deutschstämmige Schriftsteller Roberto Arlt (1900–1942) ließ hier seine Asche ausstreuen.

Vamos al campo!

»Fahren wir aufs Land!« – diese Aufforderung kommt den Porteños leicht über die Lippen, denn da, wo vor 150 Jahren noch eine halbkreisförmige Kette von *fortines* die ›Zivilisationsgrenze‹ anzeigte, liegen heute nicht mehr als ein bis zwei Autostunden entfernte Landstädtchen, zwischen die (auch gästeaufnehmende) *granjas* und Estanzien eingestreut sind.

Das rund 115 km nordwestlich von Buenos Aires erreichte Örtchen **San Antonio de Areco** 5 (S. 380) stellt das wohl attraktivste Ziel für einen stadtnahen Landausflug dar. An einigen seiner Kopfsteinpflasterstraßen reihen sich noch die alten Fassaden aus dem 19. Jh. auf. Auch das Handwerk der *talabarteros,* der Sattler und Gürtler, sowie der Silberschmiede, deren berühmtester Juan José Draghi (Werkstatt: Alvear 345) ist, wird hier weitergepflegt. Am Ortsrand zeigt das Museo Gauchesco Ricardo Güiraldes schöne Gebrauchs- und Ziergegenstände der Gauchokultur sowie eine rekonstruierte Pulpería. Seinen folkloristischen Höhepunkt feiert das Landleben alljährlich beim Gauchofest am *Día de la Tradición* (10. November).

Auf dem Friedhof von San Antonio de Areco ruht der Autor des zur Weltliteratur zählenden Romans ›Don Segundo Sombra‹, Ricardo Güiraldes. Die Nachkommen des Schriftstellers bewirtschaften seine ehrwürdige **Estancia La Porteña,** die lange Zeit als berühmte Polo-Farm betrieben wurde. Der Original-*casco* mit dem Arbeitszimmer des Dichters, den antiken Möbeln und den kamingeheizten Schlafzimmern ist einen beschaulichen Aufenthalt wert. Nur wenige Kilometer weiter verströmt die **Estancia El Ombú de Areco** ihren verträumten Charme von 1890, und gleich dahinter versteckt sich das fast 200 Jahre alte toskanische Gutshaus der **Estancia La Bamba** zwischen mächtigen Bäumen.

Wer, ohne zu übernachten, einen Kamp-Tag (nur Sa und So) mit Reiten, Wandern oder Tennis verbringen will, findet in ›Los Viejos Ombúes‹ bodenständige Mittagskost. Der schmucke Gasthof, ein ehemaliges Estanciagebäude, liegt am nördlichen Ortsrand des rund 40 km von San Antonio de Areco entfernten Landstädtchens **Capilla del Señor** 6, das um eine Kapelle von 1772 herum entstand.

Der besten Küche freilich rühmen sich die Nonnen, die das Restaurant ›L'Eau Vive‹ in der Pilgerstadt **Luján** 7 (S. 364), rund 70 km westlich von Buenos Aires, unterhalten. Weithin sichtbare Landmarke des 60 000-Einwohner-Ortes sind die beiden über 100 m hohen Spitztürme der neogotischen Basílica de Nuestra Señora de Luján, in denen sich 15 Glocken verbergen. Nicht weniger als 25 Kapellennischen und eine unterirdische Krypta erwarten die täglich – auch manchmal zu Pferde – hier eintreffenden Pilger. Zu einem Schauspiel von großer Bekenntniskraft aber steigert sich die Szene am ersten Wochenende im Oktober, wenn Hunderttausende von Bußfertigen sich in und um die Kirche drängen. Das Museo Colonial e Histórico zeigt in seinem sehr hübschen Komplex von Kolonialgebäuden eine Auswahl von historischen Zeugnissen, Waffen, Indianer- und Gauchogerät. Im Museo de Transportes sind klassische Kutschen, Argentiniens erste Lokomotive ›La Porteña‹ und das Dornier-Flugboot ›Plus Ultra‹ zu sehen, das 1926 als erster Apparat den Luftsprung von Europa nach Südamerika (in Etappen) schaffte. Unweit von Luján (18 km in Richtung Mer-

cedes) lädt die **Estancia Las Acacias,** mit ihrem *casco* im Stile eines italienischen Renaissancepalastes, eines der schmucksten Landgüter der Provinz, zu einem Tagesbesuch (für größere Gesellschaften) ein.

Eine zweite ›Milchstraße‹ blendendschöner Estanzien liegt südwestlich von Buenos Aires, um die Orte **Lobos** 8 (S. 363) und **San Miguel del Monte** 9 (S. 386). Das Herrenhaus der **Estancia La Candelaria** eifert einem Loire-Schloß nach, im 50 ha großen Park des vielleicht schönsten Bonaerenser Landsitzes, **La Benquerencia,** begeben sich historische Kutschen auf die Fahrt in eine splendide Vergangenheit.

La Plata

10 (S. 362) Keine andere Stadt Südamerikas ist zugleich so spontan und doch plangetreu entstanden wie La Plata. Als die Feldzüge gegen die Indianer beendet, die Caudillos ermordet und die seit 1810 aufgeflammten Revolutionen und Konterrevolutionen erloschen waren, gehörte zur Identitätsfindung der ersten argentinischen Republik auch die Erschaffung einer Hauptstadt. Man bestimmte den Standort (Lomas de la Ensenada), entwarf ein 5 × 5 km großes Planquadrat mit Straßen, Avaniden, Diagonalen, Parks und Plätzen, definierte die öffentlichen Gebäude und veranstaltete eine internationale Ausschreibung. In der Rekordzeit von weniger als fünf Monaten reisten (per Schiffspost!) 27 Architektenentwürfe aus zehn Ländern an. Das war 1882. Dann begann der Aufbau – rund um die Uhr. Zwei Jahre später zogen die ersten Behörden ein. Unter diesen Bedingungen mußte in La Plata ein geradezu klassisches Repertoire von eklektizistischen Bauformen entstehen. Und als sie im Lichte der neuen Straßenbeleuchtung 1884 debütierten, war La Plata die erste elektrifizierte Stadt Südamerikas.

Vom Kratzpfahl zum Tudorkastell
Estanzien in den Pampas

In der unendlichen Weite, die es nicht erlaubt, den Punkt zu bestimmen, wo die Welt zu Ende ist und wo der Himmel anfängt«, wie der Journalist, Erzieher, Wirtschaftspionier und Staatsmann Domingo Faustino Sarmiento sagte, begann die heute 50 Millionen Rinder umfassende Viehzucht Argentiniens damit, daß zunächst Indianer und dann Gauchos genannte Kreolen jenes Hornvieh einfingen, das, von den spanischen Eroberern mitgebracht, dorthin entlaufen war und sich zu donnernden Herden vermehrt hatte. Damals war die *estancia* – Verweilstelle, Aufenthaltsort, Bleibe – einfach der Punkt, wo man einen hohen Kratzpfahl aus Hartholz in den Boden rammte, den die Pampasrinder in der baumlosen Weite ganz von selbst aufsuchten, um sich das Fell zu reiben. Was lag näher für den *estanciero*, als sich neben diesem *rascadero* eine Schlafstatt mit einer Feuerstelle einzurichten – eine aus dem raren Holz zusammengezimmerte Hütte mit Rinderhäuten als ›Schwingtüren‹.

Dann aber begannen sich diese dürftigen Behausungen aufzurichten, zu schützen und zu schmücken. Es entstanden regelrechte Forts mit Wachtürmen, zinnenbewehrte Festungen gegen die *malones*, die Indianerüberfälle, aber auch gegen die britischen und portugiesischen Flußpiraten, die der spanischen Krone das Land streitig machten und deren Schiffe die Estancieros abfingen, indem sie selbstgeschmiedete, von Pontons getragene Ketten über die Wasserläufe spannten. Denn die ersten sich im Halbkreis um Buenos Aires ausbreitenden Estanzien lehnten sich, vor allem des Viehs wegen, gerne an die Flüsse an, auch wenn sie dabei ihren prinzipiell rechteckigen Zuschnitt nicht aufgaben: 0,5 × 1,5 Leguas (1785 ha) war das Standardmaß – bei der äußerst extensiven Weidewirtschaft der damaligen Zeit gerade ausreichend für 1000 Rinder. Die Tiere lieferten übrigens auch das Blut zum Einfärben des Mörtels, der den Herrenhäusern jenes als Traditionsfarbe bis heute übliche Rosa verlieh.

Mit dem wachsenden Wohlstand ihrer Eigentümer verwandelten sich die befestigten Wohnsitze in romantisch angehauchte, efeuumrankte Burgen mit Gräben und Zugbrücken – Schutzvorrichtungen, die nach der Einführung des Stacheldrahts 1860 und bei nachlassendem Sicherheitsbedürfnis der Estanciero-Familien in der zweiten Hälfte des 19. Jh. ästhetischerem Schmuck wichen.

Immer mehr folgten die Bauformen argentinischer Estanzien dem jeweiligen europäischen Zeitgeschmack und, je nach Herkunft und Neigung ihrer *dueños*, architektonischen Vorbildern im andalusischen, toskanischen, normannischen oder provenzalischen Landhausstil. Manche dieser Gutshäuser erinnern an Provinzbahnhöfe, andere an Tudorkastelle oder maurische

Schlösser. Als faszinierte Leser der Romane Sir Walter Scotts, des ›Gefährlichen Schlosses‹ zumal, ließen die Eigentümer der Estancia La Independencia die ›El Castillo‹ genannte Replik eines schottischen Kastells zwischen Palmen entstehen. Taubenhäuser und Fasanerien, Pergolen, Loggien, Brunnen, Grotten und Kapellen umgaben die Herrenhäuser als Orte der Zerstreuung, der Einkehr, als Verschwörerverstecke oder Flüsterecken für heimliche Liebschaften.

Es war üblich, daß die urbane Oberklasse von Buenos Aires und Montevideo ihre rebellischen Kinder zur Zähmung auf diese Estanzien schickte, während sie mitsamt Dienerschaft nach Europa reiste, um den Südwinter im sommerlichen Paris auszusitzen. Oder sie schifften sich, manchmal mit 50 Pferden, nach England ein, wo sie sich bei den Kutschenrennen von Hampton Court mit den Morgans und Vanderbilts maßen.

Bei San Antonio de Areco, nicht weit von Buenos Aires, führt eine Allee mit der Konsequenz einer Landebahn zur ehrwürdigsten aller La-Plata-Estanzien: La Porteña. Hier entstand vor 70 Jahren das unvergeßliche Pampa-Epos vom Gaucho ›Don Segundo Sombra‹, eine Verherrlichung des Landlebens in Freiheit, geschrieben von dem noblen Ricardo Güiraldes, der selbst alles

Traditioneller Asado auf einer Estancia

andere als ein Gaucho war. Sein rastloses Gemüt trieb den ewig Suchenden zunächst durch ganz Europa, berauscht von der Literatur: Flaubert, Zola, Mallarmé, Dickens, Schopenhauer, Nietzsche, Dostojewski, Gorki, die Bibel. »Mein Kopf verschlingt Bücher wie der Magen eines Straußes Pampasgras«, sagte er, ehe er selbst, in die Heimat zurückgekehrt, den unsterblichen Gaucho Sombra (›Schatten‹) schuf. »Unbeweglich betrachtete ich jene aus Pferd und Reiter gebildete Silhouette, die sich am leuchtenden Horizont abzeichnete. Es schien mir, als hätte ich ein Gespenst gesehen.« (La Porteña nimmt, wie viele andere Pampas-Estanzien, die sich dem *agroturismo* verschrieben haben, Gäste auf. S. S. 380 f.)

Der Stadtplan hingegen scheint einem Computerprogramm zu entstammen: ein auf der Spitze (Süden) stehendes Quadrat von 36 × 36 Häuserblocks ist unterteilt in 36 kleine Quadrate von jeweils sechs Blocks, die durch 30 m breite Aveniden voneinander getrennt sind. Über dieses Quadratnetz legten die Planer ein Gitter von Diagonalen und ›Diagonälchen‹, das, ungeachtet der Durchnumerierung der Straßen, dem Ortsfremden das Gefühl geben kann, er irre durch ein Kreuzworträtsel. Da ist es tröstlich, alle sechs Quader auf einen der 30 Parks oder Plätze der inzwischen mit 550 000 Einwohnern über dieses Grundmuster hinausgewachsenen Urbs zu stoßen.

Ein zweites Buenos Aires ist La Plata nicht geworden, aber die heutige Provinzmetropole (der Provinz Buenos Aires, der größten Argentiniens) – gelassener, luftiger, verkehrsberuhigter als ihre große Schwester – ist (vor allem ihres Naturwissenschaftlichen Museums wegen) einen Tagesbesuch wert. Nur 60 Straßenkilometer, davon der größte Teil Autobahn (auch von Bussen ab Terminal Retiro in engen Zeittakten befahren), trennen den großen Bonaerenser Obelisken von dem kleinen am Regierungspalast von La Plata.

Ein Stadtbesuch beginnt idealerweise am Kreuzungspunkt aller Sichtachsen – dort steht, gleich einem erwählten Bauklotz aus einem Spielzeugkasten, die **Kathedrale.** Schon dieser neogotische Tempel ist ein exemplarisches Konzentrat eklektizistischer Nachschöpfungen: der Kölner Dom und die Kathedrale von Amiens standen Pate, die in feurigen Farben funkelnden Buntglasfenster stellen Repliken derer von Chartres dar, die Stirnrosette zitiert Notre Dame. Schlank streben die beigen Sandsteinpfeiler himmelwärts, als wollten sie den 14 000 Gläubigen Platz machen, die in diese Kirche hineinpassen. Daß ihr Sichtmauerwerk nie verkleidet wurde und daß sie, alleinstehend, über die Riesenfläche der nur seitlich begrünten Plaza Moreno hinweg mit der Renaissancefront des **Palacio Municipal** kontrastiert, betont ihre Eigenwilligkeit noch mehr.

Der noble Gemeindesitz wird von zwei Verwaltungstürmen *(Torres)* in die Mitte genommen, die aussehen wie überdimensionale Lautsprecherboxen. Der Palacio Municipal ist, ebenso wie der mit ihm durch die Platanenalleen 51 und 53 (und einige schöne Konstruktionen aus der Zeit um 1900) verbundene **Legislaturpalast,** eine Schöpfung deutscher Architekten. In der Formensprache des letzteren verschmelzen neoklassizistische, akademistisch-französische und italienische Elemente miteinander, während das gegenüberliegende Regierungsgebäude eine grundsätzlich französische Signatur mit flämischen Akzenten trägt. Beide Gebäude halten, über die Schöpfe der Palmen, Araukarien und Magnolien der Plaza San Martín hinweg, stumme Zwiesprache, denn man hat sie mit besonders häßlichen Betonungetümen umstellt.

Dem kleinen **Obelisken** gegenüber befindet sich das **Museum der Schönen Künste** (Avenida 51) mit einer Kollektion regionaler Gemälde. Einen Blick werfen kann man noch auf (und in) das Gebäude der **Pasaje Dardo Rocha** an der Nordwestseite der Plaza. Dieser 1887 ursprünglich als Bahnhof konzipierte Bau dient heute nur noch als Ausstellungstrakt, und was einmal ein Bahnhofsrestaurant hätte werden sollen, ist jetzt eine Café-Bar mit Trottoirtischen.

Vier Blocks von der Plaza entfernt und gegenüber dem Park Paseo del Bosque versteckt sich in der Häuserzeile (Ave-

Die Kathedrale von La Plata

nida 53, Hausnummer 320) ein unauffälliges architektonisches Unikat: die **Casa Curutchet** – das einzige von Le Corbusier entworfene Privathaus in Amerika.

La Platas Gartenstadtkonzeption verkörpert der **Paseo del Bosque** besser als jede andere Grünfläche. Sein Kerngebäude mit dem **Museo de Ciencias Naturales** bildet die Hauptattraktion der Provinzmetropole. Verdient schon der verwegene Gebäudeschmuck – Plastiken von Säbelzahntigern, thematische Wandfresken und inkaische Friese – dieses römisch-griechischen Ausstellungstempels Aufmerksamkeit, so haben seine auf 16 000 m² untergebrachten botanischen, zoologischen, anthropologischen und paläontologischen Sammlungen Weltruf. Zu seinen wertvollsten Stücken gehören die fossilen Riesenfaultiere der südlichen Pampas. Skeletteile des größten bisher gefundenen Exemplars wurden Ende 1997 in La Plata selbst ausgegraben: 2 Tonnen muß dieser panzertragende Glyptodont einmal gewogen haben.

Die Pampas und ihr Hinterland

Wo der Weizen blüht

Das Wappen der Pampa-Provinz erzählt in wenigen Symbolen und Farben die Geschichte der traditionsreichsten Region Argentiniens. Zentrale Figur ist ein Indio zu Pferd, dessen Wurfspieß zwei hinter dem Wappenschild gekreuzte Lanzen – Emblem der Tapferkeit der Ureinwohner – als vergrößertes Motiv wiederholen. Der stämmige Baum darüber, ein Caldén, ist bis heute das unübersehbare Wahrzeichen der pampinen Weiten (nicht der Ombú, wie auch viele Argentinier irrtümlicherweise meinen). Er steht vor dem Blau des Himmels: Farbe der Loyalität, Gerechtigkeit und Ausdauer. Das Grün des Feldes suggeriert Gedeihen, Hoffnung und Gastfreundschaft der Landbewohner. Die Fruchtbarkeit und Ertragskraft der Agrarprovinz drücken die den Schild umkränzenden Ähren aus. Über den oberen Rand lugen die Augen einer aufgehenden Sonne, die Morgenstimmung einer sich immer neuen Horizonten zuwendenden Bevölkerung verkündend.

Schnell lassen sich die heraldischen Symbole in Fakten umbuchstabieren. Die Pampas waren das Reich der Tehuelche-Indianer, die als nomadisierende Jäger den Guanako- und Straußenherden folgten, bis sie der Wüstenfeldherr Roca 1879 zu dem dezimierte, was sie heute sind. Die frühesten, bei Casa de Piedra ausgegrabenen Zeugnisse der Indianerkultur (es gibt bisher 13 archäologische Fundstätten) sind 8000 Jahre alt. Aber schon bald füllten sich die Weiten der Grassteppen mit Rindern, die die Spanier bereits Ende des 16. Jh. von Paraguay aus ins Land gebracht hatten. Vor dem halbwilden Hornvieh – manchmal zu 30 000köpfigen Herden vereinigt – bewiesen die ›reisenden‹ Boten zu Pferd der damaligen Zeit mehr Respekt als vor Indianerpfeilen. 1780 schätzte man die Anzahl der Pampas-Rinder auf 40 Millionen. Und doch bestand der Wert der Tiere einzig in ihrer Haut, bevor man 1785 begann, das Fleisch einzupökeln. Auf 3 m hohen Rädern wurde das Salz von den Lagunen herangekarrt. Die Pampas sind das ›Salzkammergut‹ Argentiniens: auf 600 Millionen Tonnen werden die Reserven geschätzt – das reicht, nach dem heutigen Abbaurhythmus, für die nächsten 1000 Jahre.

Der Caldén, einer der zähesten Bäume, die die Natur je hervorbrachte, bildete im 19. Jh. noch komplette Wälder, ehe diese während der beiden Weltkriege, als Argentinien keine englische Kohle mehr erhalten konnte, in den Lokomotiven der bis ins Herz der Pampas vorgedrungenen Eisenbahnen verheizt wurden. Man schätzt die abgeholzte Fläche auf 10 000 km².

Bis um das Jahr 1900 war in den Pampas eine der größten Getreidekammern der Welt entstanden. Eine Million Tonnen Weizen allein erzeugt die Region heute jährlich. Die den Indianern abgerungenen Weiten wurden zu Argentiniens Pionierland schlechthin. In ein soziologisches und kulturelles Vakuum hineinstoßend, fast ohne Vorbilder und nahezu bar staatlicher Hilfe, kolonisierten Wolgadeutsche (s. S. 106 f.), Neapolitaner, Andalusier, Libanesen, Ukrainer, Texaner und Franzosen – und später auch Mennoniten (die bis heute so abgeschieden leben, daß sie noch nie etwas von einem Fußballspieler namens Maradona gehört haben) – die humus- und kieselsäurereichen Böden.

»Die Pampa hat sich selbst erschaffen«, wird man später stolz und beschei-

◁ *Typische Landschaft in der feuchten Pampa*

Caldén – Wahrzeichen der Pampas

den zugleich erklären. 90 % der Anbaufläche Argentiniens liegt in diesem agrarischen Kerngebiet, das neben Weizen auch Gerste, Roggen, Mais und Sonnenblumen liefert. Von »unerschöpflichen Gebärden der Fülle und Gewährung« schrieb der Pampa-Reisende Ortega y Gasset. »Kühe, Kühe, nichts als Kühe«, hatte sich der spätere Staatspräsident Sarmiento noch 1856 gewundert, als er durch die Pampas streifte und darüber nachsann, wie man den Tieren Schatten spenden und die Erde vor Winderosion schützen könne. Er führte die ersten Eukalyptussamen aus Australien ein, ließ sie unter den Estancieros verteilen – und heute gibt es in Argentinien keinen Baum, der die offene Landschaft mehr verwandelt hätte als dieser schnellwüchsige Exote.

Importiert wurden aus Europa, gewissermaßen zum Spaß, auch einige Hasen, die sich in ihrer neuen Heimat allerdings so wohl fühlten, daß das Dekret Nr. 4863 von 1907 die Langohren zur ›nationalen Plage‹ erklären mußte. Von den 100 000 Hasen, die (ohne Schonzeit) jährlich allein in der Provinz La Pampa erlegt werden, wird die Hälfte nach Deutschland exportiert. Und auch das heute in Argentinien ubiquitäre Wildschwein verbreitete sich von den Pampas aus, nachdem es einigen der zum Jagdvergnügen importierten Tiere gelungen war, aus dem eingezäunten Revier des Luro-Parks auszubrechen. Bis heute gibt es Gauchos, die das Erlegen der Beute mit der Hand für die einzig waidgerechte Art halten. Von drei Hunden begleitet, gehen sie auf einem Criollo-Pferd auf Saujagd. Jorge Luis Borges hat das in einer seiner – eben nicht nur phantastischen – Erzählungen so geschildert: »Den linken Arm vom

Goldene Ähren
Wolgadeutsche in den Pampas

Als Schulmeister Däning im Januar 1878 an Steuerbord gleich einer Fata Morgana eine weiße Stadt auftauchen sah – es war Montevideo –, rief er seine Schutzbefohlenen an Deck und zeigte ihnen die Küste von ›Brasilien‹ wie der Prophet das verheißene Land. Rio de Janeiro könnten sie nicht anlaufen, hatte ihm der Kapitän erklärt, dort herrsche Gelbfieber; aber, kein Problem, nun steuere man einfach einen südlicher gelegenen Hafen an. Das Schiff furchte durch die La-Plata-Mündung. Nach 28tägiger Atlantiküberfahrt färbte sich das Wasser zum erstenmal braun, der heiße Wind trug den Geruch von Sumpfwald übers Deck, der auf die durchgeschwitzten Hemden der Passagiere rieselnde Schornsteinruß verschmolz unter der Sonne zu kleinen schwarzen Pünktchen. So hatten sich die, die aus der Kälte kamen – und in ihrer kosakenhaften Kleidung putzigerweise schon wie rechte Gauchos aussahen –, auch immer Brasilien vorgestellt. Noch als sie den Schuppen der Einwandererbehörde in Buenos Aires betraten, glaubten sie, in Brasilien zu sein: die ersten nach Argentinien kommenden Wolgadeutschen.

Zu jener Zeit versuchten die beiden großen konkurrierenden Reedereien Norddeutscher Lloyd Bremen und Hamburg-Amerika-Linie, sich gegenseitig Passagiere abzuluchsen, und da Auswandererkontingente eine besonders hohe Belegung garantierten, gab man ihnen a priori 10 % Rabatt. Aber auch in den Immigrantenländern selbst war man erpicht auf neue Kolonisten. Sogenannte Einwanderungsagenten erhielten – eine Restform von Sklavenhandel – Pro-Kopf-Provisionen und trafen, wie könnte es anders sein, mit den Kapitänen der Schiffe ihre bezahlten Abmachungen. Da die Dampfer der Reedereien aber unterschiedliche Zielhäfen hatten, bugsierte so mancher Kapitän seine Auswanderer-Fracht – und sei es unter Zuhilfenahme von Seuchen-Menetekeln – auch mal dahin, wo sie eigentlich nicht hin sollte und wollte.

Nun hatten die Wolgadeutschen eine so unendlich vage Vorstellung von diesem Papageienkontinent, daß es ihnen letztlich egal war, wo sie landeten. Immigrierenden ›Gringos‹ ist Schlimmeres widerfahren: manch einer kaufte von der Landkarte weg Terrain, das sich – wie in Corrientes – dann als Sumpf erwies; andere erwarben im Chaco Wald mit kostbaren Edelhölzern, die nur in Form von Flößen über den Fluß abzutransportieren waren, aber als die Stämme in den Strom glitten, gingen sie unter: ihr spezifisches Gewicht war höher als das von Wasser. Insofern durfte der Trick, mit dem die deutschen Neusiedler in die Pampas gelockt wurden, als vergleichsweise harmlos gelten. Sie waren Getreidebauern, wünschten sich fruchtbare Erde und die

Freiheit, die sie im Laufe von zwei Jahrhunderten zweimal – erst in Deutschland, dann in Rußland – verloren hatten. Bereits 30 Jahre nach dem ersten Spatenstich exportierte die Pampa-Region, wo (nach Spaniern und Italienern) die Wolgadeutschen die drittgrößte Einwanderergruppe bildeten, 400 000 t Weizen. »Acá estamos en la gloria«, sagen sie heute: »Hier geht es uns gold.« Der *Espigón de Oro*, die ›Goldene Ähre‹, als Abzeichen verliehen, wurde zur begehrtesten Trophäe für Produktionserfolge im argentinischen Weizengürtel.

Daß Wolgadeutsche mitunter noch mit einem hessisch-rheinisch-sächsisch schwäbelnden Mischakzent sprechen (aber heute in der Regel nicht mehr Deutsch schreiben können), hängt mit ihrer nomadenhaften Geschichte zusammen. Gebeutelt vom Siebenjährigen Krieg (1756–1763), den Österreich um die Wiedergewinnung Schlesiens gegen Preußen führte, folgten sie der Einladung der deutschstämmigen Katharina II. (der Großen) an die Wolga, wo sie – patriarchalisch, kooperativ, gottesfürchtig und traditionswahrend – im Rahmen der ›neurussischen Besiedlungspolitik‹ prosperierende Mustergemeinden aufbauten. Zu ihren Privilegien gehörten ungehinderte Religionsausübung, Steuerfreiheit und Befreiung vom Militärdienst.

Dieser Sonderstatus änderte sich erst um 1870 unter Alexander II., als auch die Wolgadeutschen, die bisher zwischen Feld, Haus und Kirche gelebt hatten, in russische Uniformen schlüpfen sollten. Zur Einberufung der ersten Rekruten (für fünf bis sieben Jahre) läuteten die Kirchenglocken Sturm, und die nächste Generation bereitete die Flucht aus Rußland vor. Von da an sah man die Wolgadeutschen in breiten (Spurweite 1,20 m), mit Betten und Öfen eingerichteten Eisenbahnwaggons deutschen Häfen und einer ›besseren Welt‹ entgegenreisen.

Die ersten Gruppen trafen in Nordamerika ein, von da aus verbreitete sich der lockende Ruf des gerade vom ›marodierenden Indio‹ befreiten Südkontinents. Land war dort billig zu haben. Denn nach dem genoziden Wüstenfeldzug (s. S. 133 f.) bekamen verdiente Militärs manchmal 300 000 ha geschenkt und verhökerten sie portionsweise weiter.

Die ersten Wolgadeutschen Argentiniens siedelten in Entre Ríos. In den südlichen Pampas (heutige Provinz La Pampa) bildeten sich ihre Gemeinden traubenartig um die (aus Geldmangel) in der Steppe steckengebliebenen Gleisspitzen der Eisenbahnen herum. Dörfer wie Winifreda (die erste Gründung), Alpachiri oder Guatraché zeichnen in ihren Grundrissen noch heute die 50 m breite Hauptstraße und die sich anlagernden 28 × 110-m-Parzellen der Pionierzeit nach. Ein Blick ins Telefonbuch unter ›Sch‹, und da sind sie schon, die deutschen Namen: Schmidt, Schoenfeld, Schroeder, Schulz – woraus die kreolische Form ›Xul‹ entstand. Denn ungleich den Deutsch-Chilenen haben sich die Deutsch-Argentinier – bei aller Wahrung von Traditionen und Tugenden – lautlos in ihre neue Heimat integriert. Nach der letzten Erhebung (von 1977) leben rund 800 000 Nachfahren von Wolgadeutschen in Argentinien, davon über die Hälfte in den Pampas. Sie laben sich noch immer an ›Dürrkreppeln‹ und ›Leberworscht‹, pflegen Volkstänze und Musik.

Poncho geschützt, grub die Rechte das Messer in den Wanst des Tieres.« So einfach ist das!

Mit Zäunen begannen sich die Estanzien erst nach der Erfindung des Stacheldrahts zu umgeben, der dann auch rasch zum Mittel der Vorwärtsverteidigung gegen die Indianer wurde. Als erster markierte der Nordamerikaner Richard Newton 1845 seine Weidegründe bei Chascomús mit Eisendraht, und der Dichter Larreta klagte: »Ein Draht, ein Draht wird der Lyrik der Erde ein Ende machen!« Aber noch immer gibt es Gegenden in den westlichen (trockenen) Pampas, wo der Boden so billig ist, daß man ihn nicht in Hektar, sondern in Quadrat-Leguas (ca. 2 500 ha) mißt – eine Quadrat-Legua entspricht hier einer *unidad económica*, einer ›bewirtschaftbaren Flächeneinheit‹ – und wo die Investition in einen Drahtzaun aufwendiger wäre als der Landerwerb. Wenn in den feuchten Pampas ein Hektar Weide ein Rind ernährt, dann sind es hier mehr als 30 ha, die pro Kopf benötigt werden.

Wasser ist Leben

Das dem Quechua entnommene Urwort *bamba*, das der Pampa seinen Namen lieh, bedeutet einfach: Ebene, Flachland, Weite ohne Hindernis. Und tatsächlich bilden die Pampas (der Plural ist korrekt, denn es handelt sich um eine Abfolge von verschiedenen Vegetationszonen) eine Großlandschaft, die sich nördlich des Río Colorado von der Atlantikküste bis zum Cuyo und weiter nach Córdoba und Santa Fe, nach Entre Ríos, ja bis nach Uruguay hinein erstreckt. Dabei ist die Kernprovinz La Pampa mit ihren kerzengeraden, den Linien von Längen- und Breitengraden folgenden Konturen – mit Ausnahme der natürlichen Flußgrenze im Süden – nur eine auf dem Meßtisch entstandene Verwaltungseinheit, die die naturräumliche Gliederung nicht respektiert. Geomorphologisch weisen die Pampas drei Formationen auf: die flache Pampa *(pampa deprimida)*, die hügelig gewellte Pampa *(pampa ondulada)* und die pampinen Sierren, eingestreute Gebirgszüge, deren südlichster die Sierra de la Ventana ist und zu denen man im Norden noch die Sierra de Famatina (La Rioja) und den Aconquija-Komplex (Tucumán) zählt; dazwischen erheben sich die Sierren von San Luis und Córdoba.

Üblicher aber ist die dem Vegetationsmuster entsprechende Unterscheidung in feuchte Pampa *(pampa húmeda)* und

trockene Pampa *(pampa seca)*. Die in der atlantischen Regenzone, also im Osten, liegende feuchte Pampa empfängt zwar durchschnittlich nur 750 mm Niederschlag pro Jahr (Oktober bis Dezember), ist aber von einem engmaschigen Gewässernetz durchzogen, dessen Hauptstrang der Río Salado mit einem ganzen Geflecht von Seen, Tümpeln und unterirdischen Speichern *(napas)* bildet. Die das Zentrum der Provinz Buenos Aires beherrschende Lagunenpampa *(pampa de las lagunas)* – Teil dieses Systems – besteht aus schilfgesäumten Süßwasserteichen, die die Heimat von Ährenfischen *(pejerreyes)*, Nutrias, Reihern und die ›Wasserlinsensuppe‹ löffelnden Schwarzhalsschwänen sind. Die zuflußärmeren, weiter landeinwärts verstreuten Salzlagunen haben als Saisongäste vorwiegend Flamingos. 30 Lagunen sind als Abbaustätten für Magnesiumsulfat registriert. Mit nach Westen abnehmender Gewässerbedeckkung geht der aus Pfeil- und Pampasgras (jene 2–3 m hohen ›Fuchsschwänze‹, die, manchmal eingefärbt, als Trockensträuße große Vasen zieren) bestehende Unterwuchs in (exotische) Weidegräser über, um schließlich riesigen Feldern Platz zu machen. Jenseits davon, am Westrand der kultivierten Pampas, breiten sich dann wogende Teppiche von xerophilen Hartgräsern aus, die von

Mit siebzig Sachen durchs Espartogras
Der Pampasstrauß

Der ›Vogel Strauß‹ – Leittier aller Zweibeiner, deren Politik es ist, den Kopf in den Sand zu stecken, wie der Volksmund weiß – rennt in den Pampas, wenn es um Kopf und Kragen geht, in Wirklichkeit mit bis zu 70 km/h Geschwindigkeit davon. Solche Eile ist verhängnisvoll, wenn sich die von einem Gaucho geworfenen *boleadoras* (Schleuderkugeln) dem Laufvogel um die Beine schlingen. Dann kommt das Tier mit einem dumpfen Laut zu Fall – und hat Glück, wenn es nur Federn lassen muß. In den ersten Dekaden des 20. Jh. waren, neben Rindfleisch, Weizen und Wolle, Straußenfedern ein Posten in der Exportstatistik der Provinz La Pampa: pro Jahr 10 Gewichtstonnen.

Die Technik der Straußenjagd mit den wie ein Lasso geschleuderten, am Ende langer Stricke befestigten, lederumhüllten Wurfkugeln lernten die Viehtreiber von den Indianern. Die Eingeborenen sammelten nicht nur die hochgeschätzten Eier (zwölfmal so groß wie Hühnereier), sondern liebten vor allem auch das puterähnliche Fleisch des Pampasvogels, das sie auf köstliche Weise als *chaskin* zubereiteten, indem sie das ausgenommene Tier mit heißen Steinen füllten. Die Haut (mitsamt den graubraunen Federn) lieferte ihnen einen flaumweichen Teppich, beliebter Tauschartikel auch beim Handel mit den Weißen. Die spitzen, harten Vogelknochen wurden als Nadeln für buchstäblich alles verwandt, bis hin zum Perforieren von Mädchenohren.

Der flugunfähige Pampasstrauß (*Rhea americana*), hier nach seiner indianischen Bezeichnung *ñandú* genannt, ist nicht nur ein hervorragender Sprinter, der seine Schwung- und Schwanzfedern als Leitwerke benutzt, mit seinen unverhofften Kreuzsprüngen macht er es auch seinen Verfolgern schwer, ihm auf den Fersen zu bleiben. Die von Dornen gewetzten Füße sind gleichsam aus Stahl. Wird der Strauß zu Fall gebracht, dann ist es eine Frage der Geschicklichkeit, die abwurfbereiten Federn – keine Blutfedern, das war immer verboten – aus dem Kleid zu ziehen, ohne selbst verletzt zu werden. Mit einem einzigen Klauenhieb (die Bewehrung besteht aus drei messerscharfen Krallen) sind schon Jäger getötet worden. Hat man die Vögel wieder von den Beinschlingen befreit, trotten sie davon, wie sie sich überhaupt, nähert man sich ihnen zu Fuß, zunächst eher zögernd und, so will es uns scheinen, leicht pikiert in Marsch setzen, ehe sie in Galopp fallen.

Der Anflug von Hochmut oder Koketterie, den man zu erkennen glaubt, hat wohl eher etwas mit dem langen Hals zu tun (aus dem man früher Tabaksbeutel machte). Bei nur 1,70 m Scheitelhöhe erlaubt er es dem Tier, das oft über 2 m hohe Gras der Trockenpampa zu überragen und bis zum Horizont zu spähen. Der Ñandú sieht sehr scharf und ist außerordentlich wachsam. Das kommt vor allem dem Männchen zugute, das – ein einmaliger Fall von Ritterlichkeit in der zweibeinigen Welt – nicht nur den Nistplatz aussucht und das Nest baut, sondern auch 40 Tage lang (zwischen Oktober und Dezember) die jeweils 30–40 Eier ausbrütet. Unterdessen geht die Henne erneut auf Männerfang, legt abermals Eier, und das wiederholt sich mehrere Male: ein ›intensivwirtschaftlicher‹ Reproduktionsprozeß, der die Art erhält. Denn nicht nur in den Reservaten lebende Indios und auf einen saftigen Braten erpichte Estancieros sind sporadisch hinter dem Großvogel her – der schlimmste Dauerfeind ist der Puma.

Die 30 000 Straußenhäute, die Argentinien heute jährlich exportiert, sind nach den Maßstäben der überwachenden Behörde eine verträgliche, die Bestanderhaltung nicht gefährdende Quote. Sehr wichtig, denn was wären die Pampas ohne den Pampasstrauß, »diesen archaischen Überlebenden aus der Zeit, als es auch unter den Vögeln noch Giganten gab«, wie Argentiniens berühmtester Ornithologe Guillermo Hudson meinte.

Dornstrauchsteppen *(espinales)* und weiter im Norden von Trockenwald abgelöst werden. Hier lebt – im Durchschnitt – auf 9 km² Fläche nur ein Mensch. Ansonsten sind Gürteltiere, Stinktiere, Beutelratten, Pampasfüchse, Pampashasen, natürlich Pumas und die emblematischen, mit ihrer graubraunen Färbung nicht leicht auszumachenden Pampasstrauße Dauerbewohner der vielfältigen Pampasregionen.

Das Feuchtgebiet der östlichen Pampas bildet eine Art Knautschzone zwischen Überschwemmungen und Dürreperioden und gleichzeitig einen Riesenfuttertrog für Zugvögel, die aus bis zu 15 000 km Entfernung heranfliegen. Der unstete Puls dieses organischen Wasserwerks verlangt von seinen Nutznießern allerdings äußerste Flexibilität. Obwohl die feinkörnigen Böden gut wasserhaltend sind, ist selbst der Río Salado mitunter nicht vor dem Austrocknen sicher.

Pflanzen und Tiere haben bewundernswerte Mechanismen und Verhaltensweisen entwickelt. So umgeben sich die Samen des Caldén-Baumes mit einer Schutzschale, die so hart ist, daß ein Auskeimen nicht möglich wäre, würden die samentragenden Schoten nicht von Tieren gefressen, deren Magensäfte die Hüllen anlösen, so daß sie nach dem Ausscheiden von den Keimen gesprengt werden können. Eine in der feuchten Pampa lebende Riesenkröte (die sogar Nagetiere und junge Vögel frißt), gräbt sich bei drohender Trockenheit ein und umgibt sich mit einer ›Regenhaut‹. Kaulquappen, die andernorts für ihre Umwandlung in Landtiere gewöhnlich Monate benötigen, haben es gelernt, in nur 18 Tagen (!) ihre Metamorphose zum Frosch zu bewältigen, was bedeutet: ihre Kiemenatmung auf die lebensrettende Lungenatmung umzustellen. Fischen bleibt beim Eintrocknen einer

Teichpfütze nur der Tod, aber der das Unheil witternde männliche Pavita provoziert das Weibchen mit einem aufregenden Tanz zum vorzeitigen Laichen, beide buddeln die Eier in den Schlammgrund, wo sie, während die Eltern sterben, bis zur nächsten Regenperiode überdauern. So bleibt die Art dieses hübschen Pampasfisches – das Weibchen goldgelb, das Männchen von irisierendem Blau – auf wunderbare Weise erhalten. Die kleine Welt der Pampas enthüllt dem Betrachter staunenswerte Dinge. Vor allem Vogelpirschgänger entdecken hier ihr Reich.

Windräder und Töpfervögel

Kein anderer Landschaftsraum Amerikas – außer dem ›Wilden Westen‹ – ist so mystifiziert worden wie die Pampa. Freiheit, Ungebundenheit, Ritterlichkeit, Herausforderung – alles Synonyme für eine Weite, die nach einem Dichterwort »dem schmerzlich ergriffenen Gemüt den Frieden wiedergibt«. Grasfluren bis zum Horizont, Rinderherden, Windräder, Estanzien, Spießbratenfeuer, lassoschwingende Gauchos auf Criollo-Pferden und darüber ein Himmel, der die Erde flachdrückt, das sind die Komponenten der Genrebilder, die – auf der Leinwand oder in der Vorstellung – die Pampa wiedergeben. Wer sich auf solche Stereotypen in Reinform festlegt, wird die Postkartenmotive mitunter etwas herausfiltern müssen.

Die Pampas-Realität besteht heute auch aus Getreidesilos, Landmaschinen, Reifenlagern, Autowracks und Hochspannungsmasten. Daß Gauchos mit einem Stirnband aus Guanakoleder auf einem Ochsenschädel sitzen oder Pioniere über einem Mistfeuer Pferdefleisch braten, sieht man nur noch auf Daguerreotypien in Provinzmuseen.

Aber es wäre eine Mär zu behaupten, dieser Landschaftsraum habe etwas von seiner Suggestionskraft eingebüßt, weil es Reklameschilder und Elektrozäune gibt. Wer die Überlandstraßen verläßt, wird hinter einer *tranquera,* dem Viehgatter, vielleicht entdecken, daß der Isolator für den stromführenden Draht aus einer *taba* besteht, dem gleichen Kniegelenkknochen, den die Gauchos bei ihrem Wurfspiel benutzen; er wird auf den Zaunpfosten die Lehmkugelnester der Töpfervögel *(horneros)* finden; er wird das balsamische Aroma der Eukalyptushaine durch die Nase einziehen; und er wird den Warnruf des Pampas-Schreivogels *teru-teru,* das Dengeln der Windräder oder die abendliche *guitarreada* eines Landarbeiters noch im Ohr haben, wenn Walkman oder Autoradio wieder den *soundtrack* aller Tage übernommen haben.

Nirgendwo atmet man besser Pampaluft als auf einer Estancia (s. S. 98 f.). Dazu bedarf es keiner Extrareise, sondern nur eines Ausflugs. Vom Zentrum von Buenos Aires aus ist man in zwei Autostunden mitten in der Pampa (die Porteños gebrauchen die Bezeichnung grundsätzlich im Singular). Keineswegs muß der Besucher dazu die gleichnamige Provinz aufsuchen. Es gibt keine zu empfehlenden ›Pampa-Routen‹ mit aufgereihten Attraktionen. Nur wer Bariloche oder ein anderes Ziel in den Südanden ansteuert, wähle den (im übernächsten Kapitel beschriebenen) Weg über Santa Rosa, die Provinzhauptstadt, und Neuquén, der automatisch am Wildpark Luro und dem Naturreservat von Lihué Calel vorbeiführt. Ansonsten ist das Erlebnis flächenhaft, dispers, uferlos – denn die Pampas sind auch ein Gefühl. »Die einzige Weltgegend, die Gott in voller Breite passieren konnte«, meinte Jorge Luis Borges.

Die Seebäderküste entlang

Argentiniens Badeküste, die *Atlántida Argentina*, zieht sich in einem mehr als 600 km langen Bogen weit südlich von Buenos Aires am Meer entlang. Mal reihen sich die *balnearios* dicht aneinander, mal verlieren sie sich, nur über Stichstraßen erreichbar, in den Dünen einsamer Strände. Manche Orte sind bis heute mehr improvisierte als geplante Streusiedlungen geblieben, andere haben sich zu Igeln aus Hochhäusern verdichtet, und wieder andere präsentieren sich als gepflegte Villenstädte. Dieser Vielgestalt entspricht die außerordentlich gemischte Besucherschar von über 10 Millionen Menschen jährlich, von denen zwar weitaus die meisten in einer extrem betonten Hochkonjunktur (Januar/Februar) kommen, immer mehr jedoch die Reize (und billigeren Preise) der Vor- und Nachsaison zu entdecken bereit sind. Zu diesem Ausgleich tragen auch Naturreservate, die vielen Campingplätze, außersaisonale Angelwettbewerbe und eine vom Brasilstrom gemäßigte Wassertemperatur (im Sommer maximal 25, im Winter mindestens 8 °C) bei.

Die Bäderküste beginnt am Südhorn des Samborombón-Golfs, dem **Cabo San Antonio** (Punta Rasa) 1 (S. 347), wo die Geographen die La-Plata-Mündung enden lassen. Tatsächlich aber läßt das lehmbraune Flußwasser erst etwa auf der Höhe von Pinamar das Meer sein atlantisches Grün zurückgewinnen. Am Kap San Antonio steht der erste von einigen 100jährigen Leuchttürmen, die diese äußerste Ostküste Argentiniens bis heute bewachen. Zu Füßen dieses 63 m hohen Stahlgerüstturms eine biologische Station der Umweltschutzorganisation Vida Silvestre, alljährliches Ziel von Ornithologen aus aller Welt. Die Marschlandschaft am Samborombón-Golf ist die Heimat von Millionen von Zugvögeln. Schwärme von mitunter 20 000 dieser gefiederten Gäste malen wechselnde Flugmuster an den Himmel. Es gibt mehrere Möwenarten (darunter die *gaviota cangrejera*, die Taschenkrebse – es wimmelt davon – ganz verschlingt), Flamingos, Graufüchse, Wasserschweine und viele andere Tiere in dieser wilden, an die Camargue erinnernden Landschaft.

Nur 9 km entfernt liegt **San Clemente del Tuyú** (am Hafen kleine Fischräuchereien), der nördlichste einer sich 100 km an der Küste entlangziehenden Kette von an die Provinzstraße 11 angelagerten Orten, die unter der Verwaltungsbezeichnung ›Partido de la Costa‹ zusammengefaßt sind: Las Toninas, Costa Chica, Santa Teresita, Tuyú – wo sich die zentrale Touristenbetreuung für diesen Küstenabschnitt befindet –, Costa del Este, Aguas Verdes, La Lucila, San Bernardo, Mar de Ajó, Nueva Atlantis, Portal del Sol, Costa Esmeralda und Punta Médanos. Die hübscheste und modernste unter diesen unprätentiösen, dennoch jährlich 3 Millionen Gäste anziehenden Ortschaften ist **San Bernardo. Mar de Ajó** feiert jährlich im Oktober sein *Corvina-Rubia*-Angelfest, da wird der frische Fang auf dem Grill zubereitet und kostenlos verteilt. Im übrigen bieten Fischlokale, je nach Jahreszeit, *corvina rubia*, *brótola* und *cornalitos* (diese als Pfannengericht) an.

Die flachen hellbraunen Sandstrände setzen sich vom Partido de la Costa aus nach Süden fort, wo jetzt langgezogene, von Waldinseln besetzte Dünen den Charakter der Landschaft bestimmen. Der Name des Ortes Cariló, der zusammen mit Valería del Mar und Ostende zur Großgemeinde **Pinamar** 2 (S. 371) gehört, verrät es: *cariló,* eine indianische Bezeichnung, bedeutet ›Grüne Düne‹. Von den größeren Seebädern Argentiniens ist das baumreiche Pinamar mit seinem amphitheatralisch angelegten Straßennetz das schmuckste. Nicht selten werden hier Hotelzimmer zwei Jahre im voraus gebucht. Pinamar verdankt seinen Taufnamen dem 22 km langen, über 3 km breiten Pinienwaldgürtel, der sich am Atlantik entlangzieht. Daß in dem erst 1943 von dem Unternehmer Jorge Bunge gegründeten (heute 7000 Einwohner zählenden) Ort überhaupt Hochhäuser entstanden sind, bedauert man mittlerweile. Ein neuer Bebauungsplan sorgt dafür, daß nur noch in wenigen Kernzonen maximal dreigeschossige Häuser entstehen; ansonsten gilt die Regel: ein Chalet pro Grundstück, unabhängig von dessen Größe. Noch in dieser Waldgemeinde manifestiert sich der typisch argentinische Hang zur Individualität: Jede Gemarkung bis hin zum exklusiven, von Schranken bewachten Cariló, dessen vereinzelte Villen sich zwischen den Bäumen verstecken, bewahrt ihre Eigenheit. Ältestes Schaustück ist das von nostalgischen Belgiern 1913 erbaute Hotel ›Ostende‹ (Ecke Biarritz/El Cairo) im gleichnamigen Ortsteil von Pinamar.

Der nächste größere Küstenort, das 21 km entfernte **Villa Gesell,** trägt den Namen seines Schweizer Gründers. Als Carlos Idaho Gesell an diesen damals noch einsamen Gestaden 1931 einen 100 km langen Strandstreifen erwarb und ein imaginäres verschlungenes Wegenetz in den Sand malte, hätte er sich nicht träumen lassen, daß die schlangenförmigen Straßen in der heute 16 000 Einwohner zählenden Stadt eher verkehrsbehindernd wirken. Eineinhalb Millionen vorwiegend jugendliche, von zahlreichen Diskos, Bowlingsälen und Kartingkursen angezogene Sommergäste überfluten alljährlich den Ort, wo Don Carlos einst Pinien und Akazien pflanzte, um die Wanderdünen zu befestigen.

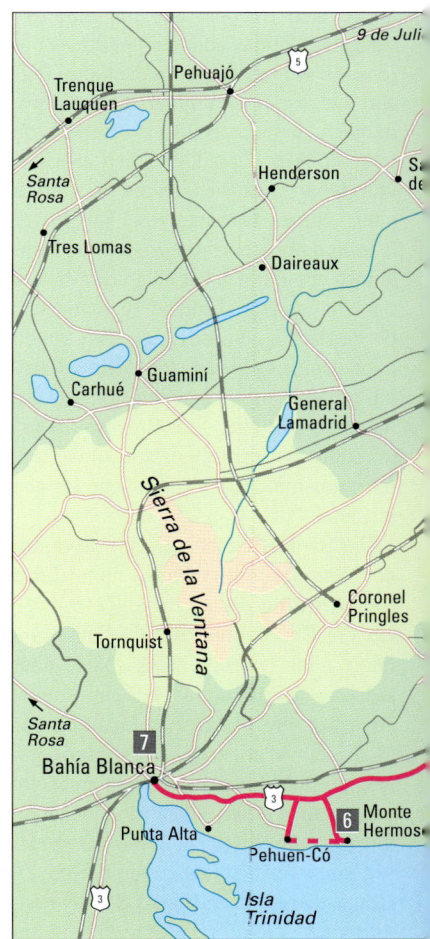

Die argentinische Seebäderküste

Weiter geht die Fahrt durch die Sandhügellandschaft, vorbei an der malerischen Lagune Mar Chiquita mit ihren in den Mulden versteckten Bungalows und schattigen Campingplätzen, nach dem 130 km weiter südlich gelegenen **Mar del Plata** 3 (S. 364). Die Halbmillionenstadt ist der Klunker unter den Perlen der *Atlántida Argentina.* Der bis dahin flach geschwungene Meeressaum wölbt sich hier plötzlich zur Steilküste auf und läßt die bis an den Rand gerückte ›Rote Stadt am Meer‹ (ihrer zahlreichen Backsteinbauten wegen, das gewaltige Spielkasino voran) wie eine der Brandung trotzende Festung erscheinen. Im Hochsommer, wenn ständig eineinhalb Millionen Menschen in dieser Stadt wohnen, gleichen die dem Häusermeer vorgelagerten Strände mit ihren Batterien von Badekabinen einem brodelnden Teich. Doch Argentinier, die diese mobile Art der Entspannung suchen, genießen den Betrieb. (Zur Zeit ziert, wenn man von Norden kommt, ein schönes Wrack die dramatische Ku-

Fischkutter im Hafen von Mar del Plata

lisse.) Zwischen der Hochhausarchitektur zelebriert immer noch Alt-England mit schönen Fachwerkhäusern – das nobelste Beispiel ist das über dem Meer thronende Golfclub-Gebäude – anglo-argentinischen Landhausstil. Über der Playa Grande sonnen sich die Residenzen der Wohlhabenden. Die mit Geschäften, Galerien, Restaurants und Bars gefüllte Innenstadt lockern Parks, Alleen und die – wie könnte sie anders heißen – Plaza San Martín auf. Permanenter Anziehungspunkt (mit oft 25 000 Besuchern täglich) ist natürlich Argentiniens größtes Spielkasino. Mar del Platas malerischster Winkel bleibt jedoch sein Fischereihafen mit den rot und gelb angestrichenen Holzkuttern. Seehunde kommen bis an die Kaimauer heran, um sich zwischen den vertäuten Schiffen einen Brocken zu schnappen.

Als kleines Kontrastprogramm zum Strandleben empfiehlt sich ein Ausflug ins 60 km entfernte **Balcarce** 4 (S. 341), mit dem Automobilmuseum des unvergeßlichen ›Weltmeisters aller Zeiten‹ Juan Manuel Fangio (s. S. 118).

Südwestlich der Felsenhalbinsel von Mar del Plata bietet sich, auf dem Hochufer zum 53 km entfernten Miramar entlangfahrend, eine von einsamen Stränden gesäumte Küste dar. Der dichte Pelz des unter Naturschutz stehenden Buschwaldes löst sich in eine gefällige Parklandschaft auf, ehe eine an irische Buchten erinnernde nackte grüne Steilküste das hoch aufragende Miramar noch kontrastreicher erscheinen läßt. Zwei Monate Hochsaison (Januar/Februar), dann wird, pünktlich am 28. Februar, das (Bade-)Handtuch geworfen. Eine saubere, im Sommer angenehme (nur 200 000 Besucher), im Winter sterile Stadt, in der nichts mehr daran erinnert, daß sie schon vor hundert Jahren (1891) gegründet wurde.

Das nächste größere Seebad, **Necochea** 5 (S. 367), zugleich wichtiger Getreideausfuhrhafen, erreicht man über die in einigem Abstand der Küste folgende RP 88, riesige Weideflächen, Weizen- und Sonnenblumenfelder durchkreuzend, nach 100 km. Necocheas Strand ist 25 km lang, die Brandung ein-

drucksvoll. Mitunter läßt der den Sand hochtreibende Wind in den ufernahen Straßen kleine Dünen entstehen. Das Zentrum der Corniche bildet ein kurzer gepflegter Strandstreifen vor der Hochhauskulisse, die sich an den Kasino- und Auditoriumskomplex anschließt. Das Familien-Seebad Necochea ist frei von modischen Eitelkeiten. Als Ausgleich zum Meer hat sich die Gemeinde mit einem 400 ha großen, eukalyptusduftenden Park (Miguel Lillo) beschenkt. Wer sich über die DK-Schilder an manchen Autos wundert – das 60 000-Einwohner-Städtchen an der Mündung des Rio Quequén besitzt seit jeher eine ansehnliche dänische Kolonie.

Der nächste – und letzte – erschlossene lange Strandabschnitt der argentinischen Seebäderküste bei **Monte Hermoso** 6 (S. 366) liegt rund 250 km weiter westlich und verdankt seiner Abgeschieden-

Gaucho mit Silberpfeil
In Juan Manuel Fangios Automobilmuseum

Er steuere nicht mit den Händen, sondern mit dem Körper, sagten Beobachter 1940, als der junge Mann aus dem Kartoffeldorf Balcarce auf einem frisierten Chevrolet gerade das 9445 km lange Marathonrennen durch Nordargentinien, Bolivien und Peru gewonnen hatte. Seine gekurvten Beine, meinten sie, erlaubten ihm, sich wie eine Spreizfeder ins Gehäuse des Autos zu klemmen und so die Karosserie wie eine zweite Haut zu empfinden. Damit hatte der Mann mit den Gauchobeinen (obwohl nur mit den Pferdestärken von Motoren vertraut) seinen Spitznamen weg: von nun an hieß Juan Manuel Fangio ›Chueco‹ (›Reiterbein‹).

Mit 37 Jahren unterschrieb er seinen ersten Vertrag als Berufsrennfahrer bei Alfa Romeo, zwei Jahre später (1951) gewann er die Automobilweltmeisterschaft mit der gleichen Marke. Die nächsten Trophäen gehörten seinem hochgeachteten (in einem dramatischen Rennen tödlich verunglückten) Freund Alberto Ascari. 1954 und 1955 siegte Fangio mit dem legendären Mercedes-›Silberpfeil‹. 1956 kletterte ›Chueco‹ in einen Ferrari, 1957 in einen Maserati – und wurde wieder beide Male Champion. Mit 47 Jahren zog sich der fünffache Weltmeister von den heißen *fierros*, wie die Argentinier die schnellen Autos nennen, zurück.

Das von ihm geschaffene Automobilmuseum in Balcarce, seinem Geburtsort, zeigt – vom ersten Automobil der Welt, einem Daimler von 1886, über den ›Blitzen-Benz‹ von 1909 (der 15 Jahre lang den Geschwindigkeitsweltrekord hielt) bis zum Mercedes-›Silberpfeil‹ – 46 ausgewählte Modelle aus aller Welt und wird jährlich von 80 000 Besuchern angeschaut. (Das obenstehende Foto, das Juan Manuel Fangio mit dem ›Silberpfeil‹ zeigt, nahm der Autor wenige Monate vor dem Tod des Ex-Champions Mitte 1995 auf.)

heit einen Ruf von Understatement und exzentrischem Charme. Vielleicht ist es das, was sogar manchen Australier hierher lockt. Daß der zerstückelte Ort von weniger als 3000 Einwohnern sich bis heute zu keinem Bebauungskodex entschließen konnte, hat der Ästhetik seiner Wasserfront leider geschadet. Erst weiter draußen versöhnen Dünen und Pinien, und hier auch manches hübsche Chalet, mit der wilden Bauerei. Der höchste Leuchtturm Südamerikas in Gerüstbauweise (67 m) überblickt einen immensen Strand, von dem aus man – ein seltenes Doppelschauspiel – die Sonne über dem Meer sowohl auf- als auch untergehen sieht. Der 1906 in Dienst gestellte Faro Recalada wurde von der gleichen französischen Firma konstruiert, die auch das Material für den Eiffelturm lieferte.

An diesem Strand, an dem sich Reiter oder Buggies bis zum 25 km entfernten Pehuen-Có entlangtrollen, war es, wo Charles Darwin den Fossilienreichtum dieser Gestade entdeckte (Monte Hermosos kleines Museum zeugt davon). 1993 legte man 4 km westlich des Ortes menschliche Fußspuren frei (eine von wenigen Fundstellen weltweit), denen der Radiokarbontest ein Alter von 7000 Jahren bescheinigte.

Vor 100 Jahren, als hier noch kein Baum stand (die Bezeichnung *Monte* im Ortsnamen steht für ›Wald‹, nicht für ›Berg‹), kaufte der vom Militärdienst in seiner Heimat geflohene Franzose Esteban Dufaur 4000 ha Sandwüste und kämpfte, Bäume pflanzend, mit donquichottischer Unerschrockenheit gegen die Windmühlen dieser offenen Küste an, um die Wanderdünen zu bändigen. Aus dem Treibgut des 1907 hier im Sturm gesunkenen nordamerikanischen Frachters ›Lucinda Sutton‹ baute man das erste Hotel, ganz aus Holz – wie auch die später aus der Kistenholzverpackung von Landmaschinen errichtete erste Kirche.

Rucksackreisende, die es noch uriger haben wollen, werden sich in einer Dünenmulde der nächsten Strandsiedlung **Pehuen-Có** einnisten, wo es bislang erst zwei Hotels (aber sechs Campingflächen) gibt.

Eine 40 km lange Stichstraße trennt die Idylle von der großen, nach Patagonien hinunterlaufenden Fernverkehrsroute RN 3, auf der man nach weiteren 40 km **Bahía Blanca** 7 (S. 340) erreicht. In Form einer ›weißen Bucht‹ hatte sich den neapolitanischen und griechischen Fischern die salzverkrustete Küste dargeboten, als sie sich im 19. Jh. als erste Siedler hier niederließen. Aber bald schon erkannte man am La Plata die verkehrsstrategische Vorzugslage von Bahía Blanca und baute den Standort zum Eisenbahnknotenpunkt und Getreideumschlagplatz aus. Im Hafenviertel von Ingeniero White erinnern alte Wellblechhäuser an die Zeit, als hier noch nicht der größte petrochemische Komplex Argentiniens stand. Mittlerweile ist Bahía Blanca, neuerdings auch mit seinen Ölmühlen, eine multifunktionale Metropole und die bedeutendste Stadt im mittleren Süden. Ihre Urbanität im Zentrum ist lebhafter als es die kaum 300 000 Einwohner vermuten lassen. Einige historische Gebäude um die schmucke Plaza – Rathaus, Theater, Banco de la Nación und das Verlagshaus der Tageszeitung ›La Nueva Provincia‹ – verströmen noch einen Hauch von Belle Epoque. Zugleich erinnert der langgestreckte Bau der bald 100jährigen Konsumgenossenschaft der Arbeiter in der Calle Belgrano, nach wie vor als Allerweltsladen betrieben, an die zutiefst proletarische Tradition dieser Hafenstadt.

Durch die Pampas zu den Südanden

Alle Wege nach Patagonien führen durch die feuchten Pampas der Provinz Buenos Aires. So wie sich am Ende einer fast 700 km langen Durchquerung Bahía Blanca als Tor zur patagonischen Küstenroute öffnet, so zieht Santa Rosa, die Hauptstadt der Provinz La Pampa, den Reisenden an, der sich von Buenos Aires aus auf dem schnellsten Wege zu den patagonischen Anden (Zielorte: Chos Malal, San Martín de los Andes, Bariloche, El Bolsón) begibt.

Auf fast geradliniger Strecke (RN 5 über Luján, Chivilcoy, Trenque Lauquen) spult man die 620 ebenen Kilometer nach Santa Rosa ab – eine lockere Tagesreise im Auto. Bei Mercedes bleiben die letzten Kernobstplantagen zurück, um endlosen Sonnenblumenfeldern, Viehweiden und Lagunen Platz zu machen. Den Eindruck, von der Landschaft aufgesogen zu werden, verstärkt die totale Abwesenheit von Dörfern. Die Fernstraße durchläuft keine einzige geschlossene Ortschaft; alle Siedlungskomplexe liegen seitlich der Trasse. So können die Pampas ihre ganze uferlose Horizontalität, ihre ins Nichts greifende Weite vermitteln. Und wie bei einem Endlosfilm, dessen Bildfolgen man schon kennt, wandern die immer gleichen Motive vorbei: Felder und Koppeln, Windräder und Viehtränken, Eukalyptushaine und blaugelbe Mooraugen, in denen sich der Himmel spiegelt. Bis sich, unweit Santa Rosa, unter die Zug-

Die Provinz La Pampa

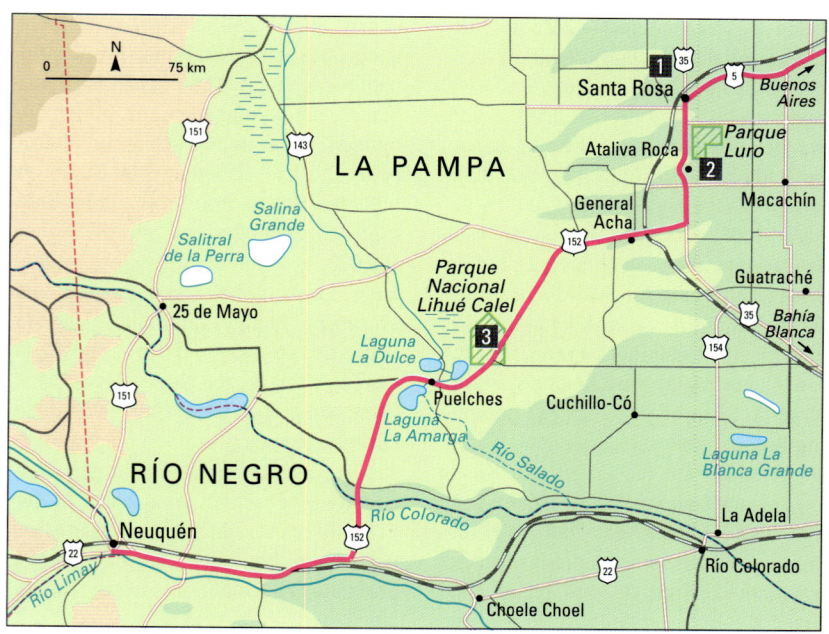

bahnen kreisender Raubvögel das Flugmuster von pilotengesteuerten Gleitern mischt: Die Thermik über den Getreidefeldern nutzende Segelflugzeuge künden an, daß der Weizengürtel der Pampas erreicht ist. Und da sind sie auch schon, die mächtigen Caldén-Bäume, unter denen das Vieh Schutz vor der Sonne sucht, wenn es nicht gerade bis zum Bauch im Wasser einer Lagune stehen kann.

Rund 80 000 Einwohner – die Hälfte der gesamten Provinzbevölkerung – leben in dem sauberen Städtchen **Santa Rosa** 1 (S. 389). Vorbei sind die Zeiten, da man die Straßen mit frischem Unkraut bestreute und das Galoppieren verbat, um die Staubbildung zu verhindern. Aber noch immer geht es in dem ebenso gepflegten wie ereignislosen Musterort so ruhig zu, daß es keiner Fußgängerzone und keiner Parkometer bedarf. Ja, man sieht kaum einen Polizisten, und von Banküberfällen hat man nie gehört. Wohin sollten Räuber auch fliehen aus dieser in lineare Fernstraßen mündenden Stadt, abriegelbar an jeder Stelle?

Wer sich von Santa Rosa aus auf die patagonischen Anden zu bewegt, wird den Ort über die genau nach Süden laufende RN 35 verlassen. Auf dieser Strecke wellt sich die Landschaft, füllt die Niederungen mit Salzlagunen aus und breitet ausgedehnte Caldén-Wälder über die Hügelkämme hin. An das erste größere Gewässer (33 km ab Santa Rosa) angelehnt ist der **Parque Luro** 2, ein 7500 ha großes Reservat, das, mit Guanakos, Hirschen und Straußen bestückt und von Lehrpfaden durchzogen, eine Art halbwilden Naturpark bildet. Das französische Herrenhaus, gerne einfach ›El Castillo‹ genannt, erzählt noch von der Zeit (1910–15), als das pampine ›Sankt Hubertus‹ von schießfreudigen Millionären, Politikern und Aristokraten aus aller Welt besucht wurde. Damals war der – zu jener Zeit 20 000 ha große – Wildpark das größte private Jagdrevier der Erde. Der Einfall, hier Karpatenhirsche und europäische Wildschweine auszusetzen, war dem Eigentümer, Dr. Pedro Olegario Luro, Anfang des 20. Jh. gekommen, als es darum ging, seinen illustren Gästen eine schöne Trophäe zu verschaffen. Doch weil dem zahlungsunfähig werdenden Lebemann schließlich die Hypothekenbank die leidend gewordene Latifundie entwand, traten Hirsche und Wildschweine die Zäune nieder und verbreiteten sich – man schätzt ihren Bestand heute auf rund 10 000 Stück – in der ganzen Region. So entstanden in der Pampaprovinz wie von selbst 57 ausgedehnte, in Estanzien liegende Jagdreviere.

Weitere rund 33 km auf der RN 35 nach Süden fahrend, trifft der Reisende auf die nach Westen abzweigende RN 152, die, erst noch von Waldweiden, im Sommer von gelbblühenden Chilladora-Büschen und schließlich nur noch von Dornstrauchsteppe begleitet, nach 230 km (ab Santa Rosa) den **Nationalpark Lihué Calel** 3 streift. Das rund 10 000 ha große Reservat wird beherrscht von einer felsigen Erhebung (590 m), die ihrer runden, geschlungenen Formen wegen von den Tehuelche-Indianern *lihue calel* (›Eingeweide‹) genannt wurde. Die ältesten menschlichen Spuren – geometrische und komplizierte symbolische Höhlenzeichnungen (heute stark in Mitleidenschaft gezogen) – sind über 2000 Jahre alt. Das von gelben und roten Flechten überzogene Felsmassiv war auch der Hort des letzten berühmten Kaziken Namuncurá. Heute ist der von einem Waldsaum eingefaßte Höhenzug, an dem sich die karge Feuchtigkeit über der Steppe abregnet (400 mm pro Jahr) eine Lebensinsel für viele Halbwüstentiere (Guanakos, Strauße, Füchse, Pumas, Gürteltiere, Echsen u. a.), die in den kühlen Nischen Zuflucht suchen. Das von einem *guardaparques* behütete Reservat wird jährlich von etwa 7000 einsamkeitsliebenden Touristen besucht. Ein schattiger Zeltplatz (mit ordentlicher Infrastruktur) bietet sich zum Verweilen an. Die Tankstelle an der Straße, in deren Rastraum man Essen bekommt, ist mit einer kleinen ACA-Hostería (Zimmer mit Bad) verbunden.

Folgt man der RN 152 weiter nach Südwesten, dann erreicht man nach rund 285 km mit der Provinzhauptstadt Neuquén (gute touristische Infrastruktur) das ›Vorzimmer‹ der südlichen Andenregion

Pampine Sierren

So abwegig wie ihre Benennung ist ihre Geomorphologie. Denn die als pampine Sierren bezeichneten Mittelgebirgsmassive erheben sich nicht mit dem markanten gezackten Rücken einer *Sierra* (›Säge‹) gegen den Himmel, sondern stellen sich als langgestreckte, vorwiegend in Nord-Süd-Richtung verlaufende Gebirgsknoten dar. Erdgeschichtlich sind sie mit 500 Millionen Jahren weit älter als die Anden, vor deren Ostflanke sie die Präkordilleren offenbar mit aufzubauen halfen. Das geschah, so nimmt man an, zunächst durch eine gewaltige Erosion jener Gebirgsstöcke und anschließend durch den Transport der Erosionsmassen nach Westen – eine mutmaßliche Folge von Bewegungen der Erdkruste. Was blieb, waren kristalline Blöcke, auf denen der Wind Sand- und Kalkanwehungen ablagerte. Der dann nacheinander von der Prä- und von der Hauptkordillere ausgehende Druck nach Osten stauchte die in tischflache Ebenen eingelagerten Blöcke an ihren Westrändern, was ihr heutiges Profil erklärt: Ihre Ostabdachung verläuft bezeichnenderweise sanfter als der Abfall nach Westen.

Als Zielgebiete sind die pampinen Sierren von durchaus unterschiedlicher Attraktion. Mit ihrem trockenen, frischen Höhenklima bilden sie typischerweise sommerliche Ferienregionen für die hitzemüden Flachlandbewohner; der Fernreisende berührt sie nur ›am Wege‹. Manche, wie die von La Rioja, Catamarca und Tucumán, klinken sich wie von selbst in die in diesem Band beschriebenen Routen ein. Andere, wie die folgenden, liegen entweder direkt an der (Durchfahrts-)Strecke zu Hauptzielen oder bieten sich unterwegs als Ergänzungen in Form eines Abstechers an.

Die sich im Süden der Pampas von Buenos Aires erhebende **Sierra de la Ventana** (›Sierra des Fensters‹) beispielsweise – 550 km von der Hauptstadt und 900 km von Córdoba entfernt (s. Karte S. 114/115) – ist eine Option, die sich bei einer Reise zur patagonischen Küste als Tagestour (von Bahía Blanca aus) an die Route ankoppeln läßt. Der Gebirgszug erhielt seinen Namen nach einem Naturdenkmal, das aus einer 8 m hohen, 5 m breiten und 10 m tiefen fensterartigen Felsenöffnung in rund 1100 m Höhe besteht (3 Std. Aufstieg). Die von

Bächen, einem künstlichen See, Pinien- und Eukalyptuswäldern umzingelte Bergregion ist ein beliebtes Wander-, Kletter-, Radfahr- und Reitparadies. Pferde kann man in dem der Sierra westlich vorgelagerten Ferienörtchen Tornquist (mittlere touristische Infrastruktur) mieten. Zeltplätze gibt es zuhauf. Im ganzen aber sind diese freundlichen Höhenzüge ›durchzivilisiert‹ und haben nichts Aufregendes zu bieten.

Einen etwas raueren Charakter besitzen zwei pampine Sierren, die – rund 900 km westlich von Buenos Aires und wenig besucht – noch gewisse Entdeckerfreuden versprechen. Die beiden Gebirgszüge laufen südlich der Pampa de las Salinas scheitelförmig auf **San Luis** 1 (S. 385), die Hauptstadt der gleichnamigen Provinz, zu. Der rührige 110 000-Einwohner-Ort (Textil-, Metall- und Lebensmittelindustrie), dessen Bevölkerung in den letzten zehn Jahren um 40 % zunahm, verlor seine Gründungsurkunde und rätselt deshalb ebenso an seiner Entstehung herum wie der Wanderer am Ursprung der Felsentempel der Aguada-Senke, der am Bajo de Véliz in den Schiefer eingepreßten Pflanzenfossilien oder der grünen Onyxadern von Santa Isabel. Das Städtchen hat seine wenigen, um die propere Plaza gescharten älteren Gebäude – den Kuppelbau der (innen in byzantinischer Manier gestalteten) Kathedrale und zwei ehrwürdige Gymnasien – schnell vorgezeigt.

Die Provinzen San Luis und Córdoba

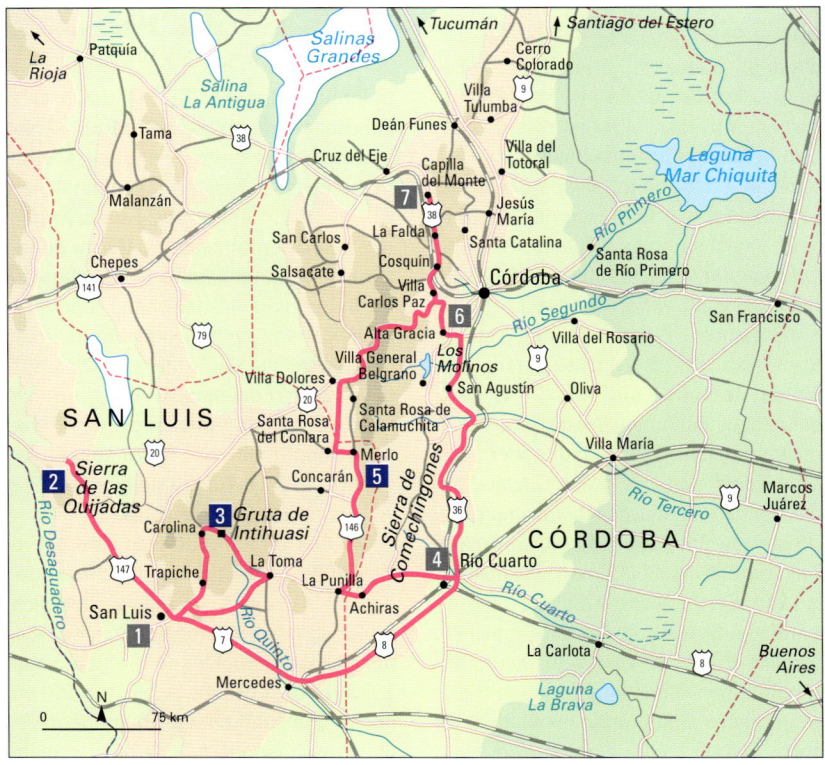

In der Sierra de las Quijadas

Dann geht es in die Berge: rund 110 km auf der RP 147 nach Nordwesten über ein Buschwaldplateau, in dem mehr Ziegen als Menschen zu Hause sind. Bei Hualtarán taucht man über eine 6 km lange Zufahrt in das rote Schollengebirge der **Sierra de las Quijadas** (›Sierra der Kieferknochen‹) 2 ein. Der makabre Name, der sich aus hier verscharrten Kinnladen von Rindern erklärt, geht auf die Zeit zurück, als diese nur von Jarilla-Sträuchern und Trockengras besiedelte Bergwüste das Versteck von räuberischen Gauchos war, die sich, als *outlaws* der Pampas, auf der Flucht vor der Justiz befanden. Die Sandsteinkaskaden der Aguada-Senke lassen sich von Felsnasen aus bewundern, zu denen Fußpfade führen (bestes Fotografierlicht vor Sonnenuntergang). Guanakos, Graufüchse, Pekaris und Pumas haben hier ihre Fluchtburgen. Vor allem aber ist dieses 1991 zum Nationalpark (ohne Bewachung) erklärte Gebiet eine paläontologische Schatzkammer. 1970 wurden petrifizierte Knochen eines fliegenden Reptils (*pterodautro*) ausgegraben, 1993 Fußabdrücke von Sauriern entdeckt.

Als pampine Erhebung dehnt sich im Nordosten der Provinzhauptstadt die **Sierra de San Luis** aus. Sie ist von zahlreichen Flüßchen, Wasserfällen und Felsentümpeln belebt und daher, obwohl – oder weil – es in den Ortschaften kaum eine touristische Abstützung gibt, ein ideales Gebiet zum Kampieren. Von San Luis aus erschließt man sich das bis zu 2000 m hohe Massiv über die panoramareiche Strecke El Volcán–Trapiche–Carolina (RP 9, 93 km, asphaltiert). Ab Carolina, dem ehemaligen, schon 1793 gegründeten Goldgräbernest in 1600 m Höhe, windet sich eine stellenweise holprige Erdstraße (RP 10) durch eine Landschaft, deren *rolling hills* und Felssteinmauern zeitweise an Wales erinnern. Riesige Basaltformationen leiten zu den 15 km entfernten Lavakavernen hin, deren berühmteste die **Gruta de Intihuasi** (›Sonnenhaus‹ – im Quechua) 3 ist. In den von vulkanischen Eruptionen modellierten Wohnhöhlen fand man 8000 Jahre alte Projektile. An vielen aufgelassenen Edelmetallgruben und der Onyx-Fundstätte von Santa Isabel vorbei gelangt man nach 55 weiteren Kilometern nach La Toma und auf der RP 9 wieder zurück nach San Luis.

Die Sierren von San Luis sind gut in eine Autoreise einzubinden, die von Buenos Aires in den Cuyo oder weiter nach Chile führt. Sie leiten aber auch im Norden beinahe bruchlos in die pampinen Sierren von Córdoba – bis zu 2900 m hoch – über, und zwar nicht nur geomorphologisch, sondern auch pflanzengeo-

graphisch. Hier wie dort fühlen sich in der halbtrockenen Mittelgebirgsluft aromatische Kräutergewächse besonders wohl. So sind diese Höhenzüge nicht nur reich an *yuyos* (Wildkräutern), wie die Indios (und heute auch die Argentinier) sie nennen, sondern hier werden Heilpflanzen und essenzenreiche Gewächse für Küche und Bad inzwischen auch kultiviert: Rosmarin, Oregano, Lavendel. Minze wächst wild; aus den bitter-süßen Extrakten der *marcela* gewinnt man einen würzigen Gebirgswermut.

Die Bergregion westlich der Stadt Córdoba ist von einem relativ dichten Geäder von Straßen überzogen. Dennoch gibt es eine in Nord-Süd-Richtung verlaufende Hauptachse (RN 36 und RN 38), die die schönsten Sierra-Ortschaften miteinander verknüpft. Klugerweise wird der Reisende, der nach La Rioja, Catamarca oder in den Nordwesten Argentiniens (Tucumán, Salta, Jujuy) will und es nicht brandeilig hat, diese Strecke als Durchfahrtsroute wählen, schon um den gestreckten Halbwüstenfahrten weiter im Norden (durch die Provinzen Santa Fe und Santiago del Estero) zu entgehen. Für den europäischen Touristen stellen die Sierren von Córdoba gewöhnlich kein Zielgebiet, wohl aber eine willkommene ›Gewinnmitnahme‹ dar. Von Buenos Aires kommend (im Regelfall auf der RN 8 oder von San Luis über Mercedes auf der RN 7 und RN 8), trifft man dabei zunächst auf das erstaunlich mobile, von einer zentralen Plaza mit malerischer Kathedrale szenisch belebte **Río Cuarto** (›Vierter Fluß‹) **4** (gute touristische Infrastruktur), mit 130 000 Einwohnern der zweitgrößte Ort der Provinz Córdoba.

Wer sich den (schönen) Umweg leisten kann, folgt von hier aus der Route 30 über das kolonialdörfliche Achiras nach La Punilla und schwenkt dort auf die hoch bis Merlo (93 km) asphaltierte RP 1 ein. Die Straße folgt der Westflanke der sich zu einem zunehmend höheren Kamm aufbauenden Sierra de Comechingones, die den Spitznamen der einst hier siedelnden Indios adoptierte. Die Indianer, von den Spaniern ihres ungewöhnlichen Habitus' wegen – sie trugen, gleich ihnen, Bärte! – bestaunt, erhielten gleichwohl die despektierliche Gattungsbezeichnung *comechingones* (etwa: ›Spatzenfresser‹).

Bei Papagayos kündigen ausgedehnte Wälder von – für diese Breiten ungewöhnlichen – Caranday-Palmen bereits die besondere Biosphäre an, die dem Luftkurort **Merlo** **5** zu dem Ruf verhalf, das drittbeste Mikroklima der Welt zu besitzen. Der großflächig aufgelockerte Ort (beste touristische Infrastruktur, Informationszentrum auf dem Rondell an der Ortseinfahrt) zieht sich zwischen 800 und 1200 m Höhe an den Waldhängen hoch. Weiter nach Norden Fahrende gewinnen von hier aus über Santa Rosa de Conlara und Villa Dolores den Anschluß an Villa Carlos Paz (Sierra de Córdoba).

Wer von Río Cuarto aus den kürzeren Weg wählt, stößt über die RN 36 (oder die gebirgsnähere Schotterstraße RP 23) durch die Savanne nach Norden vor. Das erste Ziel, der **Stausee von Río Tercero** (›Dritter Fluß‹) mit seinem touristischen Freizeitangebot, führt bereits musterhaft vor, was die weitere Strecke charakterisieren wird: Landhäuser, Ferienhotels, Erholungsheime, Touristenkomplexe, Sportanlagen, Campingplätze, Bootshäfen. Auch die Vegetation ist weitgehend vom Menschen überformt. Weiden, Pferdekoppeln, Zypressen, Eukalyptus- und Pinienwäldchen umgeben die mit einem dichten Hotelangebot aufwartenden Ortschaften, die sich von nun an die Hand reichen. In **Santa Rosa de Calamuchita** (18 km nördlich des Sees) zweigt eine 30 km lange Seitenroute nach Yacanto Calamuchita ab, wo es eine der hübschen Landkapellen (18. Jh.) zu sehen gibt, für die die Cordobeser Berge bekannt sind. Nächstes Dorf an der Hauptstrecke ist das schmucke **Villa General Belgrano,** dessen Inschriften – Hotel ›Bremen‹ oder ›Alpendorf‹ – und die Ankündigung eines Oktoberfestes auf deutsche Stammbewohner verweisen. Hier war im Zweiten Weltkrieg die Besatzung der ›Graf Spee‹ interniert, nachdem sich das Schiff, am Auslaufen aus dem Hafen von Montevideo von britischen Einheiten gehindert, im Dezember 1939 selbst versenkt hatte.

Und wieder kommt ein Stausee (Los Molinos), bevor das einst aus einer Jesuiten-Estancia hervorgegangene sympathische Städtchen **Alta Gracia** 6 (35 000 Einw.) uns seine hübsche Barockkirche aus dem 18. Jh. zeigt. Beim dritten künstlichen Gewässer dann (Lago San Roque) konzentriert sich das Freizeitangebot auf alles, was man der nahen (36 km) Provinzhauptstadt Córdoba schuldig ist: **Villa Carlos Paz** (30 000 Einw.) heißt dieser Klassiker unter den argentinischen Inlandszielen. Wer von hier aus ein wenig nach Westen auspäht und bis in die Pampa de Pocho vordringt, kann weitere Kapellen (darunter auch stilfremd restaurierte) finden; eine der ältesten (1645) und schönsten steht im Weiler Las Palmas.

Unsere Hauptstrecke, im Osten stets von der Sierra Chica wie einer Chinesischen Mauer begleitet, läuft nun über **Cosquín** weiter nach Norden und erlebt dabei die zunehmende Rückkehr der Landschaft zur Ursprünglichkeit. Dichter Naturwald brandet gegen die Bergwände an und geht im Herbst in einem Gluttepppich von Farben auf. Bei **Capilla del Monte** 7 mischen sich bereits Palmen unter den knorrigen Wald, der allmählich ausdünnt und den ersten Kakteen Platz macht: Die nahen Salare kündigen sich an.

Wer nach La Rioja möchte, wird seine Fahrt über **Cruz del Eje** (gute touristische Infrastruktur) und die RN 38, wer Tucumán ansteuert, über **Deán Funes** (mittlere touristische Infrastruktur) und die RN 60 fortsetzen. In beiden Fällen passiert man an Schmalstellen die ausgedehnten Salinas Grandes, die größten der zentralargentinischen Salztonebenen. Noch einmal sieht der Reisende, rund 200 km nördlich von Deán Funes, eine der langgestreckten pampinen Sierren aus der kristallin schimmernden Ebene auftauchen: die Sierra de Guasayán, einziger Gebirgsschild der flachen, unter der Sonne dürstenden Steppenprovinz Santiago del Estero.

Eine weitere Ausfallstraße von Córdoba, die RN 9 nach Santiago del Estero, begleitet nördlich der Stadt ein halbes Dutzend kolonialzeitliche Kapellen, Poststationen und Restgebäude von jesuitischen Estanzien.

Einen Abstecher lohnen insbesondere die Estancia von **Jesús María** (45 km ab Córdoba), um die herum sich der heutige Ort bildete, die Estancia von **Santa Catalina** (54 km, dann 20 km links ab) mit einer besonders kostbaren Kolonialkirche aus dem 17. Jh. und schließlich in der Kirche (1882) von **Villa Tulumba** (120 km, dann 24 km links ab) der wunderschöne Altaraufsatz mit Tabernakel, ein Schnitzwerk der Guaraní-Indios von Misiones, das früher die Kathedrale von Córdoba schmückte. Fast am Wege auf dieser Strecke (140 km, dann 17 km links ab) finden sich in **Cerro Colorado** unter überhängenden Sandsteindächern präkolumbische Felszeichnungen, ausgeführt mit vorwiegend roten, weißen und schwarzen Erdpigmenten.

Ein vor allem für den Inlandstourismus bedeutender Anziehungspunkt Córdobas liegt ca. 170 km nordöstlich der Stadt: die von drei Flüssen gespeiste, 1850 km² große Salzlagune **Mar Chiquita,** ein heilsames Eldorado für Wasservögel und Gesundheitsapostel (gute touristische Infrastruktur).

Córdoba

(S. 351) So weit zogen sich die Ebenen, die Trockenwälder, die salzigen Böden südlich der subtropischen Dschungel hin, daß der von Norden mit seinem Expeditionsheer heranreitende Adelantado Jerónimo Luis de Cabrera jeden neuerkundeten Fluß – es sollten fünf werden – mit einer Ordnungszahl versah. Am ersten, dem Río Primero (so heißt er noch heute), gründete er 1573 (also bevor das zerstörte Buenos Aires in seiner zweiten Version entstand) die Stadt Córdoba. Ihres andalusischen Vorbildes gedenkt die heutige Ein-Millionen-Metropole immerhin noch mit einigen Kolonialbauten, wenngleich das Gros des architektonischen Erbes jener Zeit im urbanistischen Sturm und Drang zu Beginn des 20. Jh. unterging.

Bürgerfleiß und Ordnungssinn, Kulturschaffen und Sozialengagement verschmolzen in Córdoba miteinander, seit der Geist der jesuitischen Estanzien des 17. Jh. in die Stadt wehte. Nicht zuletzt seiner bereits 1613 gegründeten Universität wegen – eine der ersten des Kontinents – durfte sich Córdoba *La Docta,* ›die Gelehrte‹, nennen. Vor allem der von den Idealen der Französischen Revolution inspirierte Gregorio Funes, Rektor der Universität und erster Historiker Argentiniens, förderte zu Anfang des 20. Jh. die liberale Gesinnung, deren frühe Früchte eine kritische Presse – ›El Investigador‹ (›Der Auskundschafter‹) und ›El Montonero‹ (›Der Partisan‹) – und deren bleibender Ausdruck der bekanntermaßen trocken-sarkastische Humor der Cordobeser sind.

Im Mai 1969 kam es in der stark industrialisierten Stadt (Automobil-, Flugzeug- und Waggonbau) zu dem als *Cordobazo* in die Geschichte eingegangenen Arbeiter- und Studentenaufstand, dessen blutige Niederschlagung 14 Menschenleben forderte. Fatalerweise zieht der wirtschaftliche Impetus unaufhörlich Menschen (1200 pro Monat) aus notleidenden Landregionen in die marginalen Hüttensiedlungen der Großstadt, wo heute bereits 180 000 Spontansiedler vegetieren.

Der Stadtbesucher hat es leicht. Alles Besichtigenswerte liegt im Abstand von drei Häuserblocks um die zentrale **Plaza San Martín** 1. Ihre Westseite wird beherrscht von der massigen **Kathedrale** 2, von dem Lokaldichter Luis Roberto Altamira einst als ›steinerne Blume‹ besungen, mit ihrer verwaschenen Fassade allerdings inzwischen etwas verblüht. Was dieser schon 1683 begonnene dreischiffige Dom an floralem Außendekor aufweist, verdankt er den vielen Händen, die sich im Laufe seiner 100jährigen Baugeschichte an ihm versuchten. Erst im 19. Jh. kam dann die opulente, in Gold, Grün, Granat und Beige ausgelegte neobarocke Innenausschmückung hinzu. Der dennoch zwingende Gesamteindruck dieses Bauwerks bezieht seine Wirkung vor allem aus der für Argentinien ungewöhnlichen – eher für Mexiko typischen – Alleinlage des Tempels (sogar vom angrenzenden Cabildo durch ein Sträßchen getrennt), sodann auch die freie stilistische Komposition. In die Gestaltung der Kuppel brachten indianische Handwerker ihre eigenen Formideen ein. Unter dem erhöhten Atrium magern die reichen Zutaten dann zu einem klassizistischen Portikus ab. Die Apsis ziert ein Silberaltar.

An dem geometrischen Langbau des sich rechts anschließenden **Cabildo** 3

Córdoba
1 Plaza San Martín 2 Kathedrale 3 Cabildo Histórico (Touristeninformation)
4 Capilla del Obispo Mercadillo 5 Convento de Santa Teresa (Museum für Religiöse Kunst) 6 Iglesia de la Compañía de Jesús (Jesuitenkirche) 7 Colegio de Montserrat
8 Casa del Virrey Sobremonte (Museo Histórico Colonial) 9 Iglesia San Roque

Die Kathedrale von Córdoba

– dessen Bauzeit noch länger dauerte (1607–1786) – fällt die nur eingeschossige Arkadenreihe auf; darüber befinden sich Fenster. Schräg gegenüber (an der Santa-Fe-Seite der Plaza) das Relikt der **Capilla del Obispo Mercadillo** 4, fertiggestellt 1691, mit seiner schlichten Kolonialfassade und dem schmiedeeisernen Balkongitter. Vis-à-vis lädt an der Südwestecke der Plaza (Independencia/ 27 de Abril) das vom portugiesischen Kolonialbarock inspirierte Portal des **Convento de Santa Teresa** 5 mit Kapelle (1770) zur Besichtigung des im Klaustrum untergebrachten Museums für Religiöse Kunst ein, das den Kirchenschatz der Kathedrale birgt.

Nur zwei Häuserreihen weiter (Caseros/Obispo Trejo y Sanabría) ragen aus dem ›Jesuitenblock‹ der Natursteinbau der **Iglesia de la Compañía de Jesús** 6 (1674) mit einer maurisch stilisierten Fassade und das neokoloniale **Colegio de Montserrat** 7 aus dem 20. Jh. mit (etwas vernachlässigtem) Patio sowie reichbestückter Bibliothek und Pinakothek heraus. Die kunstvolle und seltene Dachkonstruktion der Kirche – die über 10 m langen Zedernbalken mußten aus Misiones herbeigeschafft werden – hat die Form eines umgedrehten Schiffsrumpfes.

Am sehenswertesten in Córdoba ist zweifellos die zwei Häuserblocks östlich der Plaza gelegene **Casa del Virrey Sobremonte** 8 (Ituzaingó/Rosario de Santa Fe) aus der Mitte des 19. Jh. Von außen an seinem anmutigen Kolonialbalkon erkennbar, birgt das vielräumige Patio-Haus im Innern das reich ausgestattete Museo Histórico Colonial (Möbel aus der Kolonialzeit, wertvolle Keramiken, auch einige Musikinstrumente). Schmuckstück der **Iglesia San Roque** 9 (Ecke Dr. Salguero/San Jerónimo) ist die im 17. Jh. von Indianern geschnitzte Kanzel. Das kleine Museum zeigt Gemälde, Statuen und Silberarbeiten.

Die patagonische Küste

Patagonische Küste

Wie die Spitze eines nach unten gerichteten Indianerpfeils weist das keilförmige Patagonien auf den Südpol. Sein argentinischer Teil wird im Westen von den auf- und abtanzenden Zinnen und Vulkankegeln der Kordillere, im Osten von einer 4000 km langen Steilküste begrenzt, die vom Gezeitenstrom des Südatlantiks (bis zu 12 m Tidenhub) modelliert wurde. Dazwischen liegt das patagonische Tafelland, eine breite Trockenzone, deren Strauch- und Büschelgrassteppe die Heimat von 15 Millionen Schafen ist – dem Zehnfachen der Einwohnerzahl. Vom Siedlungsraum Zentralargentiniens grenzt der mächtige Río Colorado Patagonien im Norden ab. Vier andere von den Anden zum Meer wandernde Flüsse haben den patagonischen Festlandprovinzen ihre Namen geliehen: Río Negro, Neuquén, Chubut und Santa Cruz. Die Magellanstraße, die Südamerikas größte Insel, Feuerland (Tierra del Fuego), vom Kontinent trennt, schließt Patagonien im Süden ab.

In dieser gewaltigsten Großlandschaft Argentiniens scheinen die bis zu 200 km/h starken Winde die Erde niederzudrücken: vier Fünftel des Bildraums sind Himmel. Horizonte auf Horizonte sieht der Reisende auf sich zukommen, der auf einer der beiden Nord-Süd-Achsen dem amerikanischen *Down Under* entgegenstrebt: Im Westen tastet sich die abenteuerliche ›Ruta 40‹, größtenteils als Schotter- und Erdstraße, an der Andenkette entlang; im Osten folgt das Asphaltband der Nationalstraße 3, größere Landnasen abschneidend, der Küste bis Südfeuerland. Nur wenige Querverbindungen durchziehen die Dürrezone der zentralen Meseta, wo im Jahr gerade 200 mm Niederschlag fallen. Gehen sie

◁ *See-Elefanten an der Punta Delgada auf der Halbinsel Valdés*

als Schnee nieder und bauen sich Verwehungen auf, dann rotten sich die Schafe instinktiv zusammen, wärmen sich und atmen, eingeschneit als riesiger weißer, pulsierender Kokon, durch einen Kamin. Eine tödliche schwarze Decke hingegen breitete der chilenische Vulkan Hudson im August 1991 über den Schaffluren Zentralpatagoniens aus. Sein bis zum Atlantik wehender Aschenregen erstickte die Grassteppe unter sich und ließ rund 100 000 Tiere verenden.

Die baumlose Ebene, in der Schafe der einzige Produktionsfaktor sind, gehört den großen Estancias mit bis zu 500 km² Fläche. Nach den himbeerroten Dächern ihrer Gutsgebäude haben schon verwegene Flugpioniere wie der Postpilot Antoine de Saint-Exupéry und Günther Plüschow mit seinem ›Silberkondor‹ navigiert. Ein Pionierland ist das einsame, rauhe Patagonien – das letzte Gebiet der Erde, wie manche meinen, das von Menschen besiedelt wurde – bis heute geblieben, und nicht wenige Zufallsentdeckungen haben zu seinem abenteuerlichen Ruf beigetragen.

Zu Beginn des 20. Jh. entdeckten am Cabo Vírgenes Gestrandete beim Freischaufeln ihres Schiffes gelbe Klümpchen im Sand und lösten damit Patagoniens Goldrausch aus; als man einige Jahre später nach Trinkwasser für die Stadt Comodoro Rivadavia bohrte, fand man Petroleum, heute Patagoniens unerschöpfliches ›schwarzes Gold‹. Und wenn das britische Wissenschaftsmagazin ›Nature‹ recht behält, dann war ein Karnivore, dessen 230 Millionen Jahre altes Skelett 1933 in Patagonien gefunden wurde, der Urvater aller Saurier unseres Planeten. Auch diese Giganten sollen, nach einer von vielen Hypothesen, im vulkanischen Aschenregen umgekommen sein. Saurierfriedhöfe, versteinerte Wälder und rätselhafte Höhlenzeichnungen haben den Mythos dieser Region am Ende der Welt genährt, von dem sich schon Jules Verne und Edgar Allan Poe inspirieren ließen. Daß der Mensch sich aus besonders kräftigen Meerestieren entwickelt habe, die hier an Land kamen, war fester Bestandteil des Glaubens der Tehuelche-Indianer. Wer heute – mit Zeit und Gespür – durch Patagonien, eines der paläontologisch ergiebigsten Gebiete der Erde, reist, kann, von 100 Millionen Jahre alten petrifizierten Austernmuscheln bis zu Obsidianpfeilspitzen, Funde machen, die in keinem Andenkenladen zu haben sind.

Auf großem Fuße – Die Ureinwohner

Fernão de Magalhães und seine Gefolgsleute müssen sich wie Gulliver auf seiner Reise nach Brobdingnag vorgekommen sein, als ihnen die ersten patagonischen Indianer unter die Augen kamen. Von Antonio Pigafetta, dem Chronisten des portugiesischen Seefahrers, stammt ihre früheste Beschreibung: »... so groß, daß unsere Köpfe kaum bis zu ihrer Taille reichten ..., schön von Gestalt ..., die breiten Gesichter mit roter Farbe bemalt ..., das Haar weiß gepudert.« Am meisten aber zeigten sich die angehenden ersten Weltumsegler von den Trittspuren beeindruckt, die die ›Großfüßler‹ im Sand hinterließen. So tauchte in Pigafettas italienischer Niederschrift zum erstenmal die Bezeichnung ›patagoni‹ auf, die dieser Region des Südkontinents ihren Namen geben sollte. Spätere Manuskripte sponnen die Berichte ins Legendenhafte fort. Von ›fleischernen Türmen‹ war da gar die Rede, und Kartographen, wie der Italiener Gastaldi (1554), zeichneten das Neuland bereits als ›terra gigantum‹ oder ›patagonum‹ in ihre Werke ein.

Tatsächlich handelte es sich bei diesen Indianern um etwa 10 000 Jahre v. Chr. in diese Breiten gelangte, von den Mapuche-Indios ›Tehuelche‹ (aus *chewel* = wild, tapfer; und *che* = Leute) genannte Halbnomaden. Die nach der Radiokarbonmethode am weitesten (12 600 Jahre) zurückdatierbaren Skelette von Ureinwohnern wurden in den 50er Jahren in den Höhlen der Estancia Los Toldos (Provinz Santa Cruz) gefunden. Die Tehuelche, deren tatsächliche Größe Wissenschaftler später auf glaubhafte 1,80 m bemaßen, lebten hauptsächlich von der Guanakojagd. Das den ersten Europäern unbekannte Tier hatte Pigafetta so beschrieben: »Kopf und Ohren wie ein Maulesel, Körper eines Kamels, Hirschläufe und Pferdeschwanz.« Das Guanako war den Tehuelche Subsistenzbasis. Sie aßen das (wohlschmeckende) Fleisch und fertigten aus Haut und Fell Zelte, Schutzbekleidung und Schuhwerk.

Erst zu Beginn des 18. Jh. drangen die kriegerischen Mapuche vom heutigen Chile aus auf die Ostseite der Anden vor und erzwangen, als kulturell überlegene Volksgruppe, die Vorherrschaft. Breitköpfig und relativ klein von Gestalt, doch robuster und kampfgewohnter als ihre schlanken, feingliedrigen Nachbarn, besiegten sie die Tehuelche in drei entscheidenden Schlachten und akkulturierten die Ureinwohner. Dem Blutzoll folgte die Blutsverwandtschaft: Große Teile der Tehuelche-Stämme, soweit sie nicht später in den ›Wüstenfeldzüge‹ genannten Vernichtungskampagnen der *huinca*, der Weißen, untergingen, wurden von den zahlenmäßig dominierenden Mapuche (›Araukaner‹) absorbiert.

Die meisten Kontakte mit den weißen Entdeckern entwickelten sich, vornehmlich auf der Basis des Tauschhandels, friedlich. Erst als die Schafzuchtgebiete sich nach Süden verlagerten, um in der fruchtbareren Pampa im Norden Rinderherden und Getreideanbau Platz zu machen, kam es zu offenen Kämpfen. Dabei schreckten die Tehuelche nicht davor zurück, die Schafe in die um die Farmhäuser gezogenen Schutzgräben zu treiben, bis diese sich füllten, um dann über diese lebende ›Brücke‹ ihre Angriffe zu reiten. Die Estancieros setzten Ohr- und Kopfprämien aus. Aber erst der zweite, nach einem Gesetz von 1878 von dem Caudillo General Roca gegen die ›Indianerbarbaren‹ bis zum Río Negro vorgetragene Wüstenfeldzug verbürgte das Erreichen des Ziels: Indianer durch Schafe zu ersetzen. Bei dieser Menschenjagd wurden prinzipiell keine Gefangenen gemacht. Der Genozid endete im Januar 1885 mit der ›friedlichen Unterwerfung‹ des berühmten Kaziken Sayhueque von Neuquén. Die eroberten Landstriche – 400 000 km² ›der Zivilisation erschlossenes Gelände‹ – wurden als Belohnung unter die Haudegen des Expeditionsheeres verteilt, die, ohne eigenes Interesse an solch verpflichtendem Besitz, die Latifundien an Spekulanten verhökerten.

Der letzte Tehuelche-Kazike starb, so eine Zeitungsmeldung vom 25. November 1965, an Unterkühlung im Rohbau des Sozialministeriums. 1998 gab es nur noch rund 40 reinrassige Tehuelche, verstreut in patagonischen Städten oder verloren in einer der vorwiegend von Indiomischlingen bewohnten *reservas indígenas* (›Eingeborenenreservate‹), wo sie zwischen Straußen- und Guanakojagd und Konservenkost, zwischen Lehmöfen und Satellitenschüsseln ihr widersprüchliches Leben führen.

Mapuche hingegen gibt es noch über 30 000 im argentinischen Teil Patagoniens (in Chile das Zehnfache). Allerdings trägt auch bei ihnen die Überformung durch moderne Lebensweisen und Sachzwänge deutliche Züge kultureller Rückentwicklung. Die nach Familienklanen organisierte Sozialstruktur kennt noch Kaziken und – in versteckter Form – die schamanische Figur der *machi* (Zauberin und Heilerin), doch geraten die von fast reiner Subsistenzwirtschaft lebenden Gemeinschaften der Reservate (jeweils zwischen 100 und 2000 Menschen) zunehmend in Konflikt mit der raschen ›Umweltbeschleunigung‹. Nicht nur, daß beispielsweise 87 ha kargen Bodens pro Familie heute kaum noch zu einer wirtschaftlich rentablen Schaf- oder Ziegenhaltung ausreichen, es fehlt auch der in die Städte abwandernden Jugend die nötige Ausbildung, um dort nicht in die Marginalzone abzudriften: 38 % der erwachsenen Reservatsbewohner sind noch immer Analphabeten und wirken, indirekt, darauf hin, daß – trotz der vorhandenen pädagogischen Infrastruktur – 80 % der Kin-

Beim versteinerten Wald von Jaramillo

der nicht einmal die Grundschule beenden, weil sie vorzeitig zur Feldarbeit herangezogen werden. Exogene Probleme, wie die zunehmende Verwandlung von Natur in ›Produktionsfaktoren‹, sorgen für psychologischen Druck. Als Ende 1990 im Zuge des Staudammprojekts Piedra del Aguila (Provinz Río Negro) 1400 ha des vom Reservat Pilquiniyeu del Limay okkupierten Geländes überflutet werden mußten, nahm die Sterblichkeit unter den umgesiedelten Mapuche rapide zu. Noch immer also hat die Selbstbezeichnung der bodenständigen Indios – *mapuche* = Erdmenschen – ihre wurzelhafte Bedeutung nicht verloren.

Frühe Forschungsreisen

Der 1533 nach Spanien gelangte Schatz des Atahualpa schürte die Phantasie eroberungssüchtiger Abenteurer aus der Alten Welt, die hinter den fernen Horizonten des Gigantenlandes Patagonien die sagenumwobene ›Stadt der Cäsaren‹ vermuteten. Jahrzehntelang war die patagonische Küste das Ziel englischer Piraten (Drake, Cavendish, Davis), holländischer und später französischer Bukaniere, während die Spanier das Riesengebiet durch Befestigungsanlagen an strategischen Flußmündungen punktuell zu schützen versuchten. Ein wahres Potpourri vielsprachiger Ortsnamen zeugt von dieser Zeit wechselhafter Besitzansprüche. Dann folgte die Periode ernstzunehmender Forschungsreisen, für die Namen wie James Cook und Charles Darwin bürgen. Doch die wahren großen Heldenepen wurden von jenen weniger bekannten Expeditionsleitern geschrieben, die sich oft Tausende von Kilometern weit ins Hinterland wagten.

Als der ehemalige Medizinstudent Charles Darwin 1831 gratis auf der ›Beagle‹ mitreisen durfte, um an der Patagonien-Expedition des britischen Kapitäns Robert Fitz Roy teilzunehmen, war er gerade 22 Jahre alt. Die Gruppe folgte den Flußläufen des Río Negro und des Santa Cruz so weit stromauf, bis sie der Kordillere ansichtig wurde. Über 6000 km beträgt die Fließlänge der patagonischen Binnengewässer insgesamt, und so folgte auch der floßfahrende Geologe Francisco Pascasio Moreno der Losung der frühen Patagonienforscher: Flüsse sind Wege, die von selbst laufen. Daß er sein Herz an diese Weiten verloren hatte, bekundete der *Perito* (›Sachverständige‹) Moreno durch die Einrichtung des ersten argentinischen Naturreservats am Nahuel-Huapi-See (1903). Bis in die zweite Hälfte des 18. Jh. hinein hatte sich das landeskundliche Wissen fast nur auf die Reisebeschreibungen des englischen Jesuiten Thomas Falkner von 1774 gestützt. Die farbigsten Berichte allerdings verdanken wir dem Anglo-Argentinier George Chaworth Musters, der ein Jahr lang unter Tehuelche-Stämmen lebte und als ›Marco Polo von Patagonien‹ 2750 km auf dem Landweg zurücklegte. Sein Theodolit galt den Indianern als Zauberinstrument, dem sie magische Kräfte beimaßen. Zehn Jahre lang kreuzte und querte auch der junge Mendoziner Carlos Maria Moyano den Südzipfel des Kontinents, bevor er, schon als 29jähriger Gouverneur der Provinz Santa Cruz, das erste verläßliche Kartenwerk Patagoniens erstellte. Kaum mehr als hundert Jahre ist das her. Und noch immer gibt es Stellen, die keines Menschen Fuß je betrat. Weshalb man auch dem deutsch-argentinischen Lehrer glauben darf, der nach einem selbstauferlegten Überlebenstraining in Südpatagonien berichtete, ein neugieriger Fuchs, offenbar noch nie eines *Homo sapiens* ansichtig geworden, sei lange Zeit erstaunt neben ihm hergelaufen.

Ressourcen und ihre Grenzen

Von den Wüstenfeldzügen, die die Ausrottung der Ureinwohner besiegelten, über die Goldrauschwellen bis zum Petroleumfieber reicht die Kette der Megalomanien, mit denen die weißen Eroberer die gigantischen Versprechungen Patagoniens einzulösen suchten. Heute liefert Patagonien – das ein Viertel der Landesfläche Argentiniens, aber nur 5 % seiner Einwohner besitzt – Erdgas, Petroleum, Wolle, Fleisch, Fisch, Aluminium und Elektrizität. In den 70er und 80er Jahren schwoll die regionale Wertschöpfung um 250 % an, doch verlagert sich der Produktionsschwerpunkt mehr und mehr auf die Ausbeutung der flüssigen und gasförmigen Bodenschätze. Das klassische Schafland Patagonien wandelt sein Gesicht. Rund 130 000 km² Böden – ein Sechstel seiner Gesamtfläche – sind heute von Erosion bedroht. Ein Jahrhundert der Überweidung mit einem gebietsfremden Tier, dem Schaf, hat genügt, um eine jahrmillionenalte Pflanzendecke aufzureißen. Der unbarmherzige Wind treibt den Sand zu Dünen zusammen, die Desertifikation, die ›Verwüstung‹, beginnt. Der Schafbestand Patagoniens, der um das Jahr 1900 auf 60 Millionen geschätzt wurde, ging auf ein Viertel zurück.

Paradoxerweise tragen auch Dörfler selbst zur Landschaftszehrung bei: Während unter ihren Füßen das Erdgas durch Rohrleitungen bis ins ferne Buenos Aires und sogar ins transandine Santiago de Chile gedrückt wird, holzen sie, auf der Suche nach Brennmaterial, die Strauchsteppe ab. Ein vom Institut für Landwirtschaftstechnik (INTA) im Tandem mit der deutschen Gesellschaft für Technische Zusammenarbeit (GTZ) getragenes Acht-Jahres-Projekt spürt jetzt Lösungen zur Umkehr dieses Prozesses nach. Gleichzeitig will man die enormen äolischen Kräfte zur Energiegewinnung nutzen. Hinsichtlich Windgeschwindigkeit und -konstanz – an vielen Stellen nie weniger als 9 m/Sek. – kann es kaum ein anderer Flecken unseres Planeten mit Patagonien aufnehmen. An drei Orten (Río Mayo, Pico Truncado, Río Gallegos) sind Pilot-Anlagen installiert. Unterdessen bewegt sich schon eine andere ›rauchlose Industrie‹ mit Riesenflügeln voran: der Erlebnis-Tourismus. Mehr und mehr Estanzien haben sich mit der Aufnahme von Gästen, mit Trekking- und Reittouren, Jagd und Fischfang ein zweites Standbein zugelegt (s. S. 151).

Von Bahía Blanca zum Golfo San Jorge

Von Buenos Aires kommend, erreicht man auf der RN 3 – über das Pampaörtchen Azul und die Hafenstadt **Bahía Blanca** – nach 750 km den patagonischen Grenzfluß **Río Colorado**. Ab Viedma reihen sich die Zielorte entlang der (durchgehend asphaltierten, verkehrsarmen) RN 3 wie an einer dünn besetzten Knotenschnur auf, an deren südlichem Ende das 1700 km (ab Viedma) entfernte Río Gallegos hängt. 36 Busstunden trennen die Stadt von Buenos Aires. Selbstfahrer sollten auf allen Patagonienstrecken stets Trinkwasser- und Lebensmittelreserven sowie einen Ersatzkanister Treibstoff mit sich führen und, sooft es geht, nachtanken – auch einer Tankstelle kann hier einmal das Benzin ausgehen. Es kostet – eine regionale Förderungsmaßnahme der Regierung – ab Sierra Grande (an der RN 3, knapp 50 km vor der Grenze von Chubut) für den ganzen weiter südlich gelegenen patagonischen Raum einschließlich Feuerlands nur die Hälfte des regulären argentinischen Preises. Die RN 3 folgt der Küste auf abgekürztem Wege und läuft daher nur einmal, südlich von Comodoro Rivadavia, direkt am Meer entlang. Die Monotonie der über weite Strecken kurvenlosen Steppenroute verführt zum Dösen. Autofahrer seien vor der Gefahr des Einschlafens am Steuer gewarnt!

Ins Río-Negro-Tal

Mit welch brüchigen Lehm- und Holzfestungen sich die Spanier einst gegen die Indianer zu schützen versuchten, zeigt das am Flußübergang des Río Colorado gelegene **Fortín Mercedes** 1 (Monumento Nacional; hinter dem Sanktuarium für den seliggesprochenen Indio Ceferino Namuncurá). Die von dem Tyrannen Juan Manuel de Rosas 1833 angelegte Bastion markiert zugleich die nach dem ersten Wüstenfeldzug entlang des Río Colorado gezogene Südgrenze der ›befriedeten‹ Landstriche. Der Fluß ist rotbraun, wie der Name verspricht, doch in diesem landschaftlichen Übergangsraum verdunkelt sich die Erde, und der Himmel beginnt immer mehr zu leuchten. Das Gelb der Sonnenblumen- und Getreidefelder ist dem Schwarzgrün der wilden, buschigen *mata negra* gewichen, die von nun an weitgehend das Vegetationsbild der patagonischen Strauchsteppe bestimmen wird. Hier, am Río Colorado, werden Wildschweine gejagt. Was der Reisende jedoch eher zu Gesicht bekommen wird, sind Maras, die langbeinigen patagonischen Hasen. Nur für Angelfreunde interessant wäre ein Ausflug (ab RN 3 ca. 60 km Stichstraße) zu den Salzmarschen und flachen Wattinseln der **Bahía San Blás** (Angelausflüge, Leihboote, einfache Unterkünfte). Bekannt sind diese Gewässer vor allem für den *merluzón* (Riesenhecht), der bis zu 17 kg wiegen kann.

Weiter auf der RN 3, winkt uns 156 km südlich des Río Colorado die zweitürmige Kathedrale von **Carmen de Patagones** 2 (S. 348) in die erste patagonische Stadt ein. Erste auch im historischen Sinne, denn hier ließen galizische Spanier 1779 Patagoniens erste feste Siedlung entstehen. Sie verteidigte sich erfolgreich gegen eine brasilianische Invasion (1827), wovon ein Denkmal auf dem Cerro de la Caballada kündet. Doch

vor den sturzflutartigen Überschwemmungen des Río Negro (die letzte 1995) mußte sich das Örtchen schon vor 100 Jahren auf den Hügel flüchten. Unweit der kleinen Plaza lassen sich noch einige Bauwerke aus der Kolonialzeit entdecken: die Torre del Fuerte, zunächst Wach-, dann Glockenturm der ersten Kapelle (gleich hinter der Kathedrale, leider durch eine Hausfront verdeckt); das Lehmziegelhaus ›La Carlota‹ der Stadtgründer (flußseitig); das weiße Eckhaus des Banco de la Provincia (1780) und einige andere. Ein kleines Regionalmuseum dokumentiert die Ortsgeschichte.

Über zwei Flußbrücken ist Carmen de Patagones (15 000 Einw.) mit dem doppelt so großen Zwillingsort **Viedma** 3 (S. 395) verbunden, der seine Entstehung lediglich der ersten großen Überschwemmung im Gründungsjahr 1779 verdankt. Damals verlegte man den Kern der Ansiedlung auf die südliche Innenseite der Flußbiegung. Viedma ist heute Hauptstadt der Provinz Río Negro und sollte, nach einem Gesetz von 1986 – dem Brasilia-Beispiel des nördlichen Nachbarn nacheifernd –, einmal Landeshauptstadt werden. Aber bis dieser Dezentralisierungstraum wahr werden könnte, wird noch viel Wasser den Río Negro hinunterfließen, in dessen grüngelben, von Uferbäumen beschatteten (und sauberen!) Fluten sich übrigens herrlich baden läßt. Auf dem Strom wird nicht nur alljährlich Anfang Januar die längste Kanuregatta der Welt (410 km) ausgetragen, sondern er bewässert an seinem Oberlauf eine der größten Obstkulturflächen (allein über 3 Millionen Apfel- und Birnbäume) Südamerikas. Von einem solch vitaminreichen Arkadien hätte der Stadtgründer Francisco de Viedma, dessen skorbutgeplagter Mannschaft Zähne und Haare ausfielen, nur träumen können. Ein angenehmer Stadtbummel führt an der baumreichen, von schmucken Villen gesäumten *Costanera* (Uferstraße) entlang. Viedma ist kein Reiseziel, aber als Zwischenstation eine gastliche Oase.

Über 30 km asphaltierte Straße gelangt man zum Seebad **El Condor** und nach weiteren 27 km bei Punta Bermeja zur **Lobería** 4, einer der größten Robbenkolonien Nordpatagoniens. Zu sehen sind die – je nach Jahreszeit 600 bis 3000 – Tiere von den Laufstegen der Riffkante aus. Die aus Sand- und Tonschichten aufgebaute Steilküste, deren Abgründen das Auge mit Ehrfurcht folgt, ist nur an vereinzelten Stellen von Korridoren durchfurcht, die den Zugang zur Strandplatte erlauben. (Warnung: Wer auf ihr entlangwandert, muß die Gezeiten kennen. Anderenfalls besteht die Gefahr, daß die Flut den Rückweg abschneidet!)

Die erst im Sommer 1995 eingeweihte Küstenstraße (ab Lobería gut befahrbare Schotterdecke) bildet für den ungehetzten Reisenden auf Südkurs eine reizvolle Alternative zur RN 3. Vielleicht sieht man hier noch keine Ñandúes, aber mit Glück einen Fuchs, der eine Schlange im Maul über die Straße trägt. Diese ›Ruta de los Acantilados‹ (›Steilwandroute‹) genannte Strecke berührt **Bahía Creek** und **Punta Mejillón** (freies wildromantisches Zelten, doch Wasser ist mitzubringen) und schließt rund 40 km vor San Antonio Oeste (S.A.O., nicht zu verwechseln mit dem gegenüberliegenden S.A.E. = San Antonio Este) wieder an die RN 3 an.

Das windgepeitschte **San Antonio Oeste** 5, öder Hafen und Eisenbahnstation, ist nur einer bekannten *maris-*

Von Bahía Blanca zum Golfo San Jorge

quería wegen (oder zum Übernachten) einen Besuch wert. Wenig mehr als 10 km entfernt liegt Patagoniens größtes Seebad **Las Grutas**, eine von zügelloser Bauweise gekennzeichnete Boomtown, die im Sommer total überfüllt, im Winter aber eine Geisterstadt ist.

Zu den Paradiesen der Meerestiere

Am dichtesten und artenreichsten konzentriert ist die patagonische Meeresfauna auf dem mittleren, in der Provinz Chubut liegenden Küstenabschnitt. Hier lassen sich die Kolonien der Seevögel, Meeressäuger und Pinguine leicht von den Städten Trelew und Puerto Madryn aus erschließen. Beide Orte gehören zu einem auf 130 Jahre alte walisische Gründungen zurückgehenden Siedlungsnetz, das auch Rawson und Gaiman einschließt. Waliser Bergleute und Bauern, unzufrieden mit dem Los in ihrer Heimat, schifften sich 1865 auf dem Liverpooler Segler ›Mimosa‹ ein und landeten nach zwei Monaten an der Mündung des Río Chubut – unwissenderweise mitten im Südwinter. Wie man in diesen rauhen Breiten überlebt und dem Boden Erträge abringt, lernten sie von den Tehuelche, die am Rande der jungen Kolonie ihre Lederzelte aufschlugen und mit den Walisern einvernehmlich zusammenlebten. Die Indianer führten den erstaunten Briten auch die Spezialitäten der patagonischen Wildküche vor: in Asche geröstete Guanako-Blutwurst und Straußenbrust, in der Lederhülle mit heißen Steinen saftig gegart.

Heute ist das am Fuße der 130 m hohen Meseta in der Beuge des Golfo Nuevo liegende **Puerto Madryn**

(40 000 Einw.) 6 (S. 374) zugleich Standort einer Aluminiumanlage und – unberührt davon – Seebad und Wiege des Tauchsports. Hotels, Restaurants und Exkursionsagenturen säumen die gepflegte Uferpromenade an einem von wärmeren Strömungen gespeisten Meer, das die Lufttemperaturen im Winter nicht unter 5 °C sinken läßt.

Als große faunistische Erkundungspalette ist Puerto Madryn die schildförmige **Halbinsel Valdés** 7 (S. 370) vorgelagert. Ihr touristisches Zentrum **Puerto Pirámides** erreicht man nördlich von Puerto Madryn auf einer (ab RN 3) 76 km langen, über den Ameghino-Isthmus führenden Asphaltstraße. Bereits auf dieser Landenge führt ein kurzer Abzweig zum Naturreservat **Isla de Pájaros** (›Vogelinsel‹), wo Zehntausende von Seevögeln nisten (ausführliche Dokumentation im *Centro de Información*). Kolonien von Seehunden und See-Elefanten, die zu allen Jahreszeiten zu sehen sind, ziehen sich an der rund 90 km langen offenen Ostküste (gute Schotterstraße) zwischen **Punta Norte** und **Punta Delgada** entlang. Sowohl im Reservat Punta Norte als auch am Beobachtungsposten **Punta Caleta** (etwa auf halber Wegstrecke) lassen sich die Tiere von den Abgrenzungen aus betrachten, wobei man sich in Punta Caleta den bis zu 6 m großen See-Elefanten (Bullen können 4 t wiegen) auf wenige Meter nähern kann. Valdés ist das einzige Habitat der Welt – auf 2000 Tiere schätzt man den örtlichen Bestand –, wo

Die Tierwelt der Halbinsel Valdés:
See-Elefant (oben links), Magellanpinguine
(oben rechts), Südlicher Glattwal (links)

Moby Dicks Wassermusik
Wal-Treff in Valdés

Lange bevor es das ›Yellow Submarine‹ zu Weltruhm brachte, dichtete sich der Engländer Evan Jones einen Vers auf die gelben Rücken zurecht, die er im Traum hatte aus dem Meer auftauchen sehen. Man schrieb das Jahr 1865, und Jones war mit 155 anderen aus der Heimat geflohenen Walisern auf der ›Mimosa‹ zu den Gestaden Patagoniens unterwegs. Das im Schlaf gesichtete ›goldene‹ Gelb erschien den Pionieren wie eine Glücksverheißung. Als sie im Golfo Nuevo (zwischen dem heutigen Puerto Madryn und Puerto Pirámides) den Kiel aufs Ufer setzten, schimmerte da zwar kein Edelmetall, doch das gelbe Öl eines gestrandeten Wals. Es lieferte den Kolonisten den ersten Brennstoff für ihre Lampen.

Der ›Neue Golf‹ ist die jahrtausendealte Wiege des Südlichen Glattwals *(Eubalaena australis)*. Jahr für Jahr im Winter (ab Juli etwa) suchen die 30–40 t schweren Tiere die ruhigen Golfgewässer südlich der Halbinsel Valdés auf, um sich zu paaren oder um ihre Jungen zur Welt zu bringen. Die etwa 12 m langen männlichen Wale kommen jedes Jahr, die 13–16 m messenden Kühe in dem Drei-Jahres-Turnus, der dem Reproduktionsrhythmus entspricht. Das Waljunge – immer nur eines – wird zwölf Monate lang ausgetragen, ebensolange gesäugt und ist mit bereits 5,50 m Länge aus dem Mutterleib geschlüpft.

Am dichtesten ist der Golf in den Monaten Oktober und November von Walen bevölkert. Spätestens im Dezember schwimmen die Meeressäuger, den Krill-Schwärmen folgend, in den offenen Südatlantik hinaus, vermutlich in die Zone um den Südgeorgien-Archipel.

Ihre internationale Unglücksbezeichnung *right whale* – im argentinischen Spanisch *ballena franca* (etwa: ›Freiwild-Wal‹) – verdankt die Spezies dem Umstand, daß sie leicht zu erbeuten ist: ›Gerade richtig‹ nämlich waren diese Tiere für die zunächst von offenen Booten aus operierenden Harpunenwerfer ihrer Langsamkeit und der Tatsache wegen, daß auch die erlegten Exemplare weiter an der Oberfläche schwammen; in andere Wale mußte man Luft pumpen, um sie flottierend zu halten. Die erste Walfangexpedition in den Südatlantik startete 1725 vom schottischen Hafen Dundee aus. Ab Mitte des 18. Jh. wurden die Fanggründe zwischen Kap Hoorn, den Malvinas (Falkland-Archipel) und der Halbinsel Valdés zum Routinejagdgebiet für die *ballena franca*. Engländer, Skandinavier und Nordamerikaner waren hier besonders aktiv.

Ein ausgewachsenes Tier lieferte bis zu 20 000 l Öl. Aber menschlicher Erfindungsgeist und die Veränderungen von Moden und Ansprüchen gewannen der Beute noch andere Vorzüge ab: Aus den 2,50 m langen, kulissenartig vom Gaumen herabhängenden Hornplatten dieses Wals, den bei der Nahrungsaufnahme zum Filtern des Wassers dienenden Barten, ließen sich hervorragend Regenschirmgestelle, Korsettstangen, Kragenstäbchen und Bespannungen für Tennisschläger fabrizieren, ganz abgesehen von den noblen Golfsäcken, die die Walpenisse lieferten.

Noch im 20. Jh. wurden rund eine Million Wale geschlachtet. Von ursprünglich 100 000 Glattwalen hat sich die Population auf knapp 3000 Tiere reduziert. Ihr weltweit wichtigster Treffpunkt ist die Bucht von Puerto Pirámides. Seit 1984 sind, kraft Gesetzes, alle in argentinischen Hoheitsgewässern auftauchenden Glattwale geschützte ›Naturdenkmäler‹.

Die vor allem auf französische Initiative hin 1994 entstandene Walschutzzone südlich des 40. Breitengrades wird, so schätzt man, für 90 % der großen Meeressäuger ein sicheres Gehege sein. Unter den Vertragspartnern isoliert steht heute – nachdem auch die zunächst sekundierenden Länder Norwegen und Chile ihre Fangansprüche aufgaben – Japan als einziger Beutegänger da. Das von dieser Nation ausbedungene Recht auf jährlich 300 Exemplare ›für wissenschaftliche Zwecke‹ wird von argentinischen Naturschützern schon deshalb als Heuchelei gebrandmarkt, weil die unter Nippons Flagge fahrenden Fabrikschiffe nachgewiesenermaßen die Quote deutlich überschreiten.

Unterdessen spüren Walforscher den immer noch unbekannten Fährten Moby Dicks nach: Daß die *ballena franca* zumindest weiße Flecke hat, verdankt sie den *piojos,* hornartigen Überformungen der speckigen schwarzen Haut; sie sind eine beliebte Siedlungsfläche für haftsuchende Krustentiere aller Art. Die von Wal zu Wal unterschiedlichen Fleckmuster sind die ›Fingerabdrücke‹ des Glattwals und machen, ohne die Notwendigkeit künstlicher Markierungen, die Beobachtung von Migrationsmustern möglich. Am faszinierendsten jedoch erscheinen den Wissenschaftlern die sich – identisch – wiederholenden Tonmuster der Unterwassersignale, die als ›Gesänge‹ 15 bis 60 Minuten dauern können. Nur halb im Spaß will man – veränderter Umwelteinflüsse, wie Meeresverschmutzung, wegen? – in den letzten Jahren einen Melodiewandel beobachtet haben, der so eklatant sein soll wie der Sprung von einer Beethoven-Sonate zum ›Yellow Submarine‹.

Inzwischen gönnen sich rund 100 000 Touristen jährlich das Vergnügen, Augen und Kamera auf die genarbten Buckel vor Puerto Pirámides zu richten. Höhepunkt dabei ist natürlich, eine wie ein Fliegerdenkmal aus dem Wasser ragende Schwanzflosse ins Visier zu bekommen. Eine solche Fotografierpose freilich macht es meist notwendig, den Wal zum Abtauchen zu zwingen – ein Fall von Nötigung. Die Versuchung für die Bootsführer, den Mitfahrern möglichst effektvolle Eindrücke zu vermitteln, hat sie in zunehmendem Maße zu störenden Annäherungen veranlaßt. Presse, Fernsehen – und einzelne, Veranstalter bei der Aufsichtsbehörde denunzierende Besucher – haben bereits 1994 für eine Protestwelle gesorgt. Ein neues strikteres Reglement verbietet daher jetzt:
- die Verfolgung von Muttertieren mit ihren Jungen,
- die Umkreisung der Wale sowie Geschwindigkeitswechsel,
- das Laufenlassen des Bootsmotors nach erfolgter Annäherung,
- das Auslaufen von Wasserfahrzeugen, die mit weniger als 70 % ihrer Kapazität besetzt sind (um die Frequenz der Fahrten zu vermindern).

Teehaus in Gaiman

halten sind: das Teatro Español (an der Plaza), der Banco de la Nación mit Uhrtürmchen (Ecke Fontana/25 de Mayo), das Hotel ›Touring Club‹ mit Langtheke und Kaffeemaschine von 1920 (Fontana 240). Das **Museo Paleontológico** berichtet in didaktisch vorbildlicher Weise über rund 300 Millionen Jahre patagonische Erdgeschichte. Vom Museum aus werden auch Feldführungen durch den fundreichen Paläontologischen Park im Chubut-Tal organisiert (s. S. 145).

Das geschäftige Trelew darf als die heimliche Hauptstadt Chubuts gelten, auch wenn die Provinz offiziell von **Rawson** 9 aus verwaltet wird (dort hat allenfalls der winzige Hafen mit seinen beiden Fischkantinen einen Rest von Atmosphäre). Das kleine **Gaiman** aber ist nur für Touristen interessant, die in einem traditionellen Teehaus auf ein Viertelstündchen nach *Old England* entführt werden und die walisische ›schwarze Torte‹ kosten möchten.

An der Küste südlich von Trelew locken noch weitere Tier-Eldorados. Die *Pinguinera* von **Punta Tombo** 10 (ca. 120 km, meistenteils Schotterstraße) ist mit fast einer Million Tiere (von Oktober bis März) die größte unter den zugänglichen Pinguinkolonien der Welt. Die bis 800 m vom Wasser entfernten 250 000 Nisthöhlen haben die Uferlandschaft mit einem Lochmuster überzogen. Zaunbegrenzte Pfade leiten die zeitweise in Massen auftretenden Besucher bis ans Meer.

Wer die hochinteressanten Verhaltensweisen der Magellanpinguine ruhigerenorts beobachten will, findet dazu im Naturreservat Cabo Dos Bahías (s. S. 146) eine bessere Gelegenheit. Unabhängig Reisenden sei daher empfohlen, die durch mehrere große Estancias führende Schotterroute 1 über **Cabo Raso** (fast nur Ruinen, schöner Strand, einige

Rüsselrobben an einer kontinentalen Küste zu Hause sind; alle anderen Kolonien befinden sich auf südatlantischen oder pazifischen Inseln. Hauptattraktion der Península sind jedoch die (von Juli bis November) alljährlich wiederkehrenden Wale, die sich in der Bucht von Puerto Pirámides paaren und dort auch ihre Jungen zur Welt bringen (s. S. 142 f.). 100 000 Besucher jährlich lockt das Naturparadies Valdés mittlerweile an.

Keinem Gründungsauftrag der spanischen Krone, sondern der Initiative des Walisers Lewis Jones verdankt der nach ihm benannte Ort (*tre* = Dorf, *lew* = Kurzform von Lewis) **Trelew** (50 000 Einw.) 8 (S. 392) seine Entstehung an der Gleisspitze einer 1886 zur Küste hin gebauten Eisenbahnstrecke. Um den alten Bahnhof (heute liebevoll zusammengestelltes Regionalmuseum) scharten sich die ersten Gebäude, von denen noch er-

Ein Spaziergang von 40 Millionen Jahren

Keine Erdzeittafel wäre imstande, die letzten 40 Millionen Jahre patagonischer Geogenese so ›handgreiflich‹ wiederzugeben wie die zutage liegenden Schichtstufen der 150 m hohen Sandsteinfelsen am Río Chubut. Unweit Gaiman, das man als grüne Oase auf dem Talboden liegen sieht, schwingt sich ein Lehrpfad von der Bruchkante der Steppe aus nach unten und führt an den Wänden entlang wie an einem aufgeschlagenen Bilderbuch. Die oberste Schicht, der ›kurzen‹ Epoche der letzten 10 000 Jahre entsprechend, erzählt von der Ausschürfung des Tals nach der endgültigen Auffaltung der Kordillere. Das nächste Stratum, die *rodados tehuelches*, rundgeschliffenes Geröll vulkanischen Ursprungs, verweist auf eine bis zu 100 000 Jahre zurückliegende Zeit. Dann folgen die Millionensprünge, die die terrestrische (seit ca. 9 Millionen Jahren), die maritime (von 28 bis 9 Millionen Jahren) und davor wiederum die terrestrische Vergangenheit Patagoniens dokumentieren.

Reiche Fossilienfunde, von Haizähnen bis zu 38 Millionen Jahre alten Wespennestern, von Pinguinwirbeln bis zum Ameisenbär aus dem unteren Tertiär, geben Kunde von der Evolution am Südende des amerikanischen Kontinents. Eine Reihe komplett ausgegrabener versteinerter Knochengerüste ist in pyramidenförmigen Glaskästen in situ ausgestellt. Das macht den Reiz dieser Entdeckungen unter freiem Himmel aus: die Zeugen der Vergangenheit an Ort und Stelle wirken zu lassen. (Die ca. 3 Stunden dauernde geführte Exkursion – davon eine gute Stunde Fußwanderung über den Lehrpfad – wird vom Paläontologischen Museum in Trelew nach Voranmeldung organisiert. Erklärungen, nach vorheriger Absprache, auch in Deutsch oder Englisch möglich.)

Bäume, freies Zelten, Wasser ist mitzubringen) nach dem Zwerghafen **Camarones** 11 (S. 348; rund 160 km ab Punta Tombo) zu nehmen.

Ein Hafentürmchen mit Kreuz erinnert hier an das Jahr 1535, als der von Spanien ausgesandte Kosmograph Simón de Alcazaba das Profil dieser herben Küste auskundschaftete, die bis heute gehütetes Kleinod einiger Individualisten geblieben ist. Die phantasmagorische Insel Pepys, 1684 entdeckt, von Byron und Bougainville vergeblich gesucht, 1770 wiedergefunden und dann erneut verschwunden, auf alten Seekarten bis zur Mitte des 19. Jh. eingezeichnet und erneut gelöscht, soll vor diesen Gestaden gelegen haben. Als bis heute gesichert hingegen darf die Entdeckung gelten, daß Camarones (›Garnelen‹) seinem Namen Ehre macht: hier (und in Puerto Deseado) werden Argentiniens beste Krevetten angelandet.

Auf der südlich sich nach **Bustamante** (kleiner Guanohafen ohne Reiz) fortsetzenden Route 1 biegt man 5 km hinter Camarones nach links (Caleta Sara) ab und erreicht nach weiteren 25 km das **Cabo Dos Bahías** 12 (S. 347) mit seinen 13 000 Pinguinhöhlen. Im Reservat, wo sich die sonst scheuen Guanakos sicher fühlen, lassen sich auch diese Tiere besser beobachten und fotografieren. Wildromantisches Zelten ist innerhalb des Naturparks an der Caleta Sara möglich.

Von Camarones aus findet man über eine 72 km lange Asphaltstraße (Ruta 30) zurück zur RN 3 und ist von da aus, die wogende Pampa de Salamanca durchquerend, nach 190 km in **Comodoro Rivadavia** 13 (S. 349).

Vom Golfo San Jorge zur Magellanstraße

Ausflug in die patagonische Urzeit

Das zu Füßen des staubigen (1995 zum Teil abgerutschten) Chenque-Hügels – früher Tehuelche-Friedhof und geheiligte Stätte der Ureinwohner – am tiefblauen Golfo San Jorge hingelagerte **Comodoro Rivadavia** (130 000 Einw.) 1 (S. 349) hat mit der tektonisch stark bewegten Vergangenheit Patagoniens auf die ersprießlichste Weise zu tun. Als der deutsche Geologe Josef Fuchs hier nach Trinkwasser bohrte, stieß er am

Badevergnügen an der patagonischen Küste bei Comodoro Rivadavia

denkwürdigen 13. Dezember 1907 – der Tag bestimmte das Datum des Nationalen Petroleumfestes – auf eine jener immensen unterirdischen Lagerstätten, wo sich Muschel- und Algenbänke im Laufe von Jahrmillionen in Speichergesteine für Erdöl verwandelt hatten. Tatsächlich waren die küstennahen Regionen Patagoniens rund 20 Millionen Jahre, die vorandine Pampa etwa 10 Millionen Jahre lang Meeresboden. Am Fuß der Kordillere, an der Grenze zu Chile bei Los Antiguos, soll ein petrifizierter Wal gefunden worden sein. Noch in 4000 m Höhe finden sich versteinerte Austernbänke. Bei nicht wenigen der im Bereich von Comodoro Rivadavia bis in 5000 m Tiefe niedergebrachten Aufschlußbohrungen förderte man Proben zutage, die mithalfen, eine mehr als hundert Millionen Jahre umfassende geophysikalische Entwicklung zu rekonstruieren.

Das progressive, unaufdringlich moderne Comodoro Rivadavia ist mit den anderswo ›Pferdeköpfe‹, hier aber ›Schwarze Schwäne‹ genannten Förderpumpen großgeworden, die überall, auf- und abbuckelnd, in der Landschaft stehen. Trinkwasser aber muß immer noch über eine mehr als 150 km lange Rohrleitung vom Lago Musters herangeführt werden. Der saubere, doch touristisch unergiebige Hafenort hat sich, etwas verlegen, das Allerweltsprädikat ›Stadt des Windes‹, mit dem (nur 15 km weiter südlich gelegenen) jungen Seebad – und Residenz der Wohlhabenden – **Rada Tilly** allerdings auch eine attraktive Freizeitkolonie zugelegt.

›Comodoro‹, wie die Einheimischen ihre Stadt kurz nennen, ist der Ausgangspunkt zum Besuch von zwei der beeindruckendsten Zeugnisse der patagonischen Urzeit: den versteinerten Wäldern *(Bosques Petrificados)* von **Ormachea** 2 und **Jaramillo** 3. Der theoretische Abstieg in eine Vergangenheit, in der das argentinische Patagonien noch keine Steppe, sondern eine von subtropischer Flora und Fauna belebte Savanne war, beginnt zweckmäßigerweise bereits mit dem Besuch des Paläontologischen Museums in Trelew, das eine vorzügliche, 300 Millionen Jahre umfassende Rückschau erlaubt (s. S. 144). Als die sich aus dem Urkontinent Gondwanaland lösenden Landschollen Amerikas und der Antarktis noch miteinander verbunden waren und die heutige patagonische Ostküste von den kalten Polarströmen abschirmten, hatten sich auch im Westen die Anden noch nicht erhoben. Regenreiche Pazifikwinde strichen ungehindert über ein von Araukarienwäldern bestandenes, von Sauriern, Mammutvögeln und Riesenfaultieren bewohntes Festland. Patagonien gilt als eine der paläontologisch aufschlußreichsten Regionen der Erde. Mit gutem Grund fanden sich im April

Im versteinerten Wald von Ormachea

Versteinerte Wälder

1994 die 200 Teilnehmer des Internationalen Paläontologischen Kongresses in Trelew zusammen. Nicht nur birgt das Museum das am besten erhaltene (verquarzte) Saurier-Ei, das man bis heute kennt, seit der Identifizierung von 23 versteinerten Hadrosaurierskeletten anno 1981 vergeht auch kaum ein Jahr, in dem man nicht auf irgendeiner Estancia einen neuen Saurierfriedhof entdeckt (s. S. 218 f.). Die letzten (z. Z. noch laufenden) Ausgrabungen am Cerro Cóndor sind so umfangreich, daß man dort an die Einrichtung eines zweiten paläontologischen Freilichtparks denkt.

Die bis heute unter offenem Himmel zu bestaunenden Funde aus der Zeit vor der sogenannten Transgression – als das Meer also Patagonien zu überfluten begann – bestehen indessen aus pflanzlichen Fossilien. Als habe eine Riesenhand eine Streichholzschachtel ausgeschüttet, so liegen die versteinerten Baumstämme und ihre Splitterstücke über eine gewaltige Fläche der Jaramillo-Region verstreut. Die einst in 20 m hohen Ablagerungen vulkanischer Aschenregen erstickten Baumriesen verwandelten sich im Laufe von Millionen von Jahren in steinerne Säulen, die, vom Wind gefällt, den Resten verfallener Tempel gleichen. Der Prozeß der Petrifizierung vollzog sich durch das ins Holz eindringende Regenwasser. Beim Durchsickern der Asche lud es sich mit Siliziumsalzen auf, die es ins Zellgewebe transportierte, um die dort verfallende pflanzliche Substanz zu ersetzen. Bei diesem osmotischen Wunderwerk der Mineralisierung wurde nicht nur Zelle für Zelle nachgebaut, sondern auch die Morphologie der Stämme als Ganzes erhalten: einige Exemplare sind

Vom Golfo San Jorge zur Magellanstraße

bis zu 35 m lang, andere haben einen Durchmesser von fast 3 m, manche wiegen 100 t. Die warmen, leuchtenden Farben dieser steinernen Koniferen zeichnen exakt die Struktur des Holzes nach. Ihre Altersbestimmung erlauben die radioaktiven Isotope einiger in ihnen erhaltener Minerale.

Welcher der beiden großen *Bosques Petrificados* ist eindrucksvoller? Eine Frage für Naturfotografen. Der von Ormachea (180 km westl. von Comodoro Rivadavia, über die RN 26 und RP 20 nach Sarmiento, dann geschotterte Stichstraße nach Süden) verbirgt sich im rot- und ockerfarbenen Schichtgebirge des Abigarrado; der von Jaramillo breitet sich auf der offenen Meseta vor der fernen Kulisse des Bergmassivs Madre e Hija (›Mutter und Tochter‹) aus (260 km südl. von Comodoro Rivadavia; auf der RN 3 über die Petroleumstadt Caleta Olivia, den kleinen Knotenpunkt Fitz Roy und dann 25 km weiter südl. über die geschotterte RP 93 80 km nach Südwesten). Beide Naturmonumente – mit den größten fossilen Bäumen der Welt – gehören zu den Meisterwerken der patagonischen Schöpfungsgeschichte.

Über die Pionierhäfen zum ›Kap der Elftausend Jungfrauen‹

Weltumsegler und Eroberer, Piraten und Kartographen, Kolonisten und Kauffahrteischiffer suchten jahrhundertelang die patagonische Küste nach Schlupfwinkeln ab, wo sie ihre Karavellen bei Ebbe trockenfallen lassen, kalfatern und sich selbst mit weingeschwollenen Adern (Wein war die letzte Flüssigkeitsreserve auf den Schiffen) halbverdurstet auf die Trinkwassersuche machen konnten. Namen wie Port Desire (Puerto Deseado), San Julián und Santa Cruz sind Legende geworden. Diese sporadischen Naturhäfen, auch heute noch Küstenflecken mit nur wenigen tausend Einwohnern, liegen immer noch abseits der eingefahrenen Fährten des Massentourismus – mögen sie uns so erhalten bleiben.

Von Norden kommend, steuert man Puerto Deseado über die RN 3 an, die südlich von Rada Tilly vom Mesetarand absteigt und auf ca. 50 km bis **Caleta Olivia** das wie grüne Glasschmelze daliegende Meer begleitet. Aber noch auf der Höhe lohnt es sich, ein paar der versteinerten Muscheln einzusammeln, die hier massenweise an der Oberfläche liegen: sie sind mindestens neun Millionen Jahre alt. 14 km südlich von **Fitz Roy** zweigt die (asphaltierte) RP 281 als 125 km langer Zubringer nach Puerto Deseado ab.

Der gleichnamige Fluß – schon in alten Landkarten als unstete Wasserschlange ohne Kopf und Schwanz eingezeichnet – verläuft in der Meseta streckenweise unterirdisch, versiegte aber im Mündungsgebiet schon vor 12 000 Jahren. Das statt dessen eindringende Meerwasser füllte das Bett bis 40 km stromauf, machte also aus dem ›Río‹ eine ›Ría‹, vergleichbar den fjordähnlichen Küsteneinschnitten gleichen Namens im nordspanischen Galizien. In dieses naturgeschaffene Schutzgebiet schwemmt der ausgeprägte Tidenhub ein reiches Angebot an Meeresgetier. So haben sich in dieser Ría nicht nur Pinguine, sondern auch andere Vertreter einer vielfältigen Avifauna angesiedelt: Möwen, antarktische Tauben, Austernfischer, vor allem aber – eine weltweit einmalige Koexistenz – fünf Spezies von Kormoranen.

Seinen Namen erhielt der Naturhafen **Puerto Deseado** 4 (S. 373) von dem englischen Freibeuter Thomas Cavendish, der hier 1586 mit seinem Schiff ›Desire‹ (›Deseado‹) vor Anker ging. Doch erst im 19. Jh. erforschten Darwin und dann Moreno die gesamte Ría; 1884 ließen sich die ersten Kolonisten nieder. Eine 1909 gebaute (und 1977 stillgelegte) Eisenbahnlinie bis Las Heras diente dem Transport von Wolle und Häuten zur Küste. Diese Strecke zu reaktivieren und über Bariloche bis zur chilenischen Pazifikküste weiterzuführen, ist ein Lieblingsprojekt der Provinzregierung. Das rührige 9000-Einwohner-Städtchen, ein buntes Gemisch aus alten Wellblechhäusern und neuen Zweckbauten, lebt heute vorwiegend vom Garnelenfang im San-Jorge-Golf. Mehr als 500 Schiffe jährlich machen an der Mole fest. Einen ›Hafen der Sehnsucht‹ stellt Puerto Deseado also auch für *marisco*-Liebhaber dar. Wer die rund 90 km zum **Cabo Blanco** 5 nicht scheut, findet am Kliff ein einsames Tierparadies mit Kormoranfelsen und – zur ›unberührbaren Zone‹ erklärt – auf vorgelagerten Klippen der einzigen noch intakten kontinentalen Pelzrobbenkolonie Südamerikas.

Zum nächsten historischen Hafen, San Julián (295 km weiter südl.), sollte man sich über die abwechslungsreichere RP 1201 (ex 47) bewegen, die erst bei der **Estancia El Salado** in die RN 3 mündet. Und wieder überfällt einen die patagonische Weite mit den stürzenden Himmeln! »Warum, frage ich mich, nimmt dieses spröde Land meinen Geist so gefangen?« schrieb Charles Darwin in sein Reisetagebuch. »Wieso beeindruckt mich eine ebenere, grünere, fruchtbarere und dem Menschen nützliche Pampa nicht gleichermaßen? ... Es muß wohl an diesem Horizont liegen, der die Vorstellungskräfte beflügelt.«

Die Strauch- und Polstergrassteppe, die dem eilig Dahinfliehenden als mono-

Wellblech mit Charme
Estanzien in Südpatagonien

Als es in der patagonischen Steppe nur Treibholz und Guanakofelle als Baustoffe gab, kamen – eine frühe Form des Versandhandels – ganze Leuchttürme, Brücken und Häuser als fertige *kits* aus England. Die in Baukastenform angelieferten Teile, numeriert von Güer Aike (›Raststätte‹ in der Sprache der Tehuelche), zahlende Gäste auf.

Die Provinz Santa Cruz hat sich mit ihren dem Abenteuer- und Erlebnistourismus geöffneten Estanzien einen besonderen Ruf erworben. Mehr als zwei Dutzend Etablissements, viele

Der Casco der Estancia Güer Aike

wie die Knochen eines seltenen Fossils, wurden an Ort und Stelle, vom Backsteinkamin bis zum Messingtürschloß, wieder zusammengesetzt. Wichtigste Elemente der frühen Fertighausarchitektur waren Holz und Wellblech, ohne daß dabei auf ornamentale Effekte verzichtet wurde. Die alten *cascos* (Kerngebäude) patagonischer Estanzien haben ihren Charme bis heute bewahrt, und viele nehmen, wie das 1915 auf einem Londoner Frachter in die Río-Gallegos-Mündung transportierte Herrenhaus inzwischen auch mit Gästebungalows, bieten heute eine breite Palette unterschiedlicher Aktivitäten: Trekking, Reitwandern, Angeln, Wildwasserfahren, Tierfotografie, Besuch archäologischer Fundstätten und nicht zuletzt das Kosten uriger regionaler Gerichte oder – einfach Ausspannen. Und wie beim ›Urlaub auf dem Bauernhof‹ dürfen sich die Besucher auch oft nach Belieben ins Tagewerk der Farm einschalten. Auf einigen Estanzien kann auch gezeltet werden.

tone Vegetationsdecke erscheinen mag, entpuppt sich bei näherem Hinschauen als ein multiples Mosaik von spezialisierten Pflanzen, die man in diesem kalttrockenen Klima als Überlebenskünstler bezeichnen muß. Die windgeduckten, gedrungenen Wuchsformen mit ihren tentakelartigen, wasserspeichernden Wurzelsystemen sind Muster von ökologischer Anpassung. *Mata negra, mata laguna, mata guanaco* – populäre Namen für komplizierte Gebilde, deren wertvollstes den Indianern der *molle*-Busch war: aus seinem biegsamen Holz stellten sie ihre Bögen her. Dem dahinrollenden Touristen aber leuchten im Südsommer überall die violetten Blüten des wilden Thymians und die gelben Halbkugeln der ›Goldknöpfe‹ entgegen. Und schweigen wir von den Düften dieser Halbwüstlinge! Wenn sich abends die Sonne niedersenkt, verströmen sie Aromen, die man in einer Teebüchse einfangen möchte.

In **San Julián** 6 (S. 384) aber riecht es wieder nach Tang und Meer. Doch die weitgeschwungene Bucht ohne Flußmündung, wo schon Magellan einst Schutz suchte, ist kein Eldorado für Fische. So wird denn auch der alljährliche Wettbewerb des Hai-Angelns (im Januar) 35 km weiter südlich bei Rincón an der offenen Küste ausgetragen. Das kleine Uferstädtchen San Julián (4800 Einw.) selbst lebt vorwiegend von den drei örtlichen Konservenfabriken, denen das Füllgut – Muscheln und Garnelen – von Puerto Madryn aus angeliefert wird. Berühmte Namen und Schicksale hat die Geschichte in diese Bucht eingraviert: Auf der Insel Banco Justicia (›Hinrichtungs-Sandbank‹) ließ Francis Drake 1578 seinen aufmüpfigen Freund Thomas Doughty auf dem gleichen Schafott köpfen, das schon Magellan für die Vierteilung zweier Meuterer hatte zimmern lassen – bevor er an dieser Stelle die erste heilige Messe auf dem Südkontinent lesen ließ. Von allen verwehten Spuren zu besichtigen sind heute nur noch die ›Ruinen‹ (kaum mehr als eine Gedenktafel) von Floridablanca (ca. 10 km weiter landeinwärts auf Estanciagelände, Gatterschlüssel bei der Touristeninformation), die an die Verschollenen der 1781 von Antonio de Viedma gegründeten ersten Kolonie erinnern. An der grottenreichen Steilküste nördlich von San Julián laden wilde, gischtbesprühte Strände beim Cabo Curioso zum Baden ein. Lohnendstes ›Nah‹-Ziel ist jedoch die **Estancia La María** 7 (S. 357) mit ihren 12 600 Jahre alten Tehuelche-Malereien in 41 absolut sehenswerten Höhlen im Cañadón (75 km auf der RP 25, dann rechts ab auf die Route 77 und nach weiteren rund 60 km rechts ab auf einen 11 km langen Zufahrtsweg).

Auf der RN 3 weiter nach Süden fahrend, erhascht man einen kurzen Blick auf die gewaltige Senke des **Gran Bajo de San Julián** (westl. der Straße), passiert später den Río Chico und erreicht nach 120 km am Ufer des Río Santa Cruz die Oase **Comandante Luis Piedrabuena** 8 (S. 349). Das schmucke Örtchen (3800 Einw.) bietet keine Attraktionen, aber bessere Übernachtungsmöglichkeiten als das 30 km weiter seewärts liegende **Puerto Santa Cruz** 9 (S. 375), dessen nur aus einer öden Mole bestehender ›Hafen‹ in Wirklichkeit die vorgeschobene Punta Quilla ist. Der Ortsname Santa Cruz (gleichlautend für die ganze Provinz) gemahnt an den Missionseifer der spanischen Eroberer, deren erste besitzergreifende Landzeichen in die Erde gepflanzte Kreuze waren. In dem von Einheitshäusern monotonisierten Puerto Santa Cruz sind heute nur noch wenige Relikte einer jün-

In Río Gallegos, am Südende Patagoniens

geren Vergangenheit zu finden: etwa der Banco de la Nación (Ecke 9 de Julio/Moreno) oder die Bar Español (Ecke San Martín/Sarmiento).

An der 235 km langen, über die Meseta führenden Route (RN 3) von Piedrabuena nach Río Gallegos können Camper und Naturfreunde zwei Nebenziele locken: die Insel **Monte León** 10 mit einer Pinguinkolonie und weiten Stränden (33 km südl. von Piedrabuena von der RN 3 ab; nur von Nov. bis Mitte Apr. zugänglich, sonst ist das Gatter der zu passierenden Estancia geschlossen) und die einsamen Strände von **Puerto Coig** 11, wo nur der Wind durch einige Ruinen streicht (beim Hotel ›Marchand‹ von der RN 3 ab, dann ca. 35 km zum Meer. Das Hotel ›Marchand‹ selbst bietet herzhafte Camionero-Kost).

Wo der 300 km lange ›Fluß der Galizier‹ (Río Gallegos) ins Meer mündet, hat die südlichste kontinentale Stadt Argentiniens, eben **Río Gallegos** (55 000 Einw.) 12 (S. 376), ihr schachbrettartiges Muster ausgebreitet. Dem Meer selbst verdankt sie ihre Geburt, denn als vor über 15 Millionen Jahren der Atlantik bis zu den Anden reichte, entstanden jene Algensümpfe, deren Ablagerungen sich an der Grenze zu Chile bei Río Turbio im Quellgebiet des Río Gallegos zu 500 Millionen Tonnen Steinkohle verdichteten. So baute man, zu deren Transport, eine dem Flußlauf folgende Eisenbahnlinie zur Küste, und der Kohlehafen Río Gallegos entstand. Dennoch ist der Ort keine »graue Stadt am Meer« wie Theodor Storms Husum. Er besitzt sogar (60 km entfernt) eine ›Blaue Lagune‹: die **Laguna Azul** 13, der malerische Kratersee eines erloschenen Vulkans. Das Farbenspiel der bunten Wellblechdächer aber führen neuerdings auch traditionswahrende Villenbauten wieder fort.

Im ältesten Haus der Stadt hat sich das kleine Pioniermuseum mit seinen Raritäten eingenistet. Gerettet wurde

auch der Historische Balkon im Zentrum. Die restaurierte Casa España von 1927 beherbergt jetzt ein elegantes Restaurant. Die hölzernen Stehpulte der alten Post indessen mögen an die Zeit erinnern, als ein Pilot namens Antoine de Saint-Exupéry (›Nachtflug‹) hier für die Aeroposta del Sur die schwierigste Flugroute der Welt eröffnete. Noch immer bläst der Wind, der gefürchtete *pampero,* mit 7–8 m/Sek. (Jahresdurchschnitt), doch bald wird er die Propeller der ersten Windenergiezentrale antreiben. Von der Kohle allein lebt die ›energiebewußte‹ Stadt schon lange nicht mehr, seit die reichen Petroleum- und Erdgasfelder entdeckt wurden. Was es für sie bedeutet, gleichzeitig Dienstleistungszentrum für die Estanzien von Santa Cruz zu sein, machen dem neugierigen Touristen überraschende Entdeckungen deutlich: Reisende Händler

Die Laguna Azul bei Río Gallegos

und Schafscherer bringen hier jährlich 30 000 Fuchsfelle an, die in Río Gallegos versteigert werden. Der Fuchs ist hier kein Fabeltier, sondern, neben dem Puma, der gefährlichste Räuber unter den Schafherden.

100 000 Schafe weiden auf der 2200 km² großen **Estancia El Cóndor,** die man auf dem Wege zum 130 km entfernten Cabo (Once mil) Vírgenes (›Kap der Elftausend Jungfrauen‹) passiert. Mit blitzweißen Wohngebäuden, Schule, Werkstätten, Scherschuppen und Remisen bildet der *casco* der Estancia ein eigenes Dorf. Diese Steppenfarm, die 500 000 kg Wolle jährlich produziert, entstand 1883, als britisches, durch die ›Argentina Southern‹ kanalisiertes Kapital – von Strohmännern, die das englische Königshaus vertraten, sagte man – sich in Latifundien verwandelte. Die Muster-Estancia El Cóndor war eines der wenigen Etablissements, die sich aus den tragischen Geschehnissen von 1922/23 heraushalten konnten. Damals streikten in ganz Südpatagonien *peones* (Landarbeiter), weil sie seit bis zu zehn Monaten keinen Lohn, sondern uneinlösbare ›Gutscheine‹ erhalten hatten. Die Regierung setzte Militär ein, und es kam zu Massenerschießungen – eine Analogie zu den Vorgängen in chilenischen Salpeterlagern. Der hispanoamerikanische Dichter Rubén Darío hat das Drama in seinem Werk ›La Amargura de la Patagonia‹ (›Die Bitternis Patagoniens‹) literarisch verarbeitet. Die Estancia El Cóndor ging im Oktober 1994 für 8 Millionen Dollar in die Hände der Firma Benetton über.

Endlich sind wir am **Cabo (Once mil) Vírgenes** 14, wo zwar keine 11 000 Jungfrauen, doch rund 11 000 Nisthöhlen von Magellanpinguinen zu entdecken sind. In die Wasserstraße gleichen Namens winkt ein Leuchtturm ein. Auf einem verwilderten Friedhof die hundertjährigen Gräber dalmatinischer Goldwäscher; dahinter die erst unlängst aufgespürten Ruinen der ersten spanischen Niederlassung von 1584, Nombre de Jesús (s. S. 161). Und drüben, über der Wasserlinie, ein ferner schmaler Streifen – Feuerland.

Tierra del Fuego/ Feuerland

Tierra del Fuego/Feuerland

Wer sah den Rauch zuerst: Magellan im Oktober 1520 oder die Seeleute der von dem portugiesischen Gewürzhändler Cristovão de Haro ausgesandten Flotte, von der der deutsche Astronom Johannes Schöner schon fünf Jahre zuvor berichtete, sie habe die südlichste Region des Kontinents umsegelt? Der offizielle Ruhm, den heute argentinischen Teil Feuerlands entdeckt zu haben, fiel Francisco de Hoces zu, dessen Karavelle ›San Lesmes‹ 1526 in einem Sturm vor Top und Takel bis auf 55° südlicher Breite gedrückt wurde – »ans Ende der Welt«, wie der erratische Kapitän ins Logbuch schrieb. Der Rauch – kein Feuer! – von dem die ersten Seefahrer berichteten, wehte aus dem leeseitigen Loch der aus Zweigen, Gras und Robbenhaut errichteten Eingeborenenhütten, deren zweite, dem Wind zugewandte Öffnung als Einschlupf diente. So lautete die ursprüngliche Bezeichnung von *finis terrae* denn auch ›Tierra del Humo‹ (›Rauchland‹), nicht ›Feuerland‹.

Die vor rund 10 000 Jahren auf den feuerländischen Archipel gelangten Menschen gehörten vier soziokulturell sehr verschiedenen Volksstämmen an. Den Norden und das Zentrum der Isla Grande beherrschten die Ona (Selk'nam) als Guanakos und Strauße jagende Landbewohner (die letzte Ona-Frau starb 1999); die Haush (›Algenesser‹) bevölkerten den Südosten der Großen Insel; die Alakaluf nomadisierten als Seejäger im westlichen (heute chilenischen), die Yamaná (Yahgan) im östlichen (heute argentinischen) Teil Feuerlands und im Beagle-Kanal.

◁ *Estancia José Menéndez*

Die Straße der Tränen

Die Magellanstraße, einziger natürlicher Durchbruch eines mehr als 15 000 km langen Kontinents, ist nicht nur von Seezeichen markiert, sondern von den Insignien einer Geschichte, dramatischer und faszinierender als die aller anderen Meerengen der Welt. Fallböen und Untiefen, Hungerhäfen und Indianerfriedhöfe, verlassene Goldminen, Pinguinparadiese und über tausend Wracks begleiten die Wasserstraße auf ihrem 600 km langen Weg vom Atlantik zum Pazifik. Mit der Entdeckung dieser Ost-West-Passage durch Fernão de Magalhães am 1. November 1520 begann ein Stück Weltgeschichte.

Der portugiesische, in spanischen Diensten stehende Seefahrer war von Karl V. ausgesandt worden, die fremden Küsten nach einer Durchfahrt zu der von Marco Polo beschriebenen Tartarei des Groß-Khans abzusuchen, die schon das eigentliche Ziel des Kolumbus gewesen war. Im Jahr der ›Entdeckung‹ Amerikas (1492) hatte Spanien mit der Rückeroberung Granadas die fast 800 Jahre währende moslemische Fremdherrschaft abgeschüttelt und war, erfüllt von religiösem Sendglauben, zu neuen Ufern aufgebrochen. Bei einem so groß angelegten Unternehmen wie der Christianisierung der Neuen Welt, so glaubte man, müsse der Schöpfungsplan gewiß auch eine Wasserstraße für die Spanier vorgesehen haben.

Magellans italienischem Bordchronisten Pigafetta verdanken wir historische Einzelheiten der mit fünf Schiffen angetretenen Erkundungsreise: Zwei zögerliche Kapitäne degradiert der Portugiese schon unterwegs; die Rädelsführer einer Meuterei – die ausgezehrte Besatzung hatte in der Bucht von San Julián überwintern wollen – läßt er enthaupten und die viergeteilten Körper aufspießen; mit Spiegeln und Glasperlen angelockte Indianer werden überrumpelt, um sie später dem spanischen Hof vorführen zu können (sie sterben unterwegs in ihren eisernen Fußschellen); unbequeme Begleiter, ein Priester unter ihnen, setzt der Generalkapitän auf Nimmerwiedersehen in Patagonien ab. Er verliert ein Schiff im Sturm, segelt unbeirrt weiter und sichtet am Sankt-Ursula-Tag eine Landzunge, die er, der Heiligenlegende eingedenk, Cabo de las (Once mil) Vírgenes, ›Kap der (11 000) Jungfrauen‹, nennt – die Einfahrt der Passage. Magellan überwältigen die Tränen.

An den in den Boden gerammten Holzkreuzen, wo Magellan 1520 die erste heilige Messe hatte lesen lassen, rauschten nun die britischen Freibeuter, allen voran Francis Drake, höhnisch vorbei. Seinen von den Spaniern erbeuteten Sombrero schenkte er übermütig den Indianern. Dann steuerte er 1578 in der phantastischen Zeit von nur 16 Tagen in den Pazifik. Die bravouröse Segelei der Briten versetzte die spanische Admiralität in solche Aufregung, daß sie eine Riesenflotte von 23 Schiffen an das Kap expedierte. Zu den über

3000 Menschen, die in der bislang aufwendigsten Einzelaktion übers Meer fahren, gehören diesmal auch Frauen und Kinder. Sie segeln unter dem schwärzesten aller Unsterne: vier Schiffe mit 800 Personen kentern im Sturm, 600 Opfer fordert eine Epidemie, mit schließlich acht Schiffen erreicht Sarmiento de Gamboa, der Expeditionsleiter, die Meerenge.

Gamboa, eigentlich Dozent an der Sankt-Markus-Universität von Lima, hatte, verschiedener Geheimkünste und der Verwicklung in einen Mord bezichtigt, dreimal vor dem Inquisitionsgericht gestanden. Vor dem Schicksal, im Büßergewand an den Schandpfahl gestellt zu werden, retteten ihn nur die Seeräubereien des Francis Drake, den zu bekämpfen er vom König selbst in die Magellanstraße entsandt wurde. Am Cabo Vírgenes gründet er die Kolonie Nombre de Jesús, an der Küste der Halbinsel Brunswick die Niederlassung Rey Felipe. Eine unbeschreibliche Odyssee, bei der auch die Restflotte aufgerieben wird, verschlägt Gamboa nach Bahía, in britische und französische Kerker und erst zwölf Jahre später wieder nach Spanien. Seine Bittbriefe an den König – es geht um Hilfe für die zurückgelassenen Kolonisten – bleiben unbeantwortet. Als der englische Bukanier Cavendish den Unglücksort Rey Felipe anläuft, findet er nur noch Skelette – eines davon am Galgen baumelnd. Der letzte Überlebende von Nombre de Jesús aber stirbt auf dem britischen Piratenschiff ›Delight of Bristol‹, das selbst mit nur noch sechs Seeleuten als halbes Geisterschiff seinen Heimathafen erreicht.

»Für das, was ich erduldete, darf ich mich Märtyrer nennen« steht heute auf einem allen Verschollenen gewidmeten Gedenkstein an der Magellanstraße.

Daß ausgerechnet diese Wasserstraße den Namen von Charles Darwins berühmtem Entdeckerschiff trägt (die Galionsfigur war ein Beagle, ein Spürhund), gehört zu den vielen Ironien der Weltgeschichte. Der junge britische Wissenschaftler hatte die in Baumrindenbooten durch die Feuerlandkanäle paddelnden Yamaná als die »gemeinsten und elendsten Kreaturen« klassifiziert, die ihm je zu Gesicht gekommen seien. Er äffte auch ihre Sprache nach, deren metaphorischen Reichtum zu entdecken seinem Landsmann Thomas Bridges vorbehalten war. Dieser Missionar und Pionier – er gründete die erste Estancia Feuerlands ›Harberton‹ – stellte mit biblischer Geduld ein Wörterbuch der Yamaná-Sprache zusammen, das heute zu den Schätzen der Sprachwissenschaft gehört (s. S. 176 f.).

Ein Blick auf die geographische Gestalt Südamerikas läßt erkennen, daß die unterste Spitze des Subkontinents, gleich dem Schwanz eines Seepferdchens, zur Seite gebogen ist. Diese Deformierung geht auf eine jahrmillionenalte langsame Drehbewegung zurück, deren Auslöser die plattentektonische Dynamik auf dem Grunde des Pazifiks ist. Dort schiebt sich – mit einer Geschwindigkeit von etwa 9 cm pro Jahr – die Nazca-Tiefseeplatte auf die südamerikanische Westküste zu, gleitet unter die Kontinentalmasse und hebt sie manchmal heftig (Erdbeben), ansonsten behutsam (langsame Andenauffaltung) an. Dem Druck der 100 km dicken Nazca-Tafel setzt die südamerikanische Kontinentalmasse (auf der Frontlinie Ecuador–Peru–Chile) mehr Widerstand entgegen als Feuerlands ›Große Insel‹ mit ihren Satelliten. Deshalb driftet – mit der Geduld geophysikalischer Migrationsmuster – der ganze bereits vom Festland gelockerte Archipel nach Osten, wird in einigen Millionen Jahren eine gesonderte Inselgruppe im Südatlantik darstellen und dann ›abtauchen‹. Vorgezeichnet hat diesen Verlauf bereits die Andenkette, die sich grundsätzlich in Nord-Süd-Richtung orientiert, sich auf Feuerland aber (als Darwin-Kordillere) querlegt, mit der Gebirgshalbinsel Mitre als letztem Ausläufer ins Meer taucht und nur sporadisch in Form der felsigen Isla de los Estados, Südgeorgiens und der Süd-Shetlands noch einmal die Zacken ihres Kamms zeigt.

Dieser Laune der Geographie verdankt übrigens auch die feuerländische Hauptstadt Ushuaia ihre Besonderheit, Argentiniens einzige transandine Stadt zu sein; denn die Grenzlinie zum Nachbarn Chile bestimmt ansonsten der Verlauf der höchsten Gipfel bzw. die Wasserscheide.

Vom Festland gelöst hat sich Feuerland, als zum Ende der letzten Eiszeit eine Kette von Binnenseen zu dem gewundenen Wasserweg verschmolz, der 10 000 Jahre später den Namen **Magellanstraße** erhalten sollte (s. S. 160 f.). Alles was südlich dieser Durchfahrt zum Pazifik liegt, heißt heute Tierra del Fuego (Feuerland), bis hinunter zur Felsnadel des Kap Hoorn. Beherrschender Teil dieses Inselreiches ist die etwa der Größe Irlands entsprechende **Isla Grande** (›Große Insel‹), die im Süden vom Ufer des Beagle-Kanals gesäumt wird. Durch sie verläuft die mit dem Lineal gezogene, vom äußersten Zipfel des patagonischen Festlandes (Cabo Dungeness) beinahe lotrecht abfallende Grenzlinie zu Chile. Beinahe, weil zur Zeit der Demarkierung die Geographie Feuerlands noch so wenig erkundet war, daß mit dem ersten Schnitt am Kartentisch zwei – durch die Bahía San Sebastián voneinander getrennte – Landstücke für Argentinien entstanden.

Erst Jahre später hat man, die Scheitellinie weiter nach Westen rückend, diesen Fehler korrigiert, der zugleich die blind ins Leere greifende Vision der neuen weißen Herren erkennen ließ. Denn Feuerland als Territorium hat, nach seiner Entdeckung, dreieinhalb Jahrhunderte lang niemanden interessiert – bis man die ersten Schafe von den Malvinas (Falklandinseln) herüberholte. Aber auch dann noch erschien nur wichtig, wie viele Tiere der Boden ernährte, nicht die besetzte Fläche in Hektar. Bis heute mißt man die Größe der 60 feuerländischen Estancias an der Anzahl der dort weidenden Schafe: Die Rentabilitätsgrenze liegt bei 8000 Exemplaren; bis zu 70 000 Tiere bevölkern die größten Farmen. Im trockenen Norden der Isla Grande, wo sich die patagonische Steppe als einzige Vegetationsform fortsetzt, weiden insgesamt 800 000 Schafe, die jährlich 3300 t Wolle liefern.

Erst weiter im Süden lockert sich die karge Meseta auf, überzieht sich mit Busch- und Bauminseln und blickt aus dunkelgrünen Teichen und Seen zu einem Himmel auf, durch den nur ganz selten ein Blitz zuckt. Feuerland kennt keine Gewitter. Ein Fünftel seiner Fläche ist Moor- und Sumpfgelände, überaus reich an Moosen und Flechten und Habitat von rund 200 (der insgesamt 1000 in Argentinien beheimateten) Vogelarten, wobei die Spannweite vom Kolibri bis zum Albatros reicht. Kondorkolonien horsten in den gebirgigen Waldregionen im Süden. Daß hier über 1000 m hohe Berge fast unmittelbar ans Meer stoßen, ist ein für die argentinischen Naturräume ansonsten ungewöhnlicher Effekt.

Die Salesianerstation bei Río Grande

Von der Magellanstraße zum Beagle-Kanal

Río Grande: Goldgräber und Schafbarone

Zentrum aller Pionierunternehmen in Feuerland war das Mündungsgebiet des Río Grande, Feuerlands größten Flusses. Hier hatten die imposantesten Estanzien mit Millionen von Schafen ihren Sitz, hier unterhielten Don Boscos Salesianer die bedeutendste Indianerreduktion, hier erlebte die Region ihren Goldrausch, ihr Petroleum- und Erdgasfieber, den Elektronikboom der 80er Jahre (Gerätemontage), und hier finden sich heute internationale Spezialisten unter den Fliegenfischern ein: Der Río Grande gilt als der weltweit beste Fanggrund für Meerforellen.

Wer von **Río Gallegos** aus Río Grande ansteuert (365 km), folgt unwillkürlich den Spuren dieser Entwicklung. Der Weg (RN 3) führt ab Monte Aymond (Grenzkontrolle) zunächst über chilenisches Gebiet. An der **Primera Angostura** 1 (S. 372), der ersten Meerenge, bringt die Feuerlandfähre Reisende und Autos in weniger als 30 Minuten über die Magellanstraße nach Bahía Azul. Erst nach fast zweistündiger Fahrt (Schotterstraße) durch die sich hier fortsetzende patagonische Büschelgrassteppe kehrt man beim Grenzposten San Sebastián wieder auf argentinisches Gebiet zurück. Sogleich wird die Latifundie der **Estancia Sara** passiert, die an die legendäre Sara Braun aus der

ersten Estanciero-Großfamilie Feuerlands erinnert.

An der **Bahía San Sebastián** 2, und zwar an der schnabelförmigen Halbinsel El Páramo, machte eine andere schillernde Figur Geschichte. Der ›kultivierte Abenteuer‹ Julius Popper, ein kosmopolitischer rumänischer Jude mit Zukunftsvisionen – die beabsichtigte Gründung der utopischen Stadt ›Atlanta‹ gehörte dazu – ließ hier um das Jahr 1900 ein Heer von hundert Kroaten nach Gold graben. Konnte man ihm glauben, wenn er angab, damals 600 kg des gelben Metalls erbeutet zu haben? Erwiesen ist, daß er eigene Münzen aus reinem Gold prägte und private Briefmarken druckte. Erwiesen ist aber auch, daß er seine aus 20 (!) Haudegen bestehende, in ungarische Phantasieuniformen gekleidete Leibwache mit Remington-Gewehren auf Indianerjagd gehen ließ. Das dokumentieren Fotos, auf denen man erschossene Ona wie erlegtes Wild zu Füßen seiner ›Husaren‹ im Grase liegen sieht.

Heute sind die menschenleere Bucht von San Sebastián und die sie flankierenden Steilufer ein Vogelparadies (seit 1991 Reservat). Weiter draußen im Schelf aber ruhen die wirtschaftlichen Ressourcen dieser abweisenden Region: 250 Mrd. m³ Erdgas, ein Viertel der argentinischen Reserven; von San Sebastián aus läuft eine Rohrleitung direkt bis Buenos Aires.

Die RN 3 folgt der Küstenlinie nach Süden und erreicht kurz vor Río Grande den Komplex der **Salesianerstation** mit dem ersten Missionshaus (1896), der schmucken Holzkirche (1898) und dem kleinen Friedhof jenseits der Straße. Hier liegen Mönche, Indianer und Argentiniens Flugpionier Jorge Newbery in Eintracht nebeneinander begraben. Das im Seitenflügel des Haupthauses untergebrachte, erst 1995 in neuer Form entstandene Museo Monseñor José Fagnano präsentiert die kompletteste archäologische, paläontologische und ethnologische Fund- und Dokumentensammlung von Tierra del Fuego.

Río Grande 3 (S. 377) mit seinen heute 44 000 Einwohnern war vor 15 Jahren noch ein nach Tang und Wollfett riechendes 6000-Seelen-Nest, das von den Schaffarmen Nordfeuerlands lebte. Ein Besuch der **Estanzien María Behety** oder **José Menéndez** führt – von der Bibliotheksvilla bis zum bahnhofsartigen Scherschuppen – modellhaft Wohlstand und Souveränität der alten Landgüter vor Augen. Inzwischen hat ein Sog neuer Aktivitäten der rasch gewachsenen Stadt modernere Züge verliehen. Río Grande ist nicht ›schön‹, aber mit seinen breiten Avenidas und Blumenrabatten eine saubere Zwischenstation auf dem Wege zu bevorstehenden Erlebnissen.

Zauberwald am Lago Yehuin

Südlich von Río Grande zweigen von der RN 3 mit Buchstaben bezeichnete Stichstraßen nach Westen ab wie Nebenflüsse von einer Gewässerschiene. Auf einer dieser Zweigrouten, dem Camino f, werden wir zum erstenmal in die wilden Waldregionen Feuerlands entführt, sofern wir das Straßenschild mit der Frage »Reisen Sie oder sind Sie vor jemandem auf der Flucht?« ernstgenommen haben. Denn dem eiligen Feuerlandbesucher entgehen nicht nur die sattesten Augenweiden, er jagt auch allzuschnell der schlimmsten Staubstraße Argentiniens – dem geschotterten Südabschnitt der RN 3 (wo man oft mit Licht fahren muß) – entgegen. Für diese Nebelfahrt sollte man sich erst einmal die Lungen mit frischer Luft vollpumpen.

Ein Ausflug an die Küste zum Cabo San Pablo lohnt nicht mehr, seit die dortige Hostería vernachlässigt und das Gelände von Massenbesuchern am Wochenende abgerupft ist. Auch deshalb bietet die Schleife durchs Hinterland eine sehr empfehlenswerte Alternative zur RN-3-Routine. Der verkehrsarme Camino f geht hinter dem Lago Yehuin in den Camino h über und findet ca. 24 km nördlich von Tolhuin wieder Anschluß an die RN 3. Das am Ostzipfel des Lago Fagnano versprenkelte **Tolhuin** (›Herz‹ – von Feuerland) wurde von den Eingeborenen einmal so genannt, bevor ein anarchistischer Wirrwarr von Baracken und *casillas* den Waldflecken in ein *remake* der späten Goldgräberzeit verwandelte.

Das wirkliche Herz von Tierra del Fuego ruht heute am **Lago Yehuin** 4 (S. 361) und in seinen Uferwäldern, die einen erheblichen Anteil des rund 620 000 ha großen Waldbestandes von Südfeuerland ausmachen. Drei Südbuchenarten *(Nothofagus)* bestimmen das Vegetationsbild: die laubwerfenden Lenga (330 000 ha) und Ñire (200 000 ha) und der immergrüne Coihue (90 000 ha). Was diese Wälder so verzaubert, sind die lichtgrünen Flechten, die als *barba de viejo* (›Altmännerbart‹) von den Ästen wehen – das feuerländische Pendant zu den schimmernden Spinnweben eines mitteleuropäischen Altweibersommers. So feinfühlig sind diese (für die Bäume nicht schädlichen) Gewebe, daß sie als erste eingingen, wäre die Luft hier nicht absolut rein. Auch die ›Chinesische Laternen‹ genannten nestartigen Bälle (Halbschmarotzer der Gattung *Myzodendrum*), die das Geäst mit gelben und roten Farbtupfern füllen, tragen zur Verzauberung der Laubwälder bei.

›Chinesische Laternen‹

Zu den Charakteristika vieler Feuerlandbäume gehören schließlich die knotenartigen Wucherungen, mit denen die Baumzellen auf die champignonförmigen Rindenpilze (Parasiten der Art *Cyttaria darwini*) reagieren und die, als polierte Holzplastiken, beliebte Dekorationsstücke und Souvenirartikel abgeben. Die Pilze selbst, *chao-chao* oder *pan de indio* (›Indianerbrot‹) genannt, wurden von den Eingeborenen verzehrt. Diese lebten keineswegs nur von Guanakofleisch, wie man lange annahm, sondern reicherten ihre Kost mit 43 verschiedenen Pflanzen an.

Guanakos erlegten die Ona mit Pfeil und Bogen, und zwar in der Weise, daß das mit Steinspitze versehene und durch Radialfiederung gesteuerte Geschoß rektal in den Körper eindrang und durch die Weichteile hindurch die auf gleicher Höhe liegende Herzgegend traf. Dieser Schußkanal war der einzige, der verbürgte, daß die Pfeilspitze an keinem Knochen abprallte.

Der Lago Escondido

Heute dürfen die Kameltiere nur nach bestandswahrenden Quoten auf den Estanzien geschossen werden. Am Lago Yehuin wissen sie sich sicher. Und da sie neugierig sind, kann man ihnen hier, wie erstaunt guckenden Rehen, auf einem Waldweg begegnen. Dazu bietet sich die beste Gelegenheit vom **Parador Yawen** aus (*yawen* bedeutet in der Sprache der Ona gleichermaßen ›Gehölz‹ wie auch ›Geborgenheit‹ oder ›Hort‹). Die oberhalb eines aufgelassenen Sägewerks liegende Hostería erreicht man wenige Kilometer hinter der Zufahrt zum Yehuin-See, zuletzt 3 km nach rechts abbiegend (ausgeschildert). Um den Parador Yawen lassen sich auch Biberdämme erkunden, wo die Nager nachmittags bei der Arbeit zu beobachten sind. Hauptattraktion bilden jedoch die Kondore, die sich gerne auf der Felskuppe des nahen **Cerro Shenolsh** (700 m) niederlassen. (Hierhin gelangt man über einen Steilpfad mit Allrad-Fahrzeugen der Hostería.) Und sollten sich die ›Könige der Anden‹ einmal nicht sehen lassen – der majestätische Rundblick bis zum Lago Fagnano hinüber, dessen Blau zwischen der Sierra de Beauvoir und der Sierra de las Pinturas aufleuchtet, ist alleine den Ausflug wert. Daß man von den Höhen aus noch nicht erforschte Regionen, unbestiegene Gipfel und namenlose Gletscher erspäht, die alle noch ihrer Taufe harren, auch das macht wohl den seltsam magnetischen Reiz Feuerlands aus.

Von Tolhuin nach Ushuaia

›Die Bucht, die das Land bis zum Westen durchdringt‹ – das bedeutet Ushuaia in der Sprache der Yamaná –, der heutige Beagle-Kanal, hat mit zahlreichen Klippen und Inselchen die Navigation häufig auch noch bei der Ausfahrt nach Osten genarrt. Im Jahre 1930 rammte das Kreuzfahrtschiff ›Monte Cervantes‹ die Felsen der Leuchtturm-Eilande Les Eclaireurs und sorgte damit für den ›berühmtesten modernen Schiffbruch auf der Südhalbkugel‹. Die 1148 geborgenen Passagiere entsprachen damals der Einwohnerzahl von ganz Ushuaia, welches wiederum fast ausschließlich von der Betreibung eines mit einigen hundert Rückfallverbrechern besetzten Zuchthauses lebte. Wenige Jahre zuvor hatte ein anderes Spektakel hier Aufsehen erregt: Der deutsche Pilot Günther Plüschow (›Silberkondor über Feuerland‹) – sein Name lebt noch in einer Straßenbezeichnung Ushuaias fort – landete mit seinem Wasserflugzeug auf dem ruppigen Beagle-Kanal und brachte die erste Luftpost ans ›Ende der Welt‹.

70 Jahre später und auf dem Landweg steuert man die heute 30 000 Einwohner große Stadt von Tolhuin aus auf der RN 3 an. Am **Lago Fagnano** 5 (S. 361) gleitet der Blick über die fast 1000 m hohen Sierren am Nordufer des 100 km langen Sees, den Argentinien sich mit Chile teilt. Jüngste und älteste Zeugnisse feuerländischer Orogenese liegen hier nur 60 km auseinander. Die Lagune Kosobo (17 km hinter der Hostería Kaikén) sackte 1949 bei einem Erdbeben so weit ab, daß sie zu einer Bucht des Fagnano-Sees wurde; die aus Meeressedimenten aufgebaute **Sierra Alvear,** die die RN 3 am Garibaldi-Paß überklettert, erhob sich als ältestes Gebirge von Tierra del Fuego schon vor 150 Millionen Jahren. In eine ihrer Nordfalten schmiegt sich der ›versteckte See‹, der tiefblaue **Lago Escondido** 6 (S. 360), eines der malerischsten Gewässer der Isla Grande.

Nächster Blickfang sind in Rot-, Grün- und Gelbtönen schwelgende Torfmoore, die die RN 3 im **Tierra-Mayor-Tal** quert, nachdem sie (bei km 3003) mit dem ›Refugio Las Cotorras‹ Feuerlands beste Bratstelle für Lamm am Spieß (nur mittags!) hinter sich gelassen hat. Das – wie das Bett des Lago Fagnano und die Wanne des Beagle-Kanals – von den Gletschern der letzten Eiszeit ausgehobelte Tal bestimmt den Lauf des kleinen Río Lashifashaj. Das Gelände verpuppt sich im Winter in ein weißes Paradies und ist das Eldorado der Skilangläufer. Auf ihrer letzten Teilstrecke umschlingt die RN 3 den Monte Olivia (1470 m) und steigt sodann zum Beagle-Kanal ab: **Ushuaia,** die südlichste Stadt der Welt, ist erreicht.

Ushuaia

7 (S. 393) Stadt durfte sich der hybride Ort – eine Mischung aus Alpendorf und Fjordsiedlung – schon nennen, bevor seine Bevölkerung in der letzten Dekade um 40 % wuchs. So quirlig wie auf der von Hotels, Cafés, Galerien und Schaufensterreihen gesäumten Hauptstraße Ushuaias geht es in den Fußgängerzonen mancher ›Metropolen‹ nicht zu. Hat der ›Hafen unter dem Gletscher‹ versäumt, das Reykjavik der Südhalbkugel zu bleiben, das er einmal war? Vergleiche zu dem kunterbunten Davos bieten sich an, wo es heute auch nicht mehr aussieht wie zu Zeiten des ›Zauberbergs‹.

Ein historisches Gerüst von rund zwei Dutzend in die modernen Fassaden eingestreuten Vintage-Häusern aus Holz und Wellblech – die kleine **Biblioteca Popular** (Ecke San Martín/Juana Fadul), die **Casa de Pioneros** (San Martín 857) und die Privathäuser Delqui 656 und Maipú 93/Ecke Antártida gehören dazu – hat in Ushuaia immerhin überlebt. Elemente dieser Pionierarchitektur, von der

Ushuaia – die südlichste Stadt der Welt

Windfangveranda bis zur Giebelverzierung, werden heute wieder von den puppenhausartigen modernen Villen zitiert.

Ein großer Teil der Hangbesiedlung jedoch ist reiner Wildwuchs, und die Bezeichnung ›Spontanbauweise‹ verkehrt sich ins Sarkastische, wenn die Gemeinde illegale Landnehmer ›spontan‹ zum Umzug auffordert – weshalb manche dieser improvisierten Gebilde bereits auf Rollen stehen. Daß die ausgefranste Peripherie der Stadt heute eher Schmelzwasserflüssen als einem geordneten Straßennetz zu folgen scheint, liegt an allzu plötzlichen Impulsen, die den Zustrom an Menschen schneller sein ließen als den Zeichenstift: erst die Förderungsmaßnahmen zur Industrieansiedlung (Elektronik) und dann der Tourismus mit seinen jetzt rund 100 000 Besuchern pro Saison – allein 80mal legen im Sommer Kreuzfahrtschiffe hier an. Nun auch im Winter die Hotelbetten zu füllen, das ist die neue, mit Hilfe von Langlaufloipen (Centro Invernal Las Cotorras) und Hundeschlittenrennen angegangene Strategie. Im **Valle de los Huskies** werden die einzigen Polarhunde Südamerikas gezüchtet.

Als Ushuaias Hunde nur zur Gefangenenaufsicht dienten, bauten 360 in gelbblau-gestreifte Wollanzüge gemummte Ganoven ihre eigene Strafanstalt. Das

1911 bezogene **Presidio** (zu besichtigen), eine monumentale pentagonale Schreckenskammer, beherbergte so ungleichartige Insassen wie (rückfällige) Hühnerdiebe und Mörder, die ihre Opfer geviertelt hatten und – ihrer Fertigkeit wegen? – der Gefängnismetzgerei zugeteilt wurden. Zum Transport der Häftlinge in die Steinbrüche diente eine Eisenbahn, deren beide Lokomotivführer als frühere Wechselstubenbesitzer betuchte Kunden ermordet und unter den Dielen verscharrt hatten.

Im **Museo del Fin del Mundo** (›Museum am Ende der Welt‹) findet man solche Horrorgeschichten illustrativ aufgearbeitet, aber auch andere Zeugnisse von Ushuaias origineller Vergangenheit. Vielleicht hat diese dazu beigetragen, auch hinsichtlich der Zukunft Originalität zu beweisen: Die an der Uferstraße (gegenüber dem ACA-Hotel) eingemauerte **Cápsula del Tiempo** birgt in Lasertechnik aufgezeichnete Fernsehdokumentationen von 1992, die den Menschen des Jahres 2492 – vorher darf dieses Video-Sesam nicht geöffnet werden – ein lebendiges Bild unserer heutigen Zeit vermitteln sollen.

Daß in 500 Jahren auch die Antarktis (s. S. 170 ff.) gleichermaßen unversehrt der Nachwelt übergeben werden kann – Ushuaia fungiert als Brückenkopf zum Sechsten Kontinent – ist die Hoffnung

Die Weiße Wüste lebt
Übervölkerter ›Welt-Park‹ Antarktis

So groß ist die Last der Anden, daß sie die starre Kontinentalplatte Südamerikas zum Kippen bringt: millimeterweise hebt sich die Ostküste aus dem Meer. Befreite man jedoch die Antarktis vom Druck ihres über die Oberfläche verteilten Eispanzers, dann stiege die darunterliegende Landscholle, gleich einer gewaltigen Boje, 500 m senkrecht auf. Der Sechste Kontinent ist, anders als die nur aus einer schwimmenden Eisdecke bestehende Arktis, ein festverankerter Erdteil, ein umfangreicher zumal – größer als Australien.

Als ein russischer Eisbrecher (mit der erstaunlichen Geschwindigkeit von 9 Knoten pro Stunde) bis zum Nordpol vordrang, konnte man das im driftenden Meereis ständig neu zu ortende Ziel keinem Fahrgast ›zeigen‹. Am Südpol hingegen markiert eine Stange die Nabe der Erdachse, und sie ist jährlich nur um jene 2 m zu versetzen, die die kilometerdicke Eiskruste – und mit ihr die Amundsen-Scott-Station – in Richtung Ross-Meer wandert. Die im Internationalen Geophysikalischen Jahr 1956 von den USA aufgebaute Station trägt die Namen der beiden Pioniere, die im Südsommer 1911/12 mit nur einem Monat Abstand als Erste den Pol erreichten. Dokumentiert hat der Sieger des Wettlaufs, der Norweger Roald Amundsen, sein in nur 97 Tagen (hin und zurück) bewältigtes Abenteuer in dem Buch ›Die Eroberung des Südpols‹. Von dem Engländer Robert Falcon Scott, der auf dem Rückweg ein verzweifelt gesuchtes Lebensmitteldepot im Schneesturm verfehlte und mit seinen Gefährten erfror, sind nur Tagebucheintragungen überliefert. Mit dem Verdikt »This awful place« verfluchte er den Kontinent, der ihm zum Schicksal wurde.

Doch an verwegenen Südpolbezwingern hat es bis in die jüngste Zeit nicht gefehlt. Im Januar 1993 kämpfte sich der Norweger Erling Kagge in 50 Tagen ohne logistische Unterstützung im Alleingang über 1310 km zur Amundsen-Scott-Station durch. Zur gleichen Zeit überquerten – eine Spendenaktion zugunsten an multipler Sklerose Erkrankter – die Engländer Sir Ranulph Fiennes und Michael Stroud unter maßlosen Anstrengungen und Opfern (erfrorene Glieder) den ganzen Kontinent. Auf ihrem 2000 km langen Kreuzweg zogen sie jeder einen 190-kg-Vorratsschlitten hinter sich her, bezwangen Gebirge, überbrückten 60 m tiefe Gletscherspalten und standen Blizzards durch, die mit 200 km/h Geschwindigkeit übers Eis tobten.

Rekorde scheinen diesem Kontinent in die weiße Haut geritzt zu sein. Die Antarktis selbst wartet mit monströsen Einmaligkeiten auf. Ihre im Durchschnitt über 2 km dicke Eiskappe birgt fast 80 % der vergletscherten Süßwasserreserven der Erde – zehnmal soviel wie Grönland. Dabei fällt in dieser Eiswüste so wenig Niederschlag wie in der Sahara.

Einst (bis vor ca. 150 Millionen Jahren) subtropische Region des Superkontinents Gondwanaland – bevor dieser in die Riesenschollen Australien, Indien, Afrika, Südamerika und auch die dann nach Süden driftende Antarktis zerbrach –, gilt der Sechste Kontinent heute als der bedeutendste und bestgehütete Fossilientresor unseres Planeten. Ja, der Schlüssel zu Geheimnissen wie dem Ablauf des Urknalls, der die Erde gebar, könnte im Schoße der Antarktis liegen. Astrophysiker finden am Südpol ideale Bedingungen zur Strahlenmessung in reinster Luft. Tiefenbohrungen fördern Eisschichten zutage, die die Zusammensetzung der Atmosphäre vor Zehntausenden von Jahren erkennen lassen. Doch mindestens ebenso viele Fragen hat die Wissenschaft der Natur selbst zu stellen. Welche extremen Frostschutzeigenschaften besitzt das Blut von Tieren, das bei –30 °C noch flüssig bleibt? Oder: Wie wirkt sich das Ozonloch auf die antarktische Fauna aus? Die erhöhte UV-Strahlung scheint das zur Photosynthese unentbehrliche Chlorophyll des Phytoplanktons zu schädigen. Das gefährdet das Wachstum des Krills, der wiederum die Basis der antarktischen Nahrungskette bildet. 35 Arten von Pinguinen und Seevögeln, sechs Robbenspezies, Bartenwale und über hundert verschiedene Fische hängen von dem Angebot an ›Krillsuppe‹ ab.

Wissenschaftliche Neugier, aber auch der nationale Ehrgeiz, in diesem letzten übernationalen Reservat der Erde präsent zu sein, haben hier 16 Nationen mehr als 50 Basen errichten lassen. Da aber nur 2 % der antarktischen Oberfläche zeitweise eisfrei bleiben (an den Küsten), sind, paradoxerweise, ganze Striche des ›einsamsten Kontinents der Erde‹ übervölkert. Auf der King-George-Insel (Süd-Shetlands) allein drängen sich acht, auf der antarktischen Halbinsel 13 Stationen aneinander; im größten der Stützpunkte, der US-amerikanischen McMurdo-Station am Ross-Meer, finden sich im Südsommer mitunter 1200 Menschen zugleich ein.

Vom Waschsalon bis zur Video-Bibliothek, von *Public Bars* bis zur Tankstelle sind solche Enklaven mit allem modernen Zubehör ausgestattet. Vorratstanks, Batterielager, Räumgeräte, Schneemobile, Hubschrauberlandeplätze umgeben sie – und Sperrmüll, Altöllachen und Abfallgruben. Wer hier aufräumte, waren nicht die Verantwortlichen selbst, sondern die Aktivisten von Greenpeace, die im Januar 1987 begannen, die Basen systematisch abzukämmen und Mißstände anzuprangern. Nicht von ungefähr errichteten sie ihre eigene ›Weltpark-Station‹ nur 24 km vom größten Antarktisverschmutzer McMurdo entfernt. Aus einem undichten Tank liefen dort Ende 1989 rund 200 000 l Treibstoff ins Schelfeis, ein Desaster, das sich in kleinerem Maßstab im Oktober 1994 in der argentinischen Basis Marambio wiederholte.

Wie hoch der Preis zur Erringung wissenschaftlicher Erkenntnisse am Ende der Welt sein darf, das ist vor allem dann die Frage, wenn sich der Erkundungsdrang nicht auf die Naturforschung, sondern auf das unterm Eis verborgene Rohstoffpotential richtet. Da lockt *Terra australis incognita* noch mit ungeahnten Versprechungen: Petroleum, Erdgas, ›strategische Metalle‹, Uran. Unter dem Transarktischen Gebirge soll sich ein 1500 km langer Kohleflöz, der größte der Erde, hinziehen. Ein 1961 geschmiedeter Antarktisvertrag verpflichtet die rund 30 Signatarstaaten, sich auf dem Sechsten Kontinent aller militärischen Präsenz zu enthalten und gewonnene wissenschaftliche Erkenntnisse – sowie die Basen selbst – allen anderen Partnern zugänglich zu machen. Doch die heikle Rohstoff-Frage wurde erst 1991 in dem Sinne geregelt, daß jede Ausbeutung – bis zum Jahre 2040 zunächst – unterbleiben muß. Skeptiker unter den Umweltschützern, wie der französische Ozeanologe Jacques Yves Cousteau, glauben in der Vereinbarung nur einen Aufschub, keinen Willen zum definitiven Verzicht zu sehen.

Beste Dienste leisten der weißen Schatzkammer zweifellos die schwimmenden Laboratorien des Greenpeace-Schiffes ›Gondwana‹ und des deutschen Forschungsschiffes ›Polarstern‹, das unter anderem die Bodenprofile der antarktischen Gewässer zu kartieren half. Ihre landungebundenen Operationen hindern diese Einheiten daran, gleich den Küstenstationen, zu ständigen Magneten für die Kreuzfahrtschiffe zu werden. Alljährlich zwischen November und März ziehen an jenen Gestaden so viele Luxusliner entlang, daß die dem südamerikanischen Festland am nächsten liegende Palmer-Halbinsel inzwischen den Beinamen ›Antarktische Riviera‹ erhielt.

Ob es sich lohnt, an diesem eitlen Korso teilzunehmen, möge sich jeder Tourist auf Südkurs mehrmals überlegen. Für die prestigegeladene Eskapade wird gewöhnlich ein – von der Reederei über den Generalagenten bis zum Reisebüro – mehrfach geschichteter Überpreis verlangt. Gleichermaßen schöne und bizarre Eisberge bekommt man auch, weniger aufwendig, am Upsala-Gletscher ins Visier. Und wenn ein Dutzend Kreuzfahrer in rotem Ölzeug einem Trüppchen Pinguine (die an der patagonischen Küste viel besser zu fotografieren sind) auf den Knien mit der Kamera entgegenrutschen, dann bietet weit mehr diese Szene als die Tiergruppe selbst ein Motiv. Der Besuch der Basen aber ist so schön wie eine Barackenbesichtigung in einem Steinbruch; doch sollte es dabei um die Trophäe des Sonderstempels gehen – die Spurensicherung erheischt bereits dauerhaftere Zeugnisse: in die Felsen der Elefanten-Insel sind die ersten ›Ich-war-hier‹-Graffitti eingraviert. Sie werden länger halten als die von Touristen weggeworfenen Apfelkrotzen, die, mit etwas Glück, bereits in einem halben Jahrhundert verfault sein könnten.

aller Feuerlandbewohner. Ihren Bewahrungseifer bewiesen sie 1995, als eine Protestaktion die Modifizierung des sogenannten Waldgesetzes in dem Sinne bewirkte, daß keine Edelhölzer – wie es weiterhin in Chile geschieht – zu Spänen für die Papierindustrie verschnitzelt werden dürfen. Anlaß war ein Vorhaben der nordamerikanischen Trillium Corporation, nördlich des Fagnano-Sees 35 000 ha Lenga-Wald umzulegen.

Im Nationalpark Feuerland

[8] Wer nicht schon vom Fuße des hoch über Ushuaia hängenden **Gletschers Le Martial** (Serpentinenstraße zum ›Hotel del Glaciar‹ und weiter zum Sessellift) das Breitwandpanorama des Beagle-Kanals mit seinen Inseln und der Gegenküste von Navarino und Hoste genoß, der möge dies von verschiede-

nen Aussichtspunkten des Nationalparks Tierra del Fuego aus tun. Das 63 000 ha große Naturreservat (12 km westl. von Ushuaia) kann nicht mit den spektakulären Bergkulissen seines chilenischen Konkurrenten Torres del Paine aufwarten, und dennoch verheißt es (kleine) Wunder, wie die nur 3 cm große fleischfressende *Drosera uniflora*, die zum Ausgleich ihres Stickstoffhaushalts Insekten vertilgt. 25 km Erdstraßen und 10 km Wanderwege geleiten durch dieses Wald- und Lagunengebiet, dessen reizvollste *senderos* wohl der nur 800 m lange, von vielen ›Chinesischen Laternen‹ begleitete Lehrpfad zur **Laguna Negra** und der 2,5 km lange Aufstieg zur **Pampa Alta** sind. In der Parklandschaft am **Río Pipo** (mit einem der fünf idyllischen Zeltplätze des Nationalparks) hört man das Gletscherwasser über die rollenden Steine plätschern, in der **Lapataia-Bucht** die Wellen des Meeres an Argentiniens südlichstes Ufer schlagen.

»Fin Ruta 3, Buenos Aires 3063 km, Alaska 17 848 km«, verkündet feierlich ein Schild. (Warnung: Verbotsschilder vor *Reservas Estrictas* – wie am Río-Pipo-Wasserfall, wo ein Pfad zum Lago Fagnano beginnt und durch eine von keinem Besucher zu betretende Schutzzone führt – sollten unbedingt respektiert werden! Die Nationalpark-Leitung beklagt Verbotsübertretungen insbesondere durch deutsche und skandinavische Rucksacktouristen.)

Am Beagle-Kanal entlang

Auf einer (streckenweise holprigen) Uferfahrt läßt sich die windbewegte Wasserstraße bis zur Estancia Puerto Rancho (ab Ushuaia hin und zurück ca.

Moorlandschaft im Parque Nacional Tierra del Fuego

250 km) in einem Tag erkunden. Die Route führt zunächst 40 km über die RN 3 nach Osten und zweigt dann, jetzt als Erdstraße, zur Estancia Harberton ab. Dieser Erschließungsweg wurde 1913 – ein seltener Fall von interdisziplinärer Verbundenheit – gemeinsam von Sträflingen und Aufsehern gebaut. Dunkler Wald, gewöhnlich tiefhängende Wolken und bleigrünes Wasser verleihen der Landschaft den Ernst eines altenglischen Seestückes. In dieser weltabgeschiedenen Stimmung stellte der Reverend Thomas Bridges (1842–1898), anglikanischer Missionar und erster weißer Siedler Feuerlands mit der Geduld einer Auster sein 32 000 Begriffe umfassendes Wörterbuch der Yahgan-Sprache zusammen (s. S. 176 f.). Er hatte sich 1886 mit seiner Frau, nach deren Heimatort die **Estancia Harberton** 9 (S. 357) benannt wurde, an der Mündung des Lashifashaj in den Beagle-Kanal niedergelassen. Heute setzen seine Nachkommen, die Familie Goodall, das Werk des Farmers und Literaten fort. Die Estancia mit ihrem historischen *casco* kann besichtigt werden (auch drei Zeltplätze locken auf das Estancia-Gelände).

Auf- und abwiegend, mal Felsabstürze, mal flache Strände und Matten mit Pferden und Schafen streifend, setzt sich der Fahrweg über die **Estancia Moat** 10 hinaus fort. Herrliche Lenga-Wälder mit bis zu 500 Jahre alten Baumriesen wandern vorbei, und mancher dunkle Teich, den ein Gewirr von bleichen Stämmen wie bei einem Windbruch überlagert, zeigt die zerstörerische Fleißarbeit der Biber an. Diese oft 30 kg schweren Wasserbautechniker nagen bis zu 40 cm dicke Stämme durch und zimmern mit Hilfe ihres schwertförmigen Ruderschwanzes aus Holz, Lehm und Steinen ihr imposantes Habitat. Nichts Amüsanteres als sie zu beobachten: Wächter melden jede Beschädigung des Dammes (er wird sofort repariert) und schlagen – mit dem Schwanz aufs Wasser klatschend – Alarm, sobald Gefahr droht. Außerhalb der Wälder haben die häufigen Südstürme einzeln stehende Bäume zu sogenannten Windfahnen deformiert, gebeugte Kreaturen, deren nach oben gebürstete Äste manchmal einer Hochfrisur ähneln.

Blick über den Beagle-Kanal nach Süden

In Ufernähe zu findende *concheras* – ringförmige, heute von Erde bedeckte Muschelschalenhaufen – erinnern an die rund 3000 Yamaná, die als Seejäger einmal den Beagle-Kanal bevölkerten und deren Hauptnahrung aus Schalentieren (man findet hier 130 Arten!) bestand. Der gelegentliche Fund eines gestrandeten Wals bedeutete damals natürlich ein Fest – auch für den fettbedürftigen Körper, denn diese abgehärteten Menschen machten ihre Rindenkanus an Tangteppichen fest und schwammen im eiskalten Wasser nackt an Land. Heute sieht man des öfteren violette Algengespinste im Wasser wabern und erfährt durch Warnschilder, daß diese *marea roja* (›Algenpest‹) Muscheln mit einem für den Menschen fatalen Gift anreichern kann. Deshalb sollte man keinesfalls selbstgesammelte Muscheln essen (auch nicht gekocht oder gebraten!). In Restaurants servierte Muschelgerichte hingegen können bedenkenlos verzehrt werden; alle verarbeiteten Schalentiere haben die Lebensmittelkontrolle passiert.

Richtig Reisen
Thema

Von der Küchenschublade ins Britische Museum – Thomas Bridges' Wörterbuch der Yahgan-Sprache

Mit der Entdeckung des kalifornischen Goldes wurde das Kap Hoorn ab 1848 zur verkehrsreichsten Ecke der Welt. Den langen Zacken Südamerikas zu umfahren, erwies sich als zeitsparender denn alle anderen Alternativen: Der Landweg von New York aus war nur in fünf Monaten zu schaffen; auf dem Maultier über den Isthmus von Panama oder durch Mexiko dauerte es noch länger. Die Reise ums Kap aber konnte in drei bis vier Monaten bewältigt werden. Doch am klippenreichen Beagle-Kanal rauschten die Klipper lieber vorbei.

Dort saß in seinem Wellblechhaus beim Licht einer Robbenöllampe der Reverend Thomas Bridges und wartete manchmal zehn Monate auf ein Schiff, das ihm neues Papier bringen würde. Ständig schrieb er seine Deutungen der Yahgan-Sprache um, verbesserte, erweiterte, vertiefte das Begriffsfeld. Das Idiom der indianischen Wassernomaden, die seine unsteten Nachbarn waren, schien so uferlos zu sein wie die Feuerlandkanäle im Nebel.

Die mit Bildern und Assoziationen aufgeladene Sprache hatte der britische Missionar, Forscher und Kolonist schon mit 13 Jahren zu erlernen begonnen. Damals, im Jahre 1856, begleitete er seinen Adoptivvater zum erstenmal auf einer Reise durch den von Yamaná (Yahgan) befahrenen Beagle-Kanal. Mit 21 Jahren bereits beherrschte er das Vokabular so gut, daß er sich nicht nur mit den Eingeborenen unterhalten, sondern auch in überzeugender Rede ihre Hilfe und Freundschaft gewinnen konnte. Die erste Landverbindung seiner Estancia Harberton zur Außenwelt, ein Pfad durch den subantarktischen Urwald, schlugen die Indianer der Missionarsfamilie.

Das mit englischer Untertreibung ›Wörterbuch‹ genannte Kompendium sollte Thomas Bridges' Lebenswerk werden. Es begann mit der Erfindung einer eigenen Lautschrift (das Yahgan kennt allein 13 Vokale) und endete – oder endete nicht – mit dem inhaltlichen Ausschöpfen des Ausdrucksschatzes. Flink nämlich hatten die Indianer auch stets Neologismen und Analogien zur Hand. Kaum waren die ersten Ordensschwestern in ihrer schwarz-weißen Tracht in Feuerland eingetroffen, hatten sie auch schon ihren Spitznamen weg: ›Pinguininnen‹.

Thomas Bridges' Manuskripte umfaßten 32 430 Begriffe, als er starb – und noch war das Werk nicht vollendet. Dreimal gingen die Handschriften verloren, und ebensooft wurden sie wiedergefunden. Zunächst gelangten sie in die Hände eines Betrügers namens Frederick Cook, den Bruce Chatwin (›In Patagonien‹) als mythomanischen Reisenden bezeichnete und der versuchte, die

Arbeit als seine eigene darzustellen. Seine letzte Odyssee erlebte das aus vier Volumina bestehende Opus dann in Deutschland, wo es in einer Küchenschublade den Zweiten Weltkrieg überstand. Heute wird das wertvolle Werk im *Rare Manuscript Room* des Britischen Museums in London aufbewahrt.

Linguistisches Charakteristikum des Yahgan ist die Dominanz der Verben mit ihrer schier unendlichen Agglutinationsfähigkeit – eine dem Deutschen verwandte Eigenschaft, nur mit viel reicheren Möglichkeiten. Das läßt sich an einem Beispiel demonstrieren: Das Zeitwort ›beißen‹ kann in unserer Sprache durch eine ganze Reihe von Präfixen spezifiziert werden, wie ›abbeißen‹, ›anbeißen‹, ›durchbeißen‹, ›zerbeißen‹, ›zubeißen‹ usw. Die im Yahgan verfügbaren Vorsilben vermitteln jedoch noch Bedeutungsinhalte, die in unserer Sprache nur durch Umschreibungen auszudrücken sind, etwa: ›zart in etwas hineinbeißen‹, ›etwas zum Zwecke des Verteilens in gleichmäßige Stücke zerbeißen‹, ›in etwas beißen, was man noch nicht kennt‹, ›irrtümlich in etwas anderes als den beabsichtigten Gegenstand beißen‹, ›ein anderes Lebewesen zur Abschreckung beißen‹ usw.

Darüber hinaus verarbeitet das Yahgan – mit der gleichen Vorschalttechnik – auch abstrakte Assoziationen. Für ›denken unter einer richtigen Annahme‹ und ›mit falschen Vorstellungen denken‹ existieren zwei verschiedene Verben. Gewiß traf auf Charles Darwin die zweite Version zu, als er sich über die Sprache der ›Wilden‹ lustig machte (s. S. 161).

Längst sind wir an den weit draußen liegenden Inselchen mit den Robben-, Pinguin- und Königskormoran-Kolonien vorbei (mit dem Schiff von Ushuaia aus zu besuchen), wenn sich die großen Inseln Picton und Nueva ins Blickfeld schieben. Ihrethalben und der benachbarten Insel Lennox wegen wäre es 1978 beinahe zum Krieg zwischen Argentinien und Chile gekommen; ein päpstlicher Schiedsspruch konzedierte die Eilande dem westlichen Nachbarland.

Hinter der Estancia Puerto Rancho gelangen wir zur **Marinepräfektur Moat** [11] und haben damit – der Fahrweg ist zu Ende – das *finis terrae* unserer eigenen Mobilität erreicht.

Die Isla de los Estados

[12] Die durch die Le-Maire-Straße von Feuerland getrennte Isla de los Estados, 1616 von den Holländern Schouten und Le Maire entdeckt, stellt sich als steil aus dem Meer ragendes, von zahlreichen Fjorden eingeschnittenes Waldgebirge dar. Der die Insel einhüllende Kranz aus Nebel und Wolken scheint den Schatz ihrer Mythen hüten zu wollen. Jahrhundertelang steuerten die Yamaná mit ihren Baumrindenbooten die Insel an, Jules Verne hat den ›Leuchtturm am Ende der Welt‹ unsterblich gemacht, und der verwegene argentinische Pionier Don Luis Piedrabuena barg hier Kohorten von Schiffbrüchigen, die nach dem Runden Kap Hoorns mit ihren Dreimastern in die Klippen getrieben wurden. Er setzte auch die – später verwilderten – Ziegen aus, die als Frischproviant für die Gestrandeten dienten und die bis heute hier leben. Die inseleigene Fauna besteht indessen vorwiegend aus Seevögeln und Pelzrobben.

Die Südatlantikinseln

Die Falklandinseln/Islas Malvinas

■ (S. 358) Rund 500 km nordöstlich der Spitze Feuerlands liegt der aus zwei Hauptinseln – **Ostfalkland (Isla Soledad)** und **Westfalkland (Gran Malvina)** – sowie rund 400 Streuinseln bestehende Archipel, der nach einem UN-Beschluß gleichermaßen ›Falkland Islands‹ wie ›Islas Malvinas‹ genannt wird. Von oben betrachtet, wirkt das Inselgeflecht wie der Tintenschmetterling eines Rorschachtests. Für diesen Eindruck sorgen vor allem der die Hauptinseln trennende, ca. 20 km breite Sund und die zerrissenen Randlinien, die insgesamt rund 25 000 km Küstenlinie ergeben. Dabei entspricht die gesamte Landmasse der Falklandinseln nur etwa der Nordirlands.

Die beim Auseinanderdriften der Kontinente Amerika, Afrika und Antarktis als Restsplitter von Gondwanaland liegengebliebene Inselgruppe verweist mit ihren eiszeitlichen Blockströmen (*stone runs* – aus der Luft besonders gut zu sehen) auf die letzte Phase ihrer Genese. Im Mount Usborne in Ost- und dem Mount Adam in Westfalkland, beide etwa 700 m hoch, erreichen die Inseln die höchsten ihrer Ausformungen. Der größte Teil der Landschaft ist jedoch wogend flach. Bestimmende Elemente sind die Quarzfelsen und die von Heide und Tussockgras überzogenen, 9000 Jahre alten Moore, die auch den Torf als Brennmaterial für die rund ums Jahr geheizten Häuser liefern. Aus Torf war sogar die erste Inselkirche gebaut. Der stetige Wind (meist Stärke 6) hat keine Wälder entstehen lassen. Für die baumlosen Fluren entschädigen jedoch 43 Grasarten, die allgegenwärtige *Diddle-Dee*-Beere (Kronsbeere) mit ihren leuchtendroten Früchten und ein Heer von Wildblumen, von der Mandelblüte bis zum Falkland-Lavendel.

600 000 Schafe, 350 000 wildlebende Magellangänse *(upland geese)* und weniger als 2000 Einwohner bevölkern diese abgelegene Welt, wo das Wetter so oft wechselt, daß die Satellitenprognose alle zehn Minuten erfolgt. Auch im Sommer (November bis März) klettert das Thermometer nur selten auf 20 °C. Dennoch registriert man jährlich mehr Sonnenstunden als in Liverpool. Bezaubernd schöne Strände laden zum Baden ein – doch bei Wassertemperaturen von maximal 11 °C? So bilden denn die Hauptattraktionen der Malvinas: Naturbeobachtung, Tierfotografie und Wandern. See-Elefanten und Königspinguine bewohnen die Küsten. Auf Steeple Jason nisten 160 000 Albatrosse. Es gibt 4000 Seelöwen – aber das ist nur der hundertste Teil des Bestandes von 1925. Die Falklands gehörten einmal zu den schlimmsten Totschlägerstützpunkten der *sealers* und *whalers*: über zwei Millionen Pinguine wurden hier erschlagen. Damals versuchten einige Bastler sogar, die Brenner der Leuchttürme auf Pinguin-Öl umzustellen. Heute schützen die Kelper – so werden die Falklandbewohner nach dem Kelp, den gelbbraunen Algen, genannt – ihre Inselfauna, zu der auch 145 Vogelarten gehören.

Wer diesen weltentrückten Archipel entdeckt hat, darüber gehen die Meinungen auseinander. Nach spanischen Chroniken könnte es der Mann im Ausguck der 1540 von Sevilla ausgelaufe-

Blick über Port Stanley,
◁ *die Hauptstadt der Falklandinseln*

nen ›Incógnita‹ gewesen sein – eine von den Argentiniern genährte Theorie. Nach britischer Meinung kommt der Ruhm dem Piraten John Davis (1592) zu; doch dessen »gewisse Inseln« müßten nach den Logbuchangaben viel weiter westlich liegen. So haben sich neutrale Historiker auf den Holländer Sebalt de Weert als den verläßlichsten Entdecker (1600) geeinigt. Aber erst 90 Jahre später setzte der erste Europäer seinen Fuß an Land: der Engländer John Strong, der den Sund nach dem Ersten Lord der Admiralität – Viscount Falkland – benannte. Im gleichen Jahrzehnt belegten französische Seeleute die Inseln mit einer Namensversion ihres Heimathafens Saint-Malo: ›Iles Malouines‹, was die Spanier zu ›Malvinas‹ kastilisierten.

Tatsächlich kolonisiert haben die Franzosen die Inseln, bevor sie sie an die Spanier verkauften. Unterdessen hatten sich aber auch die Engländer auf den Malvinas festgesetzt. Sie gaben 1774 ihren Stützpunkt auf – nicht jedoch ihre Ansprüche. Fortan verwalteten 20 spanische und, nach der Entkolonisierung Südamerikas, als ›berechtigte Erben‹, acht argentinische Gouverneure den Archipel – bis 1833 eine britische Expeditionsflotte zurückkehrte. Ihr Kommandeur ließ die argentinische Flagge einholen, sauber zusammenfalten und dem amtierenden Gouverneur Pinedo überreichen, während am Mast der Union Jack hochging. Für diesen Streich ließen die argentinischen Invasoren von 1982 den britischen Gouverneur Rex Hunt seiner Bevölkerung über Radio mitteilen: »Good evening, I have an important announcement to make …« (s. S. 182 f.).

Acht Generationen von Kelpern gibt es, und doch sind nur zwei Drittel der gegenwärtigen Bevölkerung auf den Falklands geboren. 150 Jahre lang ›wollblind‹ gewesen zu sein, wirft man sich heute vor. Alles war auf die Schafzucht abgestellt. Von außerordentlich fischreichen Gewässern umgeben, besitzt die Kolonie bis zur Stunde nicht einmal ein eigenes Fangboot. Der unterseeische Schatz wird jedoch inzwischen auf an-

Die Falklandinseln/Islas Malvinas

Der Krieg der 74 Tage und seine angenehmen Folgen

Als viele für die Falklands bestimmte Briefe noch in Auchtermuchtie (Schottland) landeten, weil das Nachbardorf Falkland hieß und so mancher britische Postbeamte noch nie etwas von den subpolaren Besitzungen Ihrer Königlichen Majestät gehört hatte, galten die Inseln nur als der ›Schafstall der Nation‹. Auf 1000 Corriedale-Schnucken kamen zwei Menschen, und nicht wenige von ihnen waren Gauchos, die man als Viehhüter aus der La-Plata-Provinz geholt hatte. Ihre Künste im Reiten und Fleischgrillen und die zur Gitarre gesungenen *bayadas,* Lieder aus dem Stegreif, brachten Farbe in das eintönige Landleben. Ortsnamen wie Rincón Grande, San Carlos und Rodeo Mountains künden bis heute von den hispano-argentinischen Wurzeln einer Camp-Tradition.

Slogan aus einer kriegerischen Vergangenheit

Doch die ›Gauchos‹, die einige Inselbewohner in den Nächten vor Weihnachten 1966 nördlich von Port Stanley spanisch sprechen zu hören glaubten, waren keine Land-, sondern Seeleute. Dunkelheit und Wind verscheuchten den vermeintlichen Spuk. Tatsächlich aber hatten ein Dutzend Männer vom argentinischen Unterseeboot ›Santiago del Estero‹ das Ufer erklommen, um das Gelände zu erkunden. 15 Jahre später, am 15. Dezember 1981, wurde Juan José Lombardo, der U-Boot-Kommandant, mit der Invasionsplanung beauftragt.

Diesmal konnte es keine Sinnestäuschung sein: Die argentinische Landungsflotte, aus der Luft beobachtet, näherte sich am 1. April 1982 den Inseln. Um 20 Uhr jenes Tages wies der Gouverneur den Leuchtturmwärter Basil Biggs an, das Richtfeuer zu löschen, und das Pembroke Lighthouse, Port Stanley's Ansteuerungsmarke, verschlang die Dunkelheit. »Gegen 2 Uhr morgens sahen wir sie kommen – blaue Lichter und dunkle Schiffssilhouetten«, erzählte Biggs später. »Bis zum Morgen waren sie so durchgefroren, daß ich ihnen heißen Kaffee zu trinken gab.« Aber die Falkländer haßten diesen Überfall, und Gouverneur Hunt rief: »Einem verdammten ›Argie‹ werde ich mich nicht ergeben.« Doch bereits um

10 Uhr morgens erklärte er jeden Widerstand für sinnlos. Kein Inselbewohner war bei der Invasion ums Leben gekommen. Argentinische Schiffe füllten die York Bay, und Hornissenschwärme von Hubschraubern ließen sich auf dem Flugplatz nieder. Ein Einheimischer – mit einer weißen Spitzengardine am Besenstiel – und ein Argentinier – mit einem weißen Plastikbeutel auf einem Stock – gingen aufeinander zu und vereinbarten im Gouverneurssitz mit Rex Hunt die Übergabe der Inseln. Mehr als alles andere schockierte die Kelper, daß die argentinischen Panzerspähwagen alle ›falsch fuhren‹: auf den Falklands herrscht Linksverkehr.

Die britischen Interessen, die ferne Kolonie zu halten, müssen vor der Invasion ebenso relativ gewesen sein wie die Bereitschaft der argentinischen Regierung, den Souveränitätskonflikt auf dem Verhandlungswege zu lösen. Wer bei den Gesprächen zwischen Foreign Office und der Casa Rosada damals vor der Tür blieb, waren die Kelper selbst. Noch am 26. März 1982 hatte das Lokalblatt ›Penguin News‹ geunkt: »Warum diese Geheimniskrämerei? Sowohl das argentinische als auch das englische Volk sind über den Inhalt [der Verhandlungen] orientiert. Uns selbst aber läßt die Regierungsbehörde im Unklaren.«

Nach der gewaltsamen Besetzung freilich stand das Prestige der Schutzmacht auf dem Spiel. Und gleichzeitig sah sich die innenpolitisch geschwächte konservative Regierung Thatcher versucht, durch einen Akt der Entschlossenheit Profil – und die nächsten Wahlen – zu gewinnen. ›Lady T‹, wie sie heute auf den Falklands genannt wird, entsandte, mit logistischer Unterstützung der USA, ihre *Task Force* in den Südatlantik.

Am 1. Mai um 4.30 Uhr morgens erbebten die Holzhäuser von Puerto Argentino (der Name, den die Invasoren Port Stanley gegeben hatten). Die Engländer waren da, und Tausende Tonnen Sprengstoff gingen auf den Flughafen nieder. Es folgten erbitterte Luft- und Landkämpfe. In Goose Green allein, wo britische Fallschirmjäger gelandet waren, blieben nach 14stündigem Kampf 267 Tote auf dem Schlachtfeld zurück. Die schwersten Verluste gab es jedoch auf See. Fassungslos sahen Augenzeugen, wie eine einzige ›Exocet‹-Rakete einen modernen Lenkwaffenkreuzer auf den Grund des Meeres schicken konnte. Aber am gleichen Tag, als die ›Sheffield‹ versank, ging das argentinische Kriegsschiff ›General Belgrano‹, und mit ihm über 300 Seeleute, unter – außerhalb der von den Engländern gezogenen Grenze der Konfliktzone. Den Elitetruppen der *Task Force* waren die argentinischen Landstreitkräfte nicht gewachsen. Am 4. Juni 1982 ergaben sich 4000 demoralisierte ›Argies‹. Die Verlustbilanz beider Seiten: 1000 Tote, 125 Flugzeuge, 10 Schiffe.

Inzwischen blättert die Tarnfarbe von den zurückgebliebenen Geschützen ab, und über die 30 000 (durch deutliche Sperren markierten) Landminen ist neues Gras gewachsen. Die kleine örtliche *Defense Force* sucht locker Freiwillige ›mit einem guten Schuß Humor‹. Argentinier und Engländer reden wieder miteinander. Die Kelper selbst aber fühlen sich souveräner als je zuvor. In 150 Jahren hatte Großbritannien die Falklands nicht so verwöhnt. »We have it good«, sagen die Inselbewohner heute, betrachten ihre neuen Straßen, die für 13 Millionen Pfund erbaute Schule und ihr jährliches Pro-Kopf-Einkommen: 32 000 US-Dollar – das höchste der westlichen Welt.

Die ›Hafenpromenade‹ von Port Stanley

dere Weise gehoben: Fanglizenzen für Tintenfisch – 150 000 t pro Jahr! –, vergeben an 200 meist taiwanesische und japanische Schiffe, bringen dem Fiskus 32 Millionen Pfund pro Fangsaison ein; sie decken zwei Drittel der Staatsausgaben. Die Hoheitszone um die Inseln hat man auf 200 Meilen ausgedehnt.

Falklands farbenprächtige Haupt->Stadt‹, an einer fast geschlossenen Bucht gelegen, ist **Port Stanley** 1 mit seinen wenig mehr als 1000 ständigen Einwohnern. Der sich am Uferhang hochziehende Ort wirkt wie eine von Hand gefügte Puppenhaussiedlung – kein ganz so falscher Eindruck, denn die beiden Holzkirchen St. Mary's und der pfefferminzgrün und weiß bemalte Tabernacle kamen einst in Baukastenform aus England angereist. Mit den Kontrastfarben der Wellblechdächer und Holzwände wetteifert ein Flammenmeer von Garten- und Verandablumen. Im schmucken Museum kann man das 100jährige Symphonion des ›Globe Hotel‹ alte Weisen von Leipziger Lochplatten spielen hören. Der Weg dorthin führt vorbei am *Memorial* für die Gefallenen von 1982 und an der Gedenkstätte, die an die Seeschlacht vom De-

zember 1914 erinnert: damals wurde das deutsche Geschwader des Grafen von Spee in diesen Gewässern von den Engländern besiegt. Mit Schiffen und deren Schicksalen hatten die Inseln schon immer zu tun. Sie waren, vor der Eröffnung des Panamakanals (1914), der erste Schlupfwinkel für die Kap Hoorn umrundenden Klipper. Aber viele Windjammer jagte der Sturm auch in die Felsgruften des Insellabyrinths. 300 Wracks säumen die Küste der Malvinas. So ersetzt in Port Stanley bis heute der (malerische) ›Wrackspaziergang‹ die Stadtrundfahrt.

Wer gleich von hier aus eine Landpartie über die Rauschbeerheide erleben will, vertraue sich einem (durch eine Agentur vermittelten) Landrover und seinem einheimischen Fahrer an; er weiß, wie man über die 9000 Jahre alten Torfmoore steuert, aus denen das Inselreich zu 85 % besteht. In einem Tagesausflug erreicht man **Volunteer Point** 2 und die nahen Kolonien von See-Elefanten und Königspinguinen.

Zu entfernteren Zielen bringt den Touristen der feuerrote *Islander,* eine Propellermaschine der Figas (Falkland Islands Government Air Service), die auch die Postsäcke über den Farmen abwirft. (Es gibt keinen Flugplan!) Auf der Insel **Sea Lion** 3 (mit hübscher Lodge) erwartet den Besucher eine vielartige Fauna, die von Sturmvögeln, Seetauchern, Krickenten, Nachtreihern, Magellanpinguinen, Königskormoranen und Raubmöwen bis zu *Orcas* (›Killerwale‹) und See-Elefanten reicht (im Sommer: etwa 400 neugeborene Elefantenbabys).

Ein anderes wildverwegenes *Outbound*-Ziel ist **Pebble Island** 4 (gemütliches Hotel), wo 1925 – mittels eines 32-Volt-Generators, der von einem an einen Pfosten montierten Flugzeugpropeller angetrieben wurde – das erste Amateurradio der Falklands quäkte. Heute schnattern hier Wildenten und Schwarzhalsschwäne, vor allem aber ist das 40 km lange Eiland Habitat von Esels-, Goldschopf- und Felsenpinguinen *(Rockhoppers)*. **New Island** 5 wartet mit Pelzrobben und wiederum drei Pinguinarten auf; in **Port Howard** 6 (50 Einwohner, 50 000 Schafe) und **San Carlos** 7 genießt man das Landleben

Die Südatlantikinseln

Kormorane – Repräsentanten der reichen falkländischen Vogelwelt

der *wily Bennies* (›schlaufüchsige Benjamine‹), wie die Engländer die Kelper gerne nennen, angelt Meeräschen (ganzjährig, Rekordgewicht: 10 kg) und wärmt sich nach einem *bimble* (Spaziergang) am offenen Torffeuer auf.

Südgeorgien und die Süd-Sandwich-Inseln

Fast 1500 km östlich der Malvinas und etwa auf einem Drittel des Weges von Kap Hoorn zum Kap der Guten Hoffnung liegt **Südgeorgien.** Von der halbmondförmig gekrümmten Hauptinsel, bis zu 3000 m hoch und zur Hälfte ständig von Schnee und Eis bedeckt, schwärmen Seeleute gerne als den ›Alpen des Südatlantiks‹. Tiefe Fjorde mit ins Meer kalbenden Gletschern und zwei Dutzend Binnenseen mit schwimmenden Eisbergen verzaubern dieses wilde Eiland. Gegen seine Südwestseite rennen antarktische Stürme an. Einige Naturhäfen im Norden gewähren Schutz. Hier überwinterte die deutsche Südpolexpedition von 1882/83 – die Ruinen der Gebäude in der Royal Bay sind noch zu sehen –, und hierhin flüchtete sich auch 1915, nach wahrhaft dramatischer Fahrt im offenen Boot, der britische Antarktisforscher Lord Edward Shackleton. 1982 hielten die Argentinier die Insel vorübergehend besetzt, und Falklands Radiostation FIBS rührte ihre Hörer mit dem sentimentalen Evergreen ›Georgia on my mind‹.

Die unwirtlichen, rund 800 km südöstlich von Südgeorgien liegenden **Süd-Sandwich-Inseln** bilden eine ca. 240 km lange Kette von aus dem Meer ragenden aktiven Vulkanen. Der Archipel unterliegt ganz dem antarktischen Klimageschehen und umgibt sich in vielen Wintern mit Packeis. Er ist nur das (seltene) Ziel von Forschungsexpeditionen

Die patagonischen Anden

Die Ruta Cuarenta – Hauptverkehrsachse entlang der patagonischen Anden

Als ihre ›Wirbelsäule‹ bezeichnen die ansonsten mit Höhenzügen nicht verwöhnten Bewohner Patagoniens das Kettengebirge, dessen Gipfellinie die Grenze zu Chile bestimmt. In den Bandscheiben freilich knistert und kracht es, seit sich in der Oberkreide das Meer zurückzog und seinen Boden als ostpatagonische Meseta zurückließ. Mehr als in irgendeinem anderen Teil des 7500 km langen Andenkamms sind hier im Süden die Auffaltungen gekrümmt und verbogen verlaufen. So sorgen ungewöhnliche Quertalbildungen dafür, daß Wasserscheide und Kammlinie oft nicht identisch sind – Ursache ehemaliger Grenzkonflikte mit Chile. Denn östlich des Firstes entspringende Flüsse fließen zum Teil nach Westen, also in den Pazifik. Andere Launen der Gebirgsbildung haben Ketten von Seen entstehen lassen, die, gleich einer Brunnentreppe, einer in den andern entwässern. Oder unzugängliche Hochgebirgswannen und gleitende Gletscherfelder, die eine markierbare Grenzziehung unmöglich machen.

Die zwischen Argentinien und Chile lange disputierte Laguna del Desierto – bis dato Niemandsland, wie so vieles, was in den Südanden noch seiner Pioniere harrt – wurde erst Ende 1994 von einem internationalen Expertengremium Argentinien zugesprochen. Einen Jahrhundertstreit um den endgültigen Grenzverlauf über den *Hielo Continentales* genannten hochandinen Eispanzer, der, 400 km lang und bis zu 90 km breit, fast 50 große Gletscher speist – der Upsala-, der Viedma- und der Morenogletscher gehören dazu – konnten die beiden Länder im Juni 1999 beilegen. Diese nach der Antarktis und Grönland drittgrößte ›Eismaschine‹ der Welt in Nord-Süd-Richtung zu überwinden, gelang zum erstenmal im Südsommer 1998/99 einer chilenischen Expedition. Und nicht nur dieses unergründliche patagonische Eisfeld reckt, dehnt und krümmt sich, die Anden selbst sind auch noch nicht zur Ruhe gekommen: Millimeterweise wachsen sie, unter dem Druck der tektonischen Platten im Pazifik, nach oben und nach Osten, machen auch stellenweise einmal Jahressprünge von 1 m (wie 1977) oder schleudern ungeduldig ihr gefesseltes Potential in die Luft – der chilenische Vulkan Hudson überschüttete die argentinische Meseta 1991 mit 3 Mrd. t Asche!

Die schleifenden Gletscher aber malen die Landschaft mit mineralischen Farben aus – ein ins Riesenhafte vergrößerter Vorgang des Anreibens von Erdpigmenten, wie sie die Tehuelche

Der Perito-Moreno-Gletscher
◁ *im Parque Nacional Los Glaciares*

vor 10 000 Jahren zur Dekoration ihrer Höhlen benutzten. Gleich gigantischen Schneepflügen schmirgeln die Eisströme den Felsgrund ab und schleppen dessen farbige Einlagerungen – Grünerde, Chromoxid u. a. – als ›Gletschertrübe‹ in die Seen, wo die staubfeinen Pigmentpartikelchen, ohne sich abzulagern, als Suspension in der Schwebe bleiben. Das feinverteilte Gesteinsmehl verleiht den Andengewässern jenes milchige Kolorit, das den Eindruck erweckt, es habe jemand ›Farbe in die Seen gegossen‹ – und genauso ist es. Ein gutes Beispiel für unterschiedliche Abtönungen bietet sich im Nationalpark Perito Moreno auf der schmalen, den Lago Azara vom Lago Belgrano trennenden Landbrücke: hier ein intensives Hellblau, dort ein sattes Malachitgrün.

Am Ostdach der Kordillere läuft eine noch immer im Rufe der Abenteurerstrecke stehende Schotter-, Erd- und Staub- (und hoffentlich, sagen alle Patagonien-Fans, niemals Asphalt-)Straße wie eine verbogene Rinne entlang. Wer diese *Ruta Cuarenta* – die RN 40 – als seinen gewählten Fahrweg nennt, wird stets eine Portion Bewunderung und Erlebnisneid mit auf die Reise nehmen. Die allein in ihrem patagonischen Teil 2500 km lange Piste verbindet so viele Gletscher, Gipfel, Vulkankegel, vor allem aber grün- und blauleuchtende Seen miteinander wie keine andere Straße der Welt. Sie, die mehr Estanzien als Ortschaften aneinanderreiht, einen ›Verkehrsweg‹ zu nennen, wäre irreführend. Wer sie befährt, wird mehr Guanakos, Straußen und Füchsen als Menschen begegnen.

Noch immer ist die RN 40 ein Erschließungsweg, von dem aus stichroutenartige *caminos* den Anden entgegenzüngeln, dort in einer Gebirgsfalte auslaufen, an einer Estancia enden oder, eine Schleife bildend, wieder an die Hauptroute anschließen.

Am patagonischen Gletscherfeld entlang

Die ›Welthauptstadt der Gletscher‹, das in den letzten Jahren auf 3800 Einwohner angewachsene Touristendorf El Calafate, erreicht man von Süden aus (meist von Puerto Natales über den Grenzposten am Dorotea-Paß oder vom Nationalpark Torres del Paine über die Kontrollstelle Cancha Carrera kommend) über die Grubenstadt **Río Turbio** 1 (S. 378). Diese 6000 Einwohner zählende Bergwerkssiedlung ist kein Besuchsziel, mit ihren bunten Dächern und den nahen Bergen aber auch nicht der häßlichste aller Minenorte. Am glattesten gelangt nach El Calafate, wer von Río Gallegos aus auf der rund 300 km langen Asphaltroute über den Knotenpunkt Esperanza anreist.

Die dritte Option – für Touristen, die auf der RN-3-Küstenstrecke nach Süden bereits genug Pinguine sahen und daher auf Río Gallegos (und Cabo Vírgenes) verzichten können – besteht darin, schon 45 km südlich von Piedrabuena nach Westen zu schwenken und auf der 210 km langen RP 9 in wechselndem Abstand dem Cañadón des Río Santa Cruz flußauf zu folgen. Diese Fahrt bietet exemplarischen Anschauungsunterricht in puncto Morphologie des patagonischen Tafellandes. Sie folgt zugleich den Spuren der Entdecker, die (erst 1873) auf der Suche nach der Quelle den gewaltigen, den Fluß speisenden Gletschersee fanden. Total erschöpft und schon im Begriff, ihre endlose Flußwanderung abzubrechen, hörten sie die windgepeitschten Wellen nachts ans Seeufer schlagen. Ein in den Boden gerammtes Ruder mit der argentinischen Flagge und eine in einer Flasche hinterlassene Botschaft waren die Signale zur späteren Besiedlung. Auf den stolzen Namen **Lago Argentino** taufte der Patagonien-Pionier Francisco Moreno den türkisfarbenen Wasserspiegel, der zweimal so groß ist wie der Bodensee.

Den Namen des Forschungsreisenden aber erhielt der Gletscher, der **El Calafate** 2 (S. 353) berühmt machte: der mächtige Glaciar Perito Moreno. Bei der Namengebung des Ortes wiederum stand die Berberitze *(el calafate)* Pate. Aus der Beere gewinnen die süßmäuligen Einheimischen köstliche Marmeladen und Desserts, und wer als Fremder die Frucht kostet – so der Volksmund – wird wiederkommen. Die jährliche Besucherzahl von 60 000 Touristen, darunter so mancher ›Wiederholer‹, scheint das Orakel des 1600-Betten-Ortes zu bestätigen. Das schon von seinem Gepräge her ganz auf Fremdenverkehr ausgerichtete Calafate liegt, pappelumsäumt, vor der Kulisse imposanter Schichtstufenfelsen auf der flachen Uferplatte des Lago Argentino.

Die kleinen Attraktionen im Nahbereich aber – einige 4000 Jahre alte Höhlenmalereien in den Cuevas del Gualicho (leider stark beschädigt) und die Laguna Nimes mit ihren 60 Vogelarten (darunter allein 20 Enten-Spezies) – werden geradezu erdrückt von den Naturschauspielen, die rund 80 km weiter westlich im 6000 km² großen **Parque Nacional Los Glaciares** (Gletscher-Nationalpark) den Besucher erwarten. Insgesamt 14 vom Patagonischen Eisfeld genährte Hauptgletscher schürfen

Das patagonische Gletscherfeld

nach Osten und kalben in argentinische Andenfußseen. Vom Bootsanleger Punta Bandera (47 km westl. von Calafate) aus pirschen sich Panorama-Katamarane an die **Gletscher Upsala** 3 und **Spegazzini** heran. Mit 6–7 km Frontbreite am Gletschertor, mit einer 60 km langen Zunge und 600 km² Fläche – fünfmal so groß wie der Aletsch, der mächtigste Alpengletscher – ist der Upsala Südamerikas ›Weißer Riese‹. Am meisten bewunderte Darsteller auf diesen Trips sind jedoch die vorbeidriftenden, bald silbern, bald kobaltblau schimmernden *témpanos* (Eisberge), die als 70 m hohe Türme von der Vorderkante des Upsala abbrechen und nun von Wasser und Wind zu monumentalen Kunstwerken modelliert werden.

Die Aussichtsplattformen und Laufstege, die dem dynamischsten Eiswunder, dem **Perito-Moreno-Gletscher** 4, direkt gegenüberliegen, erreicht man auf dem Landweg. Seine 4–5 km breite, lamellenförmig gerändelte Zunge schiebt der Gletscher mit nicht weniger als 40 cm pro Tag in den Lago Argentino vor. Dabei stürzen hochhausgroße Eisnadeln unter urweltlichem Getöse in den smaragdgrünen See, ertrinken in einer kochenden Gischtwolke und schwimmen als soeben geborene Eisberge taumelnd davon. Höhepunkt des Gletschererlebnisses ist ein zweistündiges Mini-Trekking auf den Randzacken des Eisfeldes mit seinen wie von innen beleuchteten blauen Kavernen. Und gewöhnlich krönen sogar einige über dem Nachbargipfel kreisende Kondore diesen Ausflug.

Nahrungszuwachs und Ablationsverlust halten sich beim Moreno-Gletscher die Waage, und doch wächst das Zungenende auf die gegenüberliegende **Península Magallanes** zu. Dabei riegelt das Eis den die Halbinsel umschlingenden Südarm des Lago Argentino – gebildet vom Brazo Rico und vom **Canal de los Témpanos** – zuweilen ab (früher alle drei bis sieben Jahre, momentan seltener). Hinter dieser gläsernen Staumauer steigt der von seinen Zuflüssen gespeiste Brazo Rico um 20–25 m an, bis der Wasserdruck so stark wird, daß der Eisdamm bricht. Der von Tausenden von Menschen beobachtete und von Radio und Fernsehen verfolgte Kataklysmus gehört zu den spektakulärsten Naturschauspielen unseres Planeten.

El Calafate umringen eine Reihe von historischen Estanzien, die teils nur eine betuchte Klientel, überwiegend aber ein naturerlebnishungriges Publikum willkommen heißen: Nibepo Aike, Alta Vista, Franka und Río Bote.

Den nächsten türkisfarbenen Andensee, den **Lago Viedma,** erreicht man von Calafate aus 32 km nach Osten zurückstoßend und dann auf der RN 40 dem Lauf des rasch dahinschießenden **Río Leona** nach Norden folgend. Das grüne Schmelzwasser des vom Viedma-See gespeisten Flusses ergießt sich in den Lago Argentino. Zu beiden Seiten breitet die sandfarbene Meseta noch einmal ihren Formenschatz aus, bevor am Hotel ›La Leona‹ (für Notübernachtungen) nach rund 110 km (ab Calafate) die Straße den Fluß quert. Kurz davor ein 87 km langer Abzweig nach Westen, der an der **Estancia Helsingfors** 5 (S. 357) endet. Die Fahrt ist betörend schön: links steile Schichtfelsen und Cañadones, in denen viele Pumas zu Hause sind; rechts der See und darüber die blauen Stalagmiten des Cerro-Torre- und Chaltén-(Fitz-Roy-)Gebirgsstocks. (Hinter der Estancia Santa Teresita – km 45 – können die Furten des Río Cóndor nur von hochachsigen Fahrzeugen genommen werden!)

Das Nordufer des Lago Viedma begleitet die rund 90 km lange Route 23, die vor allem deshalb aufregend ist, weil sie auf einen dolomitenartigen Zinnengarten von majestätischer Schönheit zuläuft. Berge über Berge türmen sich auf – aber auch Wolkenberge, die am trügerischen blauen Himmel ihre Verhüllungsspiele treiben, ehe man die Kamera zur Hand hat. Die gigantischen Felstürme stehen Luftströmungen im Wege wie Brückenpfeiler einem Fluß. ›Die Stimme der Tehuelche‹ nennen die Einheimischen den Wind gerne, doch in diesem Berglabyrinth heulen mitunter Furien. Autos ›schwimmen‹ auf der Schotterstraße, und Camper tun gut daran, ihre Zelte fest zu verankern.

Zu Füßen dieses vielleicht erhabensten Bergwunders der argentinischen Anden ist die 50-Einwohner-Siedlung **El Chaltén** 6 (S. 354) hingestreut. Sie bildet den nördlichsten Außenposten des Nationalparks Los Glaciares und darf sich, ungeachtet ihrer Winzigkeit, guten Gewissens ›Trekkingmetropole‹ nennen. Das vorgezeichnete 70-km-Netz von hier beginnenden Wander- und Steigpfaden bietet schier uferlose Abwege in die Tiefen der wald- und lagunenreichen Gebirgswelt an. Ganz zu schweigen von den Aufstiegen: Jahr für Jahr schlagen die ehrgeizigsten Bergsteiger der Welt hier ihr Basislager auf. Der Südsporn des **Chaltén (Fitz Roy),** 3375 m hoch, wurde erst 1952 durch die Franzosen Guido Magnone und Lionel Terray bezwungen. Den schlanken Granitobelisken **Cerro Torre** (3128 m), dessen Westwand fast ständig in Eis gehüllt ist und dessen ›einfachste‹ Gipfelroute die Note ›extrem schwierig‹ trägt, eroberten 1959 der Österreicher Toni Egger und der Italiener Cesare Maestri. Schon auf einer Tagestour zur Laguna Torre, zur Laguna Capri oder weiter zum Río Blanco verneigt sich der Wanderer unwillkürlich vor den von Schründen und Eiswülsten strotzenden Dolmen.

Eine überwältigende Nordansicht bieten die neun Hauptgipfel des Fitz-Roy-Massivs dem Betrachter, der sich auf den Weg zur **Laguna del Desierto** macht. Die dem Lauf des Río de las Vueltas folgende, ca. 30 km lange neue Erschließungsstraße (auch für normale Autos passierbar), stößt, Gebirgsbäche und Hängegletscher hinter sich lassend, an das von dichtem Naturwald umdunkelte Gewässer, dessen eigenartige Namengebung ›Wüstenlagune‹ wohl nur dem langzeitigen Fehlen von Orientierungspunkten zuzuschreiben ist. Die 530 km² große Lagunenzone, umstrittenes Grenzgebiet der beiden Südandenstaaten, wurde im Oktober 1994 endgültig Argentinien zugesprochen.

Zum dritten großen dem patagonischen Kontinentaleis vorgelagerten Smaragdspiegel, dem **Lago San Martín,** gelangt man vom Knotenpunkt **Tres Lagos** aus (Tankstelle, einfache Hospedaje mit Essen am Ortseingang, rudimentäres Camping Municipal) auf dem ca. 110 km langen Weg zur bezaubernden **Estancia Maipú** [7] (S. 357), zu der das älteste, als winziges Museum hergerichtete Pionierhaus der Region gehört.

Nach Tres Lagos zurückgekehrt, wird der nach Norden Reisende von der RN 40 am fischreichen Lago Cardiel vorbei zur **Estancia La Angostura** [8] (S. 357) geleitet. Die oasenhafte Farm bietet sich auf diesem einsamsten Streckenabschnitt zwischen Calafate und Perito Moreno als bester Übernachtungsplatz an. Von der Estancia aus läßt sich auf einem abgekürzten Weg (ca. 50 km) auch Gobernador Gregores (Tankstelle, einfaches Hostal und Restaurant, Camping Municipal) erreichen.

Das nächste lohnende Ziel heißt **Nationalpark Perito Moreno** [9] (S. 370) mit der Estancia La Oriental. Eine rund 90 km lange Stichstraße (6 km nördl. des ›Hotel Las Horquetas‹, das – Vorsicht! – kein Hotel ist) führt in das 1150 km² große, vom ›elektrischen Blau‹ seiner acht Seen beleuchtete Reservat, in dem Pumas, Füchse, Wildkatzen, Andenhirsche, Papageien, Adler und vor allem Kondore (in der Felswand direkt gegenüber der Estancia) zu Hause sind. Sieben der vom monumentalen Amphitheater der Bergketten umschlossenen Seen entwässern ineinander und dann zum Pazifik. Das Gestein birgt Höhlen, Tehuelche-Malereien (am Cerro Casa de Piedra) und über 50 Millionen Jahre alte Fossilien von Bäumen und Meerestieren. Ewig schneegekrönter König der Region ist der **Monte San Lorenzo** (3700 m), höchste Erhebung der argentinischen Südkordillere und begehrte Trophäe vieler Andinisten.

Wieder auf der RN 40, stößt man rund 100 km weiter nördlich auf den Knotenpunkt **Bajo Caracoles** (Tankstelle ›ohne Gewähr‹, einfache Unterkunft), einen Steppenweiler mit 53 Einwohnern. Von hier aus zweigt die 72 km lange RP 39

Blick auf das Massiv des Chaltén (Fitz Roy)

Patagoniens ›Sixtinische Kapelle‹ Höhlenmalereien am Río Pinturas

Vor über 9000 Jahren ging das Feuer in Höhlen aus, deren Wärme sich allein im Kolorit der Wandmalereien erhalten hat. Rote, gelbe, ockerfarbene Abbilder von Menschen, Tieren, Symbolen – vor allem Händen, 829 an der Zahl – leuchten uns entgegen, wenn wir unter einem der gewaltigen Felsdächer in der Schlucht des Río Pinturas stehen. In 90 m Tiefe der glitzernde Faden des Flusses, in schwindelnder Höhe die kaskadenartige Steilkante des Cañadón; dazwischen eine kilometerlange Kette von Grotten, bis zu 24 m tief und geschmückt mit kultischen Zeichen, an deren Bedeutung man bis heute herumrätselt. Wer waren die Urheber dieser farbigen Embleme? Wie sind diese grazilen Hände zu erklären? Warum wurden sie mit anekdotischen Darstellungen, wie Jagdszenen, assoziiert? Welche Aussage liegt Positiv- oder Negativabdrücken zugrunde? Und vor allem: Wieso bilden nur 36 Konturen rechte, alle anderen linke Hände ab? Fragen über Fragen. Die Cuevas de las Manos, die ›Höhlen der Hände‹, schweigen.

Unfähig der Entschlüsselung des mystischen Gehalts der Felsbilder, hat sich die Wissenschaft an die Substanzanalyse gemacht. Die für die Farbgebung verantwortlichen Mineralien, jeweils mit Gips oder Tonerde kombiniert, decken eine breite Skala von Pastelltönen ab. Im dominierenden Rot-Gelb-Segment lieferten die Eisenoxide Hämatit und Magnetit die Stufen vom Vermeil über Hellrot bis zum Ocker, Natrongesteine die Gelbtöne; als Weißpigment dienten Illite; Schwarz ergaben Manganerz oder Holzkohle. Der Gips wurde, um ihn abbindungsfähig zu machen, erhitzt, eine Technik, zu der es bisher nur eine – von Archäologen 1977 im Maghreb entdeckte – Parallele geben soll. Zum Anteigen der Farbsubstanzen wurden vermutlich auch Knochenmark und Fett von Tieren verwandt. Vor allem der Tatsache, daß die Zeichnungen in den Kuppeln der Höhlen über einen so langen Zeitraum ihre ursprüngliche Leuchtkraft bewahrten, verdankt die Fundstätte das Prädikat,

die ›Sixtinische Kapelle‹ der prähistorischen Kunst Patagoniens zu sein.

Angesichts ihres hohen Ranges konnten die Felsmalereien vom Río Pinturas sowie der benachbarten Cueva Grande am Nebenfluß Arroyo Feo, des Alero (›Felsdach‹) Charcamata und einem Dutzend anderer Verstecke nicht den üblichen – und wie fast immer divergierenden – Klassifizierungsversuchen entgehen. Der geläufigsten epochalen Einteilung des indianischen Stilwandels folgend, präsentiert sich nachstehende Zeittafel:

Primitive Epoche (7370–5430 v. Chr.): Vorherrschend sind figurenreiche Jagdszenen mit bis zu zwölf Menschen und Dutzenden von Guanakos. Punkte lassen sich als Flugspuren von Schleuderkugeln deuten. Die begleitenden Negativabdrücke von Händen wurden durch Auflegen der Hand auf den Fels und Aufblasen (mittels eines Röhrchens) der Pigmentpräparation erzielt; dabei konturierte die Farbe die Silhouette der Hand. Die Palette reicht vom Gelb über die verschiedensten Rottönungen bis zum Schwarz.

Mittlere Epoche (5430–1430 v. Chr.): Die bisherige Dynamik der Bildaussage erstarrt zu statischen Einzeldarstellungen – bewegungslosen Guanakos mit dicken Bäuchen und Streichholzbeinen, stilisierten anthropomorphen und biomorphen Figuren, Schlangenlinien und Rosetten. Zahlreiche Hände und Weiß als dominierende Farbe kennzeichnen diesen Abschnitt.

Späte Epoche (1430 v. Chr.–1000 n. Chr.): Bei weiter eingeschränkter Motivwahl treten noch weiter schematisierte, zunehmend geometrische Elemente auf, wie Zickzack-Linien oder aneinanderstoßende Dreiecke, ›Strichmännchen‹, aber auch viele Hände in Weiß auf rotem Grund. Ein leuchtendes Rot ist der bestimmende Farbton.

Anders als die nur zum Beschauen einladenden Bildmotive scheinen die sich allerorts entgegenreckenden Hände dem Betrachter eine Botschaft vermitteln zu wollen. »Hat die überwältigende Anzahl linker Hände etwas mit der Herzseite des Menschen zu tun?« fragen sich die Anthropologen. Vom besten aller Tehuelche-Kenner, dem jahrelang mit den Indianern durch Patagonien gezogenen Forscher George Chaworth Musters (›At home with the Patagonians‹), wissen wir, daß der vorherrschende Charakterzug seiner Weggefährten sich in der hingebungsvollen Liebe zu ihren Frauen und Kindern und dem Glauben an die Existenz eines guten Geistes manifestierte.

(Anmerkung: Die von vandalisierenden Sgraffitti-Enthusiasten und Andenkenjägern teilweise beschädigten Felsbilder der Cuevas de las Manos mußten – leider – durch engmaschige Sperrgitter geschützt werden.)

Eine chilenische Zugabe
Die Carretera Austral

Vom Río Pinturas muß der *Ruta-Cuarenta*- (RN 40) Tourist, um die nächste große Attraktion der Strecke, den Nationalpark Los Alerces, zu erleben, rund 500 vergleichsweise ereignislose Kilometer nach Norden zurücklegen. Da bietet sich die in jeder Weise ›naheliegende‹ Alternative an, hier eine Schnupperschleife durch Chile zu ziehen, die sich die malerische Carretera Austral (›Landstraße des Südens‹) zum Leitfaden nimmt. Zwei Optionen sind möglich: Von Lagos del Furioso aus (direkt oder über den Ort Posadas) bei der Estancia La Aguada in die Route 41 einzufädeln, die am Paso R. Roballos über die Grenze läuft und rund 80 km weiter, unweit Cochrane, auf die Carretera Austral stößt; oder aber weiter nördlich, von Perito Moreno aus, über Los Antiguos die Grenze anzusteuern und am Südufer des Lago Buenos Aires (in Chile: Lago Carrera) entlang nach rund 110 km (ab Chile Chico) hinter Puerto Guadal auf die Carretera Austral zu treffen. Die erste Variante hält überraschende Berg- und Schluchtpanoramen bereit (wenige Kilometer vor der Grenze ist der kleine Río Ghío zu durchfahren; notfalls leistet der Verwalter der benachbarten Estancia mit seinem Jeep Schlepphilfe); die zweite bietet vom Hochufer aus grandiose Blicke über den See und die Andenkulisse.

Empfohlen wird, die Carretera Austral nicht schon wieder bei Balmaceda (langweilige Steppenlandschaft), sondern erst bei dem Weiler Santa Lucía (77 km südl. von Chaitén) zu verlassen und dann am schönen Lago Yelcho und am Río Futaleufú entlang zur Grenze (60 km) zu fahren. Von da aus ist es nur noch ein ›Pumasprung‹ bis zum Nationalpark Los Alerces.

(Auf diesem Carretera-Austral-Abschnitt empfehlenswerte naturbezogene Raststätten: mehrere neue Lodges zwischen Lago Carrera und Río Baker – man meide die ›Patagonia Lodge‹ wegen unlauterer Geschäftspraktiken –; Cabañas Fiordo Queulat, am Seno Ventisquero, 192 km nördl. von Coyhaique; Cabañas El Pangue, am Lago Risopatrón, ca. 12 km nördl. von Puyuhuapi.)

---

zum **Lago Posadas** mit dem gleichnamigen Ort 🔟 (S. 361) und dem **Lago Puyerredón** ab. Auf der Landbrücke zwischen den beiden Seen (25 km hinter dem Ort) der ökologisch ausgerichtete Touristenkomplex **Lagos del Furioso,** Basis zur (auch archäologischen) Erschließung der benachbarten Bergwelt.

Zur bis heute reichsten Fundstätte von Felsmalereien, den **Cuevas de las Manos** (›Höhlen der Hände‹) 1️⃣1️⃣ (s. S. 198 f.) in der gewaltigen Serpentinenschlucht des Río Pinturas, führt (ab Bajo Caracoles) eine rund 45 km lange Stichstraße. Für die Weiterfahrt nach Norden (nächste Etappe: die Kleinstadt Perito Moreno mit Tankstellen) bietet sich ein sehr lohnenswerter Schlenker durch Chile an (s. S. 200).

Das Dienstleistungszentrum **Perito Moreno** 12 (S. 370) ist mit dem am Lago Buenos Aires vor sich hinträumenden Gartenstädtchen **Los Antiguos** (einfache Unterkunft und Essen) durch eine 64 km lange Asphaltstraße verbunden. Die geschützte Lage an dem wärmespeichernden See hat dem Örtchen nicht nur ein gesegnetes Mikroklima für die Obsterzeugung (vorwiegend Kirschen), sondern auch alten Menschen – daher der Name ›Los Antiguos‹ – bekömmliche Temperaturen beschert. Diese milde Ecke am zweitgrößten Wasserspiegel Südamerikas war das ›Seniorenheim‹ der Tehuelche. Von Perito Moreno aus führt eine der wichtigsten Querachsen Patagoniens, die asphaltierte Route 43, zur Atlantikküste (ca. 310 km bis Caleta Olivia, 390 km bis Comodoro Rivadavia).

In die Kordillerenwälder

Bevor den Reisenden die dichten Gehölze von Andenzypressen, Alercen, Lengas, Tiques, Ulmos, Maitenes (›Kerzenbäume‹), Myrten und wilden Haselnußsträuchern aufnehmen, hat er auf dem Routenabschnitt zwischen **Perito Moreno** 1 (S. 370) und Esquel (530 km) eine ›Durststrecke‹ zu bewältigen, mit der nur gelegentliche Abwege zu – vom Tourismus fast noch unentdeckten – Andenfußseen versöhnen. Die erste Gelegenheit dazu bietet sich, nach dem Passieren von **Río Mayo** (kleines Hotel mit Restaurant, Tankstelle), von **Alto Río Senguer** aus (212 km ab Perito Moreno, einfache Unterkunft, Restaurant, Tankstelle) bei einem Besuch des rund 60 km entfernten **Lago Fontana**. Den lichtblauen See umzingeln zwei Uferstraßen, von denen die nördliche dichten Naturwald bis zum Lago La Plata durchläuft.

Ein zweiter, rund 90 km langer Erschließungsweg stößt 16 km nördlich von **Gobernador Costa** (einfache Unterkunft, Camping Municipal, Restaurant, Parrilla, Tankstelle) in das ausgedehnte Lagunengebiet um den **Lago General Vintter** vor, ist im wesentlichen jedoch nur für Angler interessant. Ausgangsbasis ist der Weiler **Río Pico** (Touristeninformation 9–13 u. 16–22 Uhr, Hospedaje, Camping Municipal, kleines Restaurant, Parrilla). Unter den von eins bis fünf numerierten Lagunen ist die von Südbuchenwald eingefaßte Laguna No. 4 die reizvollste. Ein nördlicher Abzweig zum Lago Vintter (Cabañas) dringt bis zu den Lagunas del Engaño vor.

Weiter nördlich, in der Corcovado-Region, schmückt sich die Vorkordillere mit endlosen dunkelgrünen Zypressenwäldern. Sie werden durchschnitten von der Querverbindung Tecka (RN 40) – Palena (Chile), die bei Carrenleufú die Grenze passiert. Wer auf dieser geographischen Höhe einen Anschluß an die Carretera Austral oder einen Abstecher nach Chiloé (über Chaitén) sucht, wählt jedoch besser den etwas weiter nördlich liegenden Grenzübergang von Río

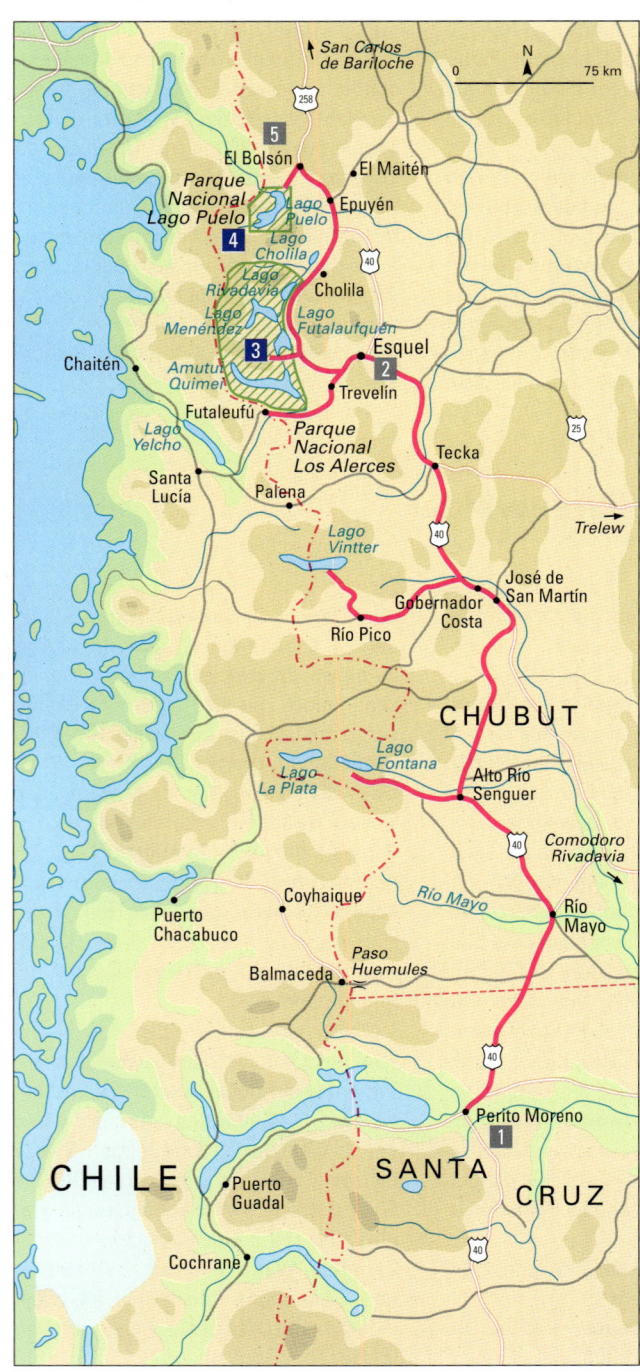

Die Kordillerenwälder

Mit dem Dampfroß durch die Steppe
Der Alte Patagonien-Expreß

Beeindruckender könnte sich die Weite Patagoniens nicht offenbaren als angesichts der nur 75 cm breiten Spur, die, unauffällig wie die Rillen eines Handkarrens, zwischen den Coiróngrasbüscheln die Meseta durchläuft. Gleich einer Modelleisenbahn auf einem Stoppelfeld zuckelt der *trencito*, das ›Zügelchen‹, einmal in der Woche schmachtend und pfeifend über das 402 km lange Schmalspurgleis, das Esquel mit Ingeniero Jacobacci verbindet. Seit 1922 ziehen Baldwin- und Henschel-Lokomotiven mit Lebendvieh, Wolle, Holz, Obst und Passagieren beladene Waggons durch die wogende Steppe, wo der furiose Wind auch schon mal für eine Entgleisung, der Schnee für einen Nasenstüber oder eine wandelnde Kuh für einen Zusammenstoß sorgen können. So anstrengend ist diese Fahrt, daß die betagten Maschinen, deren Ersatzteile heute im Ausbesserungswerk El Maitén handgefertigt werden müssen, pro Streckenkilometer 100 l Wasser verprusten. Findige Ingenieure (und gewitzte Schienenlieferanten) erleichterten den 45 t schweren Dampfloks die Schweißarbeit, indem sie die Trasse über ein Geschlängel von 640 steigungsmindernden Kurven führten.

Der *Viejo Expreso Patagónico*, der ›Alte Patagonien-Expreß‹, ist keine disneyhafte ›Museumseisenbahn‹, die Kaffeefahrten für Ausflügler unternimmt. Wer die insgesamt 15stündige Fahrt nach Ingeniero Jacobacci (oder umgekehrt nach Esquel) – in El Maitén, der Grenzstation zwischen den Provinzen Chubut und Río Negro, ist Zugwechsel – in einem der ofenbeheizten Holzwaggons unternimmt, darf sich noch einmal wie die Pioniere fühlen, die ihre ersten Häuser aus Eisenbahnschwellen (noch zu sehen) erbauten (Fahrplan s. S. 356).

Grande nach Futaleufú, der das panoramareichere Reiseerlebnis verspricht.

Farbe gewinnt die RN 40 – abgesehen von dem Rostrot der die patagonischen *caminos* begleitenden *vinagrillas* (›Essigkraut‹) – erst wieder mit der in einer weiten Felssenke von Weiden, Pappeln und Maitén-Bäumen umgrünten Kreisstadt **Esquel** 2 (S. 355). Der propere, von walisischen Siedlern 1906 gegründete Ort, in den letzten Jahren hurtig auf 25 000 Einwohner angewachsen, bietet das freundliche Gesicht eines auf naturnahen Tourismus ausgerichteten Brückenkopfs. Sein Bekenntnis zu einer sauberen Umwelt (›Atomfreie Stadt‹) hat Bezüge zur jüngsten Geschichte: 1991 wurde die geplante unterirdische Einlagerung von 3000 Atommüllbehältern in der Nachbarregion Gastre abgewendet. Die einzige erlaubte Verschmutzung ist nostalgischer Art und

Blick über den Lago Futalaufquen im Nationalpark Los Alerces

entstammt den alten Dampflokomotiven, die den geliebten ›Patagonien-Expreß‹ (s. S. 203) 400 km über die Meseta ziehen. Museales im Kleinformat findet der Besucher im Teehaus Vestry (Rivadavia 1065) hinter der backsteinernen Seion-Kapelle von 1904. Hier – im ersten argentinischen Museum für naive Malerei – werden zu den sphärischen Klängen des Öko-Musikers Jorge de Oro zehn verschiedene walisische Kuchen gereicht.

Zu Esquels Füßen liegen die dem Raunen der ältesten erhaltenen Lebewesen – 5000 Jahre alten Alercen – nachhorchenden Wälder, Seen und Gletscher des **Nationalparks Los Alerces** 3 (S. 369). In Unkenntnis dieses Zypressengewächses benannten es die ersten Spanier nach dem nächstähnlichen Nadelbaum, der Lärche *(alerce)*. Das über 2600 km² große Reservat, eher verschwiegen und noch ohne den Weltruf eines touristischen *must,* vereint in sich die Harmonie der schönsten Alpengewässer – mit einem großen Unterschied: es gibt so gut wie keine Uferbebauung und weniger als ein Hundertstel der Besucher, die mitteleuropäische Seen im Auto umkreisen.

Auf halbem Wege zum Stausee Amutui Quimei (geführte Besichtigungen des Kraftwerks von Trevelín aus) liegt das Gartenstädtchen Trevelín (*tre* = Dorf, *velín* = Mühle), wie Esquel eine walisische Gründung, mit der ersten Getreidemühle (heute Regionalmuseum) der Provinz Chubut. Unmittelbarer gelangt man in den Nationalpark auf einer (von Esquel aus) 42 km langen Asphaltstraße. Das am Südufer des **Lago Futalaufquen** eingerichtete Interpretationszentrum unterrichtet über die kleinen und großen Ausflugsziele: vom Spaziergang zum Wasserfall Cinco Saltos (3 Std.) bis zum Trekking an den Lago Krüger (= Krugger; 2 Tage), vom Besteigen des Cerro Alto El Dedal (8 Std.) bis zum Motorboot-Trip an den Alerzal (Alercen-Wald) zwischen dem Nordarm des Lago Menéndez und dem Lago Cisne. Der ›Methusalem‹ unter den zu bewundernden Alercen ist 2600 Jahre alt, 57 m hoch und hat einen Stammdurchmesser von 2,20 m. Die doppelt so alten, seit 5000 Jahren am Ufer des Südarms heimischen Alercen freilich sind vor jeder touristischen Invasion geschützt; nur noch drei andere Alercen-Wälder (einer davon bei Puerto Montt in Chile) gibt es auf der Welt.

Aber selbst der ›Autowanderer‹ kommt beim Durchstreifen dieses Naturparadieses auf seine Kosten. Die höhenverschiedenen Vegetationsgürtel der Bergwälder liefern ein lebendiges Beispiel für Nischensuche und natürliche Zonierung: ufernah die Arrayanes (Myrten) und Coihues; darüber Coligüe-Rohrstauden, erst mit Ñires, dann mit Lengas vermischt; schließlich nur noch zu Krüppelholz deformierte Lengas, die sich weiter oben zwischen Büschelgras und den die Felsen einspinnenden Flechten verlieren. Erstes Fahrtziel des von Süden Kommenden ist das hinter Puerto Limonao (Bootsanleger, organisierte Angeltouren) am Westufer des Lago Futalaufquén liegende prächtige Blockhauskastell der ›Hostería Futalaufquen‹ (Ende der Straße). Ein Schwenk zurück um das Südufer führt am Ostrand des Sees, seinem Nordarm und dem Río Arrayanes entlang bis zur Hängebrücke am Lago Verde, nach deren Überquerung man über einen 1 km langen Waldpfad zum Bootsanleger Puerto Chucao gelangt. Von Ferne zeigt der Cerro Tordecillas sein weißes Gletscherantlitz, während im Spätsommer im Vordergrund die roten Früchte von Tausenden von Hagebuttensträuchern, einer eingeschleppten ›Plage‹, in der Sonne leuchten. Weiter geht die Fahrt am Río, dann am Lago Rivadavia entlang nach dem 70 km (vom Info-Zentrum des Nationalparks) entfernten **Cholila** (Hostería, Restaurant, Tankstelle), einst das Räubernest der Butch-Cassidy-Bande (s. S. 206 f.).

Nur ein zwingenderen Zielen zustrebender Besucher vernachlässigt diese erbauliche Nationalpark-Route, um über die schnellere Asphaltstrecke (135 km ab Esquel) in die Zypressenwälder am **Lago Epuyén** (Hostería, Cabañas, Zeltplätze, Tankstelle) zu eilen. Der ernste, von Binsenufern gerahmte See erinnert an Landschaften von Lovis Corinth und beschwört, je nach Wetterlage, düstere Phantasien herauf. 1922 suchte eine Expedition des Zoos von Buenos Aires den unheimlichen Teich nach einem schwimmenden Saurier ab, dessen Vorbild das Ungeheuer von Loch Ness gewesen sein soll. Doch die bis heute größten Wasserbewohner sind Salmoniden geblieben, die einige Uferbewohner köstlich zu räuchern verstehen.

Über eine große Spitzkehre rund 50 km weiter im Norden fällt man unterhalb des Ortes Lago Puelo (Hostería, Cabañas, Zeltplätze, Tankstelle) den Zy-

Richtig Reisen Thema

Gruppenbild mit Dame
Butch Cassidys Räuberbande

So wie sich Piraten in den Weiten des Ozeans verloren, versteckten sich Banditen in der Endlosigkeit Patagoniens. Allerdings wurden die trügerischen Entfernungen zwei holländischen Seeleuten, die die Agrarbank von San Julián ausgeraubt und auf einem Motorrad mit Beiwagen das Weite – eben! – gesucht hatten, zum Verhängnis: ihnen ging das Benzin aus.

Ihre nordamerikanischen Vorbilder von 1905 wären, was viel sicherer war, auf Vollblutpferden davongeritten. Zu reiten hatten Robert Leroy und Harry Longabaugh als Cowboys in ihrer Heimat Utah gelernt, bevor die Polizei sie als Viehdiebe verfolgte. Vielleicht war das ein Fehler, denn nun avancierten sie zu Bank- und Eisenbahnräubern, und zwar so erfolgreich, daß sich Thriller-Autoren von ihren Gangsterstückchen anregen ließen und sie selbst sich die Künstlernamen ›Butch Cassidy‹ und ›Sundance Kid‹ zulegten. Mit dem Ruf ihrer Reitfertigkeit wetteiferten die Legenden von ihrer Treffsicherheit. Zielansprachen hatten sie im Galopp geübt. Mit der aus dem Holzfutteral gezogenen Parabellum ließen sie an den Telegraphenstangen die Isolatoren zerplatzen, ehe ihnen, später in Patagonien, sogar das Durchschießen der Drähte gelang. Doch noch geschickter soll Etta Place, die Dritte im *wild bunch*, mit ihrer Kanone umgegangen sein. Dafür hat der Gouverneur von Chubut

pressen- und Coihuewäldern des **Nationalparks Lago Puelo** 4 in den Rükken. Die biologische Besonderheit dieses nur knapp 240 km² großen Reservats – des kleinsten der patagonischen Anden – rührt von seiner geographischen Lage her: einem ansonsten typisch chilenischen Vegetationstypus, dem Valdivianischen Regenwald, gelingt hier, auf nur 200 m Höhe über dem Meeresspiegel, von den Ufern des (chilenischen) Lago Inferior aus die Transgression nach Osten. Das türkisfarbene Kolloid des Puelo-Sees spenden fünf Gletscherbäche, die sich von den umliegenden Bergketten herunterstürzen. In diesem geschützten Kessel erlaubt es ein ungewöhnlich mildes Mikroklima, im Südsommer an einigen Stellen sogar zu baden (Wassertemperatur: 18–19 °C). Zu den raren Spezies der örtlichen Fauna gehören Huemul (Südlicher Andenhirsch) und Pudú (Zwerghirsch). Sechs, teils unberührte Pfade erschließen die großartige Waldlandschaft bis nach Chile hinein (detaillierte Beschreibungen bei der Nationalpark-Verwaltung).

Das Klimabecken, in dem alle Sorten von Feinobst gedeihen, schließt als Hauptort **El Bolsón** 5 (S. 352) ein, dessen zerrupftes Zentrum nicht verrät, daß sich persönlich verbürgt. Als ahnungsloser Gast des charmanten Trios überzeugte er sich in Cholila seinerzeit von der Feuerkraft der Räuberbraut. Aber wie war die Troika an dieses Ende der Welt gekommen?

Als heißverfolgte Spitzenkunden der Detektivagentur Pinkerton landeten die Gangster ihren letzten heimatlichen Coup in Form eines ›Kassensturzes‹ bei der First National Bank von Winnemucca in Nevada. Beim Direktor der Kreditanstalt bedankten sie sich nach dem Überfall mit einem Gruppenfoto für die fette Beute. Eigentlich hatten sie sich nur das Fahrgeld für eine Schiffsreise nach Buenos Aires besorgen wollen, aber nun reichte es sogar zum Kauf einer hübschen Latifundie in Patagonien.

Ihre Cowboyherzen schlugen höher, als sie sich in ›Gaucholandia‹ wieder frei fühlen konnten; Pinkerton war weit weg und Interpol noch nicht erfunden. Im verschlafenen Cholila eröffneten die sympathischen Gringos einen Krämerladen und übten an der Theke soziale Gerechtigkeit. Ihre spendablen Gesten gegenüber dem Landvolk behielten sie auch noch bei, als ihre Ertragskraft schwächer und die Versuchung zu gewaltsamer Refinanzierung wieder größer wurde. Nach einem Bankraub in Río Gallegos nahm ihr Ruf Robin-Hood-artige Züge an. Niemand – außer einem gelegentlich entführten Estanciero – hat sich je über die kriminelle *ménage à trois* beklagt, in der der (bei Überfällen) verkleidete dritte Mann Etta war.

Natürlich mußte Hollywood einen so pikanten Stoff verarbeiten, auch wenn dabei manchmal das Webmuster verrutschte. Doch wer kennt die Wahrheit? Spätere Zeugen wollen die von der Polizei abgetrennten Köpfe der Banditen in Argentinien gesehen haben. Andere schwören darauf, die Verwandlungskünstler hätten Ersatzleichen besorgt, um höchstamtlich zu ›sterben‹ und an anderer Stelle wieder aufzutauchen. Noch nach 1920 behaupteten Beobachter, Etta, Butch oder Sundance Kid in Alaska, Bolivien, Mexiko beziehungsweise in jenem Wilden Westen wiedergesehen zu haben, wo sie herkamen.

sich hier 17 000 Einwohner verbergen. Einst Refugium stadtflüchtiger Hippies, haben sich die Kommunen in Individuen aufgelöst, die Spontanbauten zu Blockhäusern gemausert, die Marihuanakulturen in Kräuterfluren verwandelt. Geblieben ist das Ortssignum: »Die Erde ist unser Boden, die Berge sind unsere Wände, der Himmel ist unser Dach.« Im Schutze des an das Karwendelgebirge erinnernden Piltriquitrón-Massivs (›das in den Wolken Hängende‹ – in der Sprache der Mapuche) gedeihen nicht nur Argentiniens Hopfengärten trefflich, sondern auch die geistigen Früchte von Poeten, Malern und anderen Apologeten eines alternativen Lebens.

Reizvolle Trekkingpfade führen von El Bolsón aus zu dem (auch mit dem Auto erreichbaren) Valle del Azul, auf den 2284 m hohen Piltriquitrón (bewirtschaftetes Refugio), durch berauschenden Naturwald zur Cascada Escondida und zum Lago Tricolor (bewirtschaftetes Refugio). Der in rund 2000 m Höhe liegende See erhielt seinen Namen aufgrund der zugleich blauen, bläulich-violetten und grünen Einfärbungen. (Anmerkung: El Bolsón ist für nach Norden Reisende der letzte Ort, in dem Benzin zum halben Preis getankt werden kann.)

Die ›Argentinische Schweiz‹

Von Waldgebirgen umhüllt, strebt die (mittlerweile durchgehend asphaltierte) RN 258 von **El Bolsón** 1 (S. 352) aus nach Norden. Drei bemerkenswerte Transversalen scheren von der Straße nach Westen aus. Bei **Río Villegas** (rund 60 km ab El Bolsón) bietet sich ein dem Río Manso stromab folgender Trekkingpfad zur chilenischen Grenze an (der Fluß entwässert in den Pazifik). Nur 12 km weiter, bei **Pampa del Toro**, führt ein 10 km langer Stichweg zum einsamen Lago Steffen (Hostería, Zeltplätze), von wo aus ebenfalls eine – hier dem Lago Martín und einer Lagunenkette folgende – Wanderroute nach Chile läuft.

Bei **Villa Mascardi** schließlich zweigt ein das Südufer des sichelförmigen Lago Mascardi säumender Fahrweg ab, der sich nach 10 km gabelt. Die rechte Spur folgt weiter dem See, taucht später ins weite Tal von Pampa Linda ab (Hostería) und endet nach 40 km zu Füßen des wortgewaltigen **Monte Tronador** (›Donnerer‹; 3478 m) 2. Das im Frühjahr weithin hörbare Herabpoltern der Eis- und Schneemassen gab dem Bergriesen seinen Namen. Im Sommer rinnen Gießbäche wie Silberfäden über die schwarzen Felskanzeln. Der Abrieb dunklen Lavagesteins sorgte auch für das Phänomen des am Wege liegenden **Ventisquero Negro** (›Schwarzer Gletscher‹). Ein kleines Café lädt zum Picknick ein. (Anmerkung: Wegen Straßenenge Auffahrt Richtung Tronador nur bis 14, Abfahrt erst ab 16 Uhr.)

Die linke Abzweigung streift nach 18 km den **Lago Hess** und überrascht dann mit der schönen ›grünen Hölle‹ der **Cascada Los Alerces** 3, mehr ein von Felstrog zu Felstrog springender Urwaldfluß als ein braver Wasserfall. Am Parkplatz eine gemütliche Hostería. (Anmerkung: Die Auffahrt ist zwischen 10.30 und 13 Uhr gesperrt.) Von der Kaskade aus lassen sich auch der nahe Lago Fonck und der Lago Roca (an beiden Zeltplätze) erwandern.

Die Hauptstraße (RN 258) windet sich am Waldufer des Lago Gutiérrez entlang und löst sich, die offene Ebene erreichend, im Weichbild von **San Carlos de Bariloche** 4 (S. 381) auf. Die im Herzen des Nationalparks Nahuel Huapi am Südufer des gleichnamigen Sees liegende Stadt ist in den letzten 20 Jahren auf das Vierfache ihrer Größe angewachsen und beherbergt heute über 100 000 Einwohner. Seinen quasi-alpenländischen Charakter verdankt der auf einer glazialen Endmoräne thronende Ort dem langjährigen Nationalparkpräsidenten Exequiel Bustillo, der das nordpatagonische Seengebiet in eine ›Argentinische Schweiz‹ verwandelt sehen wollte. Die Bezeichnung und Grundzüge dieses Ebenbildes haben sich bis heute erhalten, nicht aber die helvetische Akribie, mit der Bariloches Stadtplanung einst begann.

1940 errichtete man aus grünen Toba-Quadern – tertiärem Gestein aus der Zeit, als Patagonien noch vom Meer bedeckt war – das exemplarische Centro Cívico (Bürgerzentrum), wo Gemeindeverwaltung, Touristeninformation, Post, Polizei, Museum und Bibliothek untergebracht sind. Doch allzu rasches Wachstum und der massive Zuzug Ortsfremder, die auf schnelle Gewinnmitnahmen aus waren, haben die Stadt mit widersprüchlichen Bauformen durch-

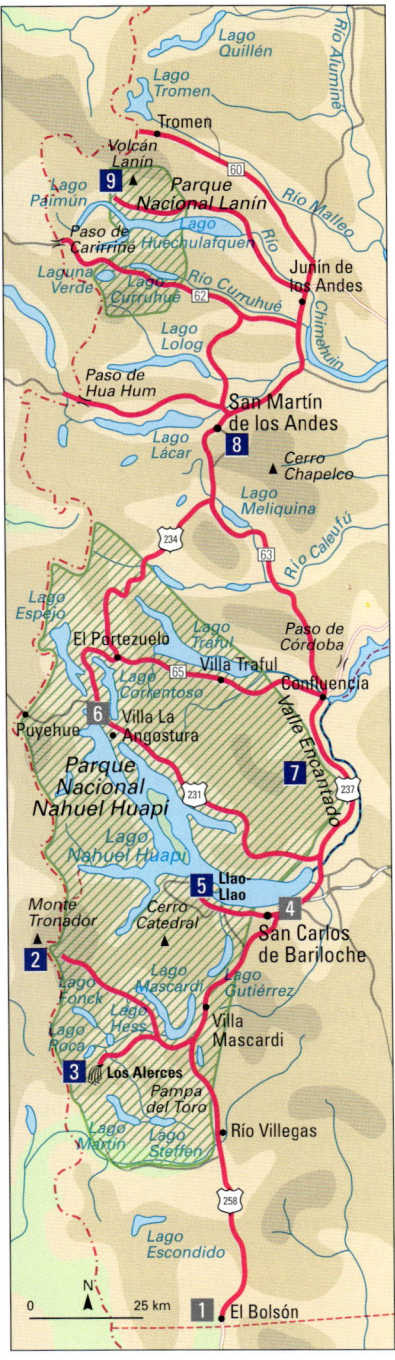

setzt. Stilpflegende Ausnahmen, wie der Sitz des Club Andino, das Eckgebäude der Aerolíneas Argentinas oder das Giebelhaus an der Ecke Mitre/Rolando retteten einen Teil des Ortsbildes, in dem aber heute nur noch wenige Pionierhäuser zu finden sind.

Pionier und Gründer Bariloches war der deutschstämmige Carlos Wiederhold, dem der Ortsname den Vorspann ›San Carlos‹ verdankt. (Wiederhold war kein ›Heiliger‹, vielmehr verwechselte ein Ausländer die Anrede ›Don‹ mit ›San‹ – und dabei blieb es.) Das Wort ›Bariloche‹ selbst entstand aus der spanischen Verballhornung der indianischen Bezeichnung ›Vuriloche‹ für den nahen Andenpaß.

Heute besuchen 600 000 Touristen jährlich diese bedeutendste Kordillerenstadt, viele jedoch nur auf dem Wege in das äußerst reizvolle, von dichtem Bergwald bestandene Hinterland. In den vier Nationalparks Los Alerces, Lago Puelo, Nahuel Huapi und Lanín verstecken sich 105 Seen und Lagunen. Mehrere tausend Kilometer Fließlänge weisen die verbindenden Wasserläufe auf. Bariloche selbst ging mit seinem – heute bis weit nach Westen bebauten – Seeufer nicht sehr pfleglich um. Bezeichnenderweise wurde hier – bis zur 30 km entfernten Bahía López – die erste Asphaltstraße Patagoniens angelegt.

Von ihr aus pendelt eine Gondelbahn zum Drehrestaurant auf dem **Cerro Otto**, Bariloches Hausberg, Start und Ziel mehrerer Kurzwanderungen. Etwas weiter geleitet eine Abzweigung zum **Cerro Catedral**, wo sich im Winter 32 Lifts bewegen: Südamerikas größter Skizirkus. Und noch etwas weiter, am Puerto Pañuelo (km 25), dümpelt eine

Die ›Argentinische Schweiz‹

Das Hotel ›Llao Llao‹ am Lago Nahuel Huapi

Flotte von Katamaranen und Ausflugsbooten, die die Touristen über den See transportieren – am häufigsten zum **Bosque de Arrayanes** (›Myrtenwald‹), an dessen ›Cabaña de Walt Disney‹ man sich gerne vorstellt, hier sei dem Schöpfer des Bambi die Idee zu dem Film gekommen. Stolzestes Zeugnis des Willens, aus dieser Gegend eine »planetarische Berühmtheit« (Bustillo) zu machen, ist das 16 000 m² große **Hotel ›Llao Llao‹** 5 hoch über dem See, der ›Dinosaurier‹ unter den Andenresorts.

So hatte sich der *Perito* (Sachverständige) Francisco Pascasio Moreno, Wegbereiter der argentinischen Naturschutzbewegung, die Entwicklung wohl kaum vorgestellt, als er zu Beginn des 20. Jh. 75 km² Urwald am Westzipfel des Lago Nahuel Huapi zum Kerngebiet dieses Reservats – eines der ersten der Welt – bestimmte. (Moreno ruht in einem Mausoleum auf der Insel Centinela im Nahuel-Huapi-See.)

Das dem später erweiterten Nationalpark abgerungene Gemeindeland Bariloches umfaßt inzwischen 200 km² – mehr als das Stadtgebiet von Buenos Aires. Im Ort selbst locken Sportboutiquen, Pralinengeschäfte (es gibt zwölf Schokoladenhersteller), Konditorläden und Feinkosthandlungen (Wildfruchtmarmeladen, Forellen-, Hirsch- und Wildschweingeräuchertes) zum ausgiebigen Einkauf.

Ein halbtägiger Schiffsausflug führt zur **Isla Huemul** (ab Seepavillon unterhalb des Centro Cívico). Die unter Denkmal- und Naturschutz stehende Insel mit dem Grab des Kaziken Güemul ist heute allerdings mehr ein makabres Kuriosum als ein Erbauungszentrum. Fabrik- und Laborruinen zeugen von der Zauberlehrlingszeit des österreichischen Physikers Dr. Richter, der hier 1949–1952 im Auftrag Peróns Atomversuche durchführte. Nachdem sich eine im März 1951 bekanntgegebene ›kontrollierte Kernfu-

Am Río Limay im Valle Encantado

sion‹ als Flop herausstellte, wurde das windige Projekt abgebrochen.

Eine echte (im Sommer ein-, im Winter zweitägige) See(n)reise führt nach Puerto Montt in Chile. Bei diesem panoramareichen *Cruce de Lagos* überquert man im Angesicht der Vulkane Puntiagudo und Osorno die Seen Nahuel Huapi, Frías und Todos los Santos; bereitstehende Busse überwinden die Landbrücken (Alleinveranstalter: Andina del Sud, Buchung über ein Reisebüro).

Von den Nahzielen an Land bietet sich die am Ende der sogenannten ›Kleinen Schleife‹ *(Circuito Chico)* südlich des Seeufers liegende **Colonia Suiza** (›Schweizer Kolonie‹) mit ihren urigen Teestuben zugleich als Startpunkt für Bergwanderungen zum Cerro López (Refugio für 100 Personen) und zum Refugio Italia (für 60 Personen) an. Als schönste Berghütte lockt das Refugio Emilio Frey (für 40 Personen), beliebte Basis für mehrere Klettertouren. Verlockendstes Bergziel der Region ist der Tronador (ab Pampa Linda, ratsamerweise mit Führer), eine erlebnisreiche 3-Tages-Tour mit Pickel und Steigeisen. Die beim Club Andino Bariloche zu erwerbende Broschüre ›Guía de Senderos y Picadas‹ informiert über diese und weitere Routen.

Für Flachlandtouristen sind die Naturschönheiten Bariloches vor allem längs der ›Großen Schleife‹ *(Circuito Grande)* aufgereiht. Dieser Rundfahrweg säumt das Nordufer des Lago Nahuel Huapi bis zur Waldsiedlung **Villa La Angostura** 6 (Touristeninformation, gute gastronomische Infrastruktur), wendet sich dem Lago Espejo zu (32-km-Abzweig zum – ganzjährig geöffneten – Grenzübergang nach Chile: Puyehue–Osorno) und dringt hier in Urwälder ein, die wahrlich von Riesen bewohnt sein könnten. Weiter geht es am Lago Correntoso (Hostería, Zeltplatz) entlang nach **Villa Traful** (2 Hosterías, Zeltplätze) am gleichnamigen See, dessen Panorama man am besten von der wenige Kilometer weiter östlich auf einer Felsnase liegenden Aussichtskanzel El Mirador aus erfaßt. Die Straße mündet bei Confluencia in die RP 237, die, dem Lauf des Río Limay flußauf folgend – er entwässert den Nahuel-Huapi-See –, 60 km weiter südlich wieder Bariloche erreicht.

Bei Confluencia wird der Blick von den phantastischen Zackenkämmen des **Valle Encantado** (›Verwunschenes Tal‹) 7 gebannt. Die gestalthaften Andesit- und Tobaformationen, von denen der ›Finger Gottes‹ nur eine ist, sind Zeugen 30–50 Millionen Jahre zurückliegender Vulkaneruptionen im Zuge der Erhebung der Anden. (Den *Circuito Grande* im hier beschriebenen Uhrzeigersinn abzufahren, wird empfohlen, um das Valle Encantado nachmittags im besten Fotografierlicht anzutreffen.)

Auf dem Wege zum nächsten Ziel, San Martín de los Andes, konkurrieren zwei Routen miteinander. Die westliche, über die Sieben Seen – der *Camino de los Siete Lagos* (200 km) –, verspricht eine Waldfahrt mit abwechslungsreichen Uferlandschaften, die östliche über den Paso Córdoba und den Lago Meliquina (140 km) wartet vor allem mit dem Spektakel bizarrer Felsformationen auf. Optimal löst das Dilemma, wer sich rund 20 km mehr zumutet und ein großes ›S‹ beschreibt: Bariloche–Confluencia–Villa Traful–El Portezuelo und dann über die Seenroute (RP 234) nach San Martín de los Andes.

Die bequeme Tallage am Ufer des Lago Lácar, die Lehren aus dem Beispiel Bariloches und von jeher eine mehr der Bewahrung als der ›Landschaftsentwicklung‹ zugeneigte Lokalphilosophie haben **San Martín de los Andes** 8 (S. 385) zum schönsten Gebirgsort Südargentiniens werden lassen. Die den Chroniken gemäß bereits 1898 nach dem Abschluß der Feldzüge gegen die Indianer gegründete Siedlung legte sich erst in den letzten zwei Jahrzehnten ihr kurstädtisches Gesicht zu: breite Alleen, von Birken und Rosen gesäumte Trottoirs und ein reiches Ensemble chaletartiger Häuser, die die 19 000 Einwohner gleichsam zu verschlucken scheinen. So viele landschaftsbezogene und dabei zugleich konservative wie originelle Bauformen (kein Flachdach, kein Hochhaus) findet man selten in einer südamerikanischen Stadt. Was Wunder also, daß sich der III. Iberoamerikanische Kongreß für Regionalarchitektur 1995 ›San Martín de los Árboles‹ (›San Martín der Bäume‹) – ein Ortskosename sozusagen – zum Konferenzort erkor. Warum jedoch tagte man ausgerechnet im einzig verunglückten Bauklotz der Gemeinde – dem ersten Hotel am Platz? Wohl um es selbst nicht von außen, den Ort aber aus der Höhe wie eine Modellstadt daliegen zu sehen.

San Martín de los Andes bildet – zusammen mit dem benachbarten Junín de los Andes – sowohl die Eingangspforte zum rund 3800 km^2 großen **Nationalpark Lanín** als auch den Startpunkt für vier große Andenpaßrouten, die im chilenischen Seengebiet ihre Fortsetzung finden. Schneegekrönter Star unter den Gipfeln der Region – und ›schönster Berg Argentiniens‹, sagt man – ist der erloschene **Vulkan Lanín** 9 (und genau das bedeutet der Name in der Sprache der Mapuche: ›ausgelöscht‹), dessen 3776 m hoher Kegel das Ebenmaß des Fudschijama nachzuzeichnen scheint. Der Lanín kann bestiegen werden. Skigelaufen aber wird am Cerro Chapelco (2394 m, 11 Liftanlagen), wenn sich San Martín im Winter in eines der beliebtesten Zentren für Abfahrtsläufer verwandelt. In ihrem festlichsten Gewand zeigt sich die Bergregion im

Herbst (um die Osterzeit). Dann schwelgen die Wälder in einem Farbenrausch, wie man ihn auf dem Kontinent sonst nur noch im Süden Feuerlands und in Neuengland findet. Zwischen dem vielfach abgestuften Immergrün von Kordilleren-Zypressen, Coihue und Coligüe-Bambus leuchtet das Ocker der Robles auf, glühen die Ñires in Purpur und Karmin, entzünden sich die Lengas zum Rotviolett und flammen die hier ›Exoten‹ darstellenden Pappeln auf wie gelbe Fackeln. Hält diese Pracht bis zum ersten Schneefall an und blendet die Sonne noch die Blautöne von Himmel und Seen ein, dann ist das Chromatogramm komplett.

Das 42 km nördlich von San Martín gelegene **Junín de los Andes** ist ein großflächiges Straßendorf ohne ortseigene Attraktionen. Seine 9000 Einwohner arbeiten in der Gewerbezone oder sind Provinzbeamte. Touristisch hat der Ort nur als Ausgangspunkt für einige Exkursionen Bedeutung (Touristeninformation an der Plaza, mittlere touristische Infrastruktur, kleines Mapuche-Museum).

Ein ganzer Kranz von Tourenmöglichkeiten umgibt diese Orte. Im Nahbereich von San Martín gewährt der 9 km entfernte Mirador Bandurrias den schönsten Blick über die Stadt und den Lago Lácar. Trekker und Reiter werden am Lago Queñi (freies Zelten) mit einem der malerischsten Wasserspiegel der Waldkordillere (3 Wanderstunden weiter heiße Thermalquellen) belohnt. Bergfreunde zieht vor allem der Lanín mit seinen Steigpfaden in den Bann: Von Puerto Canoa am Lago Huechulafquen aus gelangt man auf der Picada Rucu-Leufu bis über die Baumgrenze des Vulkans (grandioser Blick!) und ab da, in Richtung auf den Gletscher der Südwand, in ca. 4 Stunden zum Refugio des Club Andino Junín de los Andes (für 12 Personen).

Für Autowanderer führt die ansprechendste der regionalen Andenrouten wenige Kilometer nördlich von Junín über die RP 60 zum Grenzübergang **Tromen**–Mamuil Malal. Die eintönig beginnende Strecke gewinnt in dem Maße an Reiz, wie der geradezu magnetisch wirkende Lanín auf den Reisenden zukommt. Sobald man sich dem Tor des Nationalparks nähert, posieren mächtige Araukarien im Bildvordergrund. Sodann bietet sich der in einen dichten Waldpelz gehüllte Lago Tromen nicht nur als reizvolles Refugium an (Hostería, 3 Zeltplätze; die Furt des Río Turbio ist zeitweise nur mit Allrad-Antrieb zu durchfahren), sondern auch als Basislager für Gipfeltouren auf den Vulkan. Nach Chile hinüberpendelnde Grenzgänger erwarten dort die schmucken Orte Pucón (von hier aus – technisch relativ einfache – Besteigung des tätigen Vulkans Villarrica bis zum Kraterrand möglich) und Villarrica.

Eine zweite, dem Lanín als weithin sichtbarem Navigationszeichen folgende Tour führt von Junín de los Andes aus am Nordufer des **Lago Huechulafquen** entlang bis zum Schwestersee **Lago Paimún** (an der Strecke 2 Hosterías, Zeltplätze und Basen für Trekkingtouren).

Sowohl von San Martín – in diesem Falle über den Lago Lolog – als auch von Junín de los Andes aus läßt sich die chilenische Grenze gleichfalls auf einer am **Lago Curruhué Chico** beginnenden Seenroute ansteuern. Das zweite Gewässer auf diesem Weg, der langgestreckte **Lago Curruhué Grande,** überrascht mit schönen Araukarienhainen; an der Laguna Verde erinnert eine breite, durch eine eiszeitliche Gletscherrinne laufende Lavazunge – der Escorial

– an den sagenumwobenen Vulkan Huanquihue, dessen von der Ostwand herabstürzende Wasserfälle (Fernblick) von hier aus in 2 Stunden erwandert werden können. In den Mooren am Lago Epulafquen blubbern nicht weniger als 22 Thermalquellen (nur sehr rudimentäre Infrastruktur). Die Straße überquert am **Paso Carirriñe** die Grenze (geöffnet nur im Sommer tagsüber) und läuft auf Panguipulli als ersten chilenischen Bezugsort zu.

Ein ganzjährig geöffneter Grenzübergang ist der von **Hua Hum** (mit Pirehueico als erstem Zielort in Chile). Hua Hum bedeutet soviel wie ›nasse Stelle‹ oder auch – für einen Hüttenbewohner konkreter – ›Loch im Dach‹. Jedenfalls erreicht man den regenreichen, mit nur 659 m Höhe niedrigsten Andenpaß von San Martín de los Andes aus über die waldreiche, hoch über dem Nordufer des Lácar-Sees entlangführende RP 48. Sie durchläuft eine der wenigen von Chile nach Argentinien hineinreichenden Zonen Valdivianischen Regenwaldes. Dieser vorwiegend aus Südbuchen und Alercen, im Unterwuchs aus Farnen, Lianen, Coligüe-Rohr und dem rhabarberartigen Pangue bestehende Vegetationstyp entwickelt sich nur bei dauerhaften Niederschlägen und unter 1200 m Höhe. Der Urwald am Hua Hum ist das Habitat des hier noch in einigen Populationen vorkommenden, ansonsten vom Aussterben bedrohten Pudú, des kleinsten Mitglieds der Hirschfamilie.

*Der Vulkan Lanín,
im Vordergrund Araukarien*

Vulkan Lanín

Durch Araukanien

Im Krater des **Lanín** lebte, so eine araukanische Sage, die grimmige, gleichwohl naturbeschützende Gottheit Pillán, und ließ, unzufrieden mit dem Treiben der Menschen, den Vulkan Feuer und Lava spucken. Nur das Opfern des liebreizendsten Mädchens im Lande könne den erzürnten Pillán versöhnen, lautete das Orakel des Mapuche-Schamanen. So fiel die Wahl auf die Kazikentochter Huilefún, und die Prinzessin nahm ihr Schicksal ohne Klage an. Ein Kondor trug sie hoch in die Lüfte, ließ sie in den Krater fallen, und augenblicklich gebot Pillán dem Vulkan, so ruhig zu werden, wie er sich bis heute dem Betrachter darbietet.

Ehrfurcht und Verehrung gegenüber diesem Solitär unter den patagonischen Bergen haben sich erhalten. Einsam überragt der Lanín alle Erhebungen der sich von hier aus nach Norden dehnenden Mapuche-Region. Daß die Spanier diese einst vom heutigen Chile aus über die Anden gekommenen Indios ›Araukaner‹ nannten, lag an deren besonderer Diät: sie ernährten sich hauptsächlich von den (auch für den Winter eingelagerten) Früchten der Araukarie, den krallenförmigen, nach Nuß schmeckenden *piñones* der Zapfen. Die majestätische, bis zu 40 m hohe Araukarie – *pehuén* in der Sprache der Mapuche – schmückt die Vorkordillere wie mit riesigen Leuchtern.

Pehuenia heißt bezeichnenderweise der umwaldete, vom Lago Aluminé, dem Lago Moquehue und dem Lago Ñorquinco gebildete Seenring unweit von **Aluminé** 1 (Touristeninformation im Kiosk an der südlichen Ortseinfahrt; einfache gastronomische Infrastruktur).

Zu dem Örtchen gelangt man über eine (ab Junín de los Andes) 102 km lange Straße (RP 23), die eine auf- und abwogende Steppenlandschaft durchläuft, bevor sie in das von steilen Felsen flankierte Wildwassertal des Río Aluminé eintaucht. In dieser springlebendigen Rinne werden alljährlich (im November) die argentinischen Kajakmeisterschaften ausgetragen. Schöne Tagestrekkingrouten führen in den 7 km langen **Cañadón Malalco** (3 Std. bis zur Laguna Negra) und, auf einem fast gleichlangen Weg, zum **Lago Hui Hui**.

Verläßt man Aluminé in westlicher Richtung, so gelangt man nach 23 idyllischen Autokilometern zur Mapuche-Kolonie **Ruca Choroy** am Südostufer des gleichnamigen Sees. In dieser kleinbäuerlichen Streugemeinde gewinnt der Besucher einen unmittelbaren Eindruck von der aktuellen Lebensweise eines alten Kulturvolkes, das sich gleichwohl noch des Ochsenkarrens bedient und wie eh und je den jährlichen *piñoneo* – das Sammeln der Araukarienzapfenkerne – pflegt. Zur Erntezeit (in der Osterwoche) wird in Aluminé das Pehuén-Fest gefeiert.

Nördlich des Lago Aluminé läuft die von Zapala kommende Fernstraße 13 auf den **Paso de Icalma** (1296 m, geöffnet Nov.–Mai) zu und verbindet in Chile mit Cunco und Temuco. Nur rund 45 km weiter nördlich überquert die ebenfalls von Zapala ausgehende RN 22 den **Paso de Pino Hachado** (1884 m, geöffnet Dez.–Mai), um in Chile (über Lonquimay) gleichfalls Temuco, die Hauptstadt der dortigen Provinz Araucanía, zu erreichen. Zwischen diesen beiden Pässen findet man beiderseits des Kordilleren-

kamms in mehr als 1000 m Höhe die größte Konzentration von Araukarienwäldern, obwohl sich diese noch bis zum Lago Caviahue weiter im Norden hinziehen. Östlich dieser Linie und vorwiegend im Dreieck Junín de los Andes –Aluminé–Zapala sind, als beschirmten die Bäume ihre Schützlinge, auch die meisten der 35 in der Provinz Neuquén ansässigen Mapuche-Gemeinden verwurzelt.

Das Mapuche-Wort *neuquén* bedeutet ›kühn‹, und kühn war auch die Idee, an der Gleisspitze der 1904 bis hierher gebauten Eisenbahnlinie eine Stadt – heute die bedeutendste Patagoniens – entstehen zu lassen. Ihre Urzelle bildete das ›Koblenz‹ des Südens: Confluencia, am Zusammenfluß von Río Limay und Río Neuquén gelegen, die sich zum mehrere Kilometer breiten Río Negro vereinen. Dieser bewässert die bis nach Chichinales reichenden Obstkulturen des Alto Valle (›oberes Flußtal‹), von deren Ernte heute 60 % in den Export gehen. Als ›Energiereiche‹ aber bezeichnet sich die Provinz vor allem, weil sie mehr als die Hälfte der argentinischen Erdgasreserven birgt, 57 % des Petroleumaufkommens und zwei Drittel der Elektrizität (vorwiegend aus Wasserkraft) liefert. Einen Teil dieser Energie erzeugt der mächtige Stausee Embalse Cerros Colorados. Im bunten Sedimentgestein des südlich anschließenden Hügellandes trifft man auf eine der ergiebigsten Saurierfundstätten der Welt (s. S. 218 f.). **Neuquén**, die 120 000 Einwohner zählende Provinzhauptstadt, ist als Knotenpunkt der Vorandenregion über zwei wichtige Verkehrsachsen mit Buenos Aires verbunden. Eine 1994 eingeweihte transandine Erdölleitung zum

Araukanien

Surassic Park – Argentiniens Saurier-Register hält Rekorde

»Ihr besitzt den Großen, aber ich habe den Kleinen«, sagte der Bauer Roberto Saldivia, als er im April 1995 einen Plastikbeutel mit Zähnen, Kiefer- und Wirbelknochen in Huincul (Provinz Neuquén) ablieferte. Der ›Große‹ war der auf den wissenschaftlichen Namen *Argentinosaurus huinculensis* getaufte größte Pflanzenfresser unseres Planeten, dessen Skelett im dortigen Museum Carmen Funes aufgestellt ist. Der ›Kleine‹ – 90 Millionen Jahre alt, wie die Radiokarbonmessung ergab – ist der primitivste bisher bekannte Iguanodon. Er wird, dem Finder zu Ehren, Saldivias latinisierten Namen tragen, nicht anders als das im ›Mondtal‹ von dem Pirschgänger Victorino Herrera gefundene Riesenreptil heute *Herrerasaurus* heißt.

15 verschiedene Sauriergattungen, dazu Hunderte von Nestern und Nestlingen wurden in Argentinien bisher entdeckt, ja im Mai 1995 stieß man am Paso del Sapo (›Krötenpaß‹) in Chubut auf ein 170 Millionen Jahre altes Exemplar, dessen Haut noch erhalten war. Bereits zwei Jahre zuvor hatte der ehemalige Schweinehirt (heute Direktor des paläontologischen Museums von El Chocón) Rubén Carolini den schwergewichtigsten fleischfressenden Saurier der Erde gefunden: 15 m lang, 8 m groß und mit 22 cm hohen Sägezähnen bewaffnet. Dieser (97–105 Millionen Jahre alte) *Giganotosaurus carolinii* stellte sogar den als Urschreck bekann-

ten *Tyrannosaurus rex* in den Schatten. Damit gilt das Land, neben der Wüste Gobi und den Höhenzügen längs der chinesischen Seidenstraße, als eine der ergiebigsten Fundstätten der Welt – und nennt sich nun, im Anklang an Steven Spielbergs ›Jurassic Park‹, gerne ›Surassic Park‹ (*sur* = Süden).

Doch nicht die Anzahl der Funde allein, sondern deren Alter, Erhaltungsgrad und die Qualität innewohnender ›latenter Informationen‹ bestimmen den Rang einer Fossilienregion. Insofern könnte Argentinien mit einigen seiner versteinerten Schätze in das ›Guinness Buch der Rekorde‹ eingehen. Nicht nur erreichte der *Argentinosaurus* zu Lebzeiten das unübertroffene Gewicht von zehn afrikanischen Elefanten, der 1991 in San Juan ausgegrabene kleine *Eoraptor* dürfte sich, wie das ›Time‹-Magazin es ausdrückte, als der ›Stammvater des Dinosaurier-Clans‹ erweisen: 230 Millionen Jahre ist er alt.

Als Nordpatagonien in der Kreidezeit an einem vom warmen Wasser des Pazifiks bespülten und von Korallen bewohnten tropischen Golf lag, wimmelte das Land von Krokodilen, Boas und Sauriern, von denen sich einige schon von den gleichen Araukarienkernen ernährten, die den 100 Millionen Jahre später auftauchenden Ureinwohnern einmal zur Lebensgrundlage werden sollten (s. S. 216). Aber warum starben gerade die Riesenechsen vor etwa 65 Millionen Jahren aus? Litten sie, bei ihrem mit Hängebrücken vergleichbaren Knochenbau, unter Bandscheibenproblemen? Oder machten, bei zunehmendem Gewicht, ihre Herzen nicht mehr mit (ihre bis zu 11 m langen Hälse stellt man sich teilweise mit acht Pumporganen ausgestattet vor)? Konnten sie sich nicht der Evolution im Pflanzenreich anpassen – ähnlich wie Australiens Koalabären einzig von Eukalyptusblättern als Nahrung abhängig sind? Die meisten Forscher neigen zu einer Katastrophentheorie: Der Einschlag eines Meteors, eines Kometen, Vulkanausbrüche, Aschenregen und die verheerenden Folgen in der Atmosphäre könnten die Spezies ausgelöscht haben.

Der an Augenblickslösungen gewohnte moderne Mensch, meinte der argentinische Paläontologe Fernando Novas in einem Gespräch mit der Naturschutzorganisation Vida Silvestre, stelle sich gerne sensationelle Effekte vor. Das könne man auch anders sehen. Evolutionär betrachtet, lebe die Sauriergattung zum Beispiel im Pampasstrauß fort, dessen drei Zehen immer noch die Merkmale eines *Tyrannosaurus rex* aufwiesen. Überhaupt seien alle Vögel, wie ehemals die Saurier, Reptilien; sie hätten nur ihre Schuppen in Federn und die Vorderbeine in Flügel verwandelt. Insofern stelle er sich, sagte Novas, die Saurier nicht als ausgestorben, sondern als in den Vögeln weiterlebend vor, und erst wenn wir die heute noch existierenden 8000 Vogelarten schützten, hätten wir das wirkliche Aussterben der Saurier verhindert.

chilenischen Pazifikhafen Concepción/Talcahuano hat eine 80 Jahre alte Idee wieder aufleben lassen: die bis Zapala gehende Eisenbahnlinie entlang ebendieser Trasse bis nach Concepción weiterzubauen und so Atlantik (Bahía Blanca) und Pazifik auf dem Schienenweg miteinander zu verbinden.

Nur rund 25 km (Routen 40 und 46) südwestlich von **Zapala** 2 taucht man am steppenhaften Reservat **Laguna Blanca** 3 wieder voll in die Natur ein. Die Lagune (beste Besuchszeit: Nov.–März) bildet – mit allein 2000 Schwarzhalsschwänen – die größte Niststätte für Süßwasservögel in Patagonien. Wer sich hingegen nach Nordwesten wendet (RN 22), passiert südlich von **Las Lajas** mit dem Cordón Cuchillo-Curá eine der fundreichsten Fossilienkammern mit Grottenfauna – ein wahrhaft finsterfeuchtes Reich für passionierte Höhlenforscher.

Zu dieser schwarzen Unterwelt kontrastiert der himmelstürmende **Vulkan Copahue** (ca. 3000 m) 4 der 140 km weiter nördlich (RP 21 und 26) sein schneebedecktes Haupt im Lago Caviahue betrachtet. In diesem See, blau und klar wie Bergkristall, spiegeln sich auch noch einmal noble Araukarien, die hier ihre nördliche Wuchsgrenze erreichen. Das kleine, ziemlich stillose Uferdorf (2 Hosterías, schöner Zeltplatz unter Araukarien an der Ausfahrt Richtung Thermalquellen) wird der prächtigen Naturkulisse nicht gerecht, und auch der 19 km weiter bergauf gelegene Thermalort (5 rudimentäre Hotels, Badehaus und Freiluftbecken, Saison: Nov.–März – im Winter eine Geisterstadt) wirkt mit seinen Wellblechdächern eher wie eine Bergwerkssiedlung. In dieser baumlosen, von gelben Sumpflachen gefleckten Einöde hört man nur die ihrer Dampfgeräusche wegen ›Las Máquinas‹ und ›Las Maquinitas‹ (›Maschinen‹ und ›Maschinchen‹) genannten Quellen ihren Schwefelatem ausstoßen.

Wichtigster Ort in dieser nördlichsten Ecke Patagoniens ist das rund 170 Straßenkilometer nordöstlich von Caviahue gelegene **Chos Malal** 5 (S. 349). Der adrette, auf unternehmungsfreudige Touristen eingestellte Ort ist als Ausgangspunkt zur Erschließung einer der unberührtesten und reizvollsten Andenregionen noch so gut wie unbekannt.

Der abgrundtiefen Schlucht des Río Neuquén flußauf folgend, von der Höhe zu winzigen Brücken absteigend, dann wieder zur Felstraufe hochkletternd und weite Hochebenen durchmessend, tastet sich die schmale Provinzstraße Nr. 6 (über El Cholar) auf 95 km Strecke an den Bergweiler **Andacollo** und die benachbarte (5 km) Hochoase **Huinganco**, den ›Garten der Provinz‹, heran. Sie ist nicht arm, diese ›steinreiche‹ Region, auch wenn es in Andacollo (der ›mit Mineralien Gesegneten‹ – in der Sprache der Mapuche) heute nur noch wenige Goldwäscher gibt. 640 000 Ziegen beweiden das karge Hochland Neuquéns,

Landschaft bei Ruca Choroy

Der Vulkan Copahue, davor Araukarien

wo Flüsse wie der die Straße begleitende Río Trocomán so klar und sauber sind, daß man die Regenbogenforellen in der Strömung stehen sieht.

Im Schutze der Cordillera del Viento verbirgt sich rund 40 km nördlich von Andacollo das urige Dorf **Las Ovejas** (›Die Schafe‹). Kurz vorher zweigt ein Fahrweg (RP 45) zu den Lagunas del Epulafquen mit ihrem Südbuchenwald (wildromantisches Zelten, Trekkingpfade) ab, während der Hauptstrang der Straße auf den mächtigen **Vulkan Domuyo** (4709 m) 6 zuläuft. Von dem Weiler **Varvarco** (30 km nördl. von Las Ovejas) aus ziehen den abenteuerlich gestimmten Touristen zwei Ziele in ihren Bann: die kapriziösen, von Wasser und Wind ausgeschliffenen Sandsteinformationen Los Bolillos, unter denen die einer Kapuzinerprozession ähnelnden Felsgestalten der *Monjes* (›Mönche‹) am eindrucksvollsten sind; sodann die mit 95 °C aus den algenbewachsenen Erdspalten des Vulkans sprühenden salz- und kalziumhaltigen Thermalwässer und Dämpfe (Heilanzeige: Arthritis und Hautkrankheiten). Wie zum Abschied schießen hier und da Geysire (die einzigen Argentiniens) bis zu 15 m hohe Fontänen in die Luft – denn hier ist Patagonien zu Ende.

An der Inkastraße entlang

Erst ein Dutzend Jahre ist es her, daß man an der Südwestflanke des bedrohlichen Aconcagua-Massivs in 5300 m Höhe das bisher entlegenste der die Anden krönenden inkaischen Bergheiligtümer *(santuarios de altura)* fand. Ein Knabe war hier, nach einer möglicherweise rituellen Tötung, vor 500 Jahren bestattet worden. Das königliche Gewand, das den mumifizierten Leichnam umhüllt, und die Grabbeigaben – drei menschliche und drei Lama-Figuren – lassen auf einen vorbedachten ehrenvollen Tod schließen. Hier, hoch oben in der Region der Kondore, erhob sich der den Körper verlassende Geist *illa,* ›das Leuchtende‹, zur Lichtgestalt.

Was trieb die Inka dazu, ihren geistigen und administrativen Machtbereich 2000 km von der Reichsmitte entfernt auszudehnen? Die Verbreitung des Sonnenkults, die Suche nach neuen Rohstoffen, die Konsolidierung erweiterter Grenzen durch die Unterwerfung dort lebender Stämme, die ihnen fortan als Vasallen bei der Verteidigung zu dienen hatten? Sie kannten das Rad nicht, besaßen keine Zugtiere und bewältigten doch den Transport riesiger Lasten. Nur ein Jahrzehnt, bevor Kolumbus seinen Fuß auf amerikanischen Boden setzte, hatten sie unter dem Herrscher Tupac Yupanqui ihr Reich bis zum heutigen Zentralchile ausgedehnt, wo ihnen erst der Widerstand der Mapuche (Araukaner) Halt gebot. Denn mehr als durch Kampf und Gewalt gewannen sie ihre Oberherrschaft durch Überredung und den Beweis ihrer Überlegenheit. Als die ›Römer Altamerikas‹ hat man die Inka vor allem ihrer planerischen Fähigkeiten, der systematischen Raumordnung und der eindrucksvollen Bauten wegen

◁ *In der Talampaya-Schlucht*

bezeichnet. Sie formierten *allyus* genannte Dorfgemeinschaften, untermauerten ihre Siedlungspolitik mit einem Netz von Wegen und Kanälen und errichteten im Abstand von etwa 4 Leguas (ca. 22 km) *tambos* (oder *tampus*) – ›Raststätten‹. Man könnte die moderne Bezeichnung belächeln, wären die Inka nicht auch die Erfinder der ›Doppelhaushälfte‹ gewesen: Das rechteckige Giebeldachhaus, in dem eine bis zum First hochgezogene türlose Mittelwand zwei getrennte Hauptbereiche schuf, stellte den charakteristischen Wohnbau dar. Die berühmten inkaischen Reichsstraßen freilich gehen auf die schon von den Chimu, einer altperuanischen Vorkultur, angelegten Trassen zurück.

Auf heute argentinischem Boden stießen die Inka bis in den Süden des Cuyo vor, jene von den Provinzen Mendoza, San Luis, San Juan und (teilweise) La Rioja gebildete Region, deren landwirtschaftliche Ertragskraft sich vom Wasser der Hochanden nährt. Denn das Mapuche-Wort *cuyo* bedeutet nichts anderes als ›trockene Sandfläche‹. Heute sind Dreiviertel des der Wüste abgerungenen Bodens mit Reben bestellt; für Kirschen, Zwetschen, Aprikosen und Quitten ist Mendoza Argentiniens Lieferant Nummer eins. Oasen mit hundertjährigen Olivenhainen ziehen sich bis nach Catamarca hoch, wo auch der kernige *aguardiente,* der weiße Weinbrand, aus den Destillen rinnt. San Juan und La Rioja aber füllen die Erntekörbe mit Tafeltrauben, Rosinen, Walnüssen und Dörrobst. Die Emsigkeit ihrer Landbewohner preisend, durfte sich die erste Regionalzeitung bereits ›Die Biene von Mendoza‹ nennen. Doch das Grundgerüst für die Versorgung mit dem lebenspendenden Naß haben die Indios gelegt. Den Bachläufen spürten die Inka nach bis zu ihren göttlichen Quellen, die sie mystisch verehrten. Der natürliche Felsbogen der ›Inkabrücke‹ zu Füßen des Aconcagua ist das südlichste Zeugnis der Präsenz dieses Pioniervolks in Argentinien. Von da nach Norden reihen sich Beweise seines ergründenden, alles ordnenden Weltgefühls auf wie die Symbolfolgen, die ihm die flüssige Schrift ersetzten: kubische Steinsetzungen von Siedlungen und Zitadellen, aus Kalkschiefer gemauerte trapezförmige Sonnentore, archaische astronomische Stationen. Als ›argentinisches Machu Picchu‹ haben Archäologen etwas euphorisch die an der Ostflanke des Aconquija in 4300 m Höhe gefundene *pucará* gefeiert, auch wenn dieses viel bescheidenere Pendant ohne die spektakuläre Silbertablett-Lage des peruanischen Komplexes auskommen muß. Von den Resten eines *usnu*, einer abgestumpften Pyramide, aus läßt sich am Aconquija bis heute der Wendepunkt der Sonne mit großer Peilgenauigkeit orten.

In einem Lebensraum, wo unberechenbare Naturkräfte – feuerspeiende Berge und der unter Erdbeben wankende Boden – den Menschen Angst und Ehrfurcht einflößten, wo die brennende Scheibe am Himmel eine von keinem Tropfen gelabte Erde kalzinierte, mußte die Wasserverehrung zu einer besonderen Kultform werden. An den Fundstätten entlang des *inkañan*, der sich vom Cuyo bis nach Bolivien hinziehenden Inkastraße, bilden ausgegrabene Keramikgefäße gerne ein Antlitz mit Tränenspuren ab – den weinenden Regengott.

Drehkreuz der Cuyo-Region ist die Stadt Mendoza, durch die die wichtigste Querachse des Südkontinents – von Buenos Aires nach Santiago de Chile (und Valparaiso) – läuft. Auch auf der der Ostflanke der Anden folgenden Nord-Süd-Route (RN 40) ist diese viertgrößte Stadt Argentiniens der bedeutendste Knotenpunkt zwischen Südpatagonien und dem NOA (Nordwestargentinien). Von Buenos Aires erreicht die RN 7 (über Junín–San Luis) – erst die feuchte, dann die trockene Pampa durchquerend – Mendoza nach über 1000 ebenen Streckenkilometern. Knapp 200 km weiter westlich stößt die gleiche RN 7, nun als Transandenstraße, auf die chilenische Grenze (ab da 170 km bis Santiago).

Inselhafter als die Stadt Mendoza geben sich die anderen Provinzmetropolen dieser mittleren Vorandenregion: San Juan, La Rioja, Catamarca. Sie alle sind sowohl mit Mendoza und Buenos Aires als auch untereinander durch moderne Fernstraßen verbunden. Außerhalb dieser Städte aber wird es plötzlich leer. Die großräumige Landschaft schluckt gleichsam den spärlichen Verkehr. Die wenigen wie Tentakeln ausgreifenden Provinzstraßen bilden dazwischen weniger ein Netz, als daß sie (zum Vergnügen des Touristen) auf ganz bestimmte Ziele zulaufen: Naturreservate, Oasen, Felsenthermen, Hochgebirgstäler oder Andenpässe, wie Agua Negra und San Francisco, die mit La Serena bzw. Copiapó in Chile verbinden. Wer sich dann noch von diesen Bändern löst und – zu Fuß, zu Pferd oder auf dem Maultier – nach Bergspitzen, Wasserläufen und Gestirnen weiternavigiert, wird hier auch an der Schwelle zum 21. Jh. noch Entdeckerfreuden erleben. Der Westen von San Juan, La Rioja und Catamarca ist so gut wie unerschlossen.

Im Herzen des Cuyo

Hexenhöhlen und Seelenbrunnen

Von Süden, von Patagonien kommend (letzter Berührungspunkt: Buta Ranquil), trägt die RN 40 den Reisenden durch eine von Vulkankegeln übersäte, von Erosionsspalten zerrissene Hochebene, in die den Bruchlinien folgende Wasserläufe zickzackförmige Cañadones geschnitten haben. Ockerfarbener Sandstein, hellgrauer Kalksteintuff und violettschimmernde Porphyrfelsen werden von der Sonne ausgeglüht. Richtungsschilder, die auf so weltferne Ziele wie Algarrobo del Águila (›Johannisbrotbaum des Adlers‹) verweisen, charakterisieren die Verlorenheit dieser im Osten von der Spitzhaube des erloschenen Vulkans **Payún** (3680 m) beherrschten Mondlandschaft. Im Westen baut sich der nur am Cerro Campanario die 4000-m-Linie übersteigende Kordillerenkamm erst noch zu größeren Höhen um den Vulkan Tupungato (›Sterngucker‹) auf.

Bei Bardas Blancas führt eine kurze Stichstraße zu der in einer Bergfalte des Cerro Moncol in fast 2000 m Höhe versteckten **Caverna de las Brujas** (›Hexenhöhle‹). Ein kleiner Teil der 5 km langen stalagmiten- und stalaktitengespickten Grottengänge, deren Auswaschung vor 150 Millionen Jahren begann, kann besichtigt werden.

Erste größere Ortschaft an der RN 40 ist das Straßendorf **Malargüe** 1 (mittlere touristische Infrastruktur), das seinen Mapuche-Namen ›Felsenhecke‹ so monumentalen Gebilden verdankt wie den 27 km entfernten, sich im Río Malargüe betrachtenden Castillos del Pincheira (gutes Fotografierlicht bei Sonnenuntergang). Ansonsten macht Malargüe das Beste aus der regionalen

Die Skistation Las Leñas – abschreckendes Beispiel für den argentinischen Skitourismus

Trockenvegetation: 60 000 junge Asado-Ziegen *(chivitos)* werden jährlich von hier aus an die eisernen Grillkreuze geliefert.

30 km weiter nördlich zweigt die gut ausgebaute Asphaltstraße RP 222 in die einzige Gebirgstasche ab, die in dieser Einöde einen beschaulichen Besuch erlaubt. Eine almenreiche Landschaft von schweizerischem Zuschnitt umfängt den Touristen, der nach 30 km (ab RN 40) die Schwefelthermalbäder von **Los Molles** erreicht (2 Mittelklassehotels, ganzjährig geöffnet; Heilanzeige: Rheuma und Gelenkleiden). Ein wahrhaftes tektonisches Wunder tut sich 6 km weiter auf: Links der Straße scheinen zwei immense kesselförmige Erdlöcher, 130 m tief und 400 m im Durchmesser – die weltgrößten dieser Art, wie man sagt –, den Himmel verschlingen zu wollen. Diese wassergefüllten Riesenzisternen, deren geländerlose Wände (Vorsicht!) senkrecht abfallen, sind nicht vulkanischen Ursprungs, sondern das Ergebnis einer rätselhaften Absackung des Bodens. Nach der Legende füllten die Tränen der Eingeborenen, die hier ihre Toten beweinten, die titanischen Naturzisternen. Ihr Name, **Pozo de las Ánimas** (›Brunnen der Seelen‹) hält ihren geheiligten Nimbus wach.

Wo die Asphaltstraße endet, springt einem die an französische Skiresorts erinnernde Retortenstadt **Las Leñas** (2250 m) ins Gesicht. Dieser modernste Hort des Wintersports in Südamerika verfügt über 60 km Pisten, elf Lifte und befördert seine Gäste 3430 m hoch. Von Las Leñas an bohrt sich ein Fahrweg, mit zunehmender Höhe steiler und steiniger werdend, Bachbetten durchlaufend und Felsnasen umzingelnd, in das

Die Provinzen Mendoza und San Juan

Die Plaza España in Mendoza

zauberhafte Hochtal **Valle Hermoso** 2 hinein, das an der chilenischen Grenze 2850 m Sohlenhöhe erreicht. Eine Trekking-Route par excellence. Wie weit man sich (je nach Jahreszeit) mit dem Auto wagen darf? Ausprobieren!

Rund 150 Straßenkilometer nordöstlich der Abzweigung nach Los Molles verschluckt einen die zweitgrößte Stadt der Provinz, **San Rafael** 3 (S. 387), 80 000 Einwohner groß, die sich ihrer baumgeschmückten Alleen wegen gerne ›Klein-Mendoza‹ nennen hört. Das hier 1805 zum Schutz gegen die Indianer gebaute Fort San Rafael del Diamante erlösten erst 1903 die Eisenbahn und dann französische Kolonisten aus seiner Einsamkeit. Mit der ›Schulter am Rad‹ zu arbeiten, das war immer die Devise – weshalb auch dreiviertel der Weinerzeugung auf ›Minifundien‹ von weniger als 5 ha Größe erfolgt. Das als Oase in einem eigenen Gewässersystem ruhende San Rafael, Eldorado von Kanuten und Rafting-Sportlern, hat sich inzwischen hinter einer Reihe von Stauseen verschanzt und ist von der 240 km weiter nördlich liegenden Provinzmetropole Mendoza durch einen breiten Wüstenstreifen getrennt.

Die Winzermetropole Mendoza

4 (S. 365) Als Metropole mit einer Million Einwohnern sich das Flair einer Gartenstadt zu bewahren, dazu gehören flache Bauformen, geöffnete Straßen und Plätze sowie die Pflanzfreudigkeit einer Baumschule. 45 000 Platanen und andere Schattenspender überdachen in Mendoza die von *acequias* (Wassergräben) gesäumten Trottoirs. Das durch die Blätter gesiebte Licht löst die strenge Geometrie der im Schachbrettmuster angelegten Straßen in flimmernde Szenenbilder auf. Breite Flanierzonen, großzügig aufgestellte Bänke, ausladende Straßencafés stellen eine entfernte Verwandtschaft zu Aix-en-Provence her.

Seine Aufgelockertheit verdankt Mendoza freilich nicht allein der Weiträumigkeit der es umgebenden Wein- und Obstgärten, deren windschützende Pappelreihen – in der Herbstsonne Vorhänge aus Brokat – die Landschaft im Herzen des Cuyo prägen. Die am Rande der sich ständig weiter auffaltenden Hochkordillere liegende Stadt wurde in ihrer über 400jährigen Geschichte von verheerenden Erdbeben geschüttelt und lebt, gelassen, aber vorbereitet, in stän-

diger Erwartung des nächsten Rucks. Im März 1861 befand sich der damals nur 12 000 Einwohner große Ort im Epizentrum eines seismischen Schocks, der sämtliche Gebäude einstürzen und 4000 Tote unter den Trümmern verschwinden ließ. Seitdem – 1985 ereignete sich das letzte, relativ gut überstandene Beben – ging man bei der Bebauung großräumiger und flächenschonender vor.

Mendozas heutigen Planungskern bilden fünf strahlensymmetrisch verteilte Plätze: grüne Lungen, offene Wandelhallen, aber auch sichere Fluchtpunkte für den Häusern entfliehende Menschen. So verdankt die Stadt ihrer unruhigen Geographie zugleich den kompletten Verlust ihres architektonischen Erbes der Kolonialzeit wie auch ihre Wiedergeburt in neuem Gewand. Mendoza ist Argentiniens Großstadt mit der höchsten Lebensqualität, auch wenn ihr Biotop in jüngster Zeit an Atembeschwerden leidet. Denn auf jeden Baum kommen, statistisch gesehen, zehn Automobile.

Gegründet wurde der Ort schon 1561 von dem spanischen Fahrensmann Pedro del Castillo, der ihm den Namen des damaligen Gouverneurs von Chile, (García Hurtado de) Mendoza, gab. Wie auch die Territorien von San Juan und San Luis, unterstand Mendoza dem Generalkapitanat von Chile, bis die Cuyo-Region 1776 dem neuen Vizekönigtum Río de la Plata einverleibt wurde. Doch mit Chile blieb Mendoza schicksalhaft verbunden. Als der chilenische Freiheitskämpfer O'Higgins nach der – als ›Desaster von Rancagua‹ bezeichneten –

Rebstöcke mit Weltrekord
Argentinische Weine

Rund 320 Tage Sonne im Jahr, herbes, trockenes Halbwüstenklima, nahrhafte mineralische Böden und dazu die schon von den Indios trassierten Bewässerungskanäle, gespeist vom Schmelzwasser der Anden – das waren Bedingungen, unter denen bereits vor 400 Jahren kein Jesuitenpater der Versuchung widerstand, seinen eigenen Meßwein zu erzeugen. Von den Kanarischen Inseln über Cuzco (Peru) gelangten die ersten Reben der *Vitis vinifera* ins heutige Argentinien. Die frühesten Berichte von Rebpflanzungen bei Santiago del Estero finden sich in Chroniken Mitte des 16. Jh. Damals trat man die Trauben in Lederbälgen mit den Füßen aus; so entstand die Bezeichnung *vino patero,* und bis heute findet, wer in diesen gesegneten Regionen über Land fährt, einen hausgemachten Wein als *patero* an allen Straßenrändern angeboten, auch wenn der Saft inzwischen aus der Handpresse kommt.

Die Veredelung der Gewächse und ihrer Ausbaumethoden ließ allerdings bis zur Mitte des 19. Jh. auf sich warten. Damals brachte der Winzer Miguel Pouget die ersten französischen Rebsorten nach Argentinien, und ab 1885 schaukelten auf der soeben fertiggestellten, 1000 km langen Eisenbahnlinie durch die Pampa 50 000 l fassende Burgunder Eichenfässer von Buenos Aires nach Mendoza und San Juan. In den Bodegas von Escorihuela beispielsweise kann man solche *toneles* (Tonnen) noch heute in Gebrauch sehen. Mit den Einwanderungswellen zu Beginn des 20. Jh. gelangten italienische und spanische, dann auch deutsche Gewächse, wie der Riesling, nach Argentinien. Heute sind hier Varietäten heimisch, die die ganze europäische Weinpalette abdecken, ja auch Sorten

wie der Torrontés fanden weit bessere Anbaubedingungen als im mediterranen Ursprungsraum.

Unter der windgeschützten Ostabdachung der Anden zieht sich in 500–1500 m Höhe die argentinische Weinstraße von Río Negro bis nach Salta entlang. Kerngebiet ist die Gegend um Mendoza (mit San Rafael), die 73 % der Trauben erzeugt und wo 1700 Brunnen der natürlichen Furchenberieselung zu Hilfe kommen. Lange Zeit galt ein Rebstock der Estancia Los Amigos, dessen Blätterdach 144 m^2 bedeckte und der bis zu 3 t Trauben pro Ernte hervorbrachte, als der fruchtbarste der Welt. Die hohen Sommertemperaturen haben hier tunnelartige, schattenspendende Laubdächer (*parrales cuyanos*) zur typischen Formation der Rebpflanzungen gemacht. 1300 Mendociner Kellereien mit einem Speichervolumen von 40 Millionen Hektolitern bauen ihre Weine (45 % rot, 35 % rosé) nach bewährten europäischen Methoden aus.

Auch die zweitgrößte Erzeugerprovinz San Juan schützt ihre von Licht übergossenen Pflanzungen (bei nur 200 mm Niederschlag im Jahr) durch das Parral- oder Trellissystem vor der Austrocknung der Fruchtstände in Bodennähe infolge der Reflexion des Sonnenlichts. San Juan erzeugt vor allem Tafeltrauben, Weißweine und Rosinen.

Die drittgrößte Anbauregion, die Provinzen Río Negro und Neuquén, eine Oase im wüstenhaften Patagonien, hat immerhin noch 150 Bodegas vorzuweisen. In diesen frostgefährdeten Breiten allerdings recken sich die (meist dunklen) Trauben bei kürzeren Reifezeiten vorzugsweise am Hochspalier der Sonne entgegen.

Blumige, alkoholreiche Weißweine bringen die tiefen, lehmigen Schwemmsandböden von La Rioja hervor, auf denen man viele Weinstöcke auch ›wild‹ (*parrón*-System) wachsen läßt. Schließlich tragen die Nordwestprovinzen Catamarca, Salta und Jujuy mit 6000 ha Anbaufläche und einigen der besten hellen Gewächse zum Ruf der argentinischen Weinkultur bei. Hier entfalten besonders die elfenbeinfarbenen Weine von Cafayate – man koste den würzigen Etchart Torrontés (mit schwarzem Etikett, Exportqualität) – ihr reiches, von quellwassergespeisten Böden und einer göttlichen Sonne kommendes Bouquet.

Unter den Weinerzeugern der Welt liegt Argentinien heute mengenmäßig an fünfter Stelle. Hier, wie überall, ist der Pro-Kopf-Verbrauch jedoch unter dem Marktdruck der allgegenwärtigen nordamerikanischen Massengetränkehersteller sowie dem steigenden Hang zum Bierkonsum zurückgegangen.

Die bedeutendsten roten Rebsorten sind:

Cabernet Sauvignon: Die aus Bordeaux stammende ›Königin unter den Rotweinen‹, von Natur aus herb und rauh, wird besonders in der Provinz Mendoza zu einem Saft von großer Aromatiefe veredelt; dabei scheint die blaurote Färbung zum leicht pfeffrigen Cassis-Geschmack zu passen.

Malbec: Die Rebsorte gehört zu den Gewächsen, die sich in ihrer neuen Heimat (Valle de Uco und Oberlauf des Río Mendoza) wohler fühlen als in ihrem Ursprungsgebiet (Cahors); nach der Meinung vieler Experten ist der gerbsäurereiche, sortenrein ausgebaute argentinische Malbec der beste der Welt.

Merlot: Die an den Pomerol erinnernde Bordeauxtraube gedeiht vorwiegend in San Rafael und Luján de Cuyo (Mendoza), ähnelt dem Cabernet Sauvignon, kommt aber fruchtiger an den Gaumen.

Weinköniginnen bei der Parade durch Mendoza

Syrah: Das in Südafrika und Australien als *Shiraz* bekannte balsamische Gewächs – würzig und nachhaltig im Geschmack, ohne dabei seine seidige Textur zu verlieren – erfreut sich in Argentinien z. Z. des stärksten Zuwachses an Anbaufläche.
Pinot Negro: Der milde Burgunder entwickelt – kapriziös wie er von Jahrgang zu Jahrgang sein kann – in Mendoza ein volles, blumiges (nach entsprechender Faßreifung: ›angeröstetes‹) Aroma.

Zu den wichtigsten weißen Rebsorten gehören:
Torrontés: Hauptanbaugebiete sind die Calchaquí-Täler zwischen Cafayate und Angastaco; dieser aromareichste Weißwein verdient, seiner würzigen Brisanz wegen, alleine (oder mit einem ländlichen Hors d'œuvre – Oliven, Schafs- oder Ziegenkäse) genossen zu werden.
Chardonnay: Das als ›Königin der Weißweine‹ den hellen Burgundern nahestehende Gewächs gilt, seiner großen Anpassungsfähigkeit an unterschiedliche Böden und Klimata wegen, in Argentinien als ›plastische Rebe‹; in kälteren Lagen reift der Wein mit einem Bouquet von Birnen oder Kräutern, in wärmeren mit dem Duft von Melonen, Aprikosen oder überreifen Nüssen heran.
Sauvignon: Ein vor allem am Oberlauf des Río Mendoza angebauter komplexer Wein, dessen Geschmackspalette von zart und kräuterartig bis kräftig und rauchig reicht.
Chenin: Die aus dem Loire-Tal stammende Traube ist hier vor allem in den Weingärten von San Rafael zu Hause; geschätzt sind ihre delikate Säure und das dezente Pfirsich-Bouquet.
Semillon: Im Valle de Uco entwickelt diese in Frankreich als Sauternes beliebte Varietät ihr charakteristisches Kräuteraroma und wird zu einem frischen, kräftigen *vino blanco* ausgebaut.

Niederlage gegen die spanischen Kolonialherren 1814 vor den Royalisten über die Anden floh, fand er in dem damaligen Provinzgouverneur von Mendoza, General San Martín, einen Gesinnungsgenossen. Nach einer dramatischen Andenüberquerung schlug das Expeditionsheer die Spanier 1817 entscheidend bei Chacabuco.

Diesem Heldenepos gedenkt das auf dem **Cerro de la Gloria** (Ruhmeshügel) am Westende des ausgedehnten General-San-Martín-Parks sich erhebende Bronzemonument. Die 512 ha große Grünanlage, die man durch ein reichgeschmücktes orientalisches Flügeltor betritt, beherbergt auch die Universität mit dem (sehr kleinen) **Archäologischen Museum**, z. Z. ohne die berühmte Aconcagua-Mumie.

Ansonsten entbindet der Mangel an geschichtsträchtigen Objekten den Besucher von einem kunsthistorischen Pflichtprogramm. Zu besichtigen wäre allenfalls die etwas abseits vom Zentrum liegende (einsturzgefährdete und daher nur von jenseits des Gatters zu betrachtende) Erdbebenruine der alten **San-Francisco-Kirche** (Ecke Ituzaingó/Beltrán). Bei dieser Sachlage lädt Mendoza zum Schlendern ein: durch die immer geschäftige Hauptstraße San Martín und die Fußgängerzone *(Peatonal)* zur **Plaza Independencia** mit ihren Wasserspielen und der vom Agustín-Álvarez-Gymnasium, dem ›Plaza Hotel‹ und dem Teatro Independencia gebildeten Westfront; sodann zur **Plaza San Martín** mit der neoplatteresken Hypothekenbank (Südwestecke) und der die Statue der Madonna von Cuyo bergenden Basílica San Francisco (Nordwestecke); weiter in die **Avenida Las Heras,** wo man, vom Wein bis zum Fohlenlederstiefel, alle regionalen Erzeugnisse kaufen kann; vor allem aber auch auf die lauschige **Plaza España** mit ihren Majolika-Bänken, Springbrünnchen und historischen Kachelbildern, in denen sich Eroberer, Entdecker, Indios und Gauchos begegnen – ein Amalgam neuweltlicher Hispanität.

Im Banne des Aconcagua

Zwei (von Mendoza aus ansteuerbare) zum Inkaweg gehörende Routen flankieren den höchsten Gebirgsstock der Anden im Süden und Osten. Die von Norden herunterlaufende Cordillera del Tigre (5600 m) verknotet sich hier mit den querlaufenden Bergriegeln zu den Andes Áridos (›Trockene Anden‹), einem über 700 km² großen Ökosystem, dessen Kern der **Aconcagua** (6962 m) bildet. Im Wegesystem verbindendes Gelenk ist die Hochoase **Uspallata** 5 (S. 395), die im Längstal zwischen Vor- und Hauptkordillere ruht. Die in fast 1800 m Höhe liegende Sommerfrische erreicht man auf der anfangs recht faden, dann aber von der Bergkulisse eingefaßten Fernstraße RN 7 über Cacheuta und Potrerillos (von hier aus Stichstraße zum Ski-Zentrum Vallecitos, 2900 m) nach 84 km. Ein ehrgeiziges, 1995 angestoßenes Projekt soll Uspallata ein ultramodernes Fünf-Sterne-Hotel (600 Betten) und einen internationalen Flughafen bescheren.

Drei Nahziele lassen sich von Uspallata aus erkunden. Das reizvollste, der Cerro de Siete Colores (›Berg der sieben Farben‹), liegt 8 km entfernt an der Route 13. Zu den (beschädigten) Petroglyphen der Huarpe-Indios geleitet die Route 52 (ca. 9 km). In Ortsnähe (2 km vom Zentrum) zu besichtigen sind Las Bóvedas (›Die Gewölbe‹). Die arabisch anmutenden Kuppeln gehen auf die Ko-

Segeln im Schatten der Sechstausender
Der Andenkondor

Nur der im Aufwind der Wellen gleitende Albatros kann sich an Spannweite und Segeltechnik mit dem von den Inka *kúndur* genannten Neuweltgeier *(Vultur gryphus)* messen. Kein erhabenerer Moment in der schweigenden Einsamkeit der Kordilleren als der, in dem diese königlichen Vögel, gestreckt wie schwarze Kämme, die Häupter der Bergriesen umstreichen! Vom Vogelmotiv in der keramischen Kunst Altamerikas bis zum Übernamen stolzer Kaziken – der Kondor stand Pate.

Rund 6000 Kondore leben, nach einer Erhebung von 1995, in den Kordilleren Südamerikas. In Venezuela sind sie ausgestorben, in Kolumbien und Ekuador von der Ausrottung bedroht, am weitaus stärksten vertreten (60 % der Gesamtpopulation) noch in Argentinien und Chile. Tierfänger, die die Zoologischen Gärten der Ersten Welt versorgen (ein Kondor kostet 3000 US-$), Schafhalter, die räubernde Pumas vergiften (Beute der aasfressenden Kondore) und sogar Freischützen, die ihre Treffsicherheit an beweglichen Zielen erproben, sind die ärgsten Feinde der größten fliegenden Vögel der Welt.

Der rund 13 kg schwere Andenkondor mißt von einer Flügelspitze zur andern 3 m. Sein Federkleid ist schwarz, die im Flug aufgefächerten Handschwingen glänzen silbrigweiß. Den fleischfarbenen nackten Hals ziert im unteren Teil eine weiße, vorn geöffnete Daunenkrause. Das männliche Tier trägt einen hellroten Scheitelkamm. Der Kondor ist nicht mit Krallen zum Greifen bewaffnet, sondern hat truthahnähnliche Füße. Er lebt sehr zurückgezogen in fast unzugänglichen Felsenhöhlen, ist monogam und reproduziert sich nur sehr langsam. Die normale Lebensdauer beträgt 50 Jahre.

Von den größten – in der Zentralandenregion beheimateten – Exemplaren (mit 3,40 m Spannweite) leben 120 im Tupungato-Gebiet, südwestlich von Mendoza. Dieses von 6000 m hohen Gipfeln bewachte Habitat, etwa 250 km^2 groß, soll aufgrund einer Initiative des privaten Naturschutzverbandes Reserva Natural del Cóndor Andino zum Reservat erklärt werden.

lonialzeit zurück. Die Jesuiten sollen hier Gold und Silber gegossen haben.

Die abenteuerlichere Fährte nach Uspallata führt im Norden Mendozas (Richtung San Juan) am Kanal Cacique Guyamallén entlang über den Vorort Las Heras (dort durchfragen) auf die Straße nach Villavicencio. Die von zwei Zesich an den Bergwänden entlangtastender geschotterter Fahrweg (Auffahrt 7–12, Abfahrt 14–19 Uhr). Von der Paßhöhe **Cruz del Paramillo** aus (ca. 2900 m) erfaßt das Auge staunend das von den Gipfeln des Tupungato (6800 m) im Südwesten, des Aconcagua im Westen und des Mercedario (6770 m)

Las Bóvedas – ehemalige Silberschmelzen bei Uspallata

mentfabriken eingestaubte graue Ebene, die man zunächst quert, wird alsbald von einem faltenreichen grünbraunen Felsen- und Steppengebirge abgelöst, das imposante Fernpanoramen bietet. Am Wege liegen die **Termas de Villavicencio** (96 km ab Mendoza), die dem berühmtesten Mineralwasser Argentiniens den Namen gaben. Heute erfolgt die Abfüllung im Tal, und das in einen kühlen Park gebettete ehemalige Hotel ist nur noch Kulisse für das Flaschenetikett. An dieser Stelle beginnt die 27 km lange Gewindestrecke Caracoles (›Wendeltreppe‹), ein schmaler, beherrschte Hochandenrelief. Von hier aus sind es noch 26 km bis Uspallata. Charles Darwin (eine Gedenktafel erinnert an ihn), der diesen rauhen Weg abritt, wunderte sich hier über die »in denkbar größter Unordnung herumliegenden roten, purpurnen, grünen, blendendweißen Sediment- und schwarzen Lavagesteine«. Die Kondore zu beobachten hatte der Naturforscher keine Gelegenheit. Tatsächlich ist diese Region von Sechstausendern erst in jüngster Zeit als Habitat der größten Kondore Südamerikas entdeckt worden (s. S. 234).

Nur wenig mehr als 100 km trennen Uspallata von der chilenischen Grenze. Die RN 7 verläßt das Gewoge des Hochtals und folgt den braunen Fluten des Río Mendoza und den Schmalspurgleisen der – 1910 gebauten und 1980 leider stillgelegten – Transandenbahn nach Westen. Die Gebirgsstraße durchschlüpft kleine Tunnel, die Schienenspur fädelt sich durch windzerfledderte Wellblechgalerien. Am verwaisten Bahnhof Cerro Tupungato bleibt der letzte Baum zurück, am Cerro Penitentes versiegen die spärlichen Bergweiden. Die Farbpalette der breiten Schlucht, die sich, aufsteigend, von Gelb nach Rot verschoben hat, geht ins Graubraun der von Schneemulden und Zackenfirn gefleckten Granitfelsen über. In Form langer Geröllzungen schiebt sich von den Gletschern abgeriebenes Lockermaterial zu Tal.

Wie eine Schar Büßer *(penitentes)* aussehende Gesteinsformationen (normalerweise werden durch Winderosion modellierte *Schnee*gestalten so bezeichnet) sind für den Namen der **Skistation Los Penitentes** (ca. 80 km ab Uspallata) verantwortlich. Mehrere komfortable Sporthotels, sieben bis auf 3200 m hochführende Lifte und bis zu 7 km lange Abfahrten sorgen hier für regen Winterbetrieb. Nur 7 km weiter streift die Straße den Flecken **Puente del Inca** 6 (S. 372) in 2720 m Höhe. Die hier bei den Ruinen des 1965 durch eine Lawine zerstörten Thermalhotels stehende Inkabrücke (heute von der UNESCO als Naturdenkmal geschützt) hatte der sachliche Darwin als »eine von den Ablagerungen heißen Quellwassers zementierte Kruste aus Kieselsteinschichten« beschrieben. Effektiv sorgt das mit 34 °C an der Brücke austretende Wasser, dem man früher aphrodisische, dann die Syphilis heilende, schließlich Arthritis und Rheumatismus lindernde Eigenschaften zuschrieb, seit Jahrtausenden für die Erhaltung des Naturwunders. Nicht nur der Inkaweg, sondern auch die Straße nach Chile lief über diesen stabilen, 47 m langen Viadukt, ehe die RN 7 ihre moderne Trassierung erfuhr. Oberhalb von Puente del Inca rollt man in die moderne argentinische Zollstation ein (im Sommer 6–22.30 Uhr, im Winter 8–20 Uhr geöffnet), deren chilenisches Gegenstück man nach dem Passieren des weiter oben gelegenen Grenztunnels erreicht.

Kurz vor Puente del Inca jedoch, beim Zelt- und Maultierplatz **Los Puquios,** lädt der kleine Gedenkfriedhof für die am Aconcagua verunglückten Bergsteiger zu einem kurzen Verweilen ein. Die höchste ›Felszitadelle‹ des Kontinents (s. S. 238 f.) zieht, wie ein mächtiger Magnet, Gipfelstürmer aus aller Welt an. Rund 3000 Andinisten jährlich lockt das Bollwerk aus Felsen, Eis und Wolken in verwegene Höhen. Am Basislager **Plaza de Mulas** (4200 m) gleicht das Campingareal im Südhochsommer (Januar) einer Beduinenstadt. Das 2 km entfernte Refugium-Hotel – das höchstgelegene (4360 m) Hotel der Welt! – nimmt 120 Gäste auf.

Wer die mächtige ›Zitadelle‹ nur von ferne oder, weiter nördlich, die 5500 m hohe Cordillera de Ansilta bewundern will, bewegt sich auf der RP 39 (die an der Provinzgrenze zu San Juan in die RP 412 übergeht) durch das total aride, lichtgeschwängerte Valle de Uspallata nach Norden. Hier fallen – oder verdampfen – 90 mm Regen im Jahr. Am Wege liegen die nur noch den Grundriß nachzeichnenden *pircas* (Lehmmauerruinen) eines inkaischen *tambo* und, ein Stück weiter, der vom Wind tischeben gehobelte **Barreal del Leoncito** (›Trok-

Die ›Inkabrücke‹ (Puente del Inca) – Weltnaturerbe der UNESCO

Das Dach Amerikas

»Felszitadelle« (*akon-kahuak* im Quechua) nannten die Inka den 60 km langen, 20 km breiten Gebirgsstock, der östlich von Mendoza die 3500 km lange argentinische Andenbundene, rund 30 m niedrigere, aber schwierigere Südspitze wurde erst 1947 von den deutschen Bergsteigern Lothar Herold und Thomas Kopp (›Kampf um den Aconcagua‹) erobert.

kette krönt. Doyen unter den drei Dutzend Sechstausendern Argentiniens, ist der Aconcagua mit 6962 m zugleich die höchste Erhebung der westlichen Hemisphäre. Daß dieses ›Dach Amerikas‹ schon in prähispanischer Zeit von dem Sonnenkult huldigenden Indios erklommen wurde, bekunden zahlreiche Funde in extremen Höhen. Doch die Trophäe der Erstbesteigung in der Moderne errang der Schweizer Matthias Zurbriggen 1897 als Teilnehmer der britischen Fitzgerald-Expedition (die einem 5560 m hohen Nachbargipfel den Namen gab). Zurbriggen, – auch Bezwinger des mächtigen Vulkans Tupungato (6800 m), 100 km weiter im Süden – ›holte sich‹ den Nordgipfel des Aconcagua; die mit diesem über den Filo de Guanaco (›Guanako-Grat‹) ver-

Die Normalroute führt heute, dem alten Weg folgend, zum Nordgipfel. Diesen erreichte 1937 eine polnische Seilschaft über eine neue (mittelschwere) Spur, welche einen Eisgang über den seither Glaciar de los Polacos genannten Gletscher notwendig macht. Den extrem schwierigen Aufstieg über die (hier der Sonne abgewandte) Südflanke – die ›Eigernordwand der Anden‹ – schaffte 1954 zum ersten Mal der Franzose René Ferlet mit seinem hochqualifizierten Team. Auf dieser Fährte, im oberen Drittel jedoch mit einer eleganten, aber gefährlichen Variante durch den ›Messner-Kanal‹, gelangte der Südtiroler Reinhold Messner 1974 in Rekordzeit zur Spitze. 1994 kundschafteten Mendociner Bergführer eine neue Route aus, die – abgesehen von einer kräftezehrenden 150-m-Transversalen – ebenso leicht wie die Normalroute, aber noch wildromantischer und an den Biwakstellen windgeschützter sein soll.

Die Bezeichnung der Normalroute als ›leicht‹ muß relativiert werden. Gemeint ist: sie erfordert keine Kletterei. Spätestens aber ab 5000 m wird die Luft empfindlich dünn, und eisige Winde (mit manchmal über 200 km/h Geschwindigkeit) martern das Gesicht. Der vielbeschäftigte Arzt (ca. 800 Hilfeleistungen pro Saison) im Basislager Plaza de Mulas registriert denn auch als häufigste Leiden: *MAM (mal agudo de montaña),* die auch als *Puna* bekannte Höhenkrankheit; *EAP (edema agudo de pulmón),* ein akutes Lungenödem; und schließlich, als Folge von Trockenheit, Kälte und Wind, Angina.

Plötzlicher Wetterumschlag, Nebel, Kälte und Erschöpfung können Todfeinde des Bergsteigers sein: rund 100 Aconcagua-Besteiger haben ihr Leben am Berg gelassen, und zwar die Hälfte auf dem Rückweg vom Gipfel. Die Seelen der Verschollenen aber, so will es die Sage, irren noch immer um die zwölf Spitzen des Gebirgsstocks. Glückhaften Gipfelstürmern hingegen gelang mitunter ein geradezu spielerischer Aufstieg. Aus Abenteuern wurden Legenden. Ein Mann spazierte zweimal mit seinem Hund zum Gipfel, beim dritten Mal kam er um. Der argentinische Mountainbiker Luis Andaur gönnte sich eine ›Auffahrt‹ auf Rädern. Doch am ausgefallensten war wohl die Idee jenes Nordamerikaners, der einen Klapptisch zum Gipfel schleppte, um sich daraufzustellen. Er wollte einmal ›der höchste Mann Amerikas‹ sein. Vermutlich eine vorzeitige Ausgabe des Menschen der Zukunft, dem Andy Warhol für 15 Minuten im Leben berührt zu sein prophezeite.

kenschlammufer des kleinen Pumas‹) – wahrscheinlich exotischster Austragungsort von Wind-Cart-Weltmeisterschaften. Denn hier ist im Westen die Welt kartographisch zu Ende: unbestiegene Gipfel warten auf ihre Eroberer, Höhenzüge auf ihre Vermessung, geologische Formationen auf ihre Altersbestimmung. Eine 20 000 km^2 große weglose Bergregion, deren wildeste Zone, das vergletscherte Ramada-Massiv, erst 1992 von einer argentinischen Expedition ausgekundschaftet wurde.

Wie ein duftendes Kissen nimmt einen in solcher Einöde die liebliche Oase **Barreal** 7 (S. 341) auf, in der nicht nur Wein und Früchte, sondern auch Minze und Anis gedeihen. Von diesem Örtchen aus lassen sich abenteuerliche Andenüberquerungen (ca. 8 Tage) organisieren, die der Fährte San Martíns über den Paso de los Patos folgen. Unsere bei Barreal ins Calingasta-Tal einmündende Straße erreicht, von den Zinnen vielfarbiger Sandsteinfelsen – El Alcázar, ein naturgeschaffenes maurisches Schloß! – begleitet, nach 40 km den gleichnamigen Ort.

Die Umgebung von **Calingasta** mit ihren fruchtbaren Apfelhainen ist, die Halden verraten es, zugleich Abbaugebiet für Aluminiumsulfat. Denn die Provinz San Juan ist reich an Mineralschätzen, vom Feldspat bis zum Antimon, und die topographischen Gegebenheiten erlauben hier den Tagebau. Eine letzte eindrucksvolle Demonstration ihres Farben- und Formenspiels gibt die Landschaft beiderseits der engen, von lamellenförmigen Wänden eingefaßten Schluchtroute längs des Río San Juan (Einbahnverkehr; morgens von Osten nach Westen, nachmittags in umgekehrter Richtung). Nach 110 kurvenreichen Kilometern (ab Calingasta) ist die Provinzhauptstadt San Juan erreicht.

Heißer Boden, heißer Wind: San Juan

8 (S. 384) Als Avantgardist der Zivilisation durfte sich 1562 der spanische Hidalgo Juan Jufré, Gründer von San Juan de la Frontera, deshalb fühlen, weil er mit dem benachbarten Zeltlager der hier seßhaften Huarpe-Indios das pflegte, was man heute, in vergrößertem Maßstab, eine ›Städtepartnerschaft‹ nennen würde. So gut war das Verhältnis zu den Eingeborenen, daß der stellvertretende Expeditionschef den Kaziken um die Hand seiner Tochter bat, sie – in getauftem Zustand – ehelichte und ihr den schönen Namen Teresa de Asencio verlieh. Wie in so vielen Gemarkungen der Neuen Welt, waren es nicht die Konquistadoren, die Terror verbreiteten, sondern die nachfolgenden Wellen autorisierter Landräuber. Die Indianer wurden von der Scholle vertrieben, in Fesseln abgeführt, und manch einem schlug man wegen angeblicher ›Befehlsverweigerung‹ die Hand ab. Das hat der 1626 den Cuyo bereisende Bischof Francisco de Salcedo nicht nur bezeugt, sondern auch am spanischen Hof angeprangert. Vier Jahre später, die Calchaquí-Indios erhoben sich gerade gegen ihre Unterdrücker, schlossen sich die Huarpes dem Aufstand an.

Streift man heute durch die Straßen der 120 000-Einwohner-Stadt, so wird man in den Gesichtern der Menschen noch indianische, aber auch deutlich arabische Züge erkennen. San Juan war (neben La Rioja) Schwerpunkt der libanesisch-syrischen Einwanderung. Vielleicht liegt es am orientalischen Einfluß, daß man in den adretten Verandacafés der Plaza San Martín, dem Ortsmittelpunkt, den ›Nachmittagskaffee‹ oder den ›Fünfuhrtee‹ abends zwischen 8 und 9 Uhr zu sich nimmt. Auf der gegenüberliegenden Seite der von Palmen und Platanen, Denkmälern und einem anmutigen italienischen Brunnen geschmückten Plaza erhebt sich die aus so heterogenen Baustoffen wie Backsteinen, Felsquadern, Zement und Bambusrohr gefügte **Kathedrale** (1979), deren abgesetzter Campanile die Eigenwilligkeit noch betont. Mit seinem gewaltigen Doppelkreuzportal und dem figurenreichen Bronzetor gleicht dieses nüchterne Gotteshaus eher einem Mahnmal als einer Kirche. Tragische Erinnerungen begleiteten die Stadt allerdings Zeit ihres Lebens. 1820 wurde sie zum Schauplatz der Bürgerkriegswirren, die den legendären Caudillo Juan Facundo Quiroga, der seine Feinde mit dem Kuhhorn erdolchte, zum Herrscher über ganz Nordwestargentinien aufsteigen sahen. Überschwemmungen und Epidemien suchten den Ort heim, doch die schlimmste Katastrophe brach über das damals noch aus Adobehäusern bestehende San Juan herein, als 1944 in einer Januarnacht die Meßgeräte mit 7,8 Grad auf der (bis 12 Grad gehenden) Mercalli-Skala Argentiniens stärkstes je registriertes Erdbeben anzeigten. 80 % der Häuser stürzten ein, 10 000 Menschen kamen um. Der erdbebensicher wiedererbauten Stadt konnte dann 1952 ein erneutes Beben von 7 Grad nurmehr wenig anhaben.

Als einziges noch zu besichtigendes Kolonialgebäude überstand **Domingo Faustino Sarmientos Geburtshaus** mit seinen federnden Pappelholzbalken alle Beben. Sarmiento (1811–1888) ist der illusterste Sohn der Stadt. Unter dem Eindruck von Quirogas wilden Horden exilierte er nach Chile, schrieb dort sein berühmtes Werk ›Zivilisation und Barbarei: das Leben von Juan Facundo Quiroga‹ und stieg später zum argentinischen Staatspräsidenten auf. Er revolutionierte das Erziehungswesen, führte das Bürgerliche Gesetzbuch ein, schuf Militärakademien und förderte den Eisenbahn- und Straßenbau. Schulen und Straßen in ganz Argentinien tragen bis heute Sarmientos Namen.

›El Zonda‹ hieß die Lokalzeitung, in der der Journalist Sarmiento einst seine spitze Feder übte. Zonda, das ist der heiße, trockene Westwind, der hier mit 100 km/h das dürstende, nur vom Ullum-Stausee gespeiste Land durchkämmt. Rebfelder beherrschen die Pflanzflächen, über denen eine nie verlöschende Sonne jetzt auch schon mal vereinzelt eine Solarbatterie auf einem Lehmziegeldach lädt – ein anachronistisches Bild. An den Rändern der ins Land hinauseilenden Straßen sitzen Winzer und verkaufen ihren selbstgemachten *vino patero,* Rosinen und jene *zapallos* (Kürbisse) – der Rekord steht bei 52 kg ›Lebendgewicht‹ –, aus denen Sirup und eine engelhaft süße Nachspeise bereitet werden.

Unweit der Stadt (ca. 25 km vom Zentrum nach Norden) lockt das unbedingt sehenswerte **Museo Arqueológico La Laja** zu einem Besuch. Die sehr komplette und gut gegliederte Sammlung von Exponaten umfaßt die Zeitspanne von 6500 v. Chr. bis 1500 n. Chr. Zu sehen ist auch die 1964 am Cerro El Toro gefundene Inkamumie eines 24jährigen, rituell getöteten Jünglings. Unmittelbar an das Museum schließen sich die Schwefelbäder von La Laja an (Heilanzeige: Rheuma und Gelenkleiden; ganzjährig, Kabinen, im Sommer auch Pool).

Argentiniens Wilder Westen

Wege in die Vorpuna

Auf drei Wegen erobert man von der Stadt San Juan aus die Region. Die andennächste Route läuft als RN 40 bis **Talacasto** (Thermalquellen ohne Infrastruktur) und dann als RP 436 über den Portezuelo del Colorado und das Dorf Iglesia nach **Pismanta** [1] (S. 371), wo ein schönes Thermalhotel zum Verweilen einlädt (ca. 180 km). Von hier aus klettert die RN 150 zum **Agua-Negra-Paß** (4780 m) [2] hoch (95 km), um auf chilenischer Seite ins Elqui-Tal und nach La Serena abzusteigen. Die Paßstraße, deren große Attraktion die imposanten Büßerschnee-Formationen sind, ist nur im Januar und Februar (mitunter bis Mitte März) geöffnet.

Nur 3 km von Pismanta lockt die mit ponchoartigen Teppichen dekorierte Adobekirche (17. Jh.) von **Hachango** zu einem Besuch. Vom benachbarten Örtchen Rodeo aus weist ein über Angualasto (ca. 20 km) – mit einigen indianischen Ruinen und kleinem Museum – führender Fahrweg in eine der wildesten Gegenden Argentiniens: das menschenleere **Biosphäre-Reservat San Guillermo** [3]. Hier sollen in der Inkazeit 2 Millionen Vicuñas gelebt haben. Nach der letzten Erhebung von 1982 gibt es in dieser zwischen 2100 m und 5800 m Höhe liegenden Übergangszone zur Puna jetzt noch 7000 Vicuñas und 6500 Guanakos (nur reitend, trekkend oder mit einem Allrad-Fahrzeug zu erschließen; dazu muß vorher eine Genehmigung bei der Provinzregierung – Asuntos Agropecuarios e Irrigación – in San Juan, 9 de Julio, 3. Stock, eingeholt werden).

Die zweite von San Juan aus nach Norden führende Route (immer RN 40) durchläuft die Trockenpampa von Matagusanos und erreicht nach 155 km die von Wein- und Olivenkulturen umgebene Oase **San José de Jáchal**. Vorzuziehen ist indessen auch zum Erreichen dieses Ziels die erste (dann längere) Route, denn von Rodeo aus winkt uns eine überaus reizvolle Schluchtfahrt am Río Jáchal entlang. Jáchals kleine Kirche an der Plaza birgt als kuriose Kostbarkeit einen aus Cuzco stammenden ›Schwarzen Christus‹ aus Leder, der sich gliederpuppenartig bewegen läßt. Der Ort ist Zwischenstation auf dem Wege nach Villa Unión (s. S. 248) und zu den Anziehungspunkten La Riojas und Catamarcas weiter im Norden.

Die dritte Route holt als RN 141 zunächst in weitem Bogen nach Osten aus und berührt dabei eine der eigenartigsten volkstümlichen Kultstätten Argentiniens, das Devotionalienkabinett der

Die Provinzen San Juan und La Rioja

Büßerschnee-Formationen am Agua-Negra-Paß

Difunta Correa 4 (s. S. 244 f.), rund 60 km von San Juan. Kurz vor Marayes zweigt die RP 510 nach Norden ab, streift die Zitrusoase **San Agustín del Valle Fertil** (einfache touristische Infrastruktur, Cabañas, 2 Zeltplätze) und führt geradewegs (ca. 320 km ab San Juan) in das Weltwunder von Ischigualasto: wir landen im ›Mondtal‹.

Mondtal und Talampaya-Schlucht

Argentiniens **Valle de la Luna** 5 ist nicht das einzige ›Mondtal‹ in der Welt, wohl aber deren größte Schatzkammer, wenn es um die Rekonstruktion der Erdgeschichte im Trias (Beginn des Mesozoikums) geht. Diese 230–185 Millionen Jahre zurückliegende Periode war insofern ›revolutionär‹, als in ihr die bis dahin nur von Pflanzen und Insekten bewohnte Erde sich mit Reptilien zu bevölkern begann. Ein gewaltiger Prozeß von Hebungen und Verwerfungen förderte in dieser Senkungszone Gesteinsverbände zutage, die die intakten Schichtfolgen der Sedimentablagerungen – und ihrer fossilen Einlagerungen – von rund 40 Millionen Jahren wiedergeben. An einigen natürlichen Bauformen hat der Wind gearbeitet und – stets sucht der Mensch nach gefälligen Interpretationen – so erstaunliche Gebilde wie die ›Sphinx‹, den ›Wurm‹, das ›Unterseeboot‹ oder eine ›Verlassene Kirche‹ herausmodelliert. Eine der schönsten Skulpturen war lange Zeit ›Aladins Wunderlampe‹, aber die hat der Wind inzwischen selbst wieder ausgeblasen. Wer sich also im Auto (am Eingang steigt stets ein *guardaparques* zu) auf die rund vierstündige Reise durch das 25 km lange, 10 km breite Becken begibt (bestes Fotografierlicht am späten Nachmittag), wird sich auf der 38 km langen Strecke mitunter vorkommen wie in

Richtig Reisen Thema

Difunta Correa
Der skurrilste Wallfahrtsort der Welt

Sonntag für Sonntag sieht man in Vallecito (bei San Juan) einen Priester ein ungewöhnliches Ritual vollziehen: Er segnet die Motoren von etwa 200 Automobilen, die mit hochgeklappten Hauben ebenso erwartungsvoll dastehen wie ihre Besitzer. Der Kult um den Viertakter ist im fast eisenbahnlosen Argentinien beinahe eine Naturerscheinung. Von Ushuaia bis zur bolivianischen Grenze sind die Fernstraßen mit improvisierten Altären bestückt, um die sich so eigenartige Weihegeschenke scharen wie Autoreifen, Nummernschilder und Auspufftöpfe.

Haupttempel dieser als *Difunta Correa* bezeichneten Deponien von Altmaterial und erflehten Wünschen allerdings ist das heute zur Wallfahrtsstätte angewachsene Gebäudekonglomerat bei San Juan. Das älteste der hier angenagelten Kennzeichen stammt von 1929. Doch geht der Wunderglaube der unentwegt Kerzen anzündenden Besucher – allein an jedem Wochenende 2000 – weit über den Bannkreis des Autos hinaus. »Bitte heile mich von dem Virus, der mir die Haare ausfallen läßt!« steht auf einer Tafel, »Gib, daß wir die Hypothek abtragen können!« auf einer anderen. Erhörte Hausbesitzer bezeugen ihre Dankbarkeit in Form von hinterlassenen Holzmodellen. Fast eine Million Devotionalien – vom Brautkleid bis zum Grammophon – haben sich hier im Laufe der Jahre angesammelt. Die geopferten Medaillen und Ringe, zur besseren Weiterverwendung eingeschmolzen, ergaben 80 kg Gold. Vom Erlös wurde unter anderem ein Touristenhotel gebaut. Ein inzwischen als Stiftung amtierendes Aufsichtsorgan beschäftigt 50 Personen, um das unheilige Heiligtum in Ordnung zu halten.

Wer aber ist die Wundergestalt, die solche Glaubenskraft erzeugt? ›La difunta Correa‹ – die 1841 verschiedene Deolinda Correa – war die Frau eines Gauchos, die sich in hochschwangerem Zustand in der Wüste von San Juan auf die Suche nach ihrem Mann begab. Sie gebar unterwegs, starb verdurstend, doch das Kind überlebte an ihrer milchspendenden Brust. Diese vom Volk zur Heiligenlegende erhobene Geschichte rührt das Herz der Argentinier mehr als die verblichenen Nacherzählungen vom Leben der Apostel.

Verständlicherweise tut sich die Katholische Kirche schwer mit der zum Gnadenbild erhobenen Gauchofrau. Gegenüber dem Ort des Geschehens, wo Spontangläubige auf Knien die 70 Treppenstufen zum Wunderhügel hochrutschen (dort soll die Tote mit dem Säugling gefunden worden sein) hat man eine kleine Kirche erbaut, um dem Ort wenigstens einen Hauch von religiöser Authentizität zu verleihen – pragmatischer Synkretismus, könnte man sagen. Denn im Register der Heiligen wird Deolinda Correa nicht geführt.

Ein kleiner Sprachteufel will es, daß *correa* auch ›Keilriemen‹ und *difunta correa* soviel wie ›kaputter Keilriemen‹ bedeutet. Dieses Wortspiel konnte nicht ohne Folgen bleiben, wie man an den vielen der Heilsbringerin gespendeten Keilriemen erkennt. Womit man wieder beim Autokult angelangt wäre.

einer geologischen Geisterbahn. Die Paläontologen aber schauen nicht auf das steinerne Figurenkabinett, sondern zu Boden: hier liegen die Schlüssel zu Geheimnissen vergraben, deren vielleicht faszinierendstes die Entwicklung der ersten Säugetiere aus Reptilien ist.

Im ›Triassischen Becken von Ischigualasto‹, wie die wissenschaftliche Bezeichnung für das Mondtal lautet, wurde erst in jüngster Zeit ein *Coraptor* ausgegraben, der mit einem Alter von 228 Millionen Jahren für viele Fachleute als das älteste bisher gefundene größere Lebewesen der Erde gilt. 1946 war man bereits auf einen *Cynodontis* (›Hundezahn‹) gestoßen, das Reptil, in dem der Ursprung der *Mammalia* zu suchen ist. Pflanzenfresser, von denen es, den Funden nach, in der Ischigualasto-Senke gewimmelt haben muß, waren die *Rincosaurier* – noch halb Reptil, und doch schon halb Säugetier. Immer wenn man in diesem ältesten Laboratorium der Welt auf ein neues Skelett stößt, hält die Wissenschaft den Atem an.

Daß dieser Tier- und Pflanzenfriedhof so ergiebig ist, verdankt er seinem Zustand vor über 200 Millionen Jahren. Damals hatten sich weder die Anden noch das ostwärts gelegene Famatina-Gebirge erhoben, und in einer von pazifischen Regenwinden getränkten tropischen Sumpflandschaft wucherten mächtige Baumfarne und Araukarien.

Die erdgeschichtlich jüngste der im Mondtal zutagegetretenen Krustenformationen – im Norden des Beckens in Form gewaltiger rotleuchtender Steilwände zu sehen – heißt **Los Colorados** und setzt sich rund 30 km weiter nördlich als **Talampaya-Schlucht** 6 (S. 390) fort. Diesen Cañadón erreicht man von Los Baldecitos (17 km ab Mondtal) aus nach 75 km, in Richtung La Unión fahrend.

In der Talampaya-Schlucht

Das im ganzen mehr als 30 km lange, sich abwechselnd verengende, öffnende oder verzweigende Schluchtsystem des Talampaya-Naturreservats bündelt seine Überraschungen zu einem farbigen Strauß von Eindrücken. Senkrechte, 130 m hohe kannelierte Sandsteinwände, antiken Säulen gleichend, haben Formationen wie das ›Kastell‹, die ›Kathedrale‹ und das ›Pantheon‹ ausgebildet. In unerreichbaren Höhen nisten Kondore in nur an ihren weißen Flecken erkennbaren Felshorsten. Im ›Botanischen Garten‹, einem Wäldchen mit 40 Spezies, sind mehr als die Hälfte der Exemplare Medizinalpflanzen. Ob sie von den Diaguita-Indianern in den Reiblöchern der Steintafeln gemahlen wurden, die am Tor der Schlucht zu bestaunen sind? Oder handelt es sich bei diesen Platten nicht um Mörser, sondern um Opfertische? Ob die Eingeborenen Schlangengift zu gewinnen und nutzen wußten? Denn die Schlucht ist auch das Habitat von Klapper- und Korallenschlangen, und die Spiralen der Felszeichnungen könnten stilisierte Schlangen darstellen. Lama- und Guanakoherden sind bei diesen vielgestaltigen Petroglyphen am einfachsten zu erkennen. Doch was hat der sechszehige Fuß zu bedeuten? Fragen, die ohne Antwort wiederkehren – wie das fünffache Echo in diesem Cañadón. 230 Millionen Jahre alt soll er sein, und fast so alt sind auch die Riesenschildkröten, die man, dicht beieinanderliegend, Ende 1994 hier fand. In der Talampaya-Schlucht muß man gewesen sein!

Von La Rioja zum Vulkan Ojos del Salado

Durch mehrere Kordillerenbänder von den Anden getrennt, versteckt sich die Stadt **La Rioja** 7 (S. 363) – ländliche Kapitale der gleichnamigen Provinz – am Ostrand des schon zum Geosystem der

Im Valle de la Luna – im Hintergrund das ›Unterseeboot‹

pampinen Sierren gehörenden Velasco-Gebirges. Als sehr heiß und ofentrocken war die Gegend bereits bekannt, als man den jährlichen Niederschlag noch nicht mit weniger als 200 mm maß. Nur privilegierte Flüßchen führen ganzjährig Wasser. »Und sie verließen La Rioja, weil es von Tag zu Tag weniger zu trinken gab«, schrieb der Lokaldichter Daniel Moyano (›El Rescate‹) Mitte des 20. Jh. Im Jahr 1995 verdursteten 120 000 Rinder, Schafe und Ziegen – die Hälfte des Viehbestandes der Provinz: zuviel für die Kunsthandwerker, die hier traditionell aus Kuhhörnern Trinkbecher, Pfeifen und Besteckgriffe schnitzen. Ganz La Rioja ist ein Archipel von keineswegs unbedeutenden Oasen: Die Dattelpalmenpflanzung Guayapa (bei Patquía) ist die größte Südamerikas, in Aimogastas sattgrünen Olivenhainen steht – unter Denkmalschutz – der ›Vater aller Olivenbäume‹, gepflanzt von den ersten spanischen Siedlern.

Die allererste riojanische Oase indessen steckte Ramírez de Velasco 1591 in Form der Plaza (›La Vieja‹) ab, die bis heute der von Orangen- und Eukalyptusbäumen beschattete Mittelpunkt des 80 000-Einwohner-Städtchens La Rioja ist. Das inzwischen Plaza 25 de Mayo getaufte Geviert erzählt die Chronik von ›Todos los Santos de la Nueva Rioja‹ bis in die Gegenwart. Hier wurde 1637 der Kopf des Kaziken Chalimin, Widerstandsheld der Calchaquí-Indios, auf den Schandpfahl gespießt. Hier fanden Prozessionen, Hinrichtungen, Militärparaden und Stierkämpfe statt, hier wurde Markt gehalten, und hierhin flüchtete sich auch die Bevölkerung beim verheerenden Erdbeben von 1894, dem als einzige Kolonialbauten das Dominikaner- und das Franziskanerkloster trotzten. Beherrschende Gebäude an der Plaza sind heute die in freier byzantinischer Manier gehaltene Kathedrale und der neokoloniale Regierungspalast. Nur einmal im Jahr gerät der von Landluft durchwehte und von einer langen Siesta gesegnete Ort in Wallung: beim *Tinkunako* (›Begegnung‹) in der Neujahrsnacht, wenn sich der *Niño Alcalde* – das als Ehrenbürgermeister amtierende Jesuskind – des Franziskanerklosters und der heilige Nikolaus (die Statue wird in der Kathedrale aufbewahrt) unter dem Gesang alter Indianerweisen an der Plaza treffen.

La Riojas wenige Sehenswürdigkeiten hat der Besucher rasch gesehen. Das Plaza-nahe Kloster Santo Domingo (von 1623, später glücklos modernisiert) hat nur noch seine sehr schöne, von den Diaguita geschnitzte Algarrobo-Tür vorzuweisen (Ecke Lamadrid/Pelagio Luna). Das ebenfalls mehr einer Felsenkirche ähnelnde Convento de San Francisco (Ecke 25 de Mayo/Obispo Bazán y Bustos) birgt die Zelle des Heiligen (1592) und einen von ihm gepflanzten Orangenbaum. Sehenswert ist das sehr komplette Archäologische Museum mit seinen über 7000 Exponaten und (in einem getrennten Raum) den religiösen Bildwerken der Kolonialzeit.

Das im Abseits aller regionalen Attraktionen liegende La Rioja ist kein idealer Ausgangspunkt für Erkundungstrips, weil man dazu erst den Klotz der 150 km langen Sierra de Velasco umfahren muß. Das geschieht am besten im Süden über **Patquía** und die roten Sandsteinbastionen der **Mogotes Colorados** (17 km nordwestl. von Patquía und dann 5 km links ab) und weiter auf der RN 74 bis **Nonogasta** vorstoßend, wo sich – mit einer Verarbeitung von 4000 Häuten pro Tag – eine der größten Gerbereien der Welt befindet.

Erst nach diesen gestreckten 180 km gewinnt die Fahrt an Schwung, wenn man die von 800 Kurven gekrümmte Schluchtstraße (RN 40) über die **Cuesta de Miranda** (2020 m, Aussichtsplattform) mit ihren 500 m hohen zinnoberroten Steilwänden passiert. Sodann bildet das Weinörtchen **Villa Unión** 8 (S. 396) die beste Absprungbasis für weitere Vorstöße (auch zur Talampaya-Schlucht, falls man von Norden anreist; s. S. 245 f.). Unser Ziel ist die Sierra del Toro Negro, in deren – abermals! – *colorados* die triassischen Formationen des Mondtals und der Talampaya-Schlucht aufleben.

Auf der 73 km langen Fahrt durch die von Ginster- und Jarillastauden aromatisierte Strauchsteppe (bei Villa Castelli indianische Ruinen) nach **San José de Vinchina** 9 (S. 384) begleitet uns im Osten die endlose Mauer der Sierra de Famatina, deren 6200 m hohe *nevados* über ihrem zarten Rosa den schmalen Schneesaum wie eine weiße Bordüre tragen. Sodann bannt die Erde wieder den Blick, denn kurz hinter Vinchina (links der Straße) gibt uns ein aus roten, weißen und blaugrauen Lesesteinen am Boden ausgelegter zehnzackiger Stern von 30 m Durchmesser seine Rätsel auf. Diese **Estrella de Vinchina** (drei andere benachbarte Geoglyphen sind stark beschädigt) wird der Aguada-Kultur der Diaguita zugeschrieben. Aber wie soll man das Zeichen deuten? Man steht und staunt und schweigt. Weiter geht die Fahrt, die mit der Passage der **Quebrada de la Troya** ihren malerischen Höhepunkt erreicht. Auf über 20 km winden sich Fluß und Straße in immer neuen Schlingen durch ein atemberaubendes Labyrinth von fast senkrecht hochgekippten scheibenförmigen Felsen. Nur das Glucksen des Wassers zwischen den Steinen und der eigene Atem sind zu hören. Denn noch haben nur wenige diese Zauberklamm entdeckt. Dann breitet sich ein vom **Vulkan Bonete** (6850 m) bewachtes Hochplateau aus. Im Streuweiler **Alto Jagüé** endete bisher die bei einem Erdbeben abgesackte Straße, um Abenteurern – ratsamerweise in Begleitung eines *baqueano*, eines örtlichen Führers – die Erkundung der einsamen **Laguna Brava** zu Pferd oder auf dem Maultier (im Dorf zu mieten) zu überlassen. 1996 jedoch wurde die Erdstraße (mit normalen Autos befahrbar) über die Salzlagune hinaus bis zum Pircas-Negras-Paß (4165 m) weitergeführt, wo man sich im Bannkreis des Ojos del Salado, der zweithöchsten Erhebung des Kontinents, befindet. Die Fortsetzung der Route auf chilenischer Seite leitet nach Copiapó.

Die direktere (und im Auto mögliche) Annäherung an das Vulkanmassiv geschieht auf einem anderen Weg, nämlich von **Chilecito** 10 (S. 348) aus. Der mit nur 14 000 Einwohnern zweitgrößten Stadt der Provinz La Rioja gaben hierher emigrierte Bergleute aus dem Nachbarland den Namen. ›Klein-Chile‹ entstand als eine merkwürdige Hybride aus Weindorf und Grubenort, als Ende des 19. Jh. Engländer begannen, die ca. 40 Gold-, Silber- und Kupferminen in 4600 m Höhe auszubeuten und die Leipziger Firma Adolf Bleichert & Co. ihnen eine 34 km lange Schwebebahn zum Abtransport der Erze – Höhenunterschied: 3325 m! – baute. 262 Masten, dazu Förderkörbe, Kessel, Dampfmaschinen, alles kam zerlegt per Schiff nach Buenos Aires, mit der Eisenbahn nach Chilecito und von da auf dem Maultierrücken an die Baustellen. Dieser *alambre carril* (Drahtseilbahn), bis 1928 in Betrieb, war seinerzeit ein kleines Weltwunder und gehört immer noch zur Raritätensammlung Südamerikas. Heute blickt Chilecito etwas wehmütig auf die ringsum kahlgeschlagenen Berge, deren Bewuchs in den speziell für Krüppelholz gebauten Kesseln verheizt wurde. Das hier einzig verbliebene Gold fließt aus dem Faß: ein durchgereifter Torrontés mit charakteristischem Maikraut-Bouquet.

Von Chilecito aus geht die Reise zunächst auf der RN 40, dann auf der RP 11 weiter nach **Famatina**. In der Pfarrkirche findet sich eine altperuanische Christusfigur in Marionettenform, die – Symbol der Auferstehung – in der Karfreitagsnacht in Bewegung gesetzt wird. Die weiter nördlich zu durchquerende

Der ›Quebradeño‹ – Busverbindung durch die Quebrada de la Troya

herbe Gebirgsszenerie fließt bei **Tinogasta** (ca. 145 km ab Chilecito; Touristenhotel und *Residenciales*) in das riesige Hochlandbecken des **Salar de Pipanaco** aus. Am Südsaum der Salztonebene entstand eine viele Kilometer lange Jojoba-Pflanzung, die ein begehrtes kosmetisches Öl liefert.

Vom Winzerort Tinogasta aus trägt uns die Straße (RP 45) durch ein breites, von flimmernden Geröllbetten durchzogenes Schwemmsandtal zur Oase **Fiambalá** 11 (S. 358). Kurz vor dem Ort der gedrungene Bau der makellos weißen Kolonialkirche von San Pedro (1770) mit einigen aus Cuzco stammenden Gemälden. Fiambalá mit seinen wildromantischen Naturthermalbecken ist ein stiller Hort für Weltflüchtige. 45 km weiter, in Palo Blanco, ist der Fahrweg zu Ende; ab hier muß, will man weiter, der Autositz mit dem Maultiersattel vertauscht werden. Folgt man aber dem Hauptstrang der Straße (RP 45), die sich am Río Chaschuil entlang in die Kordillere hochkämpft, dann rollt man durch eine Landschaft, die in ihrer Verlassenheit zugleich so trostlos und packend ist, daß man beinahe die Höhe vergißt. 4726 m sind am **Paso de San Francisco** 12 an der chilenischen Grenze erreicht. Links der Cerro de San Francisco (6000 m), voraus das Schneeantlitz des **Ojos del Salado** (fast 6900 m). Nachts glaubt man hier die Sterne fassen zu können. Aber näher es immer noch nach Copiapó: 270 km. (Der Paß ist vom 1. 10. – bei früher Schneeschmelze schon im September – bis Mai geöffnet. Die Grenzabfertigung erfolgt bereits in Fiambalá bei der Gendarmerie, 7–19 Uhr.)

Hochoasen und Salare

Wiege der Poncho-Weberei: Catamarca

Wo *inti*, die Sonne der Inka, die Halbwüste flimmern läßt, wo unstete Flüsse in der Erde versickern, wo braune Sierren dem ewigen Blau entgegendürsten, wo ›Amerika sich mit dem Himmel vermählt‹, wie die Leute gerne sagen, da liegt das furchenreiche Gebirgsrelief von Catamarca. In dieser lichtdurchfluteten Provinz, deren Dörfer, gleich Brunnenschalen, entlang der Wasserläufe aufgereiht sind, spenden die Nährströme alles Leben: Mais, Bataten (bis zu 2 kg schwer), Bohnen, Tomaten, Walnüsse und Johannisbrot, vor allem aber Oliven, Rosinen, Wein und einen trockenen, über Holzfeuer destillierten Weinbrand *(aguardiente)* mit unverkennbarem Traubenaroma.

San Fernando del Valle de Catamarca 1 (S. 382), die 115 000 Einwohner große Provinzmetropole, könnte man ›die Hauptstadt aller Oasen‹ nennen. Vom hausgekelterten Wein bis zum Chañar-Sirup (der Hustensaft der Ureinwohner), vom handgeknüpften Tinogasta-Teppich (10 000 Knoten pro m^2) bis zum Alpaka-Poncho von Belén – hier sammeln sich alle Traditionsgüter, die seit eh und je mit dem Namen Catamarca verbunden sind. Die Stadt selbst

Die Provinz Catamarca

hat man schnell erkundet. Zu Häupten der schräg ansteigenden Plaza 25 de Mayo erhebt die **Basílica de Nuestra Señora del Valle** (1852 begonnen, 1916 beendet) ihre rosa Fassade. Gestaltet – und mit ihrer über 40 m hohen Kuppel der Kirche Il Gesù in Rom nachempfunden – hat sie der italienische Architekt Luis Caravatti, von dessen Zeichenbrett auch das danebenstehende Regierungsgebäude (1859) stammt. Den italienischen Entwürfen der Franziskanerkirchen von Salta und Tucumán folgt die 1851 fertiggestellte **Iglesia de San Francisco** mit dem integrierten Klosterbau (Ecke Esquiú/Rivadavia). Schöne Beispiele von Kolonialarchitektur sind die Gebäude des **Archäologischen Museums** (Sarmiento 450) mit seiner repräsentativen Schau vorspanischer Keramik und Steingeräten sowie das **Historische Archiv** (Chacabuco 425) mit kleinem Museum und Urkunden, die bis auf das Jahr 1650 zurückgehen. Einen Besuch wert ist auch der **Mercado Artesanal** am Standort der Subsecretaría de Turismo. Im gleichen Komplex kann man Teppichknüpferinnen bei der Arbeit zuschauen. An dieser Stelle feiert auch alljährlich ab der zweiten Juli-Woche Catamarcas ›Fiesta Nacional del Poncho‹ die Webkünste der Region.

Die Umgebung der Stadt – *catamarca* bedeutet im Quechua soviel wie ›Festung‹ – ist durch mehrere in Nord-Süd-Richtung laufende Kordillerenkämme (Ambato, Manchao, Ancasti, Graciana) profiliert, wobei die eingebetteten Längstäler im Osten die reichere Vegetation aufweisen. Zu den reizvollsten Steigstrecken in diesen Gebirgen gehören die Route von Balcosna nach Singuil und die Cuesta del Portezuelo, wo sich die Straße in atemberaubenden Kehren vom Tal auf 1680 m hochhangelt und der Wald auf der Paßhöhe urplötzlich in

Die Iglesia de San Francisco in Catamarca

Puna-ähnliche Steppe übergeht. In den stillen Hochoasen El Alto und Ancasti findet man verträumte Hosterías, ebenso im Talort La Merced. Den aromatischsten *aguardiente* erzeugt das trogförmig zwischen Salar und Felsen eingebettete Weindorf Pomán. Verboten ist der Branntweingenuß nur da, wo es messerscharf zugeht: bei den in vielen Dörfern an den Wochenenden üblichen Hahnenkämpfen, einer alten catamarquenischen Tradition.

Die Route der Archäologen

Die stärkste Konzentration von Fundorten mit Zeugnissen präkolumbischer Kulturen weist das 260 km lange Tal zwischen Tinogasta und Santa María auf. In diesem 1200–1800 m hoch gelegenen, niederschlagsarmen Vorandengraben fällt der wenige Regen im Hochsommer – wenn die Verdunstungsintensität am größten ist. Die Trockenflüsse leben von frühjährlichen Schmelzwasserschüben, dann versiegen sie. Nur angepaßte Charakterpflanzen finden noch Anschluß an das Grundwasser. Die Luftfeuchtigkeit beträgt weniger als 5 %. Unter solchen klimatischen Bedingungen haben die Schwemmsandböden *(barreales)* der Trockenflußufer Tongefäße, Flecht- und Webstücke sowie Schädel und Glieder von Leichnamen über Jahrhunderte konserviert. Die kompletteste Gefäßkollektion ist im Museum von Belén zu studieren.

Wer, von La Rioja oder Catamarca kommend, Tinogasta auf dem Wege über Aimogasta ansteuert, hatte bei einer Umwegschleife über **San Blas** (Hostería) bereits Gelegenheit, die wenige Kilometer südlich des Ortes (noch vor Cuipán) liegende *pucará* von **Schaqui** zu besuchen. Diese sich über der spaltenengen Quebrada Gualco zwischen Säulenkakteen versteckende Inkabefestigung muß ein altamerikanisches Freizeitcenter gewesen sein, denn zu ihren Füßen lockt die Kaskade eines herrlichen Felsenbades. Heute ist dieses schöne Planschbecken (ab RN 40 über einen das Flüßchen kreuzenden, 7 km langen Fahrweg zu erreichen) fast nur noch den Einheimischen bekannt.

Bei **Tinogasta** kann die ausgedehnte Fundstätte von Watungasta im Río-Abaucán-Tal dem Besucher lediglich die windgeschliffenen Reste von rechteckigen Adobegrundmauern inmitten der verkarsteten Ebene bieten. Allein die in der Alunis-Sammlung (Tinogasta) zusammengetragenen Gefäßscherben, Flechtstücke, Maiskolben, Kürbis- und Algarrobo-Samen haben weitgehend die Rekonstruktion dieser 500–1300 Jahre alten Kultur erlaubt. Mehr zu sehen ist rund 75 km weiter nördlich, wo am Fuße des **Cerro Chincal** (oder: Shincal) eine von den Inka zwischen 1471 und 1535 zur Kontrolle der Region errichtete Befestigung freigelegt wurde. Die 1995 hergerichtete Ruinenstätte erreicht man von Londres aus auf einem 7 km langen Stichweg.

Das sympathische Straßendorf **Londres** (›London‹) selbst verdankt seinen weithergeholten Namen früheren Bewohnern, die anläßlich der Hochzeit von Maria I. Tudor und Philipp II. von Spanien mit der Anrufung der britischen Hauptstadt den Majestäten ihre Reverenz erweisen wollten. Orte, die ›Londres‹ hießen, wurden in jener Zeit alleine in Nordwestargentinien nicht weniger als sieben gegründet. Dieses Londres an der RN 40 entstand bereits 1558 als erster Ort Catamarcas, wurde mehrfach von den Indios zerstört und präsentiert sich heute als vierte oder fünfte Version des Originals, ohne seinen nur zu vermutenden ursprünglichen Charme eingebüßt zu haben.

Nur 15 km weiter nördlich stößt man auf das Theben aller regionalen Ausgrabungsstätten: das geruhsame 10 000-Seelen-Dorf **Belén** (›Bethlehem‹) **2** (S. 341), in dem einige hundert Familien die Tradition der Poncho-Handweberei fortführen – allerdings auch skrupellose Vermittler hinter vorgehaltener Hand Vicuña-Gewebe anbieten (das vom Aussterben bedrohte Tier, dessen wattegleiches Fell hundert Haare pro mm^2 aufweist, darf nicht gejagt werden). Luis Franco, der 1988 gestorbene Lokaldichter, hat die stolzen Kameltiere in seinen Fabeln verewigt.

Beléns Schatzkammer ist sein – räumlich beengtes – **Archäologisches Museum**, in dem rund 6000 Tongefäße aller Kulturen des argentinischen Nordwestens wie in einer Apotheke in Wand-

Auf tönernen Füßen
Die Diaguita-Kulturen und ihre Rätsel

Geographisch sind die Diaguita-Kulturen, etwa gegenüber den Omaguacas oder den Atacamas, recht genau, zeitlich jedoch nur schwer gegen andere indianische Kulturen der südlichen Zentralandenregion abzugrenzen. Kerngebiet war das Río-Belén-Tal (heute Provinz Catamarca), als Blütezeit gilt die Spanne von ca. 600–1480 n. Chr.; dann begann die Überformung durch die Inka.

Nach der auf Radiokarbonmessungen gestützten Periodisierung keramischer Kulturen im Fundgebiet (A. R. González und J. A. Perez) ragt die bereits 200 Jahre vor der Zeitenwende beginnende **Tafi-Kultur** weit (bis 1000 n. Chr.) in die Diaguita-Epoche hinein, muß jedoch – mit ihren großen Steinplastiken bei einer nur wenig entwickelten Töpferei – als gesonderter Kulturkreis betrachtet werden. Der zur gleichen Zeit beginnenden **Condorhuasi-Kultur** (200 v. Chr.–300 n. Chr.) hat der gleichnamige Ort unweit des Río-Belén-Tals den Namen gegeben. Die sowohl grauschwarze als auch rote Condorhuasi-Keramik zeichnet sich durch große Formenvielfalt und die freizügige Kombination von anthropo- und zoomorphen Elementen aus, wobei man auch gerne den Menschen als Ganzes, sich wie ein Vierbeiner auf Händen und Füßen bewegend, in Gefäßform darstellte.

Der geradezu unwahrscheinliche Erfindungsreichtum an Zwitter- und Fabelwesen setzt sich in der der Condorhuasi ähnelnden (aber weniger ausgefeilten), schon der mittleren Epoche (600–1000 n. Chr.) zugehörenden **Candelaria-Kultur** fort. In Zeichnungen und Ausformungen immer wiederkehrende Nutztiersymbole, wie Lama (als Haustier) und Strauß (das Sammeln von Straußeneiern gehörte zur Nahrungssicherung) werden um eine Vielzahl von Felidenmotiven bereichert.

Fast gleichzeitig mit jener von Condorhuasi hat sich die **La-Ciénaga-Kultur** entwickelt, deren polychrome Gebrauchskeramik gemeinsam mit der von **La Aguada** (ca. 500–800 n. Chr.) von nicht wenigen Archäologen auf die Stufe der altperuanischen Nazca-Kultur gestellt wird. Verwegene Sinnbilder – wie Federstabtänzer oder pfeiferauchende Affen – tauchen in den Ritzzeichnungen der Gefäße aus der im Hualfín-Tal entdeckten Totenstadt auf und lassen die Vermutung zu, es habe auch über große Entfernungen ein Kulturaustausch bestanden. Figuren mit Trophäenkopf (an dem vom abgeschlagenen Schädel hängenden Haarschopf erkennbar), ein beliebtes Nazca-Motiv, finden sich beispielsweise auch bei La Ciénaga und La Aguada wieder. Der Typus schuhförmiger Gefäße als Behälter für Grabbeigaben ist sogar über ganz Altamerika verbreitet.

Ihre Zusammenfassung unter dem Begriff ›Diaguita‹ verdanken die Kulturen der Spätzeit – Santa María, Belén und Sanagasta/Angualasto – unter anderem dem Umstand, nicht das Studienobjekt punktueller Ausgrabungen, sondern das lebendige Abbild eines kulturellen Gesamtzustands im Augenblick ihrer Entdeckung – erst durch die Inka, wenig später durch die Spanier – gewesen zu sein. Überlagerungen und teilweise Zeitgleichheit erschweren eine strenge anthropologische Typologie. Dennoch gilt als größter gemeinsamer Nenner für die Diaguita-Ethnien die überragende Bedeutung der Grabkeramik. Alle Funde bezeugen die Existenz eines besonderen Bestattungskults für Kinder. Sie wurden in Urnen beigesetzt, während man Erwachsene, in Tücher gewickelt und zu Bündeln geschnürt, in die Erde senkte. Das trockene, kalte Klima hat viele dieser Toten der Nachwelt als Mumien erhalten. Ihre Seelen aber leben, nach dem Glauben der Diaguita, in den Höhen der Anden fort.

regalen aufgereiht sind. Werke, die – so der Museumsgründer Eduardo Curo – sich mit ägyptischen oder phönizischen Vasen messen können. Im Umkreis von Belén sind die namhaftesten der als Kulturen klassifizierten Diaguita-Stilepochen angesiedelt: La Aguada, Condorhuasi, La Ciénaga. Rund 15 km nördlich des Ortes führt ein kreisförmiger Erschließungsweg zu den wichtigsten Fundstätten. Man hat die Indios, die dieser Hochsteppe mit ausgeklügelten Bewässerungssystemen ihre Mais-, Kartoffel-, Bohnen- und Quinoa-Erträge abrangen und gleichzeitig eine so formen- und dekorreiche Keramik schufen, *agroalfareros* – Töpferbauern – genannt. Sie waren hervorragende Pflanzenkenner, wußten um deren Eigenschaften und haben allen Anzeichen nach auch halluzinogene Wirkstoffe eingenommen. Aber gehen die ausufernden anthropomorphen Formgebungen der Condorhuasi-Kultur – irreale Kreaturen zum Teil – auf Rauschzustände ihrer Schöpfer zurück? Eine Frage, die sich ernsthafte Archäologen gestellt haben.

Zu zwei der rätselhaftesten Inkaruinen (und auch zur Stadt Tucumán) zweigt von Belén aus die RP 46 nach Osten ab. Nach 85 Berg-und-Tal-Kilometern durch Hunderte von Trockenflußrinnen des Salar de Pipanaco durchläuft die Straße das Örtchen **Andalgalá** 3 (S. 339), um sich über die Cuesta de Chilca hochzuwinden und nach rund 35 km Agua de las Palomas zu erreichen. Von hier aus führt ein 18 km langer Pirschpfad (nach Südosten) zur **Pucará de Andalgalá,** einer wehrhaften, offenbar nie angegriffenen und daher vielleicht von den Spaniern auch nie entdeckten Inkafestung, deren umfangreiches, mit Schießscharten versehenes Mauerwerk beeindruckt (Reitexpeditionen hierher von der Estancia El Chorro aus, s. S. 383).

Fliegender Händler in der Puna

Erst 1937 erhielt man Kunde von der inzwischen weit berühmteren **Pucará del Aconquija** 4 (an der Ostflanke des gleichnamigen Berges), die fabulierende Einheimische gern ›Stadt des Inkakönigs‹ nennen. Was bewegte die Inka dazu, an diesem rauhen Ort in 4200 m Höhe eine 3500 m² große Anlage zu bauen, die keineswegs nur eine Festung war? Auch wenn man diese Ruinenstadt nicht besucht (eine beschwerliche 4- bis 5-Tage-Expedition, die sich von einem der südöstlich der Nevados del Aconquija am Wege liegenden Weiler aus mit Maultieren organisieren läßt), so gewinnt man schon von der Buena-Vista-Höhe aus eine Vorstellung von der grandiosen Einsamkeit dieser zimtfarbenen Hochwüstenschluchten, in deren Lüfte nur Riesenvögel zu passen scheinen. Und wirklich hat man in der Andalgalá-Region das Skelett eines nach der Radiokarbonmessung 5–7 Millionen Jahre alten Raubvogels gefunden, der stehend 1,50 m gemessen haben muß und der, seines Fundortes und des furchterregenden Schnabels wegen, 1960 als *Andalgalornis ferox* ins zoologische Namensregister einging.

Aber zurück zu den Töpferbauern. Nördlich von Belén zwängen sich Fluß und Straße durch eine eindrucksvolle Schlucht, wobei am Rande der kurvenreichen Erdpiste nicht nur Warnschilder, sondern auch *Nuestra Señora del Tránsito* – die Madonna des Straßenverkehrs – der Adobekirche von **San Fernando** (Mitte 18. Jh.) zu umsichtiger Fahrweise ermahnen. Knapp 10 km vor Hualfín zweigt der ›Camino de la Puna‹ (s. S. 257 ff.) nach Nordwesten ab. Die weitläufige, in Weingärten und Obstplantagen gehüllte Flußoase **Hualfín** 5 selbst nennt eine schöne Kapelle von

1770 ihr eigen. Auch an diesem Ort sind bedeutende Funde der Condorhuasi-Kultur gemacht worden.

Nördlich von Hualfín erweitert sich das Tal zu der von unzähligen Trockenbetten durchzogenen Sandsteppe Campo Arenal – mehr der Hitze wegen ›argentinische Sahara‹ genannt –, bevor die Straße zum (jenseits des Flusses liegenden) 7000-Einwohner-Dorf **Santa María** 6 (S. 389) gelangt. Die hier ansässigen Weberbauern kultivieren vorwiegend Paprika (70 % der Landesproduktion) und weben Ponchos. Auch Wein (Torrontés), Tomaten, Knoblauch und 400 t Walnüsse jährlich kommen aus den Oasen rings um den Ort. Kein Wunder, wenn schon auf den indianischen Gefäßen als Symbol des lebenspendenden Wassers die Kröte immer wiederkehrte. Die Fundstätte Santa María hat der in die Zeit von 1000 bis 1480 datierten Diaguita-Kultur ihren Namen geliehen (s. S. 254 f.). Von Santa Marías kleinem Museum aus läßt sich ein Besuch des Fuerte Quemado (12 km) und anderer *pucará*-Ruinen einleiten, die wahre Verteidigungsschanzen gewesen sein müssen. In einigen fand man noch ›Munitionsdepots‹: mit Schleudersteinen gefüllte Gruben. Nichts fürchteten die Spanier mehr als die *galga,* den Steinhagel der Indios.

Über den ›Camino de la Puna‹

Als ›einsamste Strecke der Welt‹ haben Reisende gelegentlich die rund 600 km lange Route bezeichnet, die das Río-Belén-Tal mit dem Minenort San Antonio de los Cobres verbindet. Einzige Zwischenstation auf diesem in jeder Beziehung trockenen Abschnitt – es gibt auch kein Benzin – ist das in der Hochwüste verlorene Dorf Antofagasta de la Sierra, dessen Einwohnerzahl, je nach Anwesenheit, mal mit 800 und mal mit 1700 angegeben wird. Man kann diese anstrengende (wegen der Höhe) Erbauungstour (wegen des Erlebniswertes) in beiden Richtungen unternehmen. Ratsam indessen ist dies von Süden her, weil sich so die Straßenverhältnisse abschnittsweise besser im voraus erkunden lassen.

Die Route beginnt an der RN 40, knapp 10 km südlich von Hualfín. Die RP 43 folgt dem Río El Bolsón, in dessen Talwanne man sich beim Weiler **Villavil** für lange Zeit von menschlichen Siedlungen verabschieden muß. Hat man erst die Cuesta de Randolfo (3500 m) überwunden, ist an den Basaltfelsen der **Esquina Negra** (›Schwarze Ecke‹) vorbei – beides kein Problem – und hat auch die (im Sommer manchmal problematischen) Geröllbahnen querlaufender Sturzbäche an den **Nacimientos** hinter sich, dann könnten die ersten wieder auftauchenden Lebewesen Flamingos sein. Eine große Kolonie der seltenen *parinas* (Andenflamingos) hat im Bereich der Laguna Blanca ihr Habitat (Sept.–Nov. und Apr.–Mai). Die rosa Stelzvögel beziehen ihre Farbe von winzigen, stark jodhaltigen Krebsen, die ihnen als Nahrung dienen.

Vom **Portezuelo Pasto Ventura** an kommen ganze Trupps der 6000 hier lebenden Vicuñas in Sicht. Doch was, außer der schmackhaften Jagdbeute, hielt indianische Stämme in dieser gigantischen Leere fest? Denn auch hier wurden Hunderte von der Aguada-Kultur zugerechneten *pircas* (Lehmmauerfundamente) gefunden. Aber Leere? Immense blinde Salzspiegel, pastellfarbene, mit der wandernden Sonne changierende Höhenlinien, vulkanische Silberhäupter und darüber ein

Typische Hochpuna-Landschaft mit Salar

elektrisches Blau. Auch ohne *apunamiento* kann man dem Höhenrausch erliegen.

Am **Peñón** (km 160), einer Mini-Oase, ein Hauch von Grün. Dann, 60 km weiter, kommt der Punkt, der in einem Gebiet, das eineinhalb mal so groß ist wie die Schweiz, nur einfach ›La Villa‹ (›Der Ort‹) heißt: **Antofagasta de la Sierra** 7 (S. 340). Hier, in 3440 m Höhe, sollte man seine Halbzeitpause einlegen. Von Antofagasta aus nach Norden beginnt der einsamste Teil der Fahrt: zum **Salar del Hombre Muerto** (›Salar des toten Mannes‹). Bei km 123 die (22 km lange) Zufahrt zur Borax-Mine **Tincalayo,** der drittgrößten der Welt. Die sich beim Eintrocknen der Salzlagune abscheidende Borverbindung ist ein begehrter Rohstoff für die Waschmittel- und die Glasindustrie. Lithium, ein zweites Produkt dieser auf eineinhalb Kilometer Länge und bis 80 m Tiefe ausgeschürften Salzpfanne, geht als Superleichtmetall in den Flugzeugbau. Doch hier, in 4200 m Höhe, steht uns der Sinn nach anderem. Von der **Cuesta de Napoleón** aus (Zufahrtsstraße zur Mine) erlebt man die Andenkolosse als Teilnehmer einer sphärischen Round-table-Konferenz: im Westen der Llullaillaco (6740 m) und der Socompa (6030 m), im Norden der Queva (6130 m), im Osten der Cachi (6380 m) und fast im Süden die Galán-

Spitze (6600 m). In der Puna ist, sagt ein Dichterwort, »alles Altar«.

90 km weiter hat die Erdstraße (jetzt als RP 17) den Nordzipfel des rötlich schimmernden **Pocitos-Salars** erreicht. Hier gabelt sich der Weg. Eine rechts abbiegende Spur (RP 129) führt über den windverwehten Adobeweiler Santa Rosa de los Pastos Grandes um die Südflanke des Vulkans Queva und dann über die Abra del Gallo (4600 m) nach **San Antonio de los Cobres** 8 (S. 381; ca. 115 km). Auf die andere Fährte (RP 27) stößt man am Pocitos-Salar, 3 km weiter westlich, nach dem Überqueren der zum Socompa-Paß führenden Schienenspur der Transandenbahn. Rund 40 km nordwärts fahrend, trifft man auf die RP 51, schwenkt auf diese nach Osten ein und erreicht (über Olacapato) 70 km weiter das gleiche Ziel.

Eine möglicherweise kritische Strecke kann der von schwerbeladenen Lastwagen befahrene Abschnitt zwischen der Tincalayo-Mine und der Umladestation (auf die Eisenbahn) Olacapato wegen Tiefspurenbildung sein. Über den jeweiligen Straßenzustand erhält man in Antofagasta de la Sierra konkretere Auskunft als in San Antonio de los Cobres. Immer sind hochachsige Fahrzeuge von Vorteil. Zu bedenken ist, daß Wind und Höhe den Benzinverbrauch erheblich ansteigen lassen können (s. a. S. 298).

Der argentinische Nordwesten

Puna und Yungas

›El NOA‹ *(El Noroeste Argentino)* nennen die Argentinier kurz die Nordwestecke ihres Landes, und ebenso komprimiert drückt sich die Natur hier in ihren Extremen aus: Nur 20 Flugminuten trennen die 4000 m hohe Puna von der Tiefebene des Chaco, Wüste von immergrüner Vegetation, Trockenflüsse von dampfenden Nebelwäldern, *nevados* genannte schneebedeckte Vulkane und Gipfel von Orangenhainen, die Segelroute des Kondors von der Dschungelfährte des Jaguars. Die Provinzen Jujuy, Salta und Tucumán, mit über 220 000 km² zweieinhalbmal so groß wie Österreich, vereinen größere Gegensätze auf ihrem Raum als jede andere Region Argentiniens.

Mit Chile und Bolivien teilt sich der NOA jenen von abflußlosen Becken *(bolsones)* gebildeten Hochgebirgssockel, der im Westen Atacamawüste, im Norden Altiplano heißt und der an Höhe nur von den Plateaus Tibets übertroffen wird. In dieser extrem Trockenzone (mindestens elf Monate im Jahr ohne einen Tropfen Regen) sorgen starke Sonneneinstrahlung und abrupte nächtliche Abkühlung für Klimasprünge von 20–50 Grad. Die Spannungen bewirken, im Verein mit der chemischen Aktion von Bodensalzen, eine schon Millionen Jahre währende Gesteinszertrümmerung. Dieser bis auf das Quartär zurückgehende Prozeß ließ den Schutt entstehen, der, vom Wind glattgefegt, die durch Bergketten abgeteilten *bolsones* tischeben füllte. Überragt wird die vielfarbige Hochwüste von einzelnen Vulkanen, deren Ergußgestein der Erosion trotzte: Azufre (5706 m), Llullaillaco

*Zum Trocknen ausgelegte Rote Paprika in
◁ den Valles Calchaquíes*

(6739 m), Socompa (6031 m) – um nur die bekanntesten zu nennen. Nur ganz wenige Dörfer und in der Einsamkeit verlorene Gehöfte zeugen von dem zähen Menschenschlag, der sich hier seit Urzeiten in den Boden krallt: Die von den – sie beherrschenden – Inka *kollas* genannten Aimara-Indianer *(aimará)* sind die Stammbevölkerung des bolivianisch-argentinischen Hochlandes.

Der Puna vorgelagert sind deren abgekippte Randschollen, welche, wie die Zentralketten von Norden nach Süden laufend, die – immerhin noch bis zu 5000 m Höhe aufragenden – Präkordilleren bilden. Nur wenige Quertäler reißen diese Barriere auf, die zugleich eine klare Klimascheide ist. Vom Atlantik heranwehende feuchtigkeitstragende Winde regnen sich an den Osthängen der Vorgebirge ab und sorgen, von Tucumán bis nach Bolivien, für eine üppige Pflanzendecke. Dichte Nebel steigen an den Bergwänden hoch, in den Niederungen wuchert das hier allerorten angebaute Zuckerrohr. Wo die höhenstufenweise von der Vegetation abgekämmten Regenwinde noch Restfeuchtigkeit entladen, gedeihen die majestätischen Säulenkakteen, die das Landschaftsbild weiter Naturräume des NOA prägen.

Die immerfeuchten Bergwälder des argentinischen Nordens bilden die biogeographische Fortsetzung der bolivianischen Yungas und wiederholen altimetrisch deren Baumbewuchs. Dabei ist allerdings die unterste Zone, die der *selvas basales* (300–500 m), zur Gewinnung von Kulturflächen (Zuckerrohr, Tabak, Baumwolle, Zitrusfrüchte, Pfeffer, Wein) fast völlig entforstet worden. Im mittleren Gürtel (bis 1800 m) hat die Edelholzgewinnung ihre Breschen in den Nebelwäldern hinterlassen. Am besten erhalten ist der Kronenraum der Waldregionen (bis 2500 m). In den darüberliegenden Gras- und Polsterfluren behauptet sich als einzige Baumgattung die knorrige Queñoa mit ihrem eigenartig gedrechselten Stamm. Exemplarisch studieren läßt sich das Vegetationsmuster der Wolkenwälder in drei Nationalparks des NOA (s. S. 300 f.). In diesen wenig besuchten Bergenklaven kann der geduldige Pirschgänger noch Tukanen, Papageien, Ameisenbären, Stachelschweinen – und vielleicht einer gefleckten Raubkatze – begegnen.

Zurück zur Scholle – Kollas am Scheideweg

Latakúndur, ›Blechkondor‹, haben die Kollas den silbernen Leib der Flugzeuge getauft, die sich von den die Puna umgebenden Städten – Salta, Jujuy, Arica, La Paz – ins ewige Blau emporschwingen. Von dort oben, aus dem Nichts, kommen auch jene geheimnisvollen Kräfte, die etwa im 4200 m hoch gelegenen Dorf Paicone durch einen himmelwärts gerichteten Metallschirm in ein *Televisor* genanntes Gerät schlüpfen und darin lebende Bilder erzeugen. »Señorita«, fragen die Fernsehnovizen die Lehrerin, »wie stellen es die Leute nur an, daß so viele von ihnen in den Kasten hineinpassen?« Wechselnde Blickwinkel, Rückblenden, Zeitlupe, Zoom – in Paicone immer noch Wunder, die die Menschen staunen machen. Was Blech *(lata)* ist, weiß man vor allem durch den alten Omnibus, der (nur im Winter, wenn die Erdstraßen trocken sind) einmal wöchentlich in das Bergnest hochkeucht. Die nächste Poststation, Cusi-Cusi, liegt 20 km weiter nördlich im Sande verloren. Daß sie immer noch *estafeta* heißt, geht auf die Inka zurück, die keinen Transport auf Rädern kannten und alle Botschaften durch Stafettenläufer überbringen ließen.

Aber der Ursprung der Einwohner von Paicone reicht, wie der von Hunderten anderer Puna-Weiler, weit in die Vorinkazeit zurück. Was sich aus den Ausgrabungen im NOA – vor allem in Tilcara, Rinconada, Los Amarillos und Tastil – rekonstruieren läßt, ist die mutmaßliche Siedlungsstruktur in der Zeit vor der spanischen Konquista. Demnach bewohnten die kriegerischen Chiriguanos die Niederungen im Nordosten der Region, die nomadisierenden Juríes (von denen sich der Name der Provinz Jujuy ableitet) die südöstlichen Randgebiete, die Omaguacas die Schluchtoase von Humahuaca und die von den Inka zu Verteidigungszwecken zwangsweise ins heutige argentinisch-bolivianische Grenzgebiet umgesiedelten Chicha und Churumata die Täler am Oberlauf des Río Bermejo und seiner Quellflüsse.

Die (teilweise kontrovers interpretierten) Zeugnisse dieser Spätkulturen – Mauerreste, Wälle, Grabkammern, Keramik, Kakteenholz, Samen – lassen immerhin den Schluß zu, daß es im fruchtbaren Humahuaca-Tal zur Zeit des Inka-Einfalls (um 1480) über 20 Siedlungskomplexe gab. Ihre Bewohner, Bauern und Hirten, betrieben an Flußufern und auf Hangterrassen Kollektivanbau und scheinen in friedlicher Nachbarschaft miteinander gelebt zu haben. Die an strategischen Punkten freigelegten Befestigungsanlagen *(pucará)* wertet man als Bollwerke gegen die Chiriguanos, die im Rufe standen, Kannibalen zu sein.

Als, nur rund 50 Jahre nach der Inka-Invasion, 1536 der erste Eroberungszug der Spanier durch diese Region führte, sollen die Omaguacas bereits eine Version des Quechua gesprochen haben, das dann zur Missionssprache wurde. Die von den Eindringlingen erzwungene Fronarbeit *(encomienda)* in Bergwerken und auf Landgütern (Schenkungen des

Nordwesten

Abbrennen von Zuckerrohr vor der Ernte, um die scharfen Blätter zu entfernen

Königs an verdiente Konquistadoren) splitterte die ursprünglich autonomen Dorfgemeinschaften auf und zerstörte ihr Kulturerbe. Die heute untereinander vermischten Ethnien des NOA sind zum großen Teil in die Städte abgedriftet, wo sie als Randbevölkerung vegetieren, verdingen sich als Hauer (wie in der Mine El Aguila) oder als Saisonarbeiter in den Zuckerrohrplantagen des Tieflandes.

Tatsächlich hat sich mit der argentinischen Unabhängigkeit (1816) für die rund 100 000 Kollas des NOA nur insofern etwas geändert, als damals die *encomienda* abgeschafft wurde; ihre ehemals von den Spaniern requirierten Ländereien erhielten sie nur beschränkt zurück. Sogar noch im 20. Jh. lehnte die oberste Gerichtsinstanz von Salta den Rückforderungsanspruch einer Eingeborenengruppe mit der Begründung ab, es handele sich um ein ›nicht mehr erinnerbares Eigentumsrecht‹. Dennoch haben Proteste und Einzelinitiativen örtliche Wiedergutmachungen bewirkt. Durch die Enteignung einer Finca bei Iruya erhielten im Jahr 1994 4000 Kollas 125 000 ha Land zurück, die franziskanische Mission von Yacuy übergab 1995 1000 ha Kulturfläche an eine Kommune von Chiriguano-Abkömmlingen.

Ob es denn sinnvoll sei, in der heutigen Zeit der Marktwirtschaft diese Indios auf den Zustand der Subsistenzwirtschaft zurückzuführen, wurde ein erfahrener Feldforscher der Universität Buenos Aires unlängst gefragt. Seine Antwort: prinzipiell ja. Nach allen Beobachtungen hat die Ernährungsumstellung der abgewanderten Landbevölkerung – gebleichter Reis, denaturierte Fertigkost statt Reismelde, Mais, Kartoffeln – diese gesundheitlich geschwächt. In der Puna ist ›ökologischer Anbau‹ ein Pleonasmus: es gibt keine künstliche Düngung, keine Pflanzenkrankheiten, keine Luft- und Wasserverschmutzung.

Eine dramatisch-schöne Geschichte vom Dezember 1994 scheint Wiederverwurzelungstendenzen zu bestätigen.

Oberhalb von Tilcara gingen beim Ziegenauftrieb in großer Höhe im Nebel zwei Kinder, ein sechsjähriger Junge und sein vierjähriges Schwesterchen, verloren. Als die Suche längst abgebrochen war, erreichten – nach 22 (!) Tagen – die Vermißten unversehrt ein Gehöft. Sie hatten sich, Überlebenskünstler ohne Spezialtraining, von Wurzeln und Samen ernährt und, halb eingegraben, den eiskalten Nächten der Puna getrotzt.

Pachamamas Erdfarben

Die Maisgöttin hat den Indios die älteste Kulturpflanze der Menschheit beschert, 5000 Jahre bevor das Gewächs nach Europa gelangte. Doch daß die andernorts einfarbig gelben Kolben in den Hochoasen des NOA – der Quebrada de Humahuaca zumal – mosaikartig gemustert sind, ist der Erdmutter Pachamama zu verdanken. Sie reicherte die Böden mit Buntmetallen an, die die Körner der Fruchtstände wie Teppichnoppen pigmentieren und die Bergflanken der Schluchten zu vielfarbigen Felsgemälden aufblühen lassen. Gold, Silber, Eisen, Blei, Kupfer, Zinn, Zink, Antimon, Wolfram, Mangan, Magnesium, Quecksilber – die Berge strotzen vor Mineralien. Marmor, Onyx, Kaolin, Borat, Salze und Phosphate – eine endlose Kette von Schmelzen und Verbindungen tritt hier ans Tageslicht. Der NOA ist die Alchimieküche des Kontinents.

Im größten Bergwerk der Region, der in 3900 m Höhe operierenden Zink-, Blei- und Silbergrube El Aguilar (46 km von der Quebrada de Humahuaca), steigen 600 Kumpels im Zwölf-Stunden-Turnus (4 bis 16 oder 16 bis 4 Uhr morgens) in die vom Donner der Preßlufthämmer und der Dynamitexplosionen erfüllten Schächte und bringen, vom unausgesetzten Kokagenuß eine violette Aureole um den Mund, wie vor 300 Jahren schon dem sinistren Herrscher über alle Metallgruben, dem Teufel *ucaco*, kleine Opfergaben dar, auf daß er sie vor Staublunge, Ischias und Taubheit bewahre. Für die Kompensation solcher Berufsschäden bildet die bolivianisch-nordamerikanische Betreibergesellschaft bereits Rückstellungen in Höhe von 100 000 Dollar monatlich.

NOA-Routen

Bis heute zeichnet das Straßennetz des NOA in seinen Grundzügen ein 500 Jahre altes, vorwiegend in Nord-Süd-Richtung an den Höhenzügen orientiertes Wegemuster nach. An der Hauptachse reihten sich schon zur Kolonialzeit die Städte Jujuy, Salta und Tucumán auf, die das Vizekönigtum Peru mit der La Plata-Provinz verknoteten. Von Tucumán aus läuft dieser Strang heute als RN 9 bis zur bolivianischen Grenze durch.

Wer mit dem Auto von Buenos Aires anreist, erreicht – die Provinzen Santa Fe und Santiago del Estero diagonal durchschneidend (über Rosario, die RN 34 und Tucumán) – Salta nach rund 1600 km. Ein Dutzend Busse durchmessen diese Strecke täglich in 26 Stunden; drei tägliche Flüge von der Hauptstadt schaffen die Entfernung (bei Direktflug) in zwei Stunden. Nach Osten greifen langarmige Straßen in den Chaco aus. Im Westen trägt vor allem die Puna-Straße Nr. 16 den unternehmungsfreudigen Touristen über den Jama-Paß (ganzjährig geöffnet) in die chilenische Hochwüste nach San Pedro de Atacama. Andere Straßen verbinden mit den Nationalparks, erklimmen himmelhoch gelegene Indiodörfer oder umschlingen auf malerischen Schluchtrouten – wie durch die Quebrada del Río de las Conchas – 3600 m hohe Gebirgsstöcke.

Santiago del Estero

(S. 390) Die auf dem schnellsten Wege von Buenos Aires – also ›diagonal‹ – Anreisenden erleben auf ihrer Überlandfahrt einen Sprung vom Wasser ins Feuer. Erst die sattgrünen Flußniederungen am Paraná, dann die staubtrockene Salzwüste im Westen, dort sukkulente Orangenhaine und Jasmingärten, hier von der Sonne ausgeglühte Krummholzbäume, da die Millionenstadt Rosario, und hinterm Horizont der fast menschenleeren Provinz Santiago del Estero die halbvergessene ›Mutter aller Städte‹: das Santiago del Estero (del Nuevo Maestrazgo) von 1553, die erste Stadt Argentiniens.

80 % der gleichnamigen heißesten Provinz des Landes bestand einmal, man kann es sich kaum vorstellen, aus Algarrobo- und Quebrachowald. Er wanderte in die Kessel der Zuckerraffinerien von Tucumán. Heute wiegt der Wind die Baumwollfelder. Wer unterwegs in einem der kleinen Nester übernachtet, bekommt das Salzwasser direkt aus dem Hahn geliefert. Allerdings besitzt das Schaf- und Ziegenfleisch hier auch einen besonders würzigen Geschmack, nicht unähnlich dem *pré-salé* in der Normandie. *Chivito* gehört zu den Spezialitäten der Santiaguiner Küche, aber auch eine kroß gebratene *vizcacha* wird keineswegs verschmäht.

Das alte Santiago ist 1637 bei einer Flutkatastrophe im Río Dulce untergegangen und nach seiner Wiedererste-

Santiago del Estero
1 Kathedrale 2 Präfektur 3 Teatro 25 de Mayo 4 Museo Arqueológico Emilio y Duncan Wagner 5 Convento de San Francisco 6 Convento de Santo Domingo 7 Museo Histórico 8 Casa de los Taboada

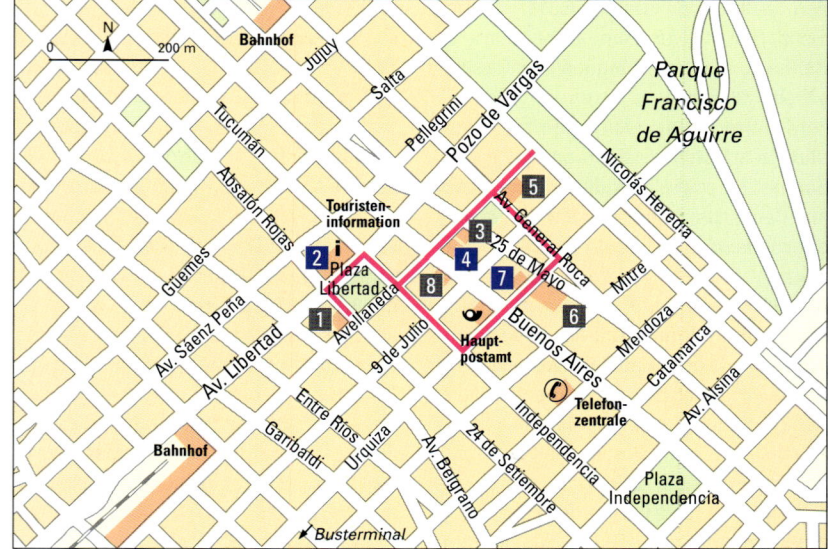

hung 1817 von einem Erdbeben in Trümmer gelegt worden. Auch aus dem 19. Jh. haben sich nur zwei Gebäude in die Gegenwart gerettet: das Haus des heutigen Historischen Museums und die Kapelle des Heiligen Francisco Solano. In den kleinen Geschäftsstraßen wechseln alte Stuckfassaden mit Betonkuben und Glasboutiquen ab, alles von einem bazarhaften Gewimmel von Reklameschildern überwuchert, die, gleich den Bäumen im Regenwald, um eine Sichtlücke kämpfen.

Auf der Plaza ein Reiterdenkmal, ein Musikpavillon, Bougainvilleen, gegenüber der Präfekturpalast, die Basilika und die Terrassencafés, wo man sich nach dem (sehr späten) Abendessen mitternächtlichen sobremesas (›Nachtischen‹) hingibt. Daß der sympathische Ort 180 000 Einwohner haben soll, errät man nicht. Mit dem am jenseitigen Ufer liegenden Zwillingsstädtchen La Banda (8000 Einw.) ist Santiago durch zwei Brücken verbunden, deren ältere, eine schöne Eisenkonstruktion von 1920, eine deutsche Reparationsleistung – Entschädigung für ein im Ersten Weltkrieg versenktes argentinisches Handelsschiff – darstellt. Aber zurück zur bodenständigen Architektur.

Die die Südwestseite der zentralen Plaza Libertad flankierende **Basilika** 1 von 1876 nimmt den Platz der ersten (1570) in Argentinien erbauten Kathedrale ein, deren Grundzüge sie nachzeichnet. In ihrer jetzigen Form eher nüchtern korinthisch konzipiert, überrascht sie im Innern mit der in warmen Terracottafarben und Gold ausgekleideten Kuppel. Schräg gegenüber evoziert der Arkaden- und Säulenbau der **Präfektur** 2 von 1868 den neokolonialen Stil Paraguays.

Folgt man der die Plaza auf der gegenüberliegenden Seite streifenden Avellaneda nach Nordosten, dann stößt man zwei Blocks weiter auf das geschmackvoll restaurierte **Teatro 25 de Mayo** 3 (Avellaneda 365), an das sich rechts das **Museo Arqueológico Emilio y Duncan Wagner** 4 (1907) anschließt. Die Exponate umfassen u. a. Fossilien von Mastodonten, über 100 Urnen sowie Schmuck, Gebrauchsgegenstände und Musikinstrumente aus Ton, die den Chaco-Kulturen (vor allem Tobas und Matacos) zuzurechnen sind. Nur eineinhalb Blocks weiter (Ecke Avellaneda/Roca) steht das **Convento de San Francisco** 5 mit seinem – in diesen geographischen Breiten – etwas deplaziert wirkenden neogotischen Kanon (im Innern ein kleines Museum für religiöse Kunst und die im 16. Jh. von Indios erbaute Klause des Heiligen).

Zwei Ecken weiter von der Roca in die Urquiza einbiegend, findet der Stadtbesucher an der Ecke 25 de Mayo/Urquiza das **Convento de Santo Domingo** 6, in dessen Kirche eine in expressiv realistischer Manier geschnitzte lebensgroße Christusfigur Beachtung verdient. Im Bau schräg gegenüber (Urquiza 354) lädt das **Museo Histórico** 7 zu einem Besuch ein. Die um zwei schöne alte Patios gruppierten Sammlungen zeigen einen Abriß der Regionalgeschichte vom Siegel bis zur Kelter. Noch einmal eineinhalb Quader weiter passiert man auf dem Weg zurück zur Plaza Libertad die **Casa de los Taboada** 8 (Buenos Aires 136), ein altes Patrizierhaus (1840) mit geräumigen Innenhöfen, deren erster, von dorischen Säulen umstanden, eine schöne spanische Zisterne birgt.

Santiagos große grüne Lunge ist der am palmengesäumten Flußufer liegende Volkspark **Francisco de Aguirre,** dessen 1000 Eukalyptusbäume 1903 von den Grundschülern der Stadt gepflanzt wurden.

San Miguel de Tucumán – Garten der Republik

(S. 386) An Lebendigkeit und Esprit kann es keine Stadt des argentinischen Nordens mit (San Miguel de) Tucumán aufnehmen. Dunkel ist der Ursprung des aus *tucma, sucuma* oder *yucuma* – Ort, Omen oder Orakel? – abgeleiteten Namens. Hellwach aber ist diese 650 000 Menschen große Metropole der zweitkleinsten (23 000 km^2), doch am dichtesten bevölkerten Provinz Argentiniens. Entstanden ist die Stadt als Zweitgründung (nach der ersten von 1565) an ihrer heutigen Stelle im Jahre 1685, und zwar als wirtschaftliches Zentrum des im subtropischen Umfeld bereits im frühen 17. Jh. von den Jesuiten eingeführten Zuckerrohranbaus. Nach der Vertreibung des Ordens 1767 nahm erst 150 Jahre später der Bischof Colombres die *caña*-Produktion wieder auf. Bis heute sind die Niederungen der Region von Milliarden grüner Süßgrashalme überzogen, aus denen die mitten in den Feldern stehenden Raffinerien erst wieder wie große altertümliche Dampfmaschinen auftauchen, wenn das Heer der Landarbeiter die Zuckerrohrernte von Juli bis September mit der Machete eingebracht hat. Die Textilindustrie (Baumwolle) zog später in die Provinz ein, und italienische, arabische und jüdische Einwanderer belebten den Handel.

San Miguel de Tucumán
1 Kathedrale 2 Iglesia de San Francisco 3 Federación Económica, ehemaliges Hotel Plaza, Jockey Club 4 Regierungspalast (Casa de Gobierno) 5 Museo Folklórico Provincial General Manuel Belgrano 6 Museo Histórico Provincial (Casa Avellaneda) 7 Casa Histórica de la Independencia Nacional 8 Peña El Cardón 9 Casa del Obispo Colombres

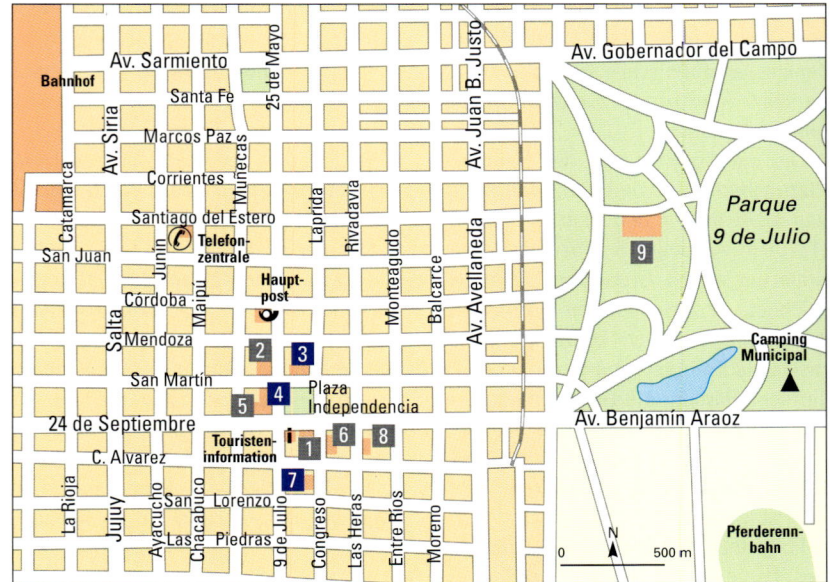

Als Arbeiter- und Universitätsstadt hat sich Tucumán stets einen kritisch-spontanen Geist bewahrt und war in der Zeit der Militärdiktatur (1976–1983) das Zentrum der Tupamaros-Widerstandsbewegung. Die kulturell sehr aktive Stadt ist auch die Heimat der Folklore-Sängerin Mercedes Sosa, der geliebten ›Schwarzen‹, wie das Publikum sie gerne nennt. Tucumáns Beiname ›Garten der Republik‹, einst der großen Parks wegen der Stadt verliehen, verblaßt heute angesichts des Verkehrsgewimmels im Zentrum (25 de Mayo), wo jetzt die vollbesetzten Cafés die zeitgemäßen Oasen sind. Daß Tucumán auch auszuruhen versteht – nirgendwo dauert die Siesta länger (und ist die Nacht kürzer) –, scheint schon der im Frontispiz der Kathedrale unter einer Zeder lagernde Moses anzudeuten.

Tucumáns Sehenswürdigkeiten lassen sich bei einem zweistündigen Stadtbummel um die Plaza erfassen, deren Südseite die rosarote **Kathedrale** **1** beherrscht. Dieser erste neoklassizistische Sakralbau Nordargentiniens entstand 1852 und birgt in seinem Innern das Symbol der Stadtgründung, ein einfaches Holzkreuz. Fast diagonal gegenüber (Ecke San Martín/25 de Mayo) kontrapunktiert die **Iglesia de San Francisco** **2** (1885) die offene Säulenfassade des Haupttempels mit vier reichgeschmückten bogenhohen Gittertoren. Das mit byzantinischer Üppigkeit dekorierte Interieur der Franziskanerkirche hat einen von Guaraní-Indianern geschnitzten Hochaltar zum Mittelpunkt, dessen Hauptfigur Tucumáns Schutzpatron, den Erzengel Michael, darstellt.

Drei architektonische Kleinode – die Schmalbauten der **Federación Económica,** des ehemaligen **Hotels Plaza** und des **Jockey Clubs** **3** (bemerkenswerte Innenausstattung), an der Nordseite der Plaza aneinandergereiht – repräsentieren mit ihren italienischen, spanischen und neogotischen Stilelementen den provinziellen Eklektizismus der 20er Jahre. Beherrscht wird die Plaza indessen vom Belle-Epoque-Komplex des palmengerahmten **Regierungspalastes** **4**, an den sich die **Casa Padilla,** ein tiefgegliedertes Patrizierhaus von 1870, anschmiegt.

Gleich um die Ecke (24 de Septiembre 565) laden die lauschigen Patios des **Museo Folklórico** **5** (Sammlung autochthoner Musikinstrumente) zu einem Umtrunk ein.

Südlich der Plaza bieten das **Museo Histórico Provincial** **6** (Congreso 56) in der alten Casa Avellaneda und die **Casa Histórica de la Independencia Nacional** **7** (Congreso 155) – hier wurde am 9. Juli 1816 der Eid auf die argentinische Unabhängigkeitserklärung geleistet – eine historische Schau von Möbeln, Gemälden und Dokumenten der Kolonialzeit. Eine Straße weiter (Las Heras 50) offenbart sich das alte Patio-Haus der **Peña El Cardón** **8** des Abends als lebendiger kleiner Kulturzirkel (Dichterlesungen, Musikdarbietungen, Kantine mit regionaler Küche).

Inmitten des Parks 9 de Julio schließlich verwahrt die Stadt das emblematischste Zeugnis ihrer Entstehungsgeschichte: die älteste noch erhaltene hölzerne Zuckerrohrmühle von 1821 vor der als Museum eingerichteten spätkolonialen **Casa del Obispo Colombres** **9**. Allgegenwärtig bei diesem Stadtrundgang sind die Orangenbäumchen, die zu Tausenden die Gehsteige säumen.

Durch die Calchaquí-Täler

Die von Santa María bis zum Quellgebiet des Río Calchaquí (an der Abra del Acay) parallel zu den Kordillerenkämmen laufende, ca. 300 km lange Tälerkette gehört zu den malerischsten Argentinien-Routen überhaupt. Bei der Anfahrt von der Stadt **Tucumán** aus bekommt man – gewissermaßen zum Abschied an der Schwelle der Vorpuna – den Vegetationstypus des tucumanischen Regenwaldes auf exemplarische Weise vorgeführt. Rund 50 km südlich der Stadt (RN 38) in Acheral auf die RP 307 nach Tafí del Valle abbiegend, wird der Reisende alsbald inmitten eines dampfenden Urwaldes, der vor Flechten, Moosen und Baumschmarotzern nur so strotzt, durch die Río-Sosas-Schlucht hochgetragen. Innerhalb weniger Kilometer kippt die immergrüne Vegetation in Trockengrasfluren um. Rund 10 km vor der aus Hunderten von Landhäusern bestehenden Sommerfrische **Tafí del Valle** 1 (ACA-Hostería), getrennt von der Nachbarsiedlung El Mollar (2000 m) durch einen künstlichen See, zieht sich der **Parque de los Menhires,** ein ›Steingarten‹ von 114 ritzgezeichneten indianischen Granitsäulen, zwischen den Kandelaberkakteen am Hang hoch.

Sobald die (fast durchgehend asphaltierte) Straße hinter Tafí die Abra del Infiernillo (3040 m) erklommen hat, fällt der Blick in das gewaltige, von milchig-blauem Sonnenglast erfüllte Río-Santa-María-Tal, mit dem die Valles Calchaquíes und ihre Flußoasen beginnen. Über das in seine Wein- und Obstkulturen eingesponnene Nest Amaichá del Valle (schöne Plaza, einfache Patio-Hostería Colonial) gelangt man in das Landstädtchen **Santa María.**

Auf der breiten, von Trockenwald bestandenen Talsohle nach Norden fahrend (RN 40), erreicht man nach gut 30 km die (nicht zweifelsfrei rekonstruierte, aber pittoreske) Ruinenstätte von **Quilmes** 2 (S. 375). Den kriegerischen Stamm der Kilmes hatten die Spanier erst 1667, am Ende des 35jährigen Calchaquí-Krieges gegen die Eingeborenen, durch Aushungern besiegen können: sie trieben ihre Pferde in die Mais-

Die Calchaquí-Täler

Die Quebrada de la Flecha

pflanzungen der Indianer hinein. Das geknechtete Volk mußte zu Fuß bis zur La-Plata-Mündung laufen, wo es in seiner neuen Zwangssiedlung ›Quilmes‹ (heute ein Vorort von Buenos Aires und eine bekannte Biermarke) das eigene Aussterben beschloß – eines der traurigsten Kapitel der Konquista auf argentinischem Boden.

Die Straße, stärker von Eseln und Traktoren als von Autos frequentiert, folgt dem endlosen Trockenwaldtal nach Norden, berührt den Weiler Tolombón (indianische Ruinenreste) mit seinen Strauchwerkzäunen, dann übernehmen riesige Rebflächen die Charakterisierung der sonnendurchglühten Landschaft. Wenige Kilometer vor Cafayate grüßt uns die **Bodega Etchart,** die älteste (1850) der Region, mit ihren Weingärten (70 % Torrontés-Trauben) und alten Algarrobo-Fässern.

Der 8000 Einwohner große Winzerort **Cafayate** 3 (S. 347) – in der Sprache der Cacano-Indios: ›Wo man die Sorgen begräbt‹ – verdankt seinen weinseligen Ruf (und heute einen regen Tourismus) den Jesuiten, die hier bereits im 17. Jh. die ersten Keltern von Hand drehten. Cafayate ist zugleich der Scheitelpunkt zweier überaus reizvoller Gabelrouten: Die Direktstrecke (RN 68) nach Salta (ca. 180 km) durchläuft von hier aus die Quebrada del Río de las Conchas, eine der formenreichsten Buntsandsteinschluchten Argentiniens (›Kastell‹, ›Obelisk‹, ›Kröte‹, ›Amphitheater‹ sind einige der Felsbezeichnungen), bevor das Felsgewoge dem Trockenwald und dann den Tabakpflanzungen des Lerma-Tals weicht.

Die andenseitige Route wählt das Herzstück der Calchaquí-Täler als Panorama, läßt zunächst das Weindorf Animaná (Camping Municipal mit Infrastruktur) hinter sich und bietet das geruhsame **San Carlos** 4 (S. 381) als erste Verweilstelle an. Einige schöne alte Fassadenreihen und eine lichterfüllte Plaza mit Kirche von 1860, *Mer-*

Schöner wohnen – frühkolonial

In keiner Region Argentiniens haben sich, ungeachtet aller seismischen Katastrophen, so viele Zeugnisse spanischer Kolonialarchitektur erhalten wie in der Provinz Salta. Hier lag – in der Blütezeit des sagenhaften Potosí, wo die Silberbarone die Gassen mit Barren pflasterten – das wirtschaftliche Epizentrum zur Versorgung Oberperus. Salta hatte ein Füllhorn von Agrarerzeugnissen zu bieten und züchtete Tausende von Maultieren, die die Edelmetalle von den Gruben zur Pazifikküste transportierten. In den fruchtbaren Niederungen entstanden immense Haciendas, deren *salas* genannte Herrenhäuser damals eher Wachtürmen oder Brückenpfeilern glichen, weil sie dem Gewoge angreifender, noch freier Indianerstämme zu trotzen hatten. So spiegelt sich denn auch in der über 400jährigen Architekturgeschichte der Region zugleich der Wandel von wohldefinierten Nutz- und Schutzinteressen wie auch der von Zeitgeist und Geschmack wider.

Schon die Bezeichnung Fuerte (›Fort‹) de Cobos für das älteste erhaltene Hacienda-Gebäude (40 km von der Stadt Salta) deutet auf den Verteidigungscharakter der Anlage hin – und es ist bis heute Gauchotradition, die Haziendas des NOA als *fortines* (Schanzanlagen) zu bezeichnen. Der von dicken Adobemauern getragene, schlanke, hohe Bau von Cobos (ein sog. *alto*) signalisiert Wehrhaftigkeit, der (wohlweislich nur im Obergeschoß angebrachte) durchlaufende Balkon Wachsamkeit: von hier aus konnte man auf weite Entfernung die Staubwolke heranreitender Angreifer ausmachen.

Mit der nach und nach abnehmenden Bedrohung durch Indianerüberfälle gaben die Haciendasitze ihre zinnenhafte Steifigkeit auf und bequemten sich zu harmonischeren Bauproportionen. Ein gutes Beispiel für einen solchen zugleich aus ästhetischem Anspruch wie aus dem Sicherheitsbedürfnis hervorgegangenen Kompromiß bildet die Hacienda de Molinos in den Calchaquí-Tälern (s. S. 274). Nach dem Indianerüberfall von 1735 auf Cobos, bei dem nahezu die gesamten Saatflächen vernichtet wurden, verwandelte sich die relativ friedliche Flußoase um Molinos in die Getreidekammer der Provinz. Diese Hacienda des letzten königstreuen Gouverneurs Domingo de Isasmendi (bis heute als denkmalgeschützte Hostería erhalten) verrät mit ihrer flachen, kompakten Viereckform zugleich die Suche nach Geborgenheit wie auch das Bestreben nach funktioneller Übersicht: hier die Bodega, dort die Seifensiederei, da die Mühle, drüben der Wohnbereich. Noch wer heute unter dem Moje-Baum, im flußsteingepflasterten Patio sitzend, die wandernden Schatten der Algarrobo-Säulen verfolgt, wird sich kaum dem Zauber der strengen Harmonie jener frühen Kolonialarchitektur entziehen können.

Von der Restaurierung der wunderschönen Finca El Bordo de las Lanzas

›Höhenrain der Lanzenbäume‹; s. S. 288) – die erste *sala* geht bis auf die Mutter des Freiheitshelden Güemes zurück – berichtet der heutige Eigentümer und Ex-Gouverneur Darío Arias, man habe zu ersetzende Teile – Türen, Schwellen, Fensterfassungen, Schlösser – paßgenau aus kolonialzeitlichen Abbruchgebäuden übernehmen und hier einsetzen können. Die wichtigsten Elemente des Hausbaus waren genormt, und die Normen gingen noch auf die arabische Architektur zurück. Spanien hatte sich bei der Entdeckung Amerikas eben erst von einer fast 800 Jahre währenden arabischen Vorherrschaft befreit, die dem Land auch das gestalterische Erbe Nordafrikas hinterließ. Blendendes Weiß, grüne Laubschatten, das Echo plätschernder Patiobrunnen, Bänke, Balkone und Balustraden – mozarabische Komponenten und Stilelemente wurden originalgetreu und maßhaltig (!) auf die Architektur der Neuen Welt übertragen. Noch die *alacenas* genannten Wandgemächer in den Schlafzimmern – Vorläufer unserer Einbauschränke – verweisen auf nordafrikanische Ursprünge.

Im Gegensatz zur noch introvertierten Geschlossenheit der Hacienda de Molinos zeigt Las Lanzas bereits die aufgelockerte Konzeption eines Landsitzes, der behagliches Wohnen, übersichtliches Hantieren und das, was wir heute ›Landschaftsbezogenheit‹ nennen, in sich vereinigt. Die urbanen Kopien dieser Lebensweise – als bestes Beispiel bietet sich Saltas Casa de Uri-

Die Hacienda Fuerte de Cobos

buru (s. S. 278) an – bedienten sich, vom Lehmmauerwerk bis zu den Palo-Negro-Balken, der gleichen Bauelemente wie ihre ländlichen Vorbilder. Doch die Kandelaber und Tafelsilber vervielfältigenden venezianischen Spiegel konnten die erhabene Aussicht durch ein offenes Hacienda-Fenster nicht ersetzen. Im ›Jesuitenbarock‹ und den himmelstürmenden Schöpfungen der Franziskaner kam dann der Wille zum Ausdruck, sich von den Zwängen städtischer Bedrängtheit zu befreien. In den Bürgerhäusern bemühte man sich, die Natur in Form von Lavendelblüten einzufangen: mit ihnen wurden die *petacas* (Ledertruhen) parfümiert, um Mäuse und Motten daran zu hindern, nicht nur das Samtfutter zu fressen, sondern auch die in der Truhe aufbewahrten Pergamente, die die Eigentumstitel der Stadtpaläste verbürgten.

Die Kirche von Molinos

cado *Artesanal* und kleinem Keramikmuseum schmücken den Ort.

Erst hinter San Carlos verengt sich das Schwemmsandtal zur Schlucht. Adobehäuser mit Lehmstrohdächern und regionaltypischen Säulenterrassen, Algarrobo- und Chañarhaine, Obstdörren auf Stelzen, aus Schlamm und Steinen gefügte Aquädukte und bewässerte Mais-, Kartoffel- und Zwiebelfelder, rauchende Lehmöfen, geflochtene Korrale, Rote-Paprika-Teppiche, Schwärme grüner Papageien und kalkweiße Kirchen begleiten unseren Weg, während sich die farbigen Schichtfelsen beider Uferseiten zu bizarren Scheibengebirgen aufrichten. Hier hat die Orogenese (vor der Entstehung der Anden) das Sedimentgestein zu erstaunlichen Gebilden kompaktiert, gebrochen und gekippt. Ihren Höhepunkt erreicht die Verzauberung der Landschaft an der **Quebrada de la Flecha,** bevor sich die liebliche Oase **Angastaco** 5 (S. 340) mit ihrer gastfreundlichen Hostería und (8 km weiter) die alte **Estancia El Carmen** mit ihrer historischen Kapelle dem Auge darbieten.

Der nächste Flußweiler, **Molinos** 6 (S. 366), besticht durch seine erhabene, den gedrungenen Cuzco-Stil nachvollziehende Kirche (1945 restauriert) mit kakteenholzunterfüttertem Dach sowie die gegenüberliegende Patio-Hacienda Isasmendi (heute Hostería; s. S. 272 f.), beide Bauten plastische Zeugnisse der Kolonialzeit. Bald darauf hängt sich das Dörfchen **Seclantás** mit einer langen Brücke an die kurvenreiche Straße an, bevor diese nach 30 weiteren abwechslungsreichen Kilometern in die Flußsteinpflasterstraßen des gepflegten historischen (San José de) **Cachi** 7 (S. 347) einmündet. Niedrige Adobehäuserreihen, eine lauschige Plaza, die Kirche mit ihrer dreiteiligen Glockenwand und das mustergültig gegliederte Archäologische Museum lassen Cachi selbst zum vielbesuchten Fundort am Fuße des schneegekrönten Nevado de Cachi (6380 m) werden.

Über **Payogasta** (›Weißes Dorf‹) setzt sich die RN 40 nach Norden fort, erreicht nach 55 km den sauberen Bergweiler **La Poma** (3000 m; sehr einfache Hostería), der nach der Zerstörung des alten La Poma durch ein Erdbeben (1930) 2 km weiter südlich entstand, und verengt sich dann zu einem in die Sierra de Pastos Grandes hochkletternden Fahrweg. Hier beginnt das wahre Abenteuer, dessen Apex die Überwindung der **Abra del Acay** 8, mit 4900 m der höchste Straßenpaß der Welt, darstellt. Wie Eichhörnchen umherspringende Chinchillas begrüßen den Touristen auf dieser einsamsten aller Puna-Strecken. Welch bestürzende Ausblicke und Bergpanoramen! Welche Höhen aus purem Licht! Endlich taucht man selig in Schleifen wieder bergab, bis die Straße in **San Antonio de los Cobres** 9 (92 km ab La Poma) eine sanfte Landung vollzieht. (Anmerkung: Die stellenweise sehr schmale und oft von Felsgeröll übersäte ›Straße‹ hat den sanfteren Anstieg von Norden her, ist aber mit einem gesunden PKW – im Winter, wenn keine Niederschläge zu erwarten sind – auch in der beschriebenen Richtung zu schaffen. Schneestreifen und vereiste Querbäche sind dabei zu meistern. Immer zu empfehlen aber ist, diese Tour mit zwei Fahrzeugen zu unternehmen.)

Salta – Die Hübsche

■ (S. 378) Salta, ›La Linda‹ (›Die Hübsche‹), hat ihr eitler Gründer Hernando de Lerma, Gouverneur von Tucumán, 1582 nicht mit diesem lieblichen Taufnamen in das fruchtbare Río-Arias-Tal gebettet. Stadt und Provinz lieh er seinen eigenen Namen, ehe die freigeistigen Bürger die Erinnerung an den verhaßten Caudillo tilgten, indem sie die alte indianische Ortsbezeichnung wiederaufleben ließen: *sagta,* was im Aymaru-Idiom so viel bedeutet wie ›besonders hübsch‹. Das klang wie ein Versprechen, und ihm nachzukommen befleißigten sich die Siedler bis in die späte Kolonialepoche.

Bis heute Herzstück der Stadt, entstand eine kolonnadengesäumte Plaza von besonderer Anmut. Über Palmen, Araukarien, Johannisbrotbäume und flaschenbäuchige Yuchanes hinweg blicken sich die Kathedrale – ihre erste Version entstand um 1600 – und der eigenwillig asymmetrische Cabildo (Rathaus) an, der bereits zu jener Zeit an Saltas erster Geschäftsstraße lag. In der Calle Comercio (heute: Caseros), damals mit dem Cabildo als Markthalle, konzentrierte sich der Handel der ganzen späteren argentinischen Nordregion. Silber aus Oberperu, Mahagonimöbel aus Brasilien, Lederwaren aus der Pampa, Holz aus dem Chaco, Alpakawolle, Tongefäße, Früchte, Heilkräuter und wundertätige *benzoares* (im Bauch von Lamas gefundene Steine) wurden hier feilgeboten, während emsige Wasserträger mit Ledersäcken zwischen Stadtbrunnen und Küchen hin- und hereilten. Ein heimeliges Bild muß das gewesen sein, als die Straßenbeleuchtung noch einzig aus den in Schaufenstern und Haustüren aufgestellten Kerzen bestand.

Ein Erdbeben von 1692, Feuersbrünste und die zwei Jahrzehnte währenden Unabhängigkeitskämpfe – bei denen Martín Miguel de Güemes mit seinen Gauchos zum Freiheitshelden von Salta wurde – sowie letzthin der Zuwanderungsdruck in die ›hübsche‹ Stadt haben Salta daran gehindert, so etwas wie das ›Cartagena des amerikanischen Südens‹ zu werden. Heute lebt in und um Salta das Gros der eine Million Köpfe zählenden Provinzbevölkerung. Dennoch ist der Stadtkern nicht in Hochhäusern erstickt. Ein grauer Gürtel aus Hütten und Staubstraßen, der die Peripherie bildet, hat Zehntausende von Landflüchtigen geschluckt, während die Innenstadt noch immer von ihrem andalusischen Charme zehrt. Die gesunde, trockene Luft in 1200 m Höhe, der gemächliche Trott (zu dem auch die Einhaltung der geheiligten Siesta gehört – auch die Hauptpost schließt mittags ihre Schalter), die bunten Fassaden der Häuserzeilen, die bis spät in die Nacht lebendigen Cafés und das heitere Gemüt der Bewohner machen Salta noch immer zu einem kleinen Festplatz unter den Provinzkapitalen Argentiniens.

In solch gelöstem Ambiente sollte ein Stadtbummel nicht nur urbaner Lehrpfad sein, sondern auch einen gelegentlichen Seitenschlenker, etwa in und um die ewig quirlige Markthalle (wo man

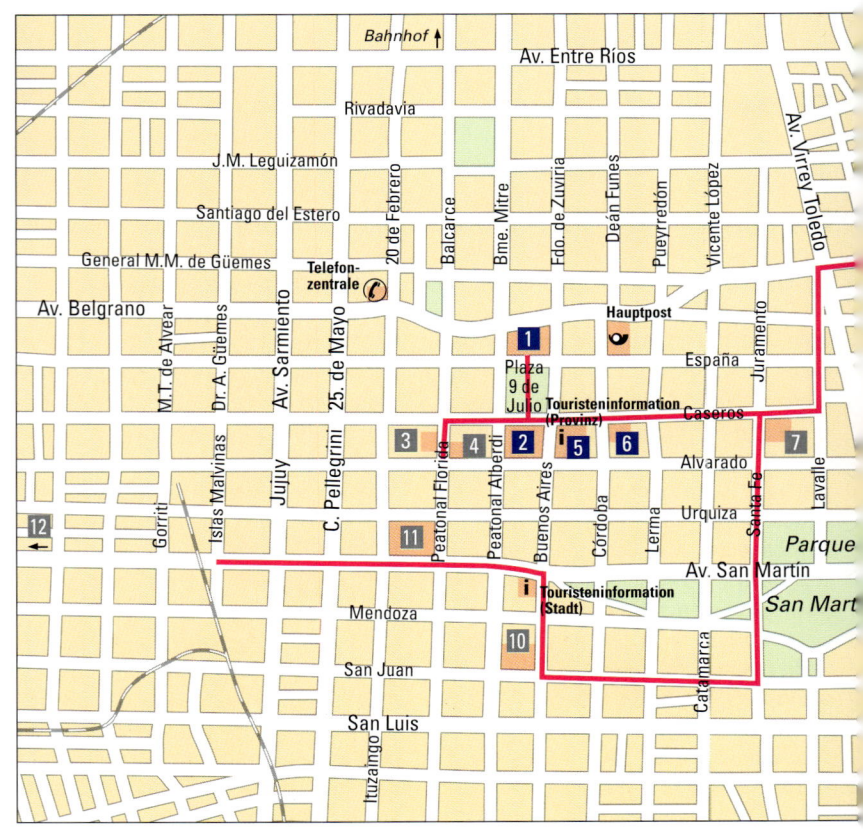

auch einfach essen kann), oder das vergleichende Kosten saftiger *empanadas* einbeziehen, für die Salta einen besonderen Ruf besitzt. Dabei heften sich die Sehenswürdigkeiten dem Besucher wie von selbst an die Fersen, sie liegen (mit wenigen Ausnahmen) nur auf Winkweite auseinander.

Ein an der **Plaza 9 de Julio** beginnender Rundgang führt zunächst zur **Kathedrale** 1, in deren Turm man bei (Freilicht-)Gottesdiensten die Glöckner von außen mit aller Kraft die Seile ziehen sehen kann. Der 1858 in italienischer Manier begonnene Bau legte sich in den 30er Jahren eine elfenbeinfarbene, hispanisierte neokoloniale Fassade zu. Im Innern erstrahlt der spätbarocke goldene Altar wie eine riesige Monstranz. Im Panteón des Tempels ruhen Martín Miguel de Güemes und andere illustre Persönlichkeiten Saltas. Der sich an die Kirche anlehnende **Erzbischöfliche Palast** huldigt der Plaza mit einem besonders schönen andalusischen Holzbalkon. An ihrer Westseite reihen sich Gebäude aneinander, deren Kanon vom Neogotisch-Italienischen bis zum Französischen (ehemaliger Regierungspalast) reicht.

Die Südseite der Plaza beherrscht der gedrungene Bau des (1582 begonnenen, 1783 rekonstruierten) **Cabildo** 2 mit seinen beinahe 30 Rundbögen und dem gefälligen Turm (1870). Um seinen wohlproportionierten Patio gruppiert sich das sehenswerte Historische Museum, dessen Exponate von der Kutsche bis zur ledernen Weinpresse (darin wurden die Trauben mit den Füßen zerstampft) reichen.

Gleich um die Ecke, in der Fußgängerstraße Florida (zwischen Caseros und Alvarado), findet man drei schöne Zeugen spanischer Kolonialarchitektur: die **Casa Leguizamón** 3 vom Beginn des 19. Jh. sowie die aus dem 18. Jh. stammenden Patrizierbauten **Casa Arias Rengel** (heute Museum der Schönen Künste) mit einem sehenswerten Geländerwerk aus rotem Quebrachoholz und

Salta
1 Kathedrale 2 Cabildo (mit Historischem Museum) 3 Casa Leguizamón, Casa Arias Rengel (Museum der Schönen Künste) 4 Casa de Hernández (Stadtmuseum) 5 Museo Uriburu 6 Iglesia San Francisco 7 Convento de San Bernardo 8 Güemes-Denkmal 9 Anthropologisches Museum 10 Iglesia de la Candelaria (›La Viña‹) 11 Markthalle 12 Mercado Artesanal

Die Kathedrale von Salta

die 1995 renovierte **Casa de Hernández** 4 (jetzt Stadtmuseum), ein Beispiel für frühkoloniale sparsame Eleganz. Zwei Ecken weiter (Caseros 417) erhält der Besucher im **Museo Uriburu** 5 den wohl lebendigsten Eindruck von großbürgerlich-kolonialer Lebensweise (s. S. 272 f.). Das wahrscheinlich 1773 erbaute Haus des Staatspräsidenten José E. Uriburu wartet mit einer gelungenen Ausstattung epochetypischer Möbel auf.

Nur einen halben Block weiter (Ecke Caseros/Córdoba) stürzt die – 1998 in den Rang einer Kathedrale erhobene – **Iglesia San Francisco** 6 förmlich aus dem Himmel. Ihr fünfstöckiger, 57 m hoher Campanile (1882) ist der höchste Südamerikas. Die betonte Vertikalität dieses Franziskanertempels wirkt der Schwere der mit Ornamenten überladenen Frontseite entgegen. In der Caseros, drei Querstraßen weiter nach Osten, bietet das aus einer Eremitenklause des 17. Jh. hervorgegangene **Convento de San Bernardo** 7 seine schlichten Mauern dar. Prunkstück des heute von Karmeliternonnen bewohnten Klosters ist die von Indios aus Algarrobo-Holz geschnitzte Eingangstür, deren zwei Medaillons auf das Entstehungsjahr 1762 verweisen.

Vom Konvent lohnt sich ein Abstecher zu dem mächtigen **Güemes-Denkmal** 8 und, gleich dahintergelegen, dem **Anthropologischen Museum** 9 mit einer nennenswerten Schau vorwiegend von den Ausgrabungen bei Tastil stammender Grabkeramik.

Einen zum Convento de San Bernardo völlig gegensätzlichen – wiederum jubilierenden – Kirchenbau stellt die **Iglesia de la Candelaria** 10 (›La Viña‹; Ecke Alberdi/San Juan) mit ihren pastellfarbenen Fassaden und mosaikbesetzten Kuppeln dar. Unter den z. T. stark beschädigten Deckengemälden im Inneren lenken die kunstvoll gearbeiteten Beichtstühle die Aufmerksamkeit auf sich.

Einige Blocks weiter lohnt die lebendige **Markthalle** 11 einen Abstecher.

Ganz im Westen der Avenida San Martín klingt die Stadtbesichtigung mit einem Besuch (per Bus oder Taxi) der schönen Casa El Alto Molino aus. In dem Gebäude war die erste Mühle von Salta, später eine Gerberei der Jesuiten untergebracht, heute ist hier der besuchenswerte **Mercado Artesanal** 12 installiert. Schwerpunkt des Angebots sind Textilien aus Lama-, Alpaka- und Schafwolle aus der Puna, aus Yuchán-Holz gefertigte, mit Erdfarben bemalte Holzmasken der Matacos-Indios, Figuren aus grünlichem Palo-Santo-Holz sowie Webarbeiten aus der Naturfaser des Chaguar-Baums. Neben einer sachkundigen Beratung gibt es hier mittags im Lehmofen gebackene *empanadas*.

Die Fassade der Iglesia San Francisco in Salta

Rund um Salta

Über die Cuesta del Obispo ins Kakteenmeer

Als Wächter gegen den Einfall der Weißen hatten sich die Indios der Puna-Region die mächtigen Baumkakteen vorgestellt, die die Kordilleren besetzt halten. Tatsächlich berichteten, wie Pater Juan de León, die ersten Missionare Schreckliches von den »hierzulande verbreiteten Stachelbäumen, die einen wie mordgierige Indios auf Schritt und Tritt verfolgen«. Die wirkliche Verfolgung sollte indes aus den eigenen Reihen kommen, als man 1767 die Jesuiten vertrieb. Damals stieg der mit der Zwangsausweisung beauftragte Bischof Manuel Cortázar, von Peru heranreitend und von Indios über die Puna geführt, westlich von Salta in eine 1600 m tiefe Schlucht ab, deren Name bis heute an diese Expedition erinnert – die Cuesta del Obispo (›Bischofswand‹). Auf dem Wege in den größten zusammenhängenden Kakteenwald des argentinischen Nordwestens, das über 700 km² umfassende Areal Los Cardones (›Die Baumkakteen‹), vollzieht der Reisende heute die Schluchtwanderung in umgekehrter Richtung nach.

Auf der RN 68 von **Salta** aus nach Süden (Richtung Cafayate) fahrend, schwenkt man in El Carril (27 km) auf die Route 33 nach Westen ab, durchquert in fast gerader Linie die Ebene und taucht in die Waldschlucht des Río Malcante ein. Der Asphalt bleibt zurück, und eine (größtenteils gut ausgebaute) Schotterstraße folgt, dreimal das Ufer wechselnd, dem gewaltige Steinmassen zu Tale schiebenden Gewässer flußauf. Bei Chorro Blanco ein hübscher Campingplatz, doch zum wilden Zelten bietet der ganze Unterlauf des Flusses endlose Möglichkeiten. Einer der vielen die Straße querenden Bäche, El Infiernillo (›Die kleine Hölle‹, km 20), deutet schon an, was hier nach sommerlichen Regenfällen passieren kann: unversehens ver-

Salta und Umgebung

wandeln sich kleine Rinnsale in unpassierbare Sturzbäche.

Bei der **Cueva del Gigante** (›Höhle des Riesen‹) frißt sich die Straße streckenweise in den Fels, und spätestens von da an tut sich nach jeder Flußbiegung ein neues, Blick und Linse fesselndes Panorama auf. Gewaltige Schründe aus rotem und grünem Sandstein leuchten in der Sonne (bestes Fotografierlicht vormittags). An Stelle des zurückbleibenden Waldes recken sich Säulenkakteen in einen – an klaren Wintertagen – tintenblauen Himmel. Bei km 38 ein Picknickladen mit Weghappen, Trockenfrüchten, Nüssen und Getränken; bei km 43 eine kleine Cafetería.

Ab km 45 forciert die Straße ihren bis dahin gemächlichen Anstieg, im Tal bleiben die Maispflanzungen, an den Hängen die Kakteen zurück. Wie in einen faltenreichen Velourmantel gehüllt wirkt nun das von grüngelben Grasfluren überzogene Gebirgsrelief. In kürzester Zeit windet sich die Straße brücken- und tunnelfrei über die **Cuesta del Obispo** 1 zum Paß Piedra del Molino (›Mühlstein‹) hoch. Wie das hier ru-

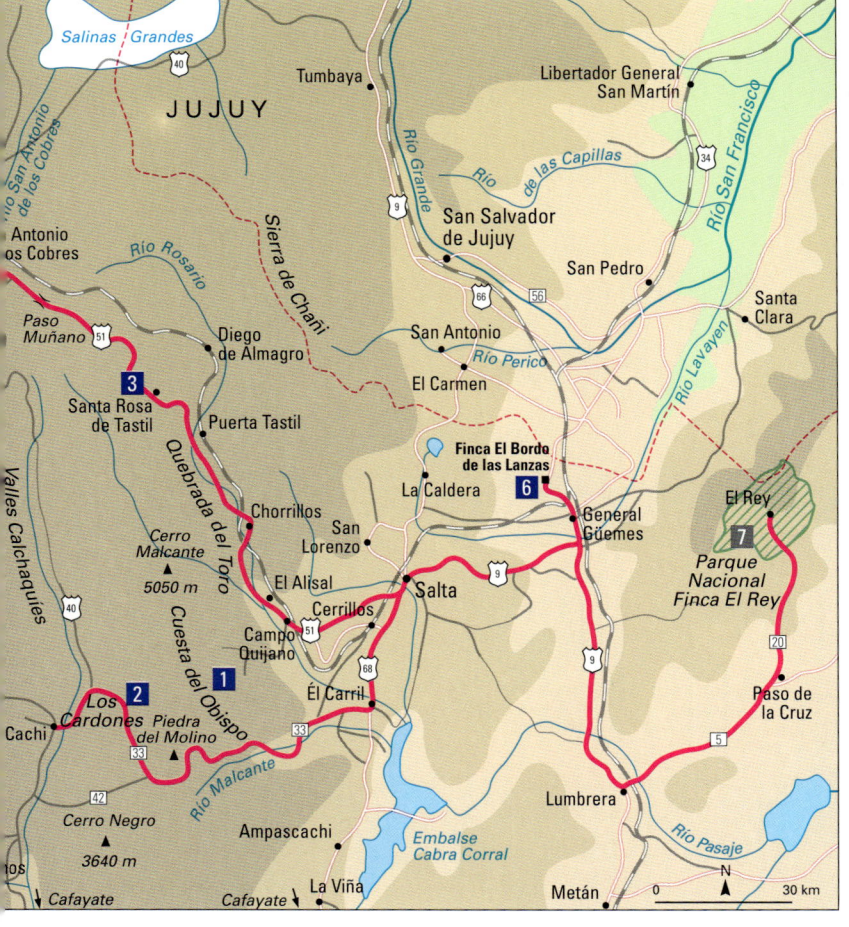

Der Kakteenwald Los Cardones

hende tonnenschwere Granitrad auf diese Höhe (3548 m) gelangte, weiß heute keiner mehr. Vermutet wird aber, daß der, der es hier hochschaffte, nicht wagte, es bergab zu bewegen.

Kurz vor Erreichen des Passes zweigt links (beschildert) ein 5 km langer, problemlos zu befahrender Stichweg zum Valle Encantado (›Verwunschenes Tal‹) ab. Die eigenartig geformten roten Sandsteintrümmer, die sich hier inmitten von Bergweiden auftürmen, wirken nach der erlebnisreichen Fahrt vergleichsweise undramatisch. Doch muß das Gelände (weiche Matten, Windschutz hinter Felsen und Abhängen, Frischwasser von den Gießbächen an der Hauptstraße) jeden Puna-festen Camper begeistern. In den Erosionshöhlen der Felsen nisten Bussarde und Falken. Einige Ortskundige wissen präinkaische Felszeichnungen aufzuspüren.

◁ *Die Cuesta del Obispo*

Jenseits der Paßhöhe irrt die Straße durch eine vegetationslose Mondlandschaft, bevor sie sich zur Recta de Tin-Tin, einer 18 km langen Geraden, streckt. Hier befinden wir uns bereits inmitten des Kakteen-›Waldes‹ **Los Cardones** **2**, der wie ein riesiges Nadelkissen die Landschaft überzieht. Ein Meer von Säulen bedeckt das Valle de Tin-Tin (2800 m) bis zu den Hängen des Cerro Malcante (5050 m) hin. Diese Zone bildet einen maßgeblichen Teil des Kakteengürtels, der sich zwischen den Yungas und der Puna über die sog. Vorpuna *(prepuna)* erstreckt. Mit angezündeten Kandelabern vergleichen poetisch gestimmte Beobachter gerne die mehrarmigen Riesen, wenn sie im November ihre Blüten aufstecken. Doch es kann 50 Jahre dauern, bis es einem Säulenkaktus gelingt, die ersten Blüten zu treiben. Die süßsauren Früchte *(pasacanas)* sind bei Tieren – und Puna-Bewohnern – geschätzt. Kakteenholz ist, neben Lehmstroh, *das* Baumaterial der regionalen Adobe-Architektur – weshalb auch in der Arbeitsunfallstatistik ›unsachgemäßes Kaktusfällen‹ immer noch als Todesursache erscheint. Für den zukünftigen Nationalpark Los Cardones existiert das Wappen bereits seit 1987, aber undurchschaubare administrative Querelen haben die Institutionalisierung des Artenschutzes bisher nicht erlaubt.

Im Tin-Tin-Gebiet kommen trekkende Kakteenfreunde auf ihre Kosten. Auf dem Wege zum Cerro Tin-Tin und seinen Kalkstein-Ausblühungen *(calizas)* an den östlichen Bergflanken lassen sich vier alte Kalkbrennöfen entdecken. In Gegenrichtung, auf den Cerro Negro zu, mag man beobachten, wie geschickt sich eine Guanakoherde durch das Stachellabyrinth bewegt. Runde Schlupflöcher in den Stämmen verraten die Nester des Kaktusspechts. Aber auch unvermutete Pflanzenarten bewohnen das Tin-Tin-Tal. Links der Straße (37 km vor Cachi) zieht sich ein ganzer Churqui-Wald hin, und wenn es im Sommer einmal regnet (jährlicher Niederschlag: 200 mm), dann breitet eine winzige endemische Amaryllis-Art *(Ippeastrum tintineasis)* innerhalb von nur 48 Stunden zu Füßen der großen ›Wächter‹ einen leuchtenden gelben Teppich aus.

Höhenflug auf Rädern: Der ›Zug in die Wolken‹

Der Traum, dort wo die Anden am höchsten sind (die Provinz Salta besitzt acht Sechstausender), die Zentralkordillere auf dem Schienenweg zu überwinden, um den Stillen Ozean zu erreichen, ist hundert Jahre alt. Doch es gab technische Bedenken, und mit dem Ziel, diese auszuräumen, machte sich im Dezember 1921 eine verwegene Gruppe des ›Comité Pro Huaytikina‹ (benannt nach dem zu überwindenden Paß) mit drei ›Tin Lizzies‹ genannten Ford T und einem Lieferwagen auf den seit Jahrhunderten von Lamatreibern vorgezeichneten ›Weg‹. In zwölf Tagen erreichten die Abenteurer San Pedro de Atacama in Chile, nach weiteren zwölf Tagen den Pazifikhafen Antofagasta. Die ›Machbarkeit‹ des Projekts war erwiesen, Staatspräsident Hipólito Yrigoyen gab das Startzeichen zum Bau des ›Transandino del Norte‹. Aber es sollte 27 mühevolle Jahre dauern, das Meisterwerk zu vollenden. Als die Gleisspitze 1948 bei Socompa die chilenische Grenze berührte, wies die Strecke 1328 Kurven, 44 Brücken und Viadukte sowie 21 Tunnel auf. 855 000 Schwellen aus Quebrachoholz waren verlegt worden, und einer der Schwellenleger in der 1300 Mann starken internationalen Arbeitskolonne hieß Josip Broz – der spätere Marschall Tito.

Von Anfang an hatte der technische Ehrgeiz des verantwortlichen Ingenieurs Ricardo Fontaine Maury, eines in Philadelphia geborenen Nordamerikaners (er nahm später die argentinische Staatsangehörigkeit an), darin bestanden, die rund 3200 m Höhenunterschied zwischen Salta und der Puna ohne Zahnradantrieb zu bewältigen. Da diese Vorgabe nur einen Anstieg von maximal 25 m pro Kilometer Strecke erlaubte, mußten andere Steighilfen gefunden werden: Zickzack-Wege und *rulos* genannte schneckenförmige Windungen. Noch der mächtigste Viadukt dieser Andenbahn, die gigantische Eisenbrücke ›La Polvorilla‹, 63 m hoch und 224 m lang, ist gekurvt und weist einen Anstieg auf. 1600 t wiegt alleine diese Metallkonstruktion. Über sie schweben heute die mit den Schätzen der Puna-Salare beladenen Frachtzüge, die Borax und Lithium nach Campo Quijano hinunter transportieren. In dieser Gartenkolonie

Saltas liegt der Pionier Maury an einem Natursteindenkmal begraben.

Die touristische – bis zum rund 220 km entfernten Polvorilla-Viadukt führende – Version der Transandeneisenbahn heißt heute ›Tren a las Nubes‹ (›Zug in die Wolken‹), fährt aber glücklicherweise fast nie wirklich in die Wolken, vielmehr in einen Himmel von lupenreinem Blau. Ab **Campo Quijano** schlängelt sich der Zug am breiten Geröllbett des Río Rosario entlang, rollt über den 260 m langen Río-Toro-Viadukt und folgt zunächst der gleichen Route wie die von Salta nach San Antonio de los Cobres laufende RN 51 (160 km). Schon beim Passieren der geländerlosen Brücke über den Río Toro erhält der Zugreisende einen Vorgeschmack auf den zu erwartenden Höhenkitzel – oder die Höhenkrankheit, das *apunamiento*. Schiene und Straße verknoten und lösen sich im Wechselspiel mit- und voneinander und erklimmen in stetiger langsamer Steigung die **Quebrada del Toro**. Gehöfte wie Lehmburgen, in Ponchos gemummte Kollafrauen, Korrale mit Ziegen und Schafen wandern vorbei.

Noch ist die Landschaft grün, dann übernehmen gewaltige Kakteen die Regie, ungestüme Felsen und Wasserfälle verzaubern die breite Schlucht. Bei El Alisal und Chorrillos hat der Zug bereits seine Zickzack-Manöver absolviert, wobei er, aus Platznot, einmal mit dem Schwanz in einen 90 m tiefen toten Tunnel eintauchen muß. Bei Puerta Tastil sind 2675 m Höhe erreicht. 40 km weiter flußauf stellt sich eine mehrere hundert Meter hohe Steilwand in den Weg, die die Straße wohl, nicht aber die Schiene überwinden kann. Diese entweicht in ein Seitental und schraubt sich, kurz vor **Diego de Almagro** von den Bergen eingekesselt, in zwei *rulcs* (›Lockenwicklern‹) auf 3500 m hoch. Der Ortsname ehrt übrigens den Konquistador Chiles, der auf seinem Wege von Peru als erster Spanier über die Puna kam.

Der Polvorilla-Viadukt

Der weiter der Straße folgende Autofahrer hat den Vorteil, bei **Santa Rosa de Tastil** 3 auf eine der interessantesten archäologischen Stätten Argentiniens zu stoßen. Hier, in 3200 m Höhe, wurde 1903 eine präinkaische Siedlung entdeckt, in der einmal ca. 2500 Menschen lebten. Auf dem insgesamt 12 ha großen Areal seit 1967 ausgegrabene Funde (ein kleines Museum legt Zeugnis davon ab) bekunden die Existenz eines Bauern- und Jägerstammes, der Mais auf Feldterrassen kultivierte, Lamas als Haustiere hielt und mit jaspis- und obsidianbewehrten Pfeilen auf Guanakojagd ging. Die aus Fellhaar gewirkten Textilien weisen eine hochentwickelte Webtechnik und ausgefeilte geometrische, zoo- und anthropomorphe Zeichnungen auf. Das gut rekonstruierte Siedlungsrelief ist auf einem kurzen Stichweg mit dem Auto zu erreichen. (Der freundliche Museumsaufseher schließt das Gatter auf. Zu Fuß gelangt man dann in – der Höhe wegen gemächlichen – etwa 40 Gehminuten zu dem Komplex.)

An der Abra Blanca (oder Muñano-Paß, 4080 m) endlich schwingt sich die Straße auf die Punaebene hoch, vereinigt sich wieder mit dem Schienenstrang und erreicht nach 28 km den 3000 Einwohner großen Ort **San Antonio de los Cobres** 4 (S. 381) in 3775 m Höhe. Die grauen, von Wind und Sonne gegerbten Häuserreihen der uralten Bergwerkssiedlung ducken sich zu Füßen des kastanienbraunen und deshalb ›Terciopelo‹ (›Samt‹) genannten Cerro.

Der ›Tren a las Nubes‹ folgt den Gleisen noch rund 20 km bis zum **Polvorilla-Viadukt** und kehrt von da aus nach Salta um. Güterzüge fahren bis zum Salar Pocitos oder bis zur chilenischen Grenze bei Socompa weiter, wo (anders als in einigen Karten eingezeichnet ist) *keine* Straßenpassage besteht. Kurz vor der Grenze erinnert die Eisenbahnstation Alemán Muerto (4334 m) an jenen deutschen Matrosen, der in den 20er Jahren in Buenos Aires sein Schiff verpaßte und bei dem verzweifelten Versuch, ihm, während es Kap Hoorn umrundete, den Weg abzuschneiden und es in einem chilenischen Hafen wieder zu erreichen, in der unerbittlichen Puna umkam.

Wer mit dem Auto nach Chile (San Pedro de Atacama) weiterreisen möchte, erreicht von San Antonio de los Cobres aus nach rund 135 km entweder den (unsicheren, weil stellenweise verminten) **Huaytiquina-** oder den jetzt allgemein benutzten **Sico-Paß** 5 (ganzjährig geöffnet – außer nach Schneefällen oder Erdrutschen –, im Sommer 8–20, im Winter 9–19 Uhr), der 1997 eine neue Zollstation erhielt.

In die Nebelwälder

Die drei großen Yunga-Reserven des NOA – die gebirgigen Nationalparks El Rey, Calilegua (s. S. 300) und Baritú (s. S. 300 f.) – ragen als riesige Waldinseln aus einem Gebiet, dessen subtropische Niederungen von Plantagen überzogen sind: Tabak, Bananen, Kaffee, Baumwolle, Zitrusfrüchte (über 2 Millionen Orangen- und Mandarinenbäume), vor allem aber Zuckerrohr laben sich am Wasserreichtum der Flußtäler. Beispielhaft führt die **Finca El Bordo de las Lanzas** 6 (S. 359), nahe General Güemes, auf ihrer 2500 ha großen Latifundie die Symbiose von Bodennutzung, Viehzucht und Naturerhaltung vor. In ihren sieben Lagunen leben Kaimane, Flamingos, Kormorane, Tausende von Reihern und andere Vogelarten. An den Bergmassiven aber ziehen sich dampfende Dschungel hoch – auf mittlerer Höhe Nebelwald –, deren Artenvielfalt in Argentinien nur vom Urwald in Misiones übertroffen wird.

Den **Nationalpark Finca El Rey** 7 (S. 369) erreicht man von Salta aus über General Güemes (46 km), dann auf der RN 34 nach Süden bis Lumbrera (60 km), links ab auf die RP 5 nach Paso de la Cruz (44 km) und wiederum nach links auf die geschotterte RP 20, die nach 46 km am Gebäude des Parkrangers endet. Das 442 km² große Waldreservat, das seinen Namen (›El Rey‹) einer Schenkung des spanischen Königs an seinen Erstbesitzer verdankt, präsentiert sich als gewaltiges, von unregelmäßigen Schluchten und Tälern zerrissenes Amphitheater, bewohnt von Affen, Tapiren, Pekaris, Pumas, Adlern, Charatas (eine Hühnervogelart), Kondoren und vielen anderen Spezies. Als am leichtesten zugängliches Schutzgebiet unter den drei Yunga-Reservaten wird die Finca El Rey dennoch nur von weniger als 2000 Menschen im Jahr besucht.

Von Salta zur bolivianischen Grenze

San Salvador de Jujuy

Mit der Hauptstadt der nördlichen Nachbarprovinz Jujuy ist die Stadt **Salta** über zwei Wegstrecken verbunden: Die längere (130 km), aber schnellere führt über **General Güemes** (RN 9, 34 und 66), ist stark befahren und bietet dem Auge nur Zuckerrohr-, Tabak- und Baumwollfelder; die kürzere (90 km) ›Kurbelstrecke‹ mit ihren über 500 Kurven läuft lange am Gebirgsrand entlang (daher ihr Name: *Cornisa*) und bietet im Mittelabschnitt eine herrliche Urwaldfahrt. Von dem Punkt, wo beide Stränge sich wieder vereinigen, kann man die Stadt Jujuy bereits in der Flußsenke liegen sehen.

Als sich der kolonialzeitlich neureiche Landadel in Argentiniens nördlichster Provinzmetropole Stadtpaläste baute, durfte sich das einst schmucke **San Salvador de Jujuy** 1 (S. 388) ›Tazita de Plata‹ (›Silbertäßchen‹) nennen. Heute wird im 13 km entfernten Hüttenwerk Zapla nur noch Eisen geschmolzen. Die 1593 im Flußwinkel von Río Grande und Xibi Xibi an einem vormaligen Inkasitz gegründete Stadt hat aus ihrer Glanzzeit denkbar wenige Kolonialbauten gerettet. Gleichsam als sei sie von ihrer Vergangenheit abgerückt, entwickelte sich auch – ganz untypisch für hispano-amerikanische Siedlungen – ihr geschäftliches Zentrum abseits der Plaza. Und selbst hier geht es, trotz der heute 180 000 Einwohner, gelassen zu, ja noch um einen deutlichen Takt langsamer als in der Konkurrenzmetropole Salta. So scheinen denn auch die allegorischen Marmorstatuen vor dem Regierungspalast – ›Der Friede‹, ›Die Freiheit‹, ›Die Gerechtigkeit‹, ›Der Fortschritt‹ (einst von der Bildhauerin Lola Mora für das Kongreßgebäude in Buenos Aires geschaffen) – ohne Dramatik den uneingelösten Versprechungen des Schicksals nachzusinnen. Hier, vor der mächtigen Fassade im französischen Stil, kann unser kleiner Stadtrundgang beginnen.

Unter den sich um die **Plaza Belgrano** scharenden Gebäuden ragen der geduckte Trakt des dem Regierungspalast gegenüberliegenden **Cabildo** (1864 nach einem Erdbeben neu errichtet, heute Polizeipräsidium) mit seinen massigen Kolonnaden und die sich von öden Hochbauten im Hintergrund absetzende **Kathedrale** (frühes 18. Jh.) heraus. Sie hütet in ihrem Innern Argentiniens kostbarstes Werk des Kolonialbarock: eine reichgeschnitzte polychrome Kanzel mit Schalldeckel und einer Treppenwand aus Ñandubay-Holz (etwa 1710 entstanden), Jakobs Traum versinnbildlichend.

Die von der Plaza zur Fußgängerpassage geleitende Calle Belgrano überrascht inmitten der Geschäftszeilen an der Ecke zur Lavalle mit dem feierlichen Bau der **Franziskanerkirche**. Auch sie wartet mit einer herrlichen Barockkanzel auf. Eine Entdeckung sind hier die innen hohlen (nur von hinten zu sehen) hölzernen Altarfiguren: sie wurden auf dem Maultierrücken einst von Peru herantransportiert und sollten daher wenig wiegen. Nur ein paar Schritte von der Kirche entfernt (Lavalle 250) repräsentiert die **Casa de Lavalle,** das Haus, in dem der Unabhängigkeitskämpfer General Lavalle 1841 erschossen wurde (heute Provinzmuseum), ursprüngliche, einfache Kolonialarchitektur. Sehenswert ist auch die koloniale **Capilla de Santa Barbara** (Ecke Lamadrid/San Martín) mit ihren massiven Adobewänden (18. Jh.), ein Bau von harmonischer Gedrungenheit. Ansonsten künden nur noch ein Dutzend verspielter Gipsfassaden in der Alvear (Hausnummern 900–1100) von neokolonialer Pracht.

Durch die Quebrada de Humahuaca

Verbindungsschiene der Region und obligate Sightseeing-Strecke ist die 70 km lange, von zahlreichen Quertälern zerteilte Schlucht, die die selbstbewußten Jujeños, die Bewohner der Provinz Jujuy, einfach ›La Quebrada‹ nennen. Die in Nord-Süd-Richtung verlaufende, im Westen von einem bis zu 4000 m hohen Kordillerenstrang, im Osten vom Zenta-Gebirge eingefaßte Rinne beginnt bei Volcán und endet nur wenig oberhalb von Humahuaca. Sie bildet zugleich das geröllreiche Bett des **Río Grande,** an dessen Ufern sich Argentiniens ›malerischste‹ Flußoase entlangzieht – das vielbenutzte Attribut nimmt hier Gestalt an: über die Felsen der Quebrada scheint ein Zauberer alle Farben dieser Erde ausgeschüttet zu haben. Tausende von bis zu 6 m hohen Baumkakteen *(cardones)* bewohnen die Berghänge und haben sich in den Rollsteinfluren der Trockenflüsse verankert.

So ist es auch ein *cardón,* um den sich die Ortslegende von Humahuaca spinnt:

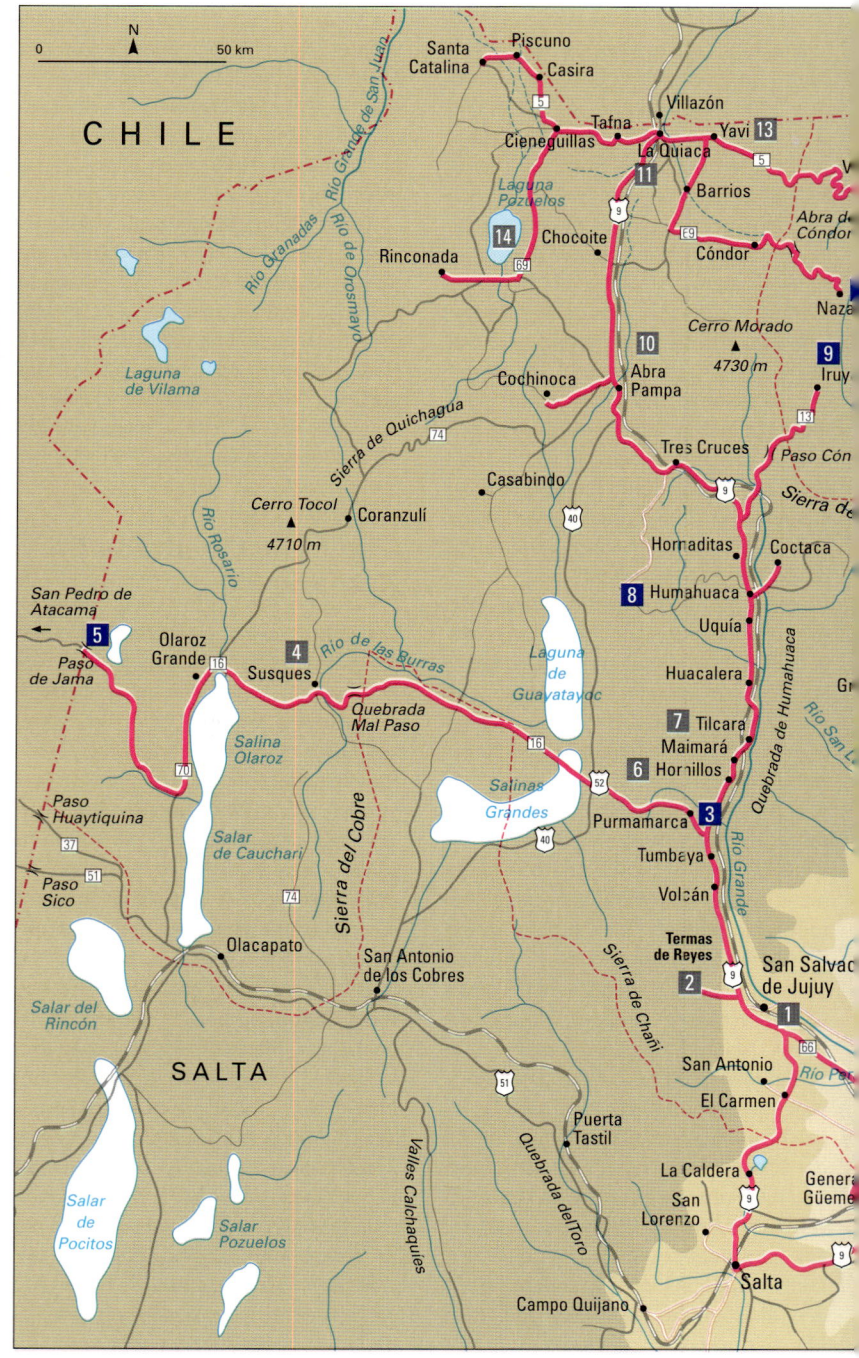

Der rachsüchtige Vater des schönen Indiomädchens ›Taubenherz‹ ließ deren Geliebten, den Kazikensohn Rumi (›Stein‹), enthaupten und den Kopf auf einen Kaktus aufspießen. Alsbald rannen dicke Tränen aus den Augen, und die Leute riefen ›Humahuacac! Humahuacac!‹ – ›Der Kopf weint, der Kopf weint!‹ Auf daß der Quebrada ihr legendäres Landschaftsbild erhalten bleibe, ist es verboten, innerhalb eines Schutzstreifens von 2 km rechts und links der RN 9 Kakteen zu fällen. So brüchig das lochreiche Holz übrigens aussehen mag, es ist sehr hart und widerstandsfähig; seit Jahrhunderten wurden daraus Dachbalken und Türen, Beichtstühle und Truhen hergestellt.

Den von Süden kommenden Reisenden winkt zunächst (ca. 10 km nördlich der Stadt Jujuy) ein Schild ins **Río-Reyes-Tal** zu den **Thermen** 2 (S. 391) ein. Wieder dem Río Grande folgend, stößt er in **Tumbaya** auf die erste der schönen weißen Adobekirchen (diese von 1873), die die Dörfer der Puna-Region schmücken. Nur 17 km weiter bringt sich in einem Seitental die Santa Rosa-Kapelle (1779) von **Purmamarca** 3 vor einer Kulisse bunter Felsen zur Geltung. Wenn die erste Morgensonne (bestes Fotografierlicht!) die Wand hinter dem Dorf anstrahlt, wird klar, woher sie ihren Namen **Cerro de los Siete Colores** (›Berg der sieben Farben‹) hat.

Von Purmamarca klettert die dem Jama-Paß und damit Chile zustrebende Straße durch die **Abra de Potrerillos** auf die Quemado-Höhe (4200 m), wo sich die Puna zu einer überwältigenden Hochebene öffnet, begrenzt nur von den fernen Wellen blauer Berge. Die

Die Provinzen Salta und Jujuy

Laguna de Guayatayoc, ein blendendweißer Salzsee, schmerzt das Auge, während man auf einem Damm die **Salinas Grandes** quert. Noch einmal verengt sich die Trasse zum schmalen Schotterweg und zwängt sich durch die Quebrada Mal Paso (›Schlecht passierbare Schlucht‹), bevor man das 250-Seelen-Dorf **Susques** 4 (S. 390) in 3650 m Höhe erreicht. Ein Schmuckstück schlichter Totenverehrung nach Puna-Tradition ist der die strohgedeckte Adobekirche aus dem 17. Jh. umgebende kleine Friedhof. Die ursprünglich bolivianische Siedlung wurde erst 1889 (nach dem ›Salpeterkrieg‹, den Chile gewann) an Argentinien abgetreten. Chile-Fahrer, die über den rund 120 km entfernten **Paso de Jama** 5 (›Lama-Paß‹) wollen, erledigen beim Zoll in Susques (7–21 Uhr) ihre Ausreiseformalitäten.

Als die Quebrada de Humahuaca noch der einzige Verbindungsstrang zwischen Oberperu (Bolivien) und dem Vizekönigtum La Plata war, legten die Spanier – den *tambos* der Inka vergleichbare – ›Raststätten‹ an, wo Sendboten und Truppen Pferde wechseln und übernachten konnten. Eine solche *posta* (von 1772) mit schöner (aber relativ neuer) Kirche ist in **Hornillos** 6 (S. 360), ca. 20 km nördlich von Purmamarca zu besichtigen. Mit der Paleta del Pintor (›Palette des Malers‹) versucht das kurz darauf erreichte Oasendorf **Maimará** womöglich noch die Farborgie von Purmamarca zu übertreffen. Das wie eine riesige aufgeschnittene Cassata wirkende Schichtmuster der Felsabbrüche ist aber nicht nur eine Augenweide, sondern auch eine geologische Kuriosität: die zwischen der untersten und der obersten Materialdecke zusammengepreßten, 230–130 Millionen Jahre alten Sedimente (Sand, Ton, Mergel, Kalk) bergen im Zentrum marine Fossilien, die die Transgression des Meeres bis zu diesen Längengraden bezeugen.

Der nächste Anziehungspunkt heißt **Tilcara** 7 (S. 392), weithin berühmt durch seine in den 60er Jahren rekonstruierte *pucará,* die aber in Wirklichkeit wohl einfach eine strategisch ›umsichtig‹ angelegte Omaguaca-Siedlung war. Kurz vor der zum Ruinenfeld führenden Brücke zweigt links ein Fahrweg (für Schwindelfreie) zur **Garganta del Diablo** (›Teufelsschlund‹) ab. Aus der Höhe genießt man einen herrlichen Panoramablick über die Quebrada. Mit vier brillanten Festen im Jahr scheint das – zu seinem Vor- und Nachteil – touristisch gut erschlossene Tilcara seinem Namen (im Quechua ›Flüchtiger Stern‹) Ehre machen zu wollen. Einen Besuch lohnen die alte Kirche (begonnen 1795, beendet 1865) und das kleine Archäologische Museum mit seinen Menhiren.

Das schmucke weiße Gotteshaus von **Huacalera** aus dem 18. Jh., mit Gemälden aus Cuzco, das man nach dem Passieren des Wendekreises des Steinbocks erreicht, bezeichnet den Standort der ältesten *posta* der Kolonialzeit. Rund 15 km weiter stellt sich das 1691 erbaute Kirchlein von **Uquía** (S. 393) vor den roten Quebrada-Felsen in Positur. Sein geschnitzter Barockaltar gilt als der älteste der Region. Heiligenfiguren und Gemälde der Cuzco-Schule ergänzen das Interieur, dessen vielleicht interessantestes Detail sich darin offenbart, daß die indianischen Künstler den dargestellten Engeln Waffen der spanischen Eroberer – Arkebusen – in die Hände legten.

Die ›Hauptstadt‹ der Quebrada, das 7000 Einwohner große **Humahuaca** 8 (S. 360), bietet dem Besucher sehr unterschiedliche Eindrücke: hier laternenbewachte alte Kopfsteinpflastergassen, dort die monotonen Häuserzeilen der Bergarbeiter, im Kern ein echtes Tradi-

Carnavalito

Goldsucher, Schatzgräber, Archäologen? Nach was buddeln in der Geröllwüste Menschen, die als Oasenbauern sonst nur Saatfurchen ziehen? Sie graben den *diablillo*, das Teufelchen, aus, das acht Tage lang den Karneval regieren und den Chicha-trunkenen Narren alle Zügel schießen lassen wird. Einmal im Jahr, in den heißen Tagen des Februars, bricht die trockene Schale des verschlossenen Quebrada-Bewohners auf. Man tanzt, singt und lacht, bewirft sich mit Talk und treibt bei der *cacharpaya* einen erschreckten Esel, auf dessen Rücken eine Stoffpuppe sitzt, mit Raketen an.

Die Fastnacht führten die Spanier ein, aber ihre christlichen Formen haben sich mit autochthonen Ritualen vermengt. Konfetti und Koka, Luftschlangen und Lammopfer, der Gott Momo als Anbetungsobjekt, ein Avemaria – nicht für die himmlische Jungfrau, sondern die indianische Erdmutter Pachamama gesprochen: Synkretismus in Fröhlichkeit. Doch inwieweit ist sie echt, diese von Alkohol und Sonne angeheizte Heiterkeit? Der feuchtfröhliche Befreiungsdrang, sagen lokale Anthropologen, entblößt nur den atavistischen Druck, der den Indios seit Jahrhunderten auf der Seele lastet: das Gefühl des Wollens und nicht Könnens. Vielleicht bedingt dies die Kraft des Zaubers, dem die ewig Unterdrückten erliegen, wenn sie sich als Gauchos, Doktoren oder Köche – Leitbilder der Herrschenden, Wissenden und Weißen – verkleiden.

Höhepunkt der närrischen Tage ist der *Domingo de Tentación* (›Sonntag der Versuchung‹), an dem ein Erdloch mit Opfergaben für die Pachamama gefüllt wird. Die Komparsen mit ihren gestickten Fahnen tanzen wie in Trance im Kreis, und zum letzten Mal erklingt die – inzwischen berühmt gewordene – Leitmelodie des Puna-Karnevals, der *Carnavalito*, wenn das Teufelchen, bis zum nächsten Jahr, mit den Worten beerdigt wird: »Bedeckt es nur mit wenig Erde, auf daß es bald wieder lebendig werde.«

Der einst berühmte Karneval von Humahuaca ist inzwischen durch den starken Zulauf von Touristen zu einer ›Veranstaltung‹ ohne Spontaneität degeneriert. Den echten Karneval der Region erlebt man aber – mit der weisen Zurückhaltung des (nicht ständig fotografierenden) Beobachters – noch auf den Dörfern. Dabei verleihen regionaltypische Instrumente der zugleich wehmütigen wie jubilierenden Puna-Musik ihren unverwechselbaren Klang:
charango: bis zu zwölfsaitige ›Mandoline‹ aus dem Panzer eines Gürteltiers
kena: mundstückslose Holz- oder Rohrflöte mit sechs Löchern
sikuri: panflötenförmiges Blasinstrument aus orgelpfeifenartig aneinandergereihten Rohrkörpern
erke: in ein Kuh- oder Ziegenhorn auslaufendes, 3-7 m langes ›Alphorn‹
caja: kleine Ziegenfelltrommel
bombo: aus einem ausgehöhlten Ceibo-Stamm bestehende Langtrommel

tionsmuseum und nicht weit davon ein Rathaus im Villenstil von Benidorm; an dieser Stelle stand einmal ein kolonialzeitlicher Cabildo mit Arkaden und Eisengitterbalkonen. Heute öffnet sich mittags um zwölf die Fassadentür, um einen (von einem Oberammergauer Figurenmechanismus angetriebenen) heiligen Franziskus den Umstehenden den Segen erteilen zu lassen. Deshalb sollte man in Humahuaca dann umherwandeln und vom Monumento de Independencia (Unabhängigkeitsdenkmal von 1950) den Blick über die niedrigen Dächer schicken, wenn *keine* Feste und Wochenenden sind, zu denen Massen von Autobusreisenden das Örtchen durchkämmen.

Die Río-Grande-Brücke überquerend, kann man im Auto zum archäologischen Zentrum von **Coctaca** (9 km) gelangen, wo Ruinenfelder und immense Hangterrassen von einem Volk träumen, das heute keinen Namen mehr hat. Die letzte kleine Kirche der Quebrada zieht sich in **Hornaditas** schon scheu von der Straße zurück, als wolle sie dem ungeduldigen Reisenden den Aufstieg in die Puna nicht verstellen.

In die Puna-Dörfer

Nur wenige Kilometer hinter Humahuaca ist die Quebrada zu Ende, und die RN 9 – jetzt Schotterstraße – steigt in die Puna auf. Prachtvolle Kandelaberkakteen rücken bis an die Straße heran, doch bald geht den Riesen die Luft aus; Strauch-, dann Grassteppe überzieht die kakaofarbenen Berge bis zum blauen Horizont. Dort im Osten, hinter dem

Die Salinas Grandes

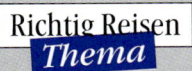

Apachetas – Mystische Steinpyramiden

Hunderte von Pässen, überquert von Straßen, Wegen und Maultierpfaden, laden den Puna-Reisenden zum Innehalten ein. Dann geht der Blick weit, weit über die lackmusfarbenen Berge, die schimmernden Salztonebenen, die Lagunenspiegel und stürzt in ein fernes Blau, so rein, so leer, daß man das Schweben der Erde im Kosmos zu verspüren meint. Oder ist es diese dünne Luft, die auch beim Gang zur nahen Steinpyramide einen gemesseneren Schritt als sonst vorschreibt?

Mit schwerer Hand legt man einen der vielfarbigen Steine hinzu – sanft, denn jedes Geräusch in dieser Einöde würde zum unheiligen Gepolter. Etwas Mystisches geht von der *apacheta,* dem Steinhaufen, aus. Es ist, als stünde man vor einem Altar. Jahrtausende, glauben manche, ist diese Sitte alt. Daß sie nichts von ihrer Magie eingebüßt hat, beweist sich bei jeder Erschließung einer neuen Paßstraße: Stein fügt sich zu Stein – und eine neue *apacheta* entsteht.

Schichtgestein bei Tres Cruces

Rücken der Sierra de Zenta (4950 m) liegt das nächste Ziel, das winzige Bergdorf **Iruya** 9 – ein Standardmotiv der Fremdenverkehrswerbung. Die dorthin führende 48 km lange Seitenroute (RP 13) zweigt 25 km nördlich von Humahuaca von der RN 9 ab, durchquert die Steppe, ein breites Flußbett und wird, nach einem Aufstieg auf rund 4000 m Höhe, am Cóndor-Paß von einer *apacheta* (s. S. 295) begrüßt, deren unterste Steine präinkaische Indios gelegt haben mögen. Kleine Gehöfte, noch ihre archaischen Grundformen wahrend, begleiten den *camino,* der durch die rotwandige Iruya-Schlucht der weißen, auf einer Felsnase sitzenden Kapelle des Ortes (2730 m) entgegenwandert. Seit 1573 schon besteht das mit Flußsteinen gepflasterte Hangdorf, dessen 300 Einwohner man nur einmal im Jahr vollzählig zu Gesicht bekommt: zum Patronatsfest am 5. Oktober, wenn sich eine farbenprächtige Prozession durch die Gassen schiebt. (Private Unterkünfte sind von Fall zu Fall zu erfragen.)

Zurück auf der Hauptachse RN 9, begegnen dem Reisenden südlich von Tres Cruces wieder die muschelförmigen Schichtgesteine, die er schon von Maimará her kennt. Nach 90 km (ab Humahuaca) hat die Straße **Abra Pampa** 10 (S. 339), das ›Tor zur Puna‹ erreicht. Tatsächlich schwingen sich von hier aus drei der einsamsten Wege über den Altiplano bis nach San Antonio de los Cobres. Den östlichen (ca. 200 km) bildet die an den Salzlagunen Guayatayoc und Salinas Grandes entlanglaufende RN 40 (sie zweigt bereits südlich von Abra Pampa von der RN 9 ab). Die mittlere Strecke (207 km) beginnt, wie die westliche, etwas nördlich von Abra Pampa, berührt den Puna-Weiler Casabindo, übersteigt die Cumbre de Alfar und schließt im Süden an die RN 40 an. Das winzige **Casabindo** (mit der größten Puna-Kirche) hat sich eine – abgewandelte – spanische Tradition bewahrt: Beim Patronatsfest am 15. August findet hier ein (unblutiger) Stierkampf *(Toreo de la Vincha)* statt, bei dem es darum geht, ein zwischen den Hörnern gespanntes, mit Silbermünzen behängtes Band – es wird anschließend symbolisch der Schutzpatronin des Ortes,

Nuestra Señora de la Asunción, geopfert – zu erhaschen. Die (am weitesten ausholende) Westroute (ca. 320 km bis San Antonio de los Cobres) windet sich durch die Sierra de Quichagua, folgt im Süden den Rändern der Salare Olaroz und Cauchari und mündet 17 km vor Olacapato in die RN 51 ein. Einzig hinderlich auf dieser Strecke können gelegentlich im Mittelabschnitt Felstrümmer am Cerro Tocol (4710 m) sein. Ansonsten sind alle drei Routen im Winter mit normalen PKWs (vorzugsweise im Tandem) zu schaffen.

Als reizvolles Nahziel (24 km von Abra Pampa) lockt **Cochinoca** mit seinem zweitürmigen Kirchlein (1871) und Statuen der Cuzco-Schule. Von hier aus läßt sich auch die Region um die Pozuelos-Lagune (s. S. 300) gewinnen, die schon zum Exkursionsgebiet der 75 km nördlich von Abra Pampa an der RN 9 liegenden Grenzstadt **La Quiaca** 11 (S. 363) gehört. Der ruhige 8000-Einwohner-Ort hat seine Geschäftigkeit spätestens mit der Stillegung der Eisenbahnstrecke nach Jujuy an das quirlige Nest Villazón auf bolivianischer Seite abgegeben.

Keine Angst vor der Puna!

Der Quechua-Begriff *puna* bedeutet so viel wie ›kahle Hochfläche‹ oder ›kalte Gegend‹, womit die rund 40 000 Bewohner der argentinischen Andenhochebene zwar das rauhe Klima, nicht aber die magere Luft charakterisiert haben: ihre Körper sind an weniger Sauerstoff angepaßt. Stufenweise Gewöhnung heißt daher auch das Schlüsselwort für jeden, der aus den Niederungen in die Höhen der Kondore und Vicuñas aufsteigt. Wer sich allzuschnell die Überwindung mehrerer tausend Meter Höhenunterschied zumutet, kann (je nach Disposition) jenem *apunamiento* (oder *soroche*) anheimfallen, das sich in Kopfschmerz, Schwindelgefühl oder gar Übelkeit äußert.

So unterschiedlich wie die persönliche Anfälligkeit für diese spezifische Höhenkrankheit sind auch die geoklimatischen Zonen, die sie besonders fördern. Das auf rund 3800 m Höhe in einer Puna-Mulde liegende San Antonio de los Cobres etwa begünstigt bekanntermaßen das Phänomen, das sich typischerweise des Nachts in Schlaflosigkeit oder plötzlichem Hochschrecken manifestiert. Sofortige Hilfe kommt hier nur aus der Sauerstoffflasche.

Doch gemach! Wer (geraume Zeit vorher) gefäßerweiternde Nahrungsmittel (Knoblauch, Zwiebeln) zu sich nimmt, verringert die dem *apunamiento* eigene Herzbeschleunigung oder -beklemmung. Am Tag vor dem Höhenausflug ist eiweiß- und vitaminreiche Kost zu empfehlen.

Je weniger der in größere Höhen Reisende sich auf das Einsetzen der beschriebenen Symptome fixiert (›Erwartungsangst‹) und je unbeteiligter er sich – wie bei der Seekrankheit – gegenüber anderen Befallenen verhält, desto weniger wird er selbst affektiert. Daß im Kopf ein gewisser Druck (oder Schmerz) entsteht, ist normal. Man vermeide also ruckartige Kopf- oder Körperbewegungen, pflege eine langsame Gangart, bewußtes Atmen und sorge für die Zufuhr frischer Luft (geöffnete Auto- oder Zugfenster).

Die geeignete Puna-Kost: heiße süße Tees, warme leichte Suppen, fettfreie Kartoffel- und Maisspeisen, mageres Fleisch, Trockenobst und Nüsse (z. B. im 1. Stock der Markthalle von Salta gut einzukaufen), Bienenhonig, Zwieback, Bananen, süße Orangen – alle festen Speisen gut gekaut. Verboten sind: Pommes frites, Pfannengerichte, Milchprodukte, fettes Fleisch, Saucen, Pastas, kohlensäurehaltige Getränke und – sowieso – Nikotin- und Alkoholgenuß (außer, in Maßen, leichter Wein).

Immer ist es gut, sich vor dem Aufstieg in die Puna ein oder zwei Tage an einem Ort aufzuhalten, der auf einer Zwischenhöhe von 2000–2500 m liegt.

Da auch der Automotor mit zunehmender Höhe um Atem ringt, erleichtert man ihm die Arbeit mit gesäuberten Luftfiltern und einer vorgestellten Zündung. In der Puna läßt sich übrigens mit (dem dort leichter zu bekommenden) Normalbenzin fahren.

Dennoch bildet La Quiaca, was Lage und Infrastruktur angeht, einen idealen Ausgangspunkt zur Erschließung der nördlichen argentinischen Puna. Die von Fahrerlebnis und Landschaftswechsel her aufregendste Strecke führt nach Nazareno (ca. 120 km). Um dieses von allen Puna-Dörfern am stärksten abgeriegelte zu erreichen, verläßt man La Quiaca in Richtung Yavi, schwenkt nach wenigen Kilometern nach Süden auf die über Barrios auf die Route 68 zulaufende Straße ein, folgt der RP 69 über Cóndor nach Osten und kommt vom Cóndor-Paß (4600 m) an aus dem Staunen nicht mehr heraus, bis sich der (streckenweise steinige und schmale) Fahrweg über dem tief auf einer Talsohle gelegenen **Nazareno** 12 (S. 367) in nicht endenden Serpentinen von den Felsschründen förmlich abseilen muß. Ausblicke über das Puna-Relief – wie aus dem Flugzeug! Kein Wunder, daß in Nazareno (das nicht einmal die besten argentinischen Reiseführer erwähnen) jeder Fremde wie nach einer Mondlandung bestaunt wird.

Steuert man von La Quiaca aus das benachbarte (17 km) Dörfchen Yavi an, so steigt rechter Hand aus der flachen Steppe eine teigig gewellte, vielschichtige Hügelkette – Los Siete Hermanos (›Die sieben Brüder‹) – auf, die die Gesteinsformationen von Maimará und Tres Cruces wiederholt. Das 1667 gegründete **Yavi** 13 (S. 396; 280 Einw.) diente ab 1707 als Herrensitz des Marquesado de Tojo, einer Markgrafschaft, die die gesamte argentinische und die südliche bolivianische Puna umfaßte. Letzter Zeuge dieses Feudalwesens ist der einen weiten Patio umschließende Viereckhof der Casa del Marqués. Das Gebäude beherbergt eine gepflegte kleine Bibliothek und ein bescheidenes Hausmuseum. Kolonialbarocke Schätze hat die wuchtige weiße Kirche von 1690 aufzuweisen (Schlüsselverwahrer gegenüber der Gendarmerie): edle Statuen, herrliche Altarbilder und eine besonders schön geschnitzte und vergoldete Holzkanzel. Von Yavi aus führt ein rund 100 km langer (nur für hochachsige Autos geeigneter) pittoresker Fahrweg bis nach **Santa Victoria** (250 Einw.). Die von Weiden, Eukalyptus und Walnußbäumen bestandene Hochoase hat sich, ihrer Abgeschiedenheit wegen, noch ein gewisses spätkoloniales Flair bewahrt.

Eine der schmucksten Puna-Kirchen, die von **Tafna** (20 km westlich von La Quiaca), steht, ohne sich an einen Ort anzulehnen, wie ein weißer Solitär auf der Kahlfläche. Wer von da aus den Weg nach **Santa Catalina** (schöne Kirche mit dreistöckigem Turm) nimmt (45 km), sollte dicht unter der bolivianischen Grenze eine Schleife über die Töpferdörfer **Casira** und **Piscuno** ziehen. Hier wird der Ton, wie eh und je, nicht auf der Scheibe, sondern von Hand geformt und im offenen Erdofen – umwandet von Tonscherben und bedeckt mit Erde und Eselsmist – ›gebacken‹. (Es gibt noch über 20 000 Esel und Maultiere in der Provinz.) Als Puna-Raritäten gelangen die anthrazitfarben brandgefleckten Tongefäße bis nach Buenos Aires.

Mumifizierter Esel in der Puna

ders als Wäschestücke, an der Leine zum Trocknen in der Sonne aufgehängt ist, sind die einzigen Fixpunkte in der grandiosen Einsamkeit der Puna.

Die Nationalparks der Nebelwälder

Noch weniger Touristen als der Parque Nacional Finca El Rey bei Salta (s. S. 288) registriert der 760 km² große, bis zu über 3000 m Höhe aufstrebende **Nationalpark Calilegua** 15 (S. 369), in dessen unzugänglichen *Reservas Naturales Estrictas* – die den größten Teil des Gebiets ausmachen – auch noch Jaguare leben. Dieses Naturparadies entstand aus der rechtzeitigen Einsicht der heute größten Zuckerraffinerie Südamerikas, Ledesma (gleichzeitig Alkoholbrennerei und Papierfabrik), daß einzig die Bewahrung des klimaregulierenden Waldgürtels das Gedeihen der immensen *caña*-Pflanzungen in der Ebene garantiert. Die den Nationalpark Calilegua durchziehende RP 83 ist, was den Erlebniswert ›Naturwald‹ anbetrifft, eine Traumstraße. Sie klettert von 600 m (an der Einfahrt) auf 1700 m an der Abra de Cañas hoch und endet nach rund 60 km in Valle Grande (hier Maultieranmietung möglich – in einem abenteuerlichen 48-Stunden-Trek über die Sierra von Chachacomayo gelangt man bis nach Humahuaca). Der Weg zum Calilegua-Reservat führt (von Salta oder Jujuy aus) über die RN 34 nach Norden bis kurz hinter Libertador General San Martín (einfache touristische Infrastruktur). Sobald man die Brücke über den Río San Lorenzo passiert hat, zweigt links die 8 km lange Zufahrt ab.

Biegt man an der Straßenspinne von Cieneguillas nach Süden ab, so sieht man bald die **Laguna Pozuelos** 14 (3600 m) – im Januar und Februar von einer rosa Wolke aus Tausenden von Flamingos umflort – wie eine Fata Morgana in der Sonne schimmern. Wiege der Salzlagune ist ein 300 km² großes Punabecken, von der UNESCO als Biosphärereservat geschützt. Von den drei hier vorkommenden Flamingoarten hielt man den *Flamengo andino* lange Zeit für ausgestorben, ehe man dieses Habitat entdeckte. Den wenigen im Winter hier ausharrenden Stelzvögeln frieren nicht selten nachts die Füße am Boden fest, bis die Morgensonne sie wieder von den Eisfesseln befreit. (Haus des *guardaparques* auf der Südseite der Lagune, kurz vor der Brücke.)

Der 8 km weiter in einer kleinen Quebrada nistende Ort **Rinconada** (*rincón* = ›Nische‹) hat seinen Namen verdient. Der hübschen alten Kirche (1791) hat die Restaurierung von 1930 leider ein Wellblechdach beschert.

Eine schluchtenreiche Straße (RP 7) verbindet das Pozuelos-Lagunenbecken und seine Randsiedlungen mit Abra Pampa. Esel und weidende Lamas – die Ohren oft mit roten Wollbäuschen geschmückt –, Guanakoherden und die Lehmburgen einzelner Gehöfte, in denen das mit dem Salz der Salare gewürzte Schaffleisch *(chalona),* nicht an-

Übertroffen werden alle Waldschätze Argentiniens von dem so gut wie unberührten **Nationalpark Barítú** 16 (S.

Töpferbauern in Casira an der bolivianischen Grenze

368), dessen einmalig beschwerlicher Zugang (man muß dazu ein ganzes Stück durch Bolivien) dem grünen Juwel den Ruf eines Midas-Schatzes eingebracht hat. Wer diese wilde Region erforschen will, in der die Natur in ihrer Gesamtheit noch ›unbelassen‹ ist, muß sich, gleich den Pionieren des Kontinents, entlang der Wasserläufe bewegen. Kein Pfad öffnet sich dem Besucher – wenn es denn einen gäbe. Das Touristenaufkommen ist gleich Null. Selbst der im 30 km von der Nationalparkgrenze entfernten Dorf Los Toldos wohnende Parkranger hatte erst einmal Gelegenheit – mit dem Hubschrauber –, in das Herz des 725 km² großen Dschungels vorzustoßen, wo fischende Wasserschweine – sonst nur in Sümpfen und Lagunen anzutreffen – wie lachsfangende Bären flußauf wandern.

Zu empfehlender Startpunkt für einen Baritú-Besuch ist das sympathische Landstädtchen **San Ramón de la Nueva Orán** 17 (S. 387), rund 260 km nördlich von Salta an der RN 50 gelegen. Von da aus erreicht man die argentinisch-bolivianische Grenze bei Aguas Blancas nach rund 50 km. Die dann folgende Strecke läuft – mit einer Unterbrechung an der Quebrada Guandacay – durchgehend am **Río Bermejo**, dem Grenzfluß, entlang und gilt, am Gegenufer stets vom wuchernden Yunga-Wald des Baritú-Reservats begleitet, als eine der schönsten Panoramastraßen Boliviens.

(Anmerkung: Den Zugang zu den beiden Nationalparks [wie auch zum P. N. Finca El Rey] können im Sommer Flüsse versperren, die, im Falle des Baritú, zwischen November und April auch von Geländewagen mit Vierradantrieb nicht zu passieren sind. Auskünfte zu den Nationalparks des NOA erteilt die Nationalparkverwaltung [Administración de Parques Nacionales] in Salta, España 366, 3. Stock, ☎ 31 26 83).

Mesopotamien und die Chaco-Wälder

Paraná – Vater aller Flüsse

Wenn die Einwohner der 12-Millionen-Stadt Buenos Aires sich täglich reuelos einen Wasserverbrauch von 700 l pro Kopf gönnen dürfen (zum Vergleich: im gewässerreichen Frankreich 250 l per capita), dann verdanken sie das ihrer Uferlage an einem 45 km breiten Fluß. Was der Río de la Plata – der Zusammenfluß von Paraná und Uruguay – unaufhaltsam ins Meer schaufelt (50 000 m³ pro Sekunde), ist, nach den Anstrengungen des Amazonas und des Kongo, die drittgrößte durch eine Mündung transportierte Wassermenge der Welt. 2000 Quell-, Neben- und Hauptflüsse plus Seen, Lagunen, Sümpfe, Tümpel, Schneefelder und Gletscher speisen ein Gewässersystem, dessen Geäst einer riesigen Wasserlunge gleicht.

Denn es atmet wirklich, dieses Gewebe, in das sich die Schmelzwasserbäche der Anden ebenso entleeren wie die Flüsse der bolivianischen Yungas, des Chaco von Paraguay und des brasilianischen Mato Grosso. Jahreszeiten und Klimawechsel, Regenstürze und Dürreperioden, launische Quellen und sich umbettende Flüsse heben und senken den Wasserspiegel, wobei die ufernahen Galeriewälder und die dem Fließschema angeschlossenen Seen und Sümpfe mit ihrem Netzwerk von Wurzeln wie gewaltige Schwämme wirken, die sich nach Bedarf vollsaugen oder entleeren. Das ganze System pulsiert, dehnt, spannt, lockert sich, erschlafft und produziert seine – sogar selbstheilenden – Infarkte: Die dem Hauptstrom Paraná angelagerten Iberá-Sümpfe (20 000 km² groß und nach dem brasilianischen Pantanal das bedeutendste Biotop dieser Art in der Welt), früher ein Teil des Strombettes, haben sich selbst stillgelegt.

Der Río Bermejo änderte 1870 unversehens seinen Kurs und stürzte sich in den Río Teuco, nur um 500 km weiter flußab in sein altes Bett zurückzukehren. Der Río Pilcomayo, Grenzfluß zwischen Argentinien und Paraguay, ist mit seinen unberechenbaren Umwegen oder Abkürzungen ein Gegenstand ständiger Querelen zwischen den Anrainerstaaten. Wo gestern noch eine mächtige Flußschlinge eine argentinische Halbinsel umwand, bleibt heute ein toter Arm – auf paraguayischer Seite – zurück. Das erratische Migrationsmuster all dieser Ströme ist vor allem die Folge eines nur minimalen Gefälles, das die Flüsse, sobald sie einmal eine Flutwelle entwickeln, wie eine witternde Anakonda neue Wege suchen läßt. So ist es bis heute nicht gelungen, dem an sich schiffbaren Río Bermejo so etwas wie eine verläßliche Fahrrinne zu geben. Aus der Luft sehen die von Inseln gespaltenen Tieflandströme aus wie gespleißte Taue. Wer die amphibische Provinz Corrientes (›Strömungen‹) überfliegt, glaubt unter sich die gleiche schraffierte Landkarte ausgebreitet zu sehen, die dem Autofahrer zeigt, wie die Fernstraßen alle Hochufer als Pontons benutzen müssen, um der Sumpf- und Seenplatte auszuweichen.

Ganz ähnlich wie die *haur* genannten Seen hinter den Uferdämmen von Euphrat und Tigris, werden die Feuchtgebiete des La-Plata-Beckens von zwei Strömen umschifft: im Osten flankiert der Grenzfluß Uruguay das argentinische Mesopotamien, im Norden und Westen umfaßt der mächtige Paraná – Vater aller Flüsse – das Zwischenstromland. Appendizes dieses Gewässernetzes sind im Nordosten die subtropische,

◁ *Die Iguazú-Fälle*

von einem wahrhaften Gewürm von Flüßchen durchwimmelte Provinz Misiones, im Nordwesten die Feuchtgebiete des Chaco und der Provinz Formosa, die von den Flüssen Paraguay, Pilcomayo und Bermejo gespeist werden. Dieses Paraná-Plata-System, wie es korrekt heißt, ist die, nach dem Amazonasbecken, größte Wasserwanne unseres Planeten.

Ein solches hydrographisches Potential wollte der Mensch nicht ungenutzt lassen. 1994 nahm eine 65 km lange Staumauer (im Mittelteil über 70 m hoch) den Vater aller Flüsse in ihre Arme und drückt ihn durch 20 Turbinengeneratoren, die jährlich 20 000 Gigawattstunden Strom erzeugen: am oberen Paraná ging das (zusammen mit Paraguay projektierte) Kraftwerk Yacyretá in Betrieb – das zweitgrößte der Welt. Wie sich heute zeigt – und wovor die Naturschutzorganisation Vida Silvestre frühzeitig gewarnt hatte –, sind die Umweltkosten der babylonischen Anlage höher als die 8,5 Milliarden Dollar, die in sie hineingesteckt wurden. 108 000 ha Paraná-Regenwald, 300 Flußinseln, das Habitat von Tausenden von Tieren und sechs archäologische Stätten (Jesuitenruinen), ertranken für immer in einem künstlichen See, dessen Fläche achtmal so groß ist wie die Stadt Buenos Aires. Nach dem ersten Probelauf der Turbinen trieb (infolge eines ›technischen Fehlers‹) ein Teppich von 120 000 toten Fischen den Paraná hinab.

Dschungelchronik

Die ersten Fischer müssen hier den (bis zu 100 kg schweren) *manguruyú* bereits vor mindestens 5000 Jahren aus dem Wasser gezogen haben. So alt sind die frühesten menschlichen Zeugnisse, die das feuchte Klima Mesopotamiens

überdauerten: Steinanker, Keulen und Schaber, mit denen sich die Kom-Indianer, zum Zeichen der Trauer, die Frontpartie der Kopfhaare abrasierten. Das brachte ihnen die von den Spaniern eingeführte und bis heute übliche Stammesbezeichnung *toba* ein (was in ihrer Sprache ›Stirnglatze‹ bedeutet). Fast alle Chaco-Indianer und die vielen Ethnien der meeresnäheren Flußgebiete erhielten Benennungen, die ihnen ausgerechnet ihre Feinde gaben. Die abschätzige Bezeichnung *matacos* (im Spanischen ohne spezifische Bedeutung, aber phonetisch herabwürdigend klingend) für die Wichi hat sich allgemein eingebürgert, und nicht anders ergeht es den Chiriguanos, die sich selbst einst stolz *jaguareté-avá* – ›Jaguarmenschen‹ – nannten, bis die Inka, ihre Widersacher, sie in *chiri guano* (im Quechua: ›kalter Mist‹) umtauften. Heute leben noch rund 18 000 mehr oder minder reinrassige Chiriguanos im westlichen Teil des Chaco, eine etwa gleichgroße Anzahl von Matacos im Zentral-Chaco und dazwischen schätzungsweise 4000 Indios der Arawak-Chané-Gruppe. Die Toba-Indios sind auf Dutzende von Reduktionen im östlichen Chaco verteilt; in Misiones vegetieren noch 3000 Guaraníes, geborene Waldindianer, in der Übergangszone zwischen Wildvegetation und Pflanzungen dahin.

Noch immer kämpfen Reste der Urbevölkerung um ein Stückchen (50 ha pro Familie) des Landes, das ihnen einst – ohne Eigentumstitel – gehörte. Neben der Subsistenzwirtschaft leben die Indios heute vorwiegend vom Kunsthandwerk, das dem regionalen Souvenirhandel stellenweise sogar traditionswahrende Züge verleiht. Originell sind z. B. die von den Matacos gefertigten Tiermasken (die man auch im *Mercado Artesanal* von Salta zu kaufen bekommt). Der Aneignungszauber hat seine Wurzeln in der engen Verbindung mit einer mystifizierten Natur, nicht nur belebt von Tieren, sondern auch von gottähnlichen zoomorphen Halbwesen – *piranú,* der pferdeköpfige Fisch, der die Boote angreift; der Bösewicht *eyara,* der, als Flamingo getarnt, junge Mädchen becirct; die Sumpfschlange *mboi yaguá,* die ihren Hundekopf aus dem Wasser reckt. Mythen und Fabeln sind in diesem verspiegelten, dunstgeschwängerten Seen- und Flußlabyrinth bis in die Gegenwart zu Hause. Der Schriftsteller Horacio Quiroga, als ›südamerikanischer Kipling‹ jahrelanger Dschungelgänger in Misiones, schickte seine ›Anaconda‹ durch den Río Paranahyba, und der immer auf exotische Außenposten als Orte der Handlung versessene Graham Greene siedelte seinen ›Honorarkonsul‹ in Corrientes an. Doch die Wirklichkeit wartet manchmal mit Geschichten auf, wie man sie kaum zu erfinden wagt: im September 1994 fraß ein prächtiger Jaguar (77 kg schwer) die Wachhunde des Internationalen Flughafens von Puerto Iguazú auf. Die Raubkatze wurde gefangen, wieder auf freie Tatze gesetzt und meldet jetzt, über ein ihr verpaßtes Halsband mit Sender, regelmäßig ihren Aufenthaltsort aus der Wildnis, in die sie wieder zurückkehrte.

Heute fischen an den Flüssen vor allem Sportangler aus aller Welt, die den wild kämpfenden *dorado* (Goldbrasse) an den Haken locken und sich mit einem 20 kg schweren Prachtstück fotografieren lassen (Juli–November). Gourmands essen den allerorten angebotenen *suburí,* Gourmets genießen den saftigen *pejerrey* (Ährenfisch), der auf den Speisekarten gerne zum ›Gran Paraná‹ geadelt wird.

Straßen und Wasserstraßen

Mesopotamien war lange Zeit eine fast allseits von Wasser umgebene Halbinsel, deren einzige Landbrücke ein 30 km langer flußfreier Abschnitt – die *frontera seca* (›trockene Grenze‹) zu Brasilien – im Nordosten von Misiones bildete. Heute überspannt ein langer Straßen- und Eisenbahnviadukt den Unterlauf des Paraná, von Santa Fe aus bohrt sich ein Tunnel unter dem Fluß hindurch, und ein Dutzend Brücken verbinden das Zwischenstromland im Osten mit Uruguay, im Norden mit Paraguay und Brasilien, im Westen mit dem Chaco.

Von Süden (also von Buenos Aires) kommend, erlebt man einen Landschaftswandel, der sich vom Lieblichen zum Dramatischen steigert: erst die Viehzüchterprovinz Entre Ríos (›Zwischen Flüssen‹) mit ihren Estanzien; dann der Gürtel der Zitrusplantagen, der Reisfelder; das Lagunenmosaik von Corrientes mit seinen Wasserschweinen, Alligatoren und Boas; der subtropische Regenwald von Misiones und die immensen Iguazú-Wasserfälle; die Palmwälder von Formosa und ihre von der Riesenseerose *Victoria regia* bewohnten

Tümpel und Teiche; die Ameisenbären und Riesengürteltiere des Chaco, seine rätselhaften Meteoriten und schließlich der Impenetrable, der undurchdringliche Dornbuschwald, der seine Geheimnisse noch nicht preisgegeben hat. Neun Nationalparks bzw. Naturreservate liegen in diesem heterogenen Gebiet.

Zwei Fernstraßen nehmen das Zwischenstromland bis zur paraguayischen Grenze in die Zange. Die östliche folgt dem Río Uruguay, die westliche dem Paraná flußauf (und noch durch Misiones hindurch bis zur brasilianischen Grenze bei Puerto Iguazú). Eine dritte Überlandstraße begleitet das Westufer des Paraná über die Provinzmetropolen Santa Fe und Resistencia (Chaco) und dann den Río Paraguay über Formosa und Clorinda (Grenze) bis zur paraguayischen Hauptstadt Asunción. Von dieser Straße aus stoßen im rechten Winkel zwei fast parallele Geraden durch Formosa und den Chaco in die Provinz Salta vor. Eingehängt in dieses sehr grobmaschige Gitter von Hauptverkehrsachsen (auf denen ständige Buslinien verkehren) sind die Quer- und Zufahrtswege – allein im Chaco ein über 3000 km langes Netz von (vorwiegend) Erdstraßen. Berüchtigt sind solche Lehmpisten nach Regenfällen.

Alle Provinzhauptstädte des Gebietes bis hoch nach Posadas werden von Buenos Aires aus entweder direkt oder mit ihrer Zwillingsstadt als Ziel (für Paraná ist das Santa Fe, für Resistencia Corrientes) mehrmals täglich angeflogen. Internationaler Knotenpunkt zwischen Buenos Aires, São Paulo und Rio de Janeiro ist Puerto Iguazú (argentinisch) bzw. Foz do Iguaçu (brasilianisch).

Hochseeschiffe gelangen von der La-Plata-Mündung durch die neue, 650 km lange Fahrrinne *Hidrovía* – Ergebnis der weltweit größten Ausbaggerungsaktion – bis zum Hafen Santa Fe und, bis zu einem gewissen Tiefgang, sogar nach Asunción. Es gibt jedoch keine regulären Linienschiffsverbindungen für Passagiere auf den Flüssen.

Bezeichnend im geopolitischen Bild Nordostargentiniens ist die Position der Provinzhauptstädte: keine hat eine Mittellage, vielmehr klammern sie sich, den Blick aufs Wasser gerichtet, an die großen Flüsse; in äußerster Randlage sind sie mit dem Rücken zu ihren eigenen Provinzen – dem ›feindlichen Indianerland‹ – großgeworden.

Riesenseerosen-Kolonie (Victoria regia)

Zwischen den Strömen

Die Provinzen Entre Ríos und Corrientes

Hat man sich erst aus dem Kern von Buenos Aires herausgeschält, dann gleitet man auf der (1995/96 ausgebauten) *Panamericana* wie auf einer Schiene nach Norden. Schichtweise löst sich die Stadt im Umland auf. Kompakte Hochhausschluchten weichen Vorortstraßen, deren Häuser vor allem durch ein anarchistisches Gespinst von Telefondrähten und Stromkabeln zusammengehalten zu werden scheinen. Eitle Supermärkte und zusammengekauerte Hüttensiedlungen flitzen vorbei, *Paddle Courts*, Fabriken, Stundenhotels, Grillrestaurants, Villen, Golfplätze und Turfs. Dann machen sich die Country Clubs und ihre posthumen Manifestationen – die privaten Parkfriedhöfe – breit. Den Geruch von Benzin- und Reifenlagern verweht eine erste Eukalyptusbrise. Refugien von ›Kleingärtnern‹ und Wochenendlern beleben das Grün mit Blumen und bunten Dächern. Und endlich: Wasser, Wiesen, Weiden und darauf Pferde, so schön wie von Franz Marc gemalt.

Doch vor der Landlust kommt die Technik. Bei **Zárate** (ca. 90 km ab Zentrum Buenos Aires) setzt die Straße zu einem 30 km langen Sprung über den **Río Paraná** und seine Sumpfniederungen an. In weitem Bogen (550 m) schwingen sich zwei Stahlbetonbrücken, die auch eine Schienenspur tragen, auf 120 m hohen Stelzen über die Flußbetten des Paraná de las Palmas (Südarm) und des Paraná Guazú (Großer Paraná, Nordarm). Dazwischen quert die Fahrbahn auf Dämmen und langen, flachen pfeilergestützten Brücken ein Überschwemmungsgebiet, das sich nördlich des Paraná Guazú in Form der auf- und abtauchenden Binsenebenen der Ibicuy-Inseln (gute Fischgründe) fortsetzt. Im ganzen benötigt die Straße 150 km, ehe sie wieder festen Boden unter die Füße bekommt. In diesem schwammigen Gelände mußte das deutsch-italienische Architektenteam, das diese erstaunliche Konstruktion vor zwei Jahrzehnten schuf, die Pfeiler der Stahlhängebrücken 70 m tief im Grund verankern.

Wer dieses Gebiet der ›transitorischen Lagunen‹ nach einem Hochwasser besucht, erlebt die Sintflut. 200 Tage benötigte der Paraná 1983, um wieder in sein normales Flußbett zurückzufinden. Flutgeschädigt waren damals nicht nur 70 000 Uferbewohner, sondern auch Myriaden von grünen Papageien, die in langen Kolonnen die Straßen säumten, sowie ganze Flotten von Nutrias, leichte Beute für Fänger und Pelzhändler. Noch über den Trockensümpfen gabelt sich an der Station **Ceibas** die Straße, deren linker Arm (RN 12, dann RP 11) über Gualeguay, Victoria und Diamante auf Paraná, die Provinzhauptstadt von Entre Ríos, zuläuft (205 km ab Ceibas).

Gualeguay (bescheidene touristische Infrastruktur) liegt an der Mündung des Río Gualeguay (›Schweinefluß‹), dessen 20 000 km² umfassendes Gewässersystem die besten schwarzen Böden Argentiniens speist. Entre Ríos ist der fruchtbare ›Vorgarten‹ des nimmersatten Buenos Aires. Gemüse, Obst, Milch, alles schluckt der Moloch. 90 Millionen

Hühner schlachten die 1700 Geflügelhalter von Entre Ríos jährlich. 5 Millionen Rinder stehen auf den Weiden. Ein *frigorífico* (Schlachthaus) wie Santa Elena am Paraná-Ufer verarbeitet mehrere tausend Rinder pro Tag. Der Prozeß beginnt mit dem hydraulischen Abziehen der Häute und endet bei der Abfüllanlage, die täglich 70 000 Dosen Corned beef ausstößt. Die Schlachthöfe sind große Flußverschmutzer, doch offenbar profitieren die Fische davon. Im Paraná gehen jährlich 1400 t *sábalos* (eine Alsenart) in die Netze. Hinter den bis zu 10 m hohen Steilufern, die der Fluß ausgeschürft hat, ist Entre Ríos so flach, daß Landschaftsmaler vor allem gekonnte Porträtisten weiter Himmel sein müssen. Stolz nennt sich daher das 20 000 Einwohner große **Victoria** (einfache touristische Infrastruktur) ›Stadt der sieben Hügel‹; das 80 km weiter flußauf liegende **Diamante** (mittlere touristische Infrastruktur) muß mit seinem Cerro de la Matanza (›Schlächterei-Hügel‹) leben: hier wurden die letzten Chanaé-Indianer niedergemacht. (In Paraná evoziert das Denkmal des ›Tanzenden Pfeils‹ die spirituelle Rebellion der Eingeborenen gegen ihre Vernichter.) Diamante ist heute *das* argentinische Produktionszentrum für Angorawolle. Es liegt in einer 30 000 km² großen Ölsaatenzone, die sich von Gualeguay bis Paraná hinzieht. Die gelbblühenden Rapsfelder sind Manna für 70 000 Bienenvölker, die 3000 t Honig pro Jahr spenden. An Diversifikation kann es mit Entre Ríos keine andere Provinz aufnehmen.

Doch was beginnt der Tourist in dieser so emsigen Region? Nun, er kann 30 verschiedene Sandstrände mit ungezählten Campingplätzen aufsuchen (am Gualeguay, Paraná oder Uruguay); er kann unter Uferweiden oder vom Boot aus (an einer Grasinsel festmachend) den bis zu 40 kg schweren *suburí* angeln, einen köstlichen Speisefisch; er kann mit dem Kajak Flußwanderungen unternehmen; er kann sich aber auch einfach in der Hängematte einer Estancia der Kontemplation hingeben und sich von der Landschaft an die Camargue erinnert fühlen.

Erste Anlaufstelle auf der von **Ceibas** dem Río Uruguay folgenden Strecke (RN 14) ist das karnevalsfreudige Uferstädtchen **Gualeguaychú** (mittlere touristische Infrastruktur) mit seinen hübschen Flußstränden (15 km zum Strandbad Ñandubaysal mit weitläufigem schattigem Campingplatz). Zweimal im Jahr – zur *Fiesta del Pejerrey* (›Ährenfisch-Fest‹) im Juli und an Fastnacht – geht es hier hoch her. Vom Ort 35 km entfernt, führt eine Flußbrücke ins benachbarte Uruguay.

Fährt man über die RN 14 weiter nach Norden, so gelangt man nach 75 km zum Flußhafen **Concepción del Uruguay** **1** (S. 350). Das 65 000 Einwohner große Städtchen, Dienstleistungszentrum einer mittelständischen Agrarwirtschaft, ist rührig und, mit manch stillem Patio hinter verspielten alten Hausfassaden, beschaulich zugleich. In der italienisch inspirierten, von einem säulengetragenen Frontispiz geschmückten Kathedrale (1859) ruht der große Caudillo der Region, Justo José de Urquiza. Der ›General und Estanciero‹, wie er sich gerne nannte, stieg vom Provinzkrämer zum Präsidenten der argentinischen Föderation auf, bevor er 1870 in seinem Palacio San José (ca. 30 km westlich von Concepción del Uruguay) ermordet wurde. Auf dem Höhepunkt seiner Macht ließ sich der zum Nationalhelden avancierte Feldherr, Privatbankier und Großschlachthofbesitzer – er lieferte ›Sklavenfraß‹ (Pökelfleisch) an die Plantagen auf Kuba und in Brasilien – zwei

Gauchos auf einer Estancia in Entre Ríos (der rechte mit den für diese Region typischen gestreiften Hosen)

herrliche Paläste in toskanischer Manier erbauen. Dazu holte er sich den italienischen Baumeister Pietro Fossati aus Ägypten, der dann auch die Kathedrale von Concepción errichtete.

Der zweitürmige, arkadengesäumte **Palacio San José** (bestes Fotografierlicht vormittags) umschließt zwei *cortiles* (Höfe), um die sich unzählige Räume scharen. Im Teich des Aranjuez-artigen Parks spiegeln sich venezianische Brücken. Als Urquiza hier Feste im Stile des Sonnenkönigs feierte, unterhielt er seine Gäste mit dem Allermodernsten: Dampfbootfahrten. Nach Urquizas Tod waren über 1 Million ha Land unter seinen 23 – von durchaus verschiedenen Müttern stammenden – Kindern zu verteilen. Heute birgt der sehenswerte (1995 renovierte) Palast ein Historisches Museum (s. S. 350).

Der zweite Prachtbau des paternalistischen Herrschers entstand am Arroyo La China unweit Concepción in Form des (heute gästeaufnehmenden) **Palacio Santa Cándida** (s. S. 350). Dieses Landschloß, bei dessen Gestaltung sich die Lüsternheit eines Potentaten mit viktorianischer Gediegenheit vermählte, beherbergt sevillanische Leuchter, französische Kamine, Sarah Bernhardts Wandspiegel und ein Gemälde, dessen Motiv sich der Parfümfabrikant Atkinson zum Logo für seine Flacons erkor.

Wie der Osten Mesopotamiens – und übrigens auch ganz Uruguay – einmal aussah, bevor die flächendeckenden Palmwälder gefällt und die restlichen Samen von Rinderhufen zertreten wurden, zeigt der sich rund 75 km nördlich von Concepción (dazwischen, bei Colón, die zweite Brücke nach Uruguay) an den Fluß lehnende **Nationalpark El Palmar** 2 (Zufahrt wenige Kilometer vor Ubajay). Tausende von bis zu 18 m hohen Yatay-Palmen, manche 800 Jahre alt, wiegen ihre Federhäupter im Wind. Hier kann man in Uferlage (heller Sandstrand) auf einem gepflegten Waldcampingplatz zelten, zutrauliche Vizcachas füttern oder Nutrias, Wasserschweinen und Iguanas nachpirschen.

An diesem Punkt scheiden sich die Reise-Geister: Wer auf dem kürzesten Weg Misiones zustrebt, erreicht (immer auf der RN 14, die letzten 40 km auf der RP 105) nach rund 620 km die Provinzhauptstadt Posadas. Dabei wird nördlich des mit einer Reihe schöner alter Gebäude aufwartenden Städtchens **Concordia** (gute touristische Infrastruktur) die dritte Brückenzufahrt nach Uruguay (am Stauwerk Salto Grande) und bei **Paso de los Libres** (Provinz Corrientes) der vierte Flußübergang passiert. In **Santo Tomé** gibt es eine einladende ACA-Hostería mit Garten-Pool und guter Küche.

Vier charakteristische Landschaftsmuster bestimmen das durchfahrene Gebiet. Auf der Höhe von Monte Caseros zieht sich ein 30 km breiter Zitrusgürtel am Río Uruguay entlang. Hier wollte 1880 ein französischer Weinliebhaber auf seinem 10 ha großen Los Reben anbauen, doch ein durchreisender Brasilianer schenkte ihm zufällig einige Zitruspflänzchen – 1908 zählte man schon 100 000, heute sind es 7 Millionen Bäume. Ihr Aroma übertönen inzwischen die ätherischen Düfte der Eukalyptuswälder. Im Übergangsraum zum Lagunengebiet schwimmen dann immense Reisfelder vorbei, das ›weiße Gold‹ von Corrientes. Tausende von *tajamares* – ein 2000 km² großes Teichsystem – füllen sich im Winter die Bälge mit Wasser. In der dritten Zone, in deren Herz die noch wenig berührten Iberá-Sümpfe (s. S. 313 f.) schlummern, löst sich die Erde buchstäblich in Lachen auf, und die Straßen reiten auf Dämmen über das in Regenzeiten violett schimmernde Spiegelparkett. Noch weiter nördlich trocknen die Marschen aus, machen Tabakpflanzungen und schließlich immensen Prärien und Weideflächen Platz.

Wer etwas mehr Muße mitbringt, quert auf der Höhe des Nationalparks El Palmar (am einfachsten ca. 20 km südlich von Concordia über die RP 18) die Provinz Entre Ríos, gönnt dem schmukken Hauptstädtchen Paraná – und vielleicht dem vis-à-vis winkenden Santa Fe – einen Blick und läßt sich dann auf der ›Route der Estanzien‹ vom Landleben umgarnen. Ortsnamen wie Hasenkamp, Spatzenkutter und das ehemalige Moisesville erinnern an wolgadeutsche Siedler, österreichisch-ungarische Agrargenossenschaften, schweizerische Kolonisten und die jüdischen Gauchos, die der philanthropische Eisenbahnpionier Baron Mauricio Hirsch um 1850 ins Land holte.

Die Viertelmillionenstadt **Paraná** 3 (S. 368), wohlweislich auf einer 50 m hohen Böschung ruhend, entwickelte sich mit Gemach um eine schon 1730 hier etablierte Pfarrei. Ihre das Hochufer überziehenden Grünanlagen mit dem sehr schönen Urquiza-Park, die den breiten Fluß überragenden Panoramabrüstungen, die eleganten Fassadenreihen studioartiger Häuser und auch so manches architektonische Relikt, das in der Innenstadt erhalten blieb, machen Paraná zu einer der angenehmsten Provinzmetropolen Argentiniens.

Der 350 000 Einwohner große Zwillingsort **Santa Fe** (de la Vera Cruz) 4 (S. 388) wurde bereits 1573 von dem Konquistador Juan de Garay an der Stelle gegründet, wo heute Cayastá liegt (rund 90 km weiter nördlich). Ständige Indianerangriffe machten jedoch 80 Jahre später die Verlegung an den jetzigen von Lagunen und Flußschlingen geschützten Standort erforderlich. Hauptachse ist die zum historischen Kern um die Plaza 25 de Mayo leitende Fußgängerstraße San Martín. Rings um die Plaza scharen sich das prächtige französisierte Regierungsgebäude, die Iglesia Nuestra Señora de los Milagros und die Kathedrale.

Im Fluß findet man noch hin und wieder einen alten Anker und besinnt sich dabei auf die Zeit, als die Schiffe die *miradores* (als Ausguck dienende Türme der Estanzien) als Landmarken für die Navigation benutzten und eine am Ufer gehißte Flagge anzeigte, daß Ware abzuholen sei. Heute werden die 15 000 l Milch, die beispielsweise die rund 70 km nördlich von Paraná den Fluß überschauende **Estancia Los Laureles** 5 (S. 357) täglich produziert, in Tankwagen abtransportiert. Wie auf einer ganzen Reihe anderer Landgüter, hat man sich hier mit dem *agroturismo* – der argentinischen Version vom ›Urlaub auf dem Bauernhof‹ – ein stabiles zweites Bein zugelegt.

Fast jede der regionalen Estanzien birgt ihren speziellen Schatz. Bei Los Laureles ist dies eine aus *monte paraguayo,* paraguayischem Busch, bestehende Waldinsel, in der 2–4 Millionen Wildtauben leben. Hier darf praktisch das ganze Jahr gejagt werden. Andere Farmen, wie El Sauce südlich von La Paz, haben sich die Erhaltung ihrer Naturwälder zur Aufgabe gemacht: hier wird kein Baum gefällt. Von den an den Ríos Paraná und Corrientes gelegenen Landgütern aus starten alljährlich Angelsportler zum Fischfang; im Hinterland der Provinz Corrientes hat die Entenjagd ihr angestammtes Revier (wofür die Reisbauern dankbar sind).

Die ›Route der Estanzien‹ zieht sich von Paraná aus über das – der Name sagt es – wahrhaft friedliche **La Paz** 6 (S. 361), **Esquina** 7 (S. 356), mit alten Kolonialbauten in der Hochuferstraße Velazco, **Goya** 8 (S. 359), Bella Vista, Empedrado (heller Sandstrand, schöne Uferzeltplätze, in der Strandkantine ›El Doradito‹ frischster billiger Flußfisch) bis zu der von *chamamé*-Musik erfüllten Provinzhauptstadt **Corrientes** 9 (S. 351) am Paranáufer entlang. Kein anderer als der Tiroler Jesuitenpater Florian Paucke, erster Chronist der Region, brachte 1752 die Instrumente ins Land, die die Guaraní-Indianer als ›Wunderkinder‹ zu beherrschen lernten und aus deren Klangformen sich die Correntiner Volksmusik entwickelte. Die vom Polkarhythmus bestimmte und von ›weinenden‹ Bandoneonen oder Akkordeonen begleitete *polkita correntina* erhielt erst in den 30er Jahren den Namen *chamamé.*

Schwenkt man 37 km vor Empedrado auf die am Nordwestrand der Iberá-Sümpfe entlanglaufende RP 118 (nach San Miguel) ein, dann gelangt man bei Loreto zu der 14 000-ha-**Estancia San Juan Poriahú** 10 (S. 358), ein Naturparadies mit abundanter Wasser- und Avifauna. 4000 ha der von 70 Lagunen durchsetzten Farm, die sogar selten gewordene Sumpfhirsche und Anakondas ihr eigen nennt, sind striktes Vida-Silvestre-Reservat.

Die RN 14 knickt, dem Knie des Río Paraná folgend, bei Corrientes nach Osten um und erreicht nach 315 km **Posadas** 11 (S. 372). Sie berührt nacheinander das Anglerparadies **Paso de la Patria** (im Juli Dorado-Fangwettbewerb), den Wallfahrtsort **Itatí** (Basilika von 1938) und bei Ituzaingó das (zu besichtigende) monumentale Wasserkraftwerk **Yacyretá.** In der ersten Hälfte noch Lagunengebiet, wo Telegrafenmasten, weidende Rinder und Pferde – bis zu den Lenden – im Wasser stehen, beherrschen im zweiten Abschnitt immer mehr Waldpflanzungen von Pinien und Eukalyptus das Landschaftsbild und künden vom Hunger naher Zellulosefabriken.

Die Iberá-Sümpfe

Die ›Blaue Braut des Paraná‹, wie Correntiner Poeten das 20 000 km² große Schilfseegebiet des Iberá gerne nennen, verschleiert ihre Umrisse nicht nur hinter Sumpfnebeln; die Konturen verändern sich auch mit der klimabedingten

Wasserschwein

Hebung und Senkung des Wasserspiegels. Hunderte von Lagunen, nie mehr als 15 m tief, sind in das horizontale Rohrdickicht eingebettet. Die **Laguna Iberá** 12 (S. 361) selbst, natürliche Eingangsschleuse zu diesem Naturreservat, liegt mit ihrem Uferort **Colonia Carlos Pellegrini** am Südostrand der 150 km breiten Sümpfe. Die weltferne Kleinbauernkolonie erreicht man von dem zentralen Landstädtchen Mercedes aus über eine 120 km lange Erdstraße, deren letzter Teil über einen Damm läuft.

Mit ihren Schilfbänken, Binsengebüschen und schwimmenden Grasinseln sind die nur vom Nachen aus zu erkundenden Gewässer die ideale Heimat für wertvolle Spezies der Aquafauna. Bei der letzten Luftbeobachtung (1993) wurden rund 1100 Sumpfhirsche gezählt. Eine nächtliche Bestandsaufnahme der *yacarés* (Kaimane) – bei Dunkelheit wegen der dann im Scheinwerferlicht erkennbaren Augenpaare – ergab im 20-km-Umkreis um Pellegrini 430 Exemplare, woraus man auf eine doppelt so große tatsächliche Anzahl schließt. *Carpinchos* (Wasserschweine) sind in diesem Dschungel von Rohrkolben und Wasserschwertlilien ungezählte zu Hause, und natürlich nisten Tausende von Wasservögeln im Kamelottgras und im Geäst der wie Ertrinkende ihre Arme aus dem Totoraschilf reckenden Zwergbäume. Hier sichtet man auch noch eine andere Art von Nestern: schwarze Kokons, die aussehen wie mit Brombeeren gefüllte Nylonnetze. Die ›Brombeeren‹ indessen sind zusammengekauerte Spinnen, die, nachts auf Insektenjagd, sich tagsüber kolonieweise zu Aberhunderten einweben, um sich vor den Vögeln zu schützen. Und tatsächlich greift kein gefiederter Feind diese klebrigen Gespinste an – er würde sich rettungslos darin verheddern.

Im Halblicht verschwimmen die melancholischen Sümpfe zu Aquarellen, in denen Himmel und Wasser ineinander übergehen. Das im Abendwind sich wiegende Schilf und seine Schatten zaubern eine eigene Fauna von Einhörnern und Salamandern in dieses nur von Vogelrufen aufgeschreckte Paradies, gerade so, als seien die Schemen Borges' ›Handbuch der phantastischen Zoologie‹ entsprungen. Schon immer waren die Iberá-Niederungen der Hort von Fabelwesen und Geisterschiffen. Wasserpflanzen bilden *camalotes* genannte schwimmende Matten auf der Oberfläche, füllen sich mit angewehten Erdpartikeln auf; als Samen niedergegangene Pflanzen nisten sich ein, wachsen hoch, der Wind bläst in ihr Blattwerk, die Matte reißt sich von ihrer Verankerung los – und segelt fortan als unbemanntes Gefährt durch das Lagunenlabyrinth. Die schwimmenden Inseln des Iberá und der betäubende Duft der nur zwei Nächte lang blühenden *Victoria regia*, der brunnenschalengroßen Seerose, haben nicht wenig zu den Phantasmagorien der Moorbewohner des argentinischen Nordens beigetragen.

Misiones – Das Land der Roten Erde

Ruinen im Busch: die Jesuitenreduktionen

Wer vor 30 Jahren den ›argentinischen Amazonas‹ bereisen wollte, kletterte in der *dársena* von Buenos Aires in ein Sunderland-Flugboot, ließ sich über das lehmbraune Strickmuster des Paraná 1200 km weit in die Hitze des Nordens tragen und nach glücklicher Wasserung auf dem pfützenwarmen Strom unter dem Sonnenschutz aufgespannter Regenschirme von einer *lancha* an das leblose Ufer bringen, wo ein ermattetes Posadas erst wieder nach Sonnenuntergang aus seinem Tiefschlaf erwachte.

Die Provinz Misiones

Utopische Städte im Urwald
Der erste Mate-Anbau

Als Pater Sepp aus Südtirol ›seinen‹ Guaraní-Indianern erklärt hatte, wie man den Ochsen vor dem Pflug führt, und die prächtigen Bataten, die in den Ackerfurchen gedeihen würden, mit der Hand in die Luft gemalt hatte, zog er sich zu seinen Sprachstudien zurück (alle Jesuiten beherrschten die Eingeborenensprachen). Als er am Abend wieder das Feld seiner Erwartungen aufsuchte, sah er, daß es bei der einen am Morgen gezogenen Furche geblieben war. Auf dem unbestellten Acker lagerten Guaraní-Familien am Feuer und lobten ihren Einfall, der späteren Ernte von Hackfrüchten die sofortige Schlachtung des Ochsen vorgezogen zu haben.

In gewisser Weise bedeutete der Geschmack, den die zwischen dem Paraguay- und dem Uruguayfluß lebenden Waldindianer dem Rindfleisch abgewannen, einen enormen zivilisatorischen Fortschritt. Denn ursprünglich aßen sie Menschenfleisch, und zwar nicht, wie die Anthropologen es gewünscht hätten, aus rituellen Gründen, sondern ganz einfach aus Lust am Essen. Doch dadurch ließen sich die um jede Seele ringenden Missionare nicht erschrecken.

Zu dritt und zu viert fuhren sie in kleinen Pirogen die Urwaldflüsse ab und lockten – indem die einen ruderten, die anderen spielten – mit Schalmeientönen die braunhäutigen Menschen aus dem Dschungel. In wenigen Jahrzehnten gelang es den Patres, obwohl 35 von ihnen den Märtyrertod starben, in den Urwäldern am oberen Paraná einen der platonischen Utopie nachempfundenen, in seiner Blütezeit rund 300 000 Indianer einschließenden ›Jesuitenstaat‹ zu schaffen. Dieses paternalistische Selbstverwaltungsgebilde sollte nicht nur ein immenser Musterbetrieb der Agrarwirtschaft werden, es brachte auch erstaunliche Handwerksleistungen und Kunstwerke von hohem Rang hervor. Unter der Anleitung der Jesuiten lernten die Schützlinge Möbel zu schreinern, Uhrwerke zu konstruieren, Glocken zu gießen, Kerzen zu ziehen, zu töpfern und zu drucken. Ja, sie bauten, nach Pater Sepps Plänen, sogar eine Orgel. An Zauberei soll ihre Fähigkeit gegrenzt haben, die verschiedensten Instrumente zu spielen.

Hatten sich die spanischen Eroberer, noch siegestrunken von der geglückten Reconquista und durchdrungen vom christlichen Erlösungswerk, als militante Glaubensstreiter auf amerikanischen Boden und dort in die direkte Konfrontation mit den Eingeborenen begeben, so eroberten die Jesuiten die Indianerseelen, indem sie sich mit der Geduld ihrer humanistischen Vordenker in die Vorstellungswelt der ›Wilden‹ einzufühlen versuchten. Auch Tupa, der Gott der Guaraníes, war einmal über die Erde gepilgert; beiden Glaubenslagern war der Gedanke an ein Leben nach dem Tode zu eigen; und was die

Leiden auf dieser Erde angeht, so lehrt sogar das Evangelium, daß die Erlösung nicht von Gott allein, sondern vom eigenen Handeln zu erwarten ist.

Man rodete den Wald, baute Ortschaften – Reduktionen – mit Rathaus, Kirche, Wohnhäusern und Werkstätten, bestellte Gärten und Felder und züchtete Vieh. Nur jeweils zwei Patres dirigierten eine solche, manchmal von fünfzig Kaziken befehligte und aus mehreren tausend Guaraníes bestehende Gemeinde. Den Gemeinderat bildeten die Indianer. Sie wählten ihren Alkalden. Es gab Mütterbetreuung, ein Witwenhaus, geregelte Arbeitszeiten und einen Quotenplan zur Umverteilung der Einkünfte. Ein Staat im Staate also, im Ganzen 75 000 km^2 groß. War er ein kommunistisches Arkadien? Sogar der Lästerer Voltaire nannte die Reduktionen einen Triumph der Menschlichkeit.

Dem schwärmerischen Trübsinn der ersten Missionare setzten die Jesuiten ein humanes, lebensnahes Tugend- und Sündensystem entgegen, weshalb sie auch bald den von den Guaraníes mit Vorliebe getrunkenen Mate-Tee, zunächst als ›Höllentrunk‹ bezeichnet, entteufelten. Sehr schnell erkannten die Patres den ökonomischen Wert der von den Indianern aus 300 km Entfernung herangeschafften Blätter des Yerbabaums. Sie begannen die Pflanzen zu kultivieren, propagierten ihre stimulierenden, blutreinigenden Eigenschaften, tauschten Mate gegen das Silber von Potosí und exportierten 1620 bereits 50 000 Ballen des bald monopolisierten ›Jesuitentees‹.

Man kann sich vorstellen, wie die Nutznießer der kolonialen Ausbeutung jubelten, als die spanische Krone den Verleumdern Gehör schenkte, die dem Orden unterstellten, er strebe die ›Weltmonarchie‹ an. 1767 wurden die Jesuiten, 6000 an der Zahl, vertrieben. Die Reduktionen verfielen, die Indianer verloren sich in der Außenwelt.

Geblieben aber ist die Sitte, Yerba Mate zu trinken. Heute gibt es in Misiones auf 2000 km^2 Kultivationsfläche 15 000 Mate-Anbauer, die von 70 Millionen heckenförmig geschnittenen Baumsträuchern jährlich 130 000 t *yerba* gewinnen. Die Bezeichnung leitet sich von dem Wort *hierba* (›Kraut‹) ab, das die Spanier verwandten, bevor Saint Hilaire die Stechpalmenblätter 1822 als *Ilex paraguarinensis* klassifizierte. Das Wort *mate* übernahmen die Eroberer aus dem Quechua, wo *mati* einfach ein Trinkgefäß – meist in Form eines kleinen ausgehöhlten Kürbis – bezeichnet; nach einem Bedeutungswandel werden heute auch die Teeblätter selbst so genannt.

Neu angepflanzter *Ilex* (man zählt 280 Spezies) wird nach fünf Jahren zum erstenmal geerntet. Die Verarbeitung frischgeschnittener Zweige erfolgt in drei Hauptstufen:

- *Sapecado* (aus den Guaraní-Worten *sá* = Auge und *pecá* = öffnen; ›Öffnen der Augen‹, also der Poren): Schnelltrocknung im Drehofen bei 250 °C
- *Torrefacción:* langsame (10–24 Std.) Röstung (90 °C) in einem luftigen Gestell *(barbacua)* am offenen Holzfeuer
- *Canchaco:* Zerkleinerung der Blätter, anschließend Mahlung (man unterscheidet 18 Feinheitsgrade)

In Argentinien (Pro-Kopf-Verbrauch: 5 kg pro Jahr) ist *matear,* Matetrinken, gleichbedeutend mit Gastfreundschaft, Geselligkeit, Wohlbefinden. Dann gehen Trinkgefäß und *bombilla* (Saugröhrchen) im Kreis herum. Den besten Mate jedoch bringt – eine alte Gauchoweisheit – ›ein Mädchen mit abgrundtiefen Augen und einem Tango in den Hüften‹.

Nachts startete ein Omnibus unbekannten Alters über eine windungsreiche rote Lehmstraße durch den Urwald und wurde, immer wenn er steckenblieb, von der Hälfte der Fahrgäste schiebend, von der anderen Hälfte an einem Tau ziehend, aus den seifigen Schlammkuhlen bugsiert, um des Abends am Flusse Iguazú anzukommen, wo sich ein Boot am Drahtseil ans andere Ufer hangelte. Heute durcheilt man das – ehemals zu Paraguay gehörende – ›Land der Roten Erde‹ auf der schnittigen Asphaltstraße RN 12 in wenigen Stunden: gut 300 km sind es von **Posadas** 1 (S. 372) nach Puerto Iguazú. Es sei denn, man möchte die argentinischen Tropen schon unterwegs ein wenig besser kennenlernen …

Die heute 220 000 Einwohner große Hauptstadt der Provinz mit dem selbsterklärenden Namen ›Misiones‹ entstand, wie so viele andere Orte der Region, aus dem Keim einer Jesuitenreduktion (frühestes belegtes Datum: 1615). Urbane Züge nahm die Siedlung erst 250 Jahre später an, nannte sich aber immer noch *Trincheras* (›Schützengräben‹) *de San José* – eine Bezeichnung, die ebenfalls Geschichte zitiert, denn lange Zeit mußten sich die Padres und ihre indianischen Schützlinge gegen die von Brasilien her einfallenden *Bandeirantes* wehren, die auf Sklavenjagd für die Plantagen gingen (s. S. 31). Mit der Benennung ›Posadas‹ adoptierte die Stadt 1879 dann den Namen des ersten *Director Supremo* der vereinten La-Plata-Provinzen.

Posadas trägt die entspannten Züge einer subtropischen Kleinstadt, in deren Zentrum sich der Verkehr allenfalls freitags- und samstagsabends staut, wenn *toute Posadas* seine Promenade im Auto absolviert oder von einem der Trottoircafés aus die kleinen Eitelkeiten im Sitzen verfolgt. Die von Lapacho-, Peteribí-, Jakaranda-Bäumen und schlanken Pindó-Palmen bestandene und vom rosafarbenen Regierungspalast von 1883 (mit schönem Patio) flankierte Plaza 9 de Julio ist der bedächtige Ortsmittelpunkt, an dem die palmengesäumte Calle Bolívar als Hauptgeschäfts- und Flanierstraße entlangläuft.

Nach Osten fällt die in einem Knie des Río Paraná liegende Stadt über eine Böschung, die *Bajada Vieja* (›Alter Abhang‹), zum Fluß hin ab. Eine moderne Straßen- und Eisenbahnbrücke verbindet sie mit der paraguayischen Zwillingsstadt **Encarnación,** die ihrerseits in Form des Mercado Paraguayo, eines Straßenmarkts, ihre Fühler auf das argentinische Ufer ausstreckt. Am kleinen Flußhafen verlädt man Yerba Mate, Holz, Tee und Kaffee. Warum Posadas sich weiter oben ansiedelte, erklärt wortlos eine kleine Bronzeplatte, die an das Hochwasser vom 12. Juli 1983 erinnert: 7,09 m. Wenn die Regengüsse Südbrasiliens sich im Río Paraná kanalisieren, schickt der Fluß 40 000 m^3 Wasser pro Sekunde zu Tal. An der *Bajada Vieja* verstecken sich noch einige alte Häuser, aber ist nicht auch das ein Bild wie aus vergangenen Zeiten: Wenn eine betagte Dampflok einen mit Maniok beladenen Güterzug schnaubend über die Flußbrücke zieht?

Ansonsten ist der mächtige Grenzfluß über die nächsten 350 Uferkilometer bis hoch nach Ciudad del Este (Grenzübergang Paraguay–Brasilien) mit keiner weiteren Brücke gesegnet – was ihm zur Idylle und dem Schmuggel zum Vorteil gereicht, denn nirgendwo fällt es leichter als hier, die *ladrillos* (›Backsteine‹) aus gepreßtem Marihuana (die in Asunción 50 Dollar, hier das Vierfache kosten und an den Mittelmeerstränden zum zwanzigfachen Preis an den Endverbraucher gehen) über die fließende

Grenze zu schaffen. Dem Fluß folgt die nach Norden laufende Fernstraße (RN 12) in gehörigem Abstand, nur an einigen Biegungen gibt sie den Blick auf den Strom frei. Die besterhaltenen und daher auch am meisten besuchten *Ruinas Jesuíticas* sind zwar die von San Ignacio (56 km nördlich von Posadas), aber nicht die auf geheimnisvolle Art wildromantischsten.

16 km vor San Ignacio leitet ein Stichweg (Schild) zu den zwischen wuchernden Bäumen und Kletterpflanzen eingebetteten Trümmern der Reduktion von **Santa Ana** 2, wo der 1767 des Landes vertriebene Orden seine Schätze vergraben haben soll. Hinter den gekenterten Grabsteinen des aufgelassenen Friedhofs bezeugen Gruben jüngeren Datums, daß hoffnungsvolle Schatzsucher gelegentlich noch immer am Werk sind. Eindrucksvoll die breite Freitreppe, die einst zur Kirche hochführte. Doch mit sanfter Gewalt verschlingen die Urwaldpflanzen das Menschenwerk. Vor allem der polypenartige *ibapoí* – der ›verrückte Wildfeigenbaum‹, wie die Einheimischen sagen – umklammert und erdrückt meterdicke Mauern, so wie er andere Bäume stranguliert, in deren rissigen Stämmen er seine Samen aufgehen ließ (bestes Fotografierlicht: vormittags).

Im verwunschenen Wald von **Loreto,** einem anderen Ruinenfeld (5 km vor San Ignacio ab, beschildert) starren die rotbraunen Sandsteintrümmer wie ertrunkene Menhire aus dem grünen Moospolster: Reste von Mauern, Toren, Säulen, Taufbecken. Ein eigenartiges Gefühl sich vorzustellen, daß in diesem Dschungel die erste Druckerpresse Argentiniens stand – ein Selbstverlag im Jahre 1700! Sogar ihre eigene Tinte stellte die Reduktion her. Beide Ruinenfelder, die von Santa Ana und Loreto, wurden, nachdem sie jahrhundertelang sich selbst überlassen blieben, 1996 mit

Vom Urwald überwucherte Ruinen der Jesuitenreduktion Santa Ana

Detail eines Gebäudes der Jesuitenreduktion San Ignacio Miní

einer die noch zu rettende Bausubstanz schützenden Infrastruktur versehen.

Der Phantasie mehr zu Hilfe kommt das Restmauerwerk der sich an das heutige Örtchen **San Ignacio** 3 (S. 383) anlehnenden Reduktion San Ignacio Miní. Deutlich zu erkennen ist die funktionelle Grundordnung der um eine zentrale Plaza gruppierten Bereiche: im Norden, Osten und Westen die Reihenwohnungen der Eingeborenen, im Süden Kathedrale, Klaustrum, Friedhof und Werkstätten. Der 1724 fertiggestellte Kirchenbau, dessen abgestützte Rotsandsteinmauern 10 m Höhe erreichen, mißt in der Grundfläche 24 × 60 m. Erst vor 100 Jahren wurden die von der Vegetation überwucherten Ruinen wiederentdeckt und freigelegt. Die Säulenordnungen, das Wechselspiel von Durchblicken und Verstellungen, die intuitiv von der Natur aufs Mauerwerk übertragenen pflanzenhaften Ornamente verweisen auf die umgebende Wildnis als Ursprung der Verkörperung von Würde, Macht und Sinnlichkeit.

Und weiter geht die Fahrt nach Norden über die in Wellen auf- und abschwingende RN 12, auf der unentwegt Holzlaster in die Sägewerke und Papierfabriken rollen. Ein vielstufiges Mosaik von Grünflächen begleitet die Straße: Pflanzwälder und Naturwaldinseln, Mate-Plantagen und Zitrushaine, Aufforstungen von Kahlschlägen, Bananenfelder, Araukarienalleen, Galeriewälder, die an den Brücken über die Paraná-Nebenflüsse ins Blickfeld rücken, und giftgrüne, von Kindern und Hunden umspielte Hütten. Über Jardín América und Puerto Rico erreicht der Reisende nach 120 km (ab San Ignacio) das sympathische **Montecarlo** 4 (S. 366), wo sich eine Fahrt zum Flußufer (Blick auf die Paraná-Insel Caraguatay) lohnt. Wie auch im nur 25 km entfernten Eldorado ist die noch junge Geschichte Montecarlos durch viele deutsche Siedler geprägt. Zur inzwischen international bekannten ›Stadt der Orchideen‹ wurde der Ort, nachdem der Züchter Willy Baden in den 80er Jahren aus seinem Hobby einen Beruf machte: heute gibt es in Montecarlo ein Dutzend Orchideenzuchten.

Von **Eldorados** 5 (S. 355) Flußufer (Puerto Eldorado) aus, über dem der herrliche Parque Schwelm seine Araukarienkronen ausbreitet, kann man zur paraguayischen Seite übersetzen. Durchmißt man den Ort in östlicher Richtung, dann entführt die RP 17 (auf Bernardo de Irigoyen zu) den Besucher in eine der üppigsten Bergwaldregionen von Misiones. Vom **Cerro 60** (Sesenta) aus – 55 km ab Eldorado – genießt man einen superben Blick über das Gewoge der grünen Hügel.

Wer den Iguazú-Fällen zustrebt, durchquert (weiter auf der RN 12) nördlich von Esperanza die Ödflächen um den Staudamm von Urugua-í – gleichsam um dann das Schauspiel der schönsten Katarakte unseres Planeten noch euphorischer erleben zu können.

Die großen Wasser: Iguazú

Viel hat der Adelantado Cabeza de Vaca (›Kuhkopf‹) uns vorenthalten, indem er keine Schilderung seiner dramatischen Entdeckung hinterließ. Kein anderer Konquistador war in diesem maßlosen Kontinent je auf ein solches Naturspektakel gestoßen: eine von dichtestem Urwald eingefaßte Kaskadenfront, die sich – von Regenbogen beleuchtet, bunten Schmetterlingen umgaukelt und dem eigenen Echo betäubt – in eine 70 m tiefe Schlucht stürzt. Der aus der dürren Extremadura kommende Spanier, so denkt man, müsse vor Glück verrückt geworden sein. Doch Cabeza de Vaca hatte es 1541 eilig, nach Asunción – damals die ›Hauptstadt‹ Südamerikas – zu kommen. Er taufte die Fälle, wie so vieles andere unterwegs, auf den Namen ›Santa María‹ und zog eilends weiter. Heute reisen alljährlich 5 Millionen Besucher an, um dieses Weltwunder zu erleben.

Vergessen darf man die längst ihres natürlichen Rahmens beraubten Niagarafälle, wenn man hierherkommt. Nur Afrikas Victoriafälle (höher, aber um einiges schmäler) halten einem Vergleich stand. Die **Iguazú-Katarakte** 6 (sie erhielten ihren von den Guaraní-Indianern verliehenen Namen zurück, der ›Große Wasser‹ bedeutet) leiten ihren Plural aus den 275 Kaskaden ab, die sich, den blitzenden Falten eines Vorhangs gleich, über die Sturzkante ergießen. Der 2,7 km breite Basaltriegel, der den Fluß hier halbmondförmig in den Abgrund schickt, läßt im Mittel 1700 m^3 Wasser pro Sekunde über seine gezackten Ränder rollen. In den Felsnischen hat sich sogar eine Iguazú-endemische Flora und Fauna entwickelt. Die polsterförmigen Podoste-Monaceen haben gelernt, ihren Lebenszyklus von der Keimung bis zur

Die Iguazú-Fälle

Fruchtreife im Sprühnebel zu bewältigen. Und ihre geflügelten Nachbarn, die akrobatischen *vensejos* – hier keine Mauersegler, sondern Turmspringer – stürzen sich beim Insektenfang mit solchem Geschick durch die verwehte Gischt und die Hohlräume zwischen den Wassersäulen, daß ein vorübersegelnder Tukan mit seinem gelben Schnabel wie der dazugehörige Clown in einer Zirkusnummer wirken würde.

Der Río Iguazú entspringt 500 km weiter östlich in der brasilianischen Serra do Mar in 1300 m Höhe. Auf seinem kapriziösen Weg zum Paraná (nur 90 m ü. d. M.) bildet er abwechselnd Stromschnellen, hüpft über Felskanten oder ruht sich, fast stehenden Wassers, in *canchas* (Becken) aus; mal fließt er mit 500 m, mal mit 1000 m Breite dahin, bis er kurz vor den Fällen in einer flachen, U-förmigen Biegung die Inseln bildet, die den Strom auffächern und ihn in getrennten Kaskaden über die Steilkante laufen lassen. Fast jeder dieser gelblichweißen Bärte hat seinen speziellen Namen, doch keiner ist so groß und schaurig-schön wie der **Salto Unión** (durch seine Mitte läuft die Grenzlinie zu Brasilien), der durch die **Garganta del Diablo** (›Teufelsschlund‹) gurgelt.

Auf der Talsohle wird der wiedervereinigte Fluß durch einen 80 m schmalen *Cañadón* gedrückt, bevor er sich einige Kilometer weiter im Paraná auflöst. In diesem Mündungsbereich wurden für den Río Iguazú bei Hochwasser schon Durchflußmengen von 29 000 m^3 pro Sekunde gemessen. Dann ist natürlich am Teufelsschlund erst recht die Hölle los. Die Flutwelle von 1983 riß einen großen Teil jenes Steges mit sich, der auf dem oberen Plateau von **Puerto Canoas** aus zur Garganta del Diablo führte. Die daraufhin gefaßten, wahrhaft hochfliegenden Neugestaltungspläne – vom Sessellift mit 28 Stützpfeilern (!) bis zum Kabinenaufzug an der Kaskade Dos

Hermanas – haben die Nationalparkverwaltung und protestierende Umweltschützer Gott sei Dank verhindern können. Inzwischen entstand eine flacher angelegte Stegpassage zum Teufelsschlund (ohne Verbindung zum Ufer), die man von Puerto Canoas aus mit dem Boot (Pendelverkehr) erreicht. Projektiert ist ein neues Brückensystem, das den feuchten Besuch wieder durchgehend zu Fuß erlaubt. Die Tour zur Garganta empfiehlt sich vorzugsweise am frühen Nachmittag, wenn der Wind (meist) Fotografierende mit weniger Gischt eindeckt und der Sonneneinfall am günstigsten ist.

Mittelpunkt für die Erschließung der Fälle in ihrer Gesamtheit ist jedoch das *Centro de Informes* am Hotel ›Internacional‹. Von hier aus führt der weniger als 1 km lange *Paseo Superior* (›Oberer Weg‹) bis zum Salto Mbiguá (Blick auf die Isla San Martín und die gleichnamige Kaskade). Dieser Höhenpfad sowie der Uferweg auf brasilianischer Seite (bestes Licht ebenfalls am frühen Nachmittag), beide von vielen Aussichtsplattformen bekrönt, bieten den größten Motivreichtum über die Gesamtlänge der Katarakte dar. Ein anderer, treppenbewehrter Panoramaweg, der *Paseo Inferior,* ca. 1300 m lang, folgt dem Verlauf der Fälle ab *Centro de Informes* auf niedrigerer Ebene. Das von diesem Pfad aus mögliche Übersetzen zur **Isla San Martín** (mit anstrengendem, aber lohnendem Aufstieg, wenn man will) ist kostenlos.

Vom Ort Puerto Iguazú zum *Centro de Informes* und von diesem nach Puerto Canoas fahren alle 45 Minuten Busse. Es ist daher keineswegs erforderlich, bei einer Agentur eine Exkursion zu den Wasserfällen als ›Ausflugspaket‹ zu buchen. Ein ganz anderes Erlebnis bietet die Annäherung an die Fälle im Schlauchboot (Buchung am *Centro de Informes;* 8 km Waldfahrt im Minibus bis zur Anlegestelle Macuco, dann ca. 8 km Flußfahrt bis zum Fuß der Katarakte; Rückweg gewöhnlich zu Fuß über den *Paseo Inferior* – oder umgekehrt).

Die Iguazú-Fälle sind die große schimmernde Perle des **Nationalparks Iguazú,** der sie umschließt und mit seinem angrenzenden Reservat einen artenreichen Dschungel von 55 000 ha behütet (dazu kommen auf brasilianischer Seite noch einmal 180 000 ha). In dieser Regenwaldenklave leben 2000 Pflanzenspezies, 400 Vogelarten, 100 verschiedene Säugetiere und so selten gewordene Tiere wie der Jaguar oder die metallisch-blau irisierenden Schmetterlinge der Gattung *Morpho* mit 15 cm Flügelspannweite. Ameisen (es gibt hier 250 Arten) werden bis zu 4 cm groß. Auch der Regenwald bildet, vom durchwurzelten Boden bis zu den 30 m hohen Timbós, die das Kronendach durchstoßen, alle seine Vegetationsformen aus: ein unentwirrbares Geflecht von Farnen, Lianen, Flechten, Moosen, Luftwurzeln, Halbschmarotzern und Faschinen des unglaublichen Riesenbambus *(tacuaruzú),* an dessen bis zu 25 m hohen Rohren hochzulaufen (an den Schöpfen gedeihen ihre Früchte) die Bambusratte *(Rata tacuarera)* besondere Kletterfüße entwickelt hat. Doch mag der Besucher nicht enttäuscht sein: von den meisten Tieren – scheu, selten oder nachtaktiv – wird er allenfalls die Spuren zu sehen bekommen.

Folgende Verhaltensregeln sollte man beachten:
– *Nicht* die *coatis* (Nasenbären) füttern, obwohl das viele Besucher aus Unkenntnis tun! Diese possierlichen Mischwesen aus Hund und Ameisenbär sind bereits so konditioniert, daß sie auf das Rascheln einer Kekstüte reagieren. Sol-

che Kost ist für *coatis* schädlich und verkürzt ihre Lebensdauer.

– *Nicht* mit dem Hubschrauber über die Fälle fliegen (die 7-Minuten-Flüge finden nur von brasilianischer Seite aus statt)! Es sind heftige Bestrebungen im Gange, diesen Unfug (und störenden Lärm) zu unterbinden. Sich dieser Versuchung zu enthalten – es gibt hundert Panoramablicke von allen Uferhöhen aus – bedeutet einen Beitrag zum Naturschutz, denn die Luftdruckwellen der Rotorblätter zerstören z. B. die Hüllen empfindlicher Vogeleier.

– Keinen Schmetterling (oder andere Insekten) fangen, weil man meint, auf ›dieses eine Exemplar‹ käme es nicht an!

– Keine Souvenirs kaufen, zu deren Herstellung Tiere getötet wurden!

– Sich beim Betreten unübersichtlichen Geländes vor Schlangen in acht nehmen. Das geschieht vornehmlich durch das Tragen hohen Schuhwerks (im Busch: kniehohe Stiefel) und das ›Lautgeben‹ mit einem Stock. Keine Schlange greift mutwillig an, sondern nur, wenn sie sich selbst in Gefahr glaubt. Das schönste Reptil von Misiones ist zugleich die gefährlichste Giftschlange: die zitronengelbe, mit einem blattförmigen grünen Rückenmuster geschmückte *yarará cusú*.

Nur 11 km von den Katarakten entfernt liegt die ruhige 50 000-Einwohner-Stadt **Puerto Iguazú** 7 (S. 373). Mit dem betriebsameren Foz do Iguaçu (150 000 Einw.) auf brasilianischer Seite ist sie durch eine flußüberschreitende Grenzbrücke verbunden. Busse pendeln (viertelstündlich) zwischen beiden Orten hin und her, andere bringen den Besucher von Foz aus (oder direkt vom Rondell hinter dem Grenzübergang) zum 25 km entfernten ›Hotel Tropical das Cataratas‹, von wo aus der beschriebene Panoramaweg zum brasilianischen Teil der Fälle führt. Und da wir uns hier im Dreiländereck zwischen Argentinien, Brasilien und Paraguay befinden, geleitet auch eine Grenzbrücke über den Paraná von Foz do Iguaçu aus zur paraguayischen Ciudad del Este, der ›Stadt des Ostens‹ (ohne Attraktionen; nur für Billigeinkäufe, z. B. von Autoreifen, interessant).

Über die Sierra zu den Moconá-Fällen

Rot und Grün, das sind die ruhenden Farben von Misiones. Doch wunderschön gezeichnete Schmetterlinge streuen dazu Konfetti von taumelnden bunten Punkten in die Luft. Besonders die feuchten Waldgürtel sind das Habitat von Faltern, die mit dem Haarpinsel bemalt zu sein scheinen. Schon bei einer Rast im **Nationalpark Iguazú,** den die (immer steinige und streckenweise ruppige) RP 101 nach Osten durchschneidet, oder in dem von der gleichen Straße weiter südlich berührten Parque Provincial Urugua-í, landen die leuchtenden Insekten wie kleine farbige Papierdrachen auf Kleidung und Haut. Entlang der RP 101 fädeln sich Weiler und Kleinbauernsiedlungen auf, die vom Kürbis bis zum Tung alles kultivieren, was die rotbraune Erde hergibt. Die purgativen Eigenschaften des (aus China stammenden) Tunggewächses – zehnmal so stark wie Rizinus – hatte bereits Marco Polo kennengelernt; heute liefert die Pflanze vor allem das Isolieröl für Halbleiterchips.

Nach holprigen 140 km ist die Straße auf 800 m geklettert und hat an der nur kurzen *frontera seca* – der trockenen, also flußfreien Grenze – zu Brasilien mit **Bernardo de Irigoyen** (ACA-Motel) Argentiniens östlichste Ortschaft erreicht.

Die Moconá-Fälle

Wieder auf Asphalt, rollt man 66 km auf der RP 17 nach Westen bis zum **Cerro 60** 8 (wohin man natürlich auch direkt von Eldorado aus gelangen kann), biegt auf die RP 20 nach Süden ab und schlüpft nach 44 km unter die Schirmkronen der Araukarien von **San Pedro** (Aufforstungszentrum).

Von hier an reitet die durchgehend asphaltierte Zentralstraße der Provinz (RN 14) als *Corredor de las Sierras* auf dem Rücken der Sierra de Misiones nach Südwesten, was dem Reisenden eine Fülle von Fernblicken beschert. Das gegenwärtig noch unverdorbenste Abenteuer erlebt, wer bei San Vicente (gutes Hotel) nach Südosten auf die RP 212 nach **El Soberbio** (gute Hostería in Panoramalage) abbiegt: Nur 85 km ab dort (stellenweise sehr ruppig und nur mit einem sehr strapazierfähigen Auto, vorzugsweise einem Allradfahrzeug zu bewältigen) trennen Erlebnishungrige von den breitesten Wasserfällen der Erde, den **Saltos del Moconá** 9 (S. 380). Die letzten 50 km der Strecke führen durch überwältigend schönen missionischen Urwald, dann geht es, am Haus des *guardaparques* vorbei, zum basaltfelsenbewehrten Ufer des Río Uruguay hinunter, der hier den Grenzfluß zu Brasilien bildet. Eine Laune der Natur spaltete den Strom und ließ ihn in einem unteren und einem oberen Bett dahinfließen. Von der natürlichen Beschaffenheit des Ufers daran gehindert, seinen Weg auf höherer Ebene fortzusetzen, ergießt sich das Oberwasser – nicht quer, sondern längsdiagonal zur Fließrichtung – über eine Länge von 3 km in das untere Strombett. Das und die Tatsache, daß an diesem verwunschenen Ort (noch) nichts an ›Infrastruktur‹ entstand, macht den Reiz des nur 10 m hohen Wasserkamms aus. Um ihn mit dem Auge zu erfassen, muß man auf das brasilianische Ufer hinüber. Das geschieht im Boot ohne jede Grenzformalitäten.

Verladung von Yerba-Blättern

Der südliche Teil der Sierra-Straße (weiterhin RN 14) durchläuft die Zentralregion des Mate-Anbaus mit den hellgrünen geometrischen Feldern heckengeschnittener Yerba-Pflanzungen. Sie verknüpft die Orte **Aristóbulo del Valle** (mit Abstecher zum Salto Encanto – jetzt leider als ›Sehenswürdigkeit‹ verbaut, aber mit sehr ordentlichem Zeltplatz), Campo Grande, Oberá, Leandro N. Alem (mit Abstecher ins Zuckerrohrzentrum San Javier) und **San José** (bzw. das benachbarte Apóstoles) miteinander. So manchen von Ochsen gezogenen Leiterwagen – den *carro polaco,* den ›polnischen Karren‹ – sieht man hier, werktags mit Feldfrüchten, sonntags mit der ganzen Familie beladen, über die roten Erdwege schaukeln. Und wie viele Blondschöpfe zwischen den *cabecitas negras* (›Schwarzköpfchen‹)! Misiones wurde vor allem von deutschen, österreichischen, polnischen, schwedischen, schweizerischen und ukrainischen Siedlern kolonisiert. Wenn in **Oberá** die *Fiesta Nacional del Inmigrante* gefeiert wird, sind Abkömmlinge von 17 Nationen unter den Fahnen versammelt.

Ist es das viele, wie man sagt beruhigende Grün, das einen die Fahrt so entspannt genießen läßt? Gewiß war es auch, wie man sich bei der Ankunft in **San José** erstaunt erinnern wird, die totale Abwesenheit von Hochhäusern, Flachdächern und Betonklötzen über Hunderte von Kilometern.

Chaco und Formosa

El Chaco: Das argentinische Outback

Eine gewaltige, 2,5 km lange Spannbrücke, deren lichte Höhe von 35 m über der Flußmitte sogar Hochseeschiffen die Durchfahrt bis nach Asunción (Paraguay) gestattet, schwingt sich von **Corrientes** 1 (S. 351) aus über den Río Paraná zum westlichen Ufer hinüber. Hier beginnt gleichsam eine andere Welt: der 1 Mio. km² große Chaco, eine der wildesten und heißesten (bis über 45 °C) Regionen der Erde, breitet sich aus. Vier Länder – Argentinien, Paraguay, Bolivien und zu einem kleineren Teil Brasilien – teilen sich dieses Gebiet, doch liegen die schönsten und artenreichsten Landschaften des feuchten Ost-Chaco auf argentinischem Territorium.

Einfallstor zum Chaco ist die rührige, von Statuen übersäte Provinzhauptstadt **Resistencia** 2 (S. 375), deren Name – ›Widerstand‹ – an die Zeit erinnert, als sich die weißen Eindringlinge von ihren ersten 1585 am Río Bermejo gegründeten Niederlassungen wieder auf die Paraná-Linie zurückziehen mußten.

Der Chaco blieb jahrhundertelang Indianerland, bis im letzten Viertel des 19. Jh. die Beutegier nach dem ›Roten Gold‹ des Chaco, dem gerbstoffreichen rotbraunen Quebracho-Baum, so stark wurde, daß man die indianische Bevölkerung mit Gewalt niederzwang. Zwei Infanterie-, drei Kavallerieregimenter und drei Kanonenboote machten 1884 den Weg frei für 900 von 10 000 Ochsen gezogene Karren, die den *quebracho colorado,* den Roten Quebracho, aus den abgeholzten Wäldern zogen. Aber bald wurde ein 700 km langer (privater) Schienenweg freigehauen, dessen Schwellen aus Quebrachobohlen bestanden. Quebracho – ›Beilbrecher‹ – wurde das fast unsägbare Holz seiner extremen Härte wegen genannt.

Der das hochwertige Tannin extrahierenden britischen Monopolgesellschaft La Forestal, die bis 1925 – ungeachtet der 1881 eingeführten Peso-Einheitswährung – ihr eigenes Geld prägte und druckte, gehörten Anfang des 20. Jh. 23 000 km^2 Chaco-Land. Als sie sich aus den entwaldeten Gebieten zurückzog, die sich später in Baumwollfelder verwandelten, hinterließ sie 50 000 Arbeitslose.

Wer heute über die Hauptverkehrsachse des Chaco, die RN 16, nach Nordwesten fährt, sieht immer noch mit schweren Stämmen beladene Lastwagen in die Tanninfabriken rollen. Allein der Gerbstoffgewinner Unitan in der Stadt Formosa kocht jährlich 100 000 t Quebrachoholz aus. Andere haushoch beladene Transporter fahren die Baumwollernten des Chaco ein. Die von ihrer flauschigen Last abgewehten weißen Flocken säumen die Fernstraße zu beiden Seiten. Die RN 16 (bis über Los Frentones hinaus asphaltiert) geleitet zu den drei sehenswertesten Zielen der Chaco-Provinz: zum Nationalpark Chaco, zum Kraterfeld der Meteoriteneinschläge ›Campo del Cielo‹ und zum Impenetrable, dem ›Undurchdringlichen‹, einem kralligen Dornbuschwald,

Wandgemälde in Resistencia: Baumwollernte und Holzeinschlag

der die letzten Riesengürteltiere und Jaguare der Region vor der Ausrottung bewahrt.

Die (bis Colonia Elisa asphaltierte) Zubringerstraße zum **Nationalpark Chaco** 3 (S. 369) zweigt rund 45 km westlich von Resistencia von der RN 16 nach Norden ab und geht ab Capitán Solari in einen 5 km langen Fahrweg über. In dem 15 000 ha großen Naturreservat, dessen ruhende Gewässer vom an- und abschwellenden Río Negro gespeist werden, sind alle Baumspezies des typischen Chaco-Waldes vergesellschaftet: drei Quebracho-Arten, Guayacán, Urunday, Guayaibi, Palo borracho und der rosa Lapacho. Die Lichtungen halten Caranday-Palmen besetzt. Im Kronenbereich palavern Affen und grüne Papageien um die Wette. Pumas lauern Tapiren auf, Boas erwürgen Pekaris, und Kaimane versuchen, am Ufer trinkende Mähnenwölfe ins Wasser zu ziehen. Aber nur selten wird der Mensch Zeuge der Dramen, die den Urwald in Atem halten.

Folgt man der RN 16 weiter nach Westen, so erreicht man **Sáenz Peña** 4 (S. 378) mit seinen Thermen (Heilanzeige: Rheuma, Arthritis etc.). 35 km hinter dem Ort zweigt von der RN 16 die durchgehend asphaltierte (aber ab Pinedo von Schlaglöchern durchsiebte) RP 94 nach Süden ab. Man läßt die Orts-

Die Provinzen Chaco und Formosa

Typische Chaco-Landschaft im Parque Nacional Chaco

einfahrt von Gancedo rechts liegen und schwenkt 2 km weiter, genau gegenüber der Baumwollentkernungsanlage, nach links (keine Beschilderung) in einen Fahrweg ein, der nach 6 km an einer Landschule (linker Hand) vorbeiführt. Nach weiteren 6 km auf einen breiten Fahrweg nach links und nach 500 m an der Gabelung nochmal 100 m nach links abbiegen: Da liegt die prachtvolle Sternschnuppe auf dem **Campo del Cielo** 5 aufgebahrt, mehr als 33 t schwer, metallisch schimmernd und – wie könnte es anders sein – von Besuchern beschriftet, die sich offenbar auch dem Kosmos namentlich verbunden fühlen (s. S. 331). Die Kratereinschläge hingegen sind im Gelände nicht leicht auszumachen. Spurensucher engagieren sich am besten einen ortskundigen Führer *(baqueano)*.

Die Pforte zum Impenetrable bildet das – von vielen deutschen Kolonisten besiedelte – Dorf **Castelli** 6 (von Sáenz Peña aus auf der RP 95 und RP 5 gut 100 km nach Norden). Fährt man die stellenweise von urigem Chaco-Wald begleitete Straße weiter (im letzten Abschnitt schlaglochverseucht), so gelangt man zum Río Bermejo, den hier eine breite Brücke überspannt. Die am jenseitigen Ufer nach Ibarreta an der RN 81 führende Erdstraße ist jedoch nur in trockenem Zustand passierbar. Die verfilzte Vegetation des **Impenetrable,** dessen stachelbewehrten Charakterbaum die *espina corona* (›Dornenkrone‹) bildet, zieht sich nordwestlich von Castelli über Nueva Pompeya bis El Sauzalito hin. Die rund 300 km lange Strecke (nur in trockenem Zustand befahrbar) führt mitten durch indianisches Siedlungsgebiet (Wichi oder Matacos). Wie sehr sich der Chaco-Dschungel hier menschlichen Bewältigungsversuchen entgegenstellt, beweist die – relative – Unmöglichkeit der Landvermessung. Der angestammten Bevölkerung wurden 150 000 ha Grund und Boden zugesprochen, doch das Recht ist unverbrieft: Die Indios können die rund 3 Millionen Peso nicht aufbringen, die die schwierige Markierung des Terrains kosten würde. Von **El Sauzalito** [7] (einfache Privatunterkünfte) aus läßt sich der Río Bermejo (oder Río Teuco) überqueren (Bootsverkehr für Passagiere, keine Autofähre). Auf der anderen Uferseite winkt die 10 000 ha große **Reserva Natural Formosa** [8] mit typischer Chaco-Vegetation, reicher Avifauna und Tieren, die so selten geworden sind wie der in ungeschützten Regionen sinnlos abgeknallte Ameisenbär.

Wer die endlose RN 16 bis zur Provinz Salta durchfährt, hört die am Wege liegenden Orte Geschichten erzählen: Pampa del Infierno (›Höllenpampa‹), Río Muerto (›Toter Fluß‹), Monte Quemado (›Verbrannter Wald‹). Allmählich, ganz allmählich geht die Üppigkeit der Landschaft in Dürre über. Die Sümpfe scheinen zu verdunsten, über den Horizont wandern Salzsteppen heran. Staub oder Schlamm – der Chaco, Argentiniens Outback, kennt nur Extreme.

Formosas Waldsümpfe und Palmsavannen

Die von Millionen von Palmwedeln beflaggte Provinz Formosa, im Süden vom Río Bermejo, im Norden vom Río Pilcomayo begrenzt, bildet den nördlichsten Teil des argentinischen Chaco. Als die ersten spanischen Expeditionen – immer auf der Suche nach Gold – im 16. Jh. vom Río Paraguay aus durch die Pilcomayo-Mündung flußauf vorstießen, verloren sie sich im Geäst der mäandernden, sich hebenden und senkenden Gewässer. Bibern gleich, bauten die Abenteurer unter titanischen Anstrengungen unterhalb des jeweiligen Ankerplatzes Dämme, um ihr letztes Schiff im Stauwasser schwimmend zu halten. Tatsächlich gibt es heute zwei Ríos Pilcomayo: Der in den bolivianischen Anden in fast 5000 m Höhe entspringende Arm schleppt Baumstämme, Steine und Sand ins Tiefland, verstopft sich am Ende selbst den Weg und verkürzt, in Lagunen und Tümpeln verrinnend, seinen Lauf jährlich um etwa 10 km; durch ein zweites Bett fließt der andere, rund 240 km westlich von Clorinda entspringende Pilcomayo, an dessen letzter enger Biegung, der *vuelta fermosa*, die Stadt Formosa (daher der Name) als 170 000 Einwohner große Provinzmetropole liegt.

Schon wer auf der RN 11 von Resistencia aus der Stadt zueilt (ca. 170 km), bekommt die subtropische Lagunenlandschaft mit ihren lichten Palmsavannen, von ›Wasserkohl‹ und *irupé (Victoria regia)* überzogenen Teichen, den flußbegleitenden Galeriewäldern und offenen Viehweiden exemplarisch vorgeführt. Der feuchte Atem dieser Sumpfebene liegt auch über der nur von wenigen Hochbauten unterbrochenen baumreichen Flächenstadt **Formosa** [9] (S. 359), die sich in der Januarhitze unter Bananenblättern und Ventilatorflügeln duckt. Schön anzusehen sind das original erhaltene Kolonialhaus (heute Historisches Museum) des ersten Provinzgouverneurs Ignacio Fotheringham und der alte Bahnhof (1995 renoviert und zur Nutzung als Kulturzentrum vorgesehen).

Die von der Stadt nach Nordwesten ausholende, rund 700 km lange Gerade der RN 81 (bis Las Lomitas asphaltiert, in Ingeniero Juárez eine ACA-Hostería mit 4 Zimmern) durchmißt alle von der Sumpfvegetation über die Gprärien bis zur Steppe abmagernden Klimazonen des Chaco. Sie stößt in der Provinz

Kostbarer Sternenstaub
Meteoriten im Chaco

Als der Polizist des Kontrollpostens an der Provinzgrenze zwischen Chaco und Santiago del Estero in einer heißen Januarnacht des Jahres 1990 die Plane eines Lastwagens lüftete, um das Transportgut zu prüfen, wunderte er sich nicht wenig, einen einzigen großen ›Felsblock‹ als Ladung zu entdecken. Sein Verdacht, daß es sich bei dem seltsamen Solitär um etwas Besonderes handeln müsse, war denn auch gerechtfertigt. Wie weiland internationale Kunsträuber Ägypten plünderten, so hatte der Nordamerikaner Robert Haag seine Fänger ausgeschickt, einen der weltgrößten Meteoriten zu stehlen. Solche Nickel-Eisen-Steine stehen bei Museen und Sammlern hoch im Kurs. Und auch der reine Materialwert ist nicht zu verachten: 5000 Dollar pro Kilo.

Doch das in Buenos Aires zum Abtransport bereitstehende Schiff wartete vergebens. Der Riesenklunker wurde sichergestellt und ruht heute, wie halbvergessen, im Buschwald 13 km südlich von Gancedo. Dort endet ein etwa 15 km langer Kratergürtel, der sich in einem elliptischen Bogen von der Provinz Santiago del Estero nach Norden zieht und bereits den Ureinwohnern Rätsel aufgab. Sie nannten die Einschlagzone, deren größtes Loch 7 m tief ist, ehrfürchtig *pingüen nonralta*, was im Quechua so viel bedeutet wie ›Himmelsfeld‹ *(Campo del Cielo)*. Als Zeugen einer mutmaßlich 4000 Jahre zurückliegenden kosmischen Katastrophe gingen in diesem Streubezirk über 200 schwergewichtige Aerolithen nieder, freilich keiner so hochkarätig wie der ›El Chaco‹ genannte 33,4 t wiegende Polyeder. Mr. Haag aus den USA ist nicht der einzige Schwärmer im extraterrestrischen Kräftefeld. Ein 800 kg schwerer Meteorit, lange Zeit ausgestellt im Schulhof der Chaco-Gemeinde Las Víboras, verschwand unlängst wie ein Wandelstern: Bahn und Ziel unbekannt.

Salta auf die RN 34, die über Tartagal (einfache touristische Infrastruktur) bei Professor S. Mazza die bolivianische Grenze erreicht, im Süden in die Provinzmetropolen San Salvador de Jujuy (s. S. 288 f.) und Salta führt (s. S. 275 ff.).

Nördlich der Stadt Formosa streift die auf **Clorinda** (ca. 115 km; mittlere touristische Infrastruktur) zulaufende RN 11 nach 26 km den kleinen ›Freilicht‹-Zoo Guaycolec, aus dem 1996 ein freiheitsdurstiger Puma ausriß (das Gehege wurde aus Sicherheitsgründen vorübergehend geschlossen), dann die 700 km² große **Estancia Bouvier** 10 (S. 356) mit ihrem 5000 ha umfassenden Vida-Silvestre-Reservat und schließlich immer mehr Bananenplantagen, die mit ihrem

Das reformierte Gesetz des Dschungels

Auf unverhoffte Weise hat der Chaco zum Ursprung seines Namens (entstanden aus der Quechua-Bezeichnung *chacu* für ›Treibjagd‹) zurückgefunden. Nacht für Nacht ziehen in Taco Pozo ein Dutzend camouflierter Jäger mit Laternen, Flinten und Stöcken in den Busch, um Wildtiere zu erlegen. Wenn die Patrouille des Morgens ihre Beute anschleppt, lodern im Dorf bereits die Quebrachoholzfeuer, über deren Glut später saftige Nutrialenden oder Wasserschweineschnitzel schmoren werden. Am begehrtesten ist das Schwanzstück vom Kaiman, das die Konsistenz von Hühnerfleisch und den Geschmack von Edelfisch hat, aber auch ein in Bananenblätter gewickelter Leguan ist nicht zu verachten.

Raubbau am Wildbestand? »Wir hüten«, sagen die Dorfbewohner, »das, von dem wir leben: Kein Wilddieb kommt in unser Revier und schon gar kein Häuteaufkäufer. Hier wird nichts vermarktet.« Tatsächlich bleiben die wertvollen Echsenpanzer achtlos im Busch liegen, und gejagt wird nur der tägliche Mundvorrat. Naturschutz aus Überlebensnot: Die Gemeindeverwaltung hat die Hälfte des Personals entlassen, die nächstliegende Tanninfabrik wurde ›robotisiert‹, und andere Arbeit gibt es im Umkreis von 50 Leguas nicht. Taco Pozo ist nur eines von vielen Chaco-Dörfern, wo das Gesetz des Dschungels Selbstbehauptung heißt.

Soll man den als Maskottchen exportierten ›sprechenden‹ Chaco-Papagei unter strengen Naturschutz stellen, fragen sich umweltbewußte Systemdenker? Dann hätten auch die Profiteure kein Interesse mehr an der Erhaltung des Naturwaldes, der das Habitat des limonengrünen Vogels ist. Limitierte Quoten für den Fang freizugeben, meint die FVSA (Fundación Vida Silvestre Argentina), sei der vernünftigste Ausweg aus dem Dilemma. Mehrere

satten Grün das Gelb der Savannen ablösen. Hier erblickt man schon die Hochhaussilhouette der paraguayischen Hauptstadt **Asunción** (über die Grenzbrücke in einem 40 km langen Straßenbogen zu erreichen), die vom anderen Ufer herübergrüßt.

Formosas natürliches Kleinod bildet der 52 000 ha große **Nationalpark Pilcomayo** 11 (S. 370), den man von Clorinda aus über die asphaltierte RP 86 nach ca. 65 km erreicht (die letzten 5 km Zufahrtsweg sind nur in trockenem Zustand passierbar). Die Bezeichnung ›Kleinod‹ erhält einen unfreiwilligen ironischen Beigeschmack, wenn man weiß, daß dieses durch die gierige Hand des Menschen – ›aus verschiedenen Gründen‹, wie es offiziell heißt – immer mehr zurückgestutzte Reservat ursprünglich mehr als fünfmal so groß war wie heute. Ein Stegsystem führt

Tierarten werden bereits seit Jahren – arterhaltend, wie man hofft – kommerzialisiert. 2 Millionen Iguanahäute gehen in Argentinien jährlich in den Handel. Im West-Chaco *(Chaco Salteño)* stellen zwölf Verarbeiter aus Echsenleder tausendstückweise Texasstiefel her, die nach der Kleiderordnung der Nobelcowboys in Texas, Nevada und Florida aus den Originalhäuten von Pythonschlangen, Ameisenbären, Krokodilen, Leguanen oder Straußen zu bestehen haben.

Bei so zwingenden Anforderungen an den Naturhaushalt sind Länder wie die Vereinigten Staaten selbst, wie Südafrika und Australien bereits vor Jahren, auf das *ranching* von Wildtieren übergegangen, und in Argentinien schicken sich, unter dem Auspizium der Dirección Nacional de Fauna, immer mehr Estanzien an, edle Bestien für den freien Markt zu züchten; dabei wird vom Strauß, dessen Federn man mit 400 Dollar pro Kilo handelt, vom Leder über das Fleisch bis zur Hornhaut der Augen (für Transplantationszwecke) alles verwertet, was das Tier auf den Seziertisch bringt. Argentinische Chinchilla-Farmen haben bereits dafür gesorgt, daß das von der Ausrottung bedrohte Andenchinchilla überlebt – während zugleich die Endverbraucherin ihren Pelzmantel ohne Reue tragen darf.

In einigen Regionen sind Füchse zur Plage geworden; da ist es gewiß besser, eine kontrollierte Anzahl von Rotfüchsen zum Abschuß freizugeben, als sie von Farmern, in deren Schafherden die Räuber einfallen, mit Strychnin vergiften zu lassen (woran dann auch aasfressende Vögel – Kondore unter ihnen – zugrundegehen). Seit man weiß, daß in der freien Natur nur 10 % der Alligatoreier oder der ausgeschlüpften Jungtiere von Feinden verschont bleiben, wird es geradezu als Gebot der Arterhaltung angesehen, selektiv Echseneier einzusammeln, sie künstlich auszubrüten und einen angemessenen Anteil von halbjährigen Tieren wieder der Natur zurückzugeben; der andere Teil wird kommerziell verwertet.

Aber auch einfach der Wiederbevölkerung dienen einige Privatinitiativen. In den Sumpfwäldern des nordöstlichen Chaco, wo Krokodiljäger jahrzehntelang auf die Dickhäuter schossen, hat beispielsweise die Estancia El Bagual ein striktes Reservat von 4000 ha unter Aufsicht eines Zoologen eingerichtet, der durch die Aufzucht und das Aussetzen von Jungechsen für das Wiedererstarken des freien Tierbestandes sorgt.

über die von Alligatoren und Wasservögeln bewohnte Laguna Blanca, zwei Lehrpfade geleiten durch den Überschwemmungswald. Zwischen den Caranday-Palmen und im Dickicht von Wollbaum- *(palo borracho)* und Hartholzgewächsen (Urunday, Guyacán und Algarrobo) leben Pekaris, Ameisenbären, Mähnenwölfe, auch noch Jaguare, drei Arten von Affen und eine vielgestaltige Vogelwelt.

Tips & Adressen

Tips & Adressen

▼ Das erste Kapitel, **Tips & Adressen von Ort zu Ort**, listet die im Reiseteil beschriebenen Orte in alphabetischer Reihenfolge auf. Zu jedem Ort finden Sie hier Empfehlungen für Unterkünfte und Restaurants sowie Hinweise zu Einkaufen, Sehenswürdigkeiten, Museen, Aktivitäten, Verkehrsverbindungen etc. Piktogramme helfen Ihnen bei der raschen Orientierung.

▼ Die **Reiseinformationen von A bis Z** bieten ein Nachschlagewerk – von A wie Anreise über N wie Notrufnummern bis Z wie Zeitungen – mit vielen nützlichen Hinweisen, Tips und Antworten auf Fragen, die sich vor und während der Reise stellen.

Bitte schreiben Sie uns, wenn sich etwas geändert hat!
Alle in diesem Buch enthaltenen Angaben wurden von den Autoren nach bestem Wissen erstellt und von ihnen und dem Verlag mit größtmöglicher Sorgfalt überprüft. Gleichwohl sind – wie wir im Sinne des Produkthaftungsrechts betonen müssen – inhaltliche Fehler nicht vollständig auszuschließen. Daher erfolgen die Angaben ohne jegliche Verpflichtung oder Garantie des Verlages oder der Autoren. Beide übernehmen keinerlei Verantwortung und Haftung für etwaige inhaltliche Unstimmigkeiten. Wir bitten daher um Verständnis und werden Korrekturhinweise gerne aufgreifen:
DuMont Buchverlag, Postfach 10 10 45, 50450 Köln
E-mail: reise@dumontverlag.de

Richtig Reisen
Service

Inhalt

■ **Tips & Adressen von Ort zu Ort**

Abra Pampa (Jujuy) 339
Andalgalá (Catamarca) 339
Angastaco (Salta). 340
Antofagasta de la Sierra
   (Catamarca) 340
Bahía Blanca (Buenos Aires) 340
Balcarce (Buenos Aires) 341
Bariloche
   s. San Carlos de Bariloche
Barreal (San Juan) 341
Belén (Catamarca) 341
Buenos Aires 341
Cabo Dos Bahías (Chubut) 347
Cabo San Antonio (Buenos Aires) . . . 347
Cachi (Salta). 347
Cafayate (Salta). 347
Camarones (Chubut). 348
Carmen de Patagones
   (Buenos Aires) 348
Catamarca s. San Fernando
   del Valle de Catamarca
Chilecito (La Rioja) 348
Chos Malal (Neuquén). 349
Comandante Luis Piedrabuena
   (Santa Cruz) 349
Comodoro Rivadavia (Chubut) 349
Concepción del Uruguay
   (Entre Ríos). 350
Córdoba (Córdoba). 351
Corrientes (Corrientes). 351
El Bolsón (Río Negro) 352
El Calafate (Santa Cruz) 353
El Chaltén/Fitz Roy (Santa Cruz) 354
Eldorado (Misiones) 355
Esquel (Chubut). 355
Esquina (Corrientes) 356
Estancia Bouvier (Formosa). 356
Estancia Harberton
   (Tierra del Fuego) 357
Estancia Helsingfors (Santa Cruz) . . . 357
Estancia La Angostura (Santa Cruz) . . 357
Estancia La María (Santa Cruz) 357
Estancia La Paz (Córdoba). 357
Estancia Los Laureles (Entre Ríos) . . . 357
Estancia La Maipú (Santa Cruz). 357
Estancia San Juan Poriahú
   (Corrientes). 358
Falklandinseln/Islas Malvinas. 358
Fiambalá (Catamarca) 358
Finca El Bordo de las Lanzas
   (Salta). 359
Formosa (Formosa) 359
Goya (Corrientes). 359
Hornillos (Jujuy) 360
Humahuaca (Jujuy) 360
Islas Malvinas s. Falklandinseln
Jujuy s. San Salvador de Jujuy
Lago Escondido (Tierra del Fuego) . . . 360
Lago Fagnano (Tierra del Fuego). . . . 361
Lago Posadas (Santa Cruz) 361
Lago Yehuin (Tierra del Fuego) 361
Laguna Iberá (Corrientes) 361
La Paz (Entre Ríos) 361
La Plata (Buenos Aires) 362
La Quiaca (Jujuy). 363
La Rioja (La Rioja) 363
Lobos (Buenos Aires) 363
Luján (Buenos Aires). 364
Mar del Plata (Buenos Aires) 364
Mendoza (Mendoza) 365
Molinos (Salta). 366
Montecarlo (Misiones). 366
Monte Hermoso (Buenos Aires) 366
Montevideo (Uruguay). 367
Nazareno (Jujuy) 367
Necochea (Buenos Aires) 367
Paraná (Entre Ríos). 368
Parque Nacional Baritú (Salta) 368
Parque Nacional Calilegua (Jujuy) . . . 369
Parque Nacional Chaco (Chaco) 369
Parque Nacional Finca El Rey (Salta) . 369
Parque Nacional Los Alerces (Chubut) 369
Parque Nacional Perito Moreno
   (Santa Cruz) 370
Parque Nacional Pilcomayo (Formosa) 370
Península Valdés (Chubut) 370
Perito Moreno (Santa Cruz) 370

Pinamar (Buenos Aires) 371
Pismanta (San Juan) 371
Posadas (Misiones) 372
Primera Angostura (Chile) 372
Puente del Inca (Mendoza) 372
Puerto Deseado (Santa Cruz) 373
Puerto Iguazú (Misiones) 373
Puerto Madryn (Chubut) 374
Puerto Santa Cruz (Santa Cruz) 375
Quilmes (Tucumán) 375
Resistencia (Chaco) 375
Río Gallegos (Santa Cruz) 376
Río Grande (Tierra del Fuego) 377
Río Turbio (Santa Cruz) 378
Sáenz Peña (Chaco) 378
Salta (Salta) 378
Saltos del Moconá (Misiones) 380
San Antonio de Areco
 (Buenos Aires) 380
San Antonio de los Cobres (Salta) . . . 381
San Carlos (Salta) 381
San Carlos de Bariloche
 (Río Negro) 381
San Fernando del Valle de
 Catamarca (Catamarca) 382
San Ignacio (Misiones) 383
San José de Vinchina (La Rioja) 384
San Juan (San Juan) 384
San Julián (Santa Cruz) 384
San Luis (San Luis) 385
San Martín de los Andes
 (Neuquén) 385
San Miguel del Monte
 (Buenos Aires) 386
San Miguel de Tucumán
 (Tucumán) 386
San Rafael (Mendoza) 387
San Ramón de la Nueva Orán
 (Salta) 387
San Salvador de Jujuy (Jujuy) 388
Santa Fe (Santa Fe) 388
Santa María (Catamarca) 389
Santa Rosa (La Pampa) 389
Santiago del Estero
 (Santiago del Estero) 390
Susques (Jujuy) 390
Talampaya-Schlucht (La Rioja) 390
Termas de Reyes (Jujuy) 391
Tigre (Buenos Aires) 391
Tilcara (Jujuy) 392
Trelew (Chubut) 392
Tucumán s. San Miguel de Tucumán

Uquía (Jujuy) 393
Ushuaia (Tierra del Fuego) 393
Uspallata (Mendoza) 395
Viedma (Río Negro) 395
Villa Unión (La Rioja) 396
Yavi (Jujuy) 396

■ Reiseinformationen von A bis Z
Anreise 397
Ärztliche Versorgung 398
Behinderte 398
Diplomatische Vertretungen 398
Elektrizität 399
Essen und Trinken 399
– Weinführer 399
Estanzien 400
Feiertage 401
Fotografieren 401
Geld, Kreditkarten, Reiseschecks . . . 401
Informationsstellen 402
Karten 403
Kinder 403
Kleidung und Ausrüstung 403
Literarische Einstimmung 404
Mietwagen 404
Notrufnummern 404
Öffnungszeiten 404
Post und Kurierdienste 404
Reisen im Lande 405
Sicherheit 406
Souvenirs 406
Sprache 406
Tango 406
Taxis 407
Telefonieren 407
Trinkgeld 407
Unterkunft 407
Urlaubsaktivitäten 407
– Jagd 407
– Angeln 408
Verhaltensregeln 408
Zeitungen und Bücher 408
Zeitunterschied 408

■ Kleiner Sprachführer 409

■ Glossar 413

■ Abbildungsnachweis 413

■ Register 414

Adressen und Tips von Ort zu Ort

Preiskategorien der Hotels
$$$$$ = 130–200 US$
$$$$ = 70–130 US$
$$$ = 40–70 US$
$$ = 20–40 US$
$ = bis 20 US$
Preise für zwei Personen im Doppelzimmer mit Frühstück (das entspricht der argentinischen Beherbergungsnorm). Das typische *desayuno* (Frühstück) besteht aus Hörnchen mit Butter und Marmelade, Kaffee (oder Tee) und einem Fruchtsaft.

Aus der vorstehenden Klassifizierung lassen sich keine Rückschlüsse auf Einzelzimmerpreise ableiten; diese können im Extremfall ebenso hoch sein oder auch weniger als die Hälfte betragen. Den einzig zuverlässigen Preisspiegel liefern die von den örtlichen Touristeninformationsstellen ausgehängten Hotellisten.

Preiskategorien der Restaurants
+++ = 20–35 US$
++ = 12–20 US$
+ = bis 12 US$
Preise gelten für ein landesübliches Gericht ohne Getränke, etwa:
– ein Essen in einem Grillrestaurant *(parilla)*, das typischerweise aus einer Vorspeise (oft nach freier Wahl vom Buffet Froid) und einem substantiellen Fleischgang besteht, meist gefolgt von einem Kaffee.

oder:
– ein dreigängiges Menü (Vorspeise, Hauptgericht, Nachtisch) nach italo-argentinischer Art.

Da die Zusammenstellung einer Mahlzeit in Argentinien sehr individuell geschieht (z. B. werden Salate in jeder gewünschten Komposition angerichtet) und es viel weniger Standardgerichte gibt als in Deutschland, kann die hier erstellte Preisskala nur zur Vororientierung dienen.

Viele Lokale präsentieren ihre Speisekarte schon am Eingang. Restaurants, die mit dem Schild ›Tenedor libre‹ (Freie Gabel) werben, gewähren dem Gast die Freiheit, sich so viel zu nehmen oder nachzubestellen, wie er will.

Die meisten Restaurants bieten mittags ein preiswertes *menú ejecutivo* (Managermenü) zu 12–22 $ an, das gewöhnlich ein Getränk (oft Wein) und Kaffee einschließt. Auch die großen Cafés sind mit preisgünstigen, leichten Speisen (zu etwa 8–15 $) auf Mittagsgäste vorbereitet.

In Argentinien finden die ausgiebigeren Essen, im Gegensatz zu Europa, meist abends statt. Die Mahlzeiten mit Wein zu begleiten, ist Landessitte. Bei einem guten Essen kann der Kostenanteil des Weines 30–50 % betragen. Die Essenszeiten liegen spät: mittags ab 13, abends ab 21 Uhr.

Abra Pampa (Jujuy)

In der vorderen Klappenkarte D10
Vorwahl: 03887

 **Cesarito,** Ecke Senador Pérez/Avellaneda, Tel 7 49 10 01: einfache Zimmer mit und ohne Bad, gute regionale Küche, freundliches Familienmanagement, Exkursionen, $$
El Norte, Sarmiento 530, Tel. 7 49 13 15: einfache Privatunterkunft (mit Essen), $

Andalgalá (Catamarca)

In der vorderen Klappenkarte D8
Vorwahl: 0 38 35

Hotel de Turismo, an der Durchgangsstraße, Tel. 42 22 10: ansprechendes Ambiente, Zimmer mit Bad, Pool, Restaurant, $$$
Estancia: Condado de Huasán, ca. 5 km vom Ort entfernt, Reservierung über die Municipalidad de Andalgalá, Fax (0 38 35) 42 21 15 (›para el Sr. Camino‹): sehr schönes Arkadenhaus von 1774, Majolika, englische Möbel, prächtiger Blick über Olivenhaine, Kapazität für bis zu 40 Gäste, $$$

Angastaco (Salta)

In der vorderen Klappenkarte D9
Vorwahl: 0 38 68

Hostería Angastaco, in der Ortsmitte, Tel. 4 83 90 16: motelartige, gut gelungene Anlage im Kolonialstil, 16 preiswerte Zimmer mit Bad, Pools für Erwachsene und Kinder, Restaurant mit regionalen Menüs, erstklassige lokale Weine, freundliches Management mit Kenntnis von Land und Leuten, $$
Los Cardones, Juan Martín o/Nr, Tel. 49 11 23: einfache Hostería, pro Bett mit Bad 10 $, ohne Bad 7 $

Antofagasta de la Sierra (Catamarca)

In der vorderen Klappenkarte D9
Vorwahl: 0 38 37

Im Haus der Municipalidad, Tel. u. Fax 47 10 01; ebenso in der Provinzhauptstadt Catamarca, Av. Gral. Roca, Tel. (0 38 33) 4 37 59 3/4

Hostería Municipal, Tel. 47 10 01: einfache 4-Bett-Zimmer für insgesamt 40 Gäste, $

El Puneño, einfache, preiswerte Fleischgerichte und Salate, +

Exkursionen zu nahen Vulkankegeln, Petroglyphen und zur Lagune (Flamingos und Enten); Forellenfang

Bahía Blanca (Buenos Aires)

In der vorderen Klappenkarte E5
Vorwahl: 02 91

Dirección Promoción de Turismo, Alsina 65, in der Municipalidad an der Plaza, Tel. 4 55 01 10, interno 22 66 (Mo–Fr 7.30–13.30, Sa 10.30–13.30 Uhr)

Muñiz, O'Higgins 23, Tel. 4 56 00 60, Fax 4 52 38 33; E-Mail hmuñiz@infovia.com.ar: gepflegtes historisches Haus, dicht an der Plaza, Café-Restaurant im italienischen Stil, bestes Preis-Leistungs-Verhältnis, $$$
Argos, España 149, Tel. u. Fax 4 55 04 04; E-Mail argos@hotelnet.com.ar: modern, ruhig, gehobene Mittelklasse, klimatisiert, Garage, $$$
Belgrano, Belgrano 44, Tel. u. Fax 4 56 44 04; E-Mail hbelgrano@impsat1.com.ar: zentral, ordentliche Mittelklasse, Ventilatorkühlung, Autoeinstellplatz (nicht zum Hotel gehörig) direkt nebenan, $$
Bayón, Chiclana 487, Tel. 4 52 25 04: saubere freundliche Hospedaje, $$

Zeltplätze: Camping Municipal, Balneario Maldonado, im Süden der Stadt, jenseits des Camino Parque Sesquicentenario: ordentliche Infrastruktur, Baumschatten
Cala Gogo, im Norden der Stadt, am Camino Parque Sesquicentenario: saubere Infrastruktur, Baumschatten

La Robla, Belgrano 251: wohnlicher Rahmen in ehemaligem altem Privathaus, gedeckter Patio, Pizzería, Pastas und andere Gerichte, +++
Pavarotti, Belgrano 272: hübsche Trattoria in ehemaligem älterem Privathaus, internationale Küche, auch gute *mariscos,* ++
La Robla, Dorrego 27: beliebte, gemütliche rustikale Parrilla
Biskaia, Soler 783: einfache spanische Tasca mit guten *mariscos* und anderen Speisen, ++
Cantina Royal, Avenida Torres 4133, gegenüber vom Hafenmuseum im Hafenort

Ingeniero White: einfache, populäre Kantine mit frischen Fischspeisen, ++

 Geführte Stadtbesichtigung: März–Nov., Sa 13.30 u. 14.30 Uhr, ab Municipalidad

 Museo del Puerto, Avenida Torres, Ingeniero White: historische Exponate aus der Hafengeschichte; Sa u. So 15.30–19.30 Uhr

Balcarce (Buenos Aires)

 Automobilmuseum ›Juan Manuel Fangio‹: 46 Originalmodelle vom ersten Daimler (1886) bis zum Mercedes Silberpfeil von 1954; tgl. 10–20 Uhr

Bariloche

s. **San Carlos de Bariloche**

Barreal (San Juan)

In der vorderen Klappenkarte C7
Vorwahl: 0 26 48

 Cabañas Doña Pipa, Mariano Moreno, Tel. u. Fax 44 10 04: moderne Cabañas für 6 sowie Zimmer für 4 Personen, Restaurant, ganzjährig geöffnet, $-$$

Andentouren: ›Doña Pipa‹ organisiert 6 verschiedene Trekking-, Reit-, Kletter- und Autotouren (Allrad-Fahrzeuge) in die Kordilleren. Dauer, je nach Route: 2–10 Tage. Mitzubringen ist nur der eigene Schlafsack. Unterwegs zu sehen: Petroglyphen und Fossilien. Auch Veranstaltung von Tagestouren
Wind-Cart-Segeln auf dem Barreal Blanco (›Doña Pipa‹)

Belén (Catamarca)

In der vorderen Klappenkarte D8
Vorwahl: 0 38 35

 In der Municipalidad, Ecke Rivadavia/Lavalle, Tel. 46 15 39, Fax 46 15 83 (Mo–Fr 7.30–13.30 u. 14–20 Uhr)

 Samay, Urquiza 349, Tel. u. Fax 46 13 20: modernes, kleines Hotel mit Cafetería, $$
Hotel Provincial de Turismo, Urquiza, Tel. 46 15 01: nüchternes, einfaches, aber ordentliches Touristenhotel, preiswert, Autoeinstellplatz, $$
Doña Pilar, Lavalle 459, Tel. 46 12 35: familiengeführtes sauberes Patio-Hotelchen, 20 Zimmer mit Bad, bestes Preis-Leistungs-Verhältnis, $$

Zeltplatz: Camping Municipal, am Río El Tiro: Uferplatz, Teilschatten, einfache Infrastruktur

 El Único, General Roca 92: Quincho-Parrilla, gutes, preiswertes Grillfleisch und Salate

 Museo Arqueológico Cóndor Huasi, Ecke Rivadavia/Lavalle: das absolut komplett bestückte Keramik-Museum für Diaguita-Kulturen; Mo–Fr 7–12 u. 14–20 Uhr

 Kulturzentrum, an der Plaza: Verkauf von regionalen Handwebereien

Buenos Aires

In der vorderen Klappenkarte EF 6/7
Vorwahl: 0 11

Touristeninformationen im Metallkiosk, Ecke Fußgängerstraße Florida/Diagonal Roque Sáenz Peña (Mo–Fr 10–17 Uhr); am Obelisken, Carlos Pellegrini 217 (tgl. 10–18 Uhr); in Puerto Madero, Av. M. de Justo Höhe 200, Dock 4, Kran 8 (Mo–Fr 11–20 Uhr); Galerias Pacífico, Ecke Florida/Córdoba (1. St., Mo–Fr

10–19, Sa 11–19 Uhr); im Bus-Terminal, Lokal 83 (Mo–Fr 10–18 Uhr); Dirección General de Turismo, im Centro Cultural San Martín, Sarmiento 1551 5°, 1042 Buenos Aires, Tel. 43 72-36 12, Fax 43 72-39 29; E-Mail rbocaccio@buenosaires.gov.ar und prensatur@buenosaires.gov.ar (Mo–Fr 10–18 Uhr)

Bei der hohen Anzahl von Beherbergungsbetrieben in Buenos Aires gibt es stets Vakanzen. Es lohnt sich daher, vergleichend Preise abzuwägen. Die Standardpreise sind gewöhnlich an der Rezeption ausgehängt. Die meisten Häuser sind aber bereit, bei Barzahlung statt Kreditkartenabrechnung oder bei Mehrfachübernachtungen Rabatte zu gewähren. Die Frage nach dem Preis sollte auch die nach Frühstück und Mehrwertsteuer (IVA) einschließen. Das beste Preis-Leistungs-Verhältnis – und das wohnlichste Ambiente – bieten zweifellos die älteren Traditionshotels. Bei den nachfolgend aufgeführten Kategorien sind, zur besseren Vororientierung, der aktuell jeweils höchste und niedrigste Preis einschließlich IVA für ein normales Doppelzimmer aufgeführt.

■ Luxushotels (420–280 $)

Alvear Palace, Av. Alvear 1891, Tel. 48 08-21 00, Fax 48 04-00 34; E-Mail alvear@satlink.com: *das* stilvolle traditionelle Starhotel der Stadt, Recoleta-Viertel

Sheraton Libertador, Ecke Córdoba/Maipú, Tel. 43 22-88 00/66 22, Fax 43 22-97 03; E-Mail reserva@libertador-hotel.com.ar: zentral, modern, mit allen bekannten Annehmlichkeiten dieser Hotelkette

Caesar Park, Posadas 1232, Tel. 48 19-11 00, Fax 48 14-51 50; E-Mail hotel@caesar.com.ar: Spitzenhotel der japanischen Aoki-Kette, mit Health Center, Recoleta-Viertel

Marriott Plaza, Florida 1005, Tel. 43 18-30 00, Fax 43 18-30 08; E-Mail mhrs.buear.dom@marriott.com und reservatons@marriott.com.ar: 85 Jahre alter gediegener Luxus, im ruhigsten Herzen der Stadt

Claridge, Tucumán 535, Tel. 43 14-77 00/80 25, Fax 43 14-80 22; E-Mail reservations@claridge-hotel.com: Hotel der Steigenberger-Kette, britisch distinguiert und mit Tradition, im Mikrozentrum

■ Moderne Hotels der gehobenen Kategorie (200–140 $)

Presidente, Cerrito 850, Tel. 48 16-22 22, Fax 43 25-59 85: sachlich-luxuriöse internationale Klasse, nahe dem Teatro Colón

Tritone, Maipú 657, Tel. 43 25-89 55 bis 89 62, Fax 43 25-89 65: gediegene Spitzenklasse, im Mikrozentrum

■ Traditionshotels mit Flair (110–40 $)

Lancaster, Córdoba 405, Tel. 43 11-30 21/2, Fax 43 11-30 21: Vier-Sterne-Kategorie, britisch-italienischer Stil der 40er Jahre, Bar und Restaurant, zentral, gutes Preis-Leistungs-Verhältnis

Phoenix, San Martín 780, Tel. u. Fax 43 12-48 45/46/47; E-Mail phoenix@sinectis.com.ar: gediegenes Haus vom Anfang des 20. Jahrhunderts, schöne Details der Innenarchitektur, großräumig mit hohen Decken, im Mikrozentrum, zentral, sehr gutes Preis-Leistungs-Verhältnis

Castelar, Av. de Mayo 1152, Tel. 43 83-50 00/09, Fax 43 83-83 88: Gebäude von 1926, ein Hauch von altem Grand Hotel, Cafeteria-Restaurant, gutes Preis-Leistungs-Verhältnis

Astoria, Av. de Mayo 916, Tel. u. Fax 43 34-90 61 bis 65: preiswert, total renoviert, besser als seine Zwei-Sterne-Kategorie, dicht beim Café Tortoni

Nuevo Mundial, Av. de Mayo 1298, Tel. 43 83-00 11–14, Fax 43 83-63 18, E-Mail informes@hotel-mundial.com.ar: gepflegtes, wohnliches Hotel (um 1900 erbaut), gutes Preis-Leistungs-Verhältnis

■ Hotels der guten Mittelklasse (85–55 $)

Parlamento, Rodriguez Peña 61, Tel. 43 74-14 10/18 13, Fax 48 14-36 90: modern, adrett, mit Confitería, preiswert, in der Nähe vom Kongreßplatz

Normandie, Rodriguez Peña 320, Tel. u. Fax 43 71-70 01–06; E-Mail normandie@hotelnormandie.com.ar: gepflegt und preiswert, Nähe Kongreßplatz

Recoleta, José León Pagano 2684, Tel. u. Fax 48 02-73 18 u. 48 06-14 55, E-Mail hotelrecoleta@elsitio.net: ruhig, gepflegt, sehr preiswert, im Diplomatenviertel, ständige Busverbindungen zum Mikrozentrum vorhanden

■ Einfache Hotels (40–20 $)
Gran Hotel España, Tacuarí 80, Tel. 43 43-55 41–43: ordentliches älteres Haus, alle Zimmer mit Bad, Nähe Café Tortoni
Chile, Av. de Mayo 1297, Tel. u. Fax 43 83-78 77/71 12: renoviertes Gebäude um 1900, modernes Dekor, preiswert, Nähe Kongreßplatz
Roma, Av. de Mayo 1413, Tel. 43 81-49 21: Haus um 1900 erbaut, geräumige Zimmer mit und ohne Bad, bewährte Touristenherberge, Nähe Kongreßplatz
Gran Vía, Sarmiento 1450, Tel. u. Fax 43 71-57 63; E-Mail granvia@arnet.com.ar: 300 m vom Obelisken, renoviert, einfach und sauber, Zimmer mit Bad
Sportsman, Rivadavia 1425, Tel. 43 81-80 21: Touristenhotel mit Küchenbenutzung, einfache Zimmer mit und ohne Bad, dicht am Kongreßplatz
Arcon, Rivadavia 1709, Tel. 43 71-16 19: 1–4-Bett-Zimmer mit und ohne Bad, sauber, familiengeführt, direkt am Kongreßplatz
Metropolitan, Av. Corrientes 3973, E-Mail metrotel@airesnet.com.ar: sehr preiswertes, sauberes, bei Rucksacktouristen beliebtes Haus

■ Regionale Estancias
s. Lobos , Luján , San Antonio de Areco, San Miguel del Monte

■ Pensionen (55–18 $) und Privatunterkünfte (bis zum Mindestpreis von 10 $ pro Bett):
Aktualisierte Listen mit rund 80 Adressen sind jeweils bei der Dirección General de Turismo, Sarmiento 1551, 5. Stock, erhältlich.

Buenos Aires besitzt allein in der Innenstadt Hunderte von Lokalen und zugleich einige kulinarische Vorzugszonen von besonderer gastronomischer Dichte: am Kai von **Puerto Madero,** im unteren Mikrozentrum mit internationaler Küche, um die obere **Avenida de Mayo** mit typischerweise spanischem Einschlag und an der **Recoleta** mit Feinschmecker-Restaurants, unter denen entlang der Calle Junín ›Clark's‹ und auf den Terrazas del Pilar ›Caruso‹ hervorzuheben sind.

Beinahe alle Gaststätten (auch die allerbesten) bieten mittags ein preisgünstiges *menu* oder *menu ejecutivo* (Managermenü), das Vorspeise, Hauptgang, Nachtisch, ein Getränk und mitunter auch Kaffee einschließt.

■ Gourmet-Restaurants
Patagonia Sur, Ecke Mendoza/Rocha (La Boca): Haute Cuisine von dem in Frankreich dekorierten Chef Francis Mallman, exquisit und teuer, ++++
Au Bec Fin, Vicente López 1827: gepflegtes Ambiente in den Salons eines ehemaligen Petit Hotel, erlesene französische Küche, ++++
Catalinas, Reconquista 875: feine Bodega-Atmosphäre, erlesene Küche, auch Meeresfrüchte und Wildgeflügel, +++
Clark's, Junín 1777: anglo-argentinisches gepflegtes Lokal, sonnenbeschirmte Terrasse, feine Küche mit französischem Touch, preiswerte Menüs (mit Wein und Kaffee), ++

■ Traditionsrestaurants
Pedemonte, Av. de Mayo 676: distinguierte Gaststätte vom Ende des 19. Jh., beliebt bei Geschäftsleuten, gepflegte internationale Küche, ++/+++
La Estancia, Lavalle 941: populärste Parrilla von Buenos Aires, gutbürgerlich-rustikal, ++
London Grill, Reconquista 455: eines der ältesten Stubenlokale der Stadt, britisches Flair, gute Küche, preiswertes Menü, nur mittags geöffnet, ++
Zur Eiche, Av. San Martín 1537, Höhe Av. Maipú 1500 (Vicente López): traditionelles deutsches Bierlokal mit herzhafter mitteleuropäischer Küche, ++

Parrillas

Happening, Costanera Norte (am Flußufer nördl. des Stadtflughafens): hervorragendes Grillfleisch, frische Salate, +++
Rodizio, Puerto Madero, Av. Alicia M. de Justo 838 (sowie an der Costanera Norte): großes Buffet Froid, exzellentes Grillfleisch, hausgemachte Nachtische, +++
Las Nazarenas, Reconquista 1132: die luxuriöseste Parrilla der Stadt, stilvoll-rustikal, sehr edles Fleisch, erschöpfende Weinpalette, +++
Hereford, Av. Alicia Moreau de Justo 1140 (Puerto Madero): hervorragendes Fleisch (Steaks bis 1100 gr), auch gute Pastas, ++/+++
La Chacra, Córdoba 941: typisches, gemütlich-rustikales Grill-Lokal mit vorzüglichem Fleisch, ++
La Nueva Rural, Suipacha 453: wie La Chacra, ++
Siga la Vaca, Av. Alicia Moreau de Justo 1714 (Puerto Madero): sehr preiswert, zum Festpreis Vorspeisen und Fleisch in unbeschränkten Mengen, wegen des Andrangs frühes (vor 13 Uhr) oder sehr spätes (ab 14.30 Uhr) Erscheinen empfohlen, +
Rancho Mayo, Esmeralda 523: einfaches, sehr preiswertes Grillfleischlokal (Menü ab 8 $) im Zentrum, +

Italo-argentinische Küche

Puerto Sorrento, Av. Alicia Moreau de Justo 410 (Puerto Madero): frische Pastas, Fisch und Meeresfrüchte, ++/+++
Caruso, Terrazas del Pilar, Recoleta: adrettes Verandarestaurant, leckere Vorspeisen, frische Pastas, ++
Farina, Ayacucho 1174: bequeme Sitzmöbel (mit Ferrari-Ecke), edle Küche (Spezialität: *orechiette con rúcula y pecorino*), ++
Círculo Italiano, Libertad 1264: in einem der schönsten alten Stadtpalais, Speiseraum moderner Mailänder Stil, dezent, gute Küche, sehr preiswertes Tagesmenü, +/++
La Strada, Vicente López 2008 (Recoleta): gutes Antipasto-Buffet, ausgezeichnete Pizzas und vielseitige Pastas, +/++

La Parolaccia, Av. Alicia M. de Justo 1052 (Puerto Madero) und Riobamba 1046: nette Trattoria im römischen Stil (Spezialität: Pastas und Risottos), mittags +, sonst ++

Spanische Küche

Club Español, Bernardo de Irigoyen 180: spanisch-maurisches Ambiente, Spezialität Meeresfrüchte (wie *pulpo a la gallega*), ordentliches *menu ejecutivo*, ++
El Globo, Ecke Hipólito Yrigoyen/Salta: gemütlich, gute Hausmannskost, Spezialität *puchero*, ++
El Imparcial, Hipólito Yrigoyen 1201: Bodega-Lokal von 1860, erschöpfendes Speisenangebot, ++

Meeresfrüchte

El Vasco Fermín, Moreno 1356: erlesene baskische Fischspeisen (Spezialitäten: *angulas* (Glasaale) *al píl-pil* und *merluza negra en salsa verde*, So geschl., +++
Kilkeny, M. T. de Alvear 399: modernes Ambiente, große Auswahl, gutes Preis-Leistungs-Verhältnis
El Pulpo, Tucumán 400: bewährtes altes Stubenlokal; Spezialitäten: *paella, cazuela de mariscos, pulpo a la gallega*, ++

Naturkost

Yinyang, Paraguay 858: klein und adrett, leckeres Sortiment, +

Beliebte Mittagstreffs

La Flota, Leandro Alem 432: gutbürgerliches Bar-Restaurant, frische Tagesgerichte, preiswert, ++
La Taberna, Ecke Perón/Montevideo: hübsche Tasca, internationale Küche, gute Pastas, mittlere Preiskategorie, ++
ABC, Lavalle 545: anheimelnde Gaststube, deutsche und internationale Küche, ++
Sociedad Rural Argentina, Florida 460: man geht durch zum hinten gelegenen Club-Restaurant, stilvoll-gepflegt, Sportkleidung nicht angebracht, preiswerte gute Menüs, +/++
Broker Bar, Sarmiento 342: gepflegtes Bar-Restaurant, gute Salate und Schnellgerichte, +/++
Alexandra, San Martín 774: schöner alter

Salon, anglo-argentinische Küche, preiswertes Menü, +/++
La Casona, Libertad 467: Nähe Teatro Colón, gemütliche Parrilla, Menüs, preiswert, +/++
Piola, Libertad 1078: Bohème-Treff im Atelierstil, 49 Pizza-Arten (die besten von Buenos Aires) Carpaccio, Pastas, +

■ Abendessen mit Musik oder Show
Frida Kahlo, Ciudad de La Paz 3093: gemütliches mexikanisches Restaurant mit entsprechendem Ambiente und einer Galerie origineller Bilder, echt mexikanische Küche (Spezialität: Rebhuhn in Rosenblättern mit Paprika und Anis), nur abends (Di–So ab 20.30 Uhr) geöffnet; Fr und Sa spielt ein Folklore-Trio auf, ++
Guantanamera Café, Alicia M. de Justo 2090 (Puerto Madero): karibisches Restaurant (Spezialität: *ropa vieja* – ›Alte Klamotten‹ – , ein Eintopf aus Fleisch, schwarzen Bohnen, Tomaten, Zwiebeln und Reis), nur abends (Di–So ab 22 Uhr) geöffnet; Fr und Sa spielt ein kubanisches Sextett auf, ++
Al Shark, Scalabrini Ortiz 1426: arabisches Restaurant (Spezialität: Reis auf persische Art, mit Huhn, Mandeln und Pinienkernen), auch umfangreiches Menü mit je sieben kalten und warmen Gängen, nur abends (Mi–So ab 22 Uhr) geöffnet, arabische Tänze, ++

■ Cafés
Die meisten Cafés bieten auch einfache Speisen oder Menüs an.
Tortoni, Av. de Mayo 829: das berühmteste Belle-Epoque-Café von Buenos Aires, Tango- und Jazzveranstaltungen im Salon Alfonsina Storni und in der Bodega
La Ideal, Suipacha 384: klassische Jugendstil-Konditorei, 1996 Drehort von Szenen für den Film ›Evita‹
La Biela, Av. Quintana, an der Recoleta: das große Trottoircafé für Flaneure und Tagträumer
Café de la Paix, gegenüber vom Biela: das Pendant dazu
Petit Paris, Ecke Santa Fe/Esmeralda, am oberen Rand der Plaza San Martín

Tango: Die Musik und der Tanz, die Buenos Aires berühmt machten, feiern eine unerhörte Renaissance. Tango-Shows, Tango-Clubs und Tango-Tanzschulen sprossen seit 1995 nur so aus dem Parkett. Über die örtliche Tango-Szene informiert das 14tägig erscheinende Gratis-Heft ›B. A. Tango‹ (an den Touristeninformationsstellen erhältlich). Die besten Tango-Shows gibt es in folgenden Lokalitäten:
Casablanca, Balcarce 668, San Telmo: Instrumental, Gesang, Tanz, Puna-Folklore, alles Spitzenklasse; Breitbühne, Getränketische, allabendlich 22 Uhr; Reservierungen über Tel. 43 31-46 21 u. 43 34-50 10 oder Tel. u. Fax 43 43-50 02
Querandí: Ecke Perú/Moreno, nahe Mikrozentrum: Gebäude von 1860, seit 1920 Bar-Restaurant im englischen Stil, dezent, abends gute Küche, anschließend Show; Kleinbühne und in den Raum integrierte Darbietungen von hohem Niveau, Mo–Sa; Reservierungen: Tel. u. Fax 43 45 03 31 oder 43 45 17 70
Club del Vino, Cabrera 4737, Palermo Viejo: geschmackvoll als Bodega renoviertes altes *chorizo*-Haus mit Patio, intimes Restaurant, hinten Café-Theater mit sehr authentischen Tango-Shows, etwas für Kenner, wechselnde Programme und Zeiten; Reservierungen: Tel. 48 33-00 50
Café Homero, Cabrera 4946, Palermo Viejo: traditionelles altes Tango-Café für Liebhaber, sehr gute Musiker, gewöhnlich freitags (man konsultiere den Veranstaltungskalender oder frage an: Tel. 47 77-70 15
Bar Sur, Estados Unidos 299, San Telmo: das echteste und intimste kleine Tango-Lokal, etwas für *Aficionados*, täglich (außer So) 21–4 Uhr; Reservierungen über Tel. 43 62-60 86
El Viejo Almacén, Ecke Balcarce/Independencia, San Telmo: altbekannte, nach 3jähriger Schließung 1996 neueröffnete Tango-Show-Szene, gute Darbietungen, routiniert-kommerzielles Ambiente, typisches Touristenziel, Tel. 43 07-73 88
Café Tortoni, Av. de Mayo 829: häufig wechselnde, immer gute Darbietungen, Café-Theater-Stil, Information am besten an Ort und Stelle

Fregatte ›Presidente Sarmiento‹, Dock 3 (Dique 3), Mo–Fr 9–20, Sa u. So 9–22 Uhr, und **Korvette ›Uruguay‹,** Dock 1 (Dique 1), tgl. 10–21 Uhr: zwei am Kai von Puerto Madero liegende malerische Museumsschiffe mit bewegter Geschichte
Casa Rosada, Plaza de Mayo: Regierungsgebäude mit kleinem Museum; Mo, Di, Do, Fr 10–18 Uhr, So 14–18 Uhr

Cabildo, Plaza de Mayo: Cabildo mit kleinem Museum; Di–Fr 12.30–19, So 15–19 Uhr

Kathedrale, Plaza de Mayo: Touristen während der Gottesdienste unerwünscht! Daraus ergeben sich als Besuchszeiten: Mo–Fr 8–10.45, 11.35–12.15 u. 13.15–18.30, Sa 9–12.30, So 9–10.45 u. 16–17.45 Uhr; Führungen: So 10.30 Uhr

Teatro Colón, Toscanini 1180, Tel. 3 82-66 32: sehr empfehlenswerte Führungen: Mo–Fr 11–15, Sa 9–12 Uhr, jeweils zur vollen Stunde

Recoleta-Friedhof (Cementerio de la Recoleta), Junín 1760: Führungen am letzten Sonntag eines jeden Monats um 14.30 Uhr

Die Öffnungszeiten der Museen unterliegen jahreszeitlichen Schwankungen. Die jeweils geltenden Zeiten gehen aus den bei den Touristeninformationsstellen erhältlichen Faltprospekten ›Museos y Visitas‹ hervor:

Museo Nacional de Bellas Artes, Av. Libertador 1473: Di–Fr u. So 12.30–19.30, Sa 9.30–19.30 Uhr

Museo de Arte Decorativo, Av. Libertador 1902: Inneneinrichtung, Kunsthandwerk; Mo–Fr 14–19 Uhr, im Jan. geschlossen

Museo de Motivos Populares Argentinos José Hernández, Av. Libertador 2373: Kunst und Dokumente der Gauchokultur; Mi–Fr 13–19, Sa u. So 15–19 Uhr, im Febr. geschlossen

Museo Histórico ›Dr. Ernesto Che Guevara‹, Nicasio Oroño 458: das Leben des Revolutionsführers nachzeichnende Sammlung; Sa u. So 17–22 Uhr

Museo Vivo del Tango, Piedras 720: Memorabilia zur Geschichte des Tangos; tgl. 10.30–19.30 Uhr; Eintritt mit Café-Concert Do–So 21 Uhr

Museo de la Ciudad, Alsina 412: Stadtmuseum; Mo–Fr 11–19, So 15–19 Uhr

Museo Penitenciario, Humberto I 378: altes Gefängnis; Di–Fr 10–12 u. 14–17, So 12–18 Uhr

Museo Histórico Nacional, Defensa (Höhe 1600): sehr umfangreiche Sammlung zur Nationalgeschichte; Di–So 12–18 Uhr, im Jan. u. Febr. geschlossen

Museo de Bellas Artes de la Boca, Pedro de Mendoza 1835: Objekte aus der Geschichte des Hafenviertels La Boca; Fr 8–17.45, Sa u. So 10–16.45 Uhr

Stadtrundfahrten (Mo–Sa 2 × tgl.) und Exkursionen unternimmt Buenos Aires Tur, Lavalle 1444, Of. 16, Hinterhaus (auch über jede Reiseagentur zu buchen); Gratis-Führungen zu Fuß veranstaltet die Secretaría de Turismo selbst (typische Routen sind: Palermo, Recoleta, La Boca, San Telmo und Puerto Madero) Die Zweimonatsbroschüre ›**Programación**‹ der Dirección General de Museos Municipales beinhaltet den aktuellen Ausstellungskalender (erhältlich an den Touristeninformationsstellen)
Über das Kultur- und Sportgeschehen informieren die 14tägig erscheinende Gratis-Zeitung ›**Buenos Aires**‹ und das illustrierte Zweimonatsheft ›**B. A. Guide**‹ (beides in den Touristeninformationsstellen erhältlich)

Indianisches Kunsthandwerk (aus Holz, Wolle, Leder, Bast, Ton aus allen Teilen des Landes; Videos einzelner Kulturen): ENDEPA – Promoción Aborigen (Cáritas Nacional), Balcarce 234, ein Block von der Plaza de Mayo, Tel. 43 43-14 55, Fax 47 99-47 94 (Mo–Fr 9.30–18 Uhr)

Kunsthandwerk der Gaucho-Kultur (Ponchos, Lederartikel, Sattelzeug, Silberarbeiten, Mate-Gefäße, *facones* usw.) Sehr edle (und teure) Objekte der Provinz Salta (aus Alpaca-Silber, kombiniert mit Edelhölzern, Halbedelsteinen, Knochen usw.) findet man bei AM Artesanías, Rodriguez Peña 1771; weitere Artikel bei Cuenca del Plata, Leandro N. Alem 756; L'Isola, Galería del Sol, Florida 860, Lokal 42; Platart, Perón 1335; Arar, Montevideo 1386

Lederwaren: Casa López, M. T. de Alvear, Plaza San Martín unweit der Florida (teuerstes Ledergeschäft der Stadt, Artikel aller Art); Galería del Cuero, Florida 938 (ein Konsortium von Spezialgeschäften mit Leder- und Wildlederbekleidung; Maßanfertigung innerhalb von 24–48); Rossi & Caruso, Ecke Santa Fe/Montevideo (Lederwaren aller Art)
Antiquariate: Librería Colonial, Paraná 1233 antike Werke, Schwerpunkt Kolonialgeschichte); Librería Tomás Pardo, Maipú 618 (renommierte kleine Buchhandlung von 1914, Antiquariat und neue Bücher, fachkundige Beratung)
Kunstgalerien: Zurbarán, Cerrito 1522, und Colección Alvear de Zurbarán, Av. Alvear 1658, mit zusammen 4000 Gemälden (argentinischer und anderer lateinamerikanischer Künstler) die größten Galeristen Südamerikas
Briefmarken und Münzen: Rodolfo Kneitschel, Maipú 466
Tonträger mit volkstümlicher Musik (Tango, Folklore, Gitarren-Rezitale, Gaucho-Balladen, Chamamé, Puna-Musik): Musimundo, Filialen im Mikrozentrum: Florida 267, 461 und 536
Tango-Souvenirs: Almacén de Tangos Generales, Don Anselmo Aieta 1067, Plaza Dorrego (San Telmo); Club del Tango, Paraná 123, 5. Stock, Tür 114; El Quiosco del Tango, Corrientes 1512, Ecke Paraná
Weine: Vinfiar, Paraná 379 und Montevideo 222; Eckladen Av. de Mayo/Suipacha
Pralinen: Simo, Maipú 455; Corso, Maipú 449

Cabo Dos Bahías (Chubut)

In der vorderen Klappenkarte D4

 Zeltplatz an der Calheta Sara: keine Infrastruktur, aber Quellwasser und *fogones*, Anmeldung beim *guardaparques*

Cabo San Antonio (Buenos Aires)

In der vorderen Klappenkarte F6

 Leuchtturm: Mitte Dez.–Mitte März tgl. 10–19 Uhr

Cachi (Salta)

In der vorderen Klappenkarte D9
Vorwahl: 0 38 68

 El Molino de Cachi Adentro, 4 km westlich des Ortes (durchfragen), Tel. u. Fax 49 10 94: sehr freundliches, familiengeführtes Kolonialresort in schöner Lage, gepflegte Regionalküche, Exkursionen möglich, $$$$
ACA-Hostería Cachi, über dem Ort, Tel. 49 11 05: hübsches, hochgelegenes ACA-Motel im Kolonialstil, etwas triste Zimmer mit Bad, Pool, Restaurant, $$$
Don Arturo, Bustamante o/Nr., Tel. 49 10 87: kleine, saubere Pension, $$
Nevado de Cachi, R. de los Llanos: einfaches, sauberes Patio-Hotelchen, $

 Archäologisches Museum: Keramikfunde, Steinwerkzeug, Petroglyphen, Mumien vom Campo Negro bei La Poma; Mo–Fr 8–19, Sa 9–17, So 9–12 Uhr

Cafayate (Salta)

In der vorderen Klappenkarte D9
Vorwahl: 0 38 68

 im Kiosk an der Plaza (Mo–Fr 15–21 Uhr)

ACA-Hostería, an der nördl. Ortseinfahrt, Tel. u. Fax 42 12 96: hübsche Anlage im Kolonialstil, großer Patio, Terrasse, Autoeinstellplatz, Restaurant, moderate Preise, $$$
Confort, Av. Güemes 232, Tel. 42 10 91: modernes Patio-Hotelchen, Zimmer mit kleinem Bad, vernünftiges Preis-Leistungs-Verhältnis, $$
Hospedaje Etelvina Herrero, Toscano

237, Tel. 42 12 69: saubere Patio-Anlage, preiswerte Zimmer mit Bad, $

Zeltplatz: Camping Municipal, an der südlichen Ortseinfahrt: ganzjährig, sehr ordentliche Infrastruktur, 4-Personen-Schlafkabinen für Zeltlose oder Regenmüde, Pool, Baumschatten, Bergblick

La Casona de Luis, Ecke Almagro/Salta: kolonialer Rahmen, Patio, im Winter Kaminfeuer, gute, preiswerte Küche, an manchen Abenden Folklore, +/++
Comedor Criollo, Av. Güemes 254: regionale Küche, wie *cazuela de chivito*, daneben Pastas etc., +/++

Bodega Etchart, in Richtung Tucumán 3 km vom Ort an der RN 40; Mo–Fr 8–12 u. 15.30–18.30, Sa 8–12 Uhr

Camarones (Chubut)

In der vorderen Klappenkarte D4
Vorwahl: 02 97

Kau i Keu Ken (›Haus meiner Großeltern‹): Hotel und Restaurant; einfache Zimmer ohne Bad, frischer Fisch und Garnelen; es empfiehlt sich aber, vorher nach dem Preis zu fragen, $$

Mar Azul, Ecke 25 de Mayo/Urquiza, und **Bahía del Ensueño,** Ecke 9 de Julio/Belgrano, sind zwei weitere einfache Hospedajes, $-$$

Zeltplatz an der Hafenbucht: ruhig, wenig Betrieb, teilweise Baumschatten, einfache Infrastruktur, aber sympathisch; ganzjährig

Carmen de Patagones (Buenos Aires)

In der vorderen Klappenkarte E5

Regionalmuseum, Dr. Baraja/7 de Mayo: tgl. 10–12 Uhr

Catamarca

s. **San Fernando del Valle de Catamarca**

Chilecito (La Rioja)

In der vorderen Klappenkarte D8
Vorwahl: 0 38 25

Ecke Castro/Bazan, Tel. 42 26 88, (Mo–Fr 8–13 u. 16–21 Uhr); Fernauskunft E-Mail munchilecito@larioja.gov.ar (Municipalidad)

Chilecito, Ecke Timoteo Gordillo/Ocampo, Tel. 42 22 01 u. 42 22 02: Ex-ACA-Hostería mit Pool und Restaurant, Autoeinstellplatz, $$-$$$
Riviera, Castro Barros 158: ein sauberes kleines Hotelchen in zentraler Lage, $$-$$$
Wamatinag, 25 de Mayo 37, an der Plaza, Tel. 42 34 19: einfache, preiswerte Zimmer mit Bad, $$

El Quincho, an der Plaza: ordentliche Parrilla, ++
Comedor Jaime, 25 de Mayo ca. 250: einfache Kantine, sehr billig; getrocknete schwarze Oliven, regionaler Wein, Salat, Fleisch *a la plancha* oder *a la parrilla,* +

Museo del Cablecarril, am Bahnhof: Seilbahnmuseum; tgl. 7–13 u. 14–20 Uhr; vor dem Benutzen der Anlage muß gewarnt werden, seit 1994 bei einer Kabinenkollision zwei Touristen tödlich abstürzten!
Museo Molino de San Francisco: siebenräumiges Adobehaus von 1712, das als Getreidemühle bis 1930 funktionierte; heute Regionalmuseum mit Mineralien und Keramik der regionalen Indio-Kulturen; Mo–Fr 7–13 u. 14–20 Uhr
Museo Samay Huasi: Exponate (Keramik, Urnen, Tonpfeifen, Schädel und Abplattungstechniken) der Kulturen von Ciénaga, Tafí, La Aguada und Santa María; tgl. 8–12 u. 15–19 Uhr

Chos Malal (Neuquén)

In der vorderen Klappenkarte C6
Vorwahl: 0 29 48

Delegación de Turismo Zona Norte, 25 de Mayo o/Nr., Tel. 42 14 25 (tgl. 8–20 Uhr)

Chos Malal, San Martín 89, Tel. u. Fax 42 24 72: ansprechende Mittelklasse mit gutem Restaurant, Familienmanagement, ruhig, bestes Preis-Leistungs-Verhältnis, $$-$$$
Picún Ruca, 25 de Mayo, Tel. 42 17 04, Fax 42 17 24: Motel mit Cafetería, $$-$$$
El Torreón, 25 de Mayo 147, Tel. 42 11 41: saubere Hostería, Zimmer mit Bad, $-$$
Baalbak, 25 de Mayo 920, Tel. 42 14 95: Residencial, Zimmer mit Bad, $-$$

Zeltplatz: Camping Municipal an der nördl. Ausfahrt über dem Flußufer, einfache Infrastruktur, Pappelreihen

Im **Hotel Chos Malal** (s. o.): à la carte, ++
El Viejo Caicallén, General Paz 345: einfacher, ordentlicher Rahmen, Spezialitäten Forellen und Pastas, +/++

Museo Histórico, Plaza San Martín: Memorabilia des Stadtgründers, Indianerutensilien, Mineralien und Fossilien; Di–Fr 9–11 u. 14–19, Sa 15–19 Uhr

Comandante Luis Piedrabuena (Santa Cruz)

In der vorderen Klappenkarte D2
Vorwahl: 0 29 62

Sur Atlantic mit Tankstelle, an der RN 3, kurz vor der Abzweigung in den Ort, Tel. 49 70 08, Fax 49 70 54: mittelklassiges Übernachtungs-Hotel mit Cafetería, $$$
El Álamo, Ecke Lavalle/España, Tel. 49 72 49: Hostería mit Cafetería; ruhige, geräumige Zimmer mit Bad

Zeltplatz: Camping Municipal, auf der Flußinsel Pavón, Zufahrt von der Straßenbrücke (RN 3) über den Río Santa Cruz aus (idyllische ordentlich geführte Anlage mit schönem Baumbestand, auch 2 neue 4-Personen-Cabañas, kleiner Laden; Lamm vom Spieß auf Bestellung; Flußexkursionen

 El Ancla, Ibañez 263: Tagesgerichte zu reellen Preisen, +

Comodoro Rivadavia (Chubut)

In der vorderen Klappenkarte D3
Vorwahl: 02 97

Dirección de Turismo: Rivadavia 430, Tel. 4 46 23 76, Fax 44 74 11, E-Mail turismocomodoro@comodoro.gov.ar

Comodore Rivadavia ist keine schöne, aber durch den Umtrieb der Erdölindustrie wohlhabende Stadt. Das hat auch die Hotelpreise nach oben getrieben: kein idealer Ort zum Übernachten also.
Comodoro, 9 de Julio 770, Tel. 4 47 23 00: führendes Hotel der Stadt, zentral, modern, Cafetería-Bar, $$$$
Austral, Moreno 725, Tel. 4 47 22 00: gut geführtes Haus der gehobenen Mittelklasse, zentral, Cafetería, $$$$
Residencial Comodoro, España 919, Tel. 4 46 25 82: beste Herberge ihrer Kategorie, unweit des Zentrums, Zimmer mit und ohne Bad, $$$
Zwei preiswertere, saubere Hospedajes sind **Cari-Hue,** Belgrano 563, und **25 de Mayo,** 25 de Mayo 989. Am billigsten (15 $ pro Pers.) kommt man unter bei **Janet,** España 1095

Zeltplatz (in Rada Tilly, 15 km südl. von Comodoro Rivadavia): **Camping Municipal,** im Nordteil der Bucht, etwas landeinwärts: relativ windgeschützte Plätze, teilweise Baumschatten, saubere Anlage; ganzjährig

Dos Piratas, am Hafen: exzellente Fisch- und Muschelgerichte, ++/+++
La Tradición, Mitre 675: bestes Lokal der

Innenstadt, Grillfleisch, Fischgerichte, aufmerksame Bedienung, faire Preise, ++
Tio Pepe, 4 km nördl. des Zentrums an der RN 3: beste Parrilla von Comodoro, auch Lamm u. Spanferkel, rustikal-gemütlich, ++
La Tranquera, an der südlichen Stadtausfahrt: sehr beliebt, rustikales Ambiente, breite Speisenauswahl zum Einheitspreis von 10 $, Selbstbedienung, +

Museo del Petróleo, ca. 3 km nördl. des Stadtzentrums von der RN 3 wenige hundert Meter nach Westen: Exponate aus der Geschichte der patagonischen Erdölförderung; Di–Fr 9–18, Sa u. So 14–18 Uhr
ASTRA-Petroleummuseum (Freilichtschau), ca. 18 km nördl. der Stadt an der RN 3: Artefakte von der hölzernen Förderpumpe von 1915 bis zum Fischschwanzbohrkopf; Sa u. So 14–18 Uhr

Concepción del Uruguay (Entre Ríos)

In der vorderen Klappenkarte F7
Vorwahl: 0 34 42

Secretaría de Turismo, 9 de Julio 844, Kiosk an der Einfahrt in die Innenstadt, Tel. 42 58 20, Fax 42 36 76 (tgl. 8–20 Uhr), Web-sites: www.cedelu.com, www.uruguayense.com.ar, www.turismoentrerios.com

Grand Hotel, Ecke Eva Perón/Rocamora, Tel. u. Fax 42 55 86, 42 28 52: im 60 Jahre alten ehemaligen Stadtpalais der Familie Texier, sehr stilvoll, klimatisierte Zimmer mit Frühstück, Garage, gutes Preis-Leistungs-Verhältnis, $$$
Río Hotel, Mitre 170, Tel. 42 67 55: ruhige Lage, anheimelndes Ambiente, ordentliche Mittelklasse, klimatisierte Zimmer mit Frühstück, $$-$$$

Von den einfacheren Häusern sind (in der angegebenen Reihenfolge) folgende drei zentral gelegenen, Patio-ähnlichen Residenciales zu empfehlen:
Fiuri, Sarmiento 779, Tel. 42 70 16, $$;
Centro, Moreno 130, Tel. 42 74 29, $$;
La Posada, Moreno 166, Tel. 42 54 61, $$

Zeltplätze: der schönste der insgesamt 7 Campingplätze ist **Banco Pelay,** 5 km vom Zentrum, am Ufer des Río Uruguay (3 km Sandstrand, komplette Infrastruktur)

La Delfina, im Gebäude des ›Grand Hotel‹: gepflegt, reiches Speiseangebot, auch Gerichte zum Mitnehmen, ++
Carlos I, Eva Perón 115: in einer *casona*, einfach, gemütlich, preiswerte Tagesgerichte und Menüs, +/++
Los Verdes Años, Mitre 764: beliebte Taverne, gängige Speisen, auch Flußfisch, +/++

Regionale Estancias: San Pedro, unweit des Flughafens von Gualeguaychú, 180 ha großer Park, Landgut von 1854, damals Sitz des Caudillos General Urquiza, malerischer englischer Casco mit gotischer Kapelle, Pool, Reiten, Kutschfahrten, Tennis; Reservierung: Tel. (0 34 42) 42 73 28 u. 42 74 59
Palacio Santa Cándida, auf der Zufahrtsstraße (ab RN 14) zum Ort 200 m hinter der metallenen Fußgängerbrücke rechts ab (Schild), 3 km Erdweg, hinter der kleinen Flußbrücke links ab (Schild), nochmals 3 km Erdweg: in großem Uferpark gelegenes Landpalais von 1847 mit Terrasse und Pool, schwelgerische Ausstattung, gute Küche, Voll- und Halbpension, zum Ausspannen und Reiten; Reservierung: Tel. (0 34 42) 2 21 88 oder (0 11) 47 42 51 78
Villa Teresa, 30 km nördlich der Stadt, Tel. (0 34 42) 42 37 30: ruhig gelegene Estancia im spanischen Stil; Naturreservat, Reiten, Schwimmen, Fotosafaris; Bungalow und Zeltplatz

Palacio San José, auf der Höhe von Concepción del Uruguay von der RN 14 nach Westen ab (ausgeschildert) und 23 km auf der RP 39: mit Hausmuseum; Mo–Fr 9–13 u. 14–18.45, Sa u. So 9–12.45 u. 14–17.45 Uhr

Córdoba (Córdoba)

In der vorderen Klappenkarte D7
Vorwahl: 03 51

Secretaría de Turismo, Tucumán 360, Tel. 4 34 15 44/48/49, Fax 4 34 15 50; Web-site www.cordobatur.gov.ar (Mo–Fr 7–14 Uhr); Direktinformation in folgenden Touristenbüros: im Cabildo, Plaza San Martín (tgl. 8–20 Uhr); im Busterminal (tgl. 7–21 Uhr); im Flughafengebäude (tgl. 8–20 Uhr)

Deutsches Konsulat: Elíseo Canton 1870, Barrio Villa Paez, Tel. 4 89 09 00, Fax 4 89 08 09; E-Mail oechsle@satlink.com (Mo–Fr 9–12 Uhr)
Österreichisches Konsulat: Gerónimo Cortés 636, Tel. 4 72 04 50, Fax 4 24 36 26
Schweizer Konsulatsagentur:
Av. Colón 184, 1°, Esc. 6, Tel. 4 23 21 76, Fax 4 23 04 63; E-Mail risler@designet.com.ar

Panorama, Alvear 251, Tel. u. Fax 4 20 40 00: das führende Innenstadthotel, modern-elegant, großzügig, klimatisiert, Pool, Garage, $$$$
Felipe II, San Jerónimo 279, Tel. u. Fax 4 21 47 52, 4 22 61 85 u. 4 22 73 18: zentral, nüchtern-modern, gehobene Mittelklasse, klimatisiert, Garage, $$$
Sussex, San Jerónimo 125, Tel. u. Fax 4 22 90 70/75: beliebtes älteres Traditionshotel der Mittelklasse, direkt an der Plaza, klimatisiert, Garage, Restaurant im obersten Stockwerk, gutes Preis-Leistungs-Verhältnis, $$-$$$
Dallas, San Jerónimo 339, Tel. u. Fax 4 21 60 91/92: gemütliches, sauberes Mittelklassehotel, klimatisiert, Autoeinstellplatz, sehr gutes Preis-Leistungs-Verhältnis, $$
Wonder, San Jerónimo 519, Tel. 4 22 93 21: familiengeführte Hospedaje, einfach, sauber, alle Zimmer mit Bad, klimatisiert, Autoeinstellplatz, $$

Zeltplatz: Camping Municipal, im Außenbezirk Chateau Carreras, ca. 13 km vom Zentrum, über die Avenida Deán Funes nach Westen: gepflegt, Infrastruktur, Baumschatten

Im Verhältnis zur Größe der Stadt gibt es nur wenige empfehlenswerte Lokale im Mikrozentrum; einige gute Parrillas liegen an der Avenida Sabattini auf der Höhe 1700–1900
Betos, Bulevar San Juan 454: beste Parrilla im Zentrum, gepflegt-rustikaler Quincho, populär, besonders gutes abgehangenes *bife de chorizo,* ++
De la Compañía, Figueroa Alcorta 45: freundlich-modernes Zimmerlokal, klimatisiert, gute internationale Küche, ++
Maxim's, im obersten Stockwerk des Hotels Sussex: adrettes, einfaches Mittelklasserestaurant mit internationaler Küche, ++

 Estancia Santa Rita, ca. 45 km südlich von Córdoba (bei Despeñaderos); 150 Jahre altes grandioses Herrenhaus im spanischen Kolonialstil, 30 ha großer Park, stilvolle Gästezimmer, Pool, Reiten, Golf (nahebei), Tauben- und Rebhuhnjagd; für Gruppen ab 4 Personen, Reservierung über Argentina Wings, Tel. u. Fax (0 11) 48 12-05 51 u. 48 14-17 35

 Museo de Arte Religioso Juan de Tejeda: Museum für Religiöse Kunst im Convento de Santa Teresa; Mi–Sa 9.30–12.30 Uhr
Museo Histórico Colonial: Museum für Kolonialgeschichte; im Sommer: Mo–Sa 8.30–13.30, im Winter: zusätzlich 15.30–20 Uhr
Iglesia San Roque: kleines Museum für religiöse Kunst; Mo–Fr 8–12 Uhr

Corrientes (Corrientes)

In der vorderen Klappenkarte F8
Vorwahl: 0 37 83

für die Provinz Corrientes: Dirección Provincial de Turismo, 25 de Mayo 1300, Tel. 42 72 00, Fax 42 45 65 (Mo–Fr 8–12 u. 16–20 Uhr); für die Stadt: Dirección Municipal de Turismo, Pellegrini 542, Tel. 42 37 79 (Mo–Fr 7–21, Sa 9–0.30, So 10–21 Uhr)

Generell gilt, daß alle besseren Häuser relativ preiswert, die einfacheren Unterkünfte vergleichsweise teuer sind
Gran Hotel Guaraní, Mendoza 970, Tel. 43 38 00, Fax 42 46 20; E-Mail hguarani@espacio.com.ar: erstes Hotel am Platz, modern-funktionell, viel Marmor und Glas, Pool, Bar-Restaurant, Garage, gutes Preis-Leistungs-Verhältnis, $$$-$$$$
Gran Hotel Turismo, Entre Ríos 650, Tel. u. Fax 43 31 74, 43 31 90 u. 42 91 12: Uferlage, Landhausstil, Gartenpool, gehobene Mittelklasse, Bar und Restaurant, gutes Preis-Leistungs-Verhältnis, $$-$$$
Sosa, España 1050, Tel. 46 21 51: älteres Haus, alle Zimmer mit Bad, einfachste Hotelkategorie, Autoeinstellplatz, $$
Brasil, Av. Maipú 2400, Tel. 4 21 99: Hospedaje schräg gegenüber vom Busterminal, Zimmer mit und ohne Bad, preiswerteste saubere Unterkunft für bescheidene Ansprüche, $

Zeltplätze: Es gibt in Stadtnähe entlang der Nationalstraße 12 fünf Camping-Anlagen, teilweise am Flußufer (Einzelheiten und Zufahrt zu erfragen über das Touristenbüro)

El Mirador und **Las Brasas,** Costanera (Uferstraße), an der Playa Malvinas: Terrassen-Parrillas mit Flußblick, gut zum Mittagessen, ++/+++
La Cueva del Pescador, Yrigoyen 1255: renoviertes altes Haus, gepflegt-gemütlich, Fluß- und Seefisch sowie Pastas, ++/+++
El Recreo, Pellegrini 501: einfaches, ordentliches Lokal im spanischen Tasca-Stil, speziell Flußfisch und frische Pastas, gutes Preis-Leistungs-Verhältnis, als Nachtisch empfehlen wir kandierte *aguay* (Früchte des ›Breiapfelbaums‹), ++
Papá Noel, Independencia 5400: sehr populäre und gute Parrilla, aber 5 km vom Zentrum, So geschlossen, +/++

Estancia: Atalaya, an der RN 12 (Südseite) zwischen Corrientes und Posadas bei km 1157 (ca. 23 km vor Itá-Ibaté, Einfahrt markiert): ausgedehnte Rinderfarm, naturschutzorientiert, 6 schmucke Gästezimmer mit Bad, Kapazität für 20 Besucher, kleines Hausmuseum; Ausritte, Bootsausflüge, Exkursionen im Land Rover in die Iberá-Sümpfe, reiche Fauna, keine Jagd! Reservierungen über Tel. (07 83) 2 97 84 u. 43 32 69

Die Touristeninformation (Pellegrini 542) hält kleine Prospekte über zwei empfohlene Stadtrundgänge – ›Circuito Peatonal Histórico-Cultural‹ und ›Paseo Costero‹ (Uferbummel, bei Sonnenuntergang zu empfehlen) – bereit.
Flüge über die Iberá-Sümpfe, die Flußsysteme oder die Chaco-Wälder (z. B. den Impenetrable) unternimmt Avialar Camba Punta S. A. mit einer Cessna 182 (bis zu 3 Pers., pro Flugstunde 250,– Peso) und mit einer Cessna 310 (bis zu 5 Pers., Flugstunde 400,– Peso) nach Absprache. Reservierungen über Sr. Juan Manolizi, Tel. 4 23 7 76 (Büro) oder 46 20 24 (privat). Auch über jedes Büro der Fluggesellschaft LAPA kann man mit Sr. Manolizi Kontakt aufnehmen.

El Bolsón (Río Negro)

In der vorderen Klappenkarte C4
Vorwahl: 0 29 44

im Kiosk an der Plaza, Tel. 49 26 04, 49 23 09 u. 49 23 04 (Mo–Sa 10–16 Uhr)

Hostería Olaf, 7 km südl. El Bolsón an der RN 258, Tel. 47 15 50: gepflegtes Landgasthaus mit komfortablen Zimmern und gemütlichem Restaurant, $$$
Amancay, Ecke San Martín/Hernández, Tel. 49 22 22: chaletartiges Touristenhotel im Zentrum, vernünftige Preise, $$-$$$
Hostería Steiner, 2 km südl. des Zentrums, Av. San Martín 670, Tel. 49 22 24: deutschsprachiges Haus mit langer Familientradition, paradiesische Lage, alter Baumbestand, Pool, gute Küche, preiswert, ganzjährig geöffnet, $$
La Posada de Hamelín, Granollers 2197, Tel. 49 20 30; E-Mail gcapccc@elbolson.com: ruhiges Privathaus in zentraler Lage, 4 Zimmer mit Bad; Okt.–Apr., $$

La Casona de Odile, 6 km nördl. des Zentrums im Ortsteil Barrio Luján (ausgeschildert), Tel. u. Fax 49 27 53: ländliche Idylle am Bach, urgemütliches Haus, Kräuterdüfte und französische Küche, deutschsprachige Betreuung; Nov.–Mai (30 $ pro Pers.)
In der **Villa Turismo** außerhalb des Ortskerns gibt es 20 Bungalowanlagen (Preis pro Bungalow: von 2 Pers. 40 $ bis 6 Pers. 65 $)

Zeltplatz: Den schönsten der 14 Zeltplätze **(Río Azul)** erreicht man, die Brücke über den Río Quemquemtreu nach Westen überquerend, ca. 5 km südwestlich der Stadt

Olaf (s. Hotels): gute Parrilla und regionale Spezialitäten, ++/+++
Jauja, San Martín 2867: breite Speisenpalette, Forellengerichte, ++
Steiner (s. Hotels): preiswerte Hausmannskost, +/++

El Calafate (Santa Cruz)

In der vorderen Klappenkarte C2
Vorwahl: 0 29 02

am Bus-Terminal, Roca 1004, Tel. u. Fax 49 10 90, 49 28 84, E-Mail secturelcalafate@cotecal.com.ar (Sommer: tgl. 8–22, Winter: Mo–Fr 8–20, Sa u. So 16–20 Uhr)

(In der Hochsaison oft Engpässe!)
Los Álamos, Ecke Moyano/Bustillo, Tel. 49 11 45/46, Fax 49 11 86: erstes Haus am Platz, lodgeartiges Parkhotel, zentral, ruhig, warmes Interieur, Haute-Cuisine-Restaurant, $$$$$
Mirador del Lago, etwas außerhalb, an der Straße zum Gletscher, Tel. 49 32 13, Fax 49 31 76: Seeblick, gemütlich-rustikal, Sauna, schönes Panoramarestaurant mit feiner Küche, $$$$$
Los Notros, im P. N., 25 km hinter der Einfahrt, Tel. 49 95 10, Fax 49 95 11: geschmackvolle Lodge, gepflegtes Ambiente, feine Küche, Panoramablick auf den Gletscher, $$$$$

Bahía Redonda, Calle No 15 (Uferplatte), Tel. 49 17 43, Fax 49 13 14: See- und Bergblick, ordentliche Mittelklasse, Restaurant, $$$$
Lar Aike, Libertador 2681, Tel. 49 33 06, Fax 49 32 35: etwas außerhalb, schöner Holzbau, ansprechende Zimmer mit Bad, Panorama-Restaurant, familiär, $$$$
Hostal del Cerro, in Hochlage vor der Ortseinfahrt, Tel. u. Fax 49 23 91/92: gute Mittelklasse, Blick über Ortschaft und See, gemütliches Ambiente, schönes Panorama-Restaurant, preiswert, aber etwas abseits vom Zentrum, $$$-$$$$
La Loma, C. C. 36, Tel. u. Fax 49 10 16: beliebtes, gemütliches Touristenhotel mit rustikalem Restaurant, zentrumsnah, $$$-$$$$
Hostería Schilling, Paradelo 141, Tel. u. Fax 49 14 53: sauberes Touristenhotel, schöne Zimmer mit Bad, $$$-$$$$
Los Lagos, 25 de Mayo 220, Tel. 49 11 70, Fax 49 13 48: sauberes, preiswertes Residencial, ruhig, $$-$$$
Del Norte, Los Gauchos 813, Tel. u. Fax 49 11 17: familiengeführtes Residencial, ordentliche Zimmer mit und ohne Bad, $$
Jorgito, Moyano 943, Tel. u. Fax 49 13 23: 10 saubere Zimmer ohne Bad, billigste zu empfehlende Hospedaje im Ort (12 $ pro Pers.)

Zeltplätze: Camping Municipal, am Ortseingang unterhalb der Flußbrücke: zentraler Standort für Exkursionen in alle Richtungen, dichter Baumbestand, Fogones, 24 Std. warmes Wasser in den Duschen
Río Bote, 42 km von Calafate, hinter der Río-Bote-Brücke ab auf 3 km langen Stichweg: idyllischer Uferplatz am Río Santa Cruz, Bäume, Angelmöglichkeit, einfache Infrastruktur
Parque Nacional Los Glaciares: 4 schöne Zeltplätze: Río Mitre u. Bahía Escondida mit Infrastruktur; Río Correntoso ohne Infrastruktur; am einladendsten: Lago Roca, 51 km von Calafate an der RP 15 (mit Restaurant)

Fast alle Hotels verfügen über eigene Restaurants. Zum Auswärtsessen bieten sich an:

Mi Viejo, Hauptstraße Libertador in Höhe 9 de Julio: bestes Fleischlokal, Lamm vom Spieß, **++/+++**

Onelli, Libertador in Höhe 25 de Mayo: familiengeführt, reelle Kost und Preise, **+/++**

La Cocina, Libertador 125: gute, frisch zubereitete Pastas, **+/++**

 **Estancias: Alta Vista,** 35 km von Calafate an der RP 15, Tel. (0 11) 43 43-88 83/69 79: Hostería mit Charme und Tradition, 8 DZ und 1 Suite in sehr schönem historischem Estancia-Casco, exquisite Küche, für Liebhaber, Mitte Okt. bis Mitte Apr.

Franka, 45 km östl. von Calafate, 300 m hinter der Río-Bote-Brücke von der RN 40 links ab (Schild nur am Zufahrtsweg), nochmals 10 km, Tel. 49 10 79, Fax 49 12 69: Oase der Ruhe am Oberlauf des Río Bote; kulturell und sportlich aktive Estanciero-Familie; hausgemachte Kost, Zimmer für bis zu 10 Personen; Reiten, Trekking, Exkursionen zum Fitz-Roy-Massiv usw.; angemessene Preise

Nibepo Aike, 56 km von Calafate an der RP 15, Tel. u. Fax (0 29 66) 42 26 26: 5 gemütliche DZ in historischem Casco von 1921; lauschiger Garten mit Grillplatz, patagonische Gerichte; Trekking, Reiten, Angeln, angemessene Preise

Informationen und Reservierungen für alle Estancias der Provinz Santa Cruz auch über E-Mail: estancias@interlink.com.ar

Mini-Trekking auf dem **Perito-Moreno-Gletscher:** geführte 5-Std.-Tour (im Motorboot ans Gegenufer, Waldweg zum Gletscher, ca. 2 Std. Eistrekking mit Steigeisen); viele Pausen, nur normale Kondition und etwas Geschick erforderlich; ausgezeichnete Fotomotive. Die Tour stellt den Höhepunkt des Gletschererlebnisses dar; über örtliche Veranstalter zu buchen

Mit dem **Ausflugskatamaran** zu **Upsala-** und **Spegazzini-Gletscher** und auf die Onelli-Halbinsel: Blickfang auf dieser Tagestour sind die vorbeitreibenden Eisberge; über örtliche Veranstalter zu buchen

Bus-Tour (Tagesausflug) nach **El Chaltén** (Fitz Roy); über örtliche Veranstalter zu buchen

Busverbindungen nach Río Gallegos (mindestens 4 × tgl.); nach El Chaltén (Fitz Roy) mit dortiger Übernachtung (ca. 3 × wöchentl.); nach Puerto Natales (Chile) über Río Turbio (tgl.)

Flüge nach Río Gallegos (mehrmals tgl.), Ushuaia (tgl.), Comodoro Rivadavia (mindestens 1 × wöchentl.)

El Chaltén/Fitz Roy (Santa Cruz)

In der vorderen Klappenkarte C3
Vorwahl: 0 29 62

Touristeninformation im Nationalpark-Verwaltungsgebäude am Ortseingang, Tel. u. Fax 49 30 11 (Apr.–Okt. 9–14 Uhr)

Fitz Roy Inn, Tel. 49 30 62/11 17, Fax 49 22 17: 18 Zimmer mit, 8 ohne Bad, Restaurant, 1. Sept.–30. Apr., **$$$$**

Posada Lago del Desierto, Tel. 49 30 10: 2-, 3- u. 4-Bett-Zimmer mit Bad, Restaurant, Anf. Okt.–Mitte Apr., **$$$-$$$$**

Albergue Patagonia, Tel. 49 30 19, Fax 49 48 22: preiswerter, sauberer Hort für Rucksacktouristen (12 $ pro Pers.)

Zeltplätze: Confluencia, gegenüber der Nationalpark-Verwaltung: Flußufer, Bäume, teilweise windgeschützt, ohne Infrastruktur

2 km außerhalb, am Beginn des Steigpfades zum Río Blanco: Flußufer, Bäume und Sträucher, einiger Windschutz, ohne Infrastruktur

Neben der **Posada Lago del Desierto:** Toilette und warme Duschen

Im **Parque Nacional Los Glaciares:** Laguna Torre und Laguna Capri: romantische Zeltplätze

 Essen kann man im Restaurant **The Wall** (+/++) und in den Unterkünften

 La Quinta, Estancia und Hostería, 15 km vor El Chaltén,

Tel. u. Fax 29 30 12 oder (0 11) 42 52 42 79: Gästehaus mit mehreren 4-Bett-Zimmern, Restaurant, Nationalpark-nahe Exkursionsbasis, Bergführer, Nov.–Apr.

Eldorado (Misiones)

In der vorderen Klappenkarte G9
Vorwahl: 0 37 51

Touristeninformation im Kiosk an der RN 12, 300 m südlich vom Rondell an der Ortseinfahrt (Mo–Fr 7–12.30 Uhr, nachmittags wechselnde Zeiten)

Deutsches Honorarkonsulat, San Martín 1666, 1. Stock, Tel. 42 32 14, Fax 42 40 77; E-Mail wachnitz@ceel.com.ar (Di u. Do 9–12 Uhr)

Schweizer Konsulatsagentur, Kennedy 67, Tel. u. Fax 42 13 25

ACA-Hotel Eldorado, Esperanza km 9, Tel. u. Fax 42 13 70 u. 42 18 70: sehr schöne Hügellage, kleiner Naturwaldpark, ruhig, Pool, Bar-Restaurant, preiswert, $$-$$$
Ilex, Av. San Martín 1850, Tel. 42 23 54: gutes Residencial, in der Nähe vom Busbahnhof, klimatisierte Zimmer, Autoeinstellplatz, gutes Preis-Leistungs-Verhältnis, $$
Buddenberg, Av. San Martín 916, Tel. 42 14 15: properes kleines Hotelchen, Zimmer mit und ohne Bad, klimatisiert, Autoeinstellplatz, deutschsprachiges Familienmanagement, $$

Zeltplätze: Die in schönster Lage und mit guter Infrastruktur sind **La Playita** (in der Nähe des Aero Club, nordöstlich des Ortes am Piray-Miní-Ufer) und **Camping Parque Schwelm** (fast am Río Paraná auf dem Hochufer)

ACA-Hotel (s. o.): internationale Küche, ++
Papa Rulo, RN 12, am Rondell an der Ortseinfahrt: sehr ordentliche Parrilla, +/++

Estancia Las Mercedes, am östlichen Ortsende nach Süden in die Av. Cordobá und 6 km (Erdstraße) strikt geradeaus, dann an der Gabelung nochmal 1 km nach links: 620-ha-Viehfarm, schöne Parkvegetation, charmanter Holz-Casco, gemütliche Räume, 2 Doppel- und 3 Mehrbettzimmer, 4 Bäder, anglo-argentinisches Familienmanagement; Ausritte, Exkursionen im Allradfahrzeug in die östlichen Waldgebiete, Flußfahrten mit Kanus; Reservierungen über Fax 43 14 48 (auch in englischer Sprache)

Rafting auf dem Piray Miní; mit ›Cueva Miní‹, Anfahrt in der Touristeninformation zu erfragen

Fähre über den Río Paraná zum paraguayischen Ufer

Esquel (Chubut)

In der vorderen Klappenkarte C4
Vorwahl: 0 29 45

Touristeninformation Ecke Alvear/Sarmiento, Tel. 45 19 27; E-Mail turiesquel@teletel.com.ar (Mo–Fr 7–20, Sa u. So 9–13 u. 15.30–19 Uhr). Der Ort besitzt eine solide und vergleichsweise preiswerte Infrastruktur

Tehuelche, Ecke 9 de Julio/Belgrano, Tel. u. Fax 45 24 20/21: modernfunktionell, aber nicht öde, gutes Preis-Leistungs-Verhältnis, Bar und Restaurant, $$$
Sol del Sur, Ecke 9 de Julio/Sarmiento, Tel. 45 21 89, Fax 45 24 27: gediegenes Haus der guten Mittelklasse, gutes Restaurant, $$$
La Tour d'Argent, San Martín 1063, Tel. 45 46 12: Residencial mit Flair, Restaurant à la carte, seit 35 Jahren in Familienbesitz, alle Zimmer mit Bad, $$-$$$
Residencial Huemul, Av. Alvear 1015, Tel. 45 08 17: moderner Bau, freundliches Familienmanagement, Zimmer mit Bad, straßenseitig etwas laut, $$

Tips von Ort zu Ort

Billige, saubere **Privatunterkünfte**: Lago Verde, Volta 1081, Tel. 452251, und María Pasquini, Belgrano 844, Tel. 450991

Cabañas: Die empfehlenswertesten der vielen Blockhausanlagen sind Villa Azul, an der Route 259 (Richtung Trevelín), Villa Ayelén, Tel. 453638; Pucón Antú, Chacabuco 1800, Tel. 454053; Posada La Chacra, an der Route 259, 5 km von Esquel, Tel. 452802 u. 452471

Zeltplätze: Von den 6 örtlichen Campinganlagen ist die beste und modernste **La Rural**, an der Ortsausfahrt (Richtung Trevelín)

 La Trochita, Rivadavia 931: gemütliche Parrilla im Provence-Stil, bestes Fleisch, ++
Don Chiquino, 9 de Julio 970: hübsche Trattoría, ausgezeichnete frische Pastas, ++
De María, Rivadavia 1024: urige Parrilla mit gutem Fleisch, +/++

Teestube: Vestry, Rivadavia 1065: hausgemachtes Backwerk, kleines Museum für naive Malerei

 Fahrt mit dem ›**Alten Patagonien-Expreß**‹ (Do 11 Uhr nach El Maitén, Ankunft 17.15 Uhr; El Maitén – Esquel: Mi 14 Uhr); Mi u. Sa Kurzfahrt für Touristen bis Nahuel Pan (kleine Mapuche-Siedlung), Abfahrt 14 Uhr. Der Zeitplan kann sich aus technischen Gründen ändern. Aktuelle Information über Tel. und Fax 451403 (Bahnhof Esquel); Internet-Infos unter http:www. esquelonline.com.ar/expreso. htm; E-Mail latrochita@pagina.de

Esquina (Corrientes)

In der vorderen Klappenkarte E8
Vorwahl: 0 37 77

 **Estancias: Posada Hambaré**, ca 4 km nördl. von Esquina, bei Quinta Cuatro (an der YPF-Tankstelle fragen) von der RN 12 flußseitig abbiegen, Tel. 460270: reetgedecktes, komfortables Landhaus, großzügige Anlage am Fluß, Pool, Quincho, 6 Doppelzimmer
Estancia El Rocío, 24 km rördl. von Esquina von der RN 12 auf die Schotterstraße 30 Richtung Malvinas nach Osten, dann noch ca. 15 km: regionaltypischer strohgedeckter Casco, am Ufer des Río Corrientes gelegen, 6 Doppelzimmer; Reservierung über die Eigentümer Arnoldo und Meme Röhner, Santa Rita 370, 3196 Esquina-Corrientes, Tel. u. Fax 460270. Aktivitäten: Ausritte am Flußufer entlang, Fotosafaris, Wasserskilaufen, Vogelpirsch, Jagd auf Rebhühner, Enten, Bekassinen, Angelsport
La Pelada, unmittelbar neben El Rocío gelegen (s. o.): komfortables Jagdhaus im andalusischen Stil auf dem Hochufer einer Flußbiegung, 6 Doppel- bzw. Dreibettzimmer; Ausritte, Beobachtung der Wasserfauna; Jagd auf Enten, Tauben und Rebhühner; Reservierungen über Tel. 460032; E-Mail arohner@fibertel.com.ar
La Morena, ca. 25 km südl. von Esquina von der RN 12 flußseitig abbiegen (Einfahrt markiert): 1700 ha große Viehzucht- und Baumwollfarm, Casco vom Anfang des 20. Jh., 4 Zimmer mit Bad für jeweils bis zu 4 Personen; Reitwandern, Fotosafaris, Angelsport; günstig; Reservierung über La Morena, Velazco 740, 3196 Esquina-Corrientes, Tel. u. Fax 460948

Estancia Bouvier (Formosa)

Anreise am besten per Boot ab Anleger Puerto Pilcomayo, 4 km vor Clorinda 11 km nach Osten (ausgeschildert): Viehfarm mit 2700 Rindern, Reisfelder, riesiges Sumpf- und Savannengebiet, 30 km eigenes Flußufer am Río Paraguay; im 100 Jahre alten Casco 6 einfache Doppelzimmer und 4 Bäder; Ausritte, Bootsfahrten, Fußwanderungen; etwa 200 Vogelarten, Affen, Halsbandpekaris, Kaimane, Boas u. a.; empfohlene Aufenthaltsdauer: 2–3 Tage oder länger; Reservierungen beim Eigentümer, Sr. Ignacio Nougués, Fax (011) 4322-4271 (auch auf englisch)

Estancia Harberton (Tierra del Fuego)

 Am Flußufer 3 idyllische **Zeltplätze** ohne Infrastruktur (Lashifashaj, Varela, Cambaceres), gratis, vorherige Erlaubnis ist im Estancia-Gebäude einzuholen

Estancia Helsingfors (Santa Cruz)

 Rund 150 km von El Calafate am Südwestufer des Lago Viedma, Tel. u. Fax (02966) 420719; E-Mail landsur@internet.siscotel.com: Traumlage, Gletscherpanorama, Naturwald; Trekking, Reiten, Sportangeln; Okt.–Apr.

Estancia La Angostura (Santa Cruz)

189 km nördl. von Tres Lagos, ca. 150 km südl. von Bajo Caracoles, wenige Kilometer östl. der RN 40 (Zufahrt ausgeschildert), Tel. (02962) 452010, Fax 452269 zur Bürozeit: familiäre Oase, Unterkunft für bis zu 25 Personen, echte Hausmannskost; Flamingolagune, Adlerhorste; die sympathischen Gastgeber, Graciela und Mario Kusanovic, die hier auch den patagonischen Winter durchstehen, haben viel zu erzählen; Okt.–Apr.

Estancia La María (Santa Cruz)

 Inmitten der patagonischen Meseta an der Route 39 gelegen und von Puerto San Julián (155 km) aus zu erreichen, Tel. u. Fax (02962) 4523 28 u. 4522 69: über 80 Höhlen mit Tehuelche-Malereien, die auf 13 000 Jahre zurückdatiert werden; Zeltmöglichkeit, frisches Quellwasser, Gartengemüse; ökologisch engagierter Eigentümer

Estancia La Paz (Córdoba)

 Rund 40 km nördlich der Stadt Córdoba gelegen, umgeben von einem 80 ha großen Park, herrschaftliches Anwesen von 1830: Stilmöbel, Komfort, Pool, Konferenzräume, Reiten, Kutschfahrten, ganzjährig Taubenjagd; Reservierung über Argentina Wings, Tel. u. Fax (011) 4812-0551 u. 4814-1735

Estancia Los Laureles (Entre Ríos)

/
 Vom Flughafen Paraná auf der RN 12 in Richtung La Paz, bei Gobernador Racedo (Estación Cerrito) ab auf die RP 8 Richtung Hernandarias, bei km 17,5 (Schild) links ab auf die 6 km lange Zufahrt: am Hochufer des Paraná gelegene Estancia zur Milchproduktion, deutschsprachiges Management, sehr komfortabler Gästebungalow mit luxuriösen Zimmern, Aufenthalts- und Konferenzräumen für Seminare und Jagdgesellschaften, exzellente Küche; Jagd auf Tauben, Enten, Rebhühner, Antilopen; Sportfischen im Paraná; Jagdgewehre zu mieten; 2 Golfplätze in der Nähe; Reservierung über Argentina Wings, Tel. u. Fax (011) 4812-0551 u. 4814-1735

Estancia La Maipú (Santa Cruz)

Tel. (011) 4901-5591, Fax 4903-4967: Traumlage zwischen Bergmassiven und Seeufer, eigene Insel, traditioneller Estancia-Casco; lichte DZ (mit Bad) für 14 Gäste; von der Provinzbehörde prämiert; in Alleinlage Refugio für bis zu 8 Personen, schönes Zeltgelände; kleines Pioniermuseum, gute Küche; Okt.–Ende Apr.

Estancia San Juan Poriahú (Corrientes)

 Wenige Kilometer nördl. von Loreto von der RP 118 nach Osten ab (markierte Einfahrt), Tel. (0 11) 47 91-95 11: 6 schöne Zimmer mit Bad in ländlich-stilvollem Gästebungalow, gute regionale Küche. Aktivitäten: Naturbeobachtung und Fotosafaris; typische Iberá-Fauna: Kaimane, Wasserschweine, Nutrias, Affen, etwa 30 Sumpfhirsche, schöne Schlangen (wie Riesenboas und Anakondas) und 220 gezählte Vogelarten; zu empfehlen ist ein Aufenthalt von 2-3 Tagen

Falklandinseln/Islas Malvinas

In der vorderen Klappenkarte EF2
Vorwahl: 01 05 00

Falkland Islands Tourist Board, Public Jetty, Port Stanley, Falkland Islands, Tel. 2 22 15, Fax 2 26 19; E-Mail manager@tourism.org.fk (Okt.–März)

Geld: Landeswährungen sind Falkland-Pfund und britische Pfund. US-Dollars werden nur von Hotels und einzelnen Geschäften angenommen. Günstiger, bei der (einzigen) Bank zu wechseln; sie tauscht auch € und SFr.-Noten sowie Eurocheques und Traveller's cheques (mit Abschlag). Von den internationalen Kreditkarten sind Mastercard und Visa am meisten geschätzt. Kreditkarten werden heute von den meisten, aber nicht von allen Dienstleistern angenommen. Am vorteilhaftesten ist es, bereits mit britischer Währung anzureisen

 (alle in Port Stanley an der Uferstraße Ross Road):
Upland Goose, Tel. 2 14 55, Fax 2 15 20: das führende Hotel mit Restaurant und Bar, Cottage-Gemütlichkeit, Übernachtung mit Frühstück pro Kopf 67 £
Malvina House, Tel. 2 13 55, Fax 2 13 57; E-Mail malvina@horizon.co.fk: dem ›Upland Goose‹ ähnlich, Restaurant und Bar, Übernachtung mit Frühstück 60 £
Emma's Guest House, Tel. 2 10 56, Fax 2 15 73; E-Mail emmas@horizon.co.fk: gemütliches altes Privathaus mit Glasveranda, Bed & Breakfast 30,50 £, gutes Essen auf Vorbestellung
Eine noch etwas billigere und einfachere Unterkunft bietet das **Sparrowhawk House,** 7 Drury Street, Tel. 2 19 79, Fax 2 19 80

Zeltplätze: Nicht in Port Stanley. Auf dem Kamp (alles Privatbesitz) kann mit (auch telefonisch einzuholender) Erlaubnis des Farmers gezeltet werden.

 In den Hotels, **+/+++,** sonst nur Schnellimbiß; Selbstversorgung im großen Supermarkt

 Pub des alten ›Rose Hotel‹

 Museum in Port Stanley: tgl. außer So nachm. u. Mo

 Flugverbindung: Ab Santiago de Chile mit Lan Chile einmal pro Woche. Abflug: Sa 8 Uhr, Zwischenlandungen in Puerto Montt, Punta Arenas und jeden zweiten Samstag in Río Gallegos

Fiambalá (Catamarca)

In der vorderen Klappenkarte C8
Vorwahl: 0 38 37

 In der Municipalidad, Tel. u. Fax 49 60 16

Hostería Municipal, Tel. 49 62 91: saubere, moderne Touristenunterkunft mit kleinem Restaurant, $$

Zeltplatz an den Thermen, ca. 15 km östl. vom Ort: Natur-Spa ohne Infrastruktur, einige Cabañas

 Museo del Hombre mit zwei sehr gut erhaltenen, erst 1997 gefundenen präinkaischen Mumien; tgl. 8.30–12.30 u. 17–21 Uhr

Finca El Bordo de las Lanzas (Salta)

Im Valle de Siancas zwischen Salta und Jujuy, ca. 9 km nördl. von General Güemes an der Río-Saladillo-Brücke von der RN 34 ab und auf Stichstraße 4 km nach El Bordo: eine der schönsten, gepflegtesten und traditionsreichsten Estanzien von Argentinien; original koloniale *sala,* deren Ursprünge auf das Gründungsjahr 1609 zurückgehen; Betreuung durch die Estanciero-Familie Arias; gepflegte Küche; für bis zu 12–15 Personen; nicht billig; Reservierung Tel. (03 87) 4 90 30 70, Fax 4 31 05 25; E-Mail bordlanz @cpsarg.com

Formosa (Formosa)

In der vorderen Klappenkarte F9
Vorwahl: 0 37 17

Dirección Provincial de Turismo, Ecke Uriburu/Fontana, Tel. 42 04 42; E-Mail turismo@casadeformosa.gov.ar (Mo–Fr 7.30–13 u. 16–20 Uhr)

Hotel de Turismo, San Martín 759, Tel. u. Fax 43 09 35/38: modern, nüchtern, Restaurant, $$$-$$$$
Plaza, Uriburu 920, Tel. u. Fax 42 67 67 u. 42 95 27: beliebtes Touristenhotel, modern-familiär, Pool, Bar-Restaurant, Garage, recht gutes Preis-Leistungs-Verhältnis, $$$
Colón, Belgrano 1068, Tel. 42 65 47, Fax 42 07 19: beliebtes kleines Hotel, propere Mittelklasse, $$-$$$
España, Belgrano 1032, Tel. 43 39 30: sauberes Residencial, Zimmer mit Bad, Garage, gutes Preis-Leistungs-Verhältnis, $$
City, Brandsen 37, Tel. 43 59 01: älteres, einfaches Residencial, Zimmer mit und ohne Bad, $

Estancia Chica, Hipólito Marcial Rojas 544: gemütlicher Quincho, ca. 1,5 km vom Zentrum, beste Parrilla am Ort, ++
El Tano Marino, 25 de Mayo 55: ansprechende Trattoría, gute Pastas und andere Gerichte, ++
Raíces, 25 de Mayo 65: ordentliche regionale und internationale Küche, +
El Taita, Av. Gonzalez Lelong 415: einfache, billige Trottoirparrilla mit ordentlichem Fleisch. +

Museo Histórico, Ecke 25 de Mayo/ Belgrano: archäologische Funde und Memorabilia aus der Regionalgeschichte; Mo–Fr 8–12 u. 16–20, Sa 8–12 Uhr

Casa de la Artesanía, Ecke 25 de Mayo/San Martín: Kunstgewerbe-Werkstätten der Toba-Ethnie, auch Verkauf; vormittags bis 12 Uhr

Ausflug mit dem **Fährboot** (nur Passagiere) zur paraguayischen Uferseite, wo das Grenzdorf Villa Alberdi (Freihafen) liegt (Abfahrt alle 15 Min.)
Flußfischen: Anmietung von privaten Booten direkt am Hafen
Flußwanderung: Auf dem Río Bermejo stromab in der Piroge; Uferzelten unterwegs (Reservierung und Information: Sr. Pedro Iznardo Paraguay 520, Formosa, Tel. 42 07 80)

Goya (Corrientes)

In der vorderen Klappenkarte EF8
Vorwahl: 0 37 77

Dirección Municipal de Turismo, José Gómez 953, am Busterminal, Tel. 3 17 62 (Mo–Fr 8–12 u. 14.30–20, Sa u. So 9.30–12 u. 16.30–19 Uhr)

Gran Hotel de Turismo, B. Mitre 880, Tel. u. Fax 42 29 26/42 06 75: erstes Hotel am Platz, gediegen-modern, Garten mit Pool, Bar-Restaurant, Garage, gutes Preis-Leistungs-Verhältnis, $$

Cervantes, José Gómez 723, Tel. 42 28 64 u. 42 24 45: ordentliche Mittelklasse, modern-spanisch, Bar-Restaurant, Garage, $$
Colón, Colón 1077, Tel. 42 26 82: einfach, alle Zimmer mit Bad, $

Zeltplatz: Von einem halben Dutzend Plätzen der beste ist **Green,** Av. Madariaga 550: Eukalyptusbäume, Infrastruktur, 80 m vom Flußufer

El Nautico, am flußseitigen Ende der Straße Ejército Argentino: einfaches Club-Restaurant mit sehr guten Fischspeisen, ++
El Colono, España 347, gegenüber dem Busterminal: ordentliche Parrilla, einfach, populär, +

Hornillos (Jujuy)

In der vorderen Klappenkarte D9

lauschiger Zeltplatz bei der *posta*

Posta: kolonialspanische ›Raststätte‹; Mi–So 9–18 Uhr

Humahuaca (Jujuy)

In der vorderen Klappenkarte D9/10
Vorwahl: 0 38 87

Sporadisch bei der Municipalidad; authentischere Auskünfte bei Sixto Vázquez Zuleta im Museum

Humahuaca ist ein wenig ›tourismusgeschädigt‹. Man kann in Uquía (s. S. 393) wohnlicher unterkommen.
Hotel de Turismo, Buenos Aires 630, Tel. 7 42 11 54: modern-funktionelles Großhotel der einfachen Mittelklasse, alle Zimmer mit Bad, aber im ganzen triste, $$$
Colonial, Entre Ríos 110, Tel. 7 42 10 07: dicht beim Busterminal gelegen, saubere Zimmer mit und ohne Bad, familiengeführt, $$

Albergue Juvenil (Jugendherberge, auch für Erwachsene und Familien), Buenos Aires 435, Tel. 7 42 10 64: die bei weitem beste Wahl für bescheidene Ansprüche, traditionswahrendes Haus, sehr billige Zimmer mit und ohne Bad, besonders freundliches Familienmanagement, Küchenbenutzung oder regionale Kost, Waschautomaten, $-$$

Zeltplatz: jenseits der Bahngleise: rudimentäre Infrastruktur, Bäume, Staubboden

 Colonial, Tucumán 16: einfache Tagesgerichte, *empanadas, tamales,* +
Los Amigos, am Nordende der Calle Jujuy: regionale Küche, folkloristische Musik und Tänze, +

 Museo Folklórico Regional, Buenos Aires 435: Die kleine Sammlung des Schriftstellers und Kulturpflegers Sixto Vázquez Zuleta gibt einen lebendigen Überblick über regionale Eigenheiten; tgl. 8–18 Uhr

Trekking und **Maultierexpeditionen** ins Zenta-Gebirge (Santa Ana, Valle Grande, Pampichuelas); die touristische Erschließung dieses Gebietes (Fahrwege) ist in Vorbereitung

Islas Malvinas

s. **Falklandinseln**

Jujuy

s. **San Salvador de Jujuy**

Lago Escondido (Tierra del Fuego)

In der vorderen Klappenkarte D1
Vorwahl: 0 29 01

Petrel, Tel. 43 35 69: Hostería mit großer Panorama-Cafetería, Spezialität: hausgebackener Obstkuchen; 14 Zimmer mit Bad, $$$$

Die Hostería Petrel vermietet Boote zum Angeln

Lago Fagnano (Tierra del Fuego)

In der vorderen Klappenkarte D1
Vorwahl: 0 29 01

Kaikén, Tel. u. Fax 49 22 08: Touristen-Hostería am Hochufer, Seeblick; beliebter Stopp; 14 Zimmer mit Bad, 4 Bungalows, $$

Lago Posadas (Santa Cruz)

In der vorderen Klappenkarte C3

 **Lagos del Furioso,** Tel. u. Fax (0 11) 48 12-09 59; E-Mail cramer@interlink.com.ar: 38 Betten in 6 hübschen Bungalows; abgestufte Kategorien und Preise; Sauna, Restaurant mit guter Küche, persönliches Ambiente, deutschsprachige Betreuung; Trekking, Reiten, Mountainbike-Touren; Mitte Okt.–Mitte Apr.

Lago Yehuin (Tierra del Fuego)

In der vorderen Klappenkarte D1
Vorwahl: 0 29 64

Hostería Lago Yehuin, am Seeufer, Tel. 43 39 95; E-Mail smata@genesysrg.com.ar: 15 Zimmer mit Bad, Restaurant, Okt.–Apr., $$

Zeltplatz hinter der Hostería, baumreich, ohne Infrastruktur, gratis, in der Hochsaison oft von Schulklassen frequentiert; viele wildromantische Zeltplätze im Feuerlandwald

Der von typischer Feuerlandvegetation umgebene Lago Yehuin ist ein malerischer Ausgangspunkt für Waldwanderungen. Wer den Weg (ca. 6 km ab Seezufahrt) über das ehemalige Sägewerk Yawen zur Bergspitze nimmt, gewinnt einen lohnenden Blick über die Gebirgszüge Südfeuerlands und die zwischen ihnen eingebetteten Seen. Mit etwas Glück kann man auch Kondore sehen. Zum Reitwandern vermietet die Hostería Pferde (15 $ pro Stunde).

Laguna Iberá (Corrientes)

In der vorderen Klappenkarte F8
Vorwahl: 0 37 73

In der touristisch noch wenig erschlossenen kleinen Kolonie Carlos Pellegrini gibt es seit kurzem die einfache Hostería *Posada Aguapé* und die Gäste aufnehmende *Estancia Ñanderetá*, Tel. 42 17 41; private Unterkünfte hinter dem Krämerladen *Pan y Agua* sowie bei Sr. González, erste Sandstraße rechts, dann das erste weiße Haus mit Pinien links, $-$$

Comedor Aguelave, erste Sandstraße rechts, zweiter Block linker Hand: einfache, sehr billige, schmackhafte Hausmannskost, **+**

Bootsausflüge in die Lagune zur Beobachtung von *yacarés* (Alligatoren), *carpinchos* (Wasserschweinen), *ciervos de pantano* (Sumpfhirschen) und Vögeln; wird von den Rangern der *Flora-y-Fauna*-Station an der Brücke organisiert, man gibt ihnen ein ordentliches Trinkgeld

La Paz (Entre Ríos)

In der vorderen Klappenkarte E 7/8
Vorwahl: 0 34 37

Subsecretaría de Turismo, Vieytes/España (am Hafen), Tel. 42 23 89, Fax 42 35 01 (tgl. 7–19 Uhr)

Milton, Italia 1029, Tel. u. Fax 42 22 32: zentral, ordentliche Mittelklasse, Cafetería, $$-$$$$
La Paz, 3 de Febrero 745, Tel. 42 15 90: sauber, billig, Familienmanagement, $$

Posta del Surubí, neben der Touristeninformation: gemütlich-einfaches Lokal, frischer Flußfisch; zu empfehlen als Vorspeise: *pescado en escabeche* (Fisch in pikant-würziger Marinade), als Hauptgang *surubí al ajillo* (mit Knoblauch und Whisky gegrillter *surubí*); an Wochenenden gibt es auch Fleisch von der Parrilla, ++
La Vereda, an der Plaza: Bar-Restaurant mit preiswerten Gerichten; zu empfehlen: *vizcacha en escabeche* (Vizcacha in pikantwürziger Marinade), +
El Mesón del Río, Ecke San Martín/Moreno: gute Hausmannskost, auch Fischspeisen, +

Estancias: El Desafío, ca. 8 km südl. von La Paz (Gäste werden von dort aus hingebracht): fast ganz von Naturwald bedeckte, am Paraná-Ufer gelegene 500-ha-Estancia; 3 separate gut eingerichtete Gästebungalows mit Küche, für jeweils bis zu 6 bzw. 14 Personen, Flußblick; Aktivitäten: Fischfang, Jagd auf Tauben, Enten, Rebhühner, Bekassinen (Sumpfschnepfen), Hasen und besonders Büffel; Reservierung über Don Guillermo, Belgrano 386, 3190 La Paz, Tel. 42 22 89, Fax 42 21 18
El Sauce, 15 km südl. der Einfahrt nach La Paz (Schild am Straßenrand): gewässerreiche, naturwaldbedeckte und streng ökologisch geführte – keine Jagd! – 1400-ha-Estancia mit viel Tradition; 200 Jahre alter schilfstrohgedeckter, kultiviert eingerichteter Casco, junges Estanciero-Ehepaar; Fahrten in Allradfahrzeugen, Oldtimern oder Kutschen, Fotosafaris, Kanufahren und Baden an den Sandstränden des Arroyo Feliciano; Reservierung direkt bei der Estancia El Sauce, Casilla de Correo No. 3, 3190 La Paz, Tel. 48 10 19 (auch in Englisch möglich)

Bootsausflüge und Angeltouren auf dem Rio Paraná organisieren La Boutique del Pescador, Ecke Vieytes/Belgrano, sowie Eduardo Echeverría, San Martín 1372, Tel. 42 13 28

La Plata (Buenos Aires)

In der vorderen Klappenkarte F6
Vorwahl: 02 21

Subsecretaría de Turismo, Torre II (neben der Municipalidad), 12 esq. 53, 13°, Tel. 43 63 57, Fax 4 25 45 76 (Mo–Fr 9–15 Uhr)

Corregidor, Calle 6 No. 1026, Tel. 4 25 68 00, Fax 4 25 68 05: erstes Hotel am Platz, direkt an der Plaza San Martín, modern, $$$$
San Marcos, Calle 54 No. 523, Tel. u. Fax 4 22 22 49: gehobene Mittelklasse, zentral, ruhig, klimatisiert, $$$
La Plata, Avenida 51 No. 783, Tel. u. Fax 4 22 90 90: gepflegte Mittelklasse, modern, zentral, ruhig, Restaurant, bestes Preis-Leistungs-Verhältnis
Roga, Calle 54 No. 334, Tel. 4 21 95 53: in Museumsnähe, einfach, modern, sauber, klimatisiert, Zimmer mit Bad, $$
García, Calle 2 No. 525, Tel. 4 22 52 49: saubere Hospedaje mit 14 Zimmern, alle mit Bad, $$

Die besten **Parrillas** liegen entlang der Straße Buenos Aires – La Plata im Parque Centenario
Centro Basko, Calle 14 No. 1245: spanische und internationale Küche, auch Fischgerichte, ++
La Aguada, Calle 50 No. 631: Speisen aller Art, einfach, schnell, beliebt, +
Nueva China, neben ›La Aguada‹: chinesische Küche, *tenedor libre*, preiswert, +
Mi Viejo, an der Plaza San Martín, Calle 54 No. 590: hausgemachte Pastas und Parrilla, sehr beliebt, +
Cervecería Modelo, Ecke 54/5: gepflegtes Bistro-Café, beliebter Treff, +

Museo de Ciencias Naturales, Paseo del Bosque: wichtigstes naturkundliches Museum Argentiniens; tgl. 10–18 Uhr
Museo de Bellas Artes, Av. 51: regionale Gemäldesammlung; Mo–Fr 10–19, Sa 10.30–13 u. 16–19 Uhr

La Quiaca (Jujuy)

In der vorderen Klappenkarte D10
Vorwahl: 0 38 85

Hotel de Turismo, Ecke Rep. Árabe Siria/San Martín, Tel. 42 22 43: Mittelklasse, großräumig, preiswert, das beste am Platz, Restaurant mit einfachen Gerichten, $$-$$$
Crystal, Sarmiento 542, Tel. 42 22 55: einfache, saubere Zimmer mit und ohne Bad, $$
Frontera, Ecke Rep. Árabe Siria/Belgrano: einfaches Residencial, Zimmer mit und ohne Bad, kleines Restaurant, $-$$

Zeltplatz: Camping Municipal an der Ausfahrt nach Yavi, links der Straße: rudimentäre Infrastruktur, einige Bäume

Busverbindungen: Mindestens 10 × tgl. nach und ab Jujuy bzw. Salta (und weiter nach Tucumán, Córdoba, Buenos Aires); auf der bolivianischen Seite (Villazón) Busverbindungen in alle wichtigen bolivianischen Zielorte

Manka Fiesta (›Fest der Töpfe‹), ein traditioneller Tauschmarkt der Puna-Region (am 3. Sonntag im Oktober)

La Rioja (La Rioja)

In der vorderen Klappenkarte D8
Vorwahl: 0 38 22

Touristeninformation Ecke Av. Perón/Uriza, Tel. 42 88 39, Fax 42 66 48 (Mo–Fr 8–13 u. 16–21, Sa 9–12, So 16–20 Uhr

King's Hotel, Ecke Av. Facundo Quiroga/Copiapó, Tel. 42 21 22, Fax 42 27 54: gepflegtes kleines Hotel der oberen Kategorie, klimatisierte Zimmer en suite, Pool, Garage, $$$$
Talampaya, Av. Perón 951, Tel. 42 40 10: ordentliche Mittelklasse, modern, preiswert, Autoeinstellplatz, $$-$$$
Residencial Anita, Coronel Lagos 476, Tel. 42 70 08: 25 Einzel- und 35 Doppelzimmer, einfach und preiswert, $$
La Florida, 8 de Diciembre 524: sehr einfache Hospedaje, Zimmer ohne Bad, $$

Zeltplätze ca. 1 km hinter Las Padercitas in Richtung Sanagasta: Infrastruktur, Pool, Baumschatten; gleiche Ausstattung, aber landschaftlich schöner: ca. 8 km weiter am Dique Los Sauces (Staudamm ›Die Weiden‹)

La Vieja Casona, Rivadavia 431: breite Speisepalette, auch Parrilla, gutes Preis-Leistungs-Verhältnis, ++
El Milagro, Ecke Av. Perón/Remedio Escalada: Quincho mit guter Parrilla; *chivito, lechón,* Pastas, ++
Il Gatto, an der Plaza 25 de Mayo, Pelagios-B.-Luna-Seite: Pastas, Pizzas, preiswerte Fertiggerichte, +

Museo Arqueológico Inca Huasi, Juan Bautista Alberdi 650: sehr sehenswert; wechselnde Öffnungszeiten, gewöhnlich Di–Fr 8.30–12 u. 17–19, Sa 8.30–12, So (unsicher) 10–12 Uhr
Museo Histórico, Adolfo F. Dávila 87: Möbel und Zierat aus der Kolonialzeit; Mo–Fr 8.30–12 u. 17–21, Sa 8.30–12 Uhr

Casa de Joaquín V. Gonzáles, Rivadavia 252: alter Backsteinpalast, der auch das Historische Archiv beherbergt; Mo–Fr 8–12 u. 16–20 Uhr

Lobos (Buenos Aires)

In der vorderen Klappenkarte EF 8

Estancias: Alle nachfolgend aufgeführten Estancias bieten bei guter Kost und urigen *asados* schöne Unterkünfte, erholsame Parks und Reitwandern an. Folkloremusik und Gauchovorführungen können zusätzlich organisiert werden.
La Candelaria, südwestl. von Buenos Aires nach Lobos, ab da auf der RP 205 bis km 114,5 und nach rechts in die Einfahrt; malerischer Casco im Stil eines Kastells, getrennter Gästebungalow im spanischen

Stil, Unterbringung nach Wahl; diese und weitere Gäste aufnehmende Estancias im Raume Lobos – wie **La Concepción, San Agustín** und **Santa Rita** – vermittelt die Agentur José de Santis, Buenos Aires, Diagonal Roque Saénz Peña 616, 5 piso Of. 513, Tel. (0 11) 43 42-84 17, Fax 43 43-95 68 **La Martina,** in Vicente Casares (bei Cañuelas, südwestl. von Buenos Aires) an der Sol-Tankstelle den Weg erklären lassen; weitläufiges herrschaftliches Anwesen mit rustikal-gemütlichem Gästehaus, 6 DZ mit Bad, 2 Pools, auch Polo-Farm; Reservierung: Tel. (0 22 26) 43-07 77, Fax 43-00 66; E-Mail lamartina@isei.com.ar

Luján (Buenos Aires)

In der vorderen Klappenkarte E7

Museo Colonial e Histórico: Exponate aus der Regionalgeschichte; Mi–Fr 11.30–16.30, Sa u. So 12.30–17.30 Uhr
Museo de Transportes: bedeutende Transportmittel aus der Geschichte Argentiniens (vom Dornier-Flugboot ›Plus Ultra‹ bis zur historischen Reisekutsche); Mi 12.30–16.30, Do u. Fr 11.30–16.30, Sa u. So 12.30–17.30 Uhr

 Gestüt La Pérgola: Deutschsprachige Reitschule (Sa u. So); Terminvereinbarungen über die Eigentümer Max und Sabina Sandelowsky, Tel. (0 11) 49 01-36 93 (nach 19 Uhr)
Estancia Las Acacias, bei Olivera, 18 km von Luján an der RN 5 (km 78) in Richtung Mercedes: Asados mit Gaucho-Folklore nach Vereinbarung; Halb- und Ganztagsprogramme für Gruppen ab 15 Personen; Reservierung über die Eigentümerin Sra. María del Carmen Carozzolo, Lavalle 2492, Martínez, Prov. de Buenos Aires, Tel. (0 11) 47 92-31 83. Tel. der Estancia: (0 23 23) 42 83 90

Mar del Plata (Buenos Aires)

In der vorderen Klappenkarte F5
Vorwahl: 02 23

EMTUR, Bulevar Marítimo 2267, gegenüber vom Casino, Tel. 4 94 41 40, 4 95 17 77, 4 95 62 00, Fax 4 94 25 53 (im Sommer: Mo–Fr 7–21, Sa u. So 8–21 Uhr; im Winter unregelmäßig)

Deutsches Konsulat: Córdoba 3318, Casilla de Correo 1375, Tel. u. Fax 4 92 25 52 (Mi u. Fr 9–12 Uhr)

Als größter Badeort der argentinischen Küste besitzt Mar del Plata ein überwältigendes Hotelangebot – rund 740 Häuser –, davon alleine elf 4-Sterne-Hotels; die meisten sind ganzjährig geöffnet. Ihre typische Kundschaft sind jedoch Feriengäste, weshalb es für Durchreisende am einfachsten ist, sich an Ort und Stelle – über EMTUR – nach jeweiligen Vakanzen zu erkundigen.

Von den 8 **Zeltplätzen** der Stadt sind am meisten die Strandplätze an der Route 11 (Küstenstraße nach Süden) zu empfehlen:
El Faro, ca. 1,5 km vom Leuchtturm Punta Mogotes: gute Infrastruktur, eigener Strand
Los Horneros, rd. 15 km vom Leuchtturm: ausgedehnte Infrastruktur mit Restaurant, Tennisplatz, Pool
Las Brusquitas, ca. 39 km vom Leuchtturm: gepflegte Infrastruktur

Unter der Fülle von Speiselokalen befinden sich rund 100 gehobene gastronomische Betriebe, von denen besonders zu empfehlen sind:
Taberna Baska, 12 de Octubre 3301: Meeresfrüchte, ++/+++
La Caracola, am Fischereihafen: Meeresfrüchte; zusammen mit ca. 10 anderen guten Marisquerías um ein Rondell liegend, ++/+++
Perales, Dorrego 3186: Parrilla, ++
Trenque Lauquen, Mitre 2897: Parrilla, ++
Ambos Mundos, Rivadavia 2644: internationale Küche, ++

Teestube: Ficus, Falucho 2738

Museo Municipal de Ciencias Naturales, an der Plaza España: kleines Naturkundemuseum; Jan.–März tgl. 10–12 u. 15–20, Apr.–Nov. tgl. 16–20 Uhr, im Dez. zeitweise geschlossen

Spielkasino, am Strandzentrum Playa Bristol: Roulette, Black Jack, Automaten; Mo–Fr 15–4, Sa u. So 12–4 Uhr

Mendoza (Mendoza)

In der vorderen Klappenkarte D7
Vorwahl: 0261

Touristeninformation 9 de Julio 500, Tel. 44 95 18, Fax 4 38 13 87; Ecke San Martín/Garibaldi, Tel. 4 20 13 33; E-Mail munimza@supernet.com.ar, web-site www.mendoza.com.ar (Mo–Fr 8–21, Sa u. So 9–13 u. 17–21 Uhr)

Deutsches Konsulat: Montevideo 127 piso 2, Dep. 1, Tel. (Büro) 4 29 65 39, (privat) 4 39 07 72, Fax 4 29 66 09 (Mo 10–12 Uhr und nach telefonischer Vereinbarung)

Grand Hotel Balbi, Av. Las Heras 340, Tel. 42 33-5 00/6 10, Fax 43 80-6 26: komfortables, preiswürdiges Hotel der gehobenen Klasse, guter Service, $$$$
Cervantes, Amigorena 65, Tel. 4 20 17 82, Fax 4 20 17 32: beliebtes zentrales Stadthotel der gehobenen Preiskategorie, Restaurant mit feiner Küche, $$$–$$$$
Gran Ritz, Perú 1008, Tel. u. Fax 4 23 51 15: ordentliche Mittelklasse, Cafetería, Garage, angemessenes Preis-Leistungs-Verhältnis, $$$
Vecchia Roma, Av. España 1615, Tel. u. Fax 4 23 25 29 u. 4 38 20 32: beliebtes Mittelklassehotel, gutes Preis-Leistungs-Verhältnis, Autoeinstellmöglichkeit, $$$
Embajador, Juan B. Justo 365, Tel. 4 25 91 29, Fax 4 25 57 83: einfaches, preiswertes Touristenhotelchen, Zimmer mit Bad, ca. 2 km vom Zentrum, $$
Zamora, Perú 1156, Tel. u. Fax 4 25 75 37: sehr hübsches Patio-Haus im Kolonialstil, familiäres Ambiente, Zimmer mit Bad, auf Wunsch auch warme Mahlzeiten, $$

La Marchigiana, Patricias Mendocinas 1550: beliebtes italo-argentinisches Lokal, gepflegt-rustikal, breites Angebot, große Weinauswahl, +++
Trevi, Las Heras 70: breite Speisepalette, sehr gute italienische Küche, auch Spezialitäten wie Abalonen, Spanferkel, ofengebackenes *chivito,* reiche Weinkarte, +++
Sarmiento, Sarmiento 658: beliebte einfache, preiswerte Parrilla, auch Tische auf dem Trottoir, ++
El Retortuño, Dorrego 173, Tel. 4 31 63 00: regionaltypische einfache Mahlzeiten, familiär, abends Auftritte kleiner Musik- bzw. Tanzgruppen; reservieren! ++
Cabaña Caprina Los Cerros, südl. von Luján auf der Calle Olavarría ca. 3 km nach Osten: rustikales Ausflugslokal mit renommierter regionaler Küche, nur samstagmittags und -abends sowie sonntagmittags, ++
Arturito, Chile 1575: populäre preiswerte Parrilla, Trottoir-Tische, +/++

Café: Café del Teatro, Ecke Chile/Espejo, an der Plaza Independencia

Bodega Escorihuela, im Stadtteil Godoy Cruz, Belgrano 1188: zentrumsnächste Weinkellerei, Besichtigung, Weinprobe und -verkauf; Mo–Fr 9.30–16.30 Uhr; Anfahrt mit Bus Nr. 10 oder Nr. 40 ab Patricias Mendocinas
Bodega Giol, Stadtteil Maipú, Ozamis 1040: Besichtigung, Weinprobe und -verkauf; Mo–Fr 9–12 u. 15–18 Uhr; Weinmuseum Mo–Fr 9–18, Sa u. So 15–19 Uhr; Anfahrt mit Bus Nr. 150 oder Nr. 160 ab Rioja

Museo Arqueológico de la Universidad Nacional de Cuyo, Parque General San Martín: kleines archäologisches Museum; Mo–Mi 9–12 u. 16–19, Do u. Fr 9–12 Uhr
Museo del Pasado Cuyano, Montevideo 544: historische Möbel, Kunstwerke und Urkunden der Cuyo-Region; Di–Sa 9–12.30 Uhr

Museo Cornalio Moyano, Playas Serranas, Parque San Martín: Naturwissenschaftliches Museum; Mo–Fr 8–13 u. 14–19, Sa u. So 15–19 Uhr

Andenüberquerungen: ca. 5 Tage, meist zu Pferd, An- und Abfahrten mit Allradfahrzeugen, nur im Sommer (Kernzeit: 1. Jan.–15. März). Es gibt 4 Hauptrouten: 2 beginnen in Tunuyán (ca. 70 km südl. von Mendoza) entweder bei Los Arboles oder am Manzano Histórico, die anderen in San Carlos (ca. 90 km südl. von Mendoza). Das Satteln erfolgt auf örtlichen Estancias. Die Touren führen vorwiegend über den Piuquenes-Paß (4030 m) und den Nieves-Negras-Paß (3900 m). Erfahrenster Veranstalter: Piuquenes Expediciones de Montaña, Agustín Álvarez 332, Tel. 4 25 39 84, Fax 4 30 80 29

Drachenfliegen: unter Aufsicht eines Piloten, halbe Tage möglich; Turismo Aymará, 9 de Julio 983, Tel. u. Fax 4 20 06 07 u. 4 20 53 04

Molinos (Salta)

In der vorderen Klappenkarte D9
Vorwahl: 0 38 68

Hostería Casa de Isasmendi, gegenüber der Kirche, Tel. 49 40 04 u. 49 40 02; E-Mail marcelocornejo@arnet.com.ar: entzückender, fast 200 Jahre alter Kolonialbau, fachkundig restauriert, unter Denkmalschutz, Hausmuseum; Zimmer mit Bad, edler Speiseraum, regionale Küche, rechtzeitige Reservierung empfohlen, v. a. im Dez.–Febr. sowie Juli und in der Osterwoche, $$$$

Montecarlo (Misiones)

In der vorderen Klappenkarte G9
Vorwahl: 0 37 51

Helvecia, Av. El Libertador 2882, Tel. u. Fax 48 00 28: adrette Hostería im Chaletstil, Pool, klimatisierte Zimmer, gutes Preis-Leistungs-Verhältnis, deutschsprachiges schweizerisches Familienmanagement, $$

Ideal, Poll, Tel. 48 00 76: neues sauberes kleines Hotel, sehr preiswert, von deutschsprachiger Familie geführt, $$

Zeltplatz auf dem Gelände des ›Club de Pesca‹, am flußseitigen Ende der Ortsdurchfahrt: Hochuferwiese neben Wald, Flußblick, ordentliche Infrastruktur, Club-Restaurant

Las Palmeras, RN 12, am Rondell an der Ortseinfahrt: einfache Parrilla, preiswerte, dennoch gute Gerichte aus regionalen Erzeugnissen wie *mandioka* (Maniok), als Nachtisch *Quinito, Mamón* u. a. landestypische Spezialitäten, +

 Besuch bei **Orchideenzüchtern** (in den Hotels zu erfragen)

Monte Hermoso (Buenos Aires)

In der vorderen Klappenkarte E5
Vorwahl: 0 29 21

Secretaría de Turismo, im Busterminal, Ecke Av. Faro Recalada/Pedro de Mendoza, Tel. 8 11 23 u. 8 10 47, Fax 8 16 96 (im Sommer: tgl. 8–22, im Winter: tgl. 8–14 Uhr)

Es gibt rund 40 Beherbergungsstätten, im Sommer meist von Feriengästen in Anspruch genommen, im Winter größtenteils geschlossen; ganzjährig geöffnet ist das saubere kleine Familienhotelchen **Ameghino,** Valle Encantado 60, Tel. 48 10 98, $$

8 **Zeltplätze** in Strandnähe; am besten ausgestattet: **Camping Americano,** ca. 6 km nach Westen in den Dünen

Alemana, Av. Argentina 129: gepflegtes Lokal mit internationaler Küche und *mariscos,* ++/+++
La Robla, Ecke Costanera/Borches: internationale Küche und Parrilla, ++
Caballito Blanco, Ecke Intendente Maj-

luf/Valle Encantado: einfacher Rahmen, gängige Gerichte, gewöhnlich auch Fisch, +

 Museo Municipal de Ciencias Naturales, Av. Costanera zwischen Av. Dufaur und Patagonia: Leitfossilien und Aquarien mit interessanten Quallenarten; saisonal wechselnde Öffnungszeiten

Leuchtturm Recalada, 7 km auf dem Küstenweg zum Strand Sauce Grande nach Osten: Innentreppe mit 293 Eisenstufen; Besichtigungsmöglichkeit zu erfragen bei der Touristeninformation

Montevideo (Uruguay)

In der vorderen Klappenkarte F6

Av. del Libertador 1409, 4. Stock, Mo–Fr 8–15 Uhr. Informationskioske befinden sich auch am Flughafen, am Hafen und am Busterminal Tres Cruces

Etwa ein Dutzend Flüge täglich mit **Aerolíneas Argentinas** und **Pluna** vom Stadtflughafen Buenos Aires (Aeroparque) nach Montevideo (35 Min.), weitere nach Colonia (20 Min.) und Punta del Este (1 Std.).
Die Reederei **Buquebus** verbindet Buenos Aires und Montevideo 4 × tgl. mit 90 km/h schnellen Superkatamaranen (›Aviones‹) in ca. 2½ Std. und steuert Colonia 3 × tgl. mit Tragflügelbooten (1 Std.) und 2 × tgl. mit der Fähre (3 Std.) an; Reservierungen in Buenos Aires: Córdoba 867 und Lavalle 607, Tel. (0 11) 43 13-44 44; in Montevideo: Río Negro 1400, Tel. (1 30) 92 06 70.
Ferrylíneas verbindet Buenos Aires und Colonia 3 × tgl. mit Katamaranen (45 Min.) und 2 × tgl. mit der Fähre (3 Std.). Reservierungen in Buenos Aires: Ecke Córdoba/Maipú, Tel. (0 11) 43 15-68 00.
Alle Schiffe (Katamarane, Tragflügelboote und Fähren) starten von der Dársena Norte aus; Duty Free Shops an Bord. Beim Lösen der Fahrkarten sollten Pensionäre *(jubilados)* Preisnachlässe erfragen (bei Buquebus z. Z. 20%).

Von Colonia besteht regelmäßig Busanschluß nach Montevideo (ca. 3 Std.), zu bestimmten Terminen auch nach Punta del Este (ca. 5 Std.).

Nazareno (Jujuy)

In der vorderen Klappenkarte D10

 Touristenherberge der Gemeinde mit ca. 20 Betten, $

Tagesgerichte im Restaurant der Sra. Andrea, fast am Ende der Calle Salta, gegenüber dem Laden von Guadalupa Zubalza (Proviant, Auskünfte), +

Necochea (Buenos Aires)

In der vorderen Klappenkarte F5
Vorwahl: 0 22 62

Secretaría de Turismo, Küstenstraße Avenida 2/Ecke Calle 79, Tel. u. Fax 43 01 58 (im Sommer: tgl. 9–21 Uhr; im Winter unbestimmt)

 León, Avenida 79 No. 229, Tel. u. Fax 42 48 00: modern, strandnah, bestes Preis-Leistungs-Verhältnis unter den führenden Hotels, Garage, ganzjährig geöffnet, $$$
Atlántico, Avenida 2 No. 4022, Tel. u. Fax 42 33 03: an der Küstenstraße, Meeresblick, gute Mittelklasse, $$$
Tres Arroyos, Avenida 79 No. 231, Tel. 42 59 99: strandnah, einfache Mittelklasse, sauber, billig, $$

Von den 7 örtlichen **Zeltplätzen** am besten ausgerüstet ist der **Camping Americano,** Avenida 2, 100 m vom Lago de los Cisnes (sehr gute Infrastruktur, Badestrand)

Die Fischlokale am Hafen, auch die vielgenannte ›Cantina Venezia‹, sind enttäuschend (kein Frischfisch und überteuert); man ißt reeller in einem der kleinen Lokale in den Calles 83 oder 85.

Tips von Ort zu Ort

Paraná (Entre Ríos)

In der vorderen Klappenkarte E7
Vorwahl: 03 43

Subsecretaría de Turismo, Fußgängerstraße San Martín 637 und Parallelstraße Buenos Aires 132, Tel. 4 22 33 84, Fax 4 23 36 51 (Mo–Fr 7–13 Uhr u. 18–20 Uhr)

Mayorazgo, Av. Etchevehere/Miranda, Tel. u. Fax 4 23 03 33: großes modernes Kasinohotel auf dem Hochufer, Flußblick, Park-Pool, Restaurant mit internationaler Küche, $$$$
Paraná, 9 de Julio 60, Tel. 4 22 39 00: entzückendes Kolonialhaus mit gedecktem Patio, gehobene Mittelklasse, zentral, Garage, bestes Preis-Leistungs-Verhältnis, $$$
Don Marcos, Av. Ramírez 2681, Tel. 4 31 20 90: adrettes neues Hotelchen in Randlage, straßenseitig laut, $$-$$$
Super Luxe, Villaguay 162, Tel. u. Fax 4 23 28 35: der Name täuscht, sehr einfach, modern, alle Zimmer mit Bad, Autoeinstellplatz, $$

Zeltplatz: La Toma, nördl. des Zentrums am Flußufer: gute Infrastruktur, Baumschatten, Pool

La Posada de Fanny, Urquiza 843: hübsche Trattoría, Fleisch, Pastas, Flußfisch, ++
La Casona, Pellegrini 175: rustikal-gepflegte Parrilla mit Salatbar und gutem Fleisch, auch Menüs, ++

Estancia El Garbón, von Paraná aus auf der RP 11 nach Süden in Richtung Victoria und bei km 80 (ländlicher Eckladen) nach Osten ab auf eine 20 km lange Erdstraße: traditionelle Viehzucht- und Ackerbaufarm mit echter Landatmosphäre und familiärem Ambiente, 4 geschmackvoll dekorierte Doppelzimmer mit Bad; Reservierung über die Agentur Biblos, Buenos Aires, Av. de Mayo 605, 13° ›C‹, Tel. (0 11) 43 43-36 66, Fax 43 31-36 60; Tel. der Estancia: (0 34 36) 4 22 3 43

Museo Histórico Martiniano Leguizamón, Ecke Buenos Aires/Laprida: interessante Kollektion von Exponaten zur Geschichte von Entre Ríos; Di–Fr 7–13 u. 14–20, Sa 17–20, So 9–12 Uhr
Museo de Bellas Artes, Buenos Aires 355: wechselnde Ausstellungen von zeitgenössischer Kunst; Di–Fr 9–12 u. 16–20, Sa 9–12 u. 16–19, So 9–12 Uhr
Kunstgewerbemuseum und -markt, Urquiza 1239: kleine Präsentation von Flecht- und Lederwaren, Holzfiguren, auch Literatur zur Provinz Entre Ríos; Mo–Fr 7–13 u. 16–20, Sa 7–13 Uhr

Casa de la Cultura, Ecke Enrique Carbó/9 de Julio: Gebrauchs- und Ziergegenstände aus Holz, Horn, Ton und Leder, Klöppelarbeiten; tgl. 9–12 u. 16–20 Uhr

Flußfahrt auf dem Río Paraná; Abfahrt: Avenida Costanera auf der Höhe der Straße V. Sarsfield

Parque Nacional Baritú (Salta)

In der vorderen Klappenkarte D10

Anfahrt: Alle Angaben (auch Karten!), nach denen das Reservat von argentinischem Boden aus erschließbar ist, sind irreführend. Der einzige Zugang erfolgt über bolivianisches Hoheitsgebiet. Z.Z. für **Autofahrer** noch umständliche Abwicklung an der Grenze, weil die Paßkontrolle (Ausreisestempel) im *Migraciones*-Büro (8–19 Uhr) des Grenzortes Aguas Blancas, die Fahrzeug-Formalitäten (Passierschein) an der Barriere vor der internationalen Brücke erfolgen. Im **Autobus** (ab Salta oder auch direkt ab Buenos Aires) anreisende Touristen passieren in Aguas Blancas den Zoll, überqueren im Fährboot das Flüßchen Bermejo und begeben sich am anderen Ufer im Ort Bermejo (von dort **Busverbindungen** nach Tarija, La Paz usw.) auf bolivianisches Territorium. Baritú-Besucher lassen sich nach 112 km in La Mamora (sehr einfaches Hotelchen, Restaurant, Läden, Benzin vom Faß) absetzen. Dorthin begeben sich auch **Selbstfahrer.** Kontrollschranke und das Flußbett des Bermejo (nur im Winter!) passierend, wechselt man wieder auf die argentinische Seite. 17 km kurvenreicher Fahrweg bis zum Dorf Los Toldos in 1550 m Höhe (Dort gibt es kein Benzin!). Von da aus 30 km Fahrweg (nur für hochachsige Autos oder trekkend) bis zum Weiler El Lipeo (Fußgängersteg über den Río Porongal), dem ›Tor‹ zum Nationalpark. Einziger Weg im Reservat: von El Lipeo zur Población El Baritú (ca. 15 km).

Freies **Zelten** – unter strenger Beachtung aller Naturschutzauflagen – überall möglich. Der zuständige *guardaparques* wohnt in Los Toldos.

Unterkunft in Los Toldos: Im Albergue von Abel Coca, an der Plaza (Bettgestelle mit Matratzen – ein Schlafsack ist mitzubringen –, Toiletten und Duschen), oder unter ähnlichen Bedingungen in der Municipalidad selbst.

An Ladentheken und Ständen (*empanadas,* Huhn, *chancho*)

Flugverbindungen: ab und nach San Ramón de la Nueva Orán in privaten Sportflugzeugen des Aero Club Orán (ca. 40 Minuten Flugzeit) nach Absprache

Parque Nacional Calilegua (Jujuy)

In der vorderen Klappenkarte D9

Infrastruktur: Einfahrt und Haus des *guardaparques* gleich jenseits des zu durchquerenden Arroyo Aguas Negras. Von da aus wenige hundert Meter nach links kleiner **Zeltplatz** (Baumbestand, Panoramablick, einfache sanitäre Anlagen, Staubboden; oft Stechmücken, auch im Winter – daher Feuer machen!). Von den acht gebahnten, an die den Park durchquerende RP 83 anschließenden **Trekkingpfaden** ist der meistbegangene der zwischen den Arroyos Aguas Negras und Negrito.

Parque Nacional Chaco (Chaco)

In der vorderen Klappenkarte E9

Beim *guardaparques* am Eingangskomplex

Zeltplatz: am Eingangskomplex: schattig, saubere Infrastruktur, Moskitonetze und Mückenschutzmittel mitbringen! Lebensmittel nur im 5 km entfernten Dorf Capitán Solari

4 × tgl. **Busfahrten** zwischen Resistencia und dem Dorf Capitán Solari; von da 5 km Fußmarsch oder Anheuern eines privaten ›Taxifahrers‹ im Dorf

Parque Nacional Finca El Rey (Salta)

In der vorderen Klappenkarte D9

In der (temporär geschlossenen) Hostería. Gezeltet werden kann im Bereich der Intendencia.

Von den 5 bei der Intendencia startenden **Trekkingpfaden** (teilweise auch befahrbar) sind besonders zu empfehlen: der zum Río Popayán (10 km durch Chaco-Wald) und der zum Pozo Verde (9 km durch den untersten Streifen des Nebelwaldes)

Parque Nacional Los Alerces (Chubut)

In der vorderen Klappenkarte C4
Vorwahl: 0 29 45

Information (mit kleinem Museum): am Südufer des Lago Futalaufquén (ausgeschildert). Hier sind auch alle Bergbesteigungen und Trekkingvorhaben zu registrieren.

Hostería Futalaufquén, am Westufer des Sees, Tel. u. Fax 47 10 08/9, (0 11) 43 11-32 32: Landhaushotel der internationalen Spitzenklasse, englische Bar, Hausbibliothek, Panoramarestaurant, $$$$-$$$$$

■ Am Ostufer des Sees (von Süden nach Norden)

Quimé-Quipan, Tel. u. Fax 45 41 34: saubere Hostería am Hochufer, nur Halbpension, hausgemachte Menüs; Nov.–Apr., $$$
Los Tepúes, Tel. 45 04 50: 2 einfache Cabañas für bis zu 6–8 Personen, Familienbetrieb mit hausgemachter Kost, Preis nach Vereinbarung
Pucon Pai, Tel. 45 37 99: Motel mit freundlichem Familienmanagement, Restaurant, Quincho, Autocamping; Nov.–Febr., $$-$$$
Cume Hue, am Nordarm des Sees, Tel. 45 36 39: einfache Hostería, nur Vollpension; Nov.–Apr., $$

Zeltplätze: Von den 20 zugelassenen Plätzen besitzen 5 Infrastruktur (in der Besucherinformation zu erfragen); in besonders schöner Lage: **La Ponderosa** am Nordufer des Lago Rivadavia

 Im Nationalpark-Dorf Futalaufquén (Lebensmittel, frisches Fleisch, Tankstelle)

 **Schiffsausflug** (Safari Lacustre) zum Alerzal (Alerce-Wald) ab Puerto Limonao (zu buchen über Hostería Futalaufquén) oder ab Puerto Chucao (Fahrkarten am Schiff, in der Saison tgl., Abfahrtszeiten in Esquel zu erfragen)

Parque Nacional Perito Moreno (Santa Cruz)

In der vorderen Klappenkarte C3

Estancia La Oriental, Tel. (0 29 62) 45 21 96 u. 45 22 35: sehr schöne Gebirgslage über dem Lago Belgrano; Zimmer mit Bad für bis zu 15 Personen, gute Küche, Minibus für Exkursionen; Nov.–März

Parque Nacional Pilcomayo (Formosa)

In der vorderen Klappenkarte F9

 Beim *guardaparques* am Eingangskomplex Estero Poi

 Zeltplätze: Am Estero Poi und am Ende des zum Río Pilcomayo führenden Fahrwegs, beide ohne Infrastruktur, Mitnahme von Moskitonetzen und Mückenschutzmittel empfohlen

Zwischen Clorinda und dem Ort Laguna Blanca verkehrende **Busse** setzen Touristen auf Wunsch am Zufahrtsweg ab

Península Valdés (Chubut)

In der vorderen Klappenkarte DE 4
Vorwahl: 0 29 65

Motel ACA, Puerto Pirámides, über dem Bootshafen, Tel. 49 50 04: gut geführte Anlage mit kleinem Panorama-Restaurant, $$$
Faro Punta Delgada, im Leuchtturmkomplex von Punta Delgada, Tel. 47 49 10, Fax 45 12 18: einfache, lichte Zimmer mit Bad, kleines Restaurant, bevorzugter Standort von Wissenschaftlern u. Naturbeobachtern, $$$
El Sol, Puerto Pirámides, Uferstraße, Tel. 49 50 07: anspruchslose Touristenbleibe mit kleinem Restaurant, $-$$

Das große Speiselokal am **Bootshafen** von Puerto Pirámides ist vor allem auf Reisegruppen eingestellt; am besten und preiswertesten ißt man (auch Fisch) im **Pub Paradise** am oberen Ortsende, +

Perito Moreno (Santa Cruz)

In der vorderen Klappenkarte C3
Vorwahl: 0 29 63

Av. San Martín 1222, Tel. 43 22 22, Fax 43 20 72

Austral, San Martín, Tel. u. Fax 43 20 42: gute Mittelklasse, das beste Hotel am Platz, $$$
Posada del Caminante, Rivadavia 937, Tel. u. Fax 43 22 04: 3 sehr gepflegte Zimmer mit Bad und Frühstück, besser und preiswerter als ein Hotel, $$

Zeltplatz: Camping Municipal, 50 m von der Hauptstraße: Baumschatten, Windschutz, Fogones, saubere Toiletten und warme Duschen

Casablanca, an der RN 43, ca. 300 m östlich des Rondells zur Ortseinfahrt; ordentliche Parrilla, auch Pastas, +/++

Estancia La Serena, 29 km westl. des Ortes an der Straße nach Los Antiguos, Tel. 43 23 40, Fax 43 28 56: schöne 2- bis 3-Bett-Bungalows für insgesamt 20 Gäste, deutschsprachige Betreuung; Reiten, Fischen, gute Küche, Verkauf von selbstgemachten Marmeladen und anderen regionalen Produkten; Sept.–Mai
Estancia Telken, 25 km südl. des Ortes an der RN 40, Tel. 43 20 79, Fax 43 23 73: Estancia von 1915, gemütlicher Casco, mehrere Zimmer mit Bad für insgesamt 11 Gäste, gute Hausmannskost; Reiten, Trekking, Ausgangspunkt für Exkursionen zum Río Pinturas (Höhlenmalereien); Okt.–Apr.

Pinamar (Buenos Aires)

In der vorderen Klappenkarte F6
Vorwahl: 0 22 54

Secretaría de Turismo, Av. Bunge, drei Blocks vom Strand entfernt, Tel. 49 16 80/81, Fax 49 16 85 (im Sommer: Mo–Fr 7–21, Sa u. So 8–21 Uhr; im Winter unbestimmt)

Von den rund 70 (meist ganzjährig geöffneten) Beherbergungsstätten gehören 4 zur 4-Sterne- und weitere 8 zur 3-Sterne-Kategorie; die Skala reicht bis zu einfachen Hospedajes. In Cariló existiert nur ein Hotel (›Talara‹, 2 Sterne). Da die Unterkünfte meist von Feriengästen belegt werden, empfiehlt sich für den Kurzaufenthalt eine Ad-hoc-Buchung – über die Touristeninformation – an Ort und Stelle; man kommt immer unter.

Zeltplätze: 3 schöne Campingplätze (mit ordentlicher Infrastruktur), strandnah im Pinienwäldchen gelegen

In den Wäldern von Pinamar wachsen Pilze, die auch – wie Champignon, *ascaris* und *boletus* – den Weg in die Küche finden; Pilzesser sollten also nach entsprechenden Gerichten fragen. Empfehlenswerte Lokale sind:
Gruta Azul, Av. del Mar/Martín Pescador: Meeresfrüchte, ++/+++
Punta Marisco, an der Mole, Ecke Eolo Te: Meeresfrüchte, ++/+++
El Vasco, Ecke Constitución/Jupiter: Parrilla, +/++
Club Italiano, Eneas/Cazon: italienische Küche, +/++
Groß-Pinamar verfügt über ca. 70 gastronomische Betriebe, unter denen sich auch noch andere gute Lokale finden lassen.

Ein beliebter Sport ist **Strandreiten;** Pferde werden an mehreren Stellen vermietet, beispielsweise von der Estancia Dos Montes bei Cariló, die auch gemeinsame Ausritte organisiert.

Pismanta (San Juan)

In der vorderen Klappenkarte C7
Vorwahl: 0 26 47

Termas Pismanta, Tel. (0 26 47) 49 70 02: gepflegtes kleines Kurhotel im Landhausstil, 40 Zimmer, Thermalschwimmbad im Freien und Einzelbäder im Haus; Heilanzeige: Arthritis, Rheuma, Gicht, $$$

Busverbindung ab San Juan

Posadas (Misiones)

In der vorderen Klappenkarte F8
Vorwahl: 0 37 52

Secretaría de Turismo, Colón 1985, Tel. u. Fax 44 75 39; E-Mail ciberturismo@ciudad.com.ar: (Mo–Fr 7–20 Uhr)

Deutsches Konsulat, Junín 1811, 1°, Tel. 43 55 08, Fax 43 05 70 (Mo–Fr 8–12 Uhr)
Österreichisches Konsulat, San Luis 648, Tel. u. Fax 42 75 88

Julio César, Entre Ríos 1951, Tel. 42 79 30, Fax 42 05 99: nüchternes Großhotel mit Komfort, Pool, Konferenzräumen, Confitería, $$$$
Posadas Hotel, Bolívar 1949, Tel. 44 08 88, Fax 43 02 94: schönstes Stadthotel, stilvoll-gediegen, dicht an der Plaza, faire Preise, $$$
City, Colón 280, Tel. u. Fax 43 94 01 u. 43 39 01: vielbesuchtes Touristenhotel, einfache Mittelklasse, direkt an der Plaza, preiswert, $$
Colonial, Barrufaldi 2419, Tel. 43 61 49: adrettes familiengeführtes kleines Hotelchen, Nähe Busbahnhof, klimatisierte Zimmer, Autoeinstellplatz, gutes Preis-Leistungs-Verhältnis, $$
Le Petit, Santiago del Estero 1630, Tel. 43 60 31: sauber, familiengeführt, klimatisierte Zimmer, Autoeinstellplatz, $$
Die Hotels in Posadas sind nicht teuer. Dennoch kommen Reisende, die auf dem Weg zu den Jesuitenruinen oder Katarakten sind, in San Ignacio (s. S. 383) oder in Candelaria (in der kleinen Hostería San Bernardo, Tel. 49 33 99, gute schweizerische Küche, auch Exkursionsprogramme) noch preiswerter unter.

La Querencia, Bolívar 322: gepflegte Parrilla an der Plaza, gutes Fleisch, auch Flußfisch und Pastas, ++

La Ventana, Bolívar 1725: gepflegtes Speiselokal, internationale Küche mit italienischem Akzent, ++

 Jesuitenruinen von San Ignacio (sowie Santa Ana und Loreto); ständige Busverbindungen dorthin
Yacyretá: zweitgrößtes Wasserkraftwerk der Welt (Besichtigungen sind über örtliche Agenturen zu buchen)

Primera Angostura (Chile)

In der vorderen Klappenkarte D2

Feuerlandfähre tgl. 8.30–22.15 Uhr

Puente del Inca (Mendoza)

In der vorderen Klappenkarte C7

Hostería Puente del Inca, Tel. u. Fax (0 26 24) 42 02 66; E-Mail info@aymara.com.ar: ordentliches Touristenhotel, Zimmer mit Bad, Bar-Restaurant mit guten warmen Mahlzeiten, Autoeinstellplatz, ganzjährig geöffnet, $$-$$$
Hotel Refugio Plaza de Mulas: Cabaña-artiges Sporthotel am Basislager des Aconcagua, Mehrbettzimmer der Kategorien A, B und C, aber wenig unterschiedlich (B und C ohne Bettwäsche und Handtücher); Duschen, Toiletten und Heizung; anständige warme Mahlzeiten; angemessene Preise; Vermittlung von Mulis, Lastträgern und Bergführern; hilfreicher Manager Eduardo Ibarra; geöffnet Dez.–März; Reservierung über Turismo Aymará, 9 de Julio 1023, Mendoza, Tel. u. Fax (02 61) 4 20 06 07, 4 20 53 04 u. 4 20 20 64, $-$$

Zeltplätze: Neben dem Hotel kann kostenlos gezeltet werden, Campern werden nur die Serviceleistungen im Hotel berechnet. Zeltplatz am Basislager Plaza de Mulas, 2 km vom Hotel entfernt: einfache Toiletten und Duschen, Trinkwasser, warme Mahlzeiten. Das Sanitätszelt (Arzt, Sanitäter, Überdruckkammer) ist vom 15.11.–15.3. besetzt. Auch die Expeditionsveranstalter haben hier während der Saison ihre festen Zelte aufgeschlagen.

Trekken und Bergsteigen am Aconcagua: Wer sich im Naturreservat Aconcagua bewegen will, muß zuvor bei der Subsecretaría de Turismo in Mendoza (San Martín 1143, Tel. (0261) 420 28 00, Fax 4 20 22 43) einen ›Permiso‹ erwerben, der z.Z. 100 Peso (= 100 US$), für einen Kurzbesuch (3 Tage) 15 Peso kostet. Der Schein wird am Eingang des Naturschutzparks kontrolliert; seine Gültigkeitsdauer zählt ab diesem Zeitpunkt. Ausrüstungsverleiher (Zelte, Schlafsäcke, Rucksäcke, Steigeisen usw., alles in europäischer Qualität): José Orviz, Juan B. Justo 550, Mendoza, Tel. u. Fax (0261) 425 12 81. Expeditionsveranstalter: Aconcagua Trek (Rudy Parra), Güiraldes 246, 5519 Dorrego, Mendoza, Fax (0261) 4 31 70 03; E-Mail rudy@planet.losandes.com.ar (Mulis und Bergführer für Gruppen und Einzeltrekker, bewährte Zusammenarbeit mit dem Deutschen Alpenverein); Aconcagua (Fernando Grajales), José Moreno 898, 6° B, Mendoza, Fax (0261) 4 29 38 30 (Mulis, Bergführer, Routenberatung; Don Fernando ist Ehrenmitglied der Argentinischen Bergführervereinigung); weitere erfahrene Bergführer können ebenfalls von der Subsecretaría de Turismo in Mendoza erfragt werden.

Puerto Deseado (Santa Cruz)

In der vorderen Klappenkarte D3
Vorwahl: 02 97

Im *Wagón Histórico* (einem sehenswerten hölzernen Eisenbahnwaggon von 1898), Ecke San Martín/Alme. Brown; Primärinformation durch Prospekte auch in der Apotheke Iribarren, San Martín 1225, und der Telefonvermittlung, San Martín 1320; weitergehende Information in der Dirección Municipal de Turismo, Ecke Belgrano/Colón, Tel. u. Fax 4 87 11 57; E-Mail mpd@patagonia.net.ar (8–12 Uhr)

Isla Chaffers, Ecke San Martín/Moreno, Tel. 4 87 22 46, Fax 4 87 21 68: erstes Hotel am Platz, vergleichsweise moderate Preise, schöne Cafetería, Tagesausflüge zur hoteleigenen Estancia, $$-$$$
Los Acantilados, Ecke España/Pueyrredón, Tel. 4 87 21 67/0 70, Fax 4 87 20 70: am Hochufer, gehobene Mittelklasse, Cafetería, $$$
Residencial Sur I und II, Ameghino 1640, Tel. u. Fax 4 87 05 22: 11 EZ und DZ mit Bad, auf Wunsch auch warme Mahlzeiten, $-$$

Zeltplatz: Camping Municipal, am Ufer: klein, ruhig, gepflegte Infrastruktur, Baum- und Windschatten

El Viejo Marino, Ecke Pueyrredón/ Colón, 1. Stock: gute Fischgerichte, Meeresfrüchte aller Art, Spezialität *picada de mariscos* als kalte Vorspeise, ++
El Pinguino, Piedrabuena 958: mittags anständige Menüs, abends auch Grillfleisch, +

 **Estancia: La Madrugada,** ca. 120 km von Puerto Deseado, Anfahrt über die RP 281 bis Cerro Blanco, dann über die RP 68 zur Küste, Tel. 4 87 02 04 u. 15-6 24 22 63: stilvolles Ambiente; Besuch des Vida-Silvestre-Reservats Cañadón de Duraznillo mit Robben, See-Elefanten und Kormoranen; Sept.–Mai

Bootsausflüge zu den Kormoranfelsen und Pinguininseln in der Ría (über örtliche Agenturen wie Gipsy-Tour, Almirante Zar 615, Tel. 4 87 21 55)

Puerto Iguazú (Misiones)

In der vorderen Klappenkarte G9
Vorwahl: 0 37 57

Dirección General de Turismo, Av. Victoria Aguirre 396, Tel. u. Fax 42 08 00, und im Kiosk vor dem Rondell zur Ortseinfahrt, beim ›Hotel Las Orquideas‹ (Mo–Fr 8–20, Sa u. So 8–12 u. 16–20 Uhr);

Centro de Informes bei den Iguazú-Fällen (tgl. 7–19 Uhr)

🛏 Das schönste und erhabenste Hotel ist das unmittelbar vor den Wasserfällen liegende **Tropical Hotel das Cataratas** auf brasilianischer Seite, Tel. (0455) 232266, Fax 741688: Panoramalage, portugiesischer Kolonialstil, anheimelnd, gepflegtes Restaurant
Das sachlich-moderne Pendant auf argentinischer Seite ist das **Iguazú Grand Hotel,** jetzt zur Sheraton-Kette gehörend, Tel. u. Fax 4980/50/60: 5-Sterne-Hotel, Panoramablick auf die Wasserfälle, atmosphärisch kühl, Konferenzräume, Restaurant, $$$$$+
Saint George, Av. Córdoba 148, Tel. u. Fax 420633: tropischer Garten, Pool, gepflegt, familiäres Ambiente, dicht am Busterminal, sehr gutes Preis-Leistungs-Verhältnis, $$$-$$$$
Los Helechos, Paulino Amarante 76, Tel. 420338: Patio-ähnliche Hostería, einfache, ordentliche Mittelklasse; Pool, schöner Frühstücksraum, deutschsprachiges Familienmanagement, unweit des Busterminals, $$
Tierra Colorada, El Urú 28, Tel. 420649, Fax 420572: beliebtes Residencial, familiengeführt, unweit des Busterminals, $$
Lilian, Fray Luis Beltrán 183, Tel. 420968: properes neueres Residencial, Zimmer mit Bad und Frühstück, familiengeführt, unweit Busterminal, gutes Preis-Leistungs-Verhältnis, $$

Zeltplätze: Camping Americano und **Camping El Pindo,** beide ca. 1 km vor dem Rondell an der Ortseinfahrt: gepflegt, Infrastruktur

🍴 (keines wirklich gut):
La Rueda, Av. Córdoba 28: gediegener Quincho, speziell Flußfisch und Pastas, ++
Charo, Av. Córdoba 106: gemütlich-rustikal, beliebt, Gerichte aller Art, +
El Criollito, Av. Tres Fronteras, neben der Municipalidad: einfaches Essen, +

Puerto Madryn (Chubut)

In der vorderen Klappenkarte D4
Vorwahl: 0 29 65

ℹ Uferstraße Av. Roca 223, Tel. 452148, Fax 453504, E-Mail informes@madryn.gov.ar und sectur@madryn.gov.ar, Web-site www.madryn.gov.ar (tgl. 7–13 u. 15–21 Uhr)

🛏 In schönster Lage an der Uferstraße Av. Roca liegen:
Península Valdés, Tel. 471292 u. 452584: modern-nüchternes Hochhaus, aber erstes Haus am Platz, $$$$-$$$$$
Playa, Tel. 451446 u. 450732: gehobene Kategorie, gemütliches Restaurant, $$$$
Yanko, Tel. 471581: gute Mittelklasse, beliebtes Touristenhotel, bestes Preis-Leistungs-Verhältnis, $$-$$$
Residencial Manolo's, Roca 763, Tel. 472390, Fax 452021: 5 Zimmer mit Bad, besonders freundliches Familienmanagement, $$
Residencial La Posta, Roca 33, Tel. 472422: Patio-ähnliche Anlage, Zimmer mit Bad u. Kitchenette, $-$$

Zeltplatz: ACA-Camping, auf der Anhöhe am Südende der Bucht: Baumschatten, gepflegte Anlage mit Laden und Mini-Restaurant; ganzjährig

🍴 **La Esquina,** Ecke Roca/Gales: Spezialität Meeresfrüchte, ++
La Caleta, San Martín 156: Spezialität Meeresfrüchte, beliebt bei Einheimischen, +/++
Las Brasas, Roca 672: Spezialität Grillfleisch, besonders gut: Lammkeulenstücke, +/++

🧢 **Wasserski, Hochseeangeln** (Lachs), **Tauchen** im Riff (für Anfänger); Buchungen bei mehreren Veranstaltern entlang der Uferstraße

Puerto Santa Cruz (Santa Cruz)

In der vorderen Klappenkarte D2
Vorwahl: 0 29 62

Hostería Municipal, am Ufer, Tel. u. Fax 49 82 02: schöne Lage, Zimmer mit Bad, kleines Restaurant
Residencial Antel-Aike, San Martín 69: saubere kleine Pension in Ufernähe, Zimmer mit Bad

in der **Hostería Municipal:** Tagesgerichte, gelegentlich Fisch, +/++

Quilmes (Tucumán)

In der vorderen Klappenkarte D9
Vorwahl: 0 38 92

Parador Quilmes, neben dem Ruinenfeld, Tel. 42 10 75: hübsches, rustikal-modernes Landhaushotel, Pool, Restaurant, $$$$

Resistencia (Chaco)

In der vorderen Klappenkarte F8
Vorwahl: 0 37 22

Für die Provinz Chaco: Dirección Provincial de Turismo, Santa Fé 178, Tel. 42 35 47, Fax 43 88 80; E-Mail direccion.turismo@ecomchaco.com.ar (Mo–Fr 6.30–13 Uhr); für die Stadt: Dirección Municipal de Turismo, im Pavillon auf der Plaza 25 de Mayo (Mo–Fr 6.30–12.15 u. 13.30–20, Sa 7–12 Uhr)

Deutsches Konsulat: Pueyrredón 270, Tel. 42 34 06 (nach telef. Vereinbarung)

Covadonga, Güemes 200, Tel. 44 44 44, Fax 44 34 44: erstes Hotel am Platz, modern, 120 Zimmer, Pool, Cafetería, Garage extra, $$$$
Colón, Santa María de Oro 143, Tel. u. Fax 42 28 61: beliebtes Touristenhotel, einfache Mittelklasse, zentral, gutes Preis-Leistungs-Verhältnis, $$$

Alfil, Ecke Santa María de Oro/Moreno, Tel. 42 08 82: einfach, proper, vernünftiges Preis-Leistungs-Verhältnis, $$
San José, Rawson 306, Tel. 42 60 62: zentral, ordentlich, Zimmer mit und ohne Bad, $-$$

Zeltplatz: Im Parque 2 de Febrero, Av. Ávalos 1000: ordentliche Anlage, Infrastruktur, Bäume, Sportmöglichkeiten

El Pescador, Güemes 154: nettes Fischrestaurant, etwas überzogene Preise, ++
Vía Libre, Pellegrini 155: adrettes, modernes Parrilla-Restaurant mit breiter Speisenauswahl, +/++
Don Abel, Ecke Perón/Cangallo: beste Parrilla am Ort, gemütlicher Quincho, an Wochenenden oft überlaufen und hektisch, +
Café: Café de la Ciudad, Ecke Pellegrini/Yrigoyen: gemütliche, antik gestaltete Café- und Bier-Bar mit Trottoirbedienung

Museo Policial, Julio A. Roca 233: polizeiliche Waffensammlung, Kuriositäten von der kugelsicheren Zementweste bis zum kriminalpolizeilichen Erkennungsdienst bei der Ohrmarkierung von Rindern; Mo–Fr 8–12 u. 16–20 Uhr
Museo del Hombre Chaqueño, Arturo Illia 655: regionalhistorische Exponate; Mo–Fr 8–13 u. 16–20 Uhr

Fogón de los Arrieros, Brown 350: eine Mischung aus Club, Bar, Raritätenkabinett, Kunst, Kitsch und schwarzem Humor; Treffpunkt der Lokalintelligenz, Publikumszugang Mo–Do 8–12, Mo–Sa 21.30–23 Uhr
Centro Cultural Nordeste, Arturo Illia 353: Kunstausstellungen und kulturelle Veranstaltungen, wechselnde Öffnungszeiten
Centro de Ofidiología, Santiago del Estero, Eingang links von der Hausnummer 488: Schlangeninstitut, interessante Kollektion regionaler Spezies; Mo–Fr ab 18 Uhr (Voranmeldung beim Institutsleiter, Sr. Eduardo Parada, Tel. 42 28 67, empfohlen)

Río Gallegos (Santa Cruz)

In der vorderen Klappenkarte D2
Vorwahl: 0 29 66

Av. Roca 863, Tel. u. Fax 42 27 02, E-Mail tur@spse.com.ar (Mo–Fr 9–20 Uhr) sowie im Estancia-Karren auf dem Mittelstreifen der Av. San Martín/Ecke Roca, im Busterminal und im Flughafen

Costa Río, San Martín 673, Tel. 42 34 12, Fax 42 11 08: bestes und teuerstes Hotel am Platz, zentral, schöne Cafetería-Bar im englischen Stil, $$$$
Santa Cruz, Roca 701, Tel. u. Fax 42 06 03: als zweitbestes Hotel relativ preiswert, Cafetería, Sauna gegen Extragebühr, $$$
Oviedo, Libertad 746, Tel. u. Fax 42 01 18: einfache, propere Zimmer mit Bad, bestes Mittelklassehotel, $$-$$$
Nevada, Ecke Zapiola/Entre Ríos, Tel. 42 59 90: einfach, ruhig, Familienmanagement, Autoeinstellmöglichkeit, gutes Preis-Leistungs-Verhältnis, $$
Paris, Roca 1040, Tel. 42 24 32: einfaches, sauberes Touristenhotel, $$
Colonial, Ecke Urquiza/Rivadavia, Tel. 42 23 29: billiges, sauberes Hotel für Rucksacktouristen, Zimmer ohne Bad, $-$$

El Horreo, Roca 862, in der historischen Casa España: stilvoller Rahmen; gute, vorwiegend spanische Küche; gutes Preis-Leistungs-Verhältnis; direkt nebenan die gute Pizzeria **Don Bartolo,** +/++
El Ancla, Magallanes 353: das beste *marisco*-Lokal, klein, familiengeführt, +/++
Amsa, Ecke Chacabuco/Mitre: rustikal-einfach, beliebt, Gerichte aller Art, +
Círculo Policial (Polizeikasino), Teófilo de Loqui 73, zwischen Roca und Alcorta: einfaches, gepflegtes Lokal, schmackhafte günstige Tagesmenüs, +

Estancia Güer-Aike, 30 km westl. der Stadt an der RN 3 (unweit des Flughafens), Tel. u. Fax (0 11) 43 94 34 86 oder lokales Tel. u. Fax (0 29 66) 43 61 27: historischer, in London vorgefertigter Casco von 1915, gepflegtes Ambiente, gute Hausmannskost (auch patagonisches Lamm am Spieß), 12 km eigenes Flußufer; Spezialität Sportangeln von Forellen (bis zu 12 kg); Okt.–1. Mai
Estancia Cerro El Falso, 27 km südl. des Hotels ›Le Marchand‹ von der RN 3 ab nach Westen und über 24 km Erdstraße bis zur Estancia-Einfahrt (rechter Hand), Tel. u. Fax 42 03 43: schöner alter, von Blumen eingerahmter Casco, ringsherum offene Meseta, Schluchten und Salinen; Wandern, Reiten, gute Kost mit eigenen Gartenerzeugnissen; Okt.–Apr.
Estancia Hill Station, an der Außenmündung des Río Gallegos, 64 km von der Stadt, Tel. 42 39 70: 1885 von dem Engländer William Halliday gegründet und bis heute von seinen Nachkommen bewirtschaftet, gemütliche Zimmer, hausgemachte Kost; Entspannen in der Seeluft, Reiten an der Küste; kleines Hausmuseum; das ganze Jahr über geöffnet (Voranmeldung erbeten)

Museo Regional, Ramón y Cajal 51: hervorragende Präsentation patagonischer Fundstücke, u. a. Saurierknochen und Indianerwerkzeug; Mo–Fr 10–17 Uhr
Museo de los Pioneros, Ecke Alcorta/El Cano: Raritäten aus der Pionierzeit; Mo–Do 13–20 Uhr

Baden im Fluß (sauber) oder am Meer (Punta Loyola, 35 km von der Stadt; hier liegt ein englisches Wrack von 1912 hoch und trocken)

Flugverbindungen: Auf der Nord-Süd-Flugachse Buenos Aires–Ushuaia bildet Río Gallegos ein wichtiges Zwischenglied und wird daher in beiden Richtungen mehrmals täglich angeflogen. Auch mit El Calafate bestehen tägliche Flugverbindungen. **Busse** nach El Calafate (312 km) fahren auch direkt vom Flughafen ab. Nach Feuerland (Río Grande–Ushuaia) führt die Landstrecke stets über Punta Arenas (Chile).

Río Grande (Tierra del Fuego)

In der vorderen Klappenkarte D1
Vorwahl: 0 29 64

In.Fue.Tur, Av. Belgrano 319, Tel. 42 28 87; E-Mail infuerg@satlink.com.ar; Dirección Municipal de Turismo, El Cano 203, Tel. u. Fax 43 07 91/92/93 (9–17 Uhr)

Isla del Mar, Uferstraße Güemes 963, Tel. u. Fax 42 28 83; E-Mail isladelmar@arnet.com.ar: ruhig, gepflegt, gehobene Mittelklasse, Restaurant, $$$
Los Yaganes, Belgrano 319, Tel. 43 08 23, Fax 43 38 97: gutes ACA-Mittelklasse-Hotel mit Restaurant, beliebt bei Touristen, $$$
Residencia Antares, Etcheverría 49, zwischen El Cano u. Güemes, Tel. 42 18 53: familiär, einfach, sauber, preiswerte Zimmer mit Bad, $$

Zeltplatz: Estancia Herminita, 13 km südl. Río Grande von der RN 3 ab auf Camino e und nochmals ca. 35 km: weitläufige, wilde Waldlage, Windschutz, nur primitive Infrastruktur, gebührenpflichtig

Posada de los Sauces, El Cano 839; gediegener Rahmen, internationale Küche, +/++
El Portal, Belgrano 383: populäre Parrilla, vernünftige Preise, +
Rincón de Julio, El Cano 800, gegenüber der Tankstelle: sehr einfache Camionero-Parrilla, gut und dazu preiswert, +

Museo Regional Monseñor José Fagnano, in der Missionsstation der Salesianer, 11 km nördl. Río Grande: sehr sehenswerte archäologische, anthropologische und paläontologische Schau zur feuerländischen Geschichte, tgl. 9–12 u. 15–18 Uhr
Stadtmuseum, Uferstraße El Cano, neben der Municipalidad: kleine historische Dokumentation, vorwiegend Fotos; Di–Fr 9–17, Sa u. So 15–20.30 Uhr

Estancias (die beiden größten historischen Schaffarmen Feuerlands): **María Behety** (14 km), Stichstraße c, deren erster Teil identisch ist mit der Anfahrt zum Flughafen, dann Schotterstraße; **José Menéndez** (18 km), RN 3 Richtung Ushuaia, dann auf die Stichstraße b ab. Die Gebäude beider Estancias sind jederzeit von außen zu besichtigen; für Innenbesichtigung Anmeldung bei der Verwaltung erforderlich; Gäste werden keine aufgenommen.
Sportangeln: Fliegenfischern bieten sich drei Gewässersysteme. Im Río Grande mit Nebenflüssen Menéndez und Mac Lennan werden Meerforellen gefischt (Trips von Río Grande aus mit einer der sieben örtlichen Agenturen; von der Estancia San José aus – ca. 85 km von Río Grande, Stichstraße b – mit End of the Line Expeditions, USA, Tel. (2 06) 3 85-53 46, Fax 3 85-53 47). Meerforellen fängt man auch im Río Yrigoyen und im Río Malenguena (Standort: Lodge María Luisa, zu buchen über Onaisin, Don Bosco 767, 9420 Río Grande, Tel. 42 74 87). Im Lago Fagnano und seinen Zuflüssen Río Indio und Río Claro Angeln von Süßwasserfischen vom Boot aus (Trips mit Khami, San Martín 336, Local 2, 9420 Río Grande)

Río Grande ist Zwischenstation auf der wichtigen **Touristenflugstrecke** El-Calafate–Ushuaia (Fluglinie: LADE) und im übrigen auf dem Luftweg auch mit Río Gallegos, Comodoro Rivadavia, Neuquén, Mendoza, Córdoba und Buenos Aires verbunden. Hingegen ist Punta Arenas (Chile) jetzt nur noch auf dem **Landweg** (über Porvenir und dann 2,5 Std. mit der Fähre über die Magellanstraße) zu erreichen (**Bus**-Abfahrten: Di, Do und Sa; Reisedauer 8 Std.). Auch die Landstrecke nach Río Gallegos führt – in beiden Richtungen – stets über Punta Arenas. Nach Ushuaia (3 Std.) gibt es tägliche Busverbindungen.

Río Turbio (Santa Cruz)

In der vorderen Klappenkarte C2
Vorwahl: 0 29 02

Capipe, an der Einmündung der von Río Turbio kommenden Straße in die RN 40, Tel. u. Fax 48 29 30: ordentliches Übernachtungshotel, 28 Zimmer mit Bad, Restaurant, $$$

 Estancia Rupai Pacha, 70 km von Río Turbio auf der RN 40 nach Norden, 15 km vor Fuentes del Coyle (Übernachtungshotel) auf 5 km-Stichweg nach Norden, Tel. u. Fax (0 29 66) 42 29 27: Mesetalandschaft mit Anden-Fernblick; Schaffarm, Musterbetrieb, zwei 3-Bett-Zimmer, gute Hausmannskost; Trekking, Reiten; Okt.–März

Sáenz Peña (Chaco)

In der vorderen Klappenkarte EF 8
Vorwahl: 0 37 32

Gualok, San Martín 1198, Tel. 42 07 15, 42 17 23 u. 42 05 21, Fax 42 54 84: erstes Hotel am Platz, komfortabel, großräumige Anlage, ordentliches Restaurant, Durchgang zu den Heilbädern im gleichen Gebäudekomplex, $$$

Salta (Salta)

In der vorderen Klappenkarte D9
Vorwahl: 03 87

Stadt: im Kiosk Ecke San Martín/ Buenos Aires, Tel. u. Fax 4 37 33 41 (Mo–Fr 8–21, Sa u. So 9–20 Uhr); Provinz: Buenos Aires 93, Tel. 4 31 09 50, Fax 4 31 07 16 (Mo–Fr 8–21, Sa 9–20 Uhr)

Deutsches Konsulat: Urquiza 409, Tel. u. Fax 4 21 65 25, (privat) 4 32 02 70 (Mo, Mi u. Fr 9–11 Uhr); Honorarkonsul Juan Kühl organisiert auch – für kleine Gruppen (in PKW oder Wohnmobil) – Exkursionen nach Maß

Hotel Salta, an der Plaza 9 de Julio, Tel. u. Fax 4 31 07 40; E-Mail hotelsalta@arnet. com.ar: klassisches Stadthotel im neokolonialen Stil, Restaurant, straßenseitig laut, $$$$-$$$$$
Selva Montana, San Lorenzo, 10 km vom Zentrum, Tel. 4 92 11 84, Tel. u. Fax 4 92 14 33; E-Mail wernerg@arnet.com.ar: traumhaft ruhige Lage, Bergwaldblick, komfortabel, Pool, deutsches Familienmanagement, sehr vernünftige Preise, $$$
Regidor, an der Plaza 9 de Julio, Tel. 4 31 13 05: gehobene Mittelklasse, gutes Preis-Leistungs-Verhältnis, Cafetería-Bar, straßenseitig laut, $$$
Elena, Buenos Aires 256, Tel. 4 21 15 29: gepflegtes Haus, zentral, preiswerte Zimmer mit Bad, schattiger Gartenhof, $$
Carmen R. Miralpeix, Pasaje Baigorria 971, Tel. 4 32 01 13: Patio-Haus, geräumige Zimmer ohne Bad, $-$$
Casa de la Abuela, Mendoza 1569, Tel. 4 22 17 05; E-Mail Gramma@salnet. com.ar: sehr beliebte, saubere Unterkunft für Rucksacktouristen (10 $ pro Pers.)
Casas de Familia, Mendoza 915/917/919, Tel. 4 21 22 33, 4 31 89 48 u. 4 32 08 13: wohnliche Privatquartiere, $

Zeltplatz: Camping Municipal, unweit der südlichen Ausfallstraße Richtung Cafayate: ordentliche Infrastruktur, schattig

La Posta, España 456: zentrales, rustikales, beliebtestes Parrilla-Lokal, ++
La Casona del Molino, Luis Burela 1: Traditionsrestaurant im Kolonialstil mit guter regionaler Küche, +/++
El Viejo Jack, Vierrey Toledo 146: die echteste Parrilla von Salta mit bestem Preis-Leistungs-Verhältnis, einfach, populär, Spezialität: *picana,* +
La Posada, an der Plaza, Mitre 37: adrettes, kleines Restaurant mit guten, preiswerten Fleisch- und Pastagerichten, einfallsreiche Salatpalette, +
Don José, Urquiza 484: einfache, billige Tagesgerichte, *locro,* +
Außerhalb: Castillo de San Lorenzo, 10 km vom Zentrum, in San Lorenzo: reno-

viertes italienisches Landschloß (Anfang des 20. Jh.), malerischer Rahmen, Terrasse, intern. Küche, Sa u. So Parrilla, ++/+++

Regionale Estancias: Eaton Place (Casa de Campo), in einem großzügigen Park nördlich von San Lorenzo (genaue Routeneinweisung über die Touristeninformation in Salta), Tel. u. Fax 4 92 13 47: schmuckes Backstein-Landhaus im englischen Stil, 6 Gästezimmer, Pool, Reitwandern, Vogelpirsch

Los Los, 37 km südl. von Salta, in El Carril von der RN 68 ab nach Chicoana, von da (durchfragen!) nochmal 4 km Fahrweg Richtung Norden, Tel. 4 31 72 58, Fax 4 23 60 94: idyllische Lage am Fuß der Berge, Panoramaterrasse, Pool, 4 Gästezimmer, regionale Küche, Reitwandern in die Berge

El Manantial, südl. von Salta ab auf die RN 51 Richtung San Antonio de los Cobres, dann in La Silleta (7 km vor Campo Quijano) rechts ab und (durchfragen!) nochmal 6 km, Tel. u. Fax 4 39 55 06; E-Mail elmanantial@arnet.com.ar: herrschaftliche Finca von 1861 in privilegierter Lage am Gebirgsrand, gediegener Rahmen, Pool, schöne Zimmer, für bis zu 12–15 Gäste, regionale Küche, Ausritte, Wandern

Finca El Bordo de las Lanzas (s. S. 359)

Rio Blanco, 1 km hinter Campo Quijano (an der RN 51 Richtung San Antonio de los Cobres) links ab und nochmal 1 km Fahrweg, Fax 4 23 37 53: kleine Finca mit sehr einfacher Unterkunft als Start und Ziel für Reittouren bis zu 15 Tagen in Gruppen von 6–19 Personen übers Gebirge nach Cachi, Molinos usw.

San Antonio, 40 km südl. von Salta (3 km südl. von El Carril) gleich an der RN 68, Tel. u. Fax 4 90 24 57 u. 4 31 21 07; E-Mail rcornejo@salnet.com.ar: schöne *sala* mit Patio aus dem 18. Jh., 5 ha Park mit Lagune, Pool, geräumige Zimmer für bis zu 8 Gäste, Familienmanagement, gute regionale Küche, Ausritte, idealer Ausgangspunkt für Exkursionen nach Cachi und in die Chalchaquí-Täler

 Historisches Museum, im Cabildo, Plaza 9 de Julio: sehenswerte Sammlung von Exponaten zur regionalen Geschichte; Di–Fr 9.30–13 u. 15.30–20.30, Sa u. So 9.30–13 u. 17–20 Uhr

Museum der Schönen Künste, Casa Arias Rengel, La Florida 20: Wanderausstellungen zeitgenössischer Malerei; Mo–Sa 9–13 u. 17–21, So 9–12 Uhr

Stadtmuseum, Casa de Hernández, Ecke La Florida/Alvarado: Möbel, Utensilien und Dokumente aus der Stadtgeschichte; Di–Sa 9–12 u. 16–20.30 Uhr

Museo Uriburu, Caseros 417: koloniale Innenausstattung; Di–Fr 9.30–13.30 u. 15.30–19.30, Sa u. So 9.30–19.30

Anthropologisches Museum: v. a. bemerkenswerte Sammlung präkolumbischer Grabkeramik; Mo 14–18.30, Di–Fr 8–13 u. 14–18.30, Sa 9–13, So 10–13 Uhr

Auffahrt (per Auto oder Gondelbahn) auf den Hausberg **Cerro San Bernardo** (Blick über Stadt und Lerma-Tal), jedoch Ausflugsziel ohne Priorität

Tren a las Nubes (›Zug in die Wolken‹; s. S. 285ff.). Der datumsmäßig unregelmäßige Fahrplan wird von Saison zu Saison im voraus festgelegt (bereits in Buenos Aires in der Casa de la Provincia de Salta, Roque S. Peña 933, Tel. 43 26-13 14, Fax 43 26-01 10, zu erfragen). Reservierung 3 Wochen vor Abfahrtsdatum angeraten; Fahrtbeginn (Bahnhof Salta) jeweils 7 Uhr, Rückkehr nach 22 Uhr (recht anstrengende Exkursion, vor allem die Rückfahrt zieht sich hin; die Mitnahme warmer Kleidung wird unbedingt empfohlen, auch eine Thermosflasche mit heißem Tee kann Wunder tun; erholsamer ist die Fahrt im Auto – mit Besuch der Ruinen von Tastil und Übernachtung in San Antonio de los Cobres).

Bei Fahrten über die Straßenroute hat sich der ›Movitrack‹ bewährt, ein geländegängiger (Vierradantrieb), oben offener Mercedes-Bus mit Aussichtsplattform (Ausstattung: Bordtoilette, Kühlschrank, Kochstelle). ›Movitrack‹-Safaris werden nicht nur – parallel zur Bahnlinie – nach San Antonio de los Cobres veranstaltet, sondern führen auch in die **Calchaquíes-Täler,** durch die **Humahuaca-Schlucht** oder über die Puna (**Atacama**-Rundfahrt, 5 Tage). Auskunft und Reservierung direkt

bei den Veranstaltern: Heike und Frank Neumann, Calle Buenos Aires 68, PB. Of. IB, Salta, Tel. (03 87) 4 31 67 49, Fax 0 05 43 87 und 4 31 53 01; E-Mail movitrack@arnet.com.ar, Web-site www.movitrack.com.ar.
Reit-, Mountain-Bike und **Jeep-Touren** zu den **Hochsalaren** und in die **Anden** organisieren in Salta mehr als ein Dutzend örtliche Agenturen (zu erfragen im Touristenbüro). Desgleichen **Wildwasserfahrten** auf dem Rio Juramento.
Trekking im **Tal der Dinosaurier** (bei Cachi, 260 km) ist eine weitere Abenteuer-Alternative. Hier wurden 1968 in 3000 m Höhe 65 Millionen Jahre alte Saurierspuren entdeckt (Tagestour; Zugang zu der archäologischen Stätte über eine von einer senkrechten Felswand hängende Jakobsleiter).

Mercado Artesanal, San Martín 2555: regionales Kunsthandwerk jeglicher Art, sachkundige Beratung; tgl. 9–21 Uhr; Busverbindung mit den Linien 2, 3 und 7

Am **17. Juni** (Todestag des Gauchoführers Miguel de Güemes) feierlicher Vorbeiritt von über 1500 Gauchos am Denkmal
Am **13. September** (Tag des Erdbebens von 1692) große Prozession unter Beteiligung von 100 000 Menschen

Saltos del Moconá (Misiones)

Ausflüge zu den **Moconá-Wasserfällen** mit geländegängigen Fahrzeugen oder Booten organisieren z. B. Eldotur, España 2876, Eldorado, Tel. u. Fax (0 37 51) 42 52 94 u. 42 21 13; E-Mail eldotur@ceel.com.ar; Cueva Mini (Sr. Buby Nolde), Eldorado, Tel. u. Fax (0 37 51) 43 05 91; Carlota Stockar Turismo, Junín 2054, Posadas. Die Tagestouren starten vom Ort **El Soberbio** aus. Dort kann das **Hotel Puesta del Sol** ($$$, mit Restaurant) zum Übernachten empfohlen werden. Es gibt auch zwei **Zeltplätze** mit ordentlicher Infrastruktur: auf dem Gelände des **Club de Caza y Pesca Moconá** (2 km vom Zentrum) und das **Camping Municipal La Plata** (5 km vom Zentrum). An den Wasserfällen selbst gibt es (4 km entfernt) die Trekker-Unterkunft **Refugio Moconá** (6 Zimmer, 26 Betten), wo auch gezeltet werden kann. Man kann dort zu einem fairen Preis erfahrene Waldläufer anheuern, die mit den Touristen auf Pirsch gehen. Eine zweite Möglichkeit zum Zelten besteht beim Gendarmerieposten am *arroyo* (Flüßchen) Yabotí (15 Wegkilometer von den Fällen; zu ihnen führt aber ein direkter, nur 5 km langer Dschungelpfad).

San Antonio de Areco (Buenos Aires)

In der vorderen Klappenkarte E7
Vorwahl: 0 23 26

Alle nachfolgend aufgeführten **Estancias** bieten bei guter Kost und urigen *asados* schöne Unterkünfte, erholsame Parks und Reitwandern an. Folkloremusik und Gauchovorführungen können zusätzlich organisiert werden.
El Ombú de Areco, auf der RN 8, von Buenos Aires kommend, an der letzten Kreuzung vor San Antonio de Areco nach rechts ab, 4 km auf der RP 41 bis zum Aero Club, dann rechts auf den Erdweg und nochmals 5 km; Reservierung über die deutschsprachige Eigentümerin, Sra. Eva Boelcke de Viaggo, Tel. 49 20 80 oder (0 11) 48 26-11 30 u. 48 21-18 76: malerischer Casco von 1880, 6 Zimmer, Kapazität für 15 Gäste, kleiner Pool, Kutschfahrten Asado, beliebtes Ziel von Bonaerenser Stammkunden (auch für Tagesausflüge)
La Bamba, gleiche Anfahrt wie oben, aber auf dem Erdweg noch einige wenige Kilometer weiter; Tel. 45 62 93 oder (0 11) 47 43-31 45 u. 47 32-18 79: romantisch-verschwiegener Winkel, 100jähriger Casco im toskanischen Stil, bequeme Zimmer für ca. 12 Personen, wird Naturträumer bestimmt begeistern
La Porteña, gleiche Anfahrt wie oben, aber bereits beim ersten Eukalyptuswäldchen (links) von der Route 41 nach rechts

ab (Schild), dann 3,5 km Erdweg; Reservierung über die Eigentümerin, Sra. Angélica Güiraldes, Tel. 45 37 70 oder (0 11) 48 22 13 25: unter Denkmalschutz stehender Casco mit Belle-Epoque-Applikationen, ehemaliger Landsitz des Schriftstellers Ricardo Güiraldes; der Estanciero, Sr. Manuel Güiraldes, betreut das Museo Gauchesco von San Antonio de Areco; 5 Schlafzimmer mit Kamin und Bad, stilvolles Speisen, Pool, intimes Ambiente

Museo Gauchesco Ricardo Güiraldes: Mi–Fr 10–15 Uhr, Sa u. So 10–17 Uhr

San Antonio de los Cobres (Salta)

In der vorderen Klappenkarte CD 9
Vorwahl: 03 87

Hostería de las Nubes, an der Ortseinfahrt, Tel. u. Fax 4 90 90 59: modernes, gepflegtes Touristenhotel, Zentralheizung, Bar und Restaurant (Menü zu 10 $), $$$
Intihuasi, gegenüber der *Aduana* (Zoll), Tel. 4 90 90 55, Fax 4 90 90 41: einfache Zimmer mit Bad, kleines, billiges Restaurant (10 $ pro Pers., m. Frühst.)
La Posta de los Andes, Belgrano, Tel. 4 90 90 57: sehr einfache Zimmer ohne Bad, Essen mit der Familie in der Küche, Exkursionen (12 $ pro Pers.)

Intihuasi (s. o.): regionale Tagesgerichte, +
José María, Belgrano: einfache Hausmannskost, +

Exkursionen zu den **Thermalquellen** La Nueva Pompeia (ohne Infrastruktur) und der benachbarten (aufgelassenen) **Gold- und Silbermine ›Concordia‹** sowie weiter zum **Viadukt La Polvorilla** (ca. 22 km); solche Ausflüge werden privat von Fahrzeugbesitzern angeboten

San Carlos (Salta)

In der vorderen Klappenkarte D9
Vorwahl: 0 38 68

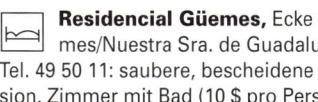
Residencial Güemes, Ecke Güemes/Nuestra Sra. de Guadalupe, Tel. 49 50 11: saubere, bescheidene Pension, Zimmer mit Bad (10 $ pro Pers.; DZ 25 $)

Keramikmuseum: geöffnet Mo–Fr 8–13 Uhr

San Carlos de Bariloche (Río Negro)

In der vorderen Klappenkarte C5
Vorwahl: 0 29 44

Centro Cívico, Tel. 42 30 22, Fax 42 26 78; E-Mail secturismo@bariloche.com.ar (tgl. 8–20 Uhr). Für Trekking und Klettern: Club Andino, 20 de Febrero, Tel. 42 22 66, Fax 42 45 79 (Mo–Fr 18–20 Uhr, Sr. Arko, deutschsprachig); DATOS, Mitre 131, in der Galerie (meist spätnachmittags)

Deutsches Konsulat: Emilio Morales 460, Tel. 42 56 95, Tel. u. Fax 44 80 07; E-Mail jorlin@cybersnet.com.ar (Mo–Fr 10–13 Uhr)
Österreichisches Konsulat: 24 de Septiembre 230, Tel. u. Fax 42 48 73 (Mo–Fr 11–12 Uhr)
Schweizer Konsulatsagentur: Quaglia 342, Tel. u. Fax 42 37 75 u. (privat) Tel. 42 61 11; E-Mail cassuiza@bariloche.com.ar (Mo–Fr 9–12.30 Uhr)

Anmerkung: Die Hotelpreise schwanken deutlich innerhalb des Jahres. Hochsaisonmonate sind Juli und Jan./Febr.; Okt./Nov. ist Nebensaison. Am niedrigsten sind die Preise von März bis Juni und Aug./Sept.

■ Stadthotels
Edelweiss, San Martín 202, Tel. 42 61 65, Fax 42 56 55: internationale Kategorie,

modern-elegant, Pool, Sauna, Piano-Bar, gepflegtes Restaurant, $$$$
Nevada, Rolando 250, Tel. 42 27 78, Fax 42 79 14: gepflegtes, 1993 renoviertes Haus, zentral, Bar, Cafetería, $$$$
Ayelén, Libertad 157, Tel. 42 36 11, Fax 42 85 40: bewährte gute Mittelklasse, neben Centro Cívico, $$$
Aitue, Rolando 145, Tel. 422064: familiengeführtes Hotelchen, ruhig, in Seenähe, preiswert, Autoeinstellmöglichkeit, $$-$$$
El Mirador, Moreno 658, Tel. 42 22 21: einfache, ältere große Zimmer mit Bad, deutschsprachige Eigentümerin, eine der billigsten Unterkünfte am Ort, $-$$
Patagonia Andina, Morales 564 (3 Blocks vom Centro Cívico), Tel. 42 18 61; E-Mail patagoniaandina@bariloche.com.ar: beliebte, ordentliche Jugendherberge, Küchenbenutzung (10–12 $ pro Pers.)

■ **Hotels am See**
Llao Llao, Uferstraße Bustillo, km 25, Tel. 44 85 30 u. 44 57 00, Fax 44 57 81; E-Mail llaollao@datamarkets.com.ar: das Bergresort Nr. 1 in Südamerika, Rundum-Panorama, mit allem Service, 2 Restaurants, $$$$$+
La Cascada, Uferstraße Bustillo, km 6, Tel. 44 10 88 u. 44 10 46, Fax 44 10 76: Hotel der ›Relais-&-Châteaux‹-Kette, sportlich-wohnlich, komfortabel, Hochuferterrassen, Restaurant, $$$$$
Tunquelén, Uferstraße Bustillo, km 24,5, Tel. 44 82 33 u. 44 81 06, Fax 44 82 33: am Hochufer, Breitwandpanorama, nobles Traditionshotel von 1938, Schweizer Stil, Bar, Restaurant, vernünftige Preise, $$$-$$$$

Zeltplätze: Der stadtnächste Zeltplatz (**La Selva Negra**) liegt nur 2,7 km vom Zentrum entfernt; es folgen: **El Yeti** (km 5,6) und **Petunia** (13,5 km), alle an der Seeuferstraße in Richtung Llao Llao (Busse 10 u. 20 ab Moreno); romantischere (und weniger betriebsame) Lagen: **La Estrada,** Nordufer, ca. 12 km vor Villa La Angostura, sowie in der **Colonia Suiza** (3 Plätze) und am **Lago Gutierrez** (2 Plätze)

🍴 Örtliche Spezialitäten sind Forellen- und Wildgerichte (Hirsch, Wildschwein), auch als geräucherte Vorspeisen.
Ahumadores Familia Weiss, Palacios 167: gemütlicher Rahmen, beliebtes Lokal, Räucherwaren, Forellen, Wild, ++
Caza Mayor, Ecke Elflein/Quaglia: distinguierter Rahmen und Service, Spezialität Wildgerichte, ++
Casita Suiza, Quaglia 342: stilvollgemütlich, gute Küche, Spezialitäten Fondus und Pfannengerichte, +/++
El Boliche de Alberto, Villegas 357 sowie an der Uferstraße Bustillo, km 8,5: einfache Parrillas im Cabaña-Stil mit dem besten Grillfleisch von ganz Patagonien, +/++
Jauja, Quaglia 366: chaletartiges Lokal mit breiter Speisenpalette, flinker Service, +/++
Europa, Palacios 149: anspruchslos freundlich und modern, u. a. Pastas, preiswertes Menü, +
Quorum, Mitre 285: Kombination aus Drugstore, Bar-Treff, Feinkostladen und Restaurant; gut zum Einkaufen auch von Proviant, als Speiselokal etwas kühl, +
Teestube: La Casa de Oma, Uferstraße Bustillo, km 12,3: tgl. außer Mo, 16–20 Uhr; 1a hausgemachte Kuchen und Torten

🏛 **Museo de la Patagonia,** Centro Cívico: Abriß der Geschichte Patagoniens mit Schwerpunkt Indianerkulturen; Di–Fr 10–12.30 u. 14–19, Mo u. Sa 10–13 Uhr

🧢 **Cruce de Lagos** nach Puerto Montt (Chile); Alleinveranstalter: Andina del Sud, Buchung über Reisebüros
Rafting auf dem Río Manso (Stufe II/III); Buchung über örtliche Veranstalter
Ballonfliegen (je nach Wind und Wetter): Buchung über örtliche Veranstalter

San Fernando del Valle de Catamarca (Catamarca)

In der vorderen Klappenkarte D8
Vorwahl: 0 38 33

Sarmiento 450, Tel. 422695 (tgl. 8–13 u. 14–20 Uhr); Subsecretaría de Turismo, Ecke Virgen del Valle/General Roca, Tel. u. Fax 437593/94

Casino, fast Ecke Caseros/Molina, Tel. 430891, Fax 432928: großzügige, lichte Anlage mit Pool, klimatisiert, Restaurant und Bar, Parkplatz, $$$
Leo III, Sarmiento 727, Tel. 432080; zentral, modern-komfortabel, Pool, Restaurant und Bar, Garage, $$$
Pucará, Ecke Caseros/Molina, Tel. u. Fax 430698: gute Mittelklasse, angenehm-modern, Snack-Bar, Autoeinstellplatz vorhanden, $$$
Colonial, Ecke República/Tucumán, Tel. 423502: zentral, gemütliches Stadthotel der einfachen Mittelklasse, Familienmanagement, $$
Delgado, San Martín 788/90, Tel. 426109: ordentliches Residencial, Zimmer mit Bad, $$

Zeltplatz ca. 5 km vom Zentrum in Richtung El Rodeo, hinter der Flußbrücke: großes Areal mit Pool, Teilschatten, einfache Infrastruktur, ganzjährig geöffnet

Ñaupa, Ecke Caseros/San Martín: Parrilla, schönes rustikales Ambiente, gutes Fleisch, Spezialität: *chivito,* ++
La Tinaja, Sarmiento, neben der Touristeninformation gelegen: regionale und internationale Küche, klimatisierter Gastraum, +/++
Salsa Criolla, República 546, an der Plaza: gute neue Parrilla, +
El Viejo Bueno, Esquiú 480: regionale und internationale Küche, klimatisierter Gastraum, +

Regionale Estancias: El Chorro, ca. 80 km nördl. von Catamarca, bei der südlichen Ortseinfahrt von Singuil, von der RP 1 auf 4 km langen Sandweg nach Westen ab, Tel. (03833) 441138 (Sr. Walther): 100jähriger Casco in Panoramalage, Säulenterrasse, geräumige, einfache Zimmer mit und ohne Bad für bis zu 15 Gäste, regionale Küche; Tagesausflüge zur Beobachtung von Kondoren, 2- bis 4-Tage-Ritte zur Pucará von Andalgalá
Las Beatas, ca. 70 km nördl. von Catamarca von der RP 9 rd. 4 km nach Westen ab, Richtung San Antonio, Tel. (03833) 495006 u. (0221) 4252008 (Sra. Ana María Basla): ökologisch betriebene 32 000-ha-Finca in schöner Lage, Urwald mit 500jährigem Baumbestand, Reiten und Wandern, Kapazität für bis zu 8 Gäste, regionale Küche

Museo Arqueológico Adán Quiroga, Sarmiento 450: Mo–Fr 8–13 u. 14–20, Sa 9–12 u. 15–20, So 9–12 Uhr
Historisches Archiv, Chacabuco 425: Mo–Fr 8–12 u. 15–19 Uhr

Mercado Artesanal, Virgen del Valle 945: Ponchos, Schals, Bettdecken, Teppiche usw.: Mo–Sa 8–12 u. 15–20, So 9–12 Uhr
Regionale Feinkost (vom Grappa bis zum Limonen-Gelee) z. B. bei Cuesta del Portezuelo, Sarmiento 571

San Ignacio (Misiones)

In der vorderen Klappenkarte F8
Vorwahl: 0 37 52

Hostería de Turismo, an der Plaza, Tel. 47 0064: ehemaliges ACA-Motel, ruhige Gartenlage; einfache, saubere Zimmer; sehr preiswert, der Hausherr Juan kocht frische Speisen nach Wunsch und mit selbstgezogenen Zutaten
El Descanso, Pellegrini 270, Tel. 470207: Zimmer und Cabañas für bis zu 3 Pers., Zeltmöglichkeit, Parrilla-Platz, Waschgelegenheit, von deutschsprachiger Familie geführt, zudem ein gutes Preis-Leistungs-Verhältnis

Mehrere einfache Touristenlokale und Parrillas gegenüber den Eingängen zu Museum und Ruinenstätten

Museum und Ruinenstätten: tgl. 7–19 Uhr; bei gutem Wetter und genügend Besuchern abends *Luz-y-Sonido-*

Aufführung; für die meisten Fotomotive an den Ruinen herrscht nachmittags das beste Licht

 Haus und Werkstatt des Dichters **Horacio Quiroga,** knapp 1,5 km vom Zentrum, ausgeschildert: tgl. 8–18 Uhr. Hier wurde 1995 der biographische Film ›Historias de amor de locura y de muerte‹ gedreht.

San José de Vinchina (La Rioja)

In der vorderen Klappenkarte CD 8
Vorwahl: 0 38 25

 Hotel Municipal, an der Hauptstraße gegenüber der YPF-Tankstelle, Tel. 49 40 51: 5 einfache, saubere Doppelzimmer mit Bad, $-$$
Yoma, an der südlichen Ortseinfahrt gelegen: einfaches Patio-Hostal mit Essen, $

Zeltplatz: Camping Municipal, an der Ortsausfahrt Richtung Jagüé: sehr gepflegt, Infrastruktur, Bachwasser-Pool

Mehrere einfache *comedores* im Ort

San Juan (San Juan)

In der vorderen Klappenkarte C7
Vorwahl: 02 64

Subsecretaría de Turismo, Sarmiento 24 (Sur), Tel. 4 21 00 04 u. 4 22 24 31, Fax 4 22 57 78; E-Mail dirturismo @ischigualasto.com (Mo–Fr 7.30–20, Sa u. So 9–19 Uhr)

Nogaró, an der Plaza 25 de Mayo, Tel. u. Fax 4 22 75 01–05: unter den führenden Hotels das mit dem besten Preis-Leistungs-Verhältnis, Pool mit großer Terrasse, Restaurant, Garage, $$$-$$$$
Selby, Rioja 183 (Sur), Tel. 4 22 47 77: kleines, gepflegtes Hotel der gehobenen Mittelklasse, $$$

América, 9 de Julio 1052 (Este), Tel. 4 21 45 14: ordentliche einfache Mittelklasse, vernünftiges Preis-Leistungs-Verhältnis, Garage, $$-$$$

Zeltplatz: Camping Municipal de Rivadavia, ca. 15 km vom Stadtzentrum an der Route nach Calingasta: Bergpanorama, Bäume, ordentliche Infrastruktur

 Im **Hotel Nogaró** (s. o.): gepflegte internationale Küche, ++/+++
Comedor Casa España, Rivadavia 32 (Este): beliebtes Lokal mit guter, auch regionaler Küche, +

 Antigua Bodega, Salta 782 (Norte): Wein- und Sektkellerei von 1929, Weinprobe und -verkauf

Casa de Sarmiento, gegenüber der Touristeninformation: Domingo Faustino Sarmientos Geburtshaus, jetzt historisches Regionalmuseum mit entsprechenden Memorabilia; Mo u. Sa 9–14, Di u. So 9–19 Uhr
Museo Arqueológico La Laja, ca. 25 km vom Zentrum nach Norden; tgl. 9–12 u. 14–17 Uhr

San Julián (Santa Cruz)

In der vorderen Klappenkarte D 2/3
Vorwahl: 0 29 62

Im Trailer an der Abzweigung von der RN 3 zum Ort (Dez.–März 8.30–24 Uhr); am Kiosk auf dem Mittelstreifen der Hauptstraße San Martín 1126 (Mo–Fr 9–12 u. 17–21 Uhr); im Büro San Martín 581, 1. Stock (Mo–Fr 8–13 Uhr), Tel. 45 43 96, Fax 45 23 53

 Hostería Municipal, Ecke 25 de Mayo/Urquiza, Tel. u. Fax 45 23 00/01: im Stil eines Sporthotels, ruhige Uferlage, große Cafetería, moderate Preise, $$$
Residencial Sada, Ecke San Martín/Piedrabuena, Tel. 45 20 13 u. 45 40 32: einfache, beliebte Touristenunterkunft, $$-$$$

Zeltplatz: Camping Municipal, in Ufernähe: Baumhecken als Sonnen- und Windschutz, saubere Infrastruktur, bestgeführter Campingplatz der patagonischen Küste, zeichnet sich durch sehr zuvorkommendes Management aus

 (insgesamt enttäuschend hinsichtlich frischem Fisch und Meeresfrüchten):
El Álamo, an der RN 3, ASTRA-Tankstelle, kurz vor der Ortsabzweigung: sehr einfache, aber gute, preiswerte Tagesgerichte, außergewöhnlich gutes Preis-Leistungs-Verhältnis, **+**
Sportman, Ecke Mitre/25 de Mayo: relativ gute Fleischgerichte, **+**

Badestrände an der wildromantischen Steilküste (teils Sand, teils Kiesel, starke Brandung) am Cabo Curioso (18 km Erdstraße nach Norden) und weiter bei der Playa La Mina (dazwischen Robbenkolonie)
Bootsausflug zu den Kormoraninseln Banco Cormorán und Banco Justicia mit ihrer vielfältigen Avifauna (zu erfragen in der Touristeninformation)

San Luis (San Luis)

In der vorderen Klappenkarte D7
Vorwahl: 0 26 52

 Ecke Av. Illia/Junín, Tel. u. Fax 42 38 59 (tgl. 8–14 Uhr)

 Hotel Dos Venados, Ecke República del Líbano/Perón, Tel. 42 23 12, Fax 42 25 03: großzügige Anlage im Landhausstil, schönes parkartiges Gelände mit Pool, bewährte internationale Küche, das führende Hotel mit sehr gutem Preis-Leistungs-Verhältnis, $$$
Hotel Aiello, Av. Illia 431, Tel. 42 56 09 u. 42 56 39, Fax 42 56 94: sehr gepflegte gehobene Mittelklasse, Pool, Autoeinstellplatz, Bar-Restaurant, gutes Preis-Leistungs-Verhältnis, $$$
Comesa, Colón 657, 2. Stock, Tel. 42 29 96: zentrales, sauberes, preiswertes Übernachtungshotel, alle Zimmer mit Bad, $$

 Im **Hotel Dos Venados:** bestes Speiselokal am Platz, auch preiswerte Menüs
Parilla Piros, Ruta 20 am Puente Blanco: gutes Grillfliesch, auch Zicklein *(chivito)* am Spieß, **+/++**
Sofía, Ecke Colón/Bolívar: internationale Küche, gute Pastas, **+/++**

San Martín de los Andes (Neuquén)

In der vorderen Klappenkarte C5
Vorwahl: 0 29 72

 Secretaría Municipal de Turismo, Ecke San Martín/J. M. de Rosas, Tel. 42 73 47, Fax 42 50 48; E-Mail munitur @smandes.com.ar (tgl. 8–21 Uhr)

 Die vier erstgenannten, im alpenländischen Stil gebauten und eingerichteten Häuser sind von vergleichbarer Spitzenklasse:
Le Châtelet, Villegas 650, Tel. u. Fax 42 82 94 u. 42 82 96; E-Mail lechatelet@ smandes.com.ar: ruhige Lage, Bar, Sauna, Pool, $$$-$$$$
Le Village, Roca 816, Tel. u. Fax 42 76 98 u. 42 70 20; E-Mail levillage@smandes. com.ar: Sauna, Hausbibliothek, $$$-$$$$
La Cheminée, Ecke Roca/M. Moreno, Tel. 42 76 17, Fax 42 77 62; E-Mail lacheminee @smandes.com.ar: sehr wohnlich, Bar, Pool, Sauna, Hausbibliothek, gutes Preis-Leistungs-Verhältnis, $$$-$$$$
La Masía, Ecke Obeid/Drury, Tel. u. Fax 42 76 88 u. 42 78 79; E-Mail lamasia@ smandes.com.ar: ruhige Lage, Bar, großer Garten, $$$-$$$$
Colonos del Sur, Rivadavia 686, Tel. u. Fax 42 71 06; E-Mail colonoshotel@smandes. com.ar: einfaches Touristenhotel, $$-$$$
Anay, Drury 841, Tel. u. Fax 42 75 14; E-Mail anay@smandes.com.ar: einfache Hostería der Mittelklasse, $$-$$$
Los Pinos, Brown 420, Tel. 42 72 07: schmuckes Privathaus, Zimmer mit Bad, freundliches deutschsprachiges Familienmanagement, gutes Preis-Leistungs-Verhältnis, $$

Cabañas: Von San Martín de los Andes bis zum Cerro Chapelco (Wintersportgebiet) breiten sich inzwischen rund 50 schöne Touristenkomplexe mit Ferienbungalows (für 4-8 Personen) aus, viele mit Pool, Sauna sowie Pferdeverleih (Informationen beim örtlichen Touristenbüro)

Zeltplätze: ACA, am nördlichen Ortseingang: ordentliche Infrastruktur
Quila Quina, 12 km vom Ort: schönster Zeltplatz der Umgebung, baumreich, licht; Infrastruktur, Proviantladen, Teestube

Die sich in der Calle Villegas in Höhe der Hausnr. 700–800 aneinanderreihenden Lokale sind nur durchschnittlich und für das, was sie bieten, vergleichsweise teuer. Eine bessere Auswahl:
La Tasca, M. Moreno 866: echte spanische Tasca, Wildspezialitäten, ausgezeichnete Pastas und Salate; eines der besten Restaurants Patagoniens, ++/+++
El Raulí, Perito Moreno 845: gemütlicher Rahmen, gute Qualität, +/++
Rincón de los Andes, Juez del Valle 611: im 1. Stock des Hotels, preiswerte gute Pastas und Forellen, günstige Río-Negro-Weine (auf Anfrage), +/++

Rafting: Auf dem Río Meliquina (Stufe II), dem Río Hua Hum (Stufe II) und dem Río Aluminé (Stufe III/IV); Bootsführer sind über die Touristenbüros zu erfragen
Trekking-Beratung, Buchung, Anmietung von Führern usw.: Pehuenia, Carey Turismo, Tel. u. Fax 428583 u. 428584 (im Sporthotel ›Rincón de los Andes‹)

San Miguel del Monte (Buenos Aires)

In der vorderen Klappenkarte EF 6

 **Estancia La Benquerencia,** von Buenos Aires nach Süden in Richtung La Plata, aber 24 km vor der Stadt ab auf die RN 2 und an der Kreuzung Etcheverry (18 km) auf die RP 215 über Brandsen bis zum Kreisel bei San Miguel del Monte, dort nach links ab auf die RP 41, nach 21 km ein weißes Gatter mit dem Namen der Estancia; Reservierung über den (fließend Deutsch sprechenden) Estanciero, Sr. Guillermo Staudt oder seine Frau Martha, Tel. u. Fax (011) 4732 17 51: sehr repräsentativer Landsitz mit hundertjährigem 50-ha-Park, 20 km eigene Wege, Kutschfahrten, 8 Zimmer und 2 Suiten in Haupthaus und Gästebungalow, lange Gastgebertradition

San Miguel de Tucumán (Tucumán)

In der vorderen Klappenkarte D 8/9
Vorwahl: 03 81

Secretaría de Turismo, an der Südseite der Plaza, Tel. u. Fax 4222199 u. 4223742; E-Mail secturtuc@noanet.com.ar (7–22 Uhr; in der Nebensaison mittags von 13–16 Uhr geschlossen)

Deutsches Konsulat: 9 de Julio 1051, Casilla de Correo 44, Tel. (Büro) 424-2000/27 30/28 19/26 58, (privat) 421-2728, Fax 424-6620; E-Mail salem@arnet.com.ar (Mo u. Mi 16–20 Uhr u. nach telefonischer Vereinbarung)

Carlos V, 25 de Mayo 330, Tel. u. Fax 4311666 u. 4311566: gediegenes Traditionshotel, anheimelnd, Restaurant, Autoeinstellplatz, gutes Preis-Leistungs-Verhältnis, $$$
Mediterraneo, 24 de Septiembre 364, Tel. 4310025, Fax 4310080: modern, zentral, gutes Preis-Leistungs-Verhältnis, $$$
Petit, Álvarez 765, Tel. 4213902: entzückendes altes, tiefgegliedertes Patio-Residencial mit einem Hauch von Gestern, preiswerte Zimmer mit und ohne Bad, $$
La Vasca, Mendoza 281, Tel. 4211288 u. 4211828: sauberes altes Patio-Residencial, billige Zimmer mit Bad, $-$$

Zeltplatz: Camping Municipal, im Parque 9 de Julio: rudimentäre Infrastruktur, betriebsam

Jockey Club, Nordseite der Plaza, 1. Stock: gepflegtes Traditionsrestaurant, nur mittags, Fr und Sa auch abends geöffnet, ++
El Fondo, San Martín 848: rustikale, gepflegte Parrilla, reichhaltige Salate, große Weinauswahl, guter Service, ++
La Leñita, 25 de Mayo 377: die populärste der führenden Parrillas, gutes Preis-Leistungs-Verhältnis, +
Im **Mercado Artesanal,** 24 de Septiembre 335: einfache Kantinen mit sehr billigen Regionalgerichten, *empanadas* aus dem Lehmofen, *locro,* Grillfleisch, etc., +

Museo Folklórico Provincial General Manuel Belgrano, 24 de Septiembre 565: autochthone Musikinstrumente; Verkauf von Kunstgewerbe, regionalen Weinen, Trockenfrüchten, Chañar-Sirup etc.; tgl. 8–13 u. 16–20.30 Uhr
Museo Histórico Provincial, Congreso 56: Inneneinrichtung und Dokumente aus der Kolonialzeit; Mo–Fr 8–12 u. 17–21, Sa u. So 17–20.30 Uhr
Casa Histórica de la Independencia Nacional, Congreso 155: Inneneinrichtung und Dokumente aus der Kolonialzeit; Mo–Fr 8.30–13.30 u. 15–19, Sa u. So 9–13 Uhr
Casa del Obispo Colombres, Parque 9 de Julio: Kolonialmuseum, älteste erhaltene hölzerne Zuckermühle; Mo–Fr 8–18, Sa u. So 7–19 Uhr

Zuckerraffinerie (Ingenio) Concepción, ca. 8 km von Tucumán; Besuchszeiten im Touristenbüro zu erfragen
Kulturzentrum der Universität, 25 de Mayo 265: Ausstellungen, Konzerte, Theater, Kino

San Rafael (Mendoza)

In der vorderen Klappenkarte CD 6
Vorwahl: 02627

Ecke Av. Yrigoyen/Balloffet, Tel. 42 42 17, Fax 42 12 44 (Mo–Fr 8.30–12.30 u. 17–20 Uhr)

San Rafael, Coronel Day 30, Tel. u. Fax 43 01 27/28: dicht an der Plaza, modern mit gemütlichem Flair, Bar-Cafetería, gutes Preis-Leistungs-Verhältnis, $$$
Regine, Independencia 623, Tel. u. Fax 43 02 74 u. 42 14 70: modernes Hotel mit Garten und Pool, relativ ruhig, $$$
Cerro Nevado, Av. Yrigoyen 376, Tel. u. Fax 42 82 09: älteres kleines Stadthotel, Zimmer mit Bad und Frühstück, gutes Preis-Leistungs-Verhältnis, $$-$$$
La Esperanza, Avellaneda 263, Tel. u. Fax 42 23 82: dicht beim Bus-Terminal, einfache Zimmer mit und ohne Bad, familiär, lichter Patio mit Parrilla, $$
Estancia Los Alamos, inmitten des Weinanbaugebietes von San Rafael; Landsitz mit kolonialem Casco von 1830; von dort aus Wildwasserfahrten im Atuel-Cañón, Andentrekking bis 6 Tage; Reservierung über Biblos, Av. de Mayo 605, 13° ›C‹, 1084 Buenos Aires, Tel. (0 11) 43 43-36 66, Fax 43 31-36 60

Zeltplätze: Ayum Elum, südwestlich von San Rafael an der RP 173, km 27
Condorí, ebenfalls an der RP 173, km 35; beide Plätze (mit Infrastruktur) liegen im reizvollen Valle Grande des Río Atuel

Jockey Club, Belgrano 338: gepflegt, intern. Küche, Parrilla, ++
La Vieja Posada, Pellegrini 17: einfache, preiswerte Gerichte, besonders Pastas, +

Geführte Gipfeltouren zum Vulkan Overo (4620 m, 3–4 Tage) oder zum Cerro Sosneado (5189 m, 4–5 Tage); organisiert von Aldo Aranda vom Touristenbüro (s. o.)
Wildwasserfahrten mit Schlauchboot oder Kajak auf dem Río Atuel mit seinen ›Waschbrett‹-Stromschnellen

San Ramón de la Nueva Orán (Salta)

In der vorderen Klappenkarte D10
Vorwahl: 0 38 78

Information in der Municipalidad, an der Plaza

Tankstelle: An der RN 50 (die letzte vor dem – benzinlosen – P. N. Baritú)

Alto Verde, Pellegrini 671, Tel. u. Fax 42 12 14: modern und komfortabel, Pool, Restaurant, $$$-$$$$
Colonial, Ecke Pizarro/Colón, Tel. 42 11 03: saubere, einfache Mittelklasse, preiswerte Zimmer mit Bad, kleines Restaurant mit Tagesgerichten, $$
Crillón, 25 de Mayo 225, Tel. u. Fax 42 11 01: einfache, billige Zimmer mit Bad, $$

Mehrere kleine Lokale; beste Parrillada (populärer Budengrill im Freien): **El Ovalao,** Ecke Pueyrredón/Laprida, +

San Salvador de Jujuy (Jujuy)

In der vorderen Klappenkarte D9
Vorwahl: 03 88

Secretaría de Estado de Turismo, Urquiza 354, Tel. 4 22 13 25/26 (tgl. 7–21 Uhr)

Palace, Belgrano 1060, Tel. u. Fax 4 23 04 33; E-Mail jupalace@imagine.com.ar: zentral, modern, gemütliches Ambiente, Gymnastikraum und Sauna, Bar, Restaurant, $$$$
Augustus, Belgrano 715, Tel. 4 23 02 03, Fax 4 23 02 09: zentral, freundlich-modern, gehobene Mittelklasse, gutes Preis-Leistungs-Verhältnis, $$$
Sumay, Otero 232, Tel. u. Fax 4 23 50 65: zentral, ordentliche Mittelklasse, saubere Zimmer mit Bad, $$$
Chung King, Alvear 627, Tel. 4 22 81 42: Residencial, zentral, Zimmer mit und ohne Bad, Autostellplatz; $-$$

Estancia: Los Lapachos, ca. 23 km nördl. von General Güemes (d. h. 6 km nördl. von Pampa Blanca) von der RN 43 nach Westen ab und 4 km in Richtung El Carmen: schöne alte Zuckerrohr-Finca inmitten der Caña-Felder, Manor-House-Stil, Parkterrasse, rustikale Zimmer für bis zu 8 Gäste; Reservierung

über Biblos, Buenos Aires, Av. de Mayo 605, 13° ›C‹, Tel. (0 11) 43 43-36 66, Fax 43 31-36 60

Chung King, (s. Hotel): einfach, preiswert; große Speisenauswahl, auch *cabrito, lechoncito* und Flußfische, +
La Rueda, Lavalle 320: rustikale Parrilla, +
Sociedad Española, Ecke Belgrano/Senador Pérez: sehr preiswerte Menüs, +

 Provinzmuseum, Casa Lavalle, Lavalle 250: tgl. 9–13 u. 15–20 Uhr

Santa Fe (Santa Fe)

In der vorderen Klappenkarte E7
Vorwahl: 03 42

Im Busterminal, Belgrano 2910, Tel. 4 57 41 21/23/24 (tgl. 7–20 Uhr); Zentrale: Montevideo 373, 2. Stock, Tel. 43 75-45 70/71/72/73; Provinz-Info: San Martín 1389, Tel. 4 58 05 17 (7–13 Uhr)

Deutsches Konsulat: Juan de Garay 2957, Tel. 4 59-75 44, (Mo–Mi 10–12 Uhr)

España, 25 de Mayo 2647, Tel. 4 55-22 64, Fax 4 55-11 95: zweites Hotel am Platz, weniger betriebsam und charmanter als das ›Conquistador‹, das zum gleichen Komplex gehört; renommiertes Restaurant, Garage, nicht teuer, $$$
Corrientes, Corrientes 2520, Tel. u. Fax 4 59 21 26: modern, komfortabel, zentral, Garage, gutes Preis-Leistungs-Verhältnis, $$$
Emperatriz, Irigoyen Freyre 2440, Tel. 4 53 00 61: spanisch-maurisches Haus von 1920, das der erste Zahnarzt von Santa Fe bewohnte; gemütlich, Familienmanagement, gutes Preis-Leistungs-Verhältnis, $$-$$$
Suipacha, Suipacha 2375, Tel. 4 52 11 35, Fax 4 52 11 39: beliebtes Touristenhotel, einfache Mittelklasse, Sauna, Garage
Niza, Rivadavia 2755, Tel. 4 52 20 47: Nähe Busterminal, einfach, alle Zimmer mit Bad, $$

Estancia San Cristóbal, im Herzen der Provinz Santa Fe; historischer Casco von 1880 im Tudor-Stil, 3000 ha lagunenreiche Park- und Weidefläche (Ende März-Ende Aug. Entenjagd!), adrette Zimmer, gediegene Gastlichkeit, Wandern, Reiten, Kutschfahrten; Reservierung über Argentina Wings, Av. Callao 1695, 3° ›B‹, 1024 Buenos Aires, Tel. u. Fax (0 11) 48 12 05 51 u. 48 14 17 35

Hotel España, Eingang von der Fußgängerstraße San Martín aus: gute internationale Küche, ++
Parrilla Rivadavia, Rivadavia 3299: helles, freundliches Lokal; Grillfleisch und andere Gerichte, +/++
El Quincho del Chiquito, Ecke Almirante Brown/Menseñor Príncipe: gute Flußfisch-Gerichte, +/++
Las Leñas, Ecke Bv. Galvez/San Luis: rustikal-einfache Parrilla, gutes Fleisch, +

Museo Histórico Provincial, San Martín 1490: in einer schönen Casona aus dem 17. Jh. ausgestellte Memorabilia zur bewegten Provinzgeschichte; Mo-Fr 8-12 u. 17-19, Sa u. So 15-18 Uhr
Konvent und Museum San Francisco, Ecke San Martín/Amenabar: Hauptattraktion ist eine die Verkündigung der argentinischen Verfassung von 1853 mit Wachsfiguren nachstellende Szene; tgl. 8-12 u. 16-19 Uhr

Bootsausflüge ins umliegende Lagunenrevier (auch zum Fischen): Sr. Passet, Tel. 4 59 53 36. Nach Absprache.

Santa María (Catamarca)

In der vorderen Klappenkarte D 8/9
Vorwahl: 0 38 38

Beim Direktor des Archäologischen Museums ›Eric Boman‹, José Rubén Quiroga (an der Plaza, Südseite)

Hotel de Turismo, San Martín, Tel. u. Fax 42 02 40: große, moderne Anlage mit Pool, Quincho und schattigem Park, Autoeinstellplatz, Bar-Confitería, Restaurant, alle Zimmer mit Bad, gutes Preis-Leistungs-Verhältnis, $$$
Plaza, an der Nordseite der Plaza, Tel. 42 03 09: moderne, saubere Zimmer mit Bad, $$
Inti Huaico (Familie Maturano), Belgrano 146, Tel. 42 04 76: sehr ordentliches Residencial mit geschlossenem Patio, 14 Zimmer mit Bad, $-$$

Zeltplatz: Camping Municipal, 4 Häuserblocks östl. der Plaza: ordentliche Infrastruktur, teils Baumschatten, ganzjährig geöffnet

Quico, 9 de Julio bei Querstraße Vicente Saadi: populäre, preiswerte Cantina mit guter regionaler Küche, +
Colonial, Nordwestecke der Plaza: Speise-Cafetería, Fleisch, Pastas, billige Tagesgerichte, +

Museo Arqueológico Eric Boman: kleine Sammlung von Graburnen der Santa-María-Kultur; tgl. 8.30-13 u. 17-20 Uhr

Exkursionen zu fünf archäologischen Stätten mit inkaischen oder präinkaischen Ruinen, darunter das sehenswerte Fuerte Quemado; Organisation: José Rubén Quiroga

Santa Rosa (La Pampa)

In der vorderen Klappenkarte D6
Vorwahl: 0 29 54

Dirección Provincial de Turismo, Ecke Av. Luro/San Martín, gegenüber vom Busterminal, Tel. 42 50 60, Fax 42 18 17; E-Mail dturismo@ssdnet.com.ar (Mo-Fr 7.30-13 Uhr); am Kiosk im Busterminal rund um die Uhr

Calfucurá, San Martín 695, Tel. 42 36 08 u. 42 36 12, Fax 43 33 03: erstes Hotel am Platz, großzügig-modern, gepflegtes Restaurant, $$$
San Martín, Av. Alsina 101, Tel. 42 25 49: einfache Mittelklasse, sauber, beliebtes

Quartier, gutes Preis-Leistungs-Verhältnis, $$-$$$
Santa Rosa, Ecke Yrigoyen/Urquiza, Tel. 42 38 68: nüchtern-ordentliches Residencial, Zimmer mit Bad, Nähe Busterminal, $$

Zeltplatz: Camping del Club de Caza, 6 km vom Zentrum, über die Avenida Perón in Richtung Toay: gepflegter Zeltplatz des Jagdclubs unter alten Caldén-Bäumen, saubere Infrastruktur

Sr. Quintana, Urquiza 336: rustikaler Rahmen, Büffet mit leckeren Vorspeisen, gute Pastas, auch Fleisch- und Fischgerichte, ++
Club Español, Lagos 245: gepflegter, einfacher Rahmen; schmackhafte, preiswerte Gerichte aller Art, +/++
Restaurante Chino, Roca 253: chinesische Küche, *tenedor libre,* große Auswahl, sauber, +
El Pato, Ecke Av. Luro/Torre: Parrilla, gemütlicher Quincho, gutes Fleisch, +

Estancia Villaverde, auf der RN 37 ca. 7 km nach Norden, dann 2 km links ab (ausgeschildert), Tel. 43 02 95 u. 43 87 64, Fax 43 18 66: gepflegte Estancia für bis zu 24 Gäste, mit modernen Gebäuden im Stile eines Landhotels, komfortable Zimmer mit Jacuzzi-Bädern; Konferenzraum, Pool, Reiten, Kutschfahrten, gute regionale Küche, Vollpension, vernünftige Preise; Reservierung erforderlich

Museo Provincial de Historia Natural, Pellegrini 180: liebevoll zusammengestellte kleine Schau naturwissenschaftlicher Objekte der Pampa-Region; Mo–Fr 7.30–13 Uhr

Santiago del Estero (Santiago del Estero)

In der vorderen Klappenkarte D8
Vorwahl: 03 85

Plaza Libertad 417, Tel. u. Fax 4 21 32 53 (Mo–Fr 7.30–15.30, Sa 9–12, von Mai–Sept. So 15–18 Uhr)

Palace II, Buenos Aires 60, Tel. u. Fax 4 21 55 50: neues Komforthotel, modern, zentral; Garage, vernünftige Preise, $$$-$$$$
Centro, 9 de Julio 131, Tel. 4 21 29 02, Fax 4 22 43 50; E-Mail ly@te etel.com.ar: modern, gepflegt, zentral, Cafetería, $$$
Savoy, Peatonal Tucumán 39, Tel. 4 21 12 34: sauberes Stadthotelchen in der Fußgängerzeile, Cafetería, bestes Preis-Leistungs-Verhältnis, $$

Zeltplatz: Las Casuarinas, im Parque Aguirre: ordentliche Infrastruktur, Baumschatten, Flußsandstrand

Quebracho, Ecke Roca/Pellegrini: gut und preiswert, rustikal, populär; als Fleisch zu empfehlen: *picana,* +/++
Darüber hinaus Pizzerías und Cafeterías in der Fußgängerzone

Museo Arqueológico Emilio y Duncan Wagner, Avellaneda 355: Fossilien, Ausgrabungsgegenstände der Chaco-Kulturen; Di–Fr 9–13 u. 15–19, Sa u. So 10–12 Uhr
Museo Histórico, Urquiza 354: regionalgeschichtliche Sammlung; Mo–Fr 8–13 u. 14–18, Sa u. So 10–12 Uhr
Convento de San Francisco, Ecke Avellaneda/Roca: kleines Museum für religiöse Kunst; Mo–Fr 9–12 u. 15–18, Sa u. So 9–12 u. 15–17 Uhr

Susques (Jujuy)

Bei **La Rosita:** sehr einfache Zimmer und Essen; Waschen im Hof

Talampaya-Schlucht (La Rioja)

In der vorderen Klappenkarte D7

Infrastruktur: Das Reservat ist (außer am 31. Dez. und am 1. Jan.) tgl. von 8–16 Uhr geöffnet. Am Kontrolltor stehen Kleinlastwagen mit privaten Führern für Besichtigungstouren

(gegen Gebühr) bereit. Die abgefahrene Strecke geht üblicherweise nicht über 3 km hinaus, berührt aber die wichtigsten Punkte. Um den weitläufigen Cañadón wirklich auszukundschaften, benötigte man Tage und Wochen. Selbstfahrer dürfen sich nur mit Allrad-Fahrzeugen im Gelände bewegen. Im Januar und Februar füllt sich das Flußbett gelegentlich mit Regenwasser; dann muß man 1–2 Tage warten, bis es abgelaufen ist. Mit Genehmigung der Aufseher darf in der Schlucht gezeltet werden (keinerlei Infrastruktur).

Termas de Reyes (Jujuy)

In der vorderen Klappenkarte D9
Vorwahl: 03 88

Termas de Reyes, 19 km von Jujuy, Tel. 4 92 25 22 (vorübergehend geschlossen): malerisch in der Río-de-Reyes-Schlucht gelegenes Thermalhotel mit dem Flair von 1938, Thermalbecken und Einzelbäder; Indikationen: Rheuma, Arthritis, Nierenleiden; moderate Preise

 Busverbindungen nach Jujuy

Tigre (Buenos Aires)

In der vorderen Klappenkarte EF 6/7
Vorwahl: 0 11

In der neuen *Estación Fluvial* (Flußhafenstation), die sich unweit der Brücke am diesseitigen Ufer der Zielbahnhöfe (*Tren de la Costa* oder vom Stadtbahnhof Retiro kommende Züge) befindet, Tel. 45 12-14 44 97/98, Mo–Fr 9–17, Sa u. So 8–18 Uhr).
Man erhält hier einen Plan vom **Tigre-Delta,** Auskünfte über die 35 im Flußnetz zu besuchenden Hosterías und Restaurants, die 5 Zeltplätze sowie alle Bootsverbindungen dorthin. Im Tigre ist jeder Bootssteg Bedarfshaltestelle; man braucht nur sein Ziel anzugeben. Darüber hinaus unterhalten die bekannteren Hosterías und Restaurants in der *Estación Fluvial* eigene Kioske, an denen sie spezielle Auskünfte erteilen, Reservierungen vornehmen und teilweise auch Gästen (wie Besuchern des Restaurants ›Gato Blanco‹) in Verbindung mit der Schiffskarte einen Gutschein ausstellen, dessen Wert später von der Rechnung abgezogen werden kann.
Auskunft über Fahrten zur **Insel Martín García** (Di, Do, Sa u. So; Abfahrt jeweils um 8 Uhr, Rückkehr 19–20 Uhr) oder nach Uruguay (tgl. 6.30 u. 14.30 Uhr nach Carmelo u. Montevideo) holt man sich bei der Reederei Cacciola am *Muelle Internacional* (jenseitiges Ufer). Für diese Fahrten sind Reservierungen geboten (Florida 520, 1. Stock, Büro 113, Tel. u. Fax 43 94-55 20); Fahrkarten fürs Delta werden hingegen an Ort und Stelle gelöst.

Hotels und Recreos: Río Hotel Laura, am Paraná de las Palmas, Tel. 47 28-10 19/27 60, Informationen und Reservierungen in eigenem Büro in der *Estación Fluvial:* großes Touristenhotel von 1907, flußseitige Galerieterrassen, Park, Zimmer mit Bad, Parrilla-Restaurant, ganzjährig geöffnet, $$$
El Tropezón, Canal de la Serna, fast an der Einmündung in den Paraná de las Palmas, Tel. 47 28-10 12: der urigste der alten Recreos, bekannt geworden durch den Dichter Leopoldo Lugones; ruhig, preiswert, ganzjährig geöffnet, $$
Andere rustikale **Recreos** sind **Atelier** (Río Capitán), **Bora-Bora** (Sarmiento/Arroyo de la Perla) und **Las Palmas,** (Paraná de las Palmas).
Auf **Martín García** befindet sich eine einfache, aber ordentliche Hostería. Es sind auch Cabañas zu mieten.

Zeltplätze (in Recreos mit Restaurant): **Ciervo Rojo** (Sarmiento/Arroyo Curubica), **Parque Lyfe** und **El Alcazar** (beide am Río Sarmiento)

Club de Regatas La Marina, am linken Ufer des Río Luján (Bootspendelverkehr gratis), Tel. 15-45 31-04 51: Speisen im oder vor dem traditionellsten englischen Ruderclub-Palast des Tigre,

populär und preiswert (Mi–So 12–20 Uhr), **+/++**
El Gato Blanco, Río Capitán, Tel. 4728-0390, werktags stündliche, an Wochenenden halbstündliche Bootsverbindung, Informationsstand (bei Vorreservierung Rabatt!) in der *Estación Fluvial:* das bekannteste und beste Restaurant im Delta, eigener Gästehafen, schöne Veranden, internationale Küche, auch gute Fischspeisen, regelrecht berühmt aber sind die großen *bifes,* ganzjährig geöffnet, **+/++**
Alpenhaus, am Arroyo Rama Negra, Tel. 4728-0422: sehr properes und gemütliches Gasthaus mit Uferpark, heimische Kost vom Gulasch bis zur Sachertorte, **+/++**
La Riviera, Tel. 4728-0177, Río Sarmiento, Bootsverbindung wie beim El Gato Blanco: rustikal, bekannt für gute Pastas, **+/++**
Andere ordentliche Restaurants (mit Hostería) sind **Atelier,** Río Capitán, und **Llao-Llao,** Río Carapachay

 Museo Naval: Mo–Do 8.30–12.30, Fr 8–17.30, Sa u. So 10–18.30 Uhr

Der Liniendienst im Delta wird aufrechterhalten von den sympathischen, fast 100 Passagiere aufnehmenden *lanchas-colectivo,* **Wasseromnibussen** mit Holzrumpf, von denen viele schon über 50 Jahre alt sind. Es gibt 20 Strecken. Die meisten werden von der Gesellschaft Interisleña befahren; die gängigste Route führt durch den Río Sarmiento und den Río Capitán zum Paraná de las Palmas. Die *lanchas* der Gesellschaft Jilguero befahren die Route Río Luján – Río Caraguatá (bzw. Carapachay) – Río de los Nogales – Paraná de las Palmas – Canal Gobernador Arias. Normaler Fahrdienst 7–19 Uhr

Tilcara (Jujuy)

In der vorderen Klappenkarte D9
Vorwahl: 0 38 82

 El Antigal, Rivadavia, Tel. u. Fax 4955020: einfache Zimmer mit Bad, sonniger Patio, Restaurant mit rustikalem Ambiente und regionaler Küche, Familienmanagement, $$
Esperanza, Belgrano 335, Tel. 4955106: Zimmer ohne Bad, einfaches, ordentliches Restaurant, $

Zeltplatz: sehr kleines Camping am Ortseingang vor der Brücke; viel empfehlenswerter ist der Zeltplatz in Hornillos (s. dort)

 Archäologisches Museum: tgl. 8–19 Uhr

Trelew (Chubut)

In der vorderen Klappenkarte D4
Vorwahl: 0 29 65

Im Zentrum: San Martín 171, Tel. u. Fax 420139; am Flughafen, Tel. 433746; am Busbahnhof, Tel. 420121; E-Mail eturismotw@arnet.com.ar

Libertador, Rivadavia 31, Tel. u. Fax 420220: von den führenden Hotels zu den im Stil und Service angenehmste, ruhige Lage, $$$$
Galicia, Ecke 9 de Julio/Rivadavia, Tel. u. Fax 433803: einfaches, ordentliches Touristenhotel, $$$
Hotel-Residencial Rivadavia, Rivadavia 55, Tel. 434472: besonders freundliches Familienmanagement, ruhig; bestes Preis-Leistungs-Verhältnis in der Mittelklasse, $$
Touring Club, Av. Fontana 240, Tel. u. Fax 433997/98: unter Denkmalschutz stehendes Etablissement der Belle Epoque, großes Restaurant, etwas für Nostalgiker, $$

El Angel, Moreno 253: das beste am Platz, Meeresfrüchte, saisonbedingt auch Hirsch und Wildschwein, **++/+++**
El Galeón, San Martín 118: Spezialitäten Meeresfrüchte, *cazuela de mariscos, vieyras, pulpo a la gallega* etc., **++**
La Primera, Ecke Rivadavia/Pasaje Mendoza: adrette Parrilla, mittags aber ab 14 Uhr kein Einlaß mehr, **++**

Museo Regional (im ehem. Bahn-hofsgebäude), Ecke Av. Fontana/ 9 de Julio: lohnenswert; liebevoll zusammengestellte Sammlung; tgl. 7–13 u. 14–20 Uhr
Museo Paleontológico, 9 de Julio 655: wertvolle Exponate, darunter Saurierskelette; sehr interessant; Mo–Fr 8.30–12.30 u. 13.30–20.30, Sa 9–12 u. 14–21, So 14–21 Uhr

 Parque Paleontológico, im Gebiet einer Estancia bei Gaiman: Besuch – in geführten Gruppen (auch deutschsprachig) – nach Voranmeldung im Paläontologischen Museum, Tel. 42 00 12 u. 43 54 64 (s. S. 145)
Pinguinkolonie Punta Tombo: Exkursionsbuchung über Hotels oder Reiseagenturen

Tucumán

s. **San Miguel de Tucumán**

Uquía (Jujuy)

In der vorderen Klappenkarte D 9/10
Vorwahl: 08 87

 Hostal de Uquía, an der Nationalstraße (RN) 9, km 121 (am nördlichen Ortseingang ausgeschildert), Tel. 7 49 05 08: adrette, gemütliche Pension mit 10 sauberen, einfachen Zimmern, gute Küche, gut sortierter Weinkeller, man ißt mit der Familie (3-Gang-Menü 10 $) im Wohnzimmer, $$

Ushuaia (Tierra del Fuego)

In der vorderen Klappenkarte D1
Vorwahl: 0 29 01

 Subsecretaría de Turismo, San Martín 660, Tel. 43 20 00, Fax 42 45 50; E-Mail muniush@tierradelfuego.org.ar (Mo–Fr 8–22, Sa u. So. 9–20 Uhr)

Deutsches Konsulat: Além 966, Tel. u. Fax 43 07 63 (Mo–Fr 14–16 Uhr)

(bei der Anfahrt auf der RN 3):
Las Cotorras, 26 km vor Ushuaia, Tel. 42 27 81, Fax 43 06 99: 3 Cabañas für je 8–10 Gäste; Langlaufzentrum, 20 km gespurte Loipe; beste Parrilla, Spezialität: Lamm am Spieß
Nunatak, Tierra Mayor, an der Route 3, 20 km vor Ushuaia an der Flußbrücke, Tel. 42 32 40: rustikales Sporthotel, Langlaufzentrum, Windski; 18 Zimmer mit Bad
Hotels im Stadtbereich: Das Preisniveau liegt allgemein hoch. Trotz stark gestiegener Bettenzahl (1700) kommt es in der Hochsaison (Nov.–Febr.) zu Engpässen. Die Tourismuszentrale weist daher darauf hin, daß sie für Besucher ohne Vorreservierung keine Unterbringungsgarantie übernehmen kann.
Las Hayas Resort Hotel, über der Stadt, an der Straße zum Gletscher, Tel. 43 07 10, Fax 43 07 19; E-Mail lashayas@overnet.com.ar: internationale Spitzenklasse, modernisierter französischer Château-Stil, Panoramalage, Pool, Jacuzzi, Sauna, Haute-Cuisine-Restaurant, $$$$$+
Hotel del Glaciar, hoch über der Stadt, an der Straße zum Gletscher, Tel. 43 06 40, Fax 43 06 36; E-Mail glaciar@infovia.com.ar: sportlich-elegantes Spitzenhotel in superber Höhenlage, Beagle-Kanal-Blick; wohnliches Ambiente, Panorama-Restaurant, Tea-Room; häufig Reisegruppen, $$$$$
Refugio Tolkeyen, ca. 5 km vom Zentrum, am Cementerio Parque (Friedhof) links durchs Neubaugebiet, Tel. 44 53 15/6/7, Fax 44 53 18; E-Mail htltolke@infovia.com.ar: schöne Alleinlage am Beagle-Kanal-Ufer, ruhig, gepflegt; Panorama-Restaurant, Quincho mit sehr gutem Lammfleisch vom Spieß, $$$$
Ushuaia, Laserre 933, Tel. 42 30 51, 43 06 71, 43 11 34, Fax 42 42 17: neu, gepflegt, sportliche Note, halbhohe Panorama-Lage, $$$$
Las Lengas, Goleta Florencia 1722, Tel. 42 33 66 u. 43 46 34, Fax 42 45 99: Touristen-Hotel der guten Mittelklasse, Halbhöhen-Lage, Panorama-Restaurant

Cabo de Hornos, Ecke San Martín/ J. M. de Rosas, Tel. 42 21 87, Fax 42 23 13; E-Mail cabohornos@arnet.com.ar: zentral gelegenes Mittelklasse-Hotel, Cafetería; straßenseitig laut, $$$-$$$$
Cesar, San Martín 753, Tel. 42 14 60, Fax 43 27 21; E-Mail cesarhostal@infovia.com.ar: freundliches Hostal, zentral, straßenseitig laut; bestes Preis-Leistungs-Verhältnis in der Mittelklasse; $$$
Malvinas, Deloqui 615, Tel. 42 26 26, Fax 42 44 82: Hostal mit freundlichem Familienmanagement, Zimmer mit Bad, vernünftige Preise, nur im Sommer geöffnet, $$$
Linares, Deloqui 1522, Tel. 42 35 94: gepflegtes Privathaus hoch über der Bucht; 1 EZ, 3 DZ, 1 3-Bett-Zimmer; mäßige Preise, beste Familien-Pension, $$-$$$
Torre al Sur, Gobernador Paz 1437: propere, gemütliche Hospedaje, zentrale Lage, Zimmer ohne Bad, $$
Andere empfehlenswerte **Pensionen**: Lucia Zaprutzky, Deloqui 271, Tel. 42 13 16; Roberto Moreira, Magallanes 196, Tel. 42 13 27; La Casa, Gob. Paz 1380, Tel. 42 32 02, $$

Zeltplätze: Camping Municipal, 8 km östl. des Zentrums, an der Straße zum Parque Nacional Tierra del Fuego: am Río-Pipo-Ufer, Bergpanorama, etwas Windschutz durch einzelne Bäume und Buschwerk, überdachte Fogones (gratis)
Im **Nationalpark Tierra del Fuego,** 12 km östl. der Stadt: 5 schöne, zum Zelten gratis freigegebene Uferlagen ohne Infrastruktur; nur am Lago Roca – gebührenpflichtig – Toiletten und Duschen

Feuerländische Spezialitäten sind am offenen Holzfeuer gegrilltes Lamm (cordero fueguiño) und Königskrabbe (centolla). Den besten Lammbraten erhält man im Landgasthaus **Las Cotorras,** an der RN 3, 26 km vor Ushuaia (nur mittags, stark von Busgesellschaften frequentiert).
Parrilla del Martial, unmittelbar unterhalb des Hotels del Glaciar: Panoramablick, gute Küche, exzellentes gegrilltes Lamm, ++/+++

Quincho (nicht Restaurant !) des **Hotels Tolkeyen:** sehr gutes Lamm und anderes Grillfleisch, ++
Tía Elvira, Maipú 349: gemütliches Stubenlokal, gute centolla, ++
Volver, Maipú 37: originell-musealer Rahmen, etwas für Nostalgiker, ++
Barcito Ideal, Ecke San Martín/Roca: historisches Haus von 1929, einfach und gemütlich; reiche Auswahl an Meeresfrüchten, Pastas, Lammbraten; bestes Preis-Leistungs-Verhältnis. +/++

Presidio: alte Haftanstalt; Di–So 10–13 u. 15–20 Uhr

 Museo del Fin del Mundo, Ecke Maipú/Rivadavia: Lokalraritäten vom Sträflingsanzug bis zur Galionsfigur, Briefmarken und Sonderstempel (tgl. 10–13 u. 15–19 Uhr)

Schiffsausflüge in den Beagle-Kanal; Ziele: Robben-, Pinguin- und Kormoraninseln, Leuchtturm Les Eclaireurs, Estancia Harberton, Lapataia-Bucht im Nationalpark Tierra del Fuego; Dauer, je nach Route, 4–11 Std.; zu buchen über örtliche Veranstalter
Ausflüge zum Gletscher Le Martial, 7 km Schotterstraße bis zur Basisstation des Sessellifts (5 x tgl. Busverbindung dorthin); Lift-Fahrt zum Refugio (im Sommer Ausgangspunkt für Schluchtwanderung, im Winter Skipiste); Panoramablick über den Beagle-Kanal (Liftbetrieb Di–So 10.30–16.30 Uhr). In den Nationalpark Tierra del Fuego (12 km); aktueller Busfahrplan beim Touristenbüro. Zur Estancia Harberton (über Land), 90 km; über örtliche Veranstalter zu buchen
Mit dem **historischen Eisenbahnzug** ›Tren del Fin del Mundo‹ zum Nationalpark Tierra del Fuego (Abfahrtszeiten: tgl. 9.45 u. 15, Sa u. So zusätzlich 12 Uhr)
Rundflug (ca. 1/2 Std.); Minimum zwei Passagiere (über örtliche Veranstalter zu buchen)
Trekking, Reitwandern, Mountain-Bike-Touren: eine Vielzahl von Möglichkeiten, vom Fußmarsch durch das Valle de los Huskies (1 Std.) über das Trekken zum

Cerro Bonete (6 Std., ohne Schwierigkeiten), zur Laguna Perdida (9 Std., ohne Schwierigkeiten), zum Gletscher Vinciguerra und der Laguna de los Témpanos (9 Std., schwierig und anstrengend) bis zur 3 1/2-Tage-Tour in die feuerländischen Anden (über den Beban-Paß zum Lago Fagnano, mittelschwer, anstrengend); Buchung über örtliche Veranstalter. Bergsteiger können sich auch mit dem Club Andino Ushuaia in Verbindung setzen: Tel. 43 23 87 (z. Z. ohne feste Adresse)
Mit dem **Catamaran** zum (chilenischen) Südufer des Beagle-Kanals (Puerto Williams); Dauer 8 Std.
Mit dem **Segelboot** zu den Pinguininseln und/oder zum Les-Eclaireurs-Leuchtturm; mind. 3, max. 5 Passagiere
Mit der Hamburger **Stahl-Segelyacht ›Sarah W. Vorwerk‹** (16 m, Stehhöhe, Mahagoni-Vertäfelung, Doppelkabinen) auf 2–4wöchigen Törns zu folgenden Zielen: Kap Hoorn, Antarktis, Falklandinseln, South Georgia (wahlweise). Keine Segelerfahrung erforderlich; Segelkleidung wird gestellt. Die Pauschalpreise schließen Vollverpflegung und alle Getränke ein. Erfahrenes Management; holländischer Skipper: Bettina & Henk Boersma, Ringelmannsdamm 33, D-26655 Westerstede, Tel. (0 44 88) 85 95 77, Fax 7 32 91; E-Mail Boersma@t-online.de
Über weitere, von Südsommer zu Südsommer geplante Segeltörns durch die Feuerlandkanäle und zu Zielen im Südatlantik erteilt die Touristeninformation Auskunft.

Im Sommer gewöhnlich 3 × tgl., im Winter mindestens 1 × tgl. **Flüge** nach Buenos Aires (direkt oder mit Zwischenlandungen in Río Gallegos und/oder Trelew). Nächster Bezugsort auf dem Festland ist Río Gallegos; nach dort führen **Busverbindungen** z. Z. nur auf dem Umweg über Punta Arenas (Chile). Die Landreise Ushuaia–Punta Arenas dauert 12–14 Std. Auch nach Puerto Natales (und in den Nationalpark Torres del Paine) führt der Weg über Punta Arenas. (Die Strecke Punta Arenas–Puerto Natales legt man im Bus in 4 Std. zurück.) Im Regionalverkehr gibt es tgl. mindestens 5 Busfahrten nach Río Grande (teilweise Staubstrecke, Fahrtzeit 3 Std.)

Uspallata (Mendoza)

In der vorderen Klappenkarte C7
Vorwahl: 0 26 24

Am Kiosk neben der Tankstelle (Di–Fr 8–14 u. 15–20, Sa u. So 10–13 Uhr)

Valle Andino, Route 7, an der Ortseinfahrt, Tel. u. Fax 42 00 33 oder (02 61) 4 25 84 24: großzügiges modernes Sporthotel mit Restaurant, Quincho, Schwimmhalle; vernünftige Preise, $$$-$$$$
Hotel Uspallata, Route 7, an der Ortsausfahrt, Tel. u. Fax 42 00 03: großes schlichtes Berghotel in eigenem Park, etwas Wartesaal-ähnliches Restaurant und Freizeiträume, aber sehr günstiges Preis-Leistungs-Verhältnis, $$$
Hostal Los Cóndores, Las Heras, Tel. u. Fax 42 00 02: modern, sauber, 13 Zimmer mit Bad für bis zu 4 Personen, großes Restaurant, Familienmanagement, gutes Preis-Leistungs-Verhältnis, $$
Hospedaje Mi Casa, María Estela ›Negrita‹ Villalobos, Route 7, neben der Post, Tel. 42 00 26: saubere, freundliche, billige Privatunterkunft, Zimmer mit Bad für 1–3 Personen, $-$$

Drei örtliche Parrillas, die beste ist **San Cayetano:** Zicklein vom Spieß, auch Pizzas, +

Viedma (Río Negro)

In der vorderen Klappenkarte E5
Vorwahl: 0 29 20

Pavillon am zentralen Punkt der Uferstraße, Tel. u. Fax 42 71 71

Austral, Uferstraße Villarino 292, Tel. 42 26 15, Fax 42 26 19: erstes

Hotel am Platz, nüchtern-gepflegt, gutes Restaurant für Meeresfrüchte, $$$-$$$$
Peumayén, Buenos Aires 334, an der Plaza, Tel. 42 52 34, Fax 42 52 43: Mittelklasse, gutes Preis-Leistungs-Verhältnis, $$-$$$
Río Mar, Rivadavia 897, Tel. 42 41 88: sauberes Residencial in ruhiger Wohngegend, Zimmer mit Bad, $$

Zeltplätze: Camping Municipal, am Flußufer unweit der Straßenbrücke: einfache Infrastruktur, Schatten, Badeufer; Dez.–März
Camping U. P. C. N. im Seebad El Cóndor (30 km), in Leuchtturmnähe: einfache Infrastruktur, relativ windgeschützt, Baumschatten; Dez.–März

Mediterraneo und **Costa Azul,** beide am Flußufer unweit der Touristeninformation: Meeresfrüchte, ++/+++
La Salineira: Restaurant des Hotels ›Austral‹ (s. dort); Meeresfrüchte, ++
Rancho Grande, Uferstraße, Landseite: Parrilla, Fisch, Pastas, +/++
El Trío, Ecke Zatti/Colón: einfache originelle Parrilla, billig und beliebt, auch Essen zum Mitnehmen, +
Petiscos de Praia, El Cóndor (30 km), ein Häuserblock vom Rondell an der Ortseinfahrt: sehr einfaches, aber preiswertes Fischlokal; große Portionen, +

Anthropologisches Museum, San Martín 263: regionale Fundstücke, am interessantesten künstlich deformierte Tehuelche-Schädel, sonst mäßig sehenswert; tgl. 8.30–11.30 u. 19–21 Uhr

Villa Unión (La Rioja)

In der vorderen Klappenkarte C8
Vorwahl: 0 38 25

Im Complejo Comercial, Südostecke der Plaza (Mo–Fr 8–13 u. 18–21 Uhr)

Dayton, Dávila 115, Tel. u. Fax 47 01 82: beliebte Touristenunterkunft, Zimmer mit Bad, $$
Doña Gringa, Dávila 103, Tel. 47 02 58: einfache, saubere Hospedaje, $

neben der Hospedaje ›Paola‹: gute Hausmannskost, +

Yavi (Jujuy)

In der vorderen Klappenkarte D10

Hotel: Hostería de Yavi, Tel. 7 42 21 88; E-Mail elportillo@cootepal.com.ar: am Ortsrand: Zimmer mit Bad, einfache Mahlzeiten, $$

Casa del Marqués: Finca aus der Kolonialzeit mit kleinem Museum; Mo–Fr 9–12 u. 14–17, Sa 9–12 Uhr

Reiseinformationen von A bis Z

Ein Nachschlagewerk – von A wie Anreise über N wie Notrufnummern bis Z wie Zeitungen – mit vielen nützlichen Hinweisen, Tips und Antworten auf Fragen, die sich vor oder während der Reise stellen. Ein Ratgeber für die verschiedensten Reisesituationen.

Anreise

Aus welcher Richtung man auch immer anreist: wichtig ist der Einreisestempel im Paß (kein Visum erforderlich). Ist ein Einreisezettel auszufüllen (bereits im Flugzeug), dann hebt man das Duplikat (den vom Zollbeamten zurückgegebenen Abschnitt) bis zur Ausreise auf. Die genehmigte Aufenthaltsdauer beträgt im Normalfall 3 Monate. Verlängerungen werden problemlos erteilt von: Migraciones, Av. Antártida 1335 (am Hafen), Buenos Aires. Abgesehen von der persönlichen Ausrüstung dürfen Waren (Zigaretten, Spirituosen, Geschenke etc.) im Werte von bis zu 300 US$ eingeführt werden.

Die überwiegende Mehrheit der europäischen Touristen kommt am internationalen Flughafen Ezeiza an. Im Empfangsgebäude befindet sich eine Touristeninformation. Geldwechsel ist hier noch nicht erforderlich, sofern man (was empfohlen wird) Dollarscheine verschiedener Stückelung zur Hand hat. Sein Gepäck sollte man stets im Auge behalten. In die Innenstadt von Buenos Aires (35 km) gelangt man mit den Zubringerdiensten von ›San Martín Bus‹ (5.15–21.15 Uhr, und auch in umgekehrter Richtung nach Abholung von Hotels im Mikrozentrum) oder ›Manuel Tienda León‹ (4–21.30 Uhr, auch Zubringerdienst zum Stadtflughafen Aeroparque Jorge Newbery für Inlandflüge) halbstündlich auf bequeme Weise oder mit dem wesentlich billigeren Stadtbus *(colectivo)* Nr. 86 (auch dieser hat eine *Servicio Diferencial* genannte komfortablere Variante; für diese: Fahrpreis 5 US$). Ziel der erstgenannten Busse ist die Avenida Santa Fe, unweit der Plaza San Martín, 5 Gehminuten vom Obelisken; die Linie 86 berührt die Avenida de Mayo unweit der Casa Rosada, ebenfalls im Mikrozentrum.

Die meisten von Europa kommenden Maschinen treffen frühmorgens ein. Es ist daher nicht unklug, mit einem der beiden privaten Zubringerdienste ins Zentrum zu fahren, im dortigen Büro sein Gepäck zu deponieren und sich zwei oder drei Hotels persönlich anzuschauen, bevor man eincheckt (und dann sein Gepäck mit dem Taxi abholt). Bereits ab Ezeiza ein Taxi zu nehmen, kann, wenn auch selten, ein Risiko bedeuten (fingierte Autopanne, beim Umsteigen in ein anderes Taxi Gepäckdiebstahl o. ä.)

Buenos Aires wird von allen großen europäischen Fluggesellschaften angesteuert. Die Preise für Linienflüge liegen bei 1000–1250 €, doch sind Flüge zu Sonderkonditionen auch schon ab 7500 € erhältlich. Wer mit Aerolíneas Argentinas fliegt, kann durch den Erwerb eines *Visite-Argentina*-Zusatztickets Inlandsflüge günstiger einkaufen als später in Argentinien. (Langstreckenflüge, wie die nach Patagonien oder Feuerland, sind aufwendig.) Die Coupons des Visite-Argentina-Tickets (bis zu 8, eines für jeden Flug) müssen bereits in Europa erworben werden.

Ärztliche Versorgung

Medizinische Hilfeleistungen entsprechen europäischem Standard. Das **Deutsche Krankenhaus** *(Hospital Alemán)* in Buenos Aires (Av. Pueyrredón 1640, Tel. 48 27-70 00, Fax 48 27-70 32; E-Mail mcasaretto@ hospitalaleman.com.ar, auch in deutscher Sprache) ist auf alle Bedarfsfälle eingestellt. Touristen, deren Versicherung das Krankheits- und Unfallrisiko in Übersee nicht abdeckt, sollten vor Reiseantritt eine **Auslandskrankenversicherung** abschließen. Bei ambulanter Behandlung im *Hospital Alemán* streckt man das Geld vor und bekommt es später von der Versicherung zurückerstattet. Bei stationärer Behandlung kann sich das Krankenhaus unmittelbar mit dem Versicherungsträger in Verbindung setzen und die Kostenabrechnung intern regeln.

Deutschsprachige private Arztpraxen für **Allgemeine und Innere Medizin**: Dr. Alfredo May, Av. Maipú 1179, 1° D, 1638 Vicente López, Tel. 47 95-91 32 und 47 97-23 01, privat 47 90-56 62; Dr. Manfred Niedenthal, Ladislao Martínez 253, Parterre 3, 1640 Martínez, Tel. 47 98-93 67, privat 47 95-59 33; Dr. Heriberto Kroyer, Juncal 2449, 4° A, Tel. 48 22-81 16 (Mi, Fr)
Orthopädie: Dr. Carlos Verschoor, Juncal 2449, 2° ›C‹, Tel. 48 25-08 80 (Mo, Mi)
Geriatrie und Gerontologie: Dr. Juan Hitzig, Blanco Encalada 2851, Tel. 45 43-59 19
Hals-Nasen-Ohrenarzt: Dr. Federico Augspach, Suipacha 1049, Parterre B, Tel. 43 12-15 90 (Mo, Di, Do, Fr)
Neurologie: Dr. Jorge Luis Ferreiro (Deutsches Hospital), Juncal 840, 5° B, Tel. 43 22-74 92
Allgemeine Chirurgie (und Proktologie): Dr. Manfredo Fischer, Juncal 2449, 4° D, Tel. 48 22-31 51
Rheumatologie (und innere Medizin): Dra. Cristina Vollenweider de Landi, Beruti 2895, Parterre A, Tel. 48 21-52 22 u. 48 27-00 98

Die **Apotheken** *(Farmacias)* führen alle gängigen Arzneimittel und sind z. T. routinemäßig 24 Stunden geöffnet.

Behinderte

Behindertenhilfe ist in Argentinien mehr eine Sache der Menschen als eine von Geräten und Installationen. Das erkennt man schon, wenn man an einer Straßenkreuzung einen mit dem Stock tastenden Blinden sieht – die anderen Fußgänger nehmen sich seiner mit Sicherheit an. In einem öffentlichen Verkehrsmittel käme es einem gehbehinderten oder hinfälligen Fahrgast seltsam vor, wenn er erst einen Ausweis zeigen müßte, um einen Sitzplatz zu erhalten.

Hingegen ist die Technik noch weit von behinderungsgerechten Modellen entfernt. Es gibt kaum Spezialtoiletten, die Stadtbusse müssen über steile Stufen erklommen werden (da sind die allgegenwärtigen und preiswürdigen Taxis die Rettung); nur die vom Bonaerener Stadtbahnhof Retiro zum Tigre verkehrenden Züge erlauben ebenerdiges Ein- und Aussteigen. Zwei rollstuhlgerechte Einrichtungen stammen aus einer Zeit, als es dieses Wort noch gar nicht gab: die schrägen Fahrrampen an den Straßenübergängen und die (zum Teil historischen) Aufzüge, die auch noch in den ältesten Häusern das Treppensteigen überflüssig machen.

Diplomatische Vertretungen

■ **... in Deutschland**
Botschaft der Republik Argentinien
Dorotheenstr. 89
10117 Berlin
Tel. (030) 2 26-68 90
Fax (030) 2 29-14 00
Außenstelle:
Adenauerallee 50–52
53113 Bonn
Tel. 02 28/2 28 01-0, Fax 02 28/2 28 01-30

■ **... in Österreich**
Botschaft der Republik Argentinien
Goldschmiedgasse 2/1
1010 Wien
Tel. 01/5 33 85 77 0,

Fax 01/5 33 87 97 u. 5 33 56 51
Konsularabteilung: Tel. 01/5 35-40 69
Sprechstunden: Mo–Fr 9–14 Uhr

■ … in der Schweiz
Botschaft der Republik Argentinien
Jungfraustr. 1
3005 Bern
Tel. 031/352 35 65, Fax 031/352 05 19
Sprechstunden: Mo–Fr 9–17 Uhr

Generalkonsulat der Republik Argentinien
Tödistr. 5
8002 Zürich
Tel. 01/2 84 20 50, Fax 01/2 84 20 58
Sprechstunden: Mo–Fr 9–13 Uhr

… in Argentinien
Deutsche Botschaft *(Embajada Alemana)* und **Deutsches Konsulat** *(Consulado Alemán)*
Villanueva 1055
1426 Buenos Aires (im Stadtteil Belgrano)
Tel. (0 11) 47 78-25 00, Fax (0 11) 47 78-25 50;
E-Mail embalem@infovia.com.ar
Öffnungszeit: Mo–Fr 8.30–11.30 Uhr

Österreichische Botschaft
(Embajada de Austria)
French 3671
1425 Buenos Aires
(Nähe Botanischer Garten)
Tel. (0 11) 48 02-14 00/70 96/71 95
Fax (0 11) 48 05-40 16
E-Mail oebotba@redynet2.com.ar
Öffnungszeit: Mo–Fr 9–12 Uhr

Schweizerische Botschaft
(Embajada de Suiza)
Av. Santa Fe 846, 10°
1059 Buenos Aires
(dicht an der Plaza San Martín)
Tel. (0 11) 43 11-64 91/5,
Fax (0 11) 43 13-29 98
E-Mail vertretung@bue.rep.admin.ch
Öffnungszeit: Mo–Fr 9–12 Uhr

Deutsche, österreichische und schweizerische Konsulate in der Provinz sind unter den ›Adressen und Tips von Ort zu Ort‹ aufgeführt (s. S. 339 ff.).

Elektrizität

Die Netzspannung beträgt durchweg 220 Volt. Wegen der unterschiedlichen Steckvorrichtungen ist ein Multi-Adapter mit verschiedenen Polsystemen empfehlenswert. Wer in den teils schwach beleuchteten Hotelzimmern abends lesen möchte, nimmt am besten eine 75- oder 100-Watt-Birne mit auf die Reise.

Essen und Trinken

Argentinien, besonders Buenos Aires, ist ein Dorado der genüßlichen Esser. Auf dem Küchenzettel stehen so gegensätzliche Gerichte wie die antarktische Königskrabbe *(centolla)* und die würzigen Teigtaschen *(empanadas)* von Salta. Klassiker der kreolischen Tafelfreuden sind jedoch das am offenen Holzfeuer gebratene Fleisch *(asado)* und die *pastas* der italo-argentinischen Küche. Auch die Haute Cuisine ist hier vertreten: 1996 wurde der argentinische Chef Francis Mallmann – als erster Küchenmeister des amerikanischen Kontinents – von der Internationalen Gastronomischen Akademie in Paris mit dem Großen Preis der Kochkunst ausgezeichnet.

■ Weinführer
Auf den Weinkarten der Restaurants stellt eine wechselnde Auswahl von über 50 großen Kellereien ihre Gewächse vor. Die sehr verschiedenartigen Provenienzen, Rebsorten, Cuvées und Jahrgänge decken eine breite Geschmacksskala ab. Die nachfolgenden Empfehlungen müssen sich daher auf wenige erprobte Tropfen beschränken. Einige erlesene Marken:

Weiß
- **Luigi Bosca**, Chardonnay: krisp, deliziös, reiches Apfel-Zimt-Vanille-Aroma, edlen Kaliforniern ähnlich
- **Flichman Claire**: Cuvée aus Chardonnay und Riesling, vielfältig schillerndes Bouquet mit Anklängen von Minze, Eukalyptus, Rosen und Lavendel
- **Nacarí**, Torrontés Riojano: seit 1611 am Fuße des Famatina in La Rioja ange-

baute Rebe, 1987 in Bordeaux mit einer Goldmedaille ausgezeichnet, markantes Parfüm, Honigaroma, dennoch trocken, köstlich zu edlen Vorspeisen
- **Trapiche**, Fond de Cave, Chardonnay: vielfach prämierte, in Eichenfässern ausgebauter Premier Cru, fruchtig-elegant, trocken
- **Toso Chardonnay**: lebendiges junges Gewächs mit feiner Säure und ausgewogener Fruchtigkeit

Rot
- **Etchart Arnaldo B.**: perfekt ausbalancierte Assemblage von parzellenweisen Ernten in Cafayate, in kleinen Eichenfässern ausgebaut, komplex, weich und nobel, sanfter Röstgeschmack
- **Luigi Bosca**, Pinot Noir: sehr bouquetreiches, granatfarbenes Gewächs mit Feuer und Temperament, 1989 in Bordeaux mit einer Goldmedaille ausgezeichnet
- **Navarro Correas**, Colección Privada: klassischer argentinischer ›Bordeaux‹ aus 75 % Cabernet Sauvignon, 10 % Cabernet Franc und 15 % Merlot, in Eichenfässern ausgebaut, mit reichen Geschmacksnoten von Haselnuß, Cassis, Lakritz und Gewürzen
- **Weinert**, Carrascal: generöser, saftiger Roter mit dem Aroma von Blumen und reifen Früchten, assembliert aus 50 % Malbec, 30 % Cabernet Sauvignon und 20 % Merlot, zwei Jahre in Eichenfässern gelagert
- **Humberto Canale** ›íntimo‹: ein sechs Jahre gereifter fülliger, bordeauxartiger Cabernet Sauvignon aus dem Río-Negro-Tal (Patagonien), der südlichsten Lage der Welt, nachhaltiges Beerenaroma, eine Gaumenfreude für Kenner

Zu den gleichbleibend guten, allgegenwärtigen (und preiswerten) Weinen gehören unter anderem:

Weiß
- **Etchart Privado Torrontés**: vollaromatisch, fruchtig, trocken, bestens zu Meeresfrüchten, Empanadas und würzigen Speisen
- **Aberdeen Angus Chardonnay**: feinnervig, komplex, gut zu Pastas
- **Bianchi Chablis**: spritzig, trocken, universell trinkbar
- **Trapiche Chenin**: aromatisch, lebhaft, geeignet für alle unkomplizierten Gerichte

Rot
- **López**, Rincón Famoso Tinto: Assemblage aus Malbec, Lambrusco und Pinot Noir, vollmundig, rund, kompatibel mit allen Speisen
- **Bianchi Borgoña**: in Eichenfässern gereifter, burgunderähnlicher argentinischer Klassiker aus Malbec- und Barbera-Trauben
- **Norton Tinto**: in Eichenfässern ausgebauter argentinischer Traditionswein aus Malbec-, Merlot- und Cabernet-Sauvignon-Trauben, fruchtig und gerbsäurereich, idealer *asado*-Wein
- **Comte de Valmont**: eine zu allen Speisen geeignete Cuvée aus Cabernet Sauvignon und Merlot von Moët & Chandon in Mendoza, auch als leicht gekühlter Sommerwein zu trinken
- **Carcassonne**: körperreicher klassischer *asado*-Wein der Bodega Escorihuela, Rebsorte Cabernet Sauvignon
- **Cuesta del Madero Tinto**: beliebter, leichter Universalwein der Bodega San Telmo, zu 60 % aus Cabernet Sauvignon und zu 40 % aus Malbec bestehend, bestes Preis-Leistungs-Verhältnis unter den guten Konsumweinen

Estanzien

Der Besuch einer oder mehrerer Estanzien (möglichst nicht als organisierter Tagesausflug in einer Gruppe, sondern privat und mit Übernachtung) ist ein Muß für jeden, der Tuchfühlung mit Argentinien bekommen will. In diesem Band werden (unter ›Adressen und Tips von Ort zu Ort‹; s. S. 339ff.) gästeaufnehmende Estanzien von Feuerland bis zu den Subtropen vorgestellt; ihre Variationsbreite reicht von der einfachen Schaffarm bis zum Landschloß, vom Gestüt bis zur Plantagenvilla im Zuckerrohrfeld. In jedem Falle ist eine rechtzeitige Reservierung empfohlen.

Hier einige Ratschläge für Landausflügler. In der rückwärtigen Provinz gehört es zum guten Ton des Autofahrers, nicht (wie in der Stadt) aus dem heruntergekurbelten Fenster nach dem Weg zu fragen, sondern auszusteigen – in einsamen Gegenden auch, sich dabei mit einem ordentlichen Händedruck vorzustellen. Unbedingt sind Viehgatter *(tranqueras)* nach dem Passieren wieder zu schließen. Seine Ankunft auf einer Estanzia zeigt man durch Hupen oder Händeklatschen (möglichst ohne auszusteigen, auch der Hunde wegen) an. Es ist Sitte, bis nachmittags vier Uhr (im Norden bis fünf Uhr) die Siesta zu respektieren. Folgt man einer persönlichen Einladung, dann sind ein paar Flaschen Wein als Geschenk immer willkommen. Gäste sollten sich (nach britischer Tradition) aller eigenhändigen Eingriffe am Kaminfeuer (Holz nachlegen usw.) und am Fleischgrill (Stücke umdrehen etc.) enthalten. Dem Dienstpersonal darf man ein angemessenes (bei Unsicherheit hinsichtlich der Höhe auch bei den *Dueños* zu erfragendes) Trinkgeld zukommen lassen.

Feiertage

Gesetzliche Feiertage mit festem Datum sind:
1. Januar – Neujahr (*Año Nuevo*)
Karfreitag *(Viernes Santo)*
1. Mai – Tag der Arbeit (*Día del Trabajo*)
25. Mai – Nationalfeiertag
9. Juli – Tag der Staatswerdung
8. Dezember – Feiertag der Unbefleckten Empfängnis
25. Dezember – Weihnachten *(Navidad)*

Für folgende Feiertage wird das Datum (um einen passenden Wochentag zu wählen) von Jahr zu Jahr festgelegt:
Tag der Malwinen *(Día de las Islas Malvinas)* – etwa 10. Juni
Tag der Flagge *(Día de la Bandera)* – etwa 20. Juni
Feier zu Ehren von José de San Martín – etwa 17. August

Tag der Rasse *(Día de la Raza);* Feier der kulturellen Überformung Hispanoamerikas durch die Spanier – etwa 12. Oktober

Gewisse Einschränkungen auf den Bus-Langstrecken existieren nur am 31. Dezember.

Fotografieren

Bei dem Motivreichtum des Landes ist es nie falsch, sich großzügig mit Material einzudecken. Filme sind in Argentinien deutlich teurer als in Europa. Wer trotzdem nachkaufen muß: im kleinen Centro Mayorista Fotografía, Libertad 434, Parterre, Lokal Nr. 1, im Zentrum von Buenos Aires (Nähe Obelisk) gibt es Filme zum Großhandelspreis. Man bekommt dort auch Diafilme sauber entwickelt.

Bei den extremen Lichtverhältnissen in der Puna, den Hochanden und in Südpatagonien kann ein UV-Filter nützlich sein.

Besonders Indianer sollte man (sie sind am scheuesten in der Puna) nicht gegen ihren Willen fotografieren, noch weniger mit der Kamera zu überlisten versuchen. Wo man ihnen etwas abkaufen kann, fällt es gewöhnlich nicht schwer, ihre Zustimmung zu einem Foto zu erhalten.

Geld, Kreditkarten, Reiseschecks

Landeswährung ist der an den US–Dollar gekoppelte argentinische Peso (Umtauschverhältnis 1:1). In Buenos Aires findet man die meisten Wechselstuben (die US-Noten immer günstiger eintauschen als europäische Währungen) in der Corrientes auf der Höhe der Hausnummern 400–800 und in den entsprechenden Seitenstraßen. Alle besseren Restaurants, Geschäfte und Supermärkte nehmen auch direkt Dollarnoten als Zahlungsmittel an; das gilt aber nur sehr eingeschränkt für die Provinzstädte.

Die landesweit universell gebräuchlichen Kreditkarten sind Mastercard (Eurocard) und Visa, in zweiter Linie American Express und Diners Card. Einige Großbanken zahlen zu Lasten eines Mastercard- oder Visa-Kontos auch Barbeträge aus. Bei

Verlust einer Kreditkarte ist *sofortige* Sperrung angeraten (Diebe sind mit Einkäufen minutenschnell).

Bei umfangreicherem Bargeldbedarf können Devisenbeträge in beliebiger Höhe an ein (von der europäischen Bank des Kunden zu benennendes) Kreditinstitut in Argentinien überwiesen werden. Das geschieht per *orden de pago* (Zahlungsanweisung) auf den Namen des Empfängers mit Angabe der Paßnummer und der Ortsadresse (z. B. Hotel). Der Transfer dauert ca. 3 Tage. Veranlassen muß den Vorgang der Begünstigte selbst bei seiner Hausbank im Herkunftsland.

Reiseschecks sind in Argentinien nicht gebräuchlich. Sie werden nur von den Spitzenhotels als Zahlungsmittel angenommen; im übrigen können sie nur bei einigen Geldinstituten (relativ ungünstig) umgetauscht werden. Der Cambio Paris (Ecke Sarmiento/Reconquista) löst Dollar-Reiseschecks (1,5 % Provisionsabzug) ein, der Banco Piano (San Martín 347–349) löst Reiseschecks gegen Dollar und gängige europäische Währungen (Provisionseinbehalt 2 %) ein.

Informationsstellen

■ Für ganz Argentinien

Im Gebäude des internationalen Flughafens Ezeiza, im Gebäude des Stadtflughafens Jorge Newbery sowie bei der Subsecretaría de Turismo, Av. Santa Fe 883, Buenos Aires, Tel. (011) 4312-2232, Fax 4313-6834 (mit Vermerk ›para el Centro de Información Turística‹ – Text spanisch, deutsch oder englisch); E-Mail santafe883 @turismo.gov.ar; Bürostunden: Mo–Fr 9–17 Uhr. Innerhalb Argentiniens können von jedem Ort aus unter (0800) 5 55 00 16 (kostenlos) telefonische Auskünfte (auch auf deutsch) eingeholt werden (9–20 Uhr).

■ Für die einzelnen Provinzen

erteilen in Buenos Aires besondere Auskunftsstellen *(Casas de Provincia)* regionalspezifische Informationen:

Buenos Aires:
Callao 237, Tel. u. Fax 4371-7045/6/7, intern: 217; E-Mail subcom@casaprov.gba.gov.ar (9.30–17 Uhr)

Catamarca:
Córdoba 2080, Tel. u. Fax 4374-6891/95; E-Mail casacata@sminter.com.ar (9–18 Uhr)

Chaco:
Callao 322, Tel. 4372-3045/0961, Fax 4375-1640; E-Mail casa.del.chaco@ecomchaco.com.ar (10–17 Uhr)

Chubut:
Sarmiento 1172, Tel. 4383-7458; E-Mail chubuturbue@arnet.com.ar (10.30–17 Uhr)

Córdoba:
Callao 332, Tel. 4373-4277, Fax 4372-6566; E-Mail doss@arnet.com.ar (8–20 Uhr)

Corrientes:
San Martín 333, 4. Stock, Tel. u. Fax 4394-2808/2835/9790; E-Mail antoniolubary@hotmail.com (10–16 Uhr)

Entre Ríos:
Suipacha 844, Tel. 4328-9327, Fax 4393-3732 (8–20 Uhr)

Formosa:
H. Yrigoyen 1429, Tel. 4383-0721, Fax 4381-7048; E-Mail turismo@casadeformosa.gov.ar (9–15 Uhr)

Jujuy:
Santa Fe 967, Tel. 4393-1295/6096; E-Mail casadejujuy@yahoo.com.ar (10–18 Uhr)

La Pampa:
Suipacha 346, Tel. 4326-0511/1769; E-Mail prubio@lampampa.gov.ar/habilitacion@lapampa.gov.ar (8–18 Uhr)

La Rioja:
Callao 755, Tel./Fax 4815-1929, 4813-3417; E-Mail larioja@infovia.com.ar (9–18 Uhr)

Mendoza:
Callao 445, Tel. 4373-2580, Fax 4374-1105; E-Mail srodriguez@mendoza.gov.ar (10–17.30 Uhr)

Misiones:
Santa Fe 989, Tel. 4322-0686/1097, Fax 4393-1615; E-Mail ciberturismo@ciudad.com.ar (9–17 Uhr)

Neuquén:
Perón 687, Tel. 4326-9265/2562, Fax 4326-1188; E-Mail casadelneuquen@ciudad.com.ar (9.30–16 Uhr)

Río Negro:
Tucumán 1916, Tel. 4371-7078, Fax 4375-5489; E-Mail casarionegro@infovia.com.ar (10–16 Uhr)

Salta:
Roque Sáenz Peña 933, Tel. 43 26-13 14, Fax 43 26-01 10 (10–16 Uhr)
San Juan:
Sarmiento 1251, Tel. 43 82-55 80/92 41, Fax 43 82-94 65 (9–18 Uhr)
San Luis:
Azcuénaga 1083, Tel. 48 22-36 41/04 26, Fax 48 23-94 13; E-Mail casaprovsanluis@sion.com (10–17.30 Uhr)
Santa Cruz:
Suipacha 1120, Tel. u. Fax 43 25-30 98/31 02; E-Mail estancias@interlink.com.ar (10–17.30 Uhr)
Santa Fe:
Montevideo 373, Tel. u. Fax 43 75-45 70/1/2/3: E-Mail delegacionsantafa@ciudad.com.ar (9.30–15.30 Uhr)
Santiago del Estero:
Florida 274, Tel. 43 26-94 18/77 39, Fax 43 22-13 89; E-Mail casasgo@netline.net.ar (9–20 Uhr)
Tierra del Fuego:
Marcelo T. de Alvear 790, Tel. u. Fax 43 11-02 33; E-Mail infuebue@satlink.com.ar (10–17 Uhr)
Tucumán:
Suipacha 140, Tel. 43 22-05 64 (9.30–14.30 Uhr)

■ **Örtliche Informationsbüros**
sind in diesem Band städteweise (auch für Buenos Aires) in alphabetischer Reihenfolge unter der Rubrik ›Adressen und Tips von Ort zu Ort‹ aufgeführt (s. S. 339 ff.).

Karten

Kleine Stadtpläne erhält man in den örtlichen Touristeninformationsstellen (oder an der Hotelrezeption). Detaillierte Stadtkarten von Buenos Aires und YPF-Straßenkarten (YPF = Yacimientos Petrolíferos Fiscales, ehem. staatliche Petroleumgesellschaft) gibt es an den Zeitungskiosken der Innenstadt von Buenos Aires zu kaufen. Gute Provinzstraßenkarten bekommt man auch beim Automobilclub (ACA = Automóvil Club Argentino), Av. del Libertador 1850, 3. Stock. Touristen, die sich als Mitglieder eines ausländischen Automobilclubs ausweisen, erhalten das Material zum Sonderpreis (ca. 50 %). Außerhalb der Hauptstadt halten über 100 ACA-Tankstellen und -Servicestationen (in größeren Städten und an den Fernstraßen) regionales Kartenmaterial bereit.

Kinder

Argentinien ist (ein italienisch-spanisches Erbe) ein ausgesprochen kinderfreundliches Land. Das bekunden schon die hohen Kinderstühle, die ein jedes Restaurant für seinen kleinen Gäste bereithält. Ein Kinderparadies im Disney-Stil ist in Buenos Aires der Freizeitpark, den man mit dem *Tren de La Costa* im Tigre-Delta erreicht. Dort locken auch Bootsfahrten auf Nostalgie-Schiffen durch das Flußlabyrinth. Die bunten Häuser von La Boca und der Antiquitätenmarkt in San Telmo sind weitere Attraktionen für reisende Junioren. An den Wochenenden zeigen Clowns, Gaukler und Jongleure auf den Wiesen vor dem Kulturzentrum Recoleta ihre Künste. Über Kindertheater und Tanzgruppen (auch Tango) informieren die Touristenbüros.

Kleidung und Ausrüstung

Bei der richtigen Auswahl der Bekleidung sind zunächst die ›umgekehrten‹ Jahreszeiten auf der Südhalbkugel zu bedenken. Sodann bestimmt die Zielregion die Art der Ausrüstung. Feuerlandbesucher kleiden sich wie Norwegenfahrer, Andentouristen wie Alpinisten, Küstenurlauber packen die Badehose ein. Unterwegs ist der Habitus leger, in den guten Restaurants (besonders an Werktagen) und bei Veranstaltungen in den Großstädten aber recht formell (z. B. tragen Herren in der Regel Krawatten).

Für ganz Südargentinien gilt, daß die Kleidung vor allem guten Windschutz bieten sollte, im Nordwesten (Puna-Region) muß sie auf die ausgeprägten Temperaturschwankungen zwischen Tag und Nacht abgestimmt sein. Vor starker Sonneneinstrahlung schützt man sich durch geeignete Kopfbedekkung und eine Creme mit hohem Lichtschutzfaktor. Im Andenraum empfiehlt sich das Eincremen der Lippen mittels eines Fettstiftes. Immer gehört auch eine gute Sonnenbrille ins Reisegepäck. Fehlende Teile können in Argentinien in europäischer Qualität und zu vergleichbaren Preisen nachgekauft werden (in Buenos Aires am besten in der Fußgängerstraße Florida, in den Galerías Pacífico, auf der Avenida Santa Fe und im Patio Bullrich). Für das Schuhwerk gilt wie immer: es sollte eingelaufen sein.

Camper seien beim Aufstellen des Zeltes daran erinnert, daß die Sonne mittags im Norden steht!

Literarische Einstimmung

Jorge Luis Borges: ›Einhorn, Sphinx und Salamander. Handbuch der phantastischen Zoologie‹, 1993. ›Kabbala und Tango‹, Essays, 1991. ›Niedertracht und Ewigkeit‹, Erzählungen, 1991. ›Rose und Münze‹, Gedichte, 1994 (alle Bände Fischer Taschenbuch Verlag)
Jorge Louis Borges/Adolfo Bioy Casares: ›Mord nach Modell‹, Erzählungen, 1993. ›Zwielicht und Pomp‹, Erzählungen, 1994 (beide Bände Fischer Taschenbuch Verlag)
Bruce Chatwin: ›In Patagonien‹, 1990 (Rowohlt Taschenbuch Verlag)
Julio Córtazar: ›Der Verfolger‹, Roman, 1990. ›Geschichte der Cronopien und Famen‹, 1992 (beide Bände Suhrkamp Taschenbuch Verlag)
Manuel Puig: ›Der Kuß der Spinnenfrau‹, Roman, 1995. ›Der schönste Tango der Welt‹, Roman, 1978 (beide Bände Suhrkamp Taschenbuch Verlag)
Ernesto Sábato: ›Maria. Oder die Geschichte eines Verbrechens‹, Roman, 1988 (Ullstein Taschenbuch Verlag)

Mietwagen

In allen größeren Städten gibt es international bekannte Verleihfirmen. Es gelten generell folgende Regeln: Bezahlung mit Kreditkarte; Mindestalter 21 Jahre; nationaler Führerschein genügt (das Ausstelldatum soll wenigstens 2 Jahre zurückliegen). Der kleinste Wagentyp kostet (einschließlich Versicherung) bei tgl. 50 freien km: pro Tag ca. 45, pro Woche 220 Peso; bei tgl. 150 freien km: pro Tag 67, pro Woche 380 Peso; bei tgl. 400 freien km: pro Tag ca. 100, pro Woche 540 Peso. Leihmöglichkeit/Reservierung (auch für das Inland) z. B. bei Rent a Car International, Marcelo T. de Alvear 678, 1058 Buenos Aires Fax (0 11) 43 11-74 91. Benzin ist etwas, Dieseltreibstoff erheblich billiger als in Deutschland. In Patagonien und Feuerland ist Benzin nur halb so teuer.

Notrufnummern

Polizei 101
Feuerwehr 100
Rettungswache 107

Öffnungszeiten

Es gibt keine gesetzlich vorgeschriebenen Zeiten. Banken sind Mo–Fr gewöhnlich von 10–15 Uhr geöffnet. Läden öffnen zwischen 9 und 10 Uhr und schließen meist um 19.30 oder 20 Uhr, Supermärkte nicht vor 21 Uhr. Schalterstunden der Hauptpost von Buenos Aires: 8–20 Uhr, der Philatelie-Abteilung 12–18 Uhr.

Die Provinzstädte haben ihren eigenen Rhythmus. Im Norden sind mittägliche Schließungen üblich. Für die meisten Museen ist montags Ruhetag.

Eine Besonderheit ist die in vielen Geschäften und Banken übliche Nummernbedienung, die für eine korrekte Reihenfolge der Kundenabfertigung sorgt. Man zieht aus einer Rolle am Eingang einen Nummernzettel und wartet, bis man aufgerufen wird.

Post und Kurierdienste

Postsendungen werden normalerweise wertgestempelt, man kann sie aber auch an besonderen Schaltern frankieren lassen. Zudem verfügen größere Postämter über Ausgabestellen für Philatelisten (in der Hauptpost von Buenos Aires im Foyer links). Frankierte Sendungen sollten sicherheitshalber – der ›Briefmarkenliebhaber‹ wegen – als Einschreiben *(certificado)* aufgegeben werden. Die Laufzeit nach Mitteleuropa beträgt etwa eine Woche.

Für Eilsendungen besitzt die Post selbst den Kurierdienst ›Puerta a puerta‹ (›von Tür zu Tür‹).

Reisen im Lande

Das argentinische Verkehrswesen weist eine – Europäern meist wenig bekannte – weitverzweigte Infrastruktur von vergleichsweise hoher Beförderungsdichte auf. Dabei hat sich der Personenverkehr von den (fast nur noch dem Güterverkehr dienenden) Eisenbahnlinien auf das Luft- und Straßennetz verlagert. Vier Fluggesellschaften steuern von Buenos Aires aus 33 inländische Flughäfen an, ein halbes Dutzend kleinerer Linien bedient das Hinterland. 120 Buslinien starten allein von Buenos Aires aus auf einem 220 000 km langen Straßennetz. Dabei sorgt die deregulierte Verkehrswesen für eine lückenlose Konkurrenz. Die Fernbusse (z. T. mit Sonderklasse und Liegesitzen) bieten europäischen Reisekomfort. Die Hierarchie der Zielorte reicht von den Provinzmetropolen über Mittel- und Kleinstädte bis zum entlegensten Dorf, das, solange eine Erdstraße oder ein Fahrweg existiert, wenigstens noch durch einen Omnibus älterer Bauart mit der Außenwelt verbunden ist.

Eine Stadt wie Mendoza wird von Buenos Aires aus täglich 12mal angeflogen und ebensooft von Bussen angesteuert. Bariloche empfängt täglich 2–4 Flüge und mindestens 6 Busse aus der Landeshauptstadt und ist seinerseits mit 17 argentinischen Orten und in Chile mit Puerto Montt und Santiago verbunden. Selbst in kleinen Provinzmetropolen, wie Resistencia (Chaco) oder Jujuy, dem ›Tor zur Puna‹, kommen täglich mindestens zwei Flugzeuge und ein Dutzend Busse aus Buenos Aires an. Ebenso dicht sind die Omnibusverbindungen der Binnenorte untereinander (ab Resistencia etwa, meist mehrmals täglich, in 20 andere Städte). Als Start und Ziel fungieren Busterminals, wo die (privaten) Unternehmen – Hunderte im ganzen Land – ihre Fahrkartenschalter haben. Möchte ein Reisender unterwegs an einem Punkt aussteigen, der keine planmäßige Haltestelle darstellt (etwa an einer Estancia oder der Zufahrt zu einem Nationalpark), dann genügt ein entsprechender Avis an den Fahrer.

Das ganze Personenbeförderungssystem paßt sich dem jahreszeitlich schwankenden Passagieraufkommen an. Nur selten entstehen ernsthafte Engpässe (u. U. bei den Flügen nach Ushuaia im Südhochsommer, wo rechtzeitige Reservierungen zu empfehlen sind). Es gibt keine starren Sommer- und Winterfahrpläne, sondern das Wetter- und Urlaubsgeschehen (Schneeschmelze, Regenzeit, Schulferien) bestimmen die Verkehrsfrequenz. Maßgebend ist daher die aktuelle Auskunft vor Ort. Die jeweils gültigen Fahr- und Flugpläne werden oft auch einmal pro Woche in den Provinzzeitungen veröffentlicht.

Angesichts des Umfangs von (änderungsanfälligen) Daten werden unter den Ortsinformationen dieses Bandes nur *besondere* Verkehrsverbindungen von solchen Orten genannt, die sehr exponiert liegen oder erwähnenswerte Eigenheiten in ihrem Beförderungssystem aufweisen. Die Regionalkapitel enthalten eine Fülle von Routenbeschreibungen, so daß man sich sein Programm auch selbst zusammenstellen kann. In Argentinien geht niemand verloren.

Reisen ›nach Maß‹ für Einzeltouristen und Gruppen baut zusammen: die Agentur von Gabriela B. de Schieber, T&B Representations, In den Eichen 119, 65835 Liederbach, Tel. 0 69/31 45 76, Fax 31 45 16.

Daneben gibt es kleine Veranstalter, die selbst – ebenfalls abseits der weitbekannten Ziele – Erlebnisreisen für Wildnisliebhaber unternehmen: Von Salta aus starten Safaris mit dem ›Movi Track‹, einem Mercedes-Spezialfahrzeug mit Vierradantrieb und Aussichtsplattform, auf mehreren Routen in die Puna (s. Salta, Aktivitäten).

Bustouren entlang der Route 40 von Arica im Norden bis nach Punta Arenas im Süden bietet (inkl. Flug) Kondor Tours (Schöntalweg 40, 73349 Wiesensteig, Tel. 07335/922024, Fax 922025) an. Der Bus faßt 12 Personen und hat alles Notwendige für eine vierwöchige Reise dabei. Geführt werden die Touren von zwei jungen deutschen Ehepaaren, die sich abwechseln.

Sicherheit

In allen Zonen, in denen man sich normalerweise bewegt, sind argentinische Städte (auch nachts) mindestens ebenso sicher wie vergleichbare europäische Orte. Buenos Aires selbst ist eine lebhafte, gefahrlose ›Abendstadt‹. Überfälle auf Passanten sind äußerst selten. Eher versuchen tagsüber Trickdiebe, die etwa einen Kunden beim Geldempfang in einer Bank beobachtet haben, ein paar Straßen weiter durch Ablenkungsmanöver (man bringt dem Opfer ein ›Geburtstagsständchen‹ dar oder beschmutzt seine Kleidung ›zufällig‹ mit Senf etc.) zu überlisten; dabei arbeiten immer mehrere Betrüger zusammen. Es empfiehlt sich auch nicht, nach dem Verlassen einer Wechselstube oder Bank ein ›zufällig‹ dort stehendes Taxi zu besteigen; lieber gehe man erst ein Stück weiter. Ganz allgemein heißt der Rat daher hier wie überall: größere Beträge im Hotelsafe zu lassen und im übrigen Geld und Kreditkarten in einem Brustbeutel o. ä. bei sich zu tragen.

Souvenirs

Landestypische Souvenirs entstammen dem Gaucho- und dem Tango-Kult und sind in entsprechenden Spezialgeschäften (s. ›Buenos Aires‹, Einkaufen) zu erwerben. Stöberern werden die Zweite-Hand-Buchläden auf der oberen Avenida Corrientes empfohlen. Nostalgiker werden bei einem Gang durch die Unterführung, die in Höhe der Av. Corrientes (da durch den Subte-Eingang nach unten) unter der 9 de Julio in deren voller Breite hindurchläuft, ihre Freude haben. In diesem Raritätenkabinett finden sich Memorabilia (auch alte deutsche Zeitungen) aus der Kriegs- und der Vorkriegszeit. (Funktionierende) Originalgrammophone für Schellackplatten kann man auf dem Antiquitätenmarkt von San Telmo erstehen.

Sprache

Bei allen nicht spanischsprechenden Besuchern gehört ein Taschenwörterbuch ins Reisegepäck. Englisch als Verkehrssprache ist in Argentinien ungleich weniger verbreitet als im polyglotten Europa, denn in allen Nachbarländern wird Spanisch oder Portugiesisch gesprochen. Das argentinische Spanisch – klanglich sehr italienisch eingefärbt – ist gut zu verstehen. Besonderheiten gegenüber dem Metropolitan-Spanisch: ›ll‹ wird nicht ›j‹-ähnlich, sondern wie ein weiches ›ch‹ ausgesprochen; wo im Spanischen ›c‹ und ›z‹ interdental (gelispelt; also wie das englische ›th‹) artikuliert werden, erzeugt der Argentinier einfach ein stimmloses (scharfes) ›s‹; die Du-Anrede heißt nicht *tú*, sondern (altspanisch) *vos*, und die in diesem Zusammenhang gebrauchten Verbformen werden endsilbig betont. Das spanische Zeitwort *coger* (nehmen, greifen, fassen) ist in Argentinien tabu (es ist hier Vulgärausdruck für ›koitieren‹); ersetzt wird das Wort durch *agarrar* oder *tomar*.

Tango

Es gibt in Buenos Aires sowohl Tango-Shows, die mehr auf Touristen zugeschnitten sind, als auch gediegenere für *aficionados*. Daneben existieren Tango-Clubs (zum Tanzen) und weiterhin Studios, in denen speziell Tango-Tanz unterrichtet wird (Einzelheiten unter den Informationen zu Buenos Aires, s. S. 345).

Taxis

In allen Städten wimmelt es von Taxis, die man überall anhalten kann. Sie sind ein ideales Fortbewegungsmittel. Die Fahrer schalten korrekt die Uhr ein, die bei einer Grundgebühr von 1,12 Peso zu zählen beginnt. Der Fahrpreis ist etwa halb so teuer wie in Europa. Man rundet ihn stets mit einem kleinen Trinkgeld nach oben ab.

Telefonieren

Abgesehen von den großen Telefonzentralen verfügen auch kleine Telefonstuben (*locutorios*) über Sprechzellen und Fax. Von Argentinien aus lautet die Vorwahl für Deutschland 0049, für Österreich 0043, für die Schweiz 0041. Von Europa aus ist die Vorwahl für Argentinien 0054. Bei Gesprächen innerhalb Argentiniens wird dem Regionalcode eine 0 vorangesetzt (z. B. für Buenos Aires 011); hingegen beginnt von Europa aus die Anwahl eines Teilnehmers in Buenos Aires mit 005411 …

Straßentelefone funktionieren entweder mit Telefonkarten (kleinste Einheit: 4,40 Peso) oder besonderen Münzen. Hauptausgabestelle in Buenos Aires: am hellblauen Kunststoffkiosk vor der Telefonzentrale (Ecke Corrientes/ Maipú); andere Verkaufsstellen sind etwas teurer.

Trinkgeld

Es ist üblich, Hotelpersonal, Kellnern, Taxifahrern, aufmerksamen Tankwarten, Schuhputzern usw. ein Trinkgeld zu geben. Kellner erhalten – als Regel – 10%, bei einer größeren Rechnung 7–8%, selbsternannte Parkwächter (z. B. vor Restaurants) im Normalfall 1 Peso.

Unterkunft

Die Klassifizierung von Hotels nach Sternen unterliegt regional unterschiedlichen Bewertungen und folgt formalen Kriterien (z. B. Lift, Fernseher etc.), andere Faktoren wie Ruhe, lichte Zimmer oder freundliche Gastgeber bleiben unberücksichtigt. Aus diesem Grund werden die in diesem Band vorgestellten Hotels sowohl nach Preisstufen gestaffelt als auch, was ihre Eigenheiten angeht, in Stichworten charakterisiert.

Ganz allgemein gilt, daß man in etwas einfacheren Etablissements oft besser unterkommt, mehr Kontakt mit den Menschen hat – und die Reisekasse merklich entlastet. Argentinische Hotels der guten Mittelklasse sind billiger als vergleichbare Häuser in Deutschland.

Zur Erläuterung: *Hostales* sind einfache Hotels, *Residenciales* sind Pensionen bzw. Privatunterkünfte (auch für nur eine Nacht und ohne Essen), *Hospedajes* einfache Privatunterkünfte, *Hosterías* eine Art Landgasthöfe und *Cabañas* Blockhäuser oder Bungalows.

Urlaubsaktivitäten

Die schier unermeßliche Skala von Möglichkeiten reicht vom Skilanglauf in Feuerland bis zur Aconcagua-Besteigung, vom Baden im Südatlantik bis zum Ritt über die Anden. Das lokale Angebot ist aus dem Text und den ›Adressen und Tips von Ort zu Ort‹ (s. S. 339 ff.) ersichtlich. Eine gute Auskunftsquelle in Argentinien selbst ist das Monatsmagazin ›Weekend‹, in dessen Anzeigenteil unter ›Guías‹ provinzweise aktuelle Angebote zum Trekking, Reiten, Mountainbiking, Rafting, Kajakfahren, Sportangeln usw. erscheinen. Im folgenden noch einige Hinweise für Jäger und Sportfischer.

■ Jagd

Klassisches Jagdgebiet für Hochwild sind die Provinzen La Pampa und Neuquén (deren Informationsbüros nähere Auskünfte über Jagdzeiten, Waffen, Prämienzahlungen, Begleitpersonen usw. erteilen). In diesen Revieren stehen vor allem Rothirsche, Wildschweine und Pumas. Die Niederwildjagd wird bereits im Umkreis von 150 km um Buenos Aires ausgeübt und erstreckt sich für manche Tiergattungen wie Rebhühner, Hasen und Vizcachas (letztere beide ohne Schonzeit) fast übers ganze Jahr. In den Lagunengebieten werden vor allem Wildenten, Trappen, Wildgänse und Wildtauben gejagt.

Jagdpartien (auch für Großwild) organisiert z. B. Fürst Franz Ulrich Kinsky (deutschsprechend) von Argentina Wings, Callao 1695, 3° B, 1024 Buenos Aires, Tel. u. Fax 48 12-05 51 u. 48 14-17 35.

■ Angeln

Schwerpunkte sind der Dorado- (Goldbrassen-)Fang im gesamten Paraná-Revier (Rolle, Spinne, Fliege; ohne Beschränkungen), der Lachsfisch-Fang in den patagonischen Andengewässern (Angellizenzen sind an Ort und Stelle problemlos zu erwerben), der Fang von Meerforellen im Gebiet von Río Grande (Feuerland; s. S. 377), das Meeresangeln an der Atlantikküste (*corvinas negras,* ›Schattenfische‹, im Norden; Zitronenfische, Seebarsche und Hechte im Mittelabschnitt; kleine Haie und Thunfische im Süden).

Verhaltensregeln

Wie in allen lateinamerikanischen Ländern besteht die ideale Verhaltensform in der Anpassung. Es gibt keine Kleiderordnung. Aber wenn eine Stadt nicht gerade am Meer liegt und eigene Strände hat (wie Mar del Plata), ist es im Zentrum unüblich, Shorts zu tragen. Kirchen in dezenter Kleidung – und möglichst nicht während des Gottesdienstes – zu besichtigen, gehört zu den selbstverständlichen Anstandsregeln. Beim Betreten von Lokalen, Hotels oder Theaterfoyers gebührt (im Gegensatz zu den mitteleuropäischen Sitten) Damen stets der Vortritt. In einem Café oder Restaurant gilt ein (auch nur von einer Person) besetzter Tisch als unantastbare Privatsphäre. Es wäre sehr unhöflich, auch nur zu fragen, ob man daran Platz nehmen darf. (Hingegen ist es erlaubt, im Bedarfsfall und nach Anfrage von einem anderen Tisch freie Stühle abzuziehen.)

An Bushaltestellen, in Bahnhöfen, an Bankschaltern oder in anderen Stauzonen eine Warteschlange zu bilden, gehört für die Argentinier zur Routine. Im Bahnhof Retiro von Buenos Aires sind beiderseits der Gleise schräge gelbe Linien auf die Bahnsteige gemalt. Entlang dieser Markierungen, die die Positionen der Wagentüren eines haltenden Zuges bezeichnen, bilden sich automatisch Schlangen, schon ehe der Zug einläuft. Es gibt keine Gedränge, und die wirklich ersten bekommen dann auch die Sitzplätze.

Sich vorzudrängen gilt übrigens in jeder Situation als äußerst unelegant. Höflichkeit zu üben, ist den Argentiniern ins Stammbuch geschrieben.

Zeitungen und Bücher

Deutschsprachiges und internationales Pressematerial erhält man in Buenos Aires am leichtesten an den Kiosken der Fußgängerstraße Florida oder, von dieser ›nach oben‹ abbiegend, auf der Corrientes. Einige Stände führen auch das (samstags erscheinende) ›Argentinische Tageblatt‹, das sonst in der Redaktion (Juncal 831) erhältlich ist. Im Goethe-Institut (Corrientes 319) liegen ebenfalls deutsche und schweizerische Zeitschriften aus. Das Wochenblättchen ›Buenos Aires Herald‹ (freitags) enthält – ähnlich wie der Kulturspiegel im ›Argentinischen Tageblatt‹ – einen Kino- und Theaterspielplan.

Die großen argentinischen Tageszeitungen sind ›Clarín‹ (mit dem Veranstaltungskalender ›Espectáculos‹) und ›La Nación‹ (mit der das aktuelle Kulturprogramm enthaltenden Donnerstagsbeilage › Via Libre‹). Die Wochenzeitschrift ›Noticias‹ empfiehlt sich als hervorragendes Nachrichtenmagazin.

Die beste Auswahl an deutsch- und spanischsprachiger Literatur bieten die Buchhandlungen ›ABC‹ (Córdoba 685) und ›Ensayo SRL‹ (Lavalle 528).

Zeitunterschied

Im Verhältnis zur argentinischen Ortszeit ist Mitteleuropa 4 Stunden (bei dortiger Sommerzeit 5 Stunden) voraus.

Kleiner Sprachführer

■ **Allgemeine Redewendungen/ Begriffe**

Guten Morgen	Buenos días
Guten Tag (ab 14 Uhr)	Buenas tardes
Gute Nacht	Buenas noches
Auf Wiedersehen	Adiós
Vielen Dank	Muchas gracias
Bitte	por favor
Sehr liebenswürdig!	¡Muy amable!
Es tut mir leid	Lo siento
Entschuldigen Sie!	¡Perdón!
Ich heiße …	Me llamo …
Wie ist Ihr Name, bitte?	¿Como es su gracia, por favor?
Sehr angenehm!	¡Encantado!
Wie geht es Ihnen?	¿Como le va?
Bleiben Sie lange hier?	¿Se queda mucho tiempo aquí?
Wir reisen heute (morgen) ab	Nosotros viajamos hoy (mañana)
Bis auf bald!	¡Hasta pronto!
Ich freue mich	Me alegro
Ich möchte gerne … kaufen	Quisiera comprar …
Kann ich das anprobieren?	¿Me lo puedo probar?
Ich benötige eine andere Größe	Necesito otro tamaño
Was kostet das?	¿Cuanto vale?
Ich habe Kopf-/ Magen-/Leib- schmerzen	Tengo dolor de cabeza/estómago/ vientre
Ich habe einen Sonnenbrand	Tengo una quema- dura por el sol
Mir tut es hier weh	Me duele aquí

■ **Örtliche und zeitliche Orientierungshilfe**

Wo ist/ Wo befindet sich…?	¿Dónde está/ Dónde se encuentra …?
das Krankenhaus	… el hospital
… die Polizei	… la policía
… das nächste Telefon	… el próximo teléfono
… eine Apotheke	… una farmacia
… ein Arzt/Zahn- arzt	… un médico/ odontólogo
… das Fremden- verkehrsbüro	… la información turística
… eine Wechsel- stube	… una casa de cambio
… die Post	… el correo
… der Busbahnhof	… la terminal de omnibus
… die Bushalte- stelle	… la parada del colectivo
… ein Taxistand	… una parada de taxis
… der Bahnhof	… la estación de ferrocarril
… der Flughafen/ … Hafen	… el aeropuerto/ el puerto
Wie komme ich nach/Wie gelange ich zu …	¿Como llego a(l) …?
Ist das weit (von hier)?	¿Queda lejos (de aqui)?
Wie viele Kilometer ist das entfernt?	¿A cuántos kiló- metros queda?
Wie viele Häuser- blocks ist das von hier entfernt?	¿A cuántas cuadras queda de aquí?
Welches ist der kür- zeste/sicherste/ bequemste Weg?	¿Cuál es el camino más corto/ seguro/cómodo?
Wieviel Uhr ist es?	¿Qué hora es?
Gibt es hier einen Fahrplan?	¿Existe un horario por aquí?
Wann kommt	¿Cuándo llega
… der Zug	… el tren?
… der Bus	… el autobús?
… das Flugzeug	… el avión?
… das Schiff an?	… el barco?
Wann fährt … ab?	¿Cuándo sale … ?
Gibt es keinen früheren/	¿No hay un … que salga más tem-

späteren …?	prano/más tarde?
Er (sie, es) hat Verspätung	Lleva retraso
Wo löst man die Fahrkarten?	¿Dónde se compra los boletos?
Eine (Hin- und Rück-)Fahrkarte, bitte!	¡Un boleto de ida (y vuelta), por favor!

■ Unterkunft

Ich suche ein gutes Hotel	Estoy buscando un buen hotel
Ich suche ein mittleres/ preiswertes/ ruhiges Hotel	Estoy buscando un hotel mediano/ económico/ tranquilo
Haben Sie ein Einzel-/Doppel-/ Dreibett-/ Vierbettzimmer?	¿Tiene una habitación individual/doble/ triple/cuádruble?
mit/ohne Bad/ Dusche/ Frühstück	con/sin baño/ ducha/desayuno
Haben Sie eine Hotelgarage?	¿Tiene garage en el hotel?
Haben Sie einen Hotelsafe?	¿Tiene una caja fuerte en el hotel?
Könnten Sie uns mit dem Gepäck helfen?	¿Nos podría ayudar con el equipaje?
Wir zahlen bar/ mit Kreditkarte/ in US-Dollar	Pagamos en efectivo/con tarjeta/en dólares
Wo ist der Empfang, bitte?	¿Dónde está la recepción, por favor?
Haben Sie Platz für ein großes/ kleines Zelt?	¿Tiene sitio para una carpa grande/ pequeña?
Haben Sie eine schattige Stelle (für uns)?	¿Tiene un lugar que tenga sombra?
Wir sind … Personen	Somos … personas
Was berechnen Sie uns pro Tag/Woche?	¿Cuánto cobra por día/semana?
Kann man hier Lebensmittel kaufen?	¿Se puede comprar alimentos aquí?
Gibt es einen Grillplatz?	¿Hay un fogón?
Wo befinden/ befindet sich die Wasch- räume/ der Strom- anschluß/ ein Wasserhahn?	¿Dónde se en- cuentran/ encuentra … los baños/ el enchufe para la luz/ un grifo de agua?

■ Im Restaurant

Bitte, bringen Sie mir …	Tráigame por favor …
… die Speisekarte	… el menú/la carta
… ein Erfrischungs- getränk	… una bebida refrescante
… ein Mineralwasser mit/ohne Kohlensäure	… un agua mineral con/sin gas
… ein Bier	… una cerveza
… ein Glas/ eine Flasche Rot-/Weißwein	… un vaso/ una botella de vino tinto/blanco
… einen Salat	… una ensalada
… ein Fleisch-/ Fischgericht	… un plato de carne/ pescado
… eine Portion Huhn	… una ración pollo
… einen Nachtisch	… un postre
… einen (Milch-) Kaffee	… un café (con leche)
… die Rechnung	… la cuenta

Kalte Vorspeisen

antipasto	(entradas frías) Appetitanreger (Hors d'œuvre)
berenjenas en escabeche	marinierte Auberginen
fiambre (surtido)	(gemischter) Auf- schnitt
jamón (crudo) con melón	Melone mit (rohem) Schinken
langostinos	Krevetten
matambre (casero) (die Bezeichnung entstand aus *mata hambre* = ›tötet den Hunger‹ – eine Erfindung der Gauchos)	mit Ei, Spinat, Peter- silie und Knoblauch (gefülltes, rouladen- artig gewickeltes, gekochtes und kalt in Scheiben ser- viertes Rindfleisch, hausgemacht)
palmitos con salsa golf	Palmherzen mit To- matenmayonnaise
palta (rellena)	(gefüllte) Avocado- Birne

ensalada mixta	Gemischter Salat (gewöhnlich Kopfsalat, Tomaten und Zwiebeln)
ensalada completa	mit hartem Ei, Oliven, Schinken-, Käse-, Kartoffelwürfeln usw. angereicherter Salat
ensalada de ...	
... apio	Stangensellerie...
... berro	Brunnenkresse...
... cebolla	Zwiebel...
... chauchas	Bohnen...
... lechuga	Kopfsalat
... palmitos	Palmherzen...
... radicheta	Radicchio...
... remolacha	Rote-Bete-...
... tomate	Tomaten...
... zanahoria	Karottensalat
(Anmerkung: Man kann jede Art von Mischung bestellen)	
con ...	mit
... aceite de oliva	... Olivenöl
... aceite de girasol	... Sonnenblumenöl
... vinagre	... Essig
... limón	... Zitrone
... poca sal	... wenig Salz

Vorspeisen vom Grill *(entradas de la parrilla)*

chinchulines de ternera/ cordero	schneckenförmig gerollter Kalbs-/ Lamm-Dünndarm
chorizo	grobgefüllte, dicke Grillwurst
criadillas	Kalbshoden
matambrito de cerdo	Schweine-Matambre (s. o.)
mollejas	Bries
morcilla	Blutwurst
morrón	Rote Paprika (mit etwas Öl)
provoleta	Provolone-Käsescheibe
riñones	Nieren

Grillfleisch *(carne asada)*

asado de tira	gegrilltes Rippenstück
bife de chorizo	Rumpsteak
bife de costilla	Beefsteak mit Rippenknochen
bife de lomo	Lendensteak
brochette	Bratspieß
chancho	Schwein
chivito	junge Ziege
churrasco	gebratenes oder gegrilltes Fleischstück
cordero (corderito)	Lamm
cuadril	Hüftsteak
lechón	Spanferkel
pollo	Huhn
solomillo	Filetstück
vacío	Bauchfleisch
bien hecho	gut durchgebraten
a punto	gerade gar (innen rosa), medium
jugoso	saftig (innen roh)

Fisch *(pescado)*

mariscos	Meeresfrüchte
calamar	(kleiner) Tintenfisch
corvina	›Meerrabe‹, Adlerfisch
lenguado	Seezunge
merluza	Seehecht
pejerrey	Ährenfisch
pulpo	(großer) Tintenfisch
salmón	Lachs
trucha	Forelle

Andere Speisen

albóndigas	Klopse, Knödel
arróz	Reis (mit
(con mariscos)	Meeresfrüchten)
caldo	(Fleisch-)Brühe
cazuela	Eintopf
consomé	Kraftbrühe
empanadas	ovale Pastetchen mit pikanten (Rindfleisch, Huhn, Oliven, Käse oder Muscheln plus Gewürzen) oder süßen (Äpfel, Birnen, Aprikosen, Rosinen, Nüsse) Füllungen
estofado	Schmorfleisch
higado	Leber
milanesa	paniertes Schnitzel
panaché de legumbres	Gemischte Gemüseplatte
papas fritas	Pommes frites
papas hervidas	Gedämpfte Kartoffeln
puré de papas	Kartoffelbrei

tortilla	Omelette	duraznos en almíbar	Pfirsichhälften in Sirup
Nachtisch	*(postres)*	ensalada de fruta	Obstsalat
almendrado	Vanille-Eis mit Mandeln	flan (casero)	(hausgemachter) Karamelpudding
batatitas en almíbar	Süßkartoffeln in Sirup	frutillas con helado	Erdbeeren mit Sahneeis
bombón	Eiscreme mit Schokoladenüberzug	mamón en almíbar	Papaya in Sirup
		manzana asada	Bratapfel
castañas en almíbar	Kastanien in Sirup	Sambayón (de marsala)	mit Likörwein (Marsala) zubereitete Weinschaumcreme
Don Pedro	Eiscreme mit Walnüssen und Whisky		
dulce de batata	Süßkartoffelgelee	zapallo en almíbar	Kürbisstücke in Sirup
dulce de mebrillo	Quittenpaste		

Glossar

adobe: luftgetrockneter Lehmziegel
apunamiento: Höhenkrankheit in der Puna
cabildo: Rathaus; Stadtrat
camionero: Lastwagenfahrer
casco: Herrenhaus einer Estancia
caudillo: Heerführer, Anführer von Revolutionären
comedor: Kantine, einfaches Eßlokal
criollo: Kreole; in Hispanoamerika geborener Nachkomme von Spaniern
fogón: gemauerte Feuerstelle zum Grillen
fortín: Schanze, vorgeschobene Befestigung
granja: Bauernhof, kleines Gut
hostería: (ländliches) Gasthaus mit Zimmern
mariscos: Schalentiere, Meeresfrüchte
marisquería: Fisch- und Meeresfrüchtelokal
meseta: Hochplateau
nevado: schneebedeckter Gipfel der (Vor-)Kordillere
parrilla: Grillrestaurant (mit Holzfeuerglut)
payada: Balladengesang der Gauchos
porteño: Einwohner von Buenos Aires (›Hafenbewohner‹)
posada: Rasthaus
pulpería: ländlicher Kramladen (mit Ausschank)
quincho: rustikaler überdachter Grillplatz mit Eßtischen
quinta: Landsitz, Landhaus
salar: Salztonebene
tasca: Schänke
yunga: Bergurwald im Norden Argentiniens und in Bolivien

Abbildungsnachweis

Focus, Buenos Aires (Argentinien) S. 56/57, 75, 116/117, 124/125, 226, 237
Volkmar Janicke, München S. 90
Detlev Kirst, Chieming S. 11, 24, 70, 140/141, 234, 302/303
Rainer Martini/Look, München S. 43
Christian Pehlemann, München S. 182, 214/215, 243, 244, 246, 296/297
Karl-Heinz Raach/Look, München S. 204
Rolf Seeler, Buenos Aires (Argentinien) S. 23, 29, 30, 54, 77, 92, 97, 99, 101, 105, 110, 118, 129, 151, 156/157, 165, 168/169, 178/179, 184/185, 190/191, 211, 218, 219, 220, 221, 228/229, 230, 232, 249, 252, 254, 256, 258/259, 264, 273, 274, 286/287, 299, 300, 301, 305, 307, 311, 314, 320, 322, 325, 326, 327, 333
Hubert Stadler, Fürstenfeldbruck Titelbild, Umschlaginnenklappe, Umschlagrückseite; S. 10, 12, 18/19, 45, 49, 53, 61, 65, 73, 78/79, 80, 86, 87, 102/103, 108/109, 130/131, 134/135, 141 links, 141 rechts, 144, 146, 147, 153, 154/155, 163, 166, 173, 174/175, 187, 188/189, 194, 197, 198/199, 210, 222/223, 235, 238, 247, 260/261, 271, 278, 279, 282/283, 284, 294/295, 319, 329
Ullstein Bilderdienst, Berlin S. 32, 35, 38, 52
Konrad Wothe/Look, München S. 334

Karten und Pläne:
Berndtson & Berndtson Productions GmbH, Fürstenfeldbruck,
© DuMont Buchverlag, Köln

Register

■ **Personen- und Sachregister**

Aimara 262
Alacaluf 158
Albatros 15, 25, 162, 180
Alcazaba, Simón de 145
Alexander II.; Zar von Rußland 107
Alfonsín, Raúl 38, 39
Almagro, Diego de 286
Alsogaray, María Julia 29
Altamira, Luis Roberto 128
Álvarez, José (Fray Mocho) 88
Alvear, Torcuato de 81
Amundsen, Roald 170
Andaur, Luis 239
Angelis, Alfredo de 85
Apachetas 295
Araukaner s. Mapuche
Arawak-Chane 305
Arias, Darío 273
Arlt, Roberto 52, 95
Arrau, Claudio 77
Ascari, Alberto 118
Avellaneda, Nicolás 33

Bacalov, Luis Enrique 50
Backhaus, Wilhelm 77
Baden, Willy 321
Band, Heinrich 84
Barenboim, Daniel 48
Bartholdi, Frédéric Auguste 59
Baudrillard, Jean 20
Bayer, Osvaldo 50
Beecham, Sir Thomas 77
Belgrano; General 43
Benetton 155
Bernhardt, Sarah 311
Berni, Antonio 50
Bernstein, Leonard 77
Bianciotti, Héctor 53
Biggs, Basil 182
Bioy Casares, Adolfo 47, 52
Boca Juniors 48, 90
Bocca, Julio 48

Boero, Felipe 48
Bolívar, Simón 32, 63
Bonpland, Aimé 21
Borges, Jorge Luis 13, 36, 44, 47, 50, 51, **52**, 53, 58, 60, 71, 78, 82, 105, 112
Braun, Sara 163
Bridges, Thomas 161, 174, **176f.**
Buchardo, Carlos López 48
Bunge, Jorge 114
Bustillo, Exequiel 208

Cabrera, Jerónimo Luis de 127
Calchaquíes 240, 247
Callas, Maria 77
Canaro, Francisco 84f.
Campo, Estanislao del 51
Cámpora, Hector J. 37
Caravatti, Luis 252
Carolini, Rubén 218
Caruso, Enrico 66, 77, 94
Cassidy, Butch (Robert Leroy) 205, **206f.**
Castillo, Pedro del 229
Cavallo, Domingo 38, 39
Cavendish, Thomas 135, 150, 161
Celis, Pérez 48
Chalimin; Kazike 247
Chanaé 310
Charrúa 60
Chatwin, Bruce 176
Chicha 263
Chiriguanos 263, 305
Churumata 263
Clemenceau, Georges 66
Comechingones 125
Cook, Frederick 176
Cook, James 135
Copland, Aaron 77
Correa, Deolinda 245
Cortázar, Julio 53
Cortázar, Manuel 280
Cousteau, Jacques Yves 172
Curo, Eduardo 255
Cuyo 18, 20, 23

Darío, Rubén   13, 51, 94, 155
Darwin, Charles   16, 119, 135, 150, 161, 177, 235, 236
Dávalos, Julia Elena   49
Davis, John   135, 181
Diaguita   246, 248, **254f.**
Discépolo, Enrique Santos   85
Domingo, Plácido   73, 77
Dormal, Jules   77
Doughty, Thomas   152
Draghi, Juan José   96
Drake, Sir Francis   62, 135, 152, 160, 161
Dufaur, Esteban   119

Eberlein, Gustav Heinrich   72
Eco, Umberto   60
Edward VII.; König von England   33
Egger, Toni   196
Einstein, Albert   66
Estancias   **98f., 151,** 195

Fader, Fernando   50
Falklandkrieg   93, **182f.**
Falkner, Thomas   136
Falú, Eduardo   49
Fangio, Juan Manuel   116, **118**
Ferlet, René   238
Fernández, Roque   39
Fiennes, Sir Ranulph   170
Filloy, Juan   48
Fossati, Pietro   311
Fossilien   s. Paläontologie
Fotheringham, Ignacio   330
Franco, Luis   253
Fuchs, Josef   146
Fundación Vida Silvestre   27, 29, 113, 331, 332
Funes, Gregorio   127
Furtwängler, Wilhelm   77

Galtieri, Leopoldo   38
Gamboa, Sarmiento de   161
Garay, Juan de   61f., 72, 312
García, Charly   49
García Márquez, Gabriel   48
Gardel, Carlos   48, 64, 85
Gauchos   **42ff.,** 82, 96, 98, 124
Gerstäcker, Friedrich   83
Gesell, Carlos Idaho   114
Gianotti, Francesco   80
Gigli, Beniamino   77
Giménez, Susana   47

Ginastera, Alberto Evaristo   48
Gondwanaland   17, 19, 147, 171, 180
Goetz, Curt   95
Goyeneche, Roberto   85
Greene, Graham   306
Greenpeace   29, 171
Guanako   15, 21, 24, 25, 43, 133, 146, 165, 241
Guaraníes   31, 306, 313, **316f.,** 321
Güemes, Martín Miguel de   276, 277
Güemul; Kazike   210
Guerra, Maximiliano   48
Güiraldes, Ricardo   51f., 96, **99**
Gürteltier   15, 23
Guttero, Alfredo   50

Haag, Robert   331
Hagenbeck, Karl   82
Haush   158
Haussmann, Georges-Eugène; Baron   64
Hernández, José   42, 44, **51**
Herrera, Paloma   48
Herrera, Victorino   218
Hirsch, Mauricio; Baron   312
Hoces, Francisco de   158
Homen, Diego   12
Hora, Cristovão de   158
Huarpe   233, 240
Hudson, Guillermo   111
Huemul (Andenhirsch)   24
Humboldt, Alexander von   21
Hunt, Rex   181, 182, 183
Huskies   168

Immigranten   15, 33, 41, 46, 59, 88, 104, 106
Inka   12, 14, **224f.,** 238, 253, 255, 256, 262, 263, 305
Irigoyen, Hipólito   33
Isasmendi, Domingo de   272

Jesuiten   13, 31, 41, 47, 63, 64, 268, 315, **316f.,** 318, 319
Jones, Evan   142
Jones, Lewis   144
Jufré, Juan   240
Juríes   263

Kagel, Mauricio   48
Kagge, Erling   170
Kakteen   22, 280, 284f.
Karl I.; König von Spanien   s. Karl V.

Personenregister

415

Personenregister

Karl III.; König von Spanien 31
Karl V.; Kaiser 30, 60, 62, 160
Karlic, Monsignore 47
Katharina II. (die Große); Zarin von Rußland 107
Kilmes 270f.
Kodama, María 47
Kolibri 22, 25
Kollas **263, 264**
Kolumbus, Christoph 12, 13, 160
Kom 305
Kondor 15, 23, 24, 25, 162, 166, **234,** 235, 246, 333
Kraus, Alfred 77
Kuitca, Guillermo 50

Larreta, Enrique Rodriguez 108
Las Casas, Bartolomé de 13
Lavalle; General 289
Le Corbusier (Charles Edouard Jeanneret-Gris) 64, 73, 101
Le Maire, Jakob 177
León, Juan de 280
Lerma, Hernando 275
Lezama, José Gregorio 89
Linné, Carl von 22
Lombardo, Juan José 182
Lorca, Federico García 73
Lugones, Leopoldo 51
Luna, Felix 34, 36
Lunfardo 72, 85, **88f.**
Luro, Pedro Olegario 121

Madonna (Madonna Luisa Ciccione) 36
Maestri, Cesare 196
Magalhães, Fernão de 94, 133, 152, 158, 160
Magellan s. Magalhães
Magnone, Guido 196
Malharro, Martín 50
Mapuche 41, 133, **134f.,** 216, 217, 224
Maradona, Diego Armando 90
Maréchal, Leopoldo 52
Martens, Valerie von 95
Martín, Benito Quinquela 90
Massera, Eduardo 38
Maury, Ricardo Fontaine 285, 286
Meano, Vittorio 77
Melba, Nelly 77
Mendoza, García Hurtado de 229
Mendoza, Pedro de 30, 60f.
Menem, Carlos Saúl 36, 38f., 46

Menuhin, Yehudi 77
Mercosur (Freihandelszone) 15, 40f.
Messner, Reinhold 238
Meteoriten 331
Mitre, Bartolomé 32
Mora, Lola 50, 289
Moreno, Francisco Pascasio 26, 101, 135, 150, 193, 210
Moyano, Carlos María 136
Moyano, Daniel 247
Mussolini, Benito 36
Musters, George Chaworth 136, 199

Namuncurá; Ceferino 121, 137
Ñandu (Pampasstrauß) 15, 24, 25, 26, 43, **110f.,** 219, 333
Nazca-Platte 17, 161
Newbery, Jorge 58, 164
Newton, Richard 108
Nilsson, Birgit 77
Novas, Fernando 219
Nurejew, Rudolf 77
Nystromer, Karl 74

O'Higgins, Bernardo 229, 233
Omaguacas 263, 292
Ona (Selk'nam) 158, 164, 165
Onassis, Aristoteles 80
Onetti, Juan Carlos 95
Ortega y Gasset, José 105

Páez, Fito 49
Paläontologie 17, 19, 101, 119, 124, 132f., 144, **145,** 149, 164, **218f.,** 243, 245
Pampa 15, 16, 20, 21, 26, 27, 108, 109
Pampasstrauß s. Ñandu
Pampine Sierren **122ff.**
Parker, Alan 36
Patagonischer Schild 17
Paucke, Florian 313
Pavarotti, Luciano 76, 77
Paz, Carlos 48
Paz, José C. 78
Pellegrini, Carlos 82
Perera, José 50
Perón, Aurelia Tizón de 34
Perón, Eva (Evita) Duarte de **34ff.,** 37, 81
Perón, Juan Domingo **33, 34ff., 37,** 64, 93, 210
Perón, María Estela (Isabelita) 37
Peronismus **33, 37, 38**
Piazzolla, Astor 49, 85

Piedrabuena, Luis   177
Pigafetta, Antonio   133, 160
Pinedo; Gouverneur   181
Pinguine   15, 25, 26, 29, **144, 146,** 153, 155, 171, 180, 185, 186
Pius IX.; Papst   13
Pius X.; Papst   84
Place, Etta   **206f.**
Plüschow, Günther   132, 167
Poe, Edgar Allan   133
Polo, Marco   12
Popham, Sir Home   63
Popper, Julius   164
Pouget, Miguel   230
Primatesta, Kardinal   47
Puccini, Giacomo   66
Puenzo, Luis   50
Pueyrredón, Juan Martín   31
Pueyrredón, Prilidiano Paz   49

Quiroga, Horacio   52, 306
Quiroga, Juan Facundo   240

Ramírez, Ariel   49
Rega, José López   37
Rice, Tim   36
Rinder   15, 40, 43, 98, 104, 105
Roca; General   33, 104, 134
Rodin, Auguste   74
Roosevelt, Eleanor   16
Rosas, Juan Manuel de   32, 137
Rostropowitsch, Mstislaw   49
Roy, Robert Fitz   135
Rubinstein, Arthur   77

Saavedra, Hernando Arias de   30
Sábato, Ernesto   48, 53, 89
Sáenz Peña, Roque   33
Saint-Exupéry, Antoine de   132, 154
Saint-Hilaire (Geoffroy Saint-Hilaire), Etienne   317
Salazar y Espinosa, Juan de   30
Salcedo, Francisco de   240
Saldivia, Roberto   218
San Cayetano (Gaetano de Thiene)   46
San Martín, José de   31, 63, 72, 233
San Martín, Juan Zorrilla de   51
Sarmiento, Domingo Faustino   33, 42, 51, 98, 105, **240f.**
Saurier   s. Paläontologie
Sayhueque; Kazike   134
Schaljapin, Fjodor   77

Schivo, Giovanni   46
Schmidel, Ulrich   61
Schöner, Johannes   158
Schouten, Willem Cornelisz   177
Scott, Robert Falcon   170
See-Elefanten   15, 25, **141, 144,** 185, 186
Shackleton, Lord Edward   187
Sívori, Eduardo   50
Solar, Xul   50
Solís, Juan Díaz de   30, 58, 60
Soriano, Osvaldo   50
Sosa, Mercedes   49, 269
Spielberg, Steven   218
Strauß   s. Ñandu
Strauß, Richard   77
Strawinsky, Igor   77
Strong, John   181
Stroud, Michael   170
Sundance Kid (Harry Longabaugh)   **206f.**
Sutherland, Joan   77

Tamburini, Francisco   76
Tango   **84f.**
Tehuelche   18, 104, 121, **133,** 134, 136, 140, 146, 152, 196, **198f.**
Terray, Lionel   96
Thatcher, Margaret   183
Tito, Josip (Josip Broz)   285
Toba   305f.
Toscanini, Arturo   77
Toscano, Alicia   50
Troilo, Anibal   84
Tupac Yupanqui; Inkaherrscher   224

Uriburu, José E.   278
Urquiza, Justo José de   32, 74, **310f.**

Vallejo, César   13
Velasco, Ramírez   247
Verne, Jules   20, 133, 177
Vespucci, Amerigo   12
Videla, Jorge Rafael   37, 38
Viedma, Antonio de   152
Viedma, Francisco de   139
Viola, Roberto Eduardo   38
Voltaire (François Marie Arouet)   317

Wale   15, 25, 26, **142f.,** 143, 171, 186
Waldseemüller, Martin   12
Walsh, María Elena   47
Wassermann, Jakob   12
Webber, Andrew Lloyd   36

Weert, Sebalt de   181
Wein   **230f.**
Wichi (Mataco)   305, 306, 329f.
Wiederhold, Carlos   209
Wolgadeutsche   104, 106f.

Yahgan (Yamaná)   25, 158, 161, 174, 175, **176f.**, 177
Yepes, Narciso   77
Yrigoyen, Hipólito   285
Yrurtia, Rogelio   86
Yungas   16, 22, **262f.**
Yupanqui, Atahualpa   49

Zanetti, Eugenio   50
Zurbriggen, Matthias   238

■ Ortsregister

Abra del Acay   275
Abra Pampa   296, 339
Aconcagua   14, 16, 224, 225, 233ff., 236, **238f.**
Aconquija   108, 225
Alpachiri   107
Alta Gracia   126
Alto Jagüe   249
Alto Río Senguer   201
Aluminé   216
Amaichá del Valle   270
Amutui Quimei (Stausee)   205
Andacollo   220
Andalgalá   255, 339f.
Anden   12, 14, 15, 16, 17, 20, 23, 162, 170, 190
Angastaco   274, 340
Animaná   271
Antarktis   **170ff.**
Antofagasta de la Sierra   257, 258, 340
Aristóbulo del Valle   326
Asunción   30, 307, 332

Bahía Blanca   17, **119,** 340f.
Bahía San Blás   137
Bahía San Sebastián   164
Bajo Caracoles   196
Balcarce   116, 118, 341
Bariloche   s. San Carlos de Bariloche
Barreal   239, 341

Beagle-Kanal   25, 158, 161, 166, 173ff.
Belén   253, 255, 341
Bernardo de Irigoyen   324
Bonete (Vulkan)   248
Bosque de Arrayanes   210
Buenos Aires   15, 26, 27, 28, 30, 31, 32, 39, 41, 46, 47, 48, **57ff.**, 341ff.
– ACA-Verwaltungsgebäude   82
– Banco de la Nación   71
– Basílica del Pilar   81
– Botanischer Garten   82
– Cabildo   71
– Café Tortoni   72
– Canto al Trabajo   86
– Casa Rosada   71
– Club Español   73
– Estación Retiro   79
– Galerías Pacífico   79
– Iglesia de San Francisco   83
– Iglesia de Santo Domingo   83
– Kathedrale   72
– Kavanagh-Hochhaus   78
– Kongreßgebäude   74
– La Chacarita (Zentralfriedhof)   64
– Lezama-Park   89
– Manzanas de las Luces   83
– Monumento de los Españoles   82
– Museo de la Ciudad   83
– Museo de Motivos Populares Argentinos José Hernández   82
– Museo Nacional de Arte Decorativo   82
– Museo Nacional de Bellas Artes   81
– Obelisk   78
– Palacio Barolo   73
– Palacio de las Aguas Corrientes   74
– Plaza Dorrego   87
– Plazoleta Carlos Pellegrini   81
– Recoleta (Friedhof)   36
– Sociedad Rural   82
– Teatro Cervantes   64, 78
– Teatro Colón   64, 72, **76f.,** 78
– Teatro San Martín   48
– Zoo   82
Bustamante   146

Cabo Blanco   150
Cabo Dos Bahías (Naturreservat)   144, 145, 347
Cabo (Once mil) Vírgenes   132, **155,** 160
Cabo Raso   144
Cabo San Antonio   113, 347
Cachi   274, 347

Cafayate 271, 347f.
Calingasta 239
Camarones 145, 348
Campo del Cielo 329, 331
Capilla del Monte 126
Capilla del Señor 96
Carmen de Patagones 137, 348
Casabindo 296
Casa de Piedra 104
Casira 299
Castelli 329
Catamarca s. San Fernando del Valle de Catamarca
Caverna de las Brujas 226
Cerro Casa de Piedra 196
Cerro Catedral 209
Cerro Chapelco 212
Cerro Chincal 253
Cerro Colorado 127
Cerro Condor 149
Cerro de los Siete Colores 291
Cerro Otto 209
Cerro 60 321, 325
Cerro Shenolsh 166
Cerro Torre 196
Chaco 14, 15, 21, 22, 27, 303ff., 306, **326ff.**
Chaltén (Fitz Roy) 196
Chilecito 249, 348
Cholila 205, 207
Chos Malal 220, 349
Cochinoca 297
Colonia Carlos Pellegrini 314
Colonia del Sacramento 94, 95
Colonia Suiza 211
Comandante Luis Piedrabuena 152, 349
Comodoro Rivadavia 132, **146f.,** 349f.
Concepción del Uruguay 310, 350
Concordia 311
Copahue (Vulkan) 220f.
Córdoba 17, 28, 31, 37, **127ff.,** 351
Corrientes 15, 22, 306, 307, 313, **326,** 351f.
Corrientes (Provinz) 304, 308ff.
Cruz del Eje 126
Cruz del Paramillo 235
Cuesta del Obispo 280, 281
Cueva Grande 199
Cuevas de las Manos **197f.,** 200
Cuevas del Gualicho 193
Cuyo 31, 226ff.

Darwin-Kordillere 162
Deán Funes 126

Diamante 310
Difunta Correa 243, **244f.**
Domuyo (Vulkan) 221
Drake-See 14

El Bolsón 206, 208, 352f.
El Calafate 193, 353f.
El Chaltén/Fitz Roy 195, 354f.
Eldorado 321, 355
El Nihuel 18
El Sauzalito 330
El Soberbio 325
Encarnación 318
Entre Ríos 15, 22, 107, 306, 308ff.
Esquel 203f., 355f.
Esquina 313, 356
Estancia Alta Vista 195, 354
Estancia Bouvier 331, 356
Estancia El Carmen 274
Estancia El Cóndor 155
Estancia El Ombú de Areco 96, 380
Estancia El Salado 150
Estancia Franka 195, 354
Estancia Harberton 161, **174,** 176, 357
Estancia Helsingfors 195, 357
Estancia José Menéndez 164, 377
Estancia La Angostura 196, 357
Estancia La Bamba 96, 380
Estancia La Candelaria 97, 363
Estancia La María 152, 357
Estancia La Oriental 196, 370
Estancia La Porteña 96, 380f.
Estancia Los Laureles 313, 357
Estancia Los Toldos 133
Estancia Maipú 196, 357
Estancia María Behety 164, 377
Estancia Moat 174
Estancia Puerto Rancho 173
Estancia San Juan Poriahú 313, 358
Estancia Sara 163

Falklandinseln 17, 32, 38, **180ff.,** 358
Famatina 249
Feuerland 14, 15, 16, 17, 18, 24f., 39, **157ff.**
Fiambalá 250, 358f.
Finca El Bordo de las Lanzas 288, 359
Formosa 20, 306, 307, 330, 359
Formosa (Naturreservat) 330
Formosa (Provinz) 32, 330ff.
Fortín Mercedes 137

Gaiman 144
Garganta del Diablo (Humahuaca) 292
Garganta del Diablo (Iguazú) 322
Gastre 28
General Pacheco 41
Gobernador Costa 201
Golfo San Jorge
Goya 313, 359f.
Gran Malvina (Westfalkland) 180
Gruta de Intihuasi 124
Gualeguay 308
Gualeguaychú 310
Guatraché 107

Hachango 24
Hornaditas 294
Hornillos 292, 360
Huacalera 292
Hua Hum 214
Hualfín 256
Huaytiquina 287
Hudson (Vulkan) 132, 190
Huincul 218
Humahuaca 22, **292ff.**, 360

Iberá-Sümpfe **313f.**
Iguazú-Wasserfälle 306, **321f.**
Ingeniero Jacobacci 203
Iruya 296
Ischigualasto 19
Isla de los Estados 17, 162, **177**
Isla de los Pájaros (Naturreservat) 25, 141
Isla Grande 24, 162
Isla Huemul 210
Isla San Martín 323
Islas Malvinas s. Falklandinseln
Isla Soledad (Ostfalkland) 180
Itatí 313

Jaramillo 147, 149
Jesús María 127
Jujuy s. San Salvador de Jujuy
Junín de los Andes 213

King-George-Insel 171
Kolumbien 13
Kuba 13

Lago Argentino 193, 195
Lago Curruhué Chico 213
Lago Curruhué Grande 213
Lago Epuyén 205
Lago Escondido 167, 360f.
Lago Fagnano 167, 361
Lago Fontana 201
Lago Futalaufquén 205
Lago Genral Vintter 201
Lago Huechulafquen 213
Lago Paimún 213
Lago Posadas 200, 361
Lago Puelo 205
Lago Puyerredón 200
Lago San Martín 196
Lago Viedma 195
Lago Yehuin 165, 361
Lagos del Furioso 200
Laguna Azul 153
Laguna Blanca (Reservat) 220
Laguna Brava 249
Laguna de Guayatayoc 292
Laguna del Desierto 196
Laguna Iberá 314, 361
Laguna Kosobo 167
Laguna Nimes 193
Laguna Pozuelos (Biosphärereservat) 300
Lanín (Vulkan) 212, 213, 216f.
La Pampa (Provinz) **103ff.**
La Paz 313, 361f.
La Plata **97ff.**, 362
La Poma 275
La Quiaca 297, 299, 363
La Rioja 15, 231, **246ff.**, 363
Las Grutas 140
Las Leñas 227
Las Ovejas 221
Lobería 139
Lobos 97, 363f.
Londres 253
Loreto 319
Los Alerces (Wasserfall) 208
Los Antiguos 201
Los Cardones 284
Los Colorados 245
Los Molles 227
Los Penitentes 236
Los Puquios 236
Luján 96, 364

Magallanes-Halbinsel 195
Magellanstraße 24, **160f.**, 162
Maimará 292
Malargüe 226
Malwinen s. Falklandinseln
Mar Chiquita 127

Mar de Ajó 113
Mar del Plata 115, 364f.
Martín García 33, 93f.
Matanza 28
Mendoza 15, 16, 17, 23, 30, 31, **228ff.**, 231, 365
Merlo 125
Mesopotamien 20, 21, 303ff.
Mexiko 13, 14
Misiones 15, 17, 21, 306, **315ff.**
Misiones (Provinz) 32, **305**
Mitre 162
Moat (Marinepräfektur) 177
Moconá-Wasserfälle 324f.
Molinos 274, 366
Montecarlo 321, 366
Monte Hermoso 117, 119, 366f.
Monte León 153
Monte San Lorenzo 196
Monte Tronador 208
Montevideo 62, 63, **94f.**, 367

Nahuel-Huapi-See 26
Nazareno 299, 367
Necochea 116f., 367
Neuquén 23, 40, 41, 122, **217**
New Island 186
Nombre de Jesús 155, 161

Oberá 326
Ojos del Salado 250
Ormachea 147, 149

Pampa del Toro 208
Panama 31
Parador Yawen 166
Paraná 312f., 368
Paraná (Fluß) s. Río Paraná
Parque de los Menhires 270
Parque Luro 105, **121**
Parque Nacional Baritú 27, **300f.**, 368f.
Parque Nacional Calilegua 300, 369
Parque Nacional Chaco 328f., 369
Parque Nacional El Palmar 311
Parque Nacional Finca El Rey 288, 369
Parque Nacional Iguazú 323f., 324
Parque Nacional Lago Puelo 206f.
Parque Nacional Lanín 212
Parque Nacional Lihué Calel 121
Parque Nacional Los Alerces 200, **204ff.**, 370
Parque Nacional Los Glaciares 193ff.
Parque Nacional Nahuel Huapi 26, 29, 135
Parque Nacional Perito Moreno 196, 370
Parque Nacional Pilcomayo 332, 370f.
Parque Nacional Sierra de las Quijadas 124
Parque Nacional Tierra del Fuego 172f.
Paso Agua Negra 241
Paso Carirriñe 214
Paso de la Patria 313
Paso Icalma 216
Paso Jama 292
Paso Pino Hachado 216
Paso San Francisco 250
Paso Sico 287
Patagonien 15, 16, 18ff., 20, 21, 23f., 27, 28, 29, **131ff., 189ff.**
Payún (Vulkan) 226
Pebble Island 186
Pehuen-Có 119
Península Valdés 16, 25, **141ff.**, 370
Peñon 258
Perito Moreno 201, 370f.
Perito-Moreno-Gletscher 193, 194
Pinamar 114, 371
Piscuno 299
Pismanta 241, 371f.
Plaza de Mulas 236
Port Howard 186
Port Stanley 183, 184f.
Posadas 313, 318, 372
Pozo de las Ánimas 227
Primera Angostura 163, 372
Pucará de Aconquija 256
Pucará de Andalgalá 255
Puente del Inca 236, 372f.
Puerto Canoas 322
Puerto Coig 153
Puerto Deseado 150, 373
Puerto Iguazú 307, **324,** 373f.
Puerto Limonao 205
Puerto Madryn 25, **140f.,** 374
Puerto Pirámides 25, **141,** 142, 144
Puerto Santa Cruz 152, 375
Puna 14, 15, 16, 18, 20, 21, 22f., 241ff., 257ff., **262,** 294ff., **298**
Punta Caleta 141
Punta del Este 94, 95
Punta Mejillón 139
Punta Norte 141
Punta Tombo 15, **144**
Purmamarca 291

Quebrada de la Troya 248
Quilmes 270, 375

Rada Tilly 147
Rawson 144
Resistencia 307, **327,** 375
Rey Felipe 161
Riachuleo 28, 60, 83
Rinconada 300
Río Bermejo 301, 304, 305
Río Calchaquí 270f.
Río Chubut 21, 145
Río Colorado 21
Río Cuarto 125
Río de la Plata 12, 14, 16, 20, 28, 58, 304
Río Gallegos 28, **153ff.,** 207, 376
Río Grande 163, 289
Río Grande (Stadt) 164, 377
Río Gualeguay 308
Río Iguazú 16, 322
Río Limay 217
Río Luján 60
Río Mayo 201
Río Negro 17, 21, **137ff.,** 217
Río Negro (Provinz) 41, 231
Río Neuquén 217
Río Neuquén (Provinz) 41, 231
Río Paraguay 16, 305
Río Paraná 15, 16, 17, 22, 30, 58, 91, 304, 305, 306, 307, 308, 318
Río Paranahyba 306
Río Pico 201
Río Pilcomayo 16, 304, 305, 330
Río Pinturas 198, 200
Río Primero 127
Río Reyes 291
Río Salado 21, 109, 111
Río Santa Cruz 17, 193
Río Tercero 126
Río Teuco 304
Río Turbio 193, 378
Río Uruguay 16, 304, 307, 325
Río Villegas 208
Ruca Choroy 216

Sáenz Peña (Presidencia Roque Sáenz Peña) 328, 378
Salar de Pipanaco 250
Salta 15, **275ff.,** 378ff.
Salta (Provinz) 272, 307
Salto Unión 322
Saltos del Moconá 325, 380

San Agustín del Valle Fertil 243
San Antonio de Areco 96, 380f.
San Antonio de los Cobres 259, **275,** 287, 381
San Antonio Este (S.A.E.) 139
San Antonio Oeste (S.A.O.) 139f.
San Bernardo 113
San Blas 253
San Carlos (Falkland) 186
San Carlos (Salta) 271, 381
San Carlos de Bariloche 26, 29, **208ff.,** 381f.
San Clemente del Tuyú 113
San Fernando 256
San Fernando del Valle de Catamarca 15, 22, 41, **250ff.,** 382f.
San Guillermo (Biosphärenreservat) 241
San Ignacio 319, **320,** 383f.
San José 326
San José de Jáchal 242
San José de Vinchina 248, 384
San Juan 19, 23, 31, 41, 231, 240f., 384
San Julián 152, 384f.
San Luis 17, **123,** 385
San Martín de los Andes 212, 385f.
San Miguel del Monte 97, 386
San Miguel de Tucumán 22, 27, 30, 37, 41, **268f.,** 386f.
San Pedro 325
San Rafael 228, 387
San Ramón de la Nueva Orán 301, 387f.
San Salvador de Jujuy 15, 22, **288f.,** 388
Santa Ana 319
Santa Catalina (Pampas) 127
Santa Catalina (Puna) 299
Santa Cruz (Provinz) 151
Santa Fe (de la Vera Cruz) 30, 306, 307, **312,** 388f.
Santa María 257, 389
Santa Rosa 121, 389f.
Santa Rosa de Tastil 287
Santa Victoria 299
Santiago del Estero 30, **266f.,** 390
Santo Tomé 312
Schaqui 253
Sea Lion Island 186
Sierra Alvear 167
Sierra de Córdoba 108, **124f.**
Sierra de Guasayán 126
Sierra de la Famatina 17, 108
Sierra de la Ventana 17, 108, 122
Sierra de San Luis 108, 124

Spegazzini-Gletscher 194
Südgeorgien 17, 162, **187**
Süd-Orkney-Inseln 17
Süd-Sandwich-Inseln 17, **187**
Süd-Shetland-Inseln 162
Susques 292, 390

Tafí del Valle 270
Tafna 299
Talacasto 241
Talampaya (Naturreservat) 246
Talampaya-Schlucht 245, 390
Termas de Reyes 291, 391
Termas de Villavicencio 235
Tierra del Fuego s. Feuerland
Tigre 91, 391f.
Tigre-Delta 91ff.
Tilcara 292, 392
Tincalayo 258
Tinogasta 250, 253
Tolhuin 165
Tornquist 123
Trelew **144,** 145, 147, 392f.
Trenque Lauquen 29
Tres Lagos 196
Trevelín 205
Tromen 213
Tucumán s. San Miguel de Tucumán
Tucumán (Provinz) 31
Tumbaya 291

Upsala-Gletscher 27, 172, **194**
Uquía 292, 393
Uruguay 13, 14, 15, 28, 32, **94f.,** 306
Ushuaia 166, **167ff.,** 393ff.
Uspallata 233, 395

Valdés s. Península Valdés
Vallecito 244
Valle de la Luna 19, **243f.**
Valle de los Huskies 168
Valle Encantado 212
Valle Hermosos 228
Victoria 310
Viedma 139, 395f.
Villa Carlos Paz 126
Villa General Belgrano 126
Villa Gesell 114
Villa La Angostura 211
Villa Traful 211
Villa Tulumba 127
Villa Unión 248, 396
Volunteer Point 185

Winifreda 107

Yacyretá (Wasserkraftwerk) 313
Yavi 299, 396

Zapala 220

Titelbild: Das Massiv des Chaltén (Fitz Roy) – die Felsnadeln im Nationalpark Los Glaciares faszinieren Wanderer und ehrgeizige Bergsteiger aus aller Welt
S.10: Die patagonischen Anden mit dem Fitz-Roy-Massiv
S.11: Guanako
Umschlaginnenklappe: Die Iguazú-Fälle

Über den Autor: Rolf Seeler, geboren 1926, Reisejournalist mit Schwerpunkt Lateinamerika und Wohnsitz in Buenos Aires, kennt Argentinien seit 1959. Im DuMont Buchverlag erschienen von ihm der Band ›Kunst-Reiseführer Peru und Bolivien‹ sowie das Reise-Taschenbuch ›Chile mit Osterinsel‹.

© DuMont Buchverlag
4., aktualisierte Auflage 2001
Alle Rechte vorbehalten
Satz und Druck: Rasch, Bramsche
Buchbinderische Verarbeitung: Bramscher Buchbinder Betriebe

Printed in Germany   ISBN 3-7701-2926-1